FERDINAND LEOPOLD SALZER

Der Einfluss des Betriebsrätemodernisierungsgesetzes auf die Entscheidungsfindung des Betriebsrats

Abhandlungen zum deutschen und internationalen Arbeits- und Sozialrecht

Band 40

Der Einfluss des Betriebsrätemodernisierungsgesetzes auf die Entscheidungsfindung des Betriebsrats

Virtuelle Betriebsratssitzungen und datenschutzrechtliche Verantwortlichkeit

Von

Ferdinand Leopold Salzer

Duncker & Humblot · Berlin

Die Juristische Fakultät der Julius-Maximilians-Universität Würzburg
hat diese Arbeit im Jahre 2025 als Dissertation angenommen.

Bibliografische Information der Deutschen Nationalbibliothek

Die Deutsche Nationalbibliothek verzeichnet diese Publikation in
der Deutschen Nationalbibliografie; detaillierte bibliografische Daten
sind im Internet über http://dnb.d-nb.de abrufbar.

Satz: 3w+p GmbH, Rimpar
Druck: Beltz Grafische Betriebe GmbH, Bad Langensalza

ISSN 2747-9021
ISBN 978-3-428-19800-9 (Print)
ISBN 978-3-428-59800-7 (E-Book)

Gedruckt auf alterungsbeständigem (säurefreiem) Papier
entsprechend ISO 9706 ♾

Verlagsanschrift: Duncker & Humblot GmbH, Carl-Heinrich-Becker-Weg 9,
12165 Berlin, Germany | E-Mail: info@duncker-humblot.de
Internet: https://www.duncker-humblot.de

Meinen Eltern

Vorwort

Die vorliegende Arbeit wurde im Sommersemester 2025 von der Juristischen Fakultät der Julius-Maximilians-Universität Würzburg als Dissertation angenommen. Rechtsprechung und Literatur wurden im Wesentlichen bis zur Einreichung im September 2024 berücksichtigt. Spätere Entwicklungen konnten nur punktuell einbezogen werden.

Mein besonderer Dank gilt zunächst meinem Doktorvater, Herrn Prof. Dr. Dr. h.c. Christoph Weber, der diese Arbeit von Beginn an wohlwollend begleitet und mit wertvollen Anregungen gefördert hat. Ebenso danke ich Herrn Prof. Dr. Gräf für die Übernahme des Zweitkorrektorats.

Herrn Dr. Maximilian Steckermeier danke ich insbesondere für die wertvollen Impulse zu Beginn der Arbeit, die deren weitere Entwicklung geprägt haben.

Mein Dank gilt darüber hinaus allen, die diese Arbeit mit großer Sorgfalt Korrektur gelesen haben: Frau Bettina Blechschmidt-Ziegenfelder, meiner Patin Antje Hock sowie meinem Onkel Martin Salzer.

Nicht unerwähnt bleiben sollen auch Anna-Lena Kast und meine Großmutter Johanna Schmidt. In Phasen nur schleppenden Fortgangs gaben sie mir stets Zuspruch und wussten mich immer wieder neu zu motivieren.

Mein tief empfundener Dank gilt schließlich meinen Eltern, Ute und Wolfram Salzer. Ohne sie wäre dieses Projekt – wie auch viele zuvor – in dieser Form nicht möglich gewesen. Ihnen ist diese Arbeit von ganzem Herzen gewidmet.

Hannover, im Februar 2026 *Ferdinand Salzer*

Inhaltsverzeichnis

Teil 1

Einführung in die Thematik

A. Problemstellung

I. Dezentrale Arbeitserbringung im Betrieb

Bereits seit Jahren erfasst der digitale Wandel von Gesellschaft und Wirtschaft auch die Arbeitswelt.[1] Produktions- und Logistikketten in Unternehmen werden zunehmend miteinander vernetzt und automatisiert, wodurch virtuelle und reale Prozesse verschmelzen.[2] Arbeitnehmer arbeiten nicht mehr an festen Arbeitsplätzen, sondern erledigen ihre Aufgaben immer öfter mobil von Orten außerhalb des Betriebes[3] oder bekommen ihre Aufträge über digitale Plattformen, ohne überhaupt ein Unternehmen betreten zu haben.[4] Stichwortartig werden diese Entwicklungen meist Industrie 4.0, Homeoffice oder Crowdworking genannt, wobei diese Begriffe gebündelt eine Vielzahl von Veränderungen aufgrund neuer Informations- und Kommunikationstechnologien (IKT) widerspiegeln, welche allgemein als digitaler Wandel beschrieben werden.[5] Dieser durch IKT hervorgerufene Wandel[6] führt dazu, dass analoge und altbewährte Anwendungspraxen stetig durch neue Technologien ersetzt werden, wodurch Arbeitsleistungen immer häufiger dezentral erbracht werden, statt zentral im traditionellen Betrieb.[7] *Krause* konstatiert daher in seinem Gutachten zum 71. deutschen Juristentag eine Erosion des Normalbetriebes, da durch veränderte Organisationsstrukturen die Grundlagen für den Betrieb als traditionelles Gravitationszentrum der Arbeitsbeziehungen zunehmend aufgeweicht werden.[8] Diese Veränderung in der Unternehmensstruktur stellt für bestehende

---

[1] Zu der Frage was ist Digitalisierung, vgl. *Müller-Brehm/Otto/Puntschuh*, izpb Nr. 344/2020, 4 (4 f.); Grünbuch Arbeiten 4.0, 14.

[2] Grünbuch Arbeiten 4.0, 15, entspricht der Beschreibung von Industrie 4.0.

[3] Richardi/*Maschmann*, BetrVG, § 87 Rn. 201a, Homeoffice als mobile Form des Arbeitens.

[4] Grünbuch Arbeiten 4.0, 16, entspricht der Beschreibung von Crowdworking.

[5] Vgl. auch Grünbuch Arbeiten 4.0, 14.

[6] *Krause*, Gutachten B 71. Juristentag, 88, kommt zu dem Schluss, dass dieser Wandel zwar nicht ausschließlich auf IKT beruht, allerdings ohne deren Einsatz nicht möglich wäre.

[7] *Behder*, AiB 3/2023, 23; *Loritz*, FS 100 Jahre BetrVR, 425 (428 f.); *Schwarze*, RdA 2019, 115, spricht von einer „Diskontinuierung der Arbeit"; *Wedde*, FS 100 Jahre BetrVR, 793 (794), „verändert auch die räumlichen Rahmenbedingungen der Arbeitserbringung".

[8] *Krause*, Gutachten B 71. Juristentag, 88.

Regelungen im Arbeitsrecht sowohl auf individualrechtlicher als auch auf kollektivrechtlicher Ebene eine Belastungsprobe und Herausforderung dar.[9] Während im Individualarbeitsrecht Fragen in der Hinsicht zu diskutieren sind, ob es bereits einen Rechtsanspruch auf Homeoffice gibt oder geben sollte,[10] welche Möglichkeiten der Arbeitgeber zur Überwachung der Arbeitnehmer hierbei hat oder ob Crowdworker als Arbeitnehmer anzusehen sind,[11] stellen sich auf kollektivrechtlicher Ebene Fragen nach der effektiven Interessenvertretung von Arbeitnehmern außerhalb des Betriebes[12] sowie noch wesentlich grundlegendere Fragen dazu, ob nicht die Arbeitsweisen der Interessenvertretungen selbst an die zunehmende Dezentralisierung der Arbeitsleistungen anzupassen sind.[13] Wenn Arbeitnehmer von zuhause aus Videokonferenzen abhalten, dabei zusammenarbeiten und in Absprache mit dem Arbeitgeber Entscheidungen treffen, dann wäre es nur naheliegend, dass die Arbeitsweisen ihrer Interessenvertretungen auf die gleiche oder zumindest ähnliche Weise funktionieren. Denn wie könnten Arbeitnehmervertretungen die sich durch die Digitalisierung wandelnden Interessen der Arbeitnehmerschaft besser verstehen und damit auch wahrnehmen, als wenn ihre eigenen Arbeitsweisen mit jenen der Belegschaft vergleichbar wären?[14] Während sich Gewerkschaften als Interessenvertretungen der Arbeitnehmer aufgrund ihrer aus Art. 9 Abs. 3 GG erwachsenen Verbandsautonomie eine eigene Satzung geben und dadurch ihre Organisation und Geschäftsführung eigenverantwortlich dem digitalen Wandel anpassen können,[15] sind Betriebsräte von der gesetzgeberischen Gestaltung im BetrVG abhängig.

In diesem Bereich der Digitalisierung ist der Gesetzgeber in jüngster Vergangenheit durch Änderung der §§ 30, 33 und 34 BetrVG im Rahmen des Betriebsrätemodernisierungsgesetzes tätig geworden.[16] Bis dahin waren Betriebsratsmitglieder dazu angehalten, ihre Willensbildung sowie die daraus resultierende Beschlussfassung im Rahmen einer Präsenzsitzung vorzunehmen. Überlegungen, die Sitzungen mit mehr oder weniger neuen Technologien, wie Video- oder Telefon-

---

[9] Vgl. *Maußner*, ArbRAktuell 2023, 37 ff., „Allein auf weiter Flur – wie Betriebsräte ihre Arbeit erfolgreich auf neue betriebliche Realitäten – Homeoffice und mobiles Arbeiten – ausrichten können".

[10] Damit befassen sich z. B. *Schulze/Simon*, ArbRAktuell 2021, 119 ff.

[11] Vgl. dazu *Krause*, Gutachten B 71. Juristentag, 24 ff.

[12] Zur Geeignetheit des Betriebsbegriffs, *Behder*, AiB 3/2023, 23 ff.

[13] *Behder*, AiB 3/2023, 23 (24 f.); *Krause*, Gutachten B 71. Juristentag, 88, unter dem Stichwort „Effektuierung der Betriebsratsarbeit"; *Schwarze*, RdA 2019, 115 (117 f.), „Veränderungsbedarf bei der organisatorischen Mitbestimmung".

[14] *Loritz*, FS 100 Jahre BetrVR, 425 (426), merkt in diesem Zusammenhang an, dass „wer seine Fotos und Erlebnisse live und weltweit Fremden zu Verfügung stellt, hat keinen Sinn dafür, sich durch einen Betriebsrat bei seiner kreativen Tätigkeit für die virtuelle Welt und in dieser beschränken zu lassen."

[15] BAG 18.7.2006 – 1 ABR 36/05, AP Nr. 19 zu § 2 TVG Tarifzuständigkeit (Rn. 55); ErfK/*Linsenmaier*, GG, Art. 9 Rn. 40.

[16] Eingeführt mit dem Betriebsrätemodernisierungsgesetz (BRModG) vom 14. 6. 2021; vgl. BGBl. 2021 Teil I Nr. 32, 1762 (1762).

konferenzen, abzuhalten, galten nach mehrheitlicher Auffassung mit den rechtlichen Vorgaben der §§ 30 und 33 BetrVG (a.F.) nicht[17] oder nur in Ausnahmefällen[18] als vereinbar. Sich darüber hinwegzusetzen, konnte daher zu einer Unwirksamkeit der gefassten Beschlüsse führen,[19] weshalb in der Praxis Betriebsratssitzungen nahezu ausschließlich in Präsenz abgehalten wurden. Zu der gesetzlichen Ermöglichung virtueller Betriebsratssitzungen kam es aber zunächst nicht aufgrund der allgemeinen Digitalisierungsbestrebungen der damaligen Regierung im Zuge von Arbeiten 4.0 oder ähnlichen digitalen Initiativen, sondern sie entwickelte sich vielmehr aus dem praktischen Bedürfnis während der Corona-Pandemie, zwischenmenschliche und in Präsenz stattfindende Treffen aus Gründen des Gesundheitsschutzes zu reduzieren.[20] Zeitlich befristet wurde daher zunächst eine Übergangsnorm in § 129 Abs. 1 S. 1 BetrVG geschaffen,[21] bevor den sich mehrenden Forderungen, die Betriebsratsarbeit auch auf virtueller Ebene zu ermöglichen, in den §§ 30 und 33 BetrVG des Betriebsrätemodernisierungsgesetzes dauerhaft Rechnung getragen worden ist.[22] Allerdings wurde die Teilnahmemöglichkeit an digitalen Betriebsratssitzungen nicht vorbehaltslos gewährt, sondern an katalogartige, in § 30 Abs. 2 BetrVG aufgeführte Bedingungen geknüpft. Demnach wird der analogen Sitzung ein Vorrang gegenüber der digitalen Sitzung eingeräumt, welcher in der Geschäftsordnung gem. § 30 Abs. 2 S. 1 Nr. 1 BetrVG zwingend zu regeln ist. Dabei darf nicht ein Viertel der Mitglieder Widerspruch gegen das digitale Sitzungsformat i.S.d. § 30 Abs. 2 S. 1 Nr. 2 BetrVG erheben. Es muss gem. §§ 30 Abs. 2 S. 1 Nr. 3 und S. 2 BetrVG sichergestellt sein, dass Dritte vom Inhalt der

---

[17] *Haase*, GmbHR 2020, 943 (947); *Jesgarzewski/Holzendorf*, NZA Online-Aufsatz 5/2012, 1 (5); *Klebe*, NZA-Beilage 2017, 77 (84); *Klebe/Ratayczak/Heilmann/Spoo* (21. Auflage), BetrVG, § 30 Rn. 5, § 33 Rn. 3; *Löwisch*/Kaiser (7. Auflage), BetrVG, § 30 Rn. 1, § 33 Rn. 3; GK-BetrVG/*Raab* (11. Auflage), § 33 Rn. 12; Richardi/*Thüsing* (16. Auflage), BetrVG, § 33 Rn. 3; DKW/*Wedde* (17. Auflage), BetrVG, §30 Rn. 12, § 33 Rn. 11; a.A.: *Beden/Rombey*, BB 2020, 1141 (1144); *Britz*, PersV 2012, 450 (451); *Fündling/Sorber*, NZA 2017, 552 (557); *Günther/Böglmüller/Mesina*, NZA 2020, 77 (78f.); ErfK/*Koch* (20. Auflage), BetrVG, § 33 Rn. 3; *Thüsing/Beden*, BB 2019, 372 (378); NK-GA/*Wolmerath*, BetrVG, § 33 Rn. 4.

[18] *Fitting* (30. Auflage), BetrVG, § 33 Rn. 21b–d; *Hess*, Arbeitswelt 4.0, 41; *Jansen*, elektronische Kommunikation, 92.

[19] Ggf. wegen eines Verstoßes gegen die Nichtöffentlichkeit, vgl. *Klebe/Ratayczak/Heilmann/Spoo*, BetrVG, § 30 Rn. 5.

[20] Vgl. Ministererklärung von Hubertus Heil, „Präsenzsitzung zu Gefahren für das Leben oder Gesundheit führt oder wegen behördlicher Anordnung nicht möglich ist …“, abrufbar unter https://hamburg.verdi.de/++file++5e7a3fcc5194ec986a9c2430/download/ministererklaerung-arbeit-der-betriebsraete-unterstuetzen.pdf (zuletzt abgerufen am 8.9.2024); vgl. *Raab*, FA 2021, 286; *Ch. Weber*, JArbR Bd. 58, 91 f.

[21] Gesetze zur Förderung der beruflichen Weiterbildung im Strukturwandel und zur Weiterentwicklung der Ausbildungsförderung vom 20.5.2020, vgl. BGBl. 2020 Teil I 1 Nr. 24, 1044 (1051).

[22] *Fündling/Sorber*, NZA 2017, 552 (557); *Günther/Böglmüller/Mesina*, NZA 2020, 77 (79); *Krause*, Gutachten B 71. Juristentag, 97.

Sitzung keine Kenntnis erlangen können und es dürfen keine Aufzeichnungen von der virtuellen Sitzung angefertigt werden.

Diese dauerhafte Ermöglichung von Video- und Telefonkonferenzen in § 30 Abs. 2 BetrVG ist ein Hinweis darauf, dass der Gesetzgeber den Betriebsratsmitgliedern die virtuelle Entscheidungsfindung und damit auch dezentrales Arbeiten, angepasst an die veränderten Strukturen im Betrieb, ermöglichen will. Zugleich lassen die in § 30 Abs. 2 BetrVG aufgenommenen Bedingungen aber auch den Rückschluss zu, dass gegen die virtuelle Betriebsratssitzung zahlreiche Vorbehalte bestehen. Bereits im Vorfeld des Betriebsrätemodernisierungsgesetzes wurde darauf hingewiesen, dass bei Video- und insbesondere bei Telefonkonferenzen die Kommunikation zwischen den Mitgliedern nur eingeschränkt möglich sei. Mimik und Gestik der einzelnen Mitglieder seien nur schwer wahrnehmbar und es könne auch keine informellen Gespräche in den Sitzungspausen wie bei der herkömmlichen Präsenzsitzung geben.[23] Daneben wurden auch Bedenken geltend gemacht, dass die Nichtöffentlichkeit in virtuellen Sitzungen nicht zu gewährleisten sei.[24] Dritte könnten sich unbemerkt in die Sitzungen einwählen und diese dadurch heimlich belauschen.[25] Können sich Betriebsratsmitglieder aber aufgrund technischer Unzulänglichkeiten nur noch eingeschränkt wahrnehmen oder müssen stets befürchten, von Dritten heimlich belauscht zu werden, dann könnte sich dies negativ auf die Beschlussfassung auswirken.[26] Nicht zuletzt fordert daher ver.di, eine der mitgliederstärksten Gewerkschaften Deutschlands: „Virtuelle Betriebsratsarbeit muss die Ausnahme sein".[27]

II. Zunehmender Einfluss des Datenschutzrechts auf die Betriebsratsarbeit

Neben diesen Veränderungen im Bereich der Betriebsstruktur tritt als weitere Entwicklung noch das Datenschutzrecht, welches zunehmend Einfluss auf die Arbeitsweisen im Betrieb nimmt. Schon bevor analoge und altbewährte Anwendungspraxen im Betrieb stetig durch neue Technologien ersetzt wurden, hatte die

---

[23] Vgl. *Jansen*, Elektronische Kommunikation, 88 ff.; *Klebe*, NZA 2020, 996 (996 f.); GK-BetrVG/*Raab* (11. Auflage), § 33 Rn. 12; DKW/*Wedde* (17. Auflage), BetrVG, § 33 Rn. 11.

[24] *Thüsing/Beden*, NZA 545 (546); *Jesgarzewski/Holzendorf*, NZA Online Aufsatz 5/2012, 4; *Klebe/Ratayczak/Heilmann/Spoo* (21. Auflage), BetrVG, § 30 Rn. 5; *Löwisch*/Kaiser (7. Auflage), BetrVG, § 30 Rn. 1; DKW/*Wedde* (17. Auflage), BetrVG, § 30 Rn. 12, § 33 Rn. 11.

[25] *Jesgarzewski/Holzendorf*, NZA Online Aufsatz 5/2012, 4.

[26] Zur Unwirksamkeit bei einem Verstoß gegen das Prinzip der Nichtöffentlichkeit, Teil 3, B. II.

[27] „Virtuelle Betriebsratsarbeit muss die Ausnahme sein", abrufbar unter https://verlage-druck-papier.verdi.de/ueber-uns/nachrichten/++co++b961c534-3591-11eb-96bb-001a4a16012a (zuletzt abgerufen am 8.9.2024).

Betriebsratsarbeit zahlreiche Berührungspunkte mit Arbeitnehmerdaten. Ob der Betriebsrat im Rahmen einer Kündigung nach § 102 Abs. 1 BetrVG die einzelnen Kündigungsgründe des Arbeitnehmers vom Arbeitgeber erfährt, bei einer Neueinstellung die Bewerbungsunterlagen vom Arbeitgeber gem. § 99 Abs. 1 S. 1 BetrVG erhält oder innerhalb seiner Sprechstunden Persönliches vom Arbeitnehmer mitgeteilt bekommt, die Berührungspunkte des Betriebsrats mit personenbezogenen Arbeitnehmerdaten sind vielfältig.[28] Können Entscheidungen des Betriebsrats nun auch virtuell und dezentral von verschiedenen Standorten aus getroffen werden, führt dies zu einer noch umfangreicheren Verarbeitung von Arbeitnehmerdaten. Während für die Betriebsratsarbeit erforderliche Daten wie Personalakten, Bewerbungsunterlagen oder Personalfragebögen, in Präsenzsitzungen meist in einfacher Ausfertigung eingesehen werden, findet im virtuellen Raum eine nahezu unüberschaubare Vervielfältigung dieser Daten statt. Informationen über Arbeitnehmer sind dadurch rund um die Uhr verfügbar, können von mehreren Gremienmitgliedern gleichzeitig eingesehen werden und sind von überall her abrufbar.

Obwohl der Betriebsrat die Interessen der Arbeitnehmerschaft vertritt, sind solche Datenverarbeitungen aber nicht immer erfreulich für die Beschäftigten. Für sie ist es faktisch meist nicht mehr nachvollziehbar, wie viele Kopien, analog oder digital, von ihren Daten existieren, wer alles Zugriff auf diese hat und um welche persönlichen Informationen es sich dabei überhaupt handelt. Nicht jeder Arbeitnehmer will Details über eine Erkrankung mit anderen teilen, nicht jede Arbeitnehmerin will ihre Schwangerschaft gleich von Beginn an offenlegen. Auf der anderen Seite ist der Betriebsrat aber häufig gerade auf solche Informationen angewiesen, um die Interessen der Arbeitnehmerschaft effektiv vertreten zu können. So müssen Arbeitsstellen von kranken oder schwangeren Beschäftigten, die sich in Zukunft nicht oder nur eingeschränkt im Betrieb einbringen können, anderweitig besetzt werden und lösen damit auch Mitbestimmungsrechte, wie zum Beispiel nach § 99 BetrVG, aus.[29]

Bereits Art. 1 Abs. 1 der DS-GVO, wonach die Verordnung „Vorschriften zum Schutz natürlicher Personen bei der Verarbeitung personenbezogener Daten und zum freien Verkehr solcher Daten“ enthält, verdeutlicht die Zielsetzung des Datenschutzrechts, den Widerspruch dieser gegeneinander laufenden Interessen aufzulösen.[30] Art. 1 Abs. 1 DS-GVO veranschaulicht zugleich aber auch, dass weder der Schutz der personenbezogenen Daten, noch das Interesse an einem möglichst freien Datenverkehr, voll zur Geltung gelangen können, sondern sich stets gegen-

[28] Weitere Beispiele: *Körner*, DSGVO in der betrieblichen Praxis, 56; *Kroh*, Arbeitnehmerdatenschutz, 172, „umfassende (digitale) Datenbanken mit personenbezogenen Daten der Mitarbeiter anlegen“.

[29] Z. B., wenn sich durch eine dauerhafte Erkrankung die Art und Weise ändert, in der die Aufgaben im Betrieb zu erledigen sind, vgl. dazu GK-BetrVG/*Raab*, § 99 Rn. 103.

[30] Zum missverständlichen Begriff des „Datenschutzes“ *Simitis*/Hornung/Spiecker, DS-GVO, Einleitung Rn. 2; Däubler/Wedde/*Weichert*/Sommer, DS-GVO, Einleitung Rn. 1.

seitig beschränken.[31] Führen datenschutzrechtliche Normen nun aber zu Beschränkungen des freien Datenverkehrs, dann drängt sich dem Betriebsrat die Frage auf, ob er nicht selbst von diesen Beschränkungen bei seiner Arbeit betroffen ist.

Die Vorschriften zur Beschränkung der Datenverarbeitung können sich aber nur an denjenigen richten, der auch Daten verarbeitet. Die DS-GVO bringt dies in zahlreichen Vorschriften zum Ausdruck, welche sich an den datenschutzrechtlichen Verantwortlichen gem. Art. 4 Nr. 7 DS-GVO richten.[32] Aufgrund der zahlreichen Berührungspunkte der Betriebsratsarbeit mit den Daten von Arbeitnehmern, den damit verbundenen Verwendungsmöglichkeiten sowie dem Umstand, dass der Betriebsrat ohne diese Daten seine Beteiligungsrechte meist nicht ausüben kann,[33] wäre es durchaus naheliegend, den Betriebsrat in einer solchen Verantwortung zu sehen.

Der durch das Betriebsrätemodernisierungsgesetz neu eingeführte § 79a S. 2 BetrVG weist die gesetzliche Verantwortung für die Datenverarbeitung nun aber nicht dem Betriebsrat zu, sondern überträgt diese dem Arbeitgeber. Dafür spricht, dass zumindest der Betriebsrat selbst aufgrund seiner nur partiell bestehenden Rechts- und Vermögensfähigkeit[34] kein Adressat von Schadensersatzansprüchen bei Verstößen gegen das Datenschutzrecht nach Art. 82 Abs. 1 DS-GVO sein kann. Zunächst unabhängig davon, ob der Betriebsrat oder der Arbeitgeber Verantwortlicher nach Art. 4 Nr. 7 DS-GVO sein sollte, wirkt § 79a S. 2 BetrVG dadurch wie eine Schutzvorschrift für den Betriebsrat. Denn ist der Arbeitgeber verantwortlich für die Einhaltung des Datenschutzes, dann treffen den Betriebsrat auch nicht dessen Verpflichtungen. Schadensersatzansprüche nach Art. 82 Abs. 1 DS-GVO richten sich somit ebenfalls gegen den Arbeitgeber, selbst wenn die Mitglieder des Betriebsrats rechtswidrig Daten verarbeiten.

Für den Arbeitgeber stellt sich aufgrund der Regelung in § 79a S. 2 BetrVG nun jedoch die Frage, wie er die Einhaltung des Datenschutzes durch den Betriebsrat garantieren kann, obwohl dieser unabhängig von ihm agiert und auch nicht seiner Kontrolle unterliegt. Selbst der betriebliche Datenschutzbeauftragte darf nach Ansicht des BAG den Betriebsrat nicht überwachen, da dieser „der verlängerte Arm des Arbeitgebers“[35] sei. Ein Kontrollrecht des Datenschutzbeauftragten wäre ein

[31] Kühling/*Buchner*, DS-GVO, Art. 1 Rn. 1; Taeger/Gabel/*Schmidt*, DS-GVO, Art. 1 Rn. 10.

[32] Über die wesentlichen Pflichten des Verantwortlichen nach der DS-GVO, in: *Schwartmann*/Jaspers/Thüsing/Kugelmann/*Mühlenbeck*, DS-GVO, Art. 4 Rn. 125.

[33] *Körner*, DSGVO in der betrieblichen Praxis, 56.

[34] BAG 24.4.1986 – 6 AZR 607/83, AP Nr. 7 zu § 87 Sozialeinrichtungen BetrVG 1972 (unter II. 2. a. der Gründe); BAG 24.10.2001 – 7 ABR 20/00, AP Nr. 71 zu § 40 BetrVG 1972 (unter II. 1. der Gründe); BGH 25.10.2012 – III ZR 266/11, AP Nr. 110 zu § 49 BetrVG 1972 (unter II. 1. a. aa. (1) der Gründe); *Fitting*, BetrVG, § 1 Rn. 291; GK-BetrVG/*Wiese*, Einleitung, Rn. 105.

[35] BAG 11.11.1997 – 1 ABR 21/97, AP Nr. 1 zu § 36 BDSG (unter B. III. 2. c. bb. (2) der Gründe).

„massiver und wertungswidersprüchlicher Eingriff in ein Strukturprinzip des Betriebsverfassungsgesetzes“.[36]

Obwohl somit nach der bisherigen Rechtsprechung ein Kontrollrecht mit den Strukturprinzipien der Betriebsverfassung für unvereinbar gehalten wird, wurde nun in § 79a S. 4 BetrVG normiert, dass der Datenschutzbeauftragte gegenüber dem Arbeitgeber zur Verschwiegenheit über Informationen verpflichtet ist, die Rückschlüsse auf den Meinungsbildungsprozess des Betriebsrats zulassen. Informationen über diesen Meinungsbildungsprozess kann der Datenschutzbeauftragte jedoch nur erlangen, wenn er den Betriebsrat auch kontrollieren kann. Selbst wenn die Reichweite der Norm strittig ist, inzidiert sie doch eine Abkehr von der bisherigen Rechtsprechung des BAG,[37] welche im Kontrollrecht des Datenschutzbeauftragten noch einen Eingriff in die betriebsverfassungsrechtliche Unabhängigkeit sah.[38]

In eine ähnliche Richtung geht auch die Regelung in § 79a S. 3 BetrVG, wonach Arbeitgeber und Betriebsrat sich bei der Einhaltung des Datenschutzes gegenseitig zu unterstützen haben. Diese Norm könnte für den Betriebsrat als eine Verpflichtung angesehen werden, Weisungen des Arbeitgebers umzusetzen, sofern diese auf die Einhaltung des Datenschutzrechts während der Betriebsratsarbeit abzielen.[39] In einer Entscheidung des BAG wurde es daher jüngst für möglich gehalten, dass der Arbeitgeber dem Betriebsrat Informationen vorenthalten dürfe, falls dieser kein hinreichendes Datenschutzkonzept ausgearbeitet hat.[40]

Die im Betriebsrätemodernisierungsgesetz durch § 79a BetrVG angestoßene Entwicklung betrifft damit zwar in erster Linie die Frage, ob der Betriebsrat oder der Arbeitgeber verantwortlich für die Einhaltung des Datenschutzes im Betriebsratsbüro ist, führt mittelbar aber zu der Fragestellung, ob es dadurch nicht auch zu einem „massiven und wertungswidersprüchlichen Eingriff in ein Strukturprinzip des Betriebsverfassungsgesetzes“[41] gekommen ist.

---

[36] BAG 11.11.1997 – 1 ABR 21/97, AP Nr. 1 zu § 36 BDSG (unter B. III. 2. c. der Gründe).

[37] *Fitting*, BetrVG, § 79a Rn. 66; GK-BetrVG/*Franzen*, § 79a Rn. 14; *ders.*, FA 2021, 222 (225); *Maschmann*, NZA 2021, 834 (836); *Schiefer/Worzalla*, NZA 2021, 817 (822); bereits vor § 79a S. 4 BetrVG ein Kontrollrecht annehmend *Lücke*, NZA 2019, 658 (667 f.); a. A.: DKW/*Buschmann*, BetrVG, § 79a Rn. 22; *Götz*, Datenschutzverstöße des Betriebsrats, 134; dazu ausführlich in Teil 4, Abschnitt 3, C. II.

[38] BAG 11.11.1997 – 1 ABR 21/97, AP Nr. 1 zu § 36 BDSG (unter B. III. 2. c. der Gründe).

[39] Vgl. z. B. *Reifelsberger/Koplin*, DB 2022, 598 (602), welche davon ausgehen, dass der Betriebsrat alle Informationen zur Verfügung stellen muss; *Gottier*, AuA 6/2022, 16 (17 f.), welcher von einer partiellen Einschränkung der durch das BetrVG gewährten Unabhängigkeit ausgeht.

[40] BAG 9.5.2023 – 1 ABR 14/22, AP Nr. 92 § 80 BetrVG 1972 (Rn. 70); so auch die Vorinstanz LAG Baden-Württemberg, 20.5.2022 – 12 TaBV 4/21, BeckRS 2022, 13788 (Rn. 46); vgl. auch *Heuer/Sorber*, ArbRAktuell 2022, 445.

[41] So noch BAG 11.11.1997 – 1 ABR 21/97, AP Nr. 1 zu § 36 BDSG (unter B. III. 2. c. der Gründe).

III. Veränderungen in der Entscheidungsfindung

Das Betriebsrätemodernisierungsgesetz versucht somit, durch die Regelungen in den §§ 30 Abs. 2 und 79a S. 2 BetrVG zwei grundlegenden Entwicklungen in der Arbeitswelt gerecht zu werden.

Die in § 30 Abs. 2 BetrVG enthaltene Möglichkeit zur Abhaltung virtueller Betriebsratssitzungen will der zunehmenden Digitalisierung in Unternehmen und der damit verbundenen Dezentralisierung der Arbeitserbringung Rechnung tragen, indem sie die Arbeitsweisen des Betriebsrats an diese Entwicklung anpasst. Betriebsratsmitglieder sollen ihre Entscheidungen künftig auch virtuell treffen können. Die in § 30 Abs. 2 BetrVG normierten Voraussetzungen zur Abhaltung solcher Sitzungen zeigen aber, dass es gegen diese Art der Entscheidungsfindung auch Vorbehalte gibt. Die wesentlichen Einwände, dass in solchen Sitzungen nur eine eingeschränkte Kommunikation möglich sei oder die Nichtöffentlichkeit nicht gewährleistet werden könne, lassen sich in der Befürchtung zusammenfassen, dass die virtuelle Gremiumssitzung negative Auswirkungen auf die Entscheidungsfindung in den Sitzungen des Betriebsrats haben könnte.

Die in § 79a S. 2 BetrVG erfolgte Klarstellung der datenschutzrechtlichen Verantwortlichkeit steht zunächst einmal nicht im Zusammenhang mit den Entwicklungen für die Entscheidungsfindung des Betriebsrats, sondern betrifft vielmehr die Frage, an wen sich die Verpflichtungen der DS-GVO bzw. des BDSG richten. Der Gesetzgeber wollte mit der Regelung in erster Linie Rechtssicherheit in der Frage schaffen, ob der Arbeitgeber oder der Betriebsrat als Verantwortlicher gilt und damit insbesondere verhindern, dass Betriebsratsmitglieder künftig für Datenschutzverstöße haften. Erst aus der daraus resultierenden Problematik, ob die Verantwortlichkeit des Arbeitgebers auch zu einer Einschränkung der Unabhängigkeit des Betriebsrats führen würde,[42] lassen sich die Auswirkungen auf die Entscheidungsfindung im Betriebsrat erschließen. Sollte der betriebliche Datenschutzbeauftragte aufgrund von § 79a S. 2 BetrVG künftig die Betriebsratsarbeit überwachen können, dann wäre es nur konsequent, wenn dieser auch an Betriebsratssitzungen teilnehmen darf, um mögliche Datenschutzverstöße festzustellen. Nachdem der Datenschutzbeauftragte zumindest aber bisher als „verlängerter Arm des Arbeitgebers“[43] galt, könnten sich Betriebsratsmitglieder durch dessen Anwesenheit gestört fühlen. Würden dadurch Betriebsratsmitglieder in ihren Redebeiträgen gehemmt sein, weil sie befürchten müssten, dass Inhalte der Sitzung an den Arbeitgeber weitergegeben werden, dann würde dies zu einer Beeinflussung der Entscheidungsfindung führen.[44] In diesem Zusammenhang würde sich auch § 79a

[42] Auf diese Problematik hinweisend, wenn auch im Ergebnis ablehnend z. B. DKW/*Buschmann*, BetrVG, § 79a Rn. 22.

[43] BAG 11.11.1997 – 1 ABR 21/97, AP Nr. 1 zu § 36 BDSG (unter B. III. 2. c. bb. (2) der Gründe).

[44] DKW/*Buschmann*, BetrVG, § 79a Rn. 21, Datenschutzbeauftragter nimmt Aufgaben des Arbeitgebers war und ist von diesem abhängig.

S. 3 BetrVG auf das Entscheidungsverfahren auswirken, falls die Norm eine Verpflichtung des Betriebsrats beinhalten sollte, den Arbeitgeber bei der Einhaltung des Datenschutzes zu unterstützen. Wäre es dem Arbeitgeber möglich, den Betriebsrat aufgrund einer solchen Unterstützungspflicht anzuweisen, datenschutzrechtliche Vorgaben umzusetzen, dann bestände die Gelegenheit, dass er dadurch auch indirekt Einfluss auf Entscheidungen des Betriebsrats nimmt. Entspräche das verwendete Programm für Videokonferenzen zum Beispiel nicht den datenschutzrechtlichen Vorgaben des Arbeitgebers, wäre nur die Präsenzsitzung oder die Telefonkonferenz möglich. Kann der Betriebsrat kein ausreichendes Konzept zur Sicherheit der Arbeitnehmerdaten vorweisen, wäre die Verweigerung der Informationsweitergabe durch den Arbeitgeber vorstellbar.[45] Ohne ausreichende Informationen kann der Betriebsrat aber nur eingeschränkt Entscheidungen in seinen Sitzungen treffen.

Diese durch das Betriebsrätemodernisierungsgesetz angestoßenen Entwicklungen im Bereich der virtuellen Betriebsratssitzung sowie der Frage der datenschutzrechtlichen Verantwortlichkeit haben damit beide Einflüsse auf die Entscheidungsfindung des Betriebsrats und stellen daher den Anlass für diese Arbeit dar. Zuvorderst soll es das Ziel der Arbeit sein, zu untersuchen, wie sich die Änderungen der §§ 30, 33 und 34 BetrVG auf die Entscheidungsfindung im Betriebsrat konkret auswirken, um somit herauszufinden, ob die Möglichkeit zur Abhaltung von virtuellen Sitzungen rückgängig gemacht, beibehalten oder weiter ausgebaut werden sollte. In diesem Zusammenhang muss die Problematik der datenschutzrechtlichen Verantwortlichkeit des Betriebsrats sowie der damit zusammenhängenden Rechtsfolgen besondere Berücksichtigung finden. Denn die Beurteilung der Frage, ob der Arbeitgeber oder die Mitarbeitervertretung verantwortlich für die Datenverarbeitung im Betriebsrat sein sollte, kann auch davon abhängig sein, wie sich die datenschutzrechtliche Verantwortlichkeit auf die Entscheidungsfindung im Gremium auswirkt.

B. Gang der Untersuchung

Zur Erreichung des beschriebenen Forschungsziels soll im ersten Teil der Arbeit erörtert werden, durch welche gesetzlichen Vorgaben die Entscheidungsfindung im Betriebsrat noch vor den Änderungen im Betriebsrätemodernisierungsgesetz beeinflusst worden ist. Ausgangspunkt dafür sind die Anforderungen, welche an die herkömmliche Präsenzsitzung gestellt werden. Für diese ist die Betriebsverfassung maßgeblich, deren Regelungen die gesetzlichen Leitplanken darstellen, innerhalb derer die Mitglieder ihre Entscheidungen in Sitzungen treffen können. Daneben soll

---

[45] BAG 9.5.2023 – 1 ABR 14/22, AP Nr. 92 § 80 BetrVG 1972 (Rn. 70); LAG Baden-Württemberg, 20.5.2022 – 12 TaBV 4/21, BeckRS 2022, 13788 (Rn. 46); vgl. dazu auch *Witteler*, NJW 2024, 16 ff., welcher in seiner Überschrift „Der Datenschutz als Grenze des Informationsanspruch des Betriebsrats?“ die Problematik auf den Punkt bringt.

der Blick jedoch auch auf die Forschungsgebiete der Kommunikationspsychologie und Rechtsphilosophie erweitert werden, mit deren Hilfe die Art und Weise der Kommunikation zwischen den Betriebsratsmitgliedern und das Verfahren innerhalb der Präsenzsitzung besser verstanden werden sollen. Sodann ist zu untersuchen, wie sich das Datenschutzrecht noch vor der Einführung des § 79a BetrVG durch das Betriebsrätemodernisierungsgesetz auf die Entscheidungsfindung im Betriebsrat ausgewirkt hat. Hierfür wird erörtert, ob noch nach Art. 4 Nr. 7 DS-GVO der Arbeitgeber oder der Betriebsrat verantwortlich für die Datenverarbeitung des Betriebsrats war.

Darauf aufbauend wird dann zunächst unabhängig von den Regelungen im Betriebsrätemodernisierungsgesetz untersucht, welche Auswirkungen virtuelle Sitzungen auf die verschiedenen Prinzipien haben, die für die Entscheidungsfindung in der Präsenzsitzung maßgeblich sind. Zweck dieser Darstellung soll es sein, eigene Ziele zu formulieren, welche an die Digitalisierung einer Betriebsratssitzung zu stellen sind, um mit deren Hilfe die Regelungen im Betriebsrätemodernisierungsgesetz zu bewerten. Sofern das Datenschutzrecht bereits vor § 79a BetrVG das Entscheidungsverfahren beeinflusst hat, müssen auch Ziele im Hinblick auf die Frage der datenschutzrechtlichen Verantwortlichkeit formuliert werden.

Anknüpfend an diese ausgearbeiteten Zielsetzungen zur virtuellen Entscheidungsfindung erfolgt eine Analyse der durch das Betriebsrätemodernisierungsgesetz neu eingeführten Regelungen. Diese besteht in einer umfangreichen Darstellung der hierzu bestehenden rechtlichen Problematiken und wie sich diese auf die Entscheidungsfindung auswirken.

Im letzten Teil dieser Arbeit wird dann eine Gesamtbewertung der durch das Betriebsrätemodernisierungsgesetz neueingeführten Regelungen vorgenommen werden. Sollten diese im Widerspruch zu den herausgearbeiteten eigenen Zielsetzungen stehen, wird ein eigener Regelungsvorschlag unterbreitet werden.

Teil 2

Die Entscheidungsfindung in der Betriebsratssitzung vor dem Betriebsrätemodernisierungsgesetz

Abschnitt 1

Anforderungen an das Entscheidungsverfahren in der Präsenzsitzung

A. Vorgaben der Betriebsverfassung

Das Entscheidungsverfahren des Betriebsrats gliedert sich in zwei wesentliche Punkte. Zunächst muss zu einem entsprechenden Thema ein gemeinsamer Wille des Gremiums gebildet werden. Dieser äußert sich anschließend in Form eines Beschlusses[46] oder einer bestimmten Wahlentscheidung.[47] Der Betriebsratssitzung kommt dabei eine zentrale Rolle zu. Sie ist Dreh- und Angelpunkt für die Beteiligung des Betriebsrats im Unternehmen. In ihr entscheidet der Betriebsrat, ob und in welchem Umfang von den verschiedenen Beteiligungsrechten Gebrauch gemacht wird. Exemplarisch sollen hier nur Beschlüsse zu Kündigungen nach §§ 102 Abs. 1 S. 1, Abs. 3, 103 Abs. 1 BetrVG, Versetzungen gem. § 99 Abs. 2 BetrVG oder Sozialplänen gem. § 112 Abs. 1 S. 2 BetrVG genannt sein. Dabei findet die Wahl des Vorsitzenden und der verschiedenen Ausschüsse gem. §§ 26 f. BetrVG in ihr statt und auch die betriebsratseigene Geschäftsordnung nach § 36 BetrVG wird innerhalb der Sitzung beschlossen. Die Betriebsratssitzung dient daher als Forum des Betriebsrats zur internen Willensbildung als Kollegialorgan und bildet damit den Rahmen, in welchem das Betriebsratsgremium Entscheidungen in Form von Beschlüssen oder Wahlen trifft.[48] Die herkömmliche Sitzung findet als Präsenzsitzung

---

[46] BAG 15.4.2014 – 1 ABR 2/13, NZA 2014, 554 (Rn. 20); BAG 9.12.2014 – 1 ABR 19/13, AP Nr. 108 zu § 77 BetrVG 1972, Rn. 15; BAG 22.11.2017 – 7 ABR 46/16, AP Nr. 24 zu § 76 BetrVG 1972, Rn. 12.

[47] *Fitting*, BetrVG, § 33 Rn. 16; HWGNRH/*Glock*, § 33 Rn. 19; GK-BetrVG/*Raab*, § 33 Rn. 15.

[48] BAG 15.4.2014 – 1 ABR 2/13, NZA 2014, 554 (Rn. 20); BAG 9.12.2014 – 1 ABR 19/13, AP Nr. 108 zu § 77 BetrVG 1972, Rn. 15; BAG 22.11.2017 – 7 ABR 46/16, AP Nr. 24 zu § 76 BetrVG 1972, Rn. 12; *Fitting*, BetrVG, § 33 Rn. 1, 16; HWGNRH/*Glock*, § 33 Rn. 19; GK-BetrVG/*Raab*, § 33 Rn. 15.

statt. Die hierzu bestehenden Normen geben einen Aufschluss darüber, welche Anforderungen der Gesetzgeber an die analoge Willensbildung und die darauffolgenden Entscheidungen stellt. In diesem Kontext ist auch die historische Entwicklung dieser Normen zu berücksichtigen, da aus einer Veränderung des Inhalts einzelner Vorschriften abgeleitet werden kann, ob sich die Zielsetzungen für die Entscheidungsfindung verändert haben. Neben den Vorschriften über die Betriebsratssitzungen müssen allerdings auch die verschiedenen Beteiligungsrechte berücksichtigt werden, über deren Ausübung der Betriebsrat in seinen Sitzungen entscheidet.[49] Je nachdem, welche Form der betrieblichen Beteiligung betroffen ist, kann eine längere oder kürzere Willensbildung erforderlich sein.[50] Einen ersten Anhaltspunkt für die Anforderungen an das analoge Entscheidungsverfahren im Betriebsrat liefern somit die gesetzlichen Vorgaben der Betriebsverfassung.

I. Gesetzliche Vorgaben zum Entscheidungsverfahren in Präsenzsitzungen

Die gesetzlichen Vorgaben zur analogen Betriebsratssitzung finden sich in den §§ 26–41 BetrVG im dritten Abschnitt über die Geschäftsführung des Betriebsrats. Innerhalb dieser Normen dienen manche unmittelbar der Willensbildung und damit Entscheidungsfindung des Betriebsrats, indem sie konkreten Bezug auf die Beschlussfassung wie in § 33 BetrVG oder interne Wahlen wie in §§ 26 Abs. 1 oder 27 Abs. 1 S. 3 BetrVG nehmen. Anderen Normen muss hingegen der Bezug zur Willensbildung und den daraus folgenden Entscheidungen mittelbar entnommen werden.[51]

1. Anwesenheitsgebot

Beschlüsse des Betriebsrats werden gem. § 33 Abs. 1 S. 1 BetrVG mit der Mehrheit der anwesenden Mitglieder gefasst. Anwesenheit meint dabei die gleichzeitige Anwesenheit aller Mitglieder, sodass jeder in der Lage ist, die Äußerungen sämtlicher Teilnehmer zu vernehmen und unmittelbar auf diese reagieren zu können. Ziel ist es hierbei, dass alle Mitglieder unmittelbar und aktiv miteinander kommunizieren können,[52] worunter jedenfalls eine körperliche Anwesenheit der

---

[49] Eine wirksame Betriebsvereinbarung und eine Regelungsabrede setzten einen wirksamen Beschluss des Betriebsrats voraus, vgl. exemplarisch BAG 15.4.2014 – 1 ABR 2/13, NZA 2014, 554 (Rn. 19); BAG 9.12.2014 – 1 ABR 19/13, AP Nr. 108 zu § 77 BetrVG 1972, Rn. 14; *Fitting*, BetrVG, § 87 Rn. 1; GK-BetrVG/*Wiese*, § 87 Rn. 87.

[50] VG Köln 2.11.2009 – 34 K 6530/08, BeckRS 2009, 42361 (unter II. der Gründe), Entscheidungen die „quasi abgenickt" werden.

[51] Beispielhaft zu § 29 Abs. 2 S. 3 BetrVG: BAG 15.4.2014 – 1 ABR 2/13, NZA 2014, 554 (Rn. 26); BAG 22.11.2017 – 7 ABR 46/16, AP Nr. 24 zu § 76 BetrVG 1972 (Rn. 17).

[52] GK-BetrVG/*Raab*, § 33 Rn. 10; DKW/*Wedde*, § 33 BetrVG Rn. 10.

Mitglieder während der Sitzung zu verstehen ist.[53] Sinn und Zweck der Anwesenheitspflicht ist es, eine interaktive Diskussion während der Willensbildung zu ermöglichen, bei welcher die Mitglieder ihre eigenen Ansichten äußern und unmittelbar auf die Meinungen der anderen reagieren können, weshalb die kollektive Willensbildung mündlich erfolgen muss.[54] Unter mündlicher Kommunikation werden das Sprechen sowie die dazugehörige Mimik und Gestik verstanden.[55] Bei Zulassung einer schriftlichen Kommunikation wäre hingegen keine unmittelbare Äußerung möglich; eine lebendige Diskussion würde somit nicht entstehen. Ein schriftliches oder fernmündliches Umlaufverfahren ist daher nach nahezu einhelliger Auffassung ausgeschlossen.[56] Die Beschlussfassung des Betriebsrats erfolgt unmittelbar nach der vorangegangenen mündlichen Willensbildung. Dabei kann die Abstimmung mit Handzeichen[57] oder durch „Icons"[58] erfolgen. Ebenso ist es für den Betriebsrat aber auch möglich, eine geheime Abstimmung mittels Stimmzettel[59] in seiner Geschäftsordnung oder durch einen vorangegangenen mündlichen Beschluss festzulegen, sodass die Mitglieder bei der Abstimmung zwar anwesend sein müssen, die Beschlussfassung aber nicht zwangsläufig mündlich erfolgen muss.[60] Dies ist darauf zurückzuführen, dass die Diskussion bei der Abstimmung bereits abgeschlossen wurde.

Für betriebsratsinterne Wahlen des Vorsitzenden nach § 26 BetrVG ergibt sich die Pflicht zur Anwesenheit aus § 29 Abs. 1 S. 2 BetrVG, wonach der Vorsitzende des Wahlvorstandes die Sitzung zur Wahl des Betriebsratsvorsitzenden leitet.[61] Diese konstituierende Sitzung i. S. d. § 29 Abs. 1 S. 1 BetrVG setzt zwangsläufig die Anwesenheit der Teilnehmer voraus. Nähere Vorschriften zur Wahl bestehen

---

[53] Zu der bis zur Einführung des § 33 Abs. 1 S. 2 BetrVG umstrittenen Frage, ob auch eine virtuelle Anwesenheit ausreichend war, ausführlich in Teil 4, Abschnitt 1, A. I. 1.

[54] *Fitting*, BetrVG, 33 Rn. 21; HWGNRH/*Glock*, § 33 Rn. 4; Richardi/*Thüsing*, BetrVG, § 33 Rn. 3; DKW/*Wedde*, BetrVG, § 33 Rn. 10.

[55] Vgl. *Klebe/Ratayczak/Heilmann/Spoo*, § 30 BetrVG Rn. 3.

[56] BAG 4. 8. 1975 – 2 AZR 266/74, AP Nr. 4 zu § 102 BetrVG 1972 (unter III. der Gründe); LAG Köln 25. 11. 1998 – 2 TaBV 38/98, NZA-RR 1999, 245 (unter II. der Gründe); *Fitting*, BetrVG, 33 Rn. 21; HWGNRH/*Glock*, § 33 Rn. 4; Löwisch/Kaiser/*Holler*, BetrVG, § 33 Rn. 5; *Klebe/Ratayczak/Heilmann/Spoo*, § 33 BetrVG Rn. 3; DKW/*Wedde*, BetrVG, § 33 Rn. 10; GK-BetrVG/*Raab*, § 33 Rn. 10 f.; Richardi/*Thüsing*, BetrVG, § 33 Rn. 3; a. A.: LAG München 6. 8. 1974 – 5 Sa 395/74, DB 1975, 1228, zumindest „bei klaren und einfach gelagerten Sachverhalten".

[57] GK-BetrVG/*Raab*, § 33 Rn. 37.

[58] DKW/*Wedde*, BetrVG, § 33 Rn. 11, wobei im Vorhinein festgelegt werden sollte, welches Symbol für welche Entscheidung verwendet wird.

[59] HWGNRH/*Glock*, § 26 Rn. 7; Richardi/*Thüsing*, BetrVG, § 33 Rn. 24.

[60] *Fitting*, BetVG, 33 Rn. 26; HWGNRH/*Glock*, § 33 Rn. 34; GK-BetrVG/*Raab*, § 33 Rn. 37; Richardi/*Thüsing*, BetrVG, § 33 Rn. 3.

[61] Löwisch/Kaiser/*Holler*, BetrVG, § 33 Rn. 4; GK-BetrVG/*Raab*, § 26 Rn. 9.

hingegen nicht, weshalb die Stimmabgabe entweder mündlich oder auf Antrag[62] geheim durchzuführen ist.[63] Konkrete Angaben zur Wahl der Mitglieder des Betriebsratsausschusses nach § 27 Abs. 1 S. 3 BetrVG im Rahmen einer Sitzung macht das BetrVG nicht. Ein Rückgriff auf die Vorschriften zur Wahl des Betriebsrats in der Wahlordnung (WO) ist ausgeschlossen.[64] Ein direkter Rückgriff auf die Vorschriften zur Beschlussfassung in § 33 BetrVG ist ebenso wenig möglich, da ein Unterschied zwischen Wahlen und den in den Beschlüssen getroffenen Sachentscheidungen besteht.[65] Anwendung auf interne Wahlen finden diese nur dann, wenn sie Ausdruck eines allgemeinen Prinzips der Entscheidungsfindung sind.[66] Da für die Wahl der Ausschussmitglieder eine kollektive Willensbildung notwendig ist, muss für eine ordnungsgemäße Wahl mindestens die Hälfte der Betriebsratsmitglieder i. S. d. § 33 Abs. 2 BetrVG an der Wahl teilnehmen.[67] Allerdings setzt eine Teilnahme keine Anwesenheit i. S. d. § 33 Abs. 1 S. 1 BetrVG voraus. Für die Wahl der Ausschussmitglieder und die hierfür erforderliche Willensbildung ist damit keine Anwesenheit der Betriebsratsmitglieder erforderlich, weshalb diese mündlich erfolgen kann, aber nicht muss.

2. Maxime der Nichtöffentlichkeit

Bei der Durchführung einer Betriebsratssitzung ist gem. § 30 Abs. 1 S. 4 BetrVG sicherzustellen, dass diese unter Ausschluss der Öffentlichkeit stattfindet. Dies soll eine sachliche Beratung und einen unbefangenen sowie von Vertraulichkeit geprägten Meinungsaustausch gewährleisten.[68] Die Vorschrift ist zwingend, weshalb auch der Vorsitzende an sie gebunden ist und weder durch Tarifvertrag noch durch Betriebsvereinbarung oder die Geschäftsordnung von ihr abgewichen werden

[62] Auf die Frage, ob der Antrag eines Mitglieds (*Fitting*, BetrVG, 26 Rn. 9; *Klebe/Ratayczak/Heilmann/Spoo*, § 26 Rn. 2; BeckOKA/*Mauer*, BetrVG, § 26 Rn. 2; Richardi/*Thüsing*, BetrVG, § 26 Rn. 7; DKW/*Wedde*, BetrVG, § 26 Rn. 7) oder ein mehrheitlicher Beschluss notwendig ist (GK-BetrVG/*Raab*, § 26 Rn. 10), um eine geheime Stimmabgabe durchzuführen, kommt es hier nicht an.

[63] Insoweit übereinstimmend *Fitting*, BetrVG, 33 Rn. 9; HWGNRH/*Glock*, § 26 Rn. 7; Löwisch/Kaiser/*Holler*, BetrVG, § 33 Rn. 4; *Klebe/Ratayczak/Heilmann/Spoo*, § 26 Rn. 2; BeckOKA/*Mauer*, BetrVG, § 26 Rn. 2; GK-BetrVG/*Raab*, § 26 Rn. 10; Richardi/*Thüsing*, BetrVG, § 26 Rn. 7; DKW/*Wedde*, BetrVG, § 26 Rn. 7.

[64] Zu § 26 BetrVG: GK-BetrVG/*Raab*, § 26 Rn. 9.

[65] Zu § 26 BetrVG: GK-BetrVG/*Raab*, § 26 Rn. 9.

[66] Zu § 26 BetrVG: GK-BetrVG/*Raab*, § 26 Rn. 9.

[67] Zu § 26 BetrVG: GK-BetrVG/*Raab*, § 26 Rn. 9.

[68] GK-BetrVG/*Raab*, § 30 Rn. 24; vgl. *Fitting*, BetrVG, § 30 Rn. 22; HWGNRH/*Glock*, § 30 Rn. 19; *Klebe/Ratayczak/Heilmann/Spoo*, § 30 Rn. 5; Richardi/*Thüsing*, BetrVG, § 30 Rn. 10; DKW/*Wedde*, BetrVG, § 30 Rn. 11; a. A. BeckOKA/*Mauer*, BetrVG, § 30 Rn. 3, wonach die Nichtöffentlichkeit den Betriebsfrieden schützt und primär den Interessen des Arbeitgebers dient.

kann.[69] Eine Ausnahme erfährt der Grundsatz der Nichtöffentlichkeit dadurch, dass neben den Betriebsratsmitgliedern auch die Mitglieder der Jugend- und Auszubildendenvertretung (JAV) gem. § 67 Abs. 1 BetrVG, der Schwerbehindertenvertretung gem. § 32 BetrVG, Vertreter von Gewerkschaften gem. § 31 BetrVG, der Arbeitgeber gem. § 29 Abs. 4 BetrVG, Sachverständige gem. § 80 Abs. 3 BetrVG oder Auskunftspersonen zur Beratung einzelner Tagesordnungspunkte an den Sitzungen teilnehmen dürfen. Bei der Hinzuziehung von Auskunftspersonen wird teilweise danach differenziert, um welche Auskunftsperson es sich handelt. Während Sachverständige und sachkundige Arbeitnehmer nach § 80 Abs. 2 S. 3 und Abs. 3 BetrVG ein Teilnahmerecht während der Beratung einzelner Tagesordnungspunkte haben, sollen alle anderen Auskunftspersonen nur während der Befragung durch den Betriebsrat teilnehmen dürfen. Begründet wird dies mit § 80 Abs. 4 BetrVG, wonach nur Sachverständige und sachkundige Arbeitnehmer besonderen Geheimhaltungspflichten unterliegen. Auskunftspersonen, welche nicht daran gebunden sind, können daher nicht über die Befragung hinaus an der Sitzung teilnehmen, da dies einen Verstoß gegen das Gebot der Nichtöffentlichkeit darstellen würde.[70] Andere Stimmen in der Literatur sehen darin allerdings keinen Verstoß gegen das Gebot der Nichtöffentlichkeit, da diesen Personen keine beratende Funktion zukommt, womit sie auch keinen Einfluss auf die Willensbildung des Betriebsrats haben. Ihre Anwesenheit während der Beratung dient demnach nur dazu, mögliche Rückfragen von Betriebsratsmitgliedern beantworten zu können.[71] Unabhängig davon, welche der Ansichten vorzugswürdig erscheint, haben beide Standpunkte gemein, dass die kollektive Willensbildung des Betriebsrats zumindest durch Meinungen und Sachvorträge von zur Teilnahme berechtigten Dritten beeinflusst werden kann und im Falle der zwingenden Teilnahmerechte auch beeinflusst werden soll. Der Betriebsrat bildet damit seine Meinungen zwar im vertraulichen Kreis, ohne jedoch eine Echokammer zu verkörpern, in welcher andere Stimmen und Interessen bei der Willensbildung keinen Widerhall finden.

3. Äußerung der Willensbildung nach demokratischen Grundsätzen

Die kollektive Willensbildung des Betriebsrats äußert sich in der Beschlussfassung oder seinen Wahlentscheidungen. Der Betriebsrat ist demnach gem. § 33 Abs. 2 BetrVG beschlussfähig, wenn mindestens die Hälfte der Betriebsratsmitglieder an der Beschlussfassung teilnimmt. Maßgeblich ist hier die Zahl der gesetzlichen Mitglieder des Gremiums nach §§ 9 und 11 BetrVG.[72] Sofern der Betriebsrat beschlussfähig ist, werden die Beschlüsse gem. § 33 Abs. 1 S. 1 BetrVG

---

[69] *Fitting*, BetrVG, § 30 Rn. 4; HWGNRH/*Glock*, § 30 Rn. 2; Löwisch/Kaiser/*Holler*, BetrVG, § 33 Rn. 1; GK-BetrVG/*Raab*, § 30 Rn. 3.

[70] GK-BetrVG/*Raab*, § 30 Rn. 26.

[71] *Fitting*, BetrVG, § 30 Rn. 19; HWGNRH/*Glock*, § 30 Rn. 23; Richardi/*Thüsing*, § 30 BetrVG Rn. 13.

[72] GK-BetrVG/*Raab*, § 33 Rn. 13.

mit der Mehrheit der anwesenden Mitglieder gefasst. Betrifft die Beschlussfassung überwiegend jugendliche Arbeitnehmer i. S. d. § 60 Abs. 1 BetrVG, so haben die Mitglieder der JAV gem. § 67 Abs. 2 BetrVG ebenfalls ein Stimmrecht. Über das Abstimmungsverfahren selbst enthält das Gesetz hingegen keine Vorschriften.[73] Ob die Abstimmung offen oder geheim durchgeführt wird, kann allerdings durch vorherigen Beschluss oder in der Geschäftsordnung festgelegt werden.[74] Die zur Beschlussfassung Berechtigten sind bei der Abgabe ihrer Stimmen nicht an Weisungen oder Aufträge gebunden.[75] Zu den internen Wahlen selbst wird in § 26 Abs. 1 BetrVG normiert, dass der Vorsitzende und dessen Stellvertreter aus der Mitte des Betriebsrats zu wählen sind. Ausschussmitglieder müssen hingegen gem. § 27 Abs. 1 S. 3 BetrVG zwingend in geheimer Wahl aus dem Inneren des Betriebsrats hervorgehen. Wird nur ein Wahlvorschlag gemacht, kann die Wahl des Ausschussmitglieds gem. § 27 Abs. 1 S. 4 BetrVG als Mehrheitswahl erfolgen. Stehen hingegen mehrere Ausschussmitglieder zur Wahl, muss diese gem. § 27 Abs. 1 S. 3 BetrVG geheim und nach den Grundsätzen der Verhältniswahl erfolgen. Solange von dem zwingenden Charakter der Wahlvorschriften nicht abgewichen wird, kann der Betriebsrat das nähere Wahlverfahren in der Geschäftsordnung regeln.[76]

Aus diesen Bestimmungen zur Beschlussfassung und den internen Wahlen des Gremiums lässt sich ableiten, dass diese nach demokratischen Grundsätzen zu erfolgen haben. Das BetrVG beschränkt sich dabei zwar auf wenige zwingende Vorgaben und überlässt die nähere Ausgestaltung dem Betriebsrat, allerdings darf dadurch das Leitbild der demokratischen Entscheidungsfindung nicht verletzt werden.[77]

4. Keine Willensbildung ad hoc

Der Betriebsrat wird nach § 29 Abs. 2 S. 1 BetrVG vom Vorsitzenden einberufen, indem er gem. § 29 Abs. 2 S. 3 BetrVG alle Betriebsratsmitglieder und teilnahmeberechtigten Personen, unter Mitteilung der Tagesordnung zur Sitzung, einlädt. Sinn und Zweck der Vorschrift ist es, dass allen Teilnahmeberechtigten eine sachgerechte Sitzungsvorbereitung ermöglicht wird.[78] Die Tagesordnung soll somit

---

[73] GK-BetrVG/*Raab*, § 33 Rn. 37.

[74] GK-BetrVG/*Raab*, § 33 Rn. 37.

[75] LAG Baden-Württemberg 12. 3. 2014 – 21 TaBV 6/13, NZA-RR 2015, 83 (unter B. II. 2. c. aa. der Gründe); *Fitting*, BetrVG, § 33 Rn. 31; GK-BetrVG/*Raab*, § 33 Rn. 38.

[76] Zur Wahl nach § 38 Abs. 2 S. 1 BetrVG: BAG 26. 2. 1987 – 6 ABR 54/85, AP Nr. 7 zu § 38 BetrVG 1972 (unter II. 3. d. der Gründe); zu § 27 BetrVG: *Fitting*, BetrVG, § 27 Rn. 12; HWGNRH/*Glock*, § 30 Rn. 20; GK-BetrVG/*Raab*, § 27 Rn. 16 f.

[77] Vgl. dazu BAG 26. 2. 1987 – 6 ABR 54/85, AP Nr. 7 zu § 38 BetrVG 1972 (unter II. 3. d. der Gründe).

[78] BAG 24. 5. 2006 – 7 AZR 201/05, NZA 2006, 1364 (Rn. 21); LAG Köln 3. 3. 2008 – 14 TaBV 83/07, BeckRS 2008, 53822 (unter II. 2. der Gründe); LAG Düsseldorf 26. 10. 2007 – 9 TaBV 54/07, BeckRS 2008, 50295 (Rn. 30).

auch einem verhinderten Mitglied die Möglichkeit verschaffen, seine Kollegen schon im Vorfeld der Sitzung von seinen Ansichten zu überzeugen und diese „zu bitten, seine Argumente in der Betriebsratssitzung zumindest vorzutragen".[79] Das Gesetz selbst bestimmt für die Ladung keine konkrete Frist. Allerdings geht aus dem Begriff „rechtzeitig" hervor, dass eine angemessene Frist gewählt werden muss, welche derart zu bemessen ist, dass sich die Teilnahmeberechtigten hinreichend auf die Sitzung vorbereiten können, um notwendige Vorbereitungen zu treffen und Vorberatungen durchführen zu können.[80] In Eilfällen, wenn z. B. das Gesetz nur sehr kurze Fristen zur Reaktion des Betriebsrats wie etwa in § 102 Abs. 2 S. 3 BetrVG vorschreibt, wonach der Betriebsrat nur drei Tage Zeit hat, um auf eine außerordentliche Kündigung zu reagieren, ist davon abweichend auch eine kurzfristige Ladung möglich. Dadurch verbleibt auch ausreichend Zeit, um ein Ersatzmitglied zu laden, wenn ein reguläres Mitglied verhindert ist.[81] Unterbleibt hingegen eine ordnungsgemäße Ladung und Bekanntgabe der Tagesordnung durch den Vorsitzenden, kann kein wirksamer Beschluss gefasst werden.[82]

Die Betriebsratsmitglieder sollen ihren eigenen Willen somit bereits im Vorfeld der Sitzung bilden, um diesen dann in der Sitzung in die kollektive Willensbildung einfließen zu lassen. Die Vorschrift des § 29 Abs. 2 S. 1, S. 3 BetrVG bringt damit zum Ausdruck, dass die für die Entscheidungsfindung erforderliche Willensbildung nach Möglichkeit nicht aus dem Stegreif erfolgen soll, womit sie der mittelbaren Willensbildung des Betriebsrats dient.[83]

5. Moderation der Entscheidungsfindung

Die Betriebsratssitzung wird gem. § 29 Abs. 1 S. 2 BetrVG vom Vorsitzenden geleitet. Im Rahmen dieser Leitung hat der Vorsitzende die Sitzung zu eröffnen, das Wort zu erteilen und zu entziehen, Abstimmungen durchzuführen und deren Ergebnisse festzustellen sowie Sorge dafür zu tragen, dass eine Sitzungsniederschrift i. S. d. § 34 BetrVG angefertigt wird.[84] Diese Stellung beinhaltet auch die Wahrnehmung des Hausrechts, wodurch der Vorsitzende Sitzungsteilnehmer zur Ord-

---

[79] BAG 24. 5. 2006 – 7 AZR 201/05, NZA 2006, 1364 (Rn. 20).

[80] LAG Köln 3. 3. 2008 – 14 TaBV 83/07, BeckRS 2008, 53822 (unter II. 2. der Gründe).

[81] LAG-Schleswig-Holstein 14. 1. 2016 – 5 TaBV 45/15, NZA-RR 2016, 304 (Rn. 40); *Fitting*, BetrVG, § 29 Rn. 44a; HWGNRH/*Glock*, § 29 Rn. 28; *Grosjean*, NZA-RR 2005, 114 (117); *Klebe/Ratayczak/Heilmann/Spoo*, § 29 Rn. 4; GK-BetrVG/*Raab*, § 29 Rn. 35, DKW/*Wedde*, BetrVG, § 29 Rn. 17.

[82] HWGNRH/*Glock*, § 29 Rn. 35.

[83] *Klebe/Ratayczak/Heilmann/Spoo*, § 29 Rn. 4.

[84] Vgl. *Fitting*, BetrVG, § 29 Rn. 49; HWGNRH/*Glock*, § 29 Rn. 60; Löwisch/Kaiser/*Holler*, BetrVG, § 29 Rn. 33; GK-BetrVG/*Raab*, § 29 Rn. 67; DKW/*Wedde*, BetrVG, § 29 Rn. 29.

nung rufen und unter Umständen auch aus der Sitzung ausschließen kann.[85] Der Vorsitzende sorgt mit dieser Aufgabenwahrnehmung für den ordnungsgemäßen Sitzungsverlauf.[86] Dadurch wird zwar kein unmittelbarer Einfluss auf die Entscheidungsfindung im Betriebsrat ausgeübt, allerdings unterliegt diese gemäß § 29 Abs. 1 S. 2 BetrVG der Moderation durch den Vorsitzenden.

6. Nachvollziehbarkeit der getroffenen Entscheidungen

Gem. § 34 Abs. 1 S. 1 BetrVG ist über jede Verhandlung des Betriebsrats eine Niederschrift aufzunehmen, die mindestens den Wortlaut der Beschlüsse und die Stimmenmehrheit, mit der sie gefasst worden sind, enthält. Die Niederschrift ist gem. § 34 Abs. 1 S. 2 BetrVG vom Vorsitzenden und einem weiteren Mitglied zu unterzeichnen und ihr muss nach § 34 Abs. 1 S. 3 BetrVG eine Anwesenheitsliste beigefügt werden, auf welcher alle Teilnehmer der Sitzung eigenhändig unterzeichnet haben. Dadurch soll der Nachweis eines ordnungsgemäßen Zustandekommens von Beschlüssen[87] und Wahlentscheidungen[88] erbracht werden. Der Sitzungsniederschrift kommt damit eine innere und äußere Beweiskraft zu.[89] Sie dient als Dokumentationsmittel,[90] mit dem der Ablauf der Sitzung und der konkrete Inhalt der Beschlüsse (innere Beweiskraft) nachvollzogen werden können.[91] Die äußere Beweiskraft kommt ihr durch die enthaltenen Unterschriften der Betriebsratsmitglieder zu, indem dadurch überprüft werden kann, ob die in ihr enthaltenen Erklärungen und Beschlüsse von den Betriebsratsmitgliedern stammen.[92] Obwohl die Niederschrift damit zwar keine Aussage darüber trifft, ob die in ihr enthaltenen Aussagen richtig sind,[93] werden aufgrund ihrer hohen Beweiskraft die kollektive

---

[85] Strittig ist, ob der Ausschluss von Betriebsratsmitgliedern, mangels gesetzlicher Regelung, nur auf der Grundlage einer Regelung in der Geschäftsordnung möglich ist. Dafür: DKW/*Wedde*, BetrVG, § 29 Rn. 29; *Fitting*, BetrVG, § 29 Rn. 50; dagegen: HWGNRH/*Glock*, § 29 Rn. 60; Löwisch/Kaiser/*Holler*, BetrVG, § 29 Rn. 33; GK-BetrVG/*Raab*, § 29 Rn. 70.

[86] GK-BetrVG/*Raab*, § 29 Rn. 69.

[87] BAG 30.9.2014 – 1 ABR 32/13, AP Nr. 144 zu § 99 BetrVG 1972 (Rn. 43); *Fitting*, BetrVG, § 34 Rn. 5; GK-BetrVG/*Raab*, § 34 Rn. 12.

[88] Vgl. *Fitting*, BetrVG, § 26 Rn. 17 oder § 38 Rn. 40; GK-BetrVG/*Raab*, § 26 Rn. 14.

[89] GK-BetrVG/*Raab*, § 34 Rn. 13 f.

[90] BAG 30.9.2014 – 1 ABR 32/13, AP Nr. 144 zu § 99 BetrVG 1972 (Rn. 43); *Klebe/Ratayczak/Heilmann/Spoo*, § 34 Rn. 1.

[91] GK-BetrVG/*Raab*, § 34 Rn. 14, die Auslegung der Beschlüsse sowie der Ablauf der Sitzung unterliegen der freien Beweiswürdigung nach § 286 ZPO.

[92] *Fitting*, BetrVG, § 34 Rn. 5; GK-BetrVG/*Raab*, § 34 Rn. 13.

[93] Vgl. BAG 30.9.2014 – 1 ABR 32/13, AP Nr. 144 zu § 99 BetrVG 1972, Rn. 56; *Fitting*, BetrVG, § 34 Rn. 5; Löwisch/Kaiser/*Holler*, BetrVG, § 34 Rn. 14.

Willensbildung sowie daraus folgende Entscheidungen transparent und somit auch für Außenstehende im Streitfall nachvollziehbar.[94]

7. Haftungsausschluss bei Fehlentscheidungen und Kostentragung durch den Arbeitgeber

Die Mitglieder des Betriebsrats üben ihr Amt gem. § 37 Abs. 1 BetrVG unentgeltlich als Ehrenamt aus. Die Betriebsratstätigkeit ist damit weder eine zu vergütende Arbeitsleistung noch ein Amt, welches zu vergüten ist.[95] Dadurch soll die innere und äußere Unabhängigkeit der Mitglieder während ihrer Amtsausübung gewahrt werden,[96] da der Erhalt oder der Verlust von materiellen Sondervorteilen die Amtsausführung beeinflussen könnte.[97] Dem Erhalt von materiellen Sondervorteilen wird dadurch entgegengewirkt, dass die Gremienmitglieder keine finanziellen Vorteile durch ihre Mandatsausübung wie ein höheres Arbeitsentgelt als vergleichbare Arbeitnehmer[98] oder Sitzungsgelder[99] erhalten. Der drohende Verlust materieller Nachteile wird durch das Lohnausfallprinzip[100] nach § 37 Abs. 2 BetrVG verhindert, wobei eine hypothetische Betrachtung angestellt wird, welches Arbeitsentgelt das jeweilige Mitglied ohne die Arbeitsbefreiung verdient hätte.[101] Ohne diesen Grundsatz könnte die Betriebsratsarbeit von Arbeitgeberseite aus leicht beeinträchtigt werden, da das Mitglied stets um finanzielle Nachteile besorgt sein müsste.[102] Ferner trägt der Arbeitgeber gem. § 40 Abs. 1 BetrVG die Kosten, welche durch die Tätigkeit des Betriebsrats entstanden sind. Darunter fallen nach § 40 Abs. 2 BetrVG Ausgaben für die laufende Geschäftsführung, wie z. B. die Anfertigung oder Abschrift einer Sitzungsniederschrift.[103] Auch sind nach § 40 Abs. 2 BetrVG im erforderlichen Umfang Büroräume, sachliche Mittel, Informations- und Kommunikationstechnik sowie Büropersonal zur Verfügung zu stellen.

---

[94] Vgl. BAG 30.9.2014 – 1 ABR 32/13, AP Nr. 144 zu § 99 BetrVG 1972, Rn. 43; HWGNRH/*Glock*, § 34 Rn. 17.

[95] BAG 28.5.2014 – 7 AZR 404/12, NZA 2015, 564 (Rn. 20).

[96] *Fitting*, BetrVG, § 37 Rn. 7; HWGNRH/*Glock*, § 37 Rn. 12.

[97] BAG 20.10.1993 – 7 AZR 581/92 A, AP Nr. 90 zu § 37 BetrVG 1972 (unter B. III. 5. c. der Gründe).

[98] HWGNRH/*Glock*, § 37 Rn. 15; GK-BetrVG/*Weber*, § 37 Rn. 16.

[99] HWGNRH/*Glock*, § 37 Rn. 15; GK-BetrVG/*Weber*, § 37 Rn. 17.

[100] BAG 18.9.1973 – 1 AZR 102/73, AP Nr. 3 zu § 37 Nr. 3 BetrVG 1972 (unter 3. der Gründe); BAG 19.4.2015 – 7 AZR 123/13, AP Nr. 159 zu § 37 BetrVG 1972 (Rn. 11); *Fitting*, BetrVG, § 37 Rn. 57; HWGNRH/*Glock*, § 37 Rn. 56.

[101] BAG 19.4.2015 – 7 AZR 123/13, AP Nr. 159 zu § 37 BetrVG 1972 (Rn. 11); *Fitting*, BetrVG, § 37 Rn. 59.; HWGNRH/*Glock*, § 37 Rn. 56.

[102] BAG 21.6.1957 – 1 AZR 465/56, BeckRS 1957, 10449 (Rn. 9).

[103] GK-BetrVG/*Weber*, § 40 Rn. 39; DKW/*Wedde*, BetrVG, § 40 Rn. 15.

Ferner ist der Betriebsrat nur teilweise rechts- und vermögensfähig.[104] Schadensersatzansprüche oder Bußgelder gegen den Betriebsrat sind der Betriebsverfassung daher grundsätzlich fremd. Zwar hält das BAG eine Haftung des Betriebsrats nach den allgemeinen Regeln der Rechtsgeschäftslehre sowie dem allgemeinen Schuldrecht für möglich, wenn das Gremium Rechtsgeschäfte außerhalb seines Wirkungskreises vornimmt.[105] Genauere Ausführungen zu einer Anspruchsgrundlage macht das BAG allerdings nicht.[106] Der BGH präzisierte in einer späteren Entscheidung eine mögliche Haftung des Betriebsrats über eine entsprechende Anwendung des § 179 Abs. 1 BGB, wonach das einzelne Gremienmitglied wie ein Vertreter ohne Vertretungsmacht haftet, wenn es Leistungen in Anspruch nimmt, welche die Grenze der Erforderlichkeit des § 40 Abs. 1 BetrVG überschreiten.[107] Abgesehen von diesen Sonderkonstellationen wird eine Haftung des Betriebsratsgremiums sowie der einzelnen Mitglieder jedoch nicht angenommen. Die Regelungen in §§ 37, 40 BetrVG sowie das Fehlen etwaiger Haftungsvorschriften zum Schutz vor einem drohenden Verlust von materiellen Nachteilen und der damit verbundenen unabhängigen Mandatsausübung des Betriebsratsamtes wirken sich auf den Prozess der Entscheidungsfindung in zweierlei Hinsicht aus: Durch das Verbot der Begünstigung von Betriebsratsmitgliedern wird sichergestellt, dass der Arbeitgeber sowie Dritte keinen Einfluss auf die Entscheidungen des Betriebsrats nehmen können, da das in Aussicht stellen materieller Vorteile den Willen einzelner Mitglieder im Vorfeld einer Sitzung beeinträchtigen könnte. Obwohl die Verhinderung drohender finanzieller Nachteile vor einer solchen Beeinflussung durch Dritte auch schützt, wird zusätzlich verhindert, dass die kollektive Willensbildung in der Betriebsratssitzung kürzer ausfällt oder unter widrigeren Bedingungen stattfindet, weil die Mitglieder z.B. die Kosten für einen Sitzungsraum oder für notwendige Schreibkräfte selbst tragen müssen. Das Entscheidungsverfahren des Betriebsrats soll somit nicht durch materielle Vor- oder Nachteile einzelner Mitglieder beeinflusst werden.

8. Effektive Mitwirkung der Angehörigen von Minderheitenlisten

Die Wahl des Betriebsrats findet gem. § 14 Abs. 1 S. 1 BetrVG regelmäßig als Verhältniswahl in Form einer Listenwahl statt.[108] Dies bedeutet, dass sich die Be-

---

[104] BAG 24.4.1986 – 6 AZR 607/83, AP Nr. 7 zu § 87 Sozialeinrichtungen BetrVG 1972 (unter II. 2. a. der Gründe); BAG 24.10.2001 – 7 ABR 20/00, AP Nr. 71 zu § 40 BetrVG 1972 (unter II. 1. der Gründe); BGH 25.10.2012 – III ZR 266/11, AP Nr. 110 zu § 49 BetrVG 1972 (unter II. 1. a. aa. (1) der Gründe); *Fitting*, BetrVG, § 1 Rn. 291; GK-BetrVG/*Wiese*, Einleitung, Rn. 105.

[105] BAG 24.4.1986 – 6 AZR 607/83, AP BetrVG 1972 Nr. 7 zu § 87 (unter II. 2. b. der Gründe).

[106] Vgl. dazu auch *Lunk/Rodenbusch*, NJW 2014, 1989 (1990 f.).

[107] BGH 25.10.2012 – III ZR 266/11, AP BetrVG 1972, Nr. 110 zu § 40 (Rn. 36).

[108] *Nikisch*, Arbeitsrecht III, 93.

werber für den Betriebsrat auf verschiedene Listen eintragen lassen und bei der Wahl zumindest nicht unmittelbar miteinander konkurrieren, sondern vielmehr die jeweiligen Listen. Jeder an der Wahl teilnehmende Arbeitnehmer im Betrieb kann seine Stimme gem. § 11 Abs. 1 S. 1 WO nur einer Vorschlagsliste und nicht direkt einem Bewerber selbst geben. Dies hat zur Folge, dass die Stimmen für die jeweiligen Listen im Anschluss auf die zu verteilenden Betriebsratssitze gem. § 15 WO umgerechnet werden müssen. Die Umrechnung erfolgt gem. § 15 Abs. 1, Abs. 2 WO mithilfe des d'Hondtschen Höchstzahlensystems,[109] wonach die abgegebenen Stimmen, welche auf die jeweilige Liste entfallen, nacheinander durch 1, 2, 3 usw. geteilt und die sich hierbei ergebenden Höchstzahlen auf die einzelnen Listen verteilt werden.[110] Dieses Verfahren führt dazu, dass die Stimmen der Mehrheit einen höheren Erfolgswert haben als die Stimmen derjenigen Arbeitnehmer, welche eine Liste gewählt haben, auf welche keine Mehrheit entfällt.[111] Dies hat zwar den Vorteil, dass es im Betriebsrat zu keiner Zersplitterung einzelner Fraktionen kommt und damit Mehrheitsentscheidungen erleichtert werden.[112] Im Gegenzug kann es dadurch allerdings zur Bildung von Minderheiten innerhalb des Gremiums kommen.[113]

Damit die Betriebsratsmitglieder, die einer solchen Minderheit angehören, auch an der Betriebsratsarbeit wirksam mitwirken können, gibt es vereinzelte Vorschriften im BetrVG, welche dies ermöglichen.[114] Für die Entscheidungsfindung ist dabei zunächst auf § 34 Abs. 3 BetrVG abzustellen, wonach die einzelnen Betriebsratsmitglieder das Recht haben, die Unterlagen des Betriebsrats und seiner Ausschüsse einzusehen. Die Mitglieder sollen sich damit jederzeit über die Vorgänge informieren können, sodass es kein Informationsgefälle innerhalb des Betriebsrats gibt.[115] Dies dient vor allem dem Minderheitenschutz, indem auch die Angehörigen der Minderheitenlisten z. B. Informationen aus Ausschüssen i. S. d. § 27 BetrVG bekommen, welche von Angehörigen der Mehrheitslisten besetzt sind.[116] Ferner ist die in § 27 Abs. 1 S. 1, S. 3 BetrVG angeordnete Verhältniswahl

---

[109] Vgl. auch *Fitting*, BetrVG, § 14 Rn. 24; GK-BetrVG/*Jacobs*, § 14 Rn. 37; *Nikisch*, Arbeitsrecht III, 97; *Rennpferdt*, RdA 2022, 27 (28); *Voss*, Rechtsstellung von Minderheitslisten, 35.

[110] *Fitting*, BetrVG, § 14 Rn. 24; GK-BetrVG/*Jacobs*, § 14 Rn. 38; *Nikisch*, Arbeitsrecht III, 97; *Rennpferdt*, RdA 2022, 27 (28); *Voss*, Rechtsstellung von Minderheitslisten, 36.

[111] BAG 22.11.2017 – 7 ABR 35/16, AP zu § 19 Nr. 68 BetrVG 1972 (Rn. 30).

[112] BAG 22.11.2017 – 7 ABR 35/16, AP zu § 19 Nr. 68 BetrVG 1972 (Rn. 30).

[113] Vgl. BAG 22.11.2017 – 7 ABR 35/16, AP zu § 19 Nr. 68 BetrVG 1972 (Rn. 30, 33).

[114] Der Minderheitenschutz ist kein allgemeines Prinzip der Betriebsverfassung, sondern nur punktuell geregelt, vgl. dazu BAG 26.9.2018 – 7 ABR 77/16, AP Nr. 6 zu § 51 BetrVG 1972 (Rn. 45); *Rennpferdt*, RdA 2022, 27; a. A.: *Voss*, Rechtsstellung von Minderheitslisten, 263.

[115] BAG 12.8.2009 – 7 ABR 15/08, AP Nr. 2 zu § 34 BetrVG 1972 (Rn. 19).

[116] LAG Niedersachsen – 12 TaBV 86/07, BeckRS 2009, 73188 (unter II. 2. b. der Gründe); GK-BetrVG/*Raab*, § 34 Rn. 32; *Rennpferdt*, RdA 2022, 27 (28); Richardi/*Thüsing*, BetrVG, § 30 Rn. 29.

bei der Wahl mehrerer Ausschussmitglieder ein Ausdruck des Minderheitenschutzes, da sie Minderheiten die Teilhabe in Ausschüssen erleichtert.[117] Eine weitere Vorschrift zum Schutz von Minderheiten findet sich in § 36 BetrVG, wonach eine qualifizierte Mehrheit zum Beschluss über die Geschäftsordnung notwendig ist und demnach eine Regelung über die Geschäftsführung des Betriebsrats in der Regel meist nicht ohne die Zustimmung der Minderheit getroffen werden kann.[118]

Der Schutz von Minderheiten durch Verhältniswahlen sowie das Erfordernis von qualifizierten Mehrheiten haben allerdings zur Konsequenz, dass Entscheidungen im Gremium schwerer getroffen werden können, als wenn mit einfachem Mehrheitsbeschluss entschieden wird. Der Minderheitenschutz geht daher hier zu Lasten der Funktionsfähigkeit des Betriebsrats.[119] Damit das Gremium bei der Ausübung seiner Beteiligungsrechte aber funktionstüchtig bleibt, werden Beschlüsse grundsätzlich gem. § 33 Abs. 1 BetrVG mit der Mehrheit der anwesenden Mitglieder gefasst. Den Angehörigen der Minderheitenvertretung verbleibt somit lediglich die Möglichkeit, durch Argumente die Beschlussfassung des Betriebsrats zu beeinflussen sowie sich ggf. von einem Gewerkschaftsbeauftragten unterstützen zu lassen.[120] Die Funktionsfähigkeit des Betriebsrats genießt insoweit bei der Beschlussfassung regelmäßig Vorrang gegenüber dem Schutz der Minderheit.[121]

Im Entscheidungsprozess des Betriebsrats wird damit auf mehreren Ebenen gewährleistet, dass sich die Angehörigen von Minderheitenlisten wirksam in diesen einbringen können, auch wenn dies teilweise zu Lasten der Funktionsfähigkeit des Gremiums geht.

II. Erkenntnisse aus der historischen Entwicklung dieser Vorgaben

Den Vorschriften über die Geschäftsführung des Betriebsrats lassen sich unmittelbare und mittelbare Voraussetzungen für die Willensbildung und damit das Entscheidungsverfahren im Betriebsrat entnehmen. Im folgenden Abschnitt soll daher die historische Entwicklung der Normen näher dargestellt werden, um herauszufinden, ob sich aus einer möglichen Veränderung bzw. Entwicklung dieser Schlüsse für den Entscheidungsprozess des Betriebsrats ziehen lassen.

Die §§ 26, 27, 29, 30, 33 und 44 BetrVG lassen sich in ihrem Inhalt zunächst auf die Novellierung des Betriebsverfassungsgesetzes im Jahre 2001, dann auf die Novellierung im Jahre 1972 und schließlich auf die Ursprungsfassung aus dem

---

[117] BAG 16.3.2005 – 7 ABR 43/04, AP Nr. 6 zu § 38 BetrVG 1972 (unter B. II. 2. b. bb. der Gründe); *Rennpferdt*, RdA 2022, 27 (28).

[118] Vgl. *Rennpferdt*, RdA 2022, 27 (30).

[119] BAG 16.3.2005 – 7 ABR 43/04, AP Nr. 6 zu § 38 BetrVG 1972 (unter B. II. 2. b. bb. der Gründe); *Rennpferdt*, RdA 2022, 27 (27).

[120] *Rennpferdt*, RdA 2022, 27 (27).

[121] *Rennpferdt*, RdA 2022, 27 (27).

Jahre 1952 zurückführen.[122] Die §§ 26, 30 und 33 BetrVG entsprechen bis auf redaktionelle Änderungen inhaltlich der Fassung von 1952.[123] Die §§ 27 und 29 BetrVG erfuhren seitdem zwar teilweise maßgebliche Änderungen, stimmen aber in den für den Entscheidungsprozess ausschlaggebenden Elementen mit der Ursprungsfassung überein.[124] Während § 27 BetrVG in der Fassung von 1952 noch unter § 28 BetrVG verortet war, eine einfache Stimmenmehrheit zur Wahl der Ausschussmitglieder ausreichte[125] und noch 1972 das Gruppenprinzip in den Ausschüssen bestand, welches zwischen Arbeitern und Angestellten unterschied,[126] lag dem Wahlverfahren für die Ausschussmitglieder stets ein demokratischer Leitfaden zugrunde. Die Norm des § 29 BetrVG blieb ebenfalls in ihrem für den Entscheidungsprozess des Betriebsrats maßgeblichen Teil gleich, da auch in der Fassung aus dem Jahr 1952 der Vorsitzende zuständig für die Anberaumung der Sitzung war, diese leitete und die anderen Mitglieder rechtzeitig unter Mitteilung der Tagesordnung einlud.[127] Wesentlich ausschlaggebender für den Entscheidungsprozess des Betriebsrats war daher die Stärkung der Position von Schwerbehindertenvertretung und JAV in den §§ 32 und 67 BetrVG. Seit der Änderung der Betriebsverfassung von 1972[128] können deshalb Mitglieder beider Vertretungen an Betriebsratssitzungen teilnehmen, wodurch diese verstärkten Einfluss auf die Willensbildung des Betriebsrats ausüben können.[129] Das Recht, gem. § 34 Abs. 3 BetrVG jederzeit in die Unterlagen des Betriebsrats und seiner Ausschüsse einsehen zu können, wurde ebenfalls durch die Reform des BetrVG 1972 eingeführt, wodurch die Rechte der Angehörigen von Minderheitenlisten gestärkt wurden.[130] Ferner wurde die Unabhängigkeit des Betriebsrats seit 1952 kontinuierlich gefestigt, indem ab 1972 Regelungen zum Freizeitausgleich, zur beruflichen und wirtschaftlichen Absicherung

---

[122] Vgl. dazu GK-BetrVG/*Raab*, § 26 Rn. 1; *ders.*, § 27 Rn. 1; *ders.*, § 29 Rn. 1; *ders.*, § 30 Rn. 1; *ders.*, § 33 Rn. 1; GK-BetrVG/*Weber*, § 40 Rn. 1.

[123] GK-BetrVG/*Raab*, § 26 Rn. 1; § 30 Rn. 1, § 33 Rn. 1; bereits in § 32 Abs. 1 S. 1 des Betriebsrätegesetzes, dem Vorgänger des BetrVG, war es vorgesehen, dass nur die „erschienenen" Mitglieder Beschlüsse fassen können. Daraus kann geschlussfolgert werden, dass bereits im BRG eine Beschlussfassung in einem Umlaufverfahren unzulässig war. In einem Kommentar zum BRG, dem *Flawtows*, heißt es dazu: „Ein unter der Verletzung der Bestimmung gefasster Beschluß ist trotzdem in der Regel wirksam, solange noch von einer wirklichen Betriebsratssitzung, von dem Bewußtsein des Tätigwerdens in solcher bei den Mitgliedern die Rede sein kann". Dies soll bei der Beschlussfassung durch Umfrage durch den Vorsitzenden oder beim Umlauf eines Schriftstücks nicht mehr der Fall sein, vgl. *Flatow/Kahn-Freund*, BRG, § 32 Rn. 1.

[124] Vgl. GK-BetrVG/*Raab*, § 27 Rn. 1, § 29 Rn. 1.

[125] BGBl. 1952 Nr. 43, 681 (684 f.).

[126] BGBl. 1972 Nr. 2, 13 (19).

[127] BGBl. 1952 Nr. 43, 681 (685).

[128] BGBl. 1972 Nr. 2, 13 (20, 26).

[129] Vgl. GK-BetrVG/*Raab*, § 32 Rn. 1; GK-BetrVG/*Oetker*, § 67 Rn. 2.

[130] BGBl. 1972 Nr. 2, 13 (20).

und ab 2001 zur Schulung und Weiterbildung in § 37 Abs. 3-Abs. 7 BetrVG umgesetzt wurden.[131]

Aus diesen Entwicklungen zum internen Entscheidungsverfahren im Betriebsrat ist zunächst die Tendenz zu erkennen, dass die kollektive Willensbildung in der Betriebsratssitzung zunehmend von den Interessen anderer Gruppen im Betrieb beeinflusst wird. Nach Herschel existiert der Betriebsrat „ganz besonders, um die Interessen der Arbeitnehmer zu wahren, aber nicht etwa ehrgeizig; ihm soll das am Gemeininteresse ausgerichtete Wohl des Betriebes oberste Richtschnur sein"[132], wobei sich dies aus dem Blickwinkel eines „vernünftigen und verantwortungsvollen"[133] Arbeitnehmers ergibt. Die Betriebsratsmitglieder sollen daher nicht nur den Bedürfnissen ihrer Kernwählerschaft nachkommen, sondern auch die Interessen kleinerer Gruppen berücksichtigen. Diese stellen z. B. die Schwerbehinderten oder die Jugendlichen dar. Ferner zeigt die erhebliche Verstärkung der Unabhängigkeit des Betriebsrats in § 37 BetrVG seit 1952 auch, dass die Entscheidungsfindung nicht von materiellen Aspekten gelenkt sein soll.

III. Auswirkung von Beteiligungsrechten auf das Entscheidungsverfahren

Dem Betriebsrat werden durch die Betriebsverfassung eine Vielzahl verschiedener Beteiligungsrechte eingeräumt. Untergliedern lassen sich diese in Informations- und Unterrichtungsrechte, Anhörungs-, Beratungs- und Widerspruchsrechte sowie Zustimmungserfordernisse, Mitbestimmungs- und Initiativrechte.[134] In den betrieblichen Bereichen, in welchen der Gesetzgeber der unternehmerischen Gestaltungsfreiheit vermehrt Rechnung tragen wollte, fallen die Beteiligungsrechte schwächer aus.[135] Umgekehrt sind Beteiligungsrechte stärker ausgebildet, wenn der Arbeitnehmerschutz für wichtiger erachtet wurde als die aus Art. 12 Abs. 1 GG erwachsende unternehmerische Freiheit.[136] Dabei stellen Informations- und Unterrichtungsrechte, wie die §§ 80 Abs. 2, 90 oder 108 Abs. 5 BetrVG, die schwächste Form der unternehmerischen Beteiligung dar,[137] während Initiativrechte, wie die §§ 91 oder 112 Abs. 6 BetrVG, in welchen der Betriebsrat von sich aus eine Entscheidung verlangen kann,[138] die höchste Stufe der betrieblichen Mitbestimmung

---

[131] Vgl. GK-BetrVG/*Weber*, § 37 Rn. 84, 132.

[132] *Herschel*, GedS Kahn-Freund, 117.

[133] *Herschel*, GedS Kahn-Freund, 117.

[134] Ausführlicher Überblick in *Preis/Greiner*, Kollektivarbeitsrecht, Rn. 2016 ff.

[135] *Preis/Greiner*, Kollektivarbeitsrecht, Rn. 2016.

[136] *Preis/Greiner*, Kollektivarbeitsrecht, Rn. 2016.

[137] *Preis/Greiner*, Kollektivarbeitsrecht, Rn. 2018.

[138] BAG 15.4.1974 – 1 ABR 65/73, AP zu § 87 Nr. 1 BetrVG 1972 (unter II. 3. der Gründe).

verkörpern.[139] Dies hat zur Folge, dass die verschiedenen Beteiligungsrechte unterschiedlich in ihrer Intensität ausfallen.[140]

1. Eingriffsintensität der Mitbestimmungsrechte als Faktor für die Willensbildung

Aufgrund dieser unterschiedlichen Ausgestaltung der Beteiligungsrechte in ihrer Intensität könnte es sein, dass die Willensbildung im Betriebsrat bei einigen Beteiligungsrechten mit einer geringen Eingriffsintensität in die unternehmerische Freiheit eher kürzer ausfällt und schneller erfolgt als bei Beteiligungsrechten, welche mit einer eher hohen Eingriffsintensität in Art. 12 Abs. 1 GG verbunden sind. Einen Indikator für die Dauer der Willensbildung könnte somit die Eingriffsintensität des jeweiligen Beteiligungsrechts in die unternehmerische Entscheidungsfreiheit darstellen.

Näher beleuchtet werden soll dies am Beispiel der Anhörungsrechte sowie der Beteiligungsrechte, welche einem Zustimmungserfordernis unterliegen. Spricht etwa der Arbeitgeber gegenüber einem Arbeitnehmer eine ordentliche Kündigung aus, so ist der Betriebsrat gem. § 102 Abs. 1 S. 1 BetrVG davor anzuhören, d. h., der Arbeitgeber ist verpflichtet, sich mit den Empfehlungen des Betriebsrats auseinanderzusetzen.[141] Selbst wenn sich der Betriebsrat gegen die Kündigung ausspricht, kann der Arbeitgeber die Maßnahme, unabhängig von der Stellungnahme des Betriebsrats, eigenständig durchführen.[142] Handelt es sich hingegen um eine personelle Einzelmaßnahme i. S. d. § 99 Abs. 1 S. 1 BetrVG, kann der Betriebsrat unter den Voraussetzungen des § 99 Abs. 2 BetrVG die Zustimmung verweigern, was nach § 99 Abs. 4 BetrVG zur Konsequenz hat, dass der Arbeitgeber beim Arbeitsgericht die Zustimmung zu ersetzen hat. Beiden Beteiligungsrechten ist damit zwar gemein, dass der Betriebsrat im Vorfeld über eine Maßnahme des Arbeitgebers informiert werden muss. Allerdings unterscheiden sie sich in ihrer rechtlichen Konsequenz darin, dass beim Anhörungsrecht nach § 102 Abs. 1 S. 1 BetrVG der Betriebsrat die Maßnahme des Arbeitgebers nicht verhindern kann, beim Beteiligungsrecht mit dem Zustimmungserfordernis nach § 99 Abs. 1 S. 1 BetrVG hingegen schon, wenn auch unter Umständen nur vorübergehend. Wirkt sich ein Beteiligungsrecht in seiner Rechtsfolge jedoch weniger entscheidend auf die Vertretung der Arbeitnehmer aus, dann wird es nicht immer, aber zumindest manchmal der Fall sein, dass der Betriebsrat für dieses weniger Zeit bei der Willensbildung aufwenden wird als bei

---

[139] *Preis/Greiner*, Kollektivarbeitsrecht, Rn. 2034, Erreichung der vollen gleichberechtigten Mitbestimmung, sofern sich das Initiativrecht auf Gegenstände der echten Mitbestimmung bezieht.

[140] *Preis/Greiner*, Kollektivarbeitsrecht, Rn. 2016.

[141] GK-BetrVG/*Raab*, § 102 Rn. 41; *Preis/Greiner*, Kollektivarbeitsrecht, Rn. 2028.

[142] GK-BetrVG/*Raab*, § 102 Rn. 33, Anhörungsverfahren muss ordnungsgemäß eingeleitet und abgeschlossen sein; *Preis/Greiner*, Kollektivarbeitsrecht, Rn. 2028.

einem Beteiligungsrecht, welches eine starke Ausprägung der betrieblichen Mitbestimmung darstellt.

2. Regelmäßigkeit und Komplexität der Beteiligungsrechte als Maßstab für die Willensbildung

Neben der Eingriffsintensität könnten auch die Komplexität sowie die regelmäßige Wiederkehr von Beteiligungsrechten eine Auswirkung auf die Dauer der Willensbildung haben. Nach § 29 Abs. 2 S. 3 BetrVG hat der Vorsitzende die Betriebsratsmitglieder rechtzeitig unter Angabe der Tagesordnung zu laden, damit eine sachgerechte Sitzungsvorbereitung möglich ist,[143] wodurch eine Willensbildung aus dem Stegreif heraus vermieden wird. Kurzfristige Änderungen bzw. Ergänzungen der Tagesordnung in einer Betriebsratssitzung sind deshalb nur möglich und damit auch rechtzeitig i. S. d. § 29 Abs. 2 S. 3 BetrVG, wenn eine sachgerechte Sitzungsvorbereitung trotzdem noch gelingen kann;[144] dies wird teilweise bei einfach gelagerten Sachverhalten und Routineangelegenheiten angenommen.[145] Routineangelegenheiten sollen Tagesordnungspunkte sein, welche Gegenstand von nahezu jeder Sitzung sind.[146] Darunter können Entscheidungen über Einstellungen sowie auch die Weiterbeschäftigung von Arbeitnehmern fallen.[147] Daneben spielt für die erforderliche Dauer der Willensbildung jedoch auch eine Rolle, ob die zu behandelnde Angelegenheit komplex, schwierig und bedeutsam ist;[148] die Komplexität eines Themas kann davon abhängen, ob die entscheidenden „Weichenstellungen" hierfür bereits außerhalb der Sitzung erfolgt sind.[149]

In Bezug auf die Willensbildung des Betriebsrats ist daraus zu folgern, dass bei Entscheidungen im Betriebsrat über regelmäßig anfallende Beteiligungsrechte eine kürzere Willensbildung als bei Beteiligungsrechten erforderlich ist, welche nur unregelmäßig Gegenstand einer Betriebsratssitzung sind. Indizien dafür, welche Beteiligungsrechte regelmäßig in den Sitzungen behandelt werden, finden sich in den Sitzungsniederschriften des Betriebsrats.[150] Ebenfalls spielt es für die Dauer der Willensbildung eine Rolle, ob die zu behandelnde Angelegenheit komplex,

---

[143] BAG 24.5.2006 – 7 AZR 201/05, NZA 2006, 1364 (Rn. 21); LAG Köln 3.3.2008 – 14 TaBV 83/07, BeckRS 2008, 53822 (unter II. 2. der Gründe); LAG Düsseldorf 26.10.2007 – 9 TaBV 54/07, BeckRS 2008, 50295 (Rn. 30).

[144] BAG 24.5.2006 – 7 AZR 201/05, NZA 2006, 1364 (Rn. 21).

[145] VG Köln 2.11.2009 – 34 K 6530/08, BeckRS 2009, 42361 (unter II. der Gründe).

[146] VG Köln 2.11.2009 – 34 K 6530/08, BeckRS 2009, 42361 (unter II. der Gründe).

[147] VG Köln 2.11.2009 – 34 K 6530/08, BeckRS 2009, 42361 (unter II. der Gründe).

[148] VG Köln 2.11.2009 – 34 K 6530/08, BeckRS 2009, 42361 (unter II. der Gründe).

[149] VG Köln 2.11.2009 – 34 K 6530/08, BeckRS 2009, 42361 (unter II. der Gründe).

[150] VG Köln 2.11.2009 – 34 K 6530/08, BeckRS 2009, 42361 (unter II. der Gründe).

schwierig und bedeutsam ist.[151] Bei einfach gelagerten Entscheidungen bedarf es demnach keiner ausführlichen und langwierigen Willensbildung.

3. Ausübungsfrist für Beteiligungsrechte als Faktor für die Willensbildung

Einige der Beteiligungsrechte sehen eine Frist vor, innerhalb derer ein Betriebsrat tätig werden muss. Nach § 102 Abs. 2 S. 1 und 3 BetrVG muss der Betriebsrat einer ordentlichen Kündigung innerhalb einer Woche und einer außerordentlichen Kündigung innerhalb von drei Tagen widersprechen, damit der gekündigte Arbeitnehmer im Falle eines Kündigungsschutzprozesses einen Anspruch auf Weiterbeschäftigung gem. § 102 Abs. 5 S. 1 BetrVG hat. § 99 Abs. 5 S. 1 BetrVG verlangt, dass die Zustimmung zu einer personellen Maßnahme innerhalb einer Woche verweigert werden muss, damit sie nach § 99 Abs. 5 S. 2 BetrVG nicht fingiert wird. Im Prozess der Entscheidungsfindung führen die kurzen Fristen dazu, dass die Phase der Willensbildung zumindest insoweit verkürzt wird, als dass der Betriebsrat die Ausübung seiner Beteiligungsrechte nach den §§ 102 Abs. 3 und 99 Abs. 2 BetrVG nicht in beliebig vielen Sitzungen ausüben kann; gleichwohl bleibt es ihm trotz der Frist unbenommen, in den Sitzungen selbst beliebig lange über das entsprechende Mitbestimmungsrecht zu diskutieren bzw. einen gemeinsamen Willen zu bilden. Die kürzeren Fristen wirken sich damit zwar auf die Länge der Willensbildung der Mitglieder im Vorfeld der Sitzung aus, nicht jedoch auf die Dauer der kollektiven Willensbildung innerhalb der Betriebsratssitzung. Da es sich bei den Beteiligungsrechten zu Kündigungen und personellen Maßnahmen in der Regel um regelmäßig wiederkehrende Angelegenheiten handelt, welche meist keiner ausführlichen Willensbildung bedürfen,[152] sind kurze Fristen bei der Wahrnehmung von Beteiligungsrechten nicht entscheidend für die Willensbildung und damit auch nicht für die Entscheidungsfindung im Betriebsrat.

IV. Zwischenergebnis

Die Betrachtung der gesetzlichen Vorgaben zur Präsenzsitzung hat die wesentlichen Merkmale für die interne Entscheidungsfindung im Betriebsrat offengelegt. Während die Prinzipien der Anwesenheit und Nichtöffentlichkeit unmittelbar der kollektiven Willensbildung im Betriebsrat dienen, ist dieser Zweck den Vorschriften über die rechtzeitige Sitzungsladung unter Bekanntgabe der Tagesordnung, der Sitzungsleitung durch den Vorsitzenden, der Notwendigkeit zur Anfertigung einer Sitzungsniederschrift, der materiellen Unabhängigkeit der Betriebsratsmitglieder

---

[151] VG Köln 2.11.2009 – 34 K 6530/08, BeckRS 2009, 42361 (unter II. der Gründe).

[152] Vgl. dazu auch VG Köln 2.11.2009 – 34 K 6530/08, BeckRS 2009, 42361 (unter II. der Gründe).

vom Arbeitgeber sowie den einzelnen Minderheitenrechten zur effektiven Mitwirkung am Entscheidungsprozess mittelbar zu entnehmen. Ferner zeigen die Vorschriften zur Wahl des Vorsitzenden und der Ausschussmitglieder, dass die Entscheidungen nach demokratischen Grundsätzen getroffen werden.

Die historische Betrachtung dieser Normen hat einerseits gezeigt, dass die Vorschriften zunehmend präzisiert worden sind, wobei es sich allerdings häufig nur um Klarstellungen handelt, welche sich im Wesentlichen nicht von den Prinzipien des BetrVG von 1952 sowie teilweise sogar dem BRG oder den preußischen Ausführungsbestimmungen zum Hilfsdienstgesetz unterscheiden. Anderseits zeigt die historische Entwicklung der Betriebsverfassung eine eindeutige Tendenz dahingehend, dass der Betriebsrat bei seiner Entscheidungsfindung nicht allein auf die Interessen der Arbeitnehmerschaft Rücksicht zu nehmen hat, sondern vermehrt auch auf die Bedürfnisse des Betriebs, des Arbeitgebers sowie anderer Interessensgruppen im Unternehmen. Darüber hinaus ist eine Entwicklung zu erkennen, nach welcher die Mitwirkungsrechte der Angehörigen von Minderheitenlisten zunehmend gestärkt werden.

Die Beteiligungsrechte der Betriebsverfassung können sich auf die Willensbildung des Betriebsrats zunächst durch den Grad ihrer Eingriffsintensität in die unternehmerische Freiheit des Arbeitgebers auf deren Länge auswirken. Ferner kann die Dauer der kollektiven Willensbildung davon abhängig sein, ob die Beteiligungsrechte regelmäßig anfallen oder komplex sind.

B. Außergesetzliche Aspekte

Die Vorgaben der Betriebsverfassung zum analogen Entscheidungsverfahren im Betriebsrat beinhalten Normen, welche die Entscheidungsfindung unmittelbar und mittelbar beeinflussen. Sie stellen die Leitplanken dar, innerhalb derer der Betriebsrat seinen kollektiven Willen bilden und seine gemeinsamen Entscheidungen treffen kann. Zur Beantwortung der Frage, welche Ziele mit der Digitalisierung des Entscheidungsprozesses erreicht werden sollten, bedarf es daher noch einer Konkretisierung des Geschehens bei der Entscheidungsfindung, welche sich innerhalb dieses gesetzlichen Rahmens abspielt und keiner konkreten gesetzlichen Regelung unterliegt. Während Vorschriften zur Entscheidungsfindung, wie die Anfertigung einer Sitzungsniederschrift oder die Sicherstellung der Nichtöffentlichkeit, dem Betriebsrat ziemlich konkrete Vorgaben machen, trifft die Vorschrift zum Anwesenheitsgebot nach § 33 Abs. 1 S. 1 BetrVG keine konkrete Aussage über die Art bzw. die Form der daraus folgenden mündlichen Willensbildung. Die gesetzlichen Regelungen zur Moderation der gemeinsamen Willensbildung im Betriebsrat, der Mitwirkungsrechte von Angehörigen von Minderheitenlisten und der demokratischen Grundsätze bei der Entscheidungsfindung geben zwar allesamt Aufschluss über den ungefähren Gang des Verfahrens innerhalb der Betriebsratssitzungen, treffen aber keine genauere Aussage zu deren konkretem Ablauf. Auch wenn die Normen der Betriebsverfassung nicht jeden Aspekt des Verfahrens im Betriebsrat regeln sollen und wohl auch nicht könnten, ist die Ausfüllung dieses gesetzlichen Vakuums für die Schaffung eines Parallelverfahrens in Form einer digitalen Entscheidungsfindung deshalb von Interesse, da dies eine zusätzliche Annäherung an die Frage ermöglicht, ob ein digitales Entscheidungsverfahren das gleiche Ergebnis wie ein analoges Entscheidungsverfahren liefern kann. Da die gesetzlichen Vorgaben bereits mithilfe der Rechtsprechung und Dogmatik untersucht worden sind, bedarf es einer Betrachtung mithilfe von außergesetzlichen Aspekten. Diese sind jedoch in anderen Fachbereichen wie der Kommunikationspsychologie[153] und der Rechtsphilosophie zu suchen.

I. Konkretisierung der mündlichen Willensbildung mithilfe der Kommunikationspsychologie

Die Beschlüsse des Betriebsrats werden nach § 33 Abs. 1 S. 1 BetrVG mit der Mehrheit der anwesenden Mitglieder gefasst. Die dafür erforderliche Willensbildung erfolgt mündlich, worunter das Sprechen sowie die dazugehörige Mimik und Gestik verstanden werden, d. h., die Mitglieder sollen unmittelbar und aktiv miteinander kommunizieren können. Eine schriftliche Kommunikation sowie eine fernmündliche mittels Umlaufverfahrens ist daher ausgeschlossen.[154] Dass sich dem Gesetz nähere Angaben zur Kommunikation nicht entnehmen lassen, ist mit Blick auf die historische Entwicklung der Betriebsverfassung und ihre Normen sowie ihre Vorgänger im BRG zwar nachvollziehbar. Der zunehmende Einsatz von Informations- und Kommunikationstechnologie und die damit verbundenen neuen Möglichkeiten der zwischenmenschlichen Kommunikation machen es jedoch erforderlich, sich näher mit dem Kriterium des Anwesenheitsgebots und der daraus folgenden mündlichen Willensbildung auseinanderzusetzen. Neben der seit Jahren bestehenden Kommunikation mithilfe von Telefonen ist es inzwischen fast genauso alltäglich geworden, dass sich Personen mittels einer Echtzeitübertragung im Internet gegenseitig wahrnehmen und dabei Informationen austauschen. Die Echtzeitübertragung mittels Videokonferenzen ist inzwischen auch in der Arbeitswelt weit verbreitet und kommt insbesondere dann zum Einsatz, wenn sich Mitarbeiter im Homeoffice befinden. Daneben ermöglichen es aber auch Programme wie SMS und WhatsApp, schriftliche oder mündliche Kurznachrichten in Echtzeit miteinander auszutauschen. Diese Vielzahl an neuen Kommunikationsmöglichkeiten macht

---

[153] *Ch. Weber*, JArbR Bd. 58, 91 (100), weist in diesem Zusammenhang zu Recht darauf hin, dass im Bereich der virtuellen Betriebsrats- bzw. Personalratssitzung häufig Argumente aus kommunikationspsychologischer Sicht einfließen. Selten wird dabei allerdings konkreter Bezug auf Ergebnisse des Forschungsbereichs der Kommunikationspsychologie genommen, wie z. B. von *Hayen*, AuR 2020, 249 ff.

[154] Vgl. Teil 2, Abschnitt 1, A. I. 1.

eine einfache Abgrenzung darüber, welche Art der Kommunikation innerhalb einer Betriebsratssitzung zulässig ist, zunehmend schwerer und lässt sich allein anhand der Begrifflichkeiten der „Anwesenheit“ und „Mündlichkeit“ kaum noch lösen. Denn wenn Betriebsratsmitglieder mithilfe einer Konferenzschaltung gleichzeitig telefonieren, beraten sie sich grundsätzlich mündlich, können sich jedoch gegenseitig nicht wahrnehmen. Ob dies auch tatsächlich für eine mündliche Beratung unter Anwesenden notwendig ist, dazu macht das Gesetz keine Angaben. Ferner konkretisieren die §§ 30 und 33 BetrVG auch nicht, was genau unter Anwesenheit zu verstehen ist. So kann darunter etwa die körperliche genauso wie eine virtuelle Anwesenheit als ausreichend erachtet werden, sofern das Betriebsratsmitglied nur geistig bei der Sache ist. Nicht ausgeschlossen erscheinen daher auch Betriebsratssitzungen, in welchen die Mitglieder gleichzeitig anwesend in einer Chatgruppe sind und dabei gleichzeitig mithilfe von Sprachnachrichten kommunizieren.

Diese neuen Möglichkeiten in der zwischenmenschlichen Kommunikation machen es deshalb notwendig, zu konkretisieren, was genau unter einer mündlichen Kommunikation bei Anwesenden zu verstehen ist. Nur wenn darüber Klarheit besteht, können die Zielsetzungen einer Digitalisierung des analogen Entscheidungsverfahrens im Betriebsrat bestimmt werden, wobei hier auf die Grundlagen der Kommunikationspsychologie zurückgegriffen wird, welche sich mit den Strukturen und Prozessen der Kommunikation zwischen Menschen in unterschiedlichen sozialen Systemen und mit den daraus resultierenden Ergebnissen befassen.[155]

1. Arten der Kommunikation

Eine einheitliche Definition des Begriffes Kommunikation besteht in der Kommunikationspsychologie nicht.[156] Beschrieben wird diese teilweise als „Austausch von Informationen“[157], als „sozialer Prozess, in dem sich die beteiligten Personen wechselseitig zur Konstruktion der Wirklichkeit anregen“[158] oder auch als ein „Prozess zwischen zwei oder mehreren Beteiligten, in dem die Akteure durch Zeichen und verschiedener Modalitäten direkt oder indirekt über Medien miteinander in Beziehung treten“.[159] Trotz der Unterschiede dieser Definitionen lässt sich als Gemeinsamkeit entnehmen, dass es in der menschlichen Kommunikation zumindest eine Person geben muss, die etwas kommunizieren will (Kommunikator) und ihre Botschaft mithilfe eines Kommunikationsmittels einem oder mehreren Beteiligten

---

[155] *Frindte/Geschke*, Lehrbuch Kommunikationspsych., 35; vgl. auch *Six/Gleich/Gimmler*, Kommunikations- und Medienpsych., 26.

[156] Vgl. *Delhees*, Soziale Kommunikation, 11 f.

[157] *Graumann*, 1117; diesem sich anschließend *Nerdinger/Blickle/Schaper*, 64.

[158] *Frindte/Geschke*, Lehrbuch Kommunikationspsych., 29

[159] *Six/Gleich/Gimmler*, Kommunikations- und Medienpsych., 21; weitere Definitionen *Frindte/Geschke*, Lehrbuch Kommunikationspsych., 27 f.

(Empfänger) übermittelt.[160] Dabei lässt sich Kommunikation zunächst in die Individual- und Massenkommunikation aufteilen.[161] Bei letzterer werden Nachrichten meist öffentlich, indirekt und einseitig an ein nicht zu bestimmendes Publikum gerichtet.[162] Da in Betriebsräten nach § 9 BetrVG jedoch eine feste Anzahl an Mitgliedern besteht, diese sich untereinander kennen und ihre Botschaften in den Sitzungen direkt an die anderen Teilnehmer richten, sind für die Untersuchung nur die Erkenntnisse zur Individualkommunikation von Relevanz.

Diese teilt sich wiederum auf in eine direkte und eine indirekte Kommunikation.[163] Erstere erfolgt von „Angesicht zu Angesicht" und ohne den Einsatz von Medien.[164] Bei der indirekten Kommunikation werden hingegen entweder klassische Medien wie Briefe und Telefonie benutzt, um Botschaften zu übermitteln oder auch computerunterstützte Medien wie Videokonferenzen, Chats oder E-Mails.[165] Die analoge Betriebsratssitzung findet gem. § 30 Abs. 1 S. 5 BetrVG in Präsenz statt. Die Kommunikation zwischen den Mitgliedern bedarf also nicht des Einsatzes von Medien, sondern erfolgt von „Angesicht zu Angesicht",[166] sodass diese den Kriterien der direkten Kommunikation entspricht. Für die Frage, welche Ansprüche an die Kommunikation des analogen Entscheidungsverfahrens von Betriebsräten zu stellen sind, genügen daher die Erkenntnisse zur direkten Kommunikation in der Kommunikationspsychologie.

2. Merkmale der direkten Kommunikation

Die Kommunikationspsychologie zur direkten Kommunikation befasst sich mit der „Analyse, Erklärung und Vorhersage von Prozessen und Ergebnissen der direkten menschlichen Kommunikation unter psychologischen Aspekten"[167]. Im Fokus steht dabei, wie Individuen die direkte Kommunikation wahrnehmen und

---

[160] Vgl. *Six/Gleich/Gimmler*, Kommunikations- und Medienpsych., 21.

[161] *Frindte/Geschke*, Lehrbuch Kommunikationspsych., 29 ff.; dazu Überblick bei *Six/Gleich/Gimmler*, Kommunikations- und Medienpsych., 25.

[162] *Maletzke*, Massenkommunikation, 9.

[163] Vgl. Tabelle *Six/Gleich/Gimmler*, Kommunikations- und Medienpsych., 25; ergänzt durch *Frindte/Geschke*, Lehrbuch Kommunikationspsych., 32.

[164] *Frindte/Geschke*, Lehrbuch Kommunikationspsych., 29; *Six/Gleich/Gimmler*, Kommunikations- und Medienpsych., 21.

[165] *Six/Gleich/Gimmler*, Kommunikations- und Medienpsych., 25; ergänzt durch *Frindte/Geschke*, Lehrbuch Kommunikationspsych., 32, wobei diese eine Unterscheidung zwischen klassischen Medien und computerunterstützen Medien bei der indirekten Kommunikation treffen.

[166] Wörtlich: ArbG Stuttgart 25.4.2019 – 21 BV 62/18, BeckRS 2019, 10530, Rn. 60, zur Auslegung der räumlichen Entfernung eines Betriebsteils zum Hauptbetrieb nach § 4 Abs. 1 S. 1 Nr. 1 BetrVG.

[167] *Six/Gleich/Gimmler*, Kommunikations- und Medienpsych., 32.

sich dabei verhalten bzw. handeln.[168] Bei der direkten Kommunikation zwischen zwei oder mehreren Menschen werden Botschaften zwischen den Beteiligten ausgetauscht. Dabei bedarf es zum Senden und Empfangen der Botschaften bestimmter Mittel, welche in der Kommunikationspsychologie Medien genannt werden.[169] Zu diesen Medien zählt bei der direkten Kommunikation zunächst der verbale Ausdruck mithilfe der Sprache. Darüber hinaus werden Botschaften zusätzlich auch mit nonverbalen Ausdrücken wie Gestik, Mimik, Körperhaltung oder Körperkontakt sowie paraverbalen Merkmalen wie der Tonlage, Sprechpausen oder Räuspern kommuniziert.[170]

Die verbale Kommunikation mittels Sprache ist zunächst durch eine weitestgehend feste Struktur gekennzeichnet. Sie beginnt mit einem Sprechakt und endet mit einer Pause, woraufhin meist eine Antwort erfolgt. Die verbale Übermittlung von Botschaften ist damit zumeist in eine feste Struktur eingebettet.[171] Weiterhin ist die verbale Kommunikation dadurch charakterisiert, dass sich diese innerhalb einer Sprachgemeinschaft relativ sicher interpretieren lässt. Die ausgesprochenen Worte des Kommunikators sind meist auch dem Rezipienten bekannt, wodurch der Interpretationsspielraum für die Botschaft eingeschränkt wird.[172] Die nonverbale Kommunikation unterliegt hingegen kaum einer festgelegten Struktur und beginnt, sobald sich Kommunikator und Rezipient im Interaktionsraum befinden.[173] Ein nervöses Wackeln mit dem Fuß oder ein Kratzen am Arm oder den Fingern kann schon zu Beginn der Interaktion erfolgen und bis zum Ende dauerhaft oder immer wieder fortgesetzt werden.[174] Demnach ist nonverbale Kommunikation, im Gegensatz zur verbalen Kommunikation, auch meistens ein unbeabsichtigtes Medium zur Übermittelung einer Botschaft.[175] Ähnlich verhält es sich bei paraverbalen Ausdrücken wie der Stimm- und Tonlage, welche meist unbewusst nach oben oder unten geht.[176] Non- und paraverbaler Kommunikation kommt daher eine unterstützende Funktion für die verbale Kommunikation zu. Durch nonverbale Äußerungen wie Kopfnicken oder Stirnrunzeln kann der Kommunikator besser erkennen, wie der Rezipient die übermittelte Botschaft auffasst.[177] Umgekehrt kann der Rezipient durch die Verän-

---

[168] *Six/Gleich/Gimmler*, Kommunikations- und Medienpsych., 32.

[169] *Frindte/Geschke*, Lehrbuch Kommunikationspsych., 34, beschreibt ein Medium als Mittel zur Formung und Konstruktion von Wirklichkeiten.

[170] *Six/Gleich/Gimmler*, Kommunikations- und Medienpsych., 21.

[171] *Delhees*, Soziale Kommunikation, 131 f., zu Dauer und Struktur.

[172] *Delhees*, Soziale Kommunikation, 131, zum Inhalt; *Frindte/Geschke*, Lehrbuch Kommunikationspsych., 222.

[173] *Delhees*, Soziale Kommunikation, 132.

[174] Weitere Beispiele: *Delhees*, Soziale Kommunikation, 132, Erröten, Schwitzen, erweiterte Pupillen Kopfhaltung, etc.

[175] Vgl. *Argyle*, Körpersprache&Kommunikation, 16; *Delhees*, Soziale Kommunikation, 132; *Frindte/Geschke*, Lehrbuch Kommunikationspsych., 223.

[176] *Delhees*, Soziale Kommunikation, 130.

[177] *Frindte/Geschke*, Lehrbuch Kommunikationspsych., 223 f.

derung der Tonlage oder ein Zwinkern mit den Augen erkennen, wie ernst die Botschaft des Kommunikators zu nehmen ist.[178] Ferner dienen non- und paraverbale Merkmale auch dazu, seinem Gegenüber die eigenen Emotionen zu vermitteln.[179] Gerade dem Äußern von Emotionen wird in der direkten Kommunikation eine erhebliche Bedeutung beigemessen, da damit den Beteiligten zu erkennen gegeben wird, wie Themen zu bewerten und interpretieren sind.[180] Dies dient sowohl dem Kommunikator als auch dem Rezipienten zur Vorhersage des Verhaltens des jeweils anderen.[181] Dabei spielt das Erkennen und Ausdrücken von Emotionen in Gruppen eine entscheidende Rolle, da kollektive Emotionen, wie mehrheitliches Raunen oder Kopfnicken, die Gruppenzugehörigkeit stärken sollen, wodurch wiederum unter Umständen aufgrund des emotionalen Einklangs Probleme besser gelöst werden können.[182]

In Bezug auf die direkte zwischenmenschliche Kommunikation lässt sich somit schlussfolgern, dass die verbale Kommunikation zwar primär zur Übermittlung einer Botschaft dient, jedoch die non- und paraverbalen Merkmale auf der sekundären Ebene der Kommunikation ebenfalls eine entscheidende Rolle beim richtigen Verständnis der Botschaft spielen.

3. Sonstige Modalitäten der direkten Kommunikation

Neben den verbalen sowie den non- und paraverbalen Merkmalen zur Übermittlung einer Botschaft bildet der Kontext in der Kommunikation eine weitere Modalität, in welcher diese stattfindet.[183] Dazu gehören insbesondere die objektiven Umstände, unter denen sich die Kommunikation ereignet. Der jeweilige Kommunikationsort kann dabei den Rahmen einer Kommunikation beeinflussen, genauso können aber auch bestimmte Rituale oder gruppenspezifische Verhaltensweisen der Kommunikation einen bestimmten Kontext geben.[184] Eine Diskussion im Unternehmen hat jedenfalls einen anderen Bezugsrahmen als in der eigenen Wohnung, genauso wie die Einhaltung bestimmter formeller Rituale über andere Begleitumstände verfügt als ein loses Gespräch zuhause. Daneben wird der Kontext auch durch individuelle Aspekte beeinflusst, etwa durch die soziale Rolle der jeweiligen

---

[178] *Delhees*, Soziale Kommunikation, 138 f.; *Frindte/Geschke*, Lehrbuch Kommunikationspsych., 225.

[179] Six/Gleich/Gimmler/*Vogel*, Kommunikations- und Medienpsych., 145, unter Einbeziehung verschiedener Autoren zu diesem Thema.

[180] Six/Gleich/Gimmler/*Vogel*, Kommunikations- und Medienpsych., 140.

[181] Six/Gleich/Gimmler/*Vogel*, Kommunikations- und Medienpsych., 141.

[182] *Heise/O'Brien*, Handbook of Emotions, 489 (493 f.).

[183] *Frindte/Geschke*, Lehrbuch Kommunikationspsych., 238 f.; *Six/Gleich/Gimmler*, Kommunikations- und Medienpsych., 22.

[184] *Frindte/Geschke*, Lehrbuch Kommunikationspsych., 239.

Kommunikationspartner.[185] Ein Gespräch zwischen einem Betriebsratsmitglied und dem Arbeitgeber hat somit einen anderen Kontext als eine Unterhaltung nur unter Betriebsratsmitgliedern. Bei letzterer kann es jedoch einen Unterschied für den Kontext bedeuten, ob es sich um ein formelles Gespräch in einer Betriebsratssitzung handelt oder um ein informelles in einer Sitzungspause.

Weiterhin stellt die direkte Kommunikation einen interaktiven Prozess dar, in welchem sich die Beteiligten gegenseitig beeinflussen. Die Rolle des Kommunikators und des Rezipienten wird demnach regelmäßig getauscht, wodurch das Kommunikationsergebnis kontinuierlich beeinflusst wird.[186] Kommunikation verfolgt dabei immer einen bestimmten Zweck,[187] der in einem einfachen Austausch von Neuigkeiten liegen kann. Genauso können aber auch besondere Anliegen wie der Informationsaustausch oder eine Beratung Ziel einer Kommunikation sein.[188] Bei Betriebsräten kann es jedoch einen Unterschied machen, ob es sich um eine Sitzung handelt, in welcher sich lediglich beraten wird oder ob im Anschluss an die Sitzung eine Entscheidung in Form eines Beschlusses oder einer Wahl getroffen wird. Die Intentionalität der jeweiligen Kommunikation ist somit bei der direkten Kommunikation zu berücksichtigen.

4. Zwischenergebnis

In Anbetracht der festgestellten Ergebnisse zur direkten zwischenmenschlichen Kommunikation ist davon auszugehen, dass der Prozess der Entscheidungsfindung innerhalb der Betriebsratssitzung mehr als eine rein verbale Verständigung umfassen soll. Kommt es zu einer mündlichen Kommunikation, dann sind daher neben den verbalen Kommunikationsmerkmalen para- und nonverbale Merkmale für das Kommunikationsergebnis genauso entscheidend, wenn nicht sogar in manchen Situationen entscheidender. Während paraverbale Merkmale wie die verbalen Merkmale akustisch vernehmbar sind, können nonverbale Merkmale regelmäßig nur visuell erfasst werden. Dies setzt jedoch für eine erfolgreiche mündliche Kommunikation eine gegenseitige Sichtbarkeit voraus. Berücksichtigt werden muss bei einer zwischenmenschlichen Kommunikation vor allem der Kontext, innerhalb dessen diese stattfindet. Daraus ist der Schluss zu ziehen, dass der Ort der Betriebsratssitzung sowie bestimmte mit der Sitzung einhergehende Rituale ebenfalls zuträglich für den Prozess der Entscheidungsfindung sind. Prägend für die direkte zwischenmenschliche Kommunikation ist dabei der stetig wechselnde und gegenseitige Austausch. Sollen Betriebsratsmitglieder als Anwesende mündlich beraten und Entscheidungen treffen, wird daher die Sitzung von einer gewissen Interaktivität geprägt sein.

---

[185] *Frindte/Geschke*, Lehrbuch Kommunikationspsych., 239.

[186] *Six/Gleich/Gimmler*, Kommunikations- und Medienpsych., 22.

[187] *Six/Gleich/Gimmler*, Kommunikations- und Medienpsych., 22.

[188] *Six/Gleich/Gimmler*, Kommunikations- und Medienpsych., 22.

II. Konkretisierung des Verfahrens in der Betriebsratssitzung durch eine rechtsphilosophische Betrachtung

Die Betriebsverfassung bildet den Rahmen für das Entscheidungsverfahren des Betriebsrats, indem sie Vorgaben dazu macht, unter welchen Voraussetzungen der Betriebsrat seinen Willen zu bilden hat und in welchem Verfahren daran anknüpfend die Entscheidungen zu treffen sind. Die Betriebsratsmitglieder sollen dabei während ihrer Sitzungen anwesend sein und ihren Willen mündlich bilden. Prägendes Element für die mündliche Willensbildung ist dabei der wechselseitige Austausch zwischen den Gesprächspartnern, welcher interaktiv erfolgt.[189] Das Betriebsverfassungsrecht macht für diesen gegenseitigen Austausch zwar insoweit Vorgaben, dass dieser unter Ausschluss der Öffentlichkeit stattzufinden hat, die Sitzung vom Vorsitzenden geleitet wird und dass dieser demokratischen Grundsätzen entsprechen muss.[190] Darüber hinaus werden aber keine Vorgaben dazu gemacht, wie der Austausch zwischen den Mitgliedern selbst ablaufen muss. Teilweise konnte dieses Fehlen an gesetzlichen Vorgaben bereits durch den Rückgriff auf die Grundlagen der Kommunikationspsychologie beantwortet werden, d.h. welche Aufschlüsse es über den Ablauf der mündlichen Kommunikation während der Betriebsratssitzung gibt. Vollständig vermag dieser Bereich der Forschung die Fragen zur internen Diskussion in der Betriebsratssitzung aber nicht zu beantworten, da keine Aussagen darüber getroffen werden, ob die mündliche Kommunikation unter den anwesenden Mitgliedern selbst irgendwelchen Regeln folgt oder zumindest folgen sollte. Fragen, ob sich jedes Mitglied während der Sitzung äußern muss, Beschlüsse auch ohne vorherige Diskussion in der Betriebsratssitzung getroffen werden können, Mitglieder untereinander Partei ergreifen dürfen oder neutral zueinanderstehen müssen oder ob Entscheidungen möglichst im Konsens miteinander zu treffen sind, bleiben unbeantwortet. Damit neben das analoge Entscheidungsverfahren in der Betriebsverfassung nun auch das digitale Entscheidungsverfahren treten kann, erscheint es für eine erfolgreiche Digitalisierung von Relevanz zu sein, welche Ansprüche an die Diskussion im analogen Verfahren gestellt werden. Denn nur wenn diese offengelegt sind, kann dargelegt werden, ob ein digitales Verfahren diesen Ansprüchen genügen kann oder nicht.

1. Betriebsratssitzungen als Teil des juristischen Diskurses

Die Verständigung zwischen den Betriebsratsmitgliedern innerhalb einer Betriebsratssitzung erfolgt mit dem primären Ziel, dass Entscheidungen in Form von Beschlüssen oder Wahlen getroffen werden können. Sowohl die Beschlüsse des Betriebsrats als auch dessen Wahlentscheidungen stellen dabei rechtlich verbindliche Entscheidungen dar. Der Betriebsratsbeschluss ist notwendige Voraussetzung

---

[189] Vgl. Kapitel über die Ansprüche an die Kommunikation in Teil 2, Abschnitt 1, B. I.

[190] Zu den gesetzlichen Vorgaben Teil 2, Abschnitt 1, A. I.

für den Abschluss einer Betriebsvereinbarung mit dem Arbeitgeber,[191] welche gem. § 77 Abs. 4 S. 1 BetrVG unmittelbar und zwingend gilt und ihre Normwirkung auf die Arbeitnehmer im Betrieb entfaltet.[192] Ferner dienen Betriebsratsbeschlüsse dazu, die Beteiligungsrechte im Betrieb auszuüben, womit sie immer auch in einem rechtlichen Kontext getroffen werden. Insoweit ist bei einer Betriebsratssitzung gewiss zu berücksichtigen, dass Beratungen häufig nicht primär mit dem Ziel erfolgen, eine juristische Entscheidung herbeizuführen, sondern dass es regelmäßig vor allem um strategische Fragen derart geht, wie Beteiligungsrechte auch gegen den Widerstand des Arbeitgebers durchgesetzt werden können, welche Vorkehrungen getroffen werden müssen, um die nächste Betriebsratswahl erfolgreich abhalten zu können, welche Sachverständigen hinzugezogen werden sollen oder auch, dass Sitzungen nur deshalb stattfinden, um interne Streitigkeiten zwischen Angehörigen der Mehrheits- und Minderheitslisten austragen zu lassen. Im Vordergrund der Sitzung stehen damit keine Rechtsprobleme, sondern Fragen praktischer Natur. Jedoch darf dies nicht darüber hinwegtäuschen, dass auch der Kern dieser praktischen Fragestellungen auf dem Recht nach der Betriebsverfassung sowie der dazugehörigen Dogmatik und Rechtsprechung beruht. Nur wenn sich die Entscheidungen im Betriebsrat innerhalb der gesetzlich vorgegebenen Leitlinien bewegen, können die im Vordergrund stehenden strategischen Fragestellungen Erfolg haben. Beschließt der Betriebsrat eine rechtswidrige Maßnahme, dann kann und wird sich auch regelmäßig der Arbeitgeber durch Anrufung der Arbeitsgerichte zur Wehr setzen. Missachtet der Gremiumsvorsitzende in der Sitzung die Rechte von Angehörigen der Minderheitenliste, dann kann ein in der Sitzung gefasster Beschluss unwirksam sein. Mit anderen Worten bedingen die rechtlichen Vorgaben die strategischen und praktischen Fragestellungen innerhalb der Betriebsratssitzung. Nach Calliess ist „jede Kommunikation, die Anspruch auf rechtliche Geltung erhebt, sich also am Rechtscode orientiert […] Teil des juristischen Diskurses".[193] Der Austausch zwischen den Betriebsratsmitgliedern innerhalb der Betriebsratssitzung ist daher auch als eine Art juristischer Diskurs zu verstehen.

Juristische Diskurse haben zum Ziel, Recht zu begründen und sollten daher von menschlicher Vernunft bzw. Rationalität geprägt sein.[194] Anknüpfungspunkt an die Rationalität des juristischen Diskurses innerhalb der Betriebsratssitzung ist dabei die Kommunikation, da der Diskurs unter den anwesenden Mitgliedern im mündlichen Austausch erfolgt. Geben nun aber weder die Betriebsverfassung noch ein

---

191 BAG 8.2.2022 – 1 AZR 233/21, AP Nr. 124 zu § 77 BetrVG 1972 (Rn. 29).

192 Richardi/*Picker*, BetrVG, § 77 Rn. 148; BeckOKA/*Werner*, BetrVG § 77 Rn. 11.

193 Vgl. dazu *Calliess*, Prozedurales Rechts, 178, „Jede Kommunikation, die Anspruch auf rechtliche Geltung erhebt, sich also am Rechtscode orientiert, ist Teil des juristischen Diskurses".

194 BVerfG 14.2.1973 – 1 BvR 112/65, NJW 1973, 1221 (1225) (unter C. IV. 1. der Gründe): „Der Richter muß sich dabei von Willkür freihalten; seine Entscheidung muß auf rationaler Argumentation beruhen"; *Alexy*, Theorie der juristischen Argumentation, 15; vgl. auch *Calliess*, Prozedurales Rechts, 93.

anderes Gesetz im Detail vor, wie von Rationalität geprägte juristische Diskurse im Dialog miteinander auszutragen sind, muss der Blick ausgehend vom Gesetz auf Bereiche erweitert werden, welche sich mit der Führung eines Diskurses im Allgemeinen sowie im Speziellen mit dem Juristischen beschäftigen. Es geht konkret um die Frage, wie es im Diskurs zu einer Entscheidungsfindung kommen kann, die möglichst von allen akzeptiert wird und damit für sich in Anspruch nehmen kann, richtig zu sein.

2. Prozeduralisierung des Rechts

Losgelöst von der speziellen Frage, wie es im juristischen Diskurs eines Betriebsrats zu einer Entscheidung kommt, welche für sich in Anspruch nehmen kann, richtig zu sein, stellt sich die Frage nach der wahrhaftigen Entscheidung in jedem Bereich des Rechts, in dem das Gesetz keine detaillierte und lückenlose Anwendung für einen konkreten Einzelfall vorgibt.[195] Im Verwaltungsrecht kommt etwa den Behörden bei der Verhängung von Bußgeldern ein Ermessensspielraum zu, innerhalb dessen diese Bußgelder verhängen können; die Sicherheitsbehörden werden so mit einer Einschätzungsprärogative ausgestattet, innerhalb derer sie selbst entscheiden können, ob sie aktiv werden oder nicht und auch der Richter hat beim Verfassen seines Urteiles einen Entscheidungsspielraum darüber, wie er sein juristisches Urteil begründet. Ermöglicht wird dies dadurch, dass Gesetze meist keine Regelungen vorgeben, welche den konkreten Einzelfall betreffen, sondern sich Generalklauseln und unbestimmter Rechtsbegriffe bedienen, welche eine Auslegung verlangen. Dies verschafft dem jeweiligen Rechtsanwender Flexibilität bei der Lösung von rechtlichen Problemen, die dynamischen Entwicklungen unterliegen, wie etwa in Bereichen der Gesellschaft oder Technik,[196] führt aber auch dazu, dass solch unbestimmte Normen weniger Bindungswirkung entfalten und den Rechtsanwender dazu nötigen, Gründe für seine Entscheidung auch außerhalb des Rechts zu suchen.[197] Wird für die Auslegung eines Gesetzes beispielsweise auf den teleologischen Zweck oder die historische Gesetzesbegründung verwiesen, so fließen in die Entscheidungen auch politische oder andere außergesetzliche Wertungsmaßstäbe mit in die Erwägungen ein. Während dies einerseits zu Flexibilität und Einzelfallgerechtigkeit in der Rechtsanwendung führt, kann dadurch anderseits aber auch der Eindruck des beliebig begründbaren Ergebnisses entstehen,[198] wodurch die Gefahr des Verlustes der normativen Autorität des Gesetzes droht.[199]

---

[195] Vgl. *Calliess*, Prozedurales Rechts, 61 f.

[196] *Calliess*, Prozedurales Rechts, 60 ff., Überblick über die Gründe der zunehmenden Verwendung von Generalklauseln und unbestimmten Rechtsbegriffen; vgl. auch *Sheplyakova*, Prozeduralisierung des Rechts, 4.

[197] *Calliess*, Prozedurales Rechts, 64.

[198] Vgl. *Calliess*, Prozedurales Rechts, 64 f.

[199] *Calliess*, Prozedurales Rechts, 65; *Denninger*, Der Präventions-Staat, 7 f.; *Habermas*, Faktizität und Geltung, 521 f.

Zur Eindämmung dieses Problems kann der Versuch unternommen werden, ein Verfahren zu schaffen, welches ein vernunftgeleitetes Denken bei der Auslegung des Rechts gewährleisten soll oder anders ausgedrückt, die Entwicklung von Rechtsnormen in den Vordergrund stellt und dabei die Reflexion über ihre Prinzipien und Kriterien ermöglicht.[200] Steuerungsdefizite des materiellen Rechts, welche bei komplexen Entscheidungsproblemen auftreten, sollen durch geeignete Verfahrensmechanismen kompensiert werden,[201] wobei sich diese an grundlegenden Prinzipien der Gerechtigkeit, Rationalität und Legitimation zu orientieren haben.[202] Bei der Schaffung solcher Mechanismen wird von der Prozeduralisierung des Rechts gesprochen.[203]

3. Diskurstheorie

a) Bedeutung der Diskurstheorie

Ein solches Verfahren, welches für sich in Anspruch nimmt, normative Fragen rational entscheidbar zu machen, stellt die Diskurstheorie dar, welche im deutschsprachigen Raum maßgeblich von Jürgen Habermas entwickelt wurde. Nach der Diskurstheorie können nur diejenigen Normen Geltung für sich beanspruchen, welche die Zustimmung aller Betroffenen als Teilnehmer an einem praktischen Diskurs finden können.[204] Demnach müssen bei gültigen Normen Ergebnisse und Nebenfolgen, die sich voraussichtlich aus einer allgemeinen Befolgung der Norm für die Befriedigung der Interessen eines jeden ergeben, von allen zwanglos akzeptiert werden.[205] Die Akzeptanz durch jedermann stellt dabei einen universalistischen Grundsatz dar,[206] welcher sich dadurch auszeichnet, dass das Moralprinzip zur Entscheidung nicht nur „die Institution einer bestimmten Kultur oder einer bestimmten Epoche ausdrückt, sondern allgemein gilt".[207] Deswegen muss sich jeder, der an der Argumentation teilnimmt, implizit auf allgemeine, pragmatische Voraussetzungen, welche einen normativen Gehalt beinhalten, einlassen.[208] Aus dem

---

200 Vgl. *Sheplyakova*, Prozeduralisierung des Rechts, 6.

201 *Sheplyakova*, Prozeduralisierung des Rechts, 7.

202 Vgl. *Calliess*, Prozedurales Rechts, 177; konkret formuliert in *Sheplyakova*, Prozeduralisierung des Rechts, 5 f.

203 *Sheplyakova*, Prozeduralisierung des Rechts, 5.

204 *Habermas*, Erläuterungen zur Diskursethik, 12.

205 *Habermas*, Erläuterungen zur Diskursethik, 12.

206 *Habermas* führt diesen universalistischen Grundsatz auf den kategorischen Imperativ von *Kant* zurück, welcher die Rolle eines Rechtfertigungsprinzips übernimmt, wodurch verallgemeinerungsfähige Handlungsnormen als gültig ausgezeichnet werden.

207 *Habermas*, Erläuterungen zur Diskursethik, 12.

208 *Habermas*, Erläuterungen zur Diskursethik, 12 f.

Gehalt dieser Voraussetzungen lässt sich dann die jeweilige Handlungsnorm rechtfertigen.[209]

Die Bedeutung der Diskursethik besteht nun darin, eine Antwort auf die Problematik zu geben, wie moralische Fragen unparteilich beantwortet werden können. Nach der Diskurstheorie von Habermas kann eine moralische Frage dann unparteilich beantwortet werden, wenn alle Beteiligten im Diskurs davon ausgehen, dass „im Prinzip alle Betroffenen als Freie und Gleiche an einer kooperativen Wahrheitssuche teilnehmen, bei der einzig der Zwang des besseren Arguments zum Zuge kommen darf".[210] Allein aufgrund allgemeiner Kommunikationsvoraussetzungen soll die Richtigkeit bzw. Fairness des normativen Einverständnisses garantiert werden,[211] weshalb der praktische Diskurs als ein Verständigungsprozess begriffen werden kann, der seiner Form nach alle Beteiligten zur idealen Rollenübernahme anhält.[212] Letztlich soll dadurch gewährleistet werden, dass im Diskurs alles herausfällt, was im Kreis der von der Norm Betroffenen als partikulares Interesse gelten muss.[213] Dies bedeutet, dass ein Sprecher den von ihm erhobenen Wahrheits- bzw. Richtigkeitsanspruch diskursiv begründen muss, um den erforderlichen Konsens herzustellen; kann er dies nicht, kann der Richtigkeitsanspruch nicht in Anspruch genommen werden, sodass dieser in der Konsequenz von einem neuen Konsens ersetzt wird.[214] Dadurch findet sich das Wahrheits- und Richtigkeitskriterium der Norm bzw. der Entscheidung im Konsens der Diskursteilnehmer wieder,[215] wobei der Konsens nicht nur dem der aktuellen Teilnehmer entspricht, sondern zumindest theoretisch auf dem Übereinkommen einer unbegrenzten Kommunikationsgemeinschaft beruht.[216]

Nach Habermas ist es zur Herstellung dieses erforderlichen Konsenses daher notwendig, dass eine Sprechsituation geschaffen wird, in welcher der kommunikative Austausch zwischen den Betroffenen optimal vonstattengehen kann. Er spricht hierbei von der „idealen Sprechsituation".[217] Eine solche liegt etwa dann vor, wenn die Kommunikation weder durch äußere Einflüsse noch Zwänge beeinflusst wird.[218] Um dies zu erreichen, muss jedoch sichergestellt sein, dass alle Teilnehmenden dieselbe Chance bekommen, Sprechakte aller Art zu wählen und auszuführen.[219] Als weitere pragmatische Voraussetzung ist auch erforderlich, dass sich die Dis-

---

[209] *Habermas*, Erläuterungen zur Diskursethik, 13.

[210] *Habermas*, Erläuterungen zur Diskursethik, 13 f.

[211] *Habermas*, Erläuterungen zur Diskursethik, 14.

[212] *Habermas*, Erläuterungen zur Diskursethik, 14.

[213] *Habermas*, Rationalität Schnädelbach, 221.

[214] Vgl. *Calliess*, Prozedurales Rechts, 156.

[215] *Calliess*, Prozedurales Rechts, 156.

[216] *Calliess*, Prozedurales Rechts, 157.

[217] *Habermas/Luhmann*, Gesellschaft oder Sozialtechnologie, 136 ff.

[218] *Habermas/Luhmann*, Gesellschaft oder Sozialtechnologie, 137.

[219] *Habermas/Luhmann*, Gesellschaft oder Sozialtechnologie, 137.

kursteilnehmer gegenseitige Zurechnungsfähigkeit unterstellen sowie dass der Diskurs selbst frei von Einflüssen wie Zeit- und Entscheidungsdruck ist.[220]

In Anbetracht dieser Voraussetzungen zur Herstellung der optimalen Sprechsituation und damit eines Konsenses, welcher für sich in Anspruch nehmen kann, wahrhaftig, richtig und gerecht zu sein, erscheint der Beweis erbracht, dass es die einzig wahre und gerechte Norm bzw. Entscheidung nicht geben kann, da die Ansprüche an die herzustellende, ideale Sprechsituation idealisiert und faktisch nicht erfüllbar sind.[221] Der Umstand, dass eine Entscheidung ohne jeglichen Entscheidungsdruck fallen soll, ist damit jedoch kaum vorstellbar, denn wieso sollte dann überhaupt eine Entscheidung gefällt werden? Habermas schränkt somit sein Bild der idealen Sprechsituation insoweit ein, als dass er die hierfür geforderten Bedingungen als kontrafaktische Unterstellungen deklariert, welche von den Teilnehmern eines Diskurses beim Eintritt in diesen soweit wie möglich eingehalten werden sollen.[222]

b) Anwendung der Diskurstheorie auf das Entscheidungsverfahren im Betriebsrat

Bei einer Übertragung dieser Diskurstheorie auf die Entscheidungsfindung des Betriebsrats innerhalb seiner Sitzungen würde sich zunächst die Frage der Anwendbarkeit stellen. Die Diskurstheorie nimmt grundsätzlich für sich in Anspruch, eine universale Theorie zu sein, welche in jedem Bereich der Norm- bzw. Entscheidungsfindung zur Anwendung kommen kann. Der Betriebsrat verabschiedet in seinen Sitzungen zwar keine Normen, sondern kann diese lediglich in Form der Betriebsvereinbarung zusammen mit dem Arbeitgeber beschließen. Gleichwohl sind die Gremienbeschlüsse Voraussetzungen zur Schließung einer Betriebsvereinbarung und auch andere Beschlüsse im Betriebsrat orientieren sich primär i. S. d. § 2 Abs. 1 BetrVG am Wohl der Arbeitnehmerschaft. Die Entscheidungen innerhalb der Betriebsratssitzungen sollen für sich daher grundsätzlich auch in Anspruch nehmen, von möglichst vielen Arbeitnehmern akzeptiert zu werden. Dagegen könnte zwar eingewandt werden, dass die Ausübung mancher Beteiligungsrechte manchmal nur ein taktisches Druckmittel ist, um z. B. die Verhandlungsposition gegenüber dem Arbeitgeber in anderen Bereichen von betrieblichem Interesse zu stärken. Manche Entscheidungen in Betriebsratssitzungen werden daher keineswegs die Intention haben, von allen akzeptiert zu werden und auch keinen Anspruch darauf erheben, richtig zu sein. Allerdings zeigt die begrenzte Amtszeit der Betriebsratsmitglieder nach § 21 Abs. 1 S. 1 BetrVG sowie die Vorschriften über die

---

220 *Calliess*, Prozedurales Rechts, 157.

221 *Alexy*, Theorie der juristischen Argumentation, 157 f.; *Calliess*, Prozedurales Rechts, 157.

222 *Habermas*, Faktizität und Geltung, 31; *Habermas/Luhmann*, Gesellschaft oder Sozialtechnologie, 139; dazu auch *Calliess*, Prozedurales Rechts, 157.

Wahl des Betriebsrats gem. §§ 7 ff. BetrVG, dass die Gremienmitglieder letztlich nur aufgrund eines Mandates der Arbeitnehmerschaft tätig werden. Die Beschäftigten müssen daher im Grundsatz mit den Entscheidungen des Betriebsrats übereinstimmen, da ansonsten bei den nächsten Wahlen, Listen mit anderen Arbeitnehmern für den Betriebsrat gewählt werden oder sogar überhaupt keine Betriebsratswahl mehr stattfindet. Selbst wenn daher nicht jede Entscheidung in der Betriebsratssitzung unmittelbar für sich in Anspruch nimmt, auf Akzeptanz in der ganzen Belegschaft zu stoßen, dienen die Beschlüsse in ihrer Gesamtheit doch dazu, die Arbeitnehmerschaft vom positiven Wirken des Betriebsrats zu überzeugen. Die Entscheidungsfindung in der Betriebsratssitzung widerspricht deshalb nicht dem der Diskurstheorie innewohnenden Gedanken, wonach nur diejenigen Normen Geltung für sich beanspruchen können, welche die Zustimmung aller Betroffenen als Teilnehmer an einem praktischen Diskurs finden.[223]

c) Ideale Sprechsituation in der Betriebsratssitzung

Findet die Diskurstheorie auf die Entscheidungsfindung des Betriebsrats Anwendung, muss in einem zweiten Schritt erörtert werden, inwieweit die geforderte ideale Sprechsituation innerhalb der Betriebsratssitzung vorherrscht. Denn der von einer Entscheidung erhobene Wahrheits- und Richtigkeitsanspruch findet sich im Konsens der Diskursteilnehmer wieder,[224] welcher nur dann vorliegen kann, wenn der kommunikative Austausch optimal vonstattengeht,[225] mithin eine „ideale Sprechsituation" vorliegt. Zur Beantwortung dieser Frage ist sich an den bereits dargestellten gesetzlichen Regelungen der Betriebsratssitzung zu orientieren.[226]

Eine der grundlegenden Bedingungen für eine ideale Sprechsituation ist, dass jeder Diskursteilnehmer dieselbe Möglichkeit bei der Wahl und der Dauer seiner Sprechakte hat. Innerhalb der regulären Betriebsratssitzung nach § 30 Abs. 1 BetrVG hat zwar grundsätzlich jedes Mitglied die Möglichkeit, verbal und in gleicher Weise die anderen Mitglieder von seinen Argumenten zu überzeugen und damit den von der Diskurstheorie geforderten Konsens zu erlangen, allerdings wird die Leitung der Sitzung gem. § 29 Abs. 2 S. 2 BetrVG dem Betriebsratsvorsitzenden übertragen, wodurch diesem eine stärkere Position in der diskursiven Begründung seiner eigenen Meinung zukommt. Betriebsratsmitglieder können dem Vorsitzenden daher nur schwerlich das Wort entziehen, wenn dieser seine Meinung ausführlicher und länger kundtut, als dies den anderen Mitgliedern gestattet ist. Ähnlich kann es sich bei den Redebeiträgen von Mitgliedern verhalten, welche Angehörige von Minderheitslisten sind. Diesen steht zwar formal kein geringeres Rederecht zu als den Angehörigen der Mehrheitslisten, praktisch betrachtet haben die Angehöri-

---

[223] *Habermas*, Erläuterungen zur Diskursethik, 12.

[224] *Calliess*, Prozedurales Rechts, 156.

[225] *Habermas/Luhmann*, Gesellschaft oder Sozialtechnologie, 136 ff.

[226] Vgl. Teil 2, Abschnitt 1, A. I.

gen der Minderheitsliste aber einen schwereren Stand während der gemeinsamen kollektiven Willensbildung innerhalb der Sitzung. Sei es, weil ihren Meinungen von vornherein kritischer gegenübergestanden wird, die von ihnen angesetzten Tagesordnungspunkte an das Ende der Sitzungen gelegt oder sonstige formelle Mittel benutzt werden, um ihren Einfluss auf das Abstimmungsergebnis gering zu halten.[227] Weiterhin entspricht es angesichts der zahlreichen Fristen und Belegschaftsinteressen nicht dem Ideal, dass eine Entscheidung ohne äußere Zwänge wie etwa Zeit- oder Entscheidungsdruck fällt. Insbesondere bei kurzen Fristen, wie in § 102 Abs. 2 S. 3 BetrVG, ist daher der Entscheidungs-, aber insbesondere auch der Zeitdruck für die argumentative Phase der Willensbildung enorm.

Es könnte daher davon auszugehen sein, dass der Prozess der Entscheidungsfindung innerhalb der Betriebsratssitzungen nicht der Vorstellung einer idealen Sprechsituation entsprechen soll und sich daher eine Anwendung der Diskurstheorie zur näheren Bestimmung des Verfahrens innerhalb der Betriebsratssitzung verbietet. Allerdings gibt es auch Vorschriften, welche zeigen, dass die gesetzlichen Vorgaben der Betriebsverfassung durchaus darauf abzielen, eine faire und gleichberechtigte Gesprächssituation herzustellen, welche frei von äußeren Einflüssen ist. § 30 Abs. 1 S. 4 BetrVG stellt daher eine sachliche Beratung und einen von Vertraulichkeit geprägten Meinungsaustausch sicher, indem nicht berechtigte Dritte von der Sitzung ausgeschlossen werden. Dies trägt erheblich zu einer gemeinsamen Willensbildung bei, welche frei von äußeren Einflüssen ist. Das Gebot der Anwesenheit gem. § 33 Abs. 1 BetrVG sowie das Demokratieprinzip bei der Entscheidungsfindung legen wiederum dar, dass generell jedes Mitglied die gleiche Stimme, aber damit auch die gleiche Möglichkeit haben soll, seine Meinung kundzutun bzw. in den Diskurs einzutreten. Ferner zeigen die vereinzelten Vorschriften zum Minderheitenschutz, dass die schwächere Position der Angehörigen von Minderheitslisten bei der Betriebsratsarbeit durchaus ausgeglichen werden soll. Diese Vorschriften ermöglichen damit zwar keine ideale Sprechsituation in dem Sinne, dass jedes Betriebsratsmitglied gänzlich gleichberechtigt wäre, allerdings ist dies für die Anwendbarkeit der Diskurstheorie zur näheren Konkretisierung des Verfahrens nicht schädlich, da nur versucht werden soll, im Diskurs deren kontrafaktische Bedingungen zu erfüllen.[228] Es ist daher davon auszugehen, dass die gesetzlichen Vorgaben zur Betriebsratssitzung ein faires Verfahren bei der Entscheidungsfindung ermöglichen sollen, welches mit dem Leitbild der idealen Sprechsituation vergleichbar ist.

---

[227] Vgl. Teil 2, Abschnitt 1, A. I. 8. und dann unter Teil 3, B. III. 3.

[228] *Habermas*, Faktizität und Geltung, 31; *Habermas/Luhmann*, Gesellschaft oder Sozialtechnologie, 139.

4. Theorie der juristischen Argumentation

Nach der hier vertretenen Auffassung kann die Idee der Diskurstheorie auf den Prozess der Entscheidungsfindung grundsätzlich übertragen werden; gleichwohl wurde dabei festgestellt, dass die Diskussion innerhalb der Betriebsratssitzung sowie die juristische Diskussion im Allgemeinen an das geltende Recht gebunden sind und daher der von Habermas geforderten idealen Sprechsituation von vornherein immer nur bedingt entsprechen können. Zur Konkretisierung der Anforderungen an das Verfahren in einer Betriebsratssitzung soll der Blick daher auf eine Theorie erweitert werden, welche spezifisch auf den juristischen Diskurs zugeschnitten ist.[229] Mit der Problematik der Unterscheidung zwischen praktischem und juristischem Diskurs befasst sich insbesondere Robert Alexy in seinem Werk „Theorie der juristischen Argumentation“. Hierin vertritt er zunächst den Standpunkt, dass die juristische Diskussion einen Sonderfall der allgemeinen, praktischen Diskurse darstelle, da diese, wie im Übrigen auch der Diskurs einer Betriebsratssitzung, stets unter nur eingeschränkten Bedingungen stattfinde.[230] Dabei stelle die juristische Diskussion zwar genauso wie die praktische Diskussion einen Anspruch auf Richtigkeit, da auch im juristischen Diskurs etwas behauptet werde, was anschließend zu begründen sei.[231] Im Gegensatz zum allgemeinen Diskurs stelle sich aber hier insbesondere die Frage, ob der Anspruch auf Richtigkeit auch stets notwendig sei.[232] Alexy geht dabei von der juristischen Diskussion innerhalb eines Urteils aus, indem er sich die Frage stellt, ob an dieses der Anspruch auf Richtigkeit zu stellen sei. Er gibt zwar zu bedenken, dass auch ein fehlerhaftes Urteil rechtlich durchgesetzt werden könne und von der Rechtsgemeinschaft zumindest im Einzelfall akzeptiert bzw. hingenommen werde,[233] darüber hinaus ein Unbeteiligter aber doch den Eindruck haben müsse, dass alles mit rechten Dingen zugehe und sich in dem Urteil bemüht wurde, die Ansprüche an Wahrheit und Recht einzuhalten.[234] Insoweit könnte gegen eine Übertragung dieser Überlegungen auf die Betriebsratssitzung sprechen, dass Alexy von einem juristischen Diskurs ausgeht, der auf die Findung eines Urteils zugeschnitten ist, wohingegen der juristische Diskurs in der Betriebsratssitzung auf die Wahrnehmung von Beteiligungsrechten sowie auch auf Fragen überwiegend praktischer Natur ausgerichtet ist. Die Entscheidungsfindung für ein Urteil ist also eine andere als die in einer Betriebsratssitzung. Allerdings bestehen zwischen beiden Formen der Entscheidungsfindung auch Gemeinsam-

---

[229] Dazu auch *Calliess*, Prozedurales Rechts, 94 ff., wenn auch nicht auf Entscheidungen in Betriebsräten bezogen.

[230] *Alexy*, Theorie der juristischen Argumentation, 263, „Sonderfallthese“.

[231] *Alexy*, Theorie der juristischen Argumentation, 265: „Es ist in juristischen Diskursen ebenso wie in allgemeinen praktischen Diskursen nicht zulässig, etwas zu behaupten und dann ohne Angabe von Gründen eine Begründung zu verweigern“.

[232] *Alexy*, Theorie der juristischen Argumentation, 266.

[233] *Alexy*, Theorie der juristischen Argumentation, 266.

[234] *Alexy*, Theorie der juristischen Argumentation, 268, greift insoweit eine These von *Luhmann*, Legitimation durch Verfahren, 123 auf.

keiten. Wird in einer Betriebsratssitzung ein neuer Vorsitzender gewählt oder nimmt das Gremium durch Beschluss seine Beteiligungsrechte wahr, dann muss auch für Außenstehende der Eindruck bestehen, dass innerhalb der Betriebsratssitzung alles mit rechten Dingen zugegangen ist. Werden Angehörige von Minderheitslisten durch ständige Unterbrechungen anderer Mitglieder darin gehindert, ihre Gegenpositionen vorzutragen, dann wird ein in dieser Sitzung gefasster Beschluss nicht unbedingt auf das Einverständnis der Belegschaft stoßen, ähnlich wie bei einem Urteil, bei dem eine der Parteien zuvor nicht hinreichend ihren eigenen Standpunkt darlegen konnte. Zwar könnte es in Zweifel gezogen werden, ob es für den Betriebsrat tatsächlich von Belang ist, wenn Teile der Arbeitnehmerschaft eine Beschlussfassung nicht gerecht finden, denn zum einen betreffen die Beschlüsse sie regelmäßig nicht unmittelbar und zum anderen hat die Arbeitnehmerschaft aufgrund des Gebots der Nichtöffentlichkeit meistens ohnehin keinen Einblick in das Verfahren während der Betriebsratssitzung, wohingegen bei einem Urteil die Beteiligten Einblick in den Ablauf des Verfahrens haben und die Entscheidung sich unmittelbar auf diese auswirkt. Jedoch muss auch eine Entscheidung des Betriebsrats den Anspruch auf Richtigkeit stellen, da dieser nicht ausblenden kann, wie seine getroffenen Entscheidungen beim Arbeitgeber und insbesondere bei der Belegschaft ankommen. Dies spiegelt sich in § 2 Abs. 1 BetrVG wider, wonach der Arbeitgeber und der Betriebsrat dazu angehalten sind, vertrauensvoll zusammenzuarbeiten und diese Kooperation zum Wohle der Arbeitnehmerschaft und des Betriebes zu erfolgen hat. § 2 Abs. 1 BetrVG gilt dabei als der gesetzlich vorgeschriebene Weg, um die von der Betriebsverfassung gesteckten Ziele zu erreichen.[235] Würden allerdings die Entscheidungen des Betriebsrats keinen Anspruch auf Richtigkeit und Wahrhaftigkeit erheben, sondern nur auf die bloße Befolgung der Betriebsratsbeschlüsse abzielen, dann würde § 2 Abs. 1 BetrVG zu einer inhaltsleeren Formel verkommen, weshalb auch an die Entscheidungen des Betriebsrats der Anspruch auf Richtigkeit zu stellen ist.

Die Überlegungen von Alexy zum juristischen Diskurs sind somit im Grundsatz auch auf die Entscheidungsfindung in der Betriebsratssitzung übertragbar. Nach Alexy erhebt der juristische Diskurs zwar, wie der allgemeine praktische Diskurs, einen Anspruch auf Richtigkeit, im Gegensatz zu diesem müssen jedoch nicht alle normativen Aussagen vernünftig sein, sondern beschränken sich vielmehr darauf, dass sie im Rahmen der geltenden Rechtsordnung vernünftig begründet wurden.[236]

Dies hat nun allerdings zur Folge, dass die juristische Diskussion an spezifische Regeln und Formen der juristischen Argumentation gebunden ist.[237] Im Gegensatz zum allgemeinen Diskurs sei deshalb auch nicht jedes Argument im juristischen Diskurs zulässig, sondern ergebe sich aus insgesamt sechs möglichen juristischen Argumentationsformen: den Regeln und den Formen der Auslegung (1), der dog-

---

[235] GK-BetrVG/*Raab*, § 2 Rn. 11.

[236] *Alexy*, Theorie der juristischen Argumentation, 272.

[237] *Alexy*, Recht – Vernunft – Diskurs, 106; dazu auch *Calliess*, Prozedurales Rechts, 97.

matischen Argumentation (2), der Präjudizienverwertung (3), der allgemein praktischen und empirischen Argumentation ((4) und (5)) sowie den speziellen juristischen Argumentationsformen (6).[238] Diese vermögen es nach Alexy, die Schwächen des allgemein praktischen Diskurses auszugleichen, welche zunächst in der bereits angesprochenen Problematik liegen, dass die allgemeinen Diskursregeln immer nur annäherungsweise erfüllt werden können.[239] Ferner schreiben die allgemeinen Diskursregeln aber auch nicht vor, unter welcher normativen Ausgangslage die Diskussion stattzufinden hat[240] und geben auch keine Reihenfolge der vorzunehmenden Argumentationsschritte vor.[241] Im Hinblick darauf, dass auch die Entscheidungen des Betriebsrats juristischer Natur sind, in welchen insbesondere die Wertungen der Betriebsverfassung sowie der Rechtsprechung zu berücksichtigen sind, ist die Ergänzung der allgemeinen Diskursregeln durch die der juristischen Argumentation nur konsequent. Entscheidungen, welche vom Betriebsrat getroffen wurden, müssen für sich daher den Anspruch haben, im Rahmen der geltenden Rechtsordnung vernünftig begründet worden zu sein, weshalb die juristischen Argumentationsformen zu berücksichtigen sind.

5. Zwischenergebnis

Die Konkretisierung des Anwesenheitsgebots und die daraus folgende mündliche Willensbildung mithilfe der Kommunikationspsychologie haben aufgezeigt, von welchen Merkmalen die mündliche Kommunikation in der Betriebsratssitzung abhängig ist. Im Rahmen der Digitalisierung des Entscheidungsverfahrens kann darauf aufbauend dargestellt werden, ob digitale Medien diese Kommunikationsmerkmale gleichwertig abbilden können. Ebenfalls können die Erkenntnisse zum Verfahren während der kollektiven Willensbildung, welche mithilfe der rechtsphilosophischen Betrachtungsweisen gewonnen wurden, bei den Zielsetzungen der Digitalisierung des Entscheidungsverfahrens berücksichtigt werden. Konkret wird somit die Frage zu stellen sein, ob in einem digitalen Verfahren die Anforderungen der Diskurstheorie sowie der Theorie der juristischen Argumentation vergleichbar wie im analogen Verfahren gewahrt werden können.

---

[238] *Alexy*, Theorie der juristischen Argumentation, 285, unterscheidet dabei noch zwischen interner und externer Rechtfertigung der juristischen Argumentation; *Alexy*, Theorie der juristischen Argumentation, 341, Auflistung was unter den speziellen juristischen Argumentationsformen zu verstehen ist, z. B. Analogie oder argumentum e contrario; siehe dazu auch *Calliess*, Prozedurales Rechts, 97.

[239] *Alexy*, Theorie der juristischen Argumentation, 349 f.; zu den Voraussetzungen der idealen Sprechsituation auf Teil 2, Abschnitt 1, B. II. 3. c).

[240] *Alexy*, Theorie der juristischen Argumentation, 349.

[241] *Alexy*, Theorie der juristischen Argumentation, 349.

Abschnitt 2

Einfluss des Datenschutzrechts auf die Entscheidungsfindung vor § 79a BetrVG

In der Themeneinführung wurde bereits angedeutet, dass sich der durch das Betriebsrätemodernisierungsgesetz neu eingeführte § 79a BetrVG auf die Entscheidungsfindung im Betriebsrat auswirken kann. Durch die in § 79a BetrVG möglicherweise eingeräumten Kontroll- und Eingriffsbefugnisse des Arbeitgebers gegenüber der Betriebsratsarbeit und die damit verbundene Einschränkung der betriebsverfassungsrechtlichen Unabhängigkeit, könnten sich auch mittelbare Auswirkungen auf die Entscheidungsfindung ergeben. In Anbetracht dieser möglichen Einflussnahme auf die Entscheidungsfindung im Betriebsrat stellt sich jedoch die Frage, ob das Datenschutzrecht bereits vor § 79a BetrVG Einfluss auf die Entscheidungsfindung nehmen konnte.

Die Beantwortung dieser Frage hängt zunächst davon ab, welche Regelungswerke es im Datenschutzrecht gibt und wie diese zueinanderstehen. Aufgrund des nach Art. 288 AEUV bestehenden Anwendungsvorrangs des Europarechts vor dem nationalen Recht wäre es zwar naheliegend, dass die DS-GVO und damit insbesondere die in Art. 4 Nr. 7 DS-GVO geregelte Verantwortlichkeit für Datenverarbeitungen noch vor der Einführung des § 79a BetrVG maßgeblich für die Entscheidungsfindung im Betriebsrat war. Sollte der Unionsgesetzgeber im Bereich der Betriebsverfassung aber keine Regelungskompetenzen haben, dann hätte sich allein nationales Datenschutzrecht auf dessen Entscheidungsfindung auswirken können.

A. Maßgebliche Regelungswerke im Datenschutzrecht

Eines der maßgeblichen Regelungswerke zum Schutz personenbezogener Daten ist die am 24. 5. 2016 in Kraft getretene Datenschutzgrundverordnung, welche aufgrund einer Übergangsfrist seit dem 25. 5. 2018 ihre Regelungswirkung in der Europäischen Union entfaltet. Die DS-GVO wurde auf Grundlage von Art. 16 Abs. 2 AEUV geschaffen[242] und gilt als europäische Verordnung gem. Art. 288 Abs. 2 AEUV unmittelbar und zwingend in den einzelnen Mitgliedstaaten.[243] Nationale Abweichungen von den Vorgaben der DS-GVO[244] in Form eigener Daten-

[242] EuArbRK/*Franzen*, AEUV, Art. 16 Rn. 7 f.; *Kühling*/Buchner/*Raab*, DS-GVO, Einführung Rn. 75; zu den Bedenken hinsichtlich der Kompetenzgrundlage zugleich unter Teil 2, Abschnitt 2, B. I. 1.

[243] EuArbRK/*Höpfner*, AEUV, Art. 288 Rn. 10.

[244] Zum sachlichen Anwendungsbereich Kühling/*Buchner*, DS-GVO, Art. 2 Rn. 11 ff.; zum räumlichen Anwendungsbereich Kühling/Buchner/*Klar*, DS-GVO, Art. 3 Rn. 35 ff.; ausführliche Erörterung in Teil 2, Abschnitt 2, B. I. 2.

schutzgesetze sind daher nur möglich, wenn entweder ihr Anwendungsbereich nicht eröffnet oder in ihr eine Öffnungsklausel enthalten ist.[245] Hat der nationale Gesetzgeber von einer solchen Öffnungsklausel Gebrauch gemacht, so geht die jeweilige nationale Regelung der DS-GVO in diesem Teilbereich als spezifischere Regelung vor.[246] Im Bereich des Beschäftigtendatenschutzes ist dabei insbesondere Art. 88 Abs. 1 DS-GVO von Relevanz, wonach die Mitgliedstaaten durch Rechtsvorschriften oder Kollektivvereinbarungen spezifischere Vorschriften zur Gewährleistung des Schutzes der Rechte und Freiheiten bei der Verarbeitung von personenbezogenen Beschäftigtendaten zur Erfüllung des Arbeitsvertrages von Rechtsvorschriften oder durch Kollektivvereinbarungen festgelegten Pflichten treffen können.

Deutschland hat im Bereich des Beschäftigtendatenschutzes von dieser Öffnungsklausel durch § 26 BDSG Gebrauch gemacht.[247] Die Norm galt als „Grundsatzregelung des Beschäftigtendatenschutzes".[248] Nach § 26 Abs. 1 BDSG dürfen personenbezogene Daten unter anderem auch dann verarbeitet werden, wenn dies zur Erfüllung der Rechte und Pflichten einer Interessenvertretung der Beschäftigten erforderlich ist. Dies bedeutet, dass betriebsverfassungsrechtliche Aufgaben des Betriebsrats grundsätzlich auch eine Erlaubnisnorm zur Datenverarbeitung von Beschäftigten darstellen können.[249] Dies zeigt, dass das BetrVG im Bereich des Datenschutzes in Betriebsratssitzungen als Erlaubnistatbestand zur Datenverarbeitung fungieren kann und damit ebenfalls eines der maßgeblichen Regelungswerke in diesem Zusammenhang darstellt.

In einer Entscheidung des EuGH wurde zwar nun in einem Länderdatenschutzgesetz eine Regelung für europarechtswidrig erklärt, welche nahezu den gleichen Wortlaut wie § 26 Abs. 1 BDSG hat.[250] Der Grund hierfür ist nach dessen Ansicht, dass der Regelungsgehalt von § 23 Abs. 1 S. 1 HDSIG mit der Vorschrift in Art. 6 Abs. 1 b), c) DS-GVO beinahe identisch ist.[251] Die Öffnungsklausel in Art. 88 Abs. 1 DS-GVO erfordere aber, dass der nationale Gesetzgeber eine „spezifische Vorschrift" schafft, welche sich nicht allein darauf beschränkt, nur den Wortlaut des

[245] Vgl. *Kühling*/Buchner/*Raab*, DS-GVO, Einführung Rn. 98.

[246] Vgl. *Flink*, Beschäftigtendatenschutz, 67; *Kühling*/Buchner/*Raab*, DS-GVO, Einführung Rn. 98; *Taeger*/Gabel/*Zöll*, DS-GVO, Art. 88 Rn. 3.

[247] BT-Drs. 18/11325, 96.

[248] *Däubler*/Wedde/Weichert/Sommer, BDSG, § 26 Rn. 1; Kühling/Buchner/*Maschmann*, BDSG, § 26 Rn. 3; *Taeger*/Gabel/*Zöll*, BDSG, § 26 Rn. 1.

[249] Vgl. *Däubler*/Wedde/Weichert/Sommer, BDSG, § 26 Rn. 70; *Schmidl*/*Tannen*, DB 2017, 1633 (1637).

[250] EuGH 30.3.2023 – Rs. C-34/21 (Hauptpersonalrat ./. Hessisches Kultusministerium), ECLI:EU:C:2023:270 (Rn. 81 f.).

[251] EuGH 30.3.2023 – Rs. C-34/21 (Hauptpersonalrat ./. Hessisches Kultusministerium), ECLI:EU:C:2023:270 (Rn. 81).

Art. 6 Abs. 1 b), c) DS-GVO zu wiederholen.[252] Praktische Auswirkungen hat diese Entscheidung für die hier aufgezeigte Stellung des BDSG und BetrVG im Gefüge des Datenschutzes aber nicht.[253] Denn auch wenn sich aus der EuGH-Entscheidung ableiten lässt, dass § 26 Abs. 1 BDSG künftig nicht mehr als „Scharnier“ zwischen DS-GVO und BetrVG dienen kann, um die Regelungen der Betriebsverfassung als datenschutzrechtlichen Erlaubnistatbestand verwenden zu können, wäre dies dann über Art. 6 Abs. 1 c) DS-GVO möglich. Hiernach ist die Verarbeitung von personenbezogenen Daten rechtmäßig, wenn sie zur Erfüllung einer rechtlichen Verpflichtung erforderlich ist. Diese rechtlichen Verpflichtungen würden sich dann erneut aus dem BetrVG ergeben.

Somit bestehen für den Beschäftigtendatenschutz im Betriebsrat drei maßgebliche Regelungswerke und -ebenen. An oberster Stelle die DS-GVO, auf zweiter Ebene das BDSG und an dritter Stelle das BetrVG sowie die ggf. hieraus resultierenden Betriebsvereinbarungen.

B. Verhältnis der Regelungswerke untereinander

Die maßgeblichen Regelungswerke für die Einhaltung des Datenschutzes innerhalb der Betriebsratssitzung bestehen aufgrund der DS-GVO sowohl auf supranationaler Ebene als auch durch das BDSG und das BetrVG auf nationaler Ebene. Zur Einordnung der Frage, welche Regelungen konkret den analogen Entscheidungsprozess des Betriebsrats beeinflussen, muss daher das rechtliche Verhältnis zwischen diesen Gesetzen geklärt werden.

I. DS-GVO zum BDSG

Die DS-GVO gilt als europäische Verordnung gem. Art. 288 Abs. 2 S. 2 AEUV unmittelbar in den jeweiligen nationalen Gesetzen, mit der grundsätzlichen Folge, dass das BDSG von der DS-GVO verdrängt wird. Dies wäre nur dann anders zu beurteilen, wenn dem Unionsgesetzgeber im Bereich des Beschäftigtendatenschutzes keine Regelungskompetenz zukäme, der Anwendungsbereich im Rahmen von

---

[252] EuGH 30.3.2023 – Rs. C-34/21 (Hauptpersonalrat ./. Hessisches Kultusministerium), ECLI:EU:C:2023:270 (Rn. 65).

[253] Vgl. zu den nur geringen praktischen Auswirkungen *Benkert*, NJW-Spezial 2023, 274 (275); *Hoffmann/Glocker*, Blog-CMS, EuGH – Keine Generalklausel im Beschäftigtendatenschutz, abrufbar unter https://www.cmshs-bloggt.de/tmc/datenschutzrecht/eugh-keine-generalklauseln-im-beschaeftigtendatenschutz/# (zuletzt abgerufen am 8.9.2024); *Meinecke*, NZA 2023, 487 (493); *Riechert*, RDi 2023, 439 (440); *Wünschelbaum*, NZA 2023, 542 (544).

Betriebsratssitzungen nicht eröffnet wäre oder die DS-GVO eine Öffnungsklausel enthielte, von welcher der nationale Gesetzgeber Gebrauch gemacht hat.[254]

1. Kompetenzgrundlage für den Beschäftigtendatenschutz

Vereinzelt wird in der Literatur die Ansicht vertreten, dass die Union zur Regelung des Beschäftigtendatenschutzes keine Kompetenz habe.[255] Ausgangspunkt dieser Überlegungen ist Art. 5 Abs. 2 EUV, wonach der europäische Gesetzgeber nach dem Prinzip der begrenzten Einzelermächtigung nur dann tätig werden darf, soweit ihm eine ausdrückliche Kompetenz zusteht.[256] Eine Ermächtigung des Unionsgesetzgebers nach Art. 114 AEUV scheidet aus, da nach dessen zweitem Absatz „Bestimmungen über die Rechte und die Interessen der Arbeitnehmer" ausgenommen werden.[257] Einzig in Betracht kommende Kompetenznorm ist damit der bereits erwähnte Art. 16 Abs. 2 AEUV, der sich in einen ersten und zweiten Halbsatz aufteilt. Nach Art. 16 Abs. 2 S. 1 HS. 1 AEUV kann der europäische Gesetzgeber Vorschriften über den Schutz von natürlichen Personen bei der Verarbeitung personenbezogener Daten erlassen, wenn die Verarbeitung durch die Union oder die Mitgliedstaaten erfolgt. Durch den Bezug auf die Mitgliedstaaten und die Union erfasst Art. 16 Abs. 2 S. 1 HS. 1 AEUV die Datenverarbeitung von öffentlichen Stellen, hingegen aber nicht jene von Privatrechtssubjekten. Dies wäre für die Schaffung eines einheitlichen Beschäftigungsdatenschutzes im Rahmen von Datenverarbeitungen durch private Unternehmen jedoch notwendig, sodass Art. 16 Abs. 2 S. 1 HS. 1 AEUV letztlich nicht als Kompetenznorm in Betracht kommt.[258] Nach Art. 16 Abs. 2 S. 1 HS. 2 AEUV kann der Unionsgesetzgeber Vorschriften über den „freien Datenverkehr" erlassen. Der Beschäftigtendatenschutz müsste daher unter dem freien Datenverkehr zu erfassen sein. Dagegen könnte jedoch sprechen, dass Daten im Beschäftigungsverhältnis aus einem Abhängigkeitsverhältnis anfallen. Angaben zur Arbeitszeit, zu Krankheiten oder dem Familienstatus folgen hingegen aus arbeitsvertraglichen oder den dazu bestehenden gesetzlichen Verpflichtungen, weshalb eigentlich kein freier Datenverkehr, sondern vielmehr ein regulierter Verkehr an Daten vorliegt.[259] Anderseits könnte der freie Datenverkehr auch derart verstanden werden, dass ein solcher nur dann möglich ist, wenn es in den Mitgliedstaaten ein gleiches Datenschutzniveau gibt, das diesen gewährleis-

---

[254] Vgl. auch *Flink*, Beschäftigtendatenschutz, 67 f.

[255] *Franzen*, RDV 2014, 200 (201); *Heuschmid*, SR 2019, 1 (3); *Körner*, Beschäftigtendatenschutz im Lichte der DS-GVO, 67.

[256] *Heuschmid*, SR 2019, 1 (2).

[257] *Däubler*/Wedde/Weichert/Sommer, DS-GVO, Art. 88 Rn. 3; *Franzen*, RDV 2014, 200 (201); *Heuschmid*, SR 2019, 1 (2 f.); Calliess/Ruffert/*Korte*, AEUV, Art. 114 Rn. 19; Ehmann/Selmayr/*Selk*, DSGVO, Art. 88 Rn. 14.

[258] *Franzen*, RDV 2014, 200 (201); *Heuschmid*, SR 2019, 1 (3); Streinz/*M. Schröder*, AEUV, Art. 16 Rn. 9; Ehmann/Selmayr/*Selk*, DSGVO, Art. 88 Rn. 13.

[259] Ehmann/Selmayr/*Selk*, DSGVO, Art. 88 Rn. 13; *Heuschmid*, SR 2019, 1 (3).

tet.[260] Nationale Sondernormen sollen dem freien Datenverkehr nicht entgegenstehen, weshalb eine Vollharmonisierung im Bereich des Datenschutzes naheliegt.[261] Für diese Sichtweise spricht zunächst die ASNEF-Entscheidung, bei welcher der EuGH die DS-RL ausdrücklich als vollharmonisierend anerkannte.[262] Wenn der EUGH jedoch schon die Richtlinie zur Verarbeitung von personenbezogenen Daten als vollharmonisierend anerkennt, wird er dies voraussichtlich auch bei der DS-GVO machen.[263] Weiterhin wurde diese Rechtsprechung des EuGH ebenfalls vom BAG in Bezug auf die Vorgängernorm von § 26 BDSG, nämlich § 32 BDSG a. F. bekräftigt,[264] sodass einiges dafür spricht, dass nationale Gerichte im Bereich des freien Datenverkehrs eine umfassende Kompetenz auch beim Unionsgesetzgeber sehen.[265] Letztlich überzeugt dies, da ein wirklich freier Datenverkehr innerhalb der Union nur dann möglich ist, wenn dieser einheitlich geregelt wird. Dies muss dann aber auch im Bereich des Beschäftigtendatenschutzes grundsätzlich möglich sein, weshalb auch der Arbeitnehmerdatenschutz unter den „freien Datenverkehr" i. S. d. Art. 16 Abs. 2 S. 1 HS. 2 AEUV zu fassen ist.[266]

Dem steht auch nicht etwa ein Harmonisierungsverbot nach Art. 153 Abs. 2 b) i. V. m. Art. 153 Abs. 1 AEUV und Art. 153 Abs. 4 AEUV entgegen; Art. 153 AEUV dient als Ermächtigungsgrundlage zum Erlass von Richtlinien im Bereich der Sozialpolitik.[267] Dies folgt aus Art. 153 Abs. 2 b) AEUV „zu diesem Zwecke" in den in Art. 153 Abs. 1 a)–i) AEUV genannten Bereichen durch Richtlinien Mindestvorschriften zu erlassen sind. Nach Art. 153 Abs. 1 AEUV kann eine Harmonisierung durch die Union nur unterstützend und ergänzend erfolgen. Dadurch wird dem Unionsgesetzgeber in den in Art. 153 Abs. 1 a)–i) AEUV genannten Bereichen die Möglichkeit genommen, umfassende Rechtsangleichungen über Art. 153 Abs. 2 b) AEUV vorzunehmen.[268] In diese Regelungen des Art. 153 Abs. 1 a)–i) AEUV wird nun teilweise auch eine Kompetenz zum Erlass von Richtlinien zum Beschäftigtendatenschutz hineingelesen, bei welcher der Unionsgesetzgeber dann aber nur ergänzend und unterstützend tätig werden dürfte und somit nicht zum Erlass von vollharmonisierenden Regelungen ermächtigt wird.[269] Eine Vollharmonisierung im Bereich des Beschäftigtendatenschutzes durch die DS-GVO sei damit

---

[260] Ehmann/Selmayr/*Selk*, DSGVO, Art. 88 Rn. 19.

[261] Ehmann/Selmayr/*Selk*, DSGVO, Art. 88 Rn. 19.

[262] EuGH 21. 11. 2011 – Rs. C-468/10 und C-469/10 (ASNEF), ECLI:EU:C:2011:777 (Rn. 30).

[263] Ehmann-Selmayr/*Selk*, DSGVO, Art. 88 Rn. 16.

[264] BAG 29. 6. 2017 – 2 AZR 597/16, NZA 2017, 1179 (Rn. 34, 36).

[265] Ehmann/Selmayr/*Selk*, DSGVO, Art. 88 Rn. 17.

[266] Ehmann/Selmayr/*Selk*, DSGVO, Art. 88 Rn. 19; a. A.: *Däubler*/Wedde/Weichert/Sommer, DS-GVO, Art. 88 Rn. 3; *Franzen*, RDV 2014, 200 (201); *Heuschmid*, SR 2019, 1 (3).

[267] Calliess/Ruffert/*Krebber*, AEUV, Art. 153 Rn. 1.

[268] Calliess/Ruffert/*Krebber*, AEUV, Art. 153 Rn. 6.

[269] *Heuschmid*, SR 2019, 1 (3).

generell unzulässig.[270] Zu Recht wird in diesem Zusammenhang aber darauf verwiesen, dass der Datenschutz in Art. 153 Abs. 1 a)–i) AEUV nicht ausdrücklich erwähnt wird.[271] Zwar tangiert der Beschäftigtendatenschutz die Bereiche wie den Schutz der Arbeitnehmer bei Beendigung des Arbeitsvertrages (lit. b) oder die Unterrichtung und Anhörung der Arbeitnehmer (lit. e), da hier personenbezogene Daten von Beschäftigten verarbeitet werden. Daraus aber eine Kompetenz zum Erlass einer Richtlinie herzuleiten, erscheint jedoch im Hinblick darauf, dass der Datenschutz inzwischen auf nahezu alle Bereiche des Arbeitsrechts ausstrahlt, zu überzogen. Ferner dient Art. 153 AEUV den am 18. 10. 1961 in Turin unterschriebenen Zielen zur Förderung der Beschäftigung und der Verbesserung der Lebens- und Arbeitsbedingungen. Dass zu diesem Zeitpunkt allerdings schon an einen Beschäftigtendatenschutz gedacht wurde, ist nur schwerlich anzunehmen.[272] Richtigerweise dienen die Art. 153 und 151 AEUV daher dem Sozial- und nicht etwa dem Datenschutz.[273] In diesen Normen ist demnach keine allgemeine Kompetenznorm zum Erlass von Regelungen im Bereich des Beschäftigtendatenschutzes zu sehen, mit der Rechtsfolge, dass nur EU-Richtlinien mit mindestharmonisierenden Inhalten erlassen werden dürften. Kompetenzgrundlage ist daher vielmehr Art. 16 Abs. 2 S. 1 HS. 2 AEUV, sodass der Unionsgesetzgeber auch im Bereich des Beschäftigtendatenschutzes vollharmonisierend tätig werden darf. Der EuGH hat dies inzwischen auch ausdrücklich festgestellt.[274]

2. Sachlicher und räumlicher Anwendungsbereich der DS-GVO

Die DS-GVO unterteilt sich in einen sachlichen und einen räumlichen Anwendungsbereich. Ersterer richtet sich nach Art. 2 Abs. 1 DS-GVO. Demnach gilt die Verordnung für jede ganz oder teilweise automatisierte Verarbeitung von personenbezogenen Daten sowie auch für nicht automatisierte Verarbeitungen von personenbezogenen Daten, wenn diese in einem Dateisystem gespeichert sind oder gespeichert werden sollen. Personenbezogene Daten sind nach Art. 4 Nr. 1 DS-GVO alle Informationen, die sich auf eine identifizierte oder identifizierbare natürliche Person beziehen. Sobald der Betriebsrat auf Daten von Arbeitnehmern zu-

---

[270] *Däubler*/Wedde/Weichert/Sommer, DS-GVO, Art. 88 Rn. 3; *Franzen*, RDV 2014, 200 (201); *Friedrichsen*, § 79a BetrVG, 25; *Heuschmid*, SR 2019, 1 (3); *Körner*, Beschäftigtendatenschutz im Lichte der DS-GVO, 67.

[271] Ehmann/Selmayr/*Selk*, DSGVO, Art. 88 Rn. 18.

[272] 1970 verabschiedete das Bundesland Hessen das weltweit erste Datenschutzgesetz; BVerfGE 65, 1–71; 1983 stellte das Bundesverfassungsgericht im Volkszählungsurteil fest, dass die Grundrechte auch durch eine Datenverarbeitung verletzt sein können, die auf einer gesetzlichen Grundlage beruht.

[273] Ehmann/Selmayr/*Selk*, DSGVO, Art. 88 Rn. 18.

[274] EuGH 30. 3. 2023 – Rs. C-34/21 (Hauptpersonalrat ./. Hessisches Kultusministerium), ECLI:EU:C:2023:270 (Rn. 51); vgl. dazu auch Ehmann/Selmayr/*Selk*, DSGVO, Art. 88 Rn. 19.

rückgreift, welche Rückschlüsse auf diese zulassen, verarbeitet er personenbezogene Daten. Dies ist in Betriebsratssitzungen regelmäßig der Fall, womit der sachliche Anwendungsbereich der DS-GVO eröffnet ist. Räumlich findet die DS-GVO nach Art. 3 Abs. 1 DS-GVO Anwendung, sofern die personenbezogenen Daten der Arbeitnehmer innerhalb der Union verarbeitet werden. Dies ist bei den Betriebsräten der Fall. Somit ist der sachliche und örtliche Anwendungsbereich eröffnet.[275]

3. Öffnungsklausel und Nutzung durch den nationalen Gesetzgeber

Das BDSG kann daher im Bereich des Beschäftigtendatenschutzes nur im Rahmen einer Öffnungsklausel angewendet werden. Die DS-GVO enthält bis zu 60 Öffnungsklauseln.[276] Nachdem die DS-GVO im Bereich des Beschäftigtendatenschutzes keine besonderen Regelungen getroffen hat, ist eine Datenverarbeitung in diesem Gebiet grundsätzlich an den allgemeinen Rechtmäßigkeitsvoraussetzungen nach Art. 5 ff. DS-GVO zu bemessen.[277] Hätte der Unionsgesetzgeber keine Kompetenz beim Beschäftigungsdatenschutz nach Art. 16 Abs. 2 HS. 2 AEUV, wären die Art. 5 ff. DS-GVO grundsätzlich nicht anwendbar. Maßgeblich wäre dann im Beschäftigtendatenschutz allein das BDSG. Die DS-GVO könnte dann im Beschäftigtendatenschutz nur Anwendung finden, wenn das BDSG diese in Bezug nimmt, wie z.B. in § 26 Abs. 2, Abs. 3, Abs. 4, Abs. 5 BDSG.[278] Da aber nach der hier vertretenen Ansicht die Kompetenz beim Unionsgesetzgeber liegt, bedarf es für die Anwendbarkeit des BDSG einer Öffnungsklausel in der DS-GVO.[279] Als Öffnungsklausel kommt im Bereich des Beschäftigtendatenschutzes insbesondere Art. 88 Abs. 1 DS-GVO in Betracht, wonach die Mitgliedstaaten durch Rechtsvorschriften oder Kollektivvereinbarungen spezifische Regelungen treffen können, um die Rechte und Freiheiten bei der Verarbeitung personenbezogener Daten im Beschäftigungskontext zu gewährleisten. Art. 88 Abs. 1 DS-GVO durchbricht insoweit das Prinzip der Vollharmonisierung der DS-GVO, indem er dem nationalen Gesetzgeber Regelungs- und Gestaltungsspielräume im Bereich des Beschäftigtendatenschutzes überlässt.[280] Der nationale Gesetzgeber hat mit § 26 BDSG diesen Spielraum genutzt und eine Bestimmung getroffen, welche spezifische Regelungen

---

275 Vgl. auch *Flink*, Beschäftigtendatenschutz, 68.

276 *Taeger*/Gabel/*Schmidt*, DS-GVO, Einführung Rn. 51.

277 Gola/Heckmann/*Pötters*, DS-GVO, Art. 88 Rn. 6 ff.; *Taeger*/Gabel/*Schmidt*, DS-GVO, Einführung Rn. 41.

278 Vgl. *Heuschmid*, SR 2019, 6; ähnlich: *Däubler*/Wedde/Weichert/Sommer, DS-GVO, Art. 88 Rn. 3.

279 *Kühling*/Buchner/*Maschmann*, DS-GVO, Art. 88 Rn. 1; Gola/Heckmann/*Pötters*, DS-GVO, Art. 88 Rn. 4; Taeger/Gabel/*Zöll*, DS-GVO, Art. 88 Rn. 7, trotz bestehender Zweifel zur Kompetenzgrundlage in Rn. 5.

280 Gola/Heckmann/*Pötters*, DS-GVO, Art. 88 Rn. 3; *Taeger*/Gabel/*Zöll*, DS-GVO, Art. 88 Rn. 2.

im Bereich des Beschäftigtendatenschutzes ermöglicht.[281] Nachdem § 26 Abs. 1 BDSG gemäß der Rechtsprechung des EuGH jedoch voraussichtlich nicht den Anforderungen des Art. 88 Abs. 1 DS-GVO genügt[282] und damit unangewendet bleiben muss, ist davon auszugehen, dass zumindest bei dieser Norm bis zu einer Änderung des BDSG unmittelbar auf die Art. 5 ff. DS-GVO zurückgegriffen werden muss.[283]

II. DS-GVO zum BetrVG

Das Verhältnis der DS-GVO zum BetrVG ist im Grundsatz wie das Verhältnis der DS-GVO zum BDSG zu bewerten. Der sachliche und räumliche Anwendungsbereich der DS-GVO ist daher bei einer personenbezogenen Datenverarbeitung durch den Betriebsrat eröffnet. Ebenso kann das BetrVG aufgrund der unmittelbaren und zwingenden Wirkung der DS-GVO nach Art. 288 Abs. 2 S. 2 AEUV grundsätzlich keinen Vorrang im Bereich der Verarbeitung von personenbezogenen Daten beanspruchen, solange dem Unionsgesetzgeber im Bereich der Betriebsverfassung eine Regelungskompetenz zukommt. Art. 16 Abs. 2 S. 1 HS. 2 AEUV stellt eine solche taugliche Kompetenzgrundlage zum Erlass vollharmonisierender Regelungen dar.[284] Dies gilt jedoch auch für den Bereich der Betriebsverfassung, womit der DS-GVO nach Art. 288 Abs. 2 AEUV eine unmittelbare Wirkung zukommt. In diesem Zusammenhang ist allerdings das aus Art. 153 Abs. 2 b) i. V. m. Art. 153 Abs. 1 und Art. 153 Abs. 4 AEUV folgende Harmonisierungsverbot zu beachten. Nach Art. 153 Abs. 1 f) AEUV i. V. m. Art. 153 Abs. 5 AEUV werden von dieser Richtlinienkompetenz auch die Bereiche der Mitbestimmung der Arbeitnehmer und ihrer Interessenvertreter auf Ebene des Betriebes erfasst.[285] Der europäische Gesetzgeber darf daher im Bereich der Betriebsverfassung gem. Art. 153 Abs. 1 AEUV nur unterstützend und ergänzend tätig werden. Gem. Art. 151 Abs. 2 AEUV führt die Union zu diesem Zweck Maßnahmen durch, welche den mitgliedsstaatlichen Gepflogenheiten Rechnung tragen. Eine solche mitgliedsstaatliche Gepflogenheit ist in Deutschland der Betriebsrat, den es in anderen

---

[281] So bisher u. a. *Flink*, Beschäftigtendatenschutz, 68; *Gola*, BB 2017, 1462 (1463); *Gola*/Heckmann/*Pötters*, BDSG, § 26 Rn. 2; Taeger/Gabel/*Zöll*, DS-GVO, Art. 88 Rn. 7.

[282] EuGH 30. 3. 2023 – Rs. C-34/21 (Hauptpersonalrat ./. Hessisches Kultusministerium), ECLI:EU:C:2023:270 (Rn. 65); vgl. Teil 2, Abschnitt 2, A.

[283] *Benkert*, NJW-Spezial 2023, 274 (275); *Hoffmann/Glocker*, Blog-CMS, EuGH – Keine Generalklausel im Beschäftigtendatenschutz, abrufbar unter https://www.cmshs-bloggt.de/tmc/datenschutzrecht/eugh-keine-generalklauseln-im-beschaeftigtendatenschutz/# (zuletzt abgerufen am 8. 9. 2024); *Meinecke*, NZA 2023, 487 (493); *Riechert*, RDi 2023, 439 (441); *Wünschelbaum*, NZA 2023, 542 (544).

[284] Teil 2, Abschnitt 2, B. I. 1.

[285] EuArbRK/*Franzen*, AEUV, Art. 153 Rn. 33 f.; Calliess/Ruffert/*Krebber*, AEUV, Art. 153 Rn. 20.

Mitgliedstaaten nur in einer abgeschwächten Form oder gar nicht gibt.[286] Die Art. 153 Abs. 1 f) AEUV i.V.m. Art. 153 Abs. 5 AEUV dienen damit zwar nicht als Kompetenzgrundlage zum Erlass eines Beschäftigtendatenschutzes, schränken aber die auf einer EU-Verordnung basierende DS-GVO insoweit ein, dass diese zu keinen strukturellen Eingriffen in der Betriebsverfassung führen darf, da dies ansonsten über die unterstützende und ergänzende Tätigkeit des Art. 153 Abs. 1 f) AEUV und Art. 151 Abs. 2 AEUV hinausgehen würde.[287] Denn das Datenschutzrecht darf nicht dazu dienen, die aus Art. 153 AEUV erwachsenden Richtlinienkompetenzen durch die Hintertür des Datenschutzes zu erweitern.[288] Dies wird bei der Beurteilung der Vereinbarkeit der nationalen Vorschriften mit der DS-GVO zu berücksichtigen sein.

III. BDSG zum BetrVG

Sowohl beim BDSG als auch beim BetrVG handelt es sich um nationale Normen. Ein genereller Vorrang eines der beiden Gesetze besteht daher nicht, womit die allgemeinen Kollisionsregeln gelten. Eine solche Kollisionsregel findet sich etwa in § 1 Abs. 2 S. 1 BDSG, wonach andere Rechtsvorschriften des Bundes über den Datenschutz den Vorschriften dieses Gesetzes vorgehen, außer sie regeln einen Sachverhalt, für den dieses Gesetz nicht oder nicht abschließend i.S.d. § 1 Abs. 2 S. 2 BDSG gilt. Liegt jedoch eine solche Tatbestandskongruenz[289] bei Regelungen des BetrVG vor, dann wären diese Regelungen spezieller als jene des BDSG.[290]

C. Datenschutzrechtliche Verantwortlichkeit als Voraussetzung für Haftung und Bußgelder

Nachdem nationale Datenschutzvorschriften nur dann zur Anwendung kommen, wenn dies durch eine Öffnungsklausel in der DS-GVO zugelassen wird, ist die DS-GVO das maßgebliche Regelungswerk für die Datenverarbeitung im Betriebsrat

[286] Ehmann/Selmayr/*Selk*, DSGVO, Art. 88 Rn. 10.

[287] DKW/*Buschmann*, BetrVG, § 79a Rn. 1a, 23; *Heuschmid*, SR 2019, 1 (4), welcher zwar aus Art. 153 ein Verbot zur Vollharmonisierung ableitet, im Falle einer anderen Ansicht aber auch darauf hinweist, dass die strukturellen Garantien der Betriebsverfassung dann zumindest über Art. 151 AEUV zu berücksichtigen seien. Dabei kann zusätzlich auch noch die Spruchpraxis des Ausschusses für Soziale Rechte zu Art. 27 EU-GRC berücksichtigt werden, nach welcher die strukturellen Garantien der Betriebsverfassung ebenfalls ins Kalkül zu ziehen wären; *Lembke*, FS Ingrid Schmidt (2021), 277 (280); a.A.: *Lücke*, NZA 2019, 658 (659).

[288] Vgl. *Lembke*, FS Ingrid Schmidt (2021), 277 (280).

[289] BT-Drs. 18/11325, 79.

[290] BT-Drs. 18/11325, 79; *Flink*, Beschäftigtendatenschutz, 72; *Gola*/Heckmann/*Reif*, BDSG, § 1 Rn. 10; *Lücke*, NZA 2019, 658 (659); a.A.: *Friedrichsen*, § 79a BetrVG, 34.

und damit zunächst auf deren Vorschriften abzustellen. Die DS-GVO definiert in Art. 4 Nr. 7, wer die Verantwortung für die Einhaltung des Datenschutzrechts trägt und damit den Schutz der Rechte der von der Datenverarbeitung betroffenen Personen sicherzustellen hat.[291] Der Begriff der Verantwortlichkeit in Art. 4 Nr. 7 DS-GVO gilt dabei als Schlüsselbegriff der DS-GVO.[292] Dieser dient dazu, Verantwortung zuzuweisen, indem jede Verarbeitung von personenbezogenen Daten einer Rechtsperson zugeordnet wird. Die Rechte von betroffenen Personen sollen dadurch bei Datenverarbeitungsvorgängen geschützt werden, damit feststeht, wer für die Einhaltung der gesetzlichen Pflichten der DS-GVO verantwortlich ist und anderseits für Schäden aufkommen muss, wenn es zu einem Datenschutzverstoß kommt.[293]

Im Hinblick auf die Frage, welchen Einfluss das Datenschutzrecht bereits vor der Einführung des § 79a BetrVG auf die Entscheidungsfindung im Betriebsrat hatte, könnte die Beantwortung dabei insbesondere von den nach der DS-GVO bestehenden Haftungsmöglichkeiten und Bußgeldern in Art. 82, 83 DS-GVO abhängen. Wie es sich im Rahmen der betriebsverfassungsrechtlichen Vorgaben in der Präsenzsitzung gezeigt hat, wird die Entscheidungsfindung im Betriebsrat auch dadurch gesichert, dass die Gremienmitglieder ihr Mandat unentgeltlich als Ehrenamt ausüben, wodurch die innere und äußere Unabhängigkeit der Mitglieder gewahrt werden soll. Dies beinhaltet in erster Linie zwar die Vermeidung von materiellen Sondervorteilen durch den Arbeitgeber, schließt allerdings auch mit ein, dass die Gremienmitglieder durch die Ausübung ihres Amtes keine materiellen Nachteile erleiden. Zur Vermeidung solcher Nachteile bekommen die Mitglieder unter anderem ihren Lohnausfall ersetzt und die erforderlichen Kosten für ihre Tätigkeit im Betriebsrat werden vom Arbeitgeber gem. § 40 Abs. 2 BetrVG erstattet. Geschützt vor materiellen Nachteilen werden die Mitglieder daneben aber auch, indem die Betriebsverfassung keine Haftung des Betriebsrats oder seiner Mitglieder vorsieht. Dieses Fehlen an gesetzlichen Haftungstatbeständen sichert, wie auch die Vermeidung von materiellen Sondervorteilen, die unabhängige Mandatsausübung der Gremienmitglieder.[294] Besteht nun aber die Möglichkeit, dass grundsätzlich jeder Verstoß des Betriebsrats gegen die Vorschriften der DS-GVO zu einem Schadensersatzanspruch oder Bußgeld gem. Art. 82, 83 DS-GVO führt, droht eine Gefährdung genau dieses Prinzips.

Betriebsratsmitglieder, welche sich einer Haftung ausgesetzt sehen, handeln nicht auf dieselbe Weise, wie wenn sie von dieser befreit wären. Dies gilt insbe-

---

[291] Kühling/Buchner/*Hartung*, DS-GVO, Art. 4 Nr. 7 Rn. 6, mit Verweis auf die Stellungnahme der Art.-29-Datenschutzgruppe, auf deren Stellungnahme in Teil 2, Abschnitt 2, C. II. 2. b) vertieft eingegangen wird.

[292] Taeger/Gabel/*Arning/Rothkegel*, DS-GVO, Art. 4 Rn. 172; Kühling/Buchner/*Hartung*, DS-GVO, Art. 4 Nr. 7 Rn. 5; *Monreal*, ZD 2014, 611 (612).

[293] Taeger/Gabel/*Arning/Rothkegel*, DS-GVO, Art. 4 Rn. 172; Kühling/Buchner/*Hartung*, DS-GVO, Art. 4 Nr. 7 Rn. 6; Sydow/*Raschauer*, DS-GVO, Art. 4 Rn. 120.

[294] Vgl. Teil 2, Abschnitt 1, A. I. 7.

sondere im Hinblick darauf, dass der Betriebsrat nur teilweise rechts- und vermögensfähig ist[295] und damit eine selbstständige Haftung des Gremiums bzw. die Verhängung von Bußgeldern gegen dieses nicht in Betracht kommt. Schadensersatzansprüche und Bußgelder können daher nur gegen das einzelne Mitglied verhängt werden.[296]

Schadensersatzansprüche nach Art. 82 DS-GVO wie auch Bußgelder nach Art. 83 DS-GVO werden jedoch nur an denjenigen verhängt, der gem. Art. 4 Nr. 7 DS-GVO als „natürliche oder juristische Person, Behörde, Einrichtung oder andere Stelle allein oder gemeinsam mit anderen über die Zwecke und Mittel der Verarbeitung von personenbezogenen Daten entscheidet." Nachdem der Betriebsrat zahlreiche Berührungspunkte mit personenbezogenen Daten von Arbeitnehmern hat und diese im Rahmen seiner Beteiligungsrechte auch umfangreich verarbeitet, wäre es zwar naheliegend, diesen als Entscheidungsträger über die Zwecke und Mittel der Datenverarbeitung anzusehen. Dass als Verantwortlicher i. S. d. Art. 4 Nr. 7 DS-GVO aber genauso der Arbeitgeber angesehen werden kann, zeigt allein § 79a S. 2 BetrVG.

Inwiefern damit bereits vor § 79a S. 2 BetrVG eine Beeinflussung für die Willensbildung des Betriebsrats durch Art. 82 f. DS-GVO denkbar war, ist somit davon abhängig, ob der Betriebsrat oder der Arbeitgeber als Verantwortlicher gem. Art. 4 Nr. 7 DS-GVO anzusehen ist.

I. Rechtslage vor dem Inkrafttreten der DS-GVO

Vor dem Inkrafttreten der DS-GVO und der damit verbundenen unmittelbaren und zwingenden Wirkung der europäischen Datenschutzrechtsvorgaben in allen Mitgliedstaaten war auf nationaler Ebene die Vorgabe des BDSG für die Bestimmung des datenschutzrechtlich Verantwortlichen maßgeblich, die wiederum auf den Vorgaben der europäischen Richtlinie 95/46/EG (DSRL) beruhte.

Nach § 3 Abs. 7 BDSG (a. F.) war Verantwortlicher jede Person oder Stelle, die personenbezogene Daten für sich selbst erhob, verarbeitete oder nutzte oder dies durch andere im Auftrag vornehmen ließ. Als verantwortliche nichtöffentliche Stelle galt nach § 2 Abs. 4 S. 1 BDSG (a. F.) jede natürliche oder juristische Person sowie Gesellschaften und andere Personenvereinigungen des privaten Rechts. Der

[295] BAG 24. 4. 1986 – 6 AZR 607/83, AP Nr. 7 zu § 87 Sozialeinrichtungen BetrVG 1972 (unter II. 2. a. der Gründe); BAG 24. 10. 2001 – 7 ABR 20/00, AP Nr. 71 zu § 40 BetrVG 1972 (unter II. 1. der Gründe); BGH 25. 10. 2012 – III ZR 266/11, AP Nr. 110 zu § 49 BetrVG 1972 (unter II. 1. a. aa. (1) der Gründe); *Fitting*, BetrVG, § 1 Rn. 291; GK-BetrVG/*Wiese*, Einleitung, Rn. 105.

[296] Ausführlich dazu in Teil 2, Abschnitt 2, D. IV.

Betriebsrat ist nur teilrechts- und vermögensfähig[297] und stellte damit keine juristische Person, Gesellschaft oder Personenvereinigung des öffentlichen Rechts dar. Er galt deshalb nicht als Verantwortlicher i. S. d. des § 3 Abs. 7 BDSG (a. F.), sondern es wurde stattdessen der Arbeitgeber für die Datenverarbeitung des Betriebsrats verantwortlich gemacht.[298] Obwohl der Betriebsrat damit nicht verantwortlich i. S. d. § 3 Abs. 7 BDSG (a. F.) war, sollte er beim Umgang mit internen personenbezogenen Daten nicht frei sein, sondern musste unter Beachtung seiner Unabhängigkeit vom Arbeitgeber eigenständige Maßnahmen beschließen, um einem Missbrauch von Daten vorzubeugen.[299] Der Betriebsrat sollte daher dazu angehalten werden, sich wie auch der Arbeitgeber an die geltenden datenschutzrechtlichen Bestimmungen zu halten und galt daher als Teil der verantwortlichen Stelle.[300]

Dies ließ sich im Hinblick auf die nationale Rechtslage nach § 3 Abs. 7 BDSG i. V. m. § 2 Abs. 4 S. 1 BDSG (a. F.) zwar kaum beanstanden, konnte allerdings im Querblick auf die DSRL, deren Umsetzung das BDSG war, auch kritisch gesehen werden. Nach deren Begriffsbestimmung des datenschutzrechtlichen Verantwortlichen in Art. 2 d) DSRL war jede natürliche oder juristische Person, Behörde, Einrichtung oder jede andere Stelle verantwortlich, die allein oder gemeinsam mit anderen über die Zwecke und Mittel der Verarbeitung von personenbezogenen Daten entscheidet. Zwar ist der Betriebsrat keine juristische Person, allerdings wäre eine Subsumtion unter den Begriff der „anderen Stelle“ durchaus möglich gewesen.[301] Ferner wurde in Teilen der Literatur angemerkt, dass der Arbeitgeber trotz seiner datenschutzrechtlichen Verantwortlichkeit kaum Einwirkungsmöglichkeiten auf den Betriebsrat bei der Verarbeitung von personenbezogenen Daten habe, da dieser unabhängig vom Arbeitgeber agiert.[302] Nach der Rechtsprechung des BAG unterlag der Betriebsrat auch nicht der Kontrolle des betrieblichen Datenschutzbeauftragten,[303] sodass ein effektiver Beschäftigtendatenschutz innerhalb des Betriebsrats nicht zu gewährleisten sei.[304]

---

[297] BAG 24. 4. 1986 – 6 AZR 607/83, AP Nr. 7 zu § 87 Sozialeinrichtungen BetrVG 1972 (unter II. 2. a. der Gründe); BAG 24. 10. 2001 – 7 ABR 20/00, AP Nr. 71 zu § 40 BetrVG 1972 (unter II. 1. der Gründe); BGH 25. 10. 2012 – III ZR 266/11, AP Nr. 110 zu § 49 BetrVG 1972 (unter II. 1. a. aa. (1) der Gründe); *Fitting*, BetrVG, § 1 Rn. 291; GK-BetrVG/*Wiese*, Einleitung, Rn. 105.

[298] BAG 11. 11. 1997 – 1 ABR 21/97, AP Nr. 15 zu § 1 BetrVG 1972 (unter B. III. 2. c. bb. (2) der Gründe); BAG 12. 8. 2009 – 7 ABR 15/08, AP Nr. 2 zu § 34 BetrVG 1972 (Rn. 27).

[299] BAG 12. 8. 2009 – 7 ABR 15/08, AP Nr. 2 zu § 34 BetrVG (Rn. 27).

[300] BAG 11. 11. 1997 – 1 ABR 21/97, AP Nr. 15 zu § 1 BetrVG 1972 (unter B. III. 2. a. der Gründe); BAG 12. 8. 2009 – 7 ABR 15/08, AP Nr. 2 zu § 34 BetrVG 1972 (Rn. 27); BAG 7. 2. 2012 – 1 ABR 46/10, AP Nr. 4 zu § 84 SGB IX (Rn. 43); BAG 14. 1. 2014 – 1 ABR 54/12, NZA 2014, 738 (Rn. 28).

[301] Zu weiteren allgemeinen begrifflichen Unstimmigkeiten vgl. *Monreal*, ZD 2014, 611 (616); *Simitis*/Hornung/Spiecker, DS-GVO, Art. 4 Nr. 7 Rn. 9.

[302] *Kort*, NZA 2015, 1345 (1347).

[303] BAG 11. 11. 1997 – 1 ABR 21/97, AP Nr. 15 zu § 1 BetrVG (unter B. III. 2. c. ee. der Gründe).

Festzuhalten ist hier, dass unter der Geltung der DSRL und dem daran angelehnten § 3 Abs. 7 BDSG i. V. m. § 2 Abs. 4 BDSG der Betriebsrat nur ein Teil der verantwortlichen Stelle im Betrieb war und damit der Arbeitgeber als Verantwortlicher und auch als Schuldner bzw. Adressat von Bußgeldern galt. Diese vorherrschende Ansicht war jedoch im Hinblick auf Art. 2 d) DSRL nicht völlig unbedenklich.[305]

II. Rechtslage nach dem Inkrafttreten der DS-GVO

Der Begriff der Verantwortlichkeit wird in Art. 4 Nr. 7 DS-GVO geregelt. Das BDSG trifft insoweit keine generelle Aussage mehr zur datenschutzrechtlichen Verantwortlichkeit. Verantwortlicher ist somit nach Art. 4 Nr. 7 DS-GVO jede natürliche oder juristische Person, Behörde, Einrichtung oder andere Stelle, die allein oder gemeinsam mit anderen über Zwecke und Mittel der Verarbeitung von personenbezogenen Daten entscheidet. Der in Betracht kommende Akteur muss demnach tauglicher Adressat der Norm sein und über die Zwecke und Mittel der Datenverarbeitung allein oder gemeinsam mit anderen entscheiden.[306] Der Begriff der Verantwortlichkeit in Art. 4 Nr. 7 DS-GVO unterscheidet sich inhaltlich damit kaum von Art. 2 d) DSRL. Auch hiernach war Verantwortlicher die natürliche oder juristische Person, Behörde, Einrichtung oder andere Stelle, die allein oder gemeinsam mit anderen über die Zwecke und Mittel der Verarbeitung von personenbezogenen Daten entscheidet. Die einzige Abweichung besteht demnach darin, dass in der DS-GVO nun statt der Begriffe „für die Verarbeitung Verantwortlicher" nur noch der Begriff „Verantwortlicher" verwendet wird.[307] Inhaltlich ergeben sich dadurch jedoch keine Unterschiede, womit zur Auslegung der Tatbestandsmerkmale auf die Rechtsprechung des EuGH zu Art. 2 d) DSRL zurückgegriffen werden kann.[308] Daneben können dadurch auch die Empfehlungen und Stellungnahmen der Artikel-29-Datenschutzgruppe als Auslegungshilfe mit in die Betrachtungen einbezogen werden, welche bis zum Inkrafttreten der DS-GVO ein unabhängiges Beratungsgremium der Europäischen Kommission war.[309] Zudem sind auch die Leitlinien des „Europäischen Datenschutzausschusses" (EDSA)[310] zu berücksichtigen, welcher die Artikel-29-Datenschutzgruppe zum 25. Mai 2025 ersetzte.[311]

---

[304] *Kort*, NZA 2015, 1345 (1349), freiwillige Selbstkontrolle erscheint wenig effektiv.

[305] Vgl. dazu auch *Flink*, Beschäftigtendatenschutz, 206.

[306] Die Bestimmung der Verantwortlichkeit setzt sich damit aus drei Komponenten zusammen, vgl. Art. 29-Datenschutzgruppe, Stellungnahme vom 16.2.2010, WP 169, 10; *Monreal*, ZD 2014, 611 (612); Kühling/Buchner/*Hartung*, DS-GVO, Art. 4 Nr. 7 Rn. 8.

[307] *Gola*, DS-GVO, Art. 4 Rn. 63; Kühling/Buchner/*Hartung*, DS-GVO, Art. 4 Nr. 7 Rn. 2; *Simitis*/Hornung/Spiecker, DS-GVO, Art. 4 Nr. 7 Rn. 6.

[308] Taeger/Gabel/*Arning/Rothkegel*, DS-GVO, Art. 4 Rn. 171.

[309] Taeger/Gabel/*Arning/Rothkegel*, DS-GVO, Art. 4 Rn. 171.

[310] Insbesondere EDSA, Leitlinie 07/2020 Version 2.0.

1. Rechtsprechung des EuGH zur datenschutzrechtlichen Verantwortlichkeit

Zur Auslegung des Begriffes der Verantwortlichkeit sind sowohl zu Art. 4 Nr. 7 DS-GVO,[312] als auch bereits zu Art. 2 d) DSRL[313] Entscheidungen des EuGH ergangen. Im Kern geht es in diesen Urteilen um Fragen der gemeinsamen Verantwortlichkeit. Nachdem aber eine gemeinsame Verantwortlichkeit zumindest zwei Verantwortliche voraussetzt,[314] können daraus auch generelle Schlussfolgerungen für die Begründung einer einzelnen Verantwortlichkeit abgeleitet werden.

In der Rechtssache C-210/16 (LzD-Schleswig-Holstein ./. Wirtschaftsakademie Schleswig-Holstein) ging es um die Frage, ob der Betreiber einer Fanpage auf Facebook als Verantwortlicher gem. Art. 2 d) DSRL eingestuft werden konnte, weil er durch das Betreiben der Seite Daten von deren Besuchern für sich und das Unternehmen Facebook erheben konnte.[315] Die Datenerhebung erfolgte mithilfe von „Cookies". Sobald ein Facebook-Nutzer die Fanpage des Betreibers aufrief, wurden auf dessen Computer oder anderem technischen Gerät diese Cookies platziert, mit deren Hilfe Informationen von demjenigen gespeichert wurden, der die Seite aufgerufen hatte.[316] Diese Informationen wurden für das Unternehmen Facebook erhoben, damit es seine über das Netzwerk verbreitete Werbung verbessern konnte.[317] Sie konnten aber auch vom Betreiber der Facebook-Seite benutzt werden, um Kenntnisse von den Profilen der Besucher der Facebook-Seite zu erlangen.[318] Diese Kenntnisse erstreckten sich auf Bereiche wie Alter, Geschlecht, Beziehungsstatus

---

[311] EDPB, Vermächtnis, Artikel 29 der Datenschutzgruppe, abrufbar unter https://www.edpb.europa.eu/about-edpb/who-we-are/legacy-art-29-working-party_de (zuletzt abgerufen 29.7.2025).

[312] EuGH 9.7.2020 – Rs. C-272/19 (VQ ./. Land Hessen) ECLI:EU:C:2020:535; EuGH 5.12.2023 – C-807/21 (Deutsche Wohnen SE ./. Staatsanwaltschaft Berlin) ECLI:EU:C:2023:950; EuGH 11.1.2024 – C-231/22 (Etat belge ./. Autorite de protection des donnees) ECLI:EU:C:2024:7; EuGH 4.10.2024 – Rs. C.–200/23 (Agentsia po vpisvaniyata ./. OL) ECLI:EU:C:2024:827.

[313] EuGH 13.5.2014 – Rs. C-131/12 (Google ./. AEPD, Gonzalez) ECLI:EU:C:2014:317; EuGH 5.6.2018 – Rs. C-210/16 (LzD-Schleswig-Holstein ./. Wirtschaftsakademie Schleswig-Holstein GmbH) ECLI:EU:C:2018:388; EuGH 10.7.2018 – Rs. C-25/17 (Tietosuojavaltuutettu ./. Jehovan) ECLI:EU:C:2018:551; EuGH 19.7.2019 – Rs. C-40/17 (Fashion ID GmbH & Co. KG ./. Verbraucherzentrale NRW) ECLI:EU:C:2019:629.

Vgl. Art. 26 Abs. 1 S. 1 DS-GVO.

[314] Vgl. Art. 26 Abs. 1 S. 1 DS-GVO.

[315] Vgl. EuGH 5.6.2018 – Rs. C-210/16 (LzD-Schleswig-Holstein ./. Wirtschaftsakademie Schleswig-Holstein GmbH) ECLI:EU:C:2018:388 (Rn. 16).

[316] EuGH 5.6.2018 – Rs. C-210/16 (LzD-Schleswig-Holstein ./. Wirtschaftsakademie Schleswig-Holstein GmbH) ECLI:EU:C:2018:388 (Rn. 33).

[317] EuGH 5.6.2018 – Rs. C-210/16 (LzD-Schleswig-Holstein ./. Wirtschaftsakademie Schleswig-Holstein GmbH) ECLI:EU:C:2018:388 (Rn. 34).

[318] EuGH 5.6.2018 – Rs. C-210/16 (LzD-Schleswig-Holstein ./. Wirtschaftsakademie Schleswig-Holstein GmbH) ECLI:EU:C:2018:388 (Rn. 34).

oder die berufliche Situation der Nutzer, waren aber zumindest für den Betreiber der Fanseite insoweit anonym,[319] da diese Informationen ihm nur im Allgemeinen und nicht bezogen auf eine konkrete Person zur Verfügung gestellt wurden.[320] Ferner konnte der Betreiber auch festlegen, nach welchen Kriterien die Statistiken über die Besucher der Seite erstellt wurden,[321] ohne jedoch das Erstellen der Statistiken zu verhindern.[322] Der EuGH berücksichtigte diesen Umstand, indem er den Betreiber der Facebookseite bei der Verarbeitung dieser Daten durch das Unternehmen Facebook nicht für mitverantwortlich hielt.[323] Der Umstand, dass er durch das Betreiben der Facebook-Seite das Platzieren von Cookies durch das Unternehmen Facebook überhaupt erst ermögliche, mache ihn zumindest bei der Erhebung der personenbezogenen Daten zu einem Verantwortlichen i. S. d. Art. 2 d) DSRL.[324]

Im Fall C-25/17 (Tietosuojavaltuutettu ./. Jehovan) ging es unter anderem um die Frage, ob die Glaubensgemeinschaft der Zeugen Jehovas für die personenbezogenen Daten verantwortlich ist, welche deren Mitglieder im Zuge von Hausbesuchen in ihre Notizblöcke schrieben, um eine Gedächtnisstütze für zukünftige Gespräche mit Interessenten zu haben.[325] Die Glaubensgemeinschaft gab dazu an, dass sie selbst keinen Einfluss auf die Notizen der Mitglieder habe, da sie die Mitglieder weder dazu auffordere, solche Daten zu erheben, noch den Inhalt dieser kenne.[326] Gleichwohl nahm der EuGH eine Verantwortlichkeit mit der Begründung an, dass diese personenbezogenen Daten von den Mitgliedern mit dem Ziel erhoben werden, die Glaubensüberzeugungen der Gemeinschaft besser verkünden zu können.[327] Dies diene dem Verkündungsauftrag der Gemeinschaft selbst,[328] weshalb die Daten im

---

[319] EuGH 5.6.2018 – Rs. C-210/16 (LzD-Schleswig-Holstein ./. Wirtschaftsakademie Schleswig-Holstein GmbH) ECLI:EU:C:2018:388 (Rn. 37 f.).

[320] EuGH 5.6.2018 – Rs. C-210/16 (LzD-Schleswig-Holstein ./. Wirtschaftsakademie Schleswig-Holstein GmbH) ECLI:EU:C:2018:388 (Rn. 38).

[321] EuGH 5.6.2018 – Rs. C-210/16 (LzD-Schleswig-Holstein ./. Wirtschaftsakademie Schleswig-Holstein GmbH) ECLI:EU:C:2018:388 (Rn. 36).

[322] EuGH 5.6.2018 – Rs. C-210/16 (LzD-Schleswig-Holstein ./. Wirtschaftsakademie Schleswig-Holstein GmbH) ECLI:EU:C:2018:388 (Rn. 15).

[323] EuGH 5.6.2018 – Rs. C-210/16 (LzD-Schleswig-Holstein ./. Wirtschaftsakademie Schleswig-Holstein GmbH) ECLI:EU:C:2018:388 (Rn. 35).

[324] EuGH 5.6.2018 – Rs. C-210/16 (LzD-Schleswig-Holstein ./. Wirtschaftsakademie Schleswig-Holstein GmbH) ECLI:EU:C:2018:388 (Rn. 35 f.).

[325] EuGH 10.7.2018 – Rs. C-25/17 (Tietosuojavaltuutettu ./. Jehovan) ECLI:EU:C:2018:551 (Rn. 15).

[326] EuGH 10.7.2018 – Rs. C-25/17 (Tietosuojavaltuutettu ./. Jehovan) ECLI:EU:C:2018:551 (Rn. 17).

[327] EuGH 10.7.2018 – Rs. C-25/17 (Tietosuojavaltuutettu ./. Jehovan) ECLI:EU:C:2018:551 (Rn. 70).

[328] EuGH 10.7.2018 – Rs. C-25/17 (Tietosuojavaltuutettu ./. Jehovan) ECLI:EU:C:2018:551 (Rn. 71).

Eigeninteresse der Glaubensgemeinschaft erhoben und verarbeitet werden.[329] Darüber hinaus liege eine Verantwortlichkeit auch deshalb vor, weil die Gemeinschaft die Verbreitung des Glaubens organisiere und koordiniere.[330]

In der Entscheidung C-40/17 (Fashion ID GmbH & Co. KG ./. Verbraucherzentrale NRW) hatte der EuGH über die Verantwortlichkeit eines Webseitenbetreibers zu entscheiden, welcher auf seiner eigenen und nicht von Facebook betriebenen Webseite einen Like-Button des Unternehmens Facebook eingebunden hatte.[331] Dieser erhob damit, ohne dass die Besucher der Webseite es wussten, personenbezogene Daten und übermittelte sie an das Unternehmen Facebook,[332] unabhängig davon, ob die Besucher ein Benutzerkonto auf Facebook hatten oder den Like-Button betätigten.[333] Der Webseitenbetreiber selbst machte demgegenüber geltend, keinen Einfluss auf diese Datenverarbeitung zu haben. Die Übermittlung wie auch die Verarbeitung erfolgten demnach allein durch Facebook.[334] Der EuGH wies jedoch darauf hin, dass die Einbindung des Like-Buttons auf der Website aus Eigeninteresse erfolge.[335] Dadurch werde die eigene Werbung im sozialen Netzwerk Facebook sichtbar gemacht, wodurch diese optimiert werde und der Webseitenbetreiber in den Genuss wirtschaftlicher Vorteile komme.[336] Der Button diene damit als Werkzeug zur Erhebung und Übermittlung von personenbezogenen Daten[337] und sei somit das Mittel zur Verarbeitung der personenbezogenen Daten, auf welches der Webseitenbetreiber durch die Einbindung auf seiner Webseite konkreten Einfluss habe.[338] Der Zweck werde dadurch begründet, dass die mit der Datenerhebung verbundenen wirtschaftlichen Interessen zwischen dem Websei-

---

329 EuGH 10.7.2018 – Rs. C-25/17 (Tietosuojavaltuutettu ./. Jehovan) ECLI:EU:C:2018:551 (Rn. 68, 71).

330 EuGH 10.7.2018 – Rs. C-25/17 (Tietosuojavaltuutettu ./. Jehovan) ECLI:EU:C:2018:551 (Rn. 71).

331 EuGH 19.7.2019 – Rs. C-40/17 (Fashion ID GmbH & Co. KG ./. Verbraucherzentrale NRW) ECLI:EU:C:2019:629 (Rn. 27).

332 EuGH 19.7.2019 – Rs. C-40/17 (Fashion ID GmbH & Co. KG ./. Verbraucherzentrale NRW) ECLI:EU:C:2019:629 (Rn. 27, 75).

333 EuGH 19.7.2019 – Rs. C-40/17 (Fashion ID GmbH & Co. KG ./. Verbraucherzentrale NRW) ECLI:EU:C:2019:629 (Rn. 27, 75).

334 EuGH 19.7.2019 – Rs. C-40/17 (Fashion ID GmbH & Co. KG ./. Verbraucherzentrale NRW) ECLI:EU:C:2019:629 (Rn. 34).

335 EuGH 19.7.2019 – Rs. C-40/17 (Fashion ID GmbH & Co. KG ./. Verbraucherzentrale NRW) ECLI:EU:C:2019:629 (Rn. 68, 80).

336 EuGH 19.7.2019 – Rs. C-40/17 (Fashion ID GmbH & Co. KG ./. Verbraucherzentrale NRW) ECLI:EU:C:2019:629 (Rn. 80).

337 EuGH 19.7.2019 – Rs. C-40/17 (Fashion ID GmbH & Co. KG ./. Verbraucherzentrale NRW) ECLI:EU:C:2019:629 (Rn. 77).

338 EuGH 19.7.2019 – Rs. C-40/17 (Fashion ID GmbH & Co. KG ./. Verbraucherzentrale NRW) ECLI:EU:C:2019:629 (Rn. 78 f.).

tenbetreiber und dem Unternehmen Facebook übereinstimmend seien.[339] Der Webseitenbetreiber sei daher zumindest beim Vorgang des Erhebens der Daten ebenfalls Verantwortlicher i. S. d. Art. 2 d) DSRL.[340] Ausdrücklich hob der EuGH dabei hervor, dass die Verantwortlichkeit auf die Vorgänge beschränkt sei, in welchen tatsächlich über die Zwecke und Mittel entschieden wird.[341] Allen Urteilen des EuGH zu Art. 2 d) DSRL sind die grundsätzlichen Aussagen zu entnehmen, dass die DSRL ein hohes Schutzniveau der Grundfreiheiten und insbesondere der Privatsphäre gewährleisten soll.[342] Die DSRL muss daher einen wirksamen und umfassenden Schutz sicherstellen,[343] weshalb es erforderlich ist, den Begriff der Verantwortlichkeit möglichst weit auszulegen.[344] Weiterhin können die Akteure einer personenbezogenen Datenverarbeitung in unterschiedlichem Ausmaß in diese einbezogen sein, sodass der Grad der Verantwortlichkeit unter Berücksichtigung aller maßgeblichen Umstände des Einzelfalls zu beurteilen ist.[345] Gemein ist weiterhin allen Urteilen, dass es um die datenschutzrechtliche Verantwortlichkeit von Beklagten ging, welche angaben, keinen Einfluss auf die Datenverarbeitung zu haben, da diese durch einen Dritten geschehe – hier namentlich das Unternehmen Facebook und die Mitglieder der Zeugen Jehovas. Die Ansicht, kein Verantwortlicher zu sein, war zwar zunächst plausibel, da weder bei der Erstellung einer Facebook-Fanpage noch bei der Einbindung eines Like-Buttons auf der eigenen Website der Betreiber selbst die Datenerhebung veranlassen wollte, sondern dies allein durch das Unternehmen Facebook geschah. Selbiges galt im Übrigen bei den Anfertigungen von Notizen durch die Mitglieder der Zeugen Jehovas, da die Glaubensgemeinschaft selbst weder zum Anfertigen der Notizen aufgefordert hatte noch

---

339 EuGH 19. 7. 2019 – Rs. C-40/17 (Fashion ID GmbH & Co. KG ./. Verbraucherzentrale NRW) ECLI:EU:C:2019:629 (Rn. 80 f.).

340 EuGH 19. 7. 2019 – Rs. C-40/17 (Fashion ID GmbH & Co. KG ./. Verbraucherzentrale NRW) ECLI:EU:C:2019:629 (Rn. 84).

341 EuGH 19. 7. 2019 – Rs. C-40/17 (Fashion ID GmbH & Co. KG ./. Verbraucherzentrale NRW) ECLI:EU:C:2019:629 (Rn. 85).

342 EuGH 5. 6. 2018 – Rs. C-210/16 (LzD-Schleswig-Holstein ./. Wirtschaftsakademie Schleswig-Holstein GmbH) ECLI:EU:C:2018:388 (Rn. 26); EuGH 19. 7. 2019 – Rs. C-40/17 (Fashion ID GmbH & Co. KG ./. Verbraucherzentrale NRW) ECLI:EU:C:2019:629 (Rn. 65).

343 EuGH 5. 6. 2018 – Rs. C-210/16 (LzD-Schleswig-Holstein ./. Wirtschaftsakademie Schleswig-Holstein GmbH) ECLI:EU:C:2018:388 (Rn. 28); EuGH 10. 7. 2018 – Rs. C-25/17 (Tietosuojavaltuutettu ./. Jehovan) ECLI:EU:C:2018:551 (Rn. 66); EuGH 19. 7. 2019 – Rs. C-40/17 (Fashion ID GmbH & Co. KG ./. Verbraucherzentrale NRW) ECLI:EU:C:2019:629 (Rn. 65).

344 EuGH 5. 6. 2018 – Rs. C-210/16 (LzD-Schleswig-Holstein ./. Wirtschaftsakademie Schleswig-Holstein GmbH) ECLI:EU:C:2018:388 (Rn. 27); EuGH 19. 7. 2019 – Rs. C-40/17 (Fashion ID GmbH & Co. KG ./. Verbraucherzentrale NRW) ECLI:EU:C:2019:629 (Rn. 65).

345 EuGH 5. 6. 2018 – Rs. C-210/16 (LzD-Schleswig-Holstein ./. Wirtschaftsakademie Schleswig-Holstein GmbH) ECLI:EU:C:2018:388 (Rn. 43); EuGH 10. 7. 2018 – Rs. C-25/17 (Tietosuojavaltuutettu ./. Jehovan) ECLI:EU:C:2018:551 (Rn. 66); EuGH 19. 7. 2019 – Rs. C-40/17 (Fashion ID GmbH & Co. KG ./. Verbraucherzentrale NRW) ECLI:EU:C:2019:629 (Rn. 70).

Kenntnisse von deren Inhalten besaß. Trotzdem nahm der EuGH in allen Fällen eine Verantwortlichkeit an und begründete dies damit, dass alle drei Beklagten zumindest bei der Datenerhebung Einfluss auf die Datenverarbeitung hatten. Das Erstellen einer Fanseite, die Einbindung eines Like-Buttons sowie die Entsendung von Mitgliedern zur Erfüllung des Verkündigungsauftrags machten es daher erst möglich, dass die Daten überhaupt erhoben werden konnten. Im Fall der Like-Buttons sowie der Zeugen Jehovas stellte der EuGH darüber hinaus explizit auf ein Eigeninteresse der Beklagten an der Datenerhebung ab, welches bewirke, dass die Verantwortlichen an der Entscheidung über die Zwecke und Mittel der Datenverarbeitung mitwirkten.

Der EuGH führt diese Rechtsprechung zur Auslegung des Begriffs der Verantwortlichkeit in seinen Entscheidungen zu Art. 4 Nr. 7 DS-GVO konsequent fort. In nahezu jedem seiner Urteile wird zunächst darauf hingewiesen, dass der Begriff der Verantwortlichkeit eine weite Definition beinhaltet, welche weit auszulegen ist.[346] Hierdurch soll ein wirksamer und umfassender Schutz der betroffenen Personen gewährleistet werden.[347] In diesem Zusammenhang stellt der EuGH zudem fest, dass eine verarbeitende Stelle auch dann verantwortlich i. S. d. Art. 4 Nr. 7 DS-GVO ist, wenn sie vor der Veröffentlichung von Daten diese selbst nicht kontrolliert. Insoweit ist es nach Auffassung des Gerichts bereits ausreichend, dass die jeweilige Stelle hierzu die entsprechende Möglichkeit hat.[348] Ergänzend zu seiner bisherigen Rechtsprechung[349] zu Art. 2 d) DSRL stellt der EuGH auch heraus, dass „angesichts der weiten Definition des Ausdrucks Verantwortlicher i. S. v. Art. 4 Nr. 7 DS-GVO die Vorgabe der Zwecke und Mittel der Verarbeitung und gegebenenfalls die Benennung des Verantwortlichen durch das nationale Recht nicht nur explizit, sondern auch implizit erfolgen kann. Im letzteren Fall ist es jedoch erforderlich, dass sich diese Vorgabe aus der Rolle … der … Einrichtung ergibt. Der Schutz der Personen würde sich nämlich verringern, wenn Art. 4 Nr. 7 DS-GVO eng ausgelegt wird, um lediglich die Fälle zu erfassen, in denen die Zwecke und Mittel einer Datenverarbeitung durch eine … Stelle ausdrücklich durch das nationale Recht vorgegeben werden, selbst wenn sich diese Zwecke und Mittel im Wesentlichen aus den Rechtsvorschriften ergeben, die die Tätigkeit der betreffenden

---

[346] EuGH 9. 7. 2020 – Rs. C-272/19 (VQ ./. Land Hessen) ECLI:EU:C:2020:535 (Rn. 65); EuGH 5. 12. 2023 – C-807/21 (Deutsche Wohnen SE ./. Staatsanwaltschaft Berlin) ECLI:EU:C:2023:950 (Rn. 39); EuGH 11. 1. 2024 – C-231/22 (Etat belge ./. Autorite de protection des donnees) ECLI:EU:C:2024:7 (Rn. 28); EuGH 4. 10. 2024 – Rs. C.–200/23 (Agentsia po vpisvaniyata ./. OL) ECLI:EU:C:2024:827 (Rn. 72).

[347] EuGH 11. 1. 2024 – C-231/22 (Etat belge ./. Autorite de protection des donnees) ECLI:EU:C:2024:7 (Rn. 28); EuGH 4. 10. 2024 – Rs. C.–200/23 (Agentsia po vpisvaniyata ./. OL) ECLI:EU:C:2024:827 (Rn. 72).

[348] EuGH 11. 1. 2024 – C-231/22 (Etat belge ./. Autorite de protection des donnees) ECLI:EU:C:2024:7 (Rn. 37); EuGH 4. 10. 2024 – Rs. C.–200/23 (Agentsia po vpisvaniyata ./. OL) ECLI:EU:C:2024:827 (Rn. 81).

[349] *Roßnagel*, EuZW 2024, 265 (269).

Einrichtung regeln“[350]. Eine ausdrückliche Zuweisung der Verantwortlichkeit kann sich demnach auch dann aus dem nationalen Recht ergeben, wenn dieses einer Stelle nicht ausdrücklich die Zwecke und Mittel einer Verarbeitung vorgibt.[351]

Festzuhalten ist damit, dass der EuGH ein weites Verständnis vom Begriff der Verantwortlichkeit hat und schon ein geringer Einfluss auf die Entscheidungsmöglichkeit über die Zwecke und Mittel der Verarbeitung von personenbezogenen Daten ausreicht, um eine Verantwortlichkeit zu begründen. Im Vordergrund steht dabei, wie es der EuGH ausdrücklich betont, dass die DS-GVO einen wirksamen und umfassenden Schutz der Betroffenen sicherstellt.[352]

2. Stellungnahme der Artikel-29-Datenschutzgruppe und der EDSA zur Verantwortlichkeit

Im Zusammenhang mit der Auslegung des Verantwortlichkeitsbegriffes nach Art. 4 Nr. 7 DS-GVO kann das Arbeitspapier 169 der Artikel-29-Datenschutzgruppe als Auslegungshilfe dienen, welche eine Stellungnahme der Arbeitsgruppe zu den Begriffen in Art. 2 d) DSRL „für die Verarbeitung Verantwortlicher“ und „Auftragsverarbeiter“ darstellt.[353] Zudem wurde vom EDSA die Leitlinie 07/2020 zu diesen Begrifflichkeiten entwickelt.[354]

Die Arbeitsgruppe stellt zunächst fest, dass in der Definition des Verantwortlichkeitsbegriffs in Art. 2 d) DSRL das Wort „entscheidet“ eine wichtige Rolle spielt,[355] welches ebenfalls in Art. 4 Nr. 7 DS-GVO enthalten ist. Entscheidet somit jemand über die Zwecke und Mittel der Verarbeitung von personenbezogenen Daten, dann ist derjenige als Verantwortlicher gem. Art. 2 d) DSRL anzusehen. Das Wort „entscheidet“ stellt damit auf einen tatsächlichen Vorgang ab, der unabhängig von einer etwaigen Rechtmäßigkeit der Entscheidung stattfindet.[356] Ausschlaggebend ist daher der faktische Einfluss auf die Zwecke und Mittel der Datenverarbeitung, wodurch die Definition in Art. 2 d) DSRL einen Charakter bekommt, der

---

[350] EuGH 11.1.2024 – C-231/22 (Etat belge ./. Autorite de protection des donnees) ECLI: EU:C:2024:7 (Rn. 30); vgl. zudem EuGH 4.10.2024 – Rs. C-200/23 (Agentsia po vpisvaniyata ./. OL) ECLI:EU:C:2024:827 (Rn. 74).

[351] Vgl. *Roßnagel*, EuZW 2024, 265 (269 f.).

[352] EuGH 5.6.2018 – Rs. C-210/16 (LzD-Schleswig-Holstein ./. Wirtschaftsakademie Schleswig-Holstein GmbH) ECLI:EU:C:2018:388 (Rn. 28); EuGH 10.7.2018 – Rs. C-25/17 (Tietosuojavaltuutettu ./. Jehovan) ECLI:EU:C:2018:551 (Rn. 66); EuGH 19.7.2019 – Rs. C-40/17 (Fashion ID GmbH & Co. KG ./. Verbraucherzentrale NRW) ECLI:EU:C:2019:629 (Rn. 65).

[353] Art.-29-Datenschutzgruppe, Stellungnahme vom 16.2.2010, WP 169.

[354] EDSA, Leitlinie 07/2020 Version 2.0.

[355] Art.-29-Datenschutzgruppe, Stellungnahme vom 16.2.2010, WP 169, 10 ff.; EDSA, Leitlinie 07/2020 Version 2.0, 12 ff.

[356] Art.-29-Datenschutzgruppe, Stellungnahme vom 16.2.2010, WP 169, 11 f.; EDSA, Leitlinie 07/2020 Version 2.0, 12.

grundsätzlich unabhängig von spezifischen gesetzlichen Regelungen zur Frage der Verantwortlichkeit besteht.[357] Einzelne Mitgliedstaaten können zwar eine datenschutzrechtliche Verantwortlichkeit festlegen,[358] allerdings geht aus dieser letztlich nur dann ein Verantwortlicher hervor, wenn dieser auch tatsächlich über die Zwecke und Mittel entscheidet.[359] Das Konzept der Verantwortlichkeit ist daher nach Ansicht der Arbeitsgruppe ein funktionales, welches auf der Grundlage einer Fakten- und nicht etwa einer formellen Analyse basiert.[360] Spiegelt die formelle Benennung zum Verantwortlichen i. S. d. Art. 2 d) DSRL nicht die Wirklichkeit wider, weil sie einer Stelle übertragen wurde, die nicht wirklich in der Lage ist, die Entscheidungen zu treffen, dann ist dieses formale Kriterium nicht ausreichend zur Begründung einer Verantwortlichkeit.[361] Der EDSA sieht dies zumindest auf den ersten Blick anders. Nach diesem kann sich eine Verantwortlichkeit sowohl aus dem faktischen Einfluss als auch aus einer Rechtsvorschrift ergeben.[362] Der nationale Gesetzgeber kann daher scheinbar auch eine Verantwortlichkeit mithilfe eines formellen Kriteriums bestimmen. Allerdings wird diese Überlegung insoweit relativiert, als dass der EDSA davon ausgeht, dass „der Gesetzgeber diejenige Stelle als Verantwortlichen bestimmt hat, die in der Lage ist, echte Kontrolle auszuüben“[363]. Das Wort „echt“ impliziert letztlich aber nichts anderes als einen „faktischen Einfluss“, wie ihn bereits die Artikel-29-Datenschutzgruppe verlangt.

In Art. 2 d) DSRL wie auch in Art. 4 Nr. 7 DS-GVO wird eine Entscheidung über die „Zwecke und Mittel“ der Verarbeitung von personenbezogenen Daten durch den Verantwortlichen verlangt. Die Arbeitsgruppe und der EDSA nennen als mögliche Definition für den „Zweck“ ein „erwartetes Ergebnis, das beabsichtigt ist oder die geplanten Aktionen leitet“.[364] Die Definition für „Mittel“ ist die „Art und Weise, wie ein Ergebnis oder Ziel erreicht wird“.[365] Die Entscheidung über die Zwecke und Mittel kann daher als Entscheidung über das „Warum“ und „Wie“ bestimmter Verarbeitungstätigkeiten dargestellt werden.[366] Dabei muss nach Ansicht der Artikel-29-Datenschutzgruppe die Frage gestellt werden, wie stark der Einfluss auf das „Warum“ und „Wie“ sein muss, damit jemand als Verantwortlicher

[357] Art.-29-Datenschutzgruppe, Stellungnahme vom 16. 2. 2010, WP 169, 11.

[358] Art.-29-Datenschutzgruppe, Stellungnahme vom 16. 2. 2010, WP 169, 11.

[359] Art.-29-Datenschutzgruppe, Stellungnahme vom 16. 2. 2010, WP 169, 11.

[360] Art.-29-Datenschutzgruppe, Stellungnahme vom 16. 2. 2010, WP 169, 12, 38.

[361] Art.-29-Datenschutzgruppe, Stellungnahme vom 16. 2. 2010, WP 169, 11.

[362] EDSA, Leitlinie 07/2020 Version 2.0, 13.

[363] EDSA, Leitlinie 07/2020 Version 2.0, 13.

[364] Art.-29-Datenschutzgruppe, Stellungnahme vom 16. 2. 2010, WP 169, 16; leicht abgewandelt, aber im Ergebnis gleich, EDSA, Leitlinie 07/2020 Version 2.0, 16.

[365] Art.-29-Datenschutzgruppe, Stellungnahme vom 16. 2. 2010, WP 169, 16; EDSA, Leitlinie 07/2020 Version 2.0, 17, trifft zudem eine Unterscheidung über wesentliche und nicht wesentliche Mittel.

[366] Art.-29-Datenschutzgruppe, Stellungnahme vom 16. 2. 2010, WP 169, 16; EDSA, Leitlinie 07/2020 Version 2.0, 16.

angesehen werden kann.[367] Die Arbeitsgruppe geht in diesem Zusammenhang davon aus, dass die Entscheidungsmöglichkeit über die Zwecke einer Datenverarbeitung stets zu einer Einstufung als Verantwortlicher führt, wohingegen eine Entscheidungsmöglichkeit über die Mittel nicht zwangsläufig eine Verantwortlichkeit begründet.[368]

Bei der Auslegung des Adressatenkreises „natürliche, juristische Person [...] oder jede andere Stelle“ nach Art. 2 d) DSRL sind die Adressatenmerkmale möglichst weit auszulegen, um eine wirksame Anwendung der Richtlinie sicherzustellen.[369] Der für die Verarbeitung Verantwortliche soll „so klar und eindeutig wie möglich ermittelt werden, unabhängig davon, ob eine formale Benennung erfolgte“[370]. Es ist generell anzunehmen, dass ein Unternehmen als solches für die Verarbeitungstätigkeiten in seinem Tätigkeits- und Haftungsbereich die verantwortliche Stelle bildet.[371] Wichtig ist, dass zur Beantwortung von Haftungsfragen und zur Verhängung von Bußgeldern die eindeutige Ermittlung des Verantwortlichen möglich ist.[372] Die Artikel-29-Datenschutzgruppe nennt dazu ein Beispiel, worin ein Unternehmen eine bestimmte Person zur Durchführung einer Verarbeitung zum Verantwortlichen erklärte, die Person aber letzten Endes doch nicht als Verantwortlicher angesehen werden konnte, da sie im Auftrag des Unternehmens tätig geworden war.[373] Anders wäre dies nur zu beurteilen, wenn eine natürliche Person Daten für ihre eigenen Zwecke außerhalb des Tätigkeitsbereichs und der möglichen Kontrolle der juristischen Person nutzt.[374]

3. Zwischenergebnis

Den Entscheidungen des EuGH und der Stellungnahme der Artikel-29-Datenschutzgruppe ist zu entnehmen, dass grundsätzlich eine weite Auslegung der Tatbestandsmerkmale von Art. 2 d) DSRL geboten ist, um eine möglichst effektive und wirksame Anwendung der DSRL sicherzustellen.[375] Das Adressatenmerkmal von

[367] Art.-29-Datenschutzgruppe, Stellungnahme vom 16.2.2010, WP 169, 16.

[368] Art.-29-Datenschutzgruppe, Stellungnahme vom 16.2.2010, WP 169, 17.

[369] Art.-29-Datenschutzgruppe, Stellungnahme vom 16.2.2010, WP 169, 19.

[370] Art.-29-Datenschutzgruppe, Stellungnahme vom 16.2.2010, WP 169, 19.

[371] Art.-29-Datenschutzgruppe, Stellungnahme vom 16.2.2010, WP 169, 19; EDSA, Leitlinie 07/2020 Version 2.0, 11 f.

[372] Art.-29-Datenschutzgruppe, Stellungnahme vom 16.2.2010, WP 169, 20.

[373] Art.-29-Datenschutzgruppe, Stellungnahme vom 16.2.2010, WP 169, 19; anderes Beispiel: EDSA, Leitlinie 07/2020 Version 2.0, 12.

[374] Art.-29-Datenschutzgruppe, Stellungnahme vom 16.2.2010, WP 169, 20; EDSA, Leitlinie 07/2020 Version 2.0, 12.

[375] EuGH 5.6.2018 – Rs. C-210/16 (LzD-Schleswig-Holstein ./. Wirtschaftsakademie Schleswig-Holstein GmbH) ECLI:EU:C:2018:388 (Rn. 27); EuGH 19.7.2019 – Rs. C-40/17 (Fashion ID GmbH & Co. KG ./. Verbraucherzentrale NRW) ECLI:EU:C:2019:629 (Rn. 65); Art.-29-Datenschutzgruppe, Stellungnahme vom 16.2.2010, WP 169, 19.

Art. 2 d) DSRL umfasst damit grundsätzlich alle in Betracht kommenden Personen oder Stellen, um niemanden im Vornherein vom Anwendungsbereich des Art. 2 d) DSRL auszuschließen. Ausschlaggebend für die Stellung als Verantwortlicher nach Art. 2 d) DSRL ist damit, wer tatsächlich über die Zwecke und Mittel der Datenverarbeitung entscheidet.[376] Die Entscheidungen des EuGH weisen in diesem Zusammenhang darauf hin, dass bereits ein geringer Einfluss auf den Zweck der Datenverarbeitung ausreichend ist, um eine Stellung zum Verantwortlichen zu begründen.[377] Diese Rechtsprechung hat der EuGH in seinen Entscheidungen zu Art. 4 Nr. 7 DS-GVO konsequent fortgeführt. Die Ausführungen des EDSA stimmen mit den Erwägungen seiner Vorgängerorganisation, der Artikel-29-Datenschutzgruppe, überein.

III. Verantwortlichkeit des Betriebsrats oder des Arbeitgebers

Anhand der ermittelten Kriterien zur Feststellung der Verantwortlichkeit nach Art. 4 Nr. 7 DS-GVO kann nun im Allgemeinen untersucht werden, ob der Betriebsrat für die von ihm verarbeiteten Daten verantwortlich i. S. d. Art. 4 Nr. 7 DS-GVO ist.

1. Betriebsrat als Adressat von Art. 4 Nr. 7 DS-GVO

Zur Begründung einer Verantwortlichkeit nach Art. 4 Nr. 7 DS-GVO muss der Betriebsrat zunächst unter dessen Adressatenkreis fallen. Adressat der Norm ist jede natürliche oder juristische Person, Behörde, Einrichtung oder andere Stelle. Der Adressatenkreis von Art. 4 Nr. 7 DS-GVO ist damit mit jenem der Vorgängerrichtlinie in Art. 2 d) DSRL identisch, unterscheidet sich aber deutlich von der Reichweite des § 3 Abs. 7 i. V. m. § 2 Abs. 4 S. 1 BDSG (a. F.), wonach nur natürliche und juristische Personen sowie Gesellschaften und andere Personenvereinigungen des öffentlichen Rechts vom Adressatenkreis erfasst waren.[378]

---

[376] EuGH 5.6.2018 – Rs. C-210/16 (LzD-Schleswig-Holstein ./. Wirtschaftsakademie Schleswig-Holstein GmbH) ECLI:EU:C:2018:388 (Rn. 35 f.); EuGH 10.7.2018 – Rs. C-25/17 (Tietosuojavaltuutettu ./. Jehovan) ECLI:EU:C:2018:551 (Rn. 71); EuGH 19.7.2019 – Rs. C-40/17 (Fashion ID GmbH & Co. KG ./. Verbraucherzentrale NRW) ECLI:EU:C:2019:629 (Rn. 85); Art.-29-Datenschutzgruppe, Stellungnahme vom 16.2.2010, WP 169, 11.

[377] EuGH 5.6.2018 – Rs. C-210/16 (LzD-Schleswig-Holstein ./. Wirtschaftsakademie Schleswig-Holstein GmbH) ECLI:EU:C:2018:388 (Rn. 35 f.); EuGH 10.7.2018 – Rs. C-25/17 (Tietosuojavaltuutettu ./. Jehovan) ECLI:EU:C:2018:551 (Rn. 71); EuGH 19.7.2019 – Rs. C-40/17 (Fashion ID GmbH & Co. KG ./. Verbraucherzentrale NRW) ECLI:EU:C:2019:629 (Rn. 84).

[378] *Flink*, Beschäftigtendatenschutz, 208; Kühling/Buchner/*Hartung*, DS-GVO, Art. 4 Nr. 7 Rn. 2 f.; Zur Rechtslage vor dem Inkrafttreten der DS-GVO vgl. Teil 2, Abschnitt 2, C. I.

Mangels Vermögens- und Rechtsfähigkeit ist der Betriebsrat keine juristische Person.[379] Darüber hinaus ist er jedoch auch keine natürliche Person, Behörde oder Einrichtung, weshalb für ihn nur das Merkmal der „anderen Stelle" in Betracht kommt. Unter Zugrundelegung der Rechtsprechung des EuGH und der Auslegungshilfe der Artikel-29-Datenschutzgruppe soll die DS-GVO einen möglichst umfassenden und effektiven Schutz gewährleisten,[380] weshalb das Tatbestandmerkmal der „anderen Stelle" möglichst weit auszulegen ist. Ein weiter Adressatenkreis soll datenschutzfreie Räume vermeiden.[381] Erfasst werden könnten demnach auch nicht rechts- und vermögenfähige Persönlichkeiten wie der Betriebsrat.[382]

Systematisch wird dagegen jedoch teilweise die Wertung aus Art. 3 Abs. 1 DS-GVO angeführt.[383] Nach dem Wortlaut der Norm „diese Verordnung findet Anwendung auf die Verarbeitung personenbezogener Daten, soweit diese im Rahmen der Tätigkeiten einer Niederlassung eines Verantwortlichen […] stattfindet", sind Niederlassungen eines Unternehmens grundsätzlich keine eigenen Verantwortlichen und damit auch keine anderen Stellen i. S. d. Art. 4 Nr. 7 DS-GVO, obwohl sie zumindest teilweise auch eigenständig personenbezogene Daten verarbeiten, wenn z. B. neue Mitarbeiter eingestellt oder Arbeits- und Betriebsmittel eingekauft werden.[384] Aus dieser gesetzlichen Wertung, dass „andere Stellen" wie Niederlassungen innerhalb einer juristischen Person trotz teilweise eigener personenbezogener Datenverarbeitung nicht als Verantwortliche gelten, könne sich ableiten lassen, dass damit auch Betriebsräte nicht zwingend von der Begrifflichkeit der „anderen Stelle" erfasst sind.[385] Gegen eine solche Einordnung können jedoch praktische Erwägungen bei haftungs- und bußgeldrechtlichen Fragen nach Art. 82 f. DS-GVO sprechen. Aufgrund nur teilweise bestehender Rechts- und Vermögensfähigkeit des Be-

[379] BAG 24. 4. 1986 – 6 AZR 607/83, AP Nr. 7 zu § 87 Sozialeinrichtungen BetrVG 1972 (unter II. 2. a. der Gründe); BAG 24. 10. 2001 – 7 ABR 20/00, AP Nr. 71 zu § 40 BetrVG 1972 (unter II. 1. der Gründe); BGH 25. 10. 2012 – III ZR 266/11, AP Nr. 110 zu § 49 BetrVG 1972 (unter II. 1. a. aa. (1) der Gründe); *Fitting*, BetrVG, § 1 Rn. 291; GK-BetrVG/*Wiese*, Einleitung, Rn. 105.

[380] EuGH 5. 6. 2018 – Rs. C-210/16 (LzD-Schleswig-Holstein ./. Wirtschaftsakademie Schleswig-Holstein GmbH) ECLI:EU:C:2018:388 (Rn. 27); EuGH 19. 7. 2019 – Rs. C-40/17 (Fashion ID GmbH & Co. KG ./. Verbraucherzentrale NRW) ECLI:EU:C:2019:629 (Rn. 65); Art.-29-Datenschutzgruppe, Stellungnahme vom 16. 2. 2010, WP 169, 19.

[381] *Kleinebrink*, DB 2018, 2556 (2567); *Staben*, ZfA 2020, 287 (293).

[382] *Conrad*, DuD 2019, 563 (563); *Kleinebrink*, DB 2018, 2556 (2567); *Staben*, ZfA 2020, 287 (292), verweist zusätzlich darauf, dass die anderen Begrifflichkeiten die Anwendungsfälle der „anderen Stelle" schon abdecken würden; auch für grds. weite Definition *Franzen*, FS Ingrid Schmidt (2021), 101 (108).

[383] Zusätzlich auf Art. 4 Nr. 16 DS-GVO abstellend: *Däubler*/Wedde/Weichert/Sommer, BDSG, §26 Rn. 269b; *Flink*, Beschäftigtendatenschutz, 209; *Middel*, AuR 2018, 411 (416); nur auf Art. 3 Abs. 1 DS-GVO abstellend: *Lücke*, NZA 2019, 658 (660); *Pötters/Gola*, RDV 2017, 279 (280).

[384] *Pötters/Gola*, RDV 2017, 279 (280); *Flink*, Beschäftigtendatenschutz Betriebsrats, 209.

[385] *Flink*, Beschäftigtendatenschutz, 209; *Lücke*, NZA 2019, 658 (660); vgl. auch *Däubler*, Gläserne Belegschaften, Rn. 640d; *Pötters/Gola*, RDV 2017, 279 (280).

triebsrats können Schadensersatzansprüche und Bußgelder zumindest nicht ohne Weiteres gegen diesen als Organ geltend gemacht werden.[386] Nach den Auslegungshilfen der Artikel-29-Datenschutzgruppe bedarf es aber zur Beantwortung von Haftungsfragen einer eindeutigen Ermittlung der Verantwortlichkeit.[387] Letztlich könnte die Einstufung des Betriebsrats als „andere Stelle" i. S. d. Art. 4 Nr. 7 DS-GVO dazu führen, dass auch andere Stellen in einem Unternehmen, wie die Schwerbehindertenvertretung oder die JAV, darunter zu subsumieren wären, wodurch es zu einer Zersplitterung der Verantwortlichkeiten im Unternehmen kommen würde.[388]

Den systematischen Einwänden, in welchen der Betriebsrat mit der Niederlassung eines Unternehmens verglichen wird, ist zunächst zu entgegnen, dass eine Niederlassung als Teil des Unternehmens tätig ist. Auch wenn sie dabei selbstständig personenbezogene Daten verarbeitet, wird zumindest der Zweck für die Verarbeitung von der Hauptniederlassung vorgegeben.[389] Selbst wenn die Hauptniederlassung nicht immer unmittelbar darüber entscheidet, warum und wie die Daten verarbeitet werden, verbleibt ihr trotzdem die Möglichkeit, der Niederlassung Weisungen zur Datenverarbeitung zu erteilen, womit ihr die tatsächliche Entscheidungsbefugnis zukommt.[390] Das Verhältnis von Betriebsrat und Arbeitgeber ist jedoch ein anderes. Zwar ist der Betriebsrat auch eine andere Stelle innerhalb der juristischen Person in Form des Arbeitgebers, im Gegensatz zur Niederlassung verarbeitet jedoch der Betriebsrat personenbezogene Daten nicht für die Zwecke des Arbeitgebers und hat auch aufgrund der Unabhängigkeit keine Entscheidungsbefugnisse über die Datenverarbeitung im Betriebsrat.[391] Ein Vergleich zwischen den Verhältnissen einer Niederlassung zur Hauptniederlassung und einem Betriebsrat zum Arbeitgeber ist damit nicht möglich und folglich auch kein Argument dafür, dass der Betriebsrat keine „andere Stelle" i. S. d. Art. 4 Nr. 7 DS-GVO ist.[392] Nicht zu entkräften sind hingegen die Einwände, dass, wenn etwa der Betriebsrat als „andere Stelle" gilt, es dann zu einer haftungsrechtlich schwierigen Situation

---

[386] *Däubler*, Gläserne Belegschaften, Rn. 640 f; *Flink*, Beschäftigtendatenschutz, 209 ff.; Kühling/Buchner/*Hartung*, DS-GVO, Art. 4 Nr. 7 Rn. 11a; *Lücke*, NZA 2019, 658 (660); *Middel*, AuR 2018, 411 (417); *Pötters/Gola*, RDV 2017, 279 (280); Ausführlich dazu in Teil 2, Abschnitt 2, D. IV.

[387] Art.-29-Datenschutzgruppe, Stellungnahme vom 16. 2. 2010, WP 169, 20.

[388] Diese Bedenken beim Personalrat: *Petri*, AKI 23, der Personalrat – Verantwortlicher im Sinne des Datenschutzrechts? (unter 2.), abrufbar unter https://www.datenschutz-bayern.de/datenschutzreform2018/aki23.html#:~:text=Da%20der%20Personalrat%20aber%20keine,7%20DSGVO (zuletzt abgerufen am 8. 9. 2024).

[389] Vgl. Taeger/Gabel/*Arning/Rothkegel*, DS-GVO, Art. 4 Rn. 231.

[390] Vgl. Taeger/Gabel/*Arning/Rothkegel*, DS-GVO, Art. 4 Rn. 230.

[391] Ähnlich Taeger/Gabel/*Arning/Rothkegel*, DS-GVO, Art. 4 Rn. 179.

[392] Taeger/Gabel/*Arning/Rothkegel*, DS-GVO, Art. 4 Rn. 179; vgl. dazu auch Art.-29-Datenschutzgruppe, Stellungnahme vom 16. 2. 2010, WP 169, 20; i. E., wenn auch mit anderer Begründung: *Franzen*, FS Ingrid Schmidt (2021), 101 (108 f.); ebenfalls zweifelnd: Taeger/Gabel/*Arning/Rothkegel*, DS-GVO, Art. 4 Rn. 179.

kommt und es nicht ausgeschlossen ist, dass auch weitere eigenständig agierende Akteure im Unternehmen als Verantwortliche angesehen werden könnten. Diese Praktikabilitätseinwände betreffen im Prinzip allerdings Fragen des nationalen Rechts. Nur weil die haftungsrechtliche Frage nach dem nationalen Recht eines Mitgliedsstaates nicht eindeutig geklärt ist, kann dies im Ergebnis nicht dazu führen, dass eine europarechtliche Norm, welche Anwendungsvorrang genießt, unangewendet bleibt.[393] Zu Recht wird daher darauf verwiesen, dass „das Betriebsverfassungsrecht europarechtskonform und damit datenschutzrechtskonform auszulegen ist und nicht etwa andersherum"[394]. Anders wäre dies nur dann zu beurteilen, wenn eine Regelung der DS-GVO gegen das aus Art. 153 Abs. 2 b i. V. m. Art. 153 Abs. 1, Art. 153 Abs. 4 AEUV erwachsende Harmonisierungsverbot verstoßen würde, indem sie zu einem strukturellen Eingriff in die Betriebsverfassung führt.[395] Dies würde bei der Frage der Verantwortlichkeit nach Art. 4 Nr. 7 DS-GVO zwar zu einer generellen Unanwendbarkeit der Norm führen, hingegen aber nichts an der Auslegung des Tatbestandmerkmals der „anderen Stelle" ändern, da ein Verstoß gegen das Harmonisierungsverbot eben erst dann vorläge, wenn der Betriebsrat überhaupt eine „andere Stelle" ist. Etwas anderes kann daher auch nicht hinsichtlich einer möglichen Zersplitterung der Verantwortlichkeiten im Unternehmen gelten. Die Begründung einer Verantwortlichkeit und damit die Einstufung als „andere Stelle" kann somit nicht allein deshalb ausgeschlossen werden, weil dadurch nach nationalem Recht auch andere Akteure als Verantwortliche i. S. d. Art. 4 Nr. 7 DS-GVO gelten könnten. Die Norm sieht jedoch ein solches Ausschlusskriterium nicht vor, sodass der Betriebsrat als andere Stelle gem. Art. 4 Nr. 7 DS-GVO anzusehen ist.[396]

2. Entscheidungsmöglichkeit über die Zwecke der Datenverarbeitung

Art. 4 Nr. 7 DS-GVO verlangt, dass der Adressat der Norm über die Zwecke und Mittel der Verarbeitung von personenbezogenen Daten entscheiden kann. Die Artikel-29-Datenschutzgruppe definiert den Zweck einer Datenverarbeitung als „er-

---

[393] *Kurzböck/Weinbeck*, BB 2020, 500 (502); *Staben*, ZfA 2020, 287 (292 f.), wonach es nicht überzeugt, von den Rechtsfolgen auf den Tatbestand zu schließen.

[394] *Pötters/Gola*, RDV 2017, 279 (280).

[395] In diese Richtung *Däubler*/Wedde/Weichert/Sommer, BDSG, § 26 Rn. 269d; *Middel*, AuR 2018, 411 (416); vgl. Teil 2, Abschnitt 2, D. II. 2.

[396] *Conrad*, DuD 2019, 563 (563); *Götz*, Datenschutzverstöße des Betriebsrats, 32; *Jung/ Hansch*, ZD 2019, 143 (147); *Kleinebrink*, DB 2018, 2556 (2567); *Staben*, ZfA 2020, 287 (292 f.); wohl auch *Kurzböck/Weinbeck*, BB 2020, 500 (500); unentschieden: *Franzen*, FS Ingrid Schmidt (2021), 101 (108 f.); a. A.: *Flink*, Beschäftigtendatenschutz, 214; *Lücke*, NZA 2019, 658 (660); *Pötters/Gola*, RDV 2017, 279 (281); Sydow/*Raschauer*, DS-GVO, Art. 4 Rn. 131.

wartetes Ergebnis, das beabsichtigt ist oder die geplante Aktion leitet".[397] Unter Mittel wird die „Art und Weise" verstanden, wie ein Ergebnis oder Ziel erreicht wird.[398] Damit der Betriebsrat ein Verantwortlicher nach Art. 4 Nr. 7 DS-GVO wäre, müsste er also über das jeweilige Ziel sowie die Art und Weise, wie er dieses erreicht, selbst entscheiden können. Maßgeblich für die Beurteilung der Verantwortlichkeit nach Art. 4 Nr. 7 DS-GVO ist damit, ob der Betriebsrat die Entscheidungsgewalt über die Zwecke und Mittel der Datenverarbeitung innehat.[399] Dabei ist zwischen der Entscheidungsmöglichkeit über die Zwecke und jener der Mittel zu differenzieren, wobei hinsichtlich der Datenverarbeitung zunächst auf erstere eingegangen wird.

a) Keine Entscheidung durch das Gesetz

Informationsrechte, Mitbestimmungsmöglichkeiten oder aber auch Überwachungsaufgaben können vom Betriebsrat nur dann rechtmäßig wahrgenommen werden, wenn sie sich aus dem BetrVG ergeben; außerhalb dieses gesetzlichen Rahmens darf der Betriebsrat nicht tätig werden. Das BetrVG zeichnet daher die Aufgaben und Befugnisse des Betriebsrats vor. Kommt es in einem Unternehmen mit einem Betriebsrat zu einer Einstellung oder Versetzung eines Arbeitnehmers, muss der Arbeitgeber gem. § 99 Abs. 1 S. 1 BetrVG den Betriebsrat darüber unterrichten, ihm die erforderlichen Bewerbungsunterlagen vorlegen sowie Auskunft über die Person der Beteiligten geben. Bekommt der Betriebsrat solche Auskünfte über eine Person, handelt es sich um personenbezogene Daten i. S. d. Art. 4 Nr. 1 DS-GVO. Diese werden durch den Betriebsrat erfasst, gespeichert, ausgelesen und im Rahmen seiner Beteiligungsrechte verwertet, sodass eine Verarbeitung gem. Art. 4 Nr. 2 DS-GVO vorliegt. Zweck dieser Verarbeitung ist nach § 99 Abs. 2 BetrVG, dass der Betriebsrat alle relevanten Informationen hat, um unter Umständen seine Zustimmung zu einer personellen Einzelmaßnahme verweigern zu können. Da sich der Zweck dieser Datenverarbeitung nun aber aus § 99 BetrVG ergibt und nicht etwa aus einer selbstständigen Entscheidung des Betriebsrats, wird daraus in Teilen der Literatur geschlussfolgert, dass nicht der Betriebsrat selbstständig über den Zweck der Datenverarbeitung entscheidet, sondern vielmehr das Betriebsverfassungsgesetz ihm diese Entscheidung vorgibt;[400] denn liegt keine

---

[397] Art.-29-Datenschutzgruppe, Stellungnahme vom 16. 2. 2010, WP 169, 16.

[398] Art.-29-Datenschutzgruppe, Stellungnahme vom 16. 2. 2010, WP 169, 16.

[399] Vgl. EuGH 5. 6. 2018 – Rs. C-210/16 (LzD-Schleswig-Holstein ./. Wirtschaftsakademie Schleswig-Holstein GmbH) ECLI:EU:C:2018:388 (Rn. 35 f.); EuGH 10. 7. 2018 – Rs. C-25/17 (Tietosuojavaltuutettu ./. Jehovan) ECLI:EU:C:2018:551 (Rn. 71); EuGH 19. 7. 2019 – Rs. C-40/17 (Fashion ID GmbH & Co. KG ./. Verbraucherzentrale NRW) ECLI:EU:C:2019:629 (Rn. 85); Art.-29-Datenschutzgruppe, Stellungnahme vom 16. 2. 2010, WP 169, 11.

[400] *Brams/Möhle*, ZD 2018, 570 (571); *Däubler*/Wedde/Weichert/Sommer, BDSG, § 26 Rn. 269c; Flink, Beschäftigtendatenschutz, 216; *Gaul/Kaule*, ArbRB 2021, 4; *Jung/Hansch*, ZD 2019, 143 (147); *Körner*, Beschäftigtendatenschutz im Lichte der DS-GVO, 58; *Lembke*, FS Ingrid Schmidt (2021), 277 (289 f.); *Lücke*, NZA 2019, 658 (660).

Einstellung, Versetzung oder Ähnliches vor, steht dem Betriebsrat auch kein Beteiligungsrecht nach § 99 Abs. 1 S. 1 BetrVG zu. Erst wenn es zu einer Einstellung oder Versetzung kommt, kann sich daher ein Zweck zur Datenverarbeitung aus § 99 BetrVG ergeben.

Anderseits kann der Betriebsrat tatsächlich selbstständig darüber entscheiden, wie er mit den Daten umgeht, die er vom Arbeitgeber z.B. gem. § 99 Abs. 1 S. 1 BetrVG erhält. Er kann demnach die Bewerbungsunterlagen einer Person in die Betriebsratssitzung einbringen, die Unterlagen auf Computern speichern, an Dritte weiterreichen oder überhaupt nicht verwenden, womit ihm bei der Umsetzung seiner Aufgaben ein gewisser Handlungsspielraum zukommt, welcher nicht vom BetrVG vorgegeben wird.[401] Es bleibt somit letztlich dem Betriebsrat überlassen, die aus der Betriebsverfassung erwachsenden Aufgaben eigenständig zu konkretisieren.[402] Überdies wäre hier die rechtliche Konsequenz, den Betriebsrat nicht in der Entscheidungsgewalt zu sehen, dass nur der Arbeitgeber für die Datenverarbeitung im Betriebsrat verantwortlich i.S.d. Art. 4 Nr. 7 DS-GVO sein könnte, d.h. dass dieser nun anstelle des Betriebsrats über die Zwecke einer solchen Datenverarbeitung entscheiden würde. Aufgrund der betriebsverfassungsrechtlichen Unabhängigkeit vom Arbeitgeber hat dieser jedoch keine Einflussmöglichkeiten auf die Datenverarbeitung durch den Betriebsrat.[403] Ebenso stehen nach bisheriger Rechtsprechung des BAG dem betrieblichen Datenschutzbeauftragten keine Kontrollmöglichkeiten gegenüber dem Betriebsratsgremium zu .[404] Da es nach der Rspr. des EuGH und den Auslegungshilfen der Art.-29-Datenschutzgruppe aber gerade auf die tatsächliche Entscheidungsmöglichkeit ankommt, entscheidet weder der Arbeitgeber[405] noch das BetrVG über die Zwecke der Datenverarbeitung, sondern der Betriebsrat. Würde Gesetzen die tatsächliche Entscheidungsmöglichkeit über die Zwecke der Datenverarbeitung zugesprochen, müsste dies in der Konsequenz bedeuten, dass im Prinzip auch keine Behörde als Verantwortliche i.S.d. Art. 4 Nr. 7 DS-GVO gelten könnte, da sich deren Aufgaben und damit auch der Zweck der Datenerhebung ebenfalls aus gesetzlichen Vorgaben ergeben würde.[406] Dass der Unionsgesetzgeber diese jedoch ebenso in der Verantwortung sieht, zeigt allein

---

[401] *Brink/Joos*, NZA 2019, 1395 (1396); *Franzen*, FS Ingrid Schmidt (2021), 101 (109); *Kleinebrink*, DB 2018, 2556 (2567); *Kurzböck/Weinbeck*, BB 2020, 500 (501); *Maschmann*, FS Ingrid Schmidt (2021), 353 (355); *Staben*, ZfA 2020, 287 (292).

[402] *Brink/Joos*, NZA 2019, 1395 (1396); *Schulze/Helmrich*, ArbRAktuell 2020, 253 (253).

[403] Taeger/Gabel/*Arning/Rothkegel*, DS-GVO, Art. 4 Rn. 179; *Kleinebrink*, DB 2018, 2556 (2567).

[404] BAG 11.11.1997 – 1 ABR 21/97, AP Nr. 1 zu § 36 BDSG (unter B. III. 2. c. cc. der Gründe); offenlassend BAG 23.3.2011 – 10 AZR 562/09, AP Nr. 3 zu § 4f BDSG (Rn. 25).

[405] So aber Däubler/Wedde/*Weichert*/Sommer, DS-GVO, Art. 4 Rn. 89a; Kühling/Buchner/*Hartung*, DS-GVO, Art. 4 Nr. 7 Rn. 11a.

[406] *Franzen*, FS Ingrid Schmidt (2021), 101 (109); *Kurzböck/Weinbeck*, BB 2020, 500 (501).

Art. 4 Nr. 7 DS-GVO, der ausdrücklich die Behörden benennt; selbiges muss dann aber jedenfalls auch für die Zweckbestimmung bei den anderen Stellen gelten.

Festzuhalten ist damit, dass das BetrVG zwar regelmäßig den Anlass für den Zweck einer Datenverarbeitung darstellt, die tatsächliche Entscheidungsmöglichkeit aber beim Betriebsrat liegt.[407]

b) Rechtliche oder tatsächliche Entscheidungsbefugnis als Maßstab

Teilweise wird gegen seine solche tatsächliche Entscheidungsbefugnis beim Zweck der Datenverarbeitung nun aber eingewandt, dass der Betriebsrat nur rechtmäßig innerhalb seiner betriebsverfassungsrechtlichen Aufgaben tätig werden darf. Jede Entscheidung des Betriebsrats, welche hingegen nicht durch das BetrVG vorgegeben ist, würde damit automatisch zur datenschutzrechtlichen Unzulässigkeit des Verarbeitungsvorgangs führen.[408] Zu fordern sei daher, dass der Betriebsrat die Entscheidung rechtmäßig treffen könne,[409] weshalb es auf eine tatsächliche Entscheidungsmöglichkeit nicht ankomme.[410]

Im Hinblick auf die Rechtsprechung des EuGH erscheint eine Ausklammerung der tatsächlichen Entscheidungsbefugnisse jedoch fraglich. Dieser stellte bei der Facebook-Fanseite, den Zeugen Jehovas und der Einbindung des Facebook-Like-Buttons immer auf die tatsächlichen Einflussmöglichkeiten der am Datenverarbeitungsvorgang Beteiligten ab.[411] Entscheidend war hier demnach, dass die Beteiligten in irgendeiner Art und Weise eine Einflussmöglichkeit auf den Verarbeitungsvorgang hatten und nicht, ob diese auch rechtlich zulässig war. Darüber hinaus sprechen auch die Erwägungen der Artikel-29-Datenschutzgruppe dafür, die da-

---

[407] BAG 6.6.2023 – 9 AZR 383/13, AP zu § 6 Nr. 5 BDSG 2018 (Rn. 29); LAG Sachsen-Anhalt 18.12.2018 – 4 TaBV 19/17, NZA-RR 2019, 256 (Rn. 37); LAG Mecklenburg-Vorpommern 15.5.2019 – 3 TaBV 10/18, ZD 2019, 573 (Rn. 17); *Brink/Joos*, NZA 2019, 1395 (1396); *Franzen*, FS Ingrid Schmidt (2021), 101 (109); Götz, Datenschutzverstöße des Betriebsrats, 34; *Kleinebrink*, DB 2018, 2556 (2567); *Kurzböck/Weinbeck*, BB 2020, 500 (501); *Maschmann*, FS Ingrid Schmidt (2021), 353 (355); *Pötters/Gola*, RDV 2017, 279 (281); *Schulze/Helmrich*, ArbRAktuell 2020, 253 (253); *Staben*, ZfA 2020, 287 (292); a. A.: *Brams/Möhle*, ZD 2018, 570 (571); *Däubler*/Wedde/Weichert/Sommer, BDSG, § 26 Rn. 269c; Flink, Beschäftigtendatenschutz, 216; *Gaul/Kaule*, ArbRB 2021, 4; *Jung/Hansch*, ZD 2019, 143 (147); *Körner*, Beschäftigtendatenschutz im Lichte der DS-GVO, 58; *Lücke*, NZA 2019, 658 (660); wohl auch *Lembke*, FS Ingrid Schmidt (2021), 277 (289 f.); zweifelnd: Taeger/Gabel/*Arning/Rothkegel*, DS-GVO, Art. 4 Rn. 179.

[408] *Flink*, Beschäftigtendatenschutz, 215.

[409] *Flink*, Beschäftigtendatenschutz, 216.

[410] *Flink*, Beschäftigtendatenschutz, 215 f.

[411] EuGH 19.7.2019 – Rs. C-40/17 (Fashion ID GmbH & Co. KG ./. Verbraucherzentrale NRW) ECLI:EU:C:2019:629 (Rn. 85); EuGH 10.7.2018 – Rs. C-25/17 (Tietosuojavaltuutettu ./. Jehovan) ECLI:EU:C:2018:551 (Rn. 71); EuGH 5.6.2018 – Rs. C-210/16 (LzD-Schleswig-Holstein ./. Wirtschaftsakademie Schleswig-Holstein GmbH) ECLI:EU:C:2018:388 (Rn. 39).

tenschutzrechtliche Verantwortlichkeit anhand des tatsächlichen Einflusses auszumachen, da der für die Verarbeitung Verantwortliche nach der Richtlinie (nun der DS-GVO) als der Akteur festgelegt wird, welcher über die Zwecke und Mittel „entscheidet" und nicht etwa als derjenige, der „rechtmäßig entscheidet".[412] Maßgeblich ist somit allein, bei wem tatsächlich die Verantwortung für die Verarbeitung liegt, selbst wenn die Entscheidung darüber unrechtmäßig ist.[413] Der Verantwortliche soll nämlich auch in Fällen einer unrechtmäßigen Verarbeitung einfach und schnell ermittelt werden können.[414] Dem Abstellen auf eine rechtmäßige Entscheidungsgewalt ist zwar abzugewinnen, dass dadurch zumindest meistens auch die Datenverarbeitung an sich rechtmäßig ist.[415] Darüber hinaus kann die Ermittlung einer tatsächlichen Einflussmöglichkeit teils zu schwierigen und langwierigen technischen Überprüfungen führen, welche nicht unbedingt zur vereinfachten Rechtsanwendung beitragen. Gleichwohl drängt sich doch gerade im Falle einer unrechtmäßigen Entscheidung über den Zweck der Datenverarbeitung die Frage auf, wer ansonsten Verantwortlicher sein soll. Gerade in solchen Fällen kommt es nämlich zu einem Datenschutzverstoß, weshalb sich die Frage der Verantwortlichkeit im besonderen Maße stellt. War demnach die Entscheidung über die Erreichung der Ziele mit der Datenverarbeitung und damit der Zweck rechtswidrig, kommt spätestens in diesem Fall nur noch das Abstellen auf die tatsächliche Entscheidungsmöglichkeit in Betracht. Denn das Gesetz gibt den Zweck gerade dann nicht mehr vor. Entscheidend kann daher allein die tatsächliche Einflussmöglichkeit auf den Zweck der Datenverarbeitung sein.[416]

3. Entscheidungsmöglichkeit über die Mittel der Datenverarbeitung

Neben dem Zweck müsste der Betriebsrat nach Art. 4 Nr. 7 DS-GVO auch über die Mittel der Datenverarbeitung entscheiden können und damit die Art und Weise, wie die personenbezogenen Daten verarbeitet werden.[417] Eine solche Entscheidungsbefugnis wird nun teilweise mit der Begründung abgelehnt, dass der Betriebsrat in der Auswahl seiner Mittel nicht frei ist, sondern diese durch das BetrVG vorgegeben werden. Sachliche Mittel und dabei insbesondere die für die Datenverarbeitung meist notwendigen Informations- und Kommunikationstechniken werden gem. § 40 BetrVG vom Arbeitgeber zur Verfügung gestellt, soweit dies „erforderlich" ist. Dadurch ist der Betriebsrat auf die bestehende Infrastruktur des Arbeitgebers bei der Verarbeitung von Daten angewiesen, sodass er nicht frei über

[412] Art.-29-Datenschutzgruppe, Stellungnahme vom 16.2.2010, WP 169, 11.

[413] Art.-29-Datenschutzgruppe, Stellungnahme vom 16.2.2010, WP 169, 11.

[414] Art.-29-Datenschutzgruppe, Stellungnahme vom 16.2.2010, WP 169, 11 f.

[415] *Flink*, Beschäftigtendatenschutz, 215.

[416] I. E. auch *Friedrichsen*, § 79a BetrVG, 52; *Götz*, Datenschutzverstöße des Betriebsrats, 34; *Maschmann*, FS Ingrid Schmidt (2021), 353 (356 f.); *Staben*, ZfA 2020, 287 (293); a. A.: *Flink*, Beschäftigtendatenschutz, 215 f.

[417] Art.-29-Datenschutzgruppe, Stellungnahme vom 16.2.2010, WP 169, 16.

die hierfür erforderlichen Mittel entscheiden kann.[418] Die Argumentationslinie beruht damit letztlich auf demselben Ansatz wie bereits bei der Entscheidungsmöglichkeit des Betriebsrats über die Zwecke der Datenverarbeitung aufgezeigt. Insoweit ist daher auch bei den Entscheidungen über die Mittel der personenbezogenen Verarbeitung von Daten anzuführen, dass das BetrVG zwar den Rahmen für die erforderlichen Mittel vorgibt, dem Betriebsrat dabei allerdings ein Beurteilungsspielraum zukommt, welche Mittel er für erforderlich halten darf.[419] Der Betriebsrat hat ferner die Wahlmöglichkeit darüber, welche der ihm zur Verfügung gestellten Mittel er wann und wie zur Datenverarbeitung einsetzt.[420] Hingegen wird ihm weder durch die Betriebsverfassung noch durch den Arbeitgeber vorgegeben, ob er personenbezogene Daten handschriftlich oder elektronisch am Computer verarbeitet.[421] Dabei steht ihm auch frei, die vom Arbeitgeber zur Verfügung gestellten Sachmittel überhaupt nicht zu nutzen,[422] womit auch eine Datenverarbeitung mithilfe privater Mittel nicht von vornherein ausgeschlossen ist. Letztlich trifft der Betriebsrat deshalb eine eigene Entscheidung darüber, mithilfe welcher Mittel er personenbezogene Daten verarbeitet.[423]

4. Zwischenergebnis

Festgestellt werden kann damit, dass der Betriebsrat die Tatbestandsmerkmale des Verantwortlichen nach Art. 4 Nr. 7 DS-GVO erfüllt. Er ist als „andere Stelle"

---

[418] *Däubler*/Wedde/Weichert/Sommer, BDSG, § 26 Rn. 269c, *Jung/Hansch*, ZD 2019, 143 (147); *Körner*, Beschäftigtendatenschutz im Lichte der DS-GVO, 58; *Lembke*, FS Ingrid Schmidt (2021), 277 (289); *Lücke*, NZA 2019, 658 (660 f.).

[419] Gefestigte Rechtsprechung: BAG 12.5.1999 – 7 ABR 36/97, AP Nr. 65 zu § 40 BetrVG 1972 (unter B. III. 2. a. der Gründe); BAG 11.11.1998 – 7 ABR 57/97, AP Nr. 64 zu § 40 BetrVG 1972 (unter B. 2. der Gründe); BAG 20.4.2016 – 7 ABR 50/14, AP Nr. 113 zu § 40 BetrVG 1972, Rn. 17; zur Reichweite des Entscheidungsspielraums, GK-BetrVG/*Weber*, § 40 Rn. 141 f.

[420] *Brink/Joos*, NZA 2019, 1395 (1397); *Franzen*, FS Ingrid Schmidt (2021), 101 (109); *Maschmann*, FS Ingrid Schmidt (2021), 353 (356); *Kleinebrink*, DB 2018, 2556 (2567); *Kurzböck/Weinbeck*, BB 2020, 500 (501); *Staben*, ZfA 2020, 287 (295); *Schulze/Helmrich*, ArbRAktuell 2020, 253 (253).

[421] *Staben*, ZfA 2020, 287 (295); *Brink/Joos*, NZA 2019, 1395 (1397) „analog oder digital"; *Götz*, Datenschutzverstöße des Betriebsrats, 38, hebt in diesem Zusammenhang auch hervor, dass die DS-GVO „technikneutral" ausgestaltet ist.

[422] *Brink/Joos*, NZA 2019, 1395 (1397).

[423] BAG 6.6.2023 – 9 AZR 383/13, AP zu § 6 Nr. 5 BDSG 2018 (Rn. 33–55); *Brink/Joos*, NZA 2019, 1395 (1397); *Franzen*, FS Schmidt (2021), 101 (109); *Götz*, Datenschutzverstöße des Betriebsrats, 39; *Kleinebrink*, DB 2018, 2566 (2567); *Kurzböck/Weinbeck*, BB 2020, 500 (503); *Maschmann*, FS Schmidt (2021), 353 (356); *Schulze/Helmrich*, ArbRAktuell 2020, 253 (252); *Staben*, ZfA 2020, 287 (295 f.); a. A.: *Brams/Möhle*, ZD 2018, 570 (571; *Däubler*/Wedde/Weichert/Sommer, BDSG, § 26 Rn. 269c; *Körner*, DSGVO in der betrieblichen Praxis, 56; Kühling/Buchner/*Hartung*, DS-GVO, Art. 4 Nr. 7 Rn. 11a; *Lembke*, FS Schmidt (2021), 277 (289); *Middel*, AuR 2018, 411 (417); wohl unentschieden: *Jung/Hansch*, ZD 2019, 143 (147); *Lücke*, NZA 2019, 658 (660); *Pötters/Gola*, RdV 2017, 279 (280).

Adressat der Norm. Bei der Entscheidung über die Zwecke und Mittel kommt es auf die tatsächliche und nicht die rechtliche Entscheidungsbefugnis an. Der Betriebsrat entscheidet selbstständig, zu welchen Zielen und auf welche Art und Weise er die Daten verarbeitet. Selbst wenn ihm die Betriebsverfassung dabei einen rechtlichen Rahmen vorgibt, entscheidet tatsächlich der Betriebsrat über die Zwecke und Mittel seiner Datenverarbeitungen. Der Betriebsrat ist folglich ein Verantwortlicher nach Art. 4 Nr. 7 DS-GVO.[424]

D. Praktische Ausgestaltung der Haftung und Bußgelder

Der Betriebsrat ist somit nach der hier vertretenen Ansicht, vor Einführung des § 79a S. 2 BetrVG, als datenschutzrechtlich Verantwortlicher gem. Art. 4 Nr. 7 DS-GVO anzusehen gewesen und nicht der Arbeitgeber. Für die Betriebsratsmitglieder bestand damit auch die Möglichkeit, dass Schadensersatzansprüche nach Art. 82 Abs. 1 DS-GVO oder Bußgelder gem. Art. 83 DS-GVO gegen sie verhängt werden. Ob dieses theoretisch bestehende finanzielle Risiko allerdings tatsächlich auch zu materiellen Nachteilen bei den einzelnen Gremienmitgliedern geführt und damit eine Gefahr für die freie Mandatsausübung bestanden hätte, ist davon abhängig, wie die Haftung des Betriebsrats als Verantwortlicher gem. Art. 4 Nr. 7 DS-GVO konkret ausgestaltet ist und welche Faktoren bei der Verhängung von Bußgeldern zu berücksichtigen sind.

Zunächst soll sich daher mit den Haftungs- und Bußgeldtatbeständen des Art. 82 und 83 DS-GVO auseinandergesetzt werden. Nur wenn deren Voraussetzungen überhaupt ein praktisch relevantes Risiko einer Haftung für den Betriebsrat begründen, kann von einer Gefährdung der freien Mandatsausübung ausgegangen werden.

---

[424] LAG Sachsen-Anhalt 18.12.2018 – 4 TaBV 19/17, NZA-RR 2019, 256 (Rn. 37); LAG Mecklenburg-Vorpommern 15.5.2019 – 3 TaBV 10/18, ZD 2019, 573 (Rn. 17); *Brink/Joos*, NZA 2019, 1395 (1399); *Franzen*, FS Schmidt (2021), 101 (110 f.); *Götz*, Datenschutzverstöße des Betriebsrats, 30 ff.; *Kleinebrink*, DB 2018, 2566 (2567); *Kurzböck/Weinbeck*, BB 2020, 500 (503); *Maschmann*, FS Schmidt (2021), 353 (356); BeckOKD/*Riesenhuber*, BDSG, § 26 Rn. 195 f.; *Schulze/Helmrich*, ArbRAktuell 2020, 253 (253); *Staben*, ZfA 2020, 287 (298); a. A.: LAG Niedersachsen 22.10.2018 – 12 TaBV 23/18, NZA-RR 2019, 92 (Rn. 27); LAG Hessen, 10.12.2018 – 16 TaBV 130/18, NZA-RR 2019, 196 (Rn. 32); *Brams/Möhle*, ZD 2018, 570 (571); *Däubler*/Wedde/Weichert/Sommer, BDSG, § 26 Rn. 269 ff.; *Friedrichsen*, § 79a BetrVG, 78; Kühling/Buchner/*Hartung*, DS-GVO, Art. 4 Nr. 7 Rn. 11a; *Körner*, DSGVO in der betrieblichen Praxis, 56; *Lembke*, FS Schmidt (2021), 277 (289); *Lücke*, NZA 2019, 658 (661); *Middel*, AuR 2018, 411 (417); *Pötters/Gola*, RdV 2017, 279 (281); *Schwartmann*/Jaspers/Thüsing/Kugelmann/*Mühlenbeck*, DS-GVO, Art. 4 Rn. 112; unentschieden: Taeger/Gabel/*Arning/Rothkegel*, DS-GVO, Art. 4 Rn. 179; inzwischen auch *Gola*/Heckmann, DS-GVO, Art. 4 Rn. 75; *Jung/Hansch*, ZD 2019, 143 (147).

I. Voraussetzungen der datenschutzrechtlichen Haftungs- und Bußgeldtatbestände

1. Art. 82 DS-GVO

Nach Art. 82 Abs. 1 DS-GVO hat jede Person, der wegen eines Verstoßes gegen diese Verordnung ein materieller oder immaterieller Schaden entstanden ist, Anspruch auf Schadensersatz gegen den Verantwortlichen. Umstritten ist dabei zunächst, wie weit der Begriff „jede Person" zu fassen ist. Während darunter teilweise auch „Dritte" wie z. B. Familienmitglieder fallen,[425] geht eine andere Meinung in der Literatur davon aus, dass nur die von der Verarbeitung betroffenen Personen darunter zu erfassen sind.[426] Juristische Personen fallen auf jeden Fall nicht unter den Begriff,[427] sodass weder der Betriebsrat noch der Arbeitgeber anspruchsberechtigt im Sinne dieser Norm ist. Umstritten ist ferner, ob jeder Verstoß gegen die DS-GVO haftungsauslösend ist[428] oder ob dieser zumindest auf einer konkreten, rechtswidrigen Datenverarbeitung des Verantwortlichen beruhen muss.[429] Erstere Auslegung hätte zur Folge, dass auch eine Haftung möglich wäre, wenn der Verantwortliche z. B. keinen Datenschutzbeauftragten bestellt, obwohl er hierzu verpflichtet ist. Mithin kann diese Streitigkeit durch ein erst jüngst erfolgtes Urteil des EuGH nun insoweit dahingestellt bleiben, als dass dieser explizit klargestellt hat, dass es zumindest des Vorliegens eines Schadens beim Betroffenen bedarf.[430] Der bloße Verstoß gegen die DS-GVO, ohne dass es dabei zu einem Schaden kommt, sei somit nicht ausreichend, um eine Haftung des Verantwortlichen nach Art. 82 Abs. 1 DS-GVO zu begründen.[431]

Unstrittig ist in diesem Zusammenhang aber, dass sowohl gegen spezifische Pflichten der DS-GVO wie Art. 6, 7 oder 9 als auch gegen allgemeine Vorgaben

---

[425] Kühling/Buchner/*Bergt*, DS-GVO, Art. 82 Rn. 15; Simitis/Hornung/Spiecker/*Boehm*, DS-GVO, Art. 82 Rn. 9; EuArbRK/*Franzen*, DS-GVO, Art. 82 Rn. 4; *Wybitul/Haß/Albrecht*, NJW 2018, 113 (113 f.).

[426] *Däubler*/Wedde/Weichert/Sommer, DS-GVO, Art. 82 Rn. 6; *Gola*/Heckmann/*Piltz*, DS-GVO, Art. 82 Rn. 11; Taeger/Gabel/*Moos/Schefzig*, DS-GVO, Art. 82 Rn. 16.

[427] Kühling/Buchner/*Bergt*, DS-GVO, Art. 82 Rn. 13 ff.; Simitis/Hornung/Spiecker/*Boehm*, DS-GVO, Art. 82 Rn. 8; EuArbRK/*Franzen*, DS-GVO, Art. 82 Rn. 5; Taeger/Gabel/*Moos/Schefzig*, DS-GVO, Art. 82 Rn. 17.

[428] Kühling/Buchner/*Bergt*, DS-GVO, Art. 82 Rn. 23; *Kurzböck/Weinbeck*, BB 2018, 1652 (1653); *Wybitul/Haß/Albrecht*, NJW 2018, 113.

[429] LAG Nürnberg 25.1.2023 – 4 Sa 201/22, NZA-RR 2023 (Rn. 20); Simitis/Hornung/Spiecker/*Boehm*, DS-GVO, Art. 82 Rn. 1; *Däubler*/Wedde/Weichert/Sommer, DS-GVO, Art. 82 Rn. 11; Ehmann/Selmayr/*Nemitz*, DS-GVO, Art. 82 Rn. 12; *Gola*/Heckmann/*Piltz*, DS-GVO, Art. 82 Rn. 20 f.; Taeger/Gabel/*Moos/Schefzig*, DS-GVO, Art. 82 Rn. 22; unentschieden: EuArbRK/*Franzen*, DS-GVO, Art. 82 Rn. 10.

[430] EuGH 4.5.2023 – Rs. C-300/21 (UI ./. Österreichische Post AG), ECLI:EU:C:2023:370 (Rn. 32).

[431] EuGH 4.5.2023 – Rs. C-300/21 (UI ./. Österreichische Post AG), ECLI:EU:C:2023:370 (Rn. 33).

wie Art. 5 oder 32 DS-GVO verstoßen werden kann.[432] Darüber hinaus können sich die Verstöße auch auf nationale Rechtsvorschriften beziehen, welche die Bestimmungen der DS-GVO präzisieren.[433]

Liegt eine rechtswidrige personenbezogene Datenverarbeitung durch einen Verantwortlichen vor, muss gem. Art. 82 Abs. 1 DS-GVO der anspruchsberechtigten Person auch noch ein materieller oder immaterieller Schaden entstanden sein. Der Begriff des Schadens ist nach Erwägungsgrund 146 S. 3 der DS-GVO auf eine Art und Weise auszulegen, die den Zielen der DS-GVO in vollem Umfang entspricht. Erwägungsgrund 146 S. 6 DS-GVO präzisiert dies, indem betroffenen Personen ein vollständiger und wirksamer Schadensersatz zuerkannt werden soll. Nach der bisherigen Rechtsprechung des EuGH soll den zivilrechtlichen Sanktionen dabei eine abschreckende Wirkung zukommen.[434] Inzwischen hat der EuGH jedoch klargestellt, dass Schadensersatzansprüche nach Art. 82 Abs. 1 DS-GVO eine Ausgleichsfunktion haben und ihnen damit keine Straffunktion zukommt.[435] Eine abschreckende Wirkung sollen Schadensersatzansprüche gem. Art. 82 Abs. 1 DS-GVO damit nicht haben.[436] Ungeachtet dessen ist der Schadensbegriff in Art. 82 Abs. 1 DS-GVO von einem sehr weiten Verständnis geprägt.[437] Unter materielle Schäden fallen z. B. entgangene Gewinne,[438] Zahlungen von Zinsen,[439] Vermögensschäden[440] oder auch Rechtsverfolgungskosten.[441] Unter immateriellen Schä-

---

[432] Taeger/Gabel/*Moos/Schefzig*, DS-GVO, Art. 82 Rn. 22.

[433] Kühling/Buchner/*Bergt*, DS-GVO, Art. 82 Rn. 24; Taeger/Gabel/*Moos/Schefzig*, DS-GVO, Art. 82 Rn. 25; strittig ist insoweit nur, ob ein Schadensersatzanspruch auch auf nationale Rechtsnormen gestützt werden kann, welche nur im Zusammenhang mit der DS-GVO stehen bzw. auf dieser beruhen (Taeger/Gabel/*Moos/Schefzig*, DS-GVO, Art. 82 Rn. 25). Konkret handelt es sich dabei z. B. um Normen basierend auf Art. 85 DS-GVO, welche nur den Auftrag der DS-GVO umsetzen, für Medien ein eigenes Recht aufzustellen (Kühling/Buchner/*Bergt*, DS-GVO, Art. 82 Rn. 24). Normen welche hingegen aus Art. 88 DS-GVO hervorgehen, unterfallen, soweit ersichtlich, unstreitig auch Art. 82 DS-GVO, da sie die „spezifische Vorschriften" der DS-GVO darstellen, diese also präzisieren (Kühling/Buchner/*Bergt*, DS-GVO, Art. 82 Rn. 24).

[434] EuGH 17. 12. 2015 – Rs. C-407/14 (Arjona Camacho ./. Securitas Seguridad), ECLI:EU:C:2015:831 (Rn. 45).

[435] EuGH 21. 12. 2023 – Rs. C-667/21 (ZQ ./. Krankenversicherung Nordrhein), ECLI:EU:C:2023:1022 (Rn. 85).

[436] EuGH 21. 12. 2023 – Rs. C-667/21 (ZQ ./. Krankenversicherung Nordrhein), ECLI:EU:C:2023:1022 (Rn. 86).

[437] Kühling/Buchner/*Bergt*, DS-GVO, Art. 82 Rn. 22; Taeger/Gabel/*Moos/Schefzig*, DS-GVO, Art. 82 Rn. 27; *Wybitul/Haß/Albrecht*, NJW 2018, 113 (114).

[438] Taeger/Gabel/*Moos/Schefzig*, DS-GVO, Art. 82 Rn. 29; *Wybitul/Haß/Albrecht*, NJW 2018, 113 (114).

[439] Taeger/Gabel/*Moos/Schefzig*, DS-GVO, Art. 82 Rn. 29.

[440] BeckOKD/*Quaas*, DS-GVO, Art. 82 Rn. 24; Taeger/Gabel/*Moos/Schefzig*, DS-GVO, Art. 82 Rn. 30; *Wybitul/Haß/Albrecht*, NJW 2018, 113 (114).

den sind hingegen Beeinträchtigungen des Persönlichkeitsrechts zu verstehen, was einem Schmerzensgeld gleichkommt.[442] Hoch umstritten ist insoweit, wie hoch die Messlatte für einen solchen Verstoß gegen das allgemeine Persönlichkeitsrecht liegt. Während im nationalen Deliktsrecht und dabei insbesondere bei Verstößen gegen das allgemeine Persönlichkeitsrecht bei § 823 BGB eine eher schwerwiegende Eingriffsintensität erforderlich ist, um einen Schadensersatzanspruch zu begründen,[443] bedarf es nach Ansicht einiger Stimmen keiner spürbaren Beeinträchtigung bei einem Verstoß gegen die DS-GVO, um einen Schaden nach Art. 82 DS-GVO zu begründen.[444] Dies hat zur Rechtsfolge, dass grundsätzlich jeder auf einer Verarbeitung des Verantwortlichen beruhende Verstoß zu einem immateriellen, ersatzfähigen Schaden führen kann. Es gibt jedoch auch Gerichte, welche den Nachweis eines spürbaren Schadens für erforderlich hielten.[445] Das BAG legte diese Frage dem EuGH in Form eines Vorabentscheidungsverfahrens nach Art. 267 AEUV vor, nahm dabei allerdings selbst an, dass die sich auf den immateriellen Schaden berufende Person „keine Konsequenz oder Folge der Rechtsgutsverletzung von zumindest einigem Gewicht" darlegen müsse,[446] es also keines „spürbaren Schadens" zur Geltendmachung des Schadensersatzanspruches bedarf. In einem ähnlich gelagerten Verfahren stellte der Oberste Gerichtshof Österreichs (OGH) eine vergleichbare Frage. Konkret ging es darum, ob der Zuspruch eines immateriellen Schadens davon abhängig ist, dass eine „Rechtsgutsverletzung von zumindest einigem Gewicht vorliegt, die über den durch die Rechtsgutsverletzung hervorgerufenen Ärger hinausgeht".[447] Bei der Vorlagefrage des OGH ging der Gene-

---

[441] LG Darmstadt 26. 5. 2020 – 13 O 244/19, juris (Rn. 75); Taeger/Gabel/*Moos/Schefzig*, DS-GVO, Art. 82 Rn. 30; *Wybitul/Haß/Albrecht*, NJW 2018, 113 (114); a. A.: LAG Köln 14. 9. 2020 – 2 Sa 358/20, juris (Rn. 55).

[442] Ehmann/Selmayr/*Nemitz*, DS-GVO, Art. 82 Rn. 17; Taeger/Gabel/*Moos/Schefzig*, DS-GVO, Art. 82 Rn. 31.

[443] Vgl. für die hierfür erforderliche Abwägung MüKoBGB/*Wagner*, BGB, § 823 Rn. 466.

[444] Kühling/Buchner/*Bergt*, DS-GVO, Art. 82 Rn. 23; *Lembke/Fischels/Djordjevic*, NJW 2022, 292 (293); *Gola*/Heckmann/*Piltz*, DS-GVO, Art. 82 Rn. 18; Taeger/Gabel/*Moos/Schefzig*, DS-GVO, Art. 82 Rn. 32; wohl auch *Däubler*/Wedde/Weichert/Sommer, DS-GVO, Art. 82 Rn. 29.

[445] OLG Dresden 20. 8. 2020 – 4 U 784/20, NJW-RR 2020, 1370 (Rn. 21); OLG München 8. 12. 2020 – 18 U 5493/19, GRUR 2021, 1099 (Rn. 93); LG Hamburg 4. 9. 2020 – 324 S 9/19, BeckRS 2020, 23277 (Rn. 31); LG Landshut 6. 11. 2020 – 51 O 513/20, BeckRS 2020, 33148 (Rn. 18).

[446] BAG 26. 8. 2021 – 8 AZR 253/20, AP Nr. 1 zu § 9 DSGVO (Rn. 33); zuvor hatte das BVerfG ein Urteil des AG Goslar aufgehoben, welches eine Klage im Zusammenhang mit Art. 82 Abs. 1 DS-GVO aufgrund mangelnder Erheblichkeit des Schadens abgewiesen hatte (AG Goslar 27. 9. 2019 – 28 C 7/19, juris (Rn. 45 ff.). Das BVerfG führte zur Begründung der Aufhebung an: „Dieser Geldentschädigungsanspruch ist in der Rechtsprechung des EuGH weder erschöpfend geklärt noch kann er in seinen einzelnen … notwendigen Voraussetzungen unmittelbar aus der DSGVO bestimmt werden", vgl. BVerfG 14. 1. 2021 – 1 BvR 2853/19, AP Nr. 68 zu § 101 GG (Rn. 20).

[447] EuGH 6. 10. 2022 – Rs. C-300/21 (UI ./. Österreichische Post AG), ECLI:EU:C:2022:756 (Rn. 14).

ralstaatsanwalt zunächst noch davon aus, dass ein Unmutsgefühl[448] oder ein bloßes Ärgernis[449] bei der betroffenen Person nicht ausreichend sei, um einen immateriellen Schadensersatzanspruch zu begründen[450] und es damit eines „spürbaren Schadens" bedürfe. Der EuGH schloss sich hingegen der gegenläufigen Auffassung an. Dass es keiner „Erheblichkeitsschwelle" bedürfe, begründete dieser zunächst mit dem Wortlaut des Art. 82 DS-GVO, in welchem keine „wie auch immer geartete Erheblichkeitsschwelle genannt wird".[451] Ferner stünde es aber auch „dem vom Unionsgesetzgeber gewählten weiten Verständnis des Begriffs Schadens entgegen, wenn dieser Begriff auf Schäden mit einer gewissen Erheblichkeit beschränkt wäre"[452] und letztlich würde auch eine solch „graduelle Abstufung"[453] dazu führen, dass die Möglichkeit, Schadensersatz zu erhalten, von der Beurteilung des jeweils angerufenen Gerichts abhinge.[454] Dies würde letztlich „die Kohärenz der mit der DS-GVO eingeführten Regelungen beeinträchtigten".[455] Diese Rechtsprechung führte der EuGH sodann in einer weiteren Entscheidung konsequent fort, in welcher er ausdrücklich darauf hinwies, dass ein immaterieller Schaden keine Bagatellgrenze überschreiten muss.[456] Einer „Erheblichkeitsschwelle" bedarf es bei der Geltendmachung von immateriellen Schäden daher nicht. Zwar besteht nach Art. 82 Abs. 3 DS-GVO für den Verantwortlichen noch die Möglichkeit, sich von einer Haftung zu befreien, „wenn er nachweist, dass er in keinerlei Hinsicht für den Umstand, durch den der Schaden eingetreten ist, verantwortlich ist". Es handelt sich dabei um eine widerlegbare Verschuldensvermutung.[457] Nachdem den Verantwortlichen allerdings „keinerlei Verschulden" treffen darf, ist eine Befreiung schon bei leichter Fahrlässigkeit und nur minimalem Umfang ausgeschlossen.[458] Praktisch

---

[448] EuGH 6.10.2022 – Rs. C-300/21 (UI ./. Österreichische Post AG), ECLI:EU:C:2022:756 (Rn. 113).

[449] EuGH 6.10.2022 – Rs. C-300/21 (UI ./. Österreichische Post AG), ECLI:EU:C:2022:756 (Rn. 114).

[450] EuGH 6.10.2022 – Rs. C-300/21 (UI ./. Österreichische Post AG), ECLI:EU:C:2022:756 (Rn. 116).

[451] EuGH 4.5.2023 – Rs. C-300/21 (UI ./. Österreichische Post AG), ECLI:EU:C:2023:370 (Rn. 45).

[452] EuGH 4.5.2023 – Rs. C-300/21 (UI ./. Österreichische Post AG), ECLI:EU:C:2023:370 (Rn. 46).

[453] EuGH 4.5.2023 – Rs. C-300/21 (UI ./. Österreichische Post AG), ECLI:EU:C:2023:370 (Rn. 49).

[454] EuGH 4.5.2023 – Rs. C-300/21 (UI ./. Österreichische Post AG), ECLI:EU:C:2023:370 (Rn. 49).

[455] EuGH 4.5.2023 – Rs. C-300/21 (UI ./. Österreichische Post AG), ECLI:EU:C:2023:370 (Rn. 49).

[456] EuGH 14.12.2023 – Rs. C-456/22 (VX,AT ./. Gemeinde Ummendorf), ECLI:EU:C:2023:988 (Rn. 18).

[457] Taeger/Gabel/*Moos/Schefzig*, DS-GVO, Art. 82 Rn. 74.

[458] Kühling/Buchner/*Bergt*, DS-GVO, Art. 82 Rn. 54; Taeger/Gabel/*Moos/Schefzig*, DS-GVO, Art. 82 Rn. 79; *Wybitul/Haß/Albrecht*, NJW 2018, 113 (116).

wirkt sich diese Exkulpationsmöglichkeit damit kaum auf die Haftung nach Art. 82 Abs. 1 DS-GVO aus, weshalb diese als relativ hoch anzusehen ist.

2. Art. 83 DS-GVO

Geldbußen werden gem. Art. 83 Abs. 2 S. 1 DS-GVO je nach den Umständen des Einzelfalls zusätzlich oder anstelle von Maßnahmen nach Artikel 58 Abs. 2 a)–h) und j) DS-GVO verhängt. Die Maßnahmen nach Art. 58 Abs. 2 DS-GVO umfassen Abhilfebefugnisse gegen den Verantwortlichen, wie diesen zu warnen, dass seine beabsichtigten Verarbeitungsvorgänge voraussichtlich gegen die DS-GVO verstoßen (lit. a) oder den Verantwortlichen anzuweisen, Verarbeitungsvorgänge auf bestimmte Weise und innerhalb eines bestimmten Zeitraums in Einklang mit der DS-GVO zu bringen (lit. d). Es liegt daher letztlich im Ermessen der jeweiligen Aufsichtsbehörde, ob sie ein Bußgeld verhängt und sofern dies der Fall ist, in welcher Höhe dieses ausfällt.[459] Nach Erwägungsgrund 148 S. 2 der DS-GVO kann im Falle eines nur geringfügigen Verstoßes oder falls voraussichtlich die zu verhängende Geldbuße eine unverhältnismäßige Belastung für eine natürliche Person darstellt, anstelle der Geldbuße nur eine Verwarnung erteilt werden. Eine Ermessensreduzierung auf Null wäre dahingehend möglich, dass ein Bußgeld durch die Behörde verhängt werden muss, allerdings nur, wenn das Bußgeld die einzige Abhilfemaßnahme zur Schaffung eines rechtmäßigen Zustandes ist.[460] Ein entscheidender Faktor hierfür soll sein, inwiefern vom Verantwortlichen realistischerweise die Einhaltung der datenschutzrechtlichen Vorschriften zu erwarten ist.[461] Es wird daher z. B. bei kleineren Unternehmen davon ausgegangen, dass es aufgrund der Komplexität des Datenschutzrechts illusorisch wäre, anzunehmen, dass diese sämtliche Vorgaben einhalten und allen Dokumentationspflichten nachkommen könnten.[462]

Unter Zugrundelegung dieser Vorgaben ist zunächst davon auszugehen, dass es bei kleineren Unternehmen, in welchen der Betriebsrat gegen datenschutzrechtliche Vorschriften verstößt, nicht zu einem Bußgeld durch die Aufsichtsbehörde kommen wird. Denn wenn bereits bei kleinen Unternehmen anzunehmen ist, dass diese nicht sämtliche Vorschriften einhalten können, wird dies erst recht nicht zu verlangen sein, wenn der Datenschutzverstoß durch den Betriebsrat begangen wurde. Buß-

---

[459] *Gola*/Heckmann, DS-GVO, Art. 83 Rn. 30; BeckOKD/*Holländer*, DS-GVO, Art. 83 Rn. 26; Sydow/*Popp*, DS-GVO, Art. 83 Rn. 11; Taeger/Gabel/*Moos/Schefzig*, DS-GVO, Art. 83 Rn. 35; *Schwartmann*/Jaspers/Thüsing/Kugelmann/*Jacquemain*, DS-GVO, Art. 83 Rn. 10; i. E., wenn auch das Ermessen als stark reduziert anzunehmend ist, *Däubler/Wedde/Weichert/Sommer*, DS-GVO, Art. 83 Rn. 4; a. A. und damit ein Ermessen ablehnend: Kühling/Buchner/*Bergt*, DS-GVO, Art. 83 Rn. 30; Simitis/Hornung/Spiecker/*Boehm*, DS-GVO, Art. 83 Rn. 11; Ehmann/Selmayr/*Nemitz*, DS-GVO, Art. 83 Rn. 22 f.

[460] VG Ansbach 16. 3. 2020 – AN 14 K 19.00464, BeckRS 2020, 10429 (Rn. 21).

[461] Taeger/Gabel/*Moos/Schefzig*, DS-GVO, Art. 83 Rn. 36.

[462] Taeger/Gabel/*Moos/Schefzig*, DS-GVO, Art. 83 Rn. 36.

gelder gegen den Betriebsrat dürften daher nur von geringer praktischer Relevanz sein.

II. Mögliche Haftungsprivilegierung des einzelnen Mitglieds

1. Das Betriebsratsmandat als Ehrenamt

Nachdem damit insbesondere die immateriellen Schadensersatzansprüche gem. Art. 82 Abs. 1 DS-GVO ein hohes Haftungsrisiko darstellen, hätten diese zu einer Belastung der freien Mandatsausübung der Betriebsratsmitglieder führen können. Dies wäre jedoch nur dann der Fall gewesen, wenn den Gremienmitgliedern keine Haftungsprivilegierung zugestanden worden wäre.

Betriebsratsmitglieder üben ihr Amt nach § 37 Abs. 1 BetrVG als unentgeltliches Ehrenamt aus. Zweck der Vorschrift ist es, die Unabhängigkeit und Unparteilichkeit der Tätigkeit der Betriebsratsmitglieder sicherzustellen.[463] Betriebsratsmitglieder sollen während ihrer Tätigkeit weder benachteiligt noch begünstigt werden.[464] Teilweise wird nun argumentiert, dass aufgrund dieses Prinzips die Betriebsratsmitglieder in der Regel nicht für mögliche Fehlentscheidungen haften sollen.[465] Ohne ihre Betriebsmitgliedschaft würden die entsprechenden Mitglieder überhaupt keine Daten verarbeiten, wodurch es erst zu möglichen Datenschutzverstößen kommt.[466] Würde das Ehrenamt daher übermäßig belastet werden, wären die Betriebsratsmitglieder aufgrund ihres Amtes schlechter gestellt als ein einfacher Arbeitnehmer.[467] Die Haftung müsste daher auf grobe Fahrlässigkeit oder Vorsatz beschränkt werden.[468]

Unabhängig von der konkreten gesetzlichen Herleitung einer solchen Privilegierung müsste jedoch zunächst geklärt werden, ob diese mit den Vorgaben der DS-GVO vereinbar sein kann. Denn grundsätzlich sieht die DS-GVO weder bei Art. 82 noch bei Art. 83 DS-GVO Haftungsprivilegierungen für den Verantwortlichen vor. Diesem steht bei Schadensersatzansprüchen lediglich nach Art. 82 Abs. 3 DS-GVO die Möglichkeit einer Exkulpation zu. Nach Erwägungsgrund 146 S. 2 BetrVG soll der Verantwortliche ausdrücklich nur von der Haftung befreit werden, wenn er nachweisen kann, dass er in keiner Weise für den eingetretenen Schaden verant-

---

[463] BAG 20. 10. 1993 – 7 AZR 581/92 A, AP Nr. 90 zu § 37 BetrVG 1972 (unter B. III. 5. c. der Gründe); *Fitting*, BetrVG, § 37 Rn. 7; HWGNRH/*Glock*, § 37 Rn. 12; GK-BetrVG/*Weber*, § 37 Rn. 12.

[464] Vgl. Teil 2, Abschnitt 1, A. I. 7.

[465] *Brahms/Möhle*, ZD 2018, 570 (572); *Möhle*, Die datenschutzrechtliche Verantwortlichkeit des Betriebsrats, 254 f.

[466] *Möhle*, Die datenschutzrechtliche Verantwortlichkeit des Betriebsrats, 254.

[467] *Möhle*, Die datenschutzrechtliche Verantwortlichkeit des Betriebsrats, 254 f.

[468] *Brahms/Möhle*, ZD 2018, 570 (572); vgl. *Möhle*, Die datenschutzrechtliche Verantwortlichkeit des Betriebsrats, 172.

wortlich ist. Überdies würde eine Privilegierung zugunsten bestimmter Verantwortlicher bei Schadensersatzansprüchen nach Art. 82 DS-GVO dazu führen, dass manche der Betroffenen ihre Ansprüche entweder nicht geltend machen können oder im Fall einer Haftungsverlagerung auf Dritte[469] die Geltendmachung des Schadensersatzanspruches erschwert werden würde. Dies widerspricht Erwägungsgrund 146 S. 6, wonach die betroffenen Personen einen vollständigen und wirksamen Schadensersatz erhalten sollen.

Eine nationale Haftungsprivilegierung, abgeleitet aus § 37 Abs. 1 BetrVG, würde damit der unionsrechtlichen Regelung in Art. 82 DS-GVO entgegenstehen, welche nach Art. 288 Abs. 2 AEUV in den Mitgliedstaaten unmittelbar und zwingend wirkt.

2. Auswirkungen von Art. 153 Abs 2 b) AEUV i. V. m. Art. 153 Abs. 1 f) AEUV

Ein anderes Ergebnis wäre jedoch möglich, wenn der Unionsgesetzgeber bei der Zuweisung der Verantwortlichkeit über Art. 4 Nr. 7 HS. 1 DS-GVO und den damit verbundenen Haftungsmöglichkeiten seine aus Art. 16 Abs. 2 HS. 2 AEUV erwachsende Regelungskompetenz überschreiten würde.[470] Nach Art. 153 Abs. 2 b) AEUV i. V. m. Art. 153 Abs. 1 f) sowie Art. 153 Abs. 1 AEUV darf der europäische Gesetzgeber durch den Beschäftigtendatenschutz keine strukturellen Veränderungen in der Betriebsverfassung herbeiführen. Gestaltende Einschnitte, welche die Regelungen des BetrVG an sich verändern, sind daher unzulässig.[471]

Einen solchen strukturellen Eingriff könnte die mit der datenschutzrechtlichen Verantwortlichkeit einhergehende Möglichkeit der Haftung nach den Art. 82 DS-GVO bzw. einem Bußgeld gem. Art. 83 DS-GVO darstellen. Nachdem der Betriebsrat selbst nur partiell vermögensfähig ist,[472] führt dies zu einer persönlichen Haftung der Mitglieder. Eine Haftung des einzelnen Gremienmitglieds ist in der Betriebsverfassung jedoch nur in eng begrenzten Ausnahmefällen möglich.[473] § 120 BetrVG sieht die Möglichkeit einer Freiheits- bzw. Geldstrafe vor, wenn ein Betriebsratsmitglied ein Betriebs- oder Geschäftsgeheimnis unbefugt offenbart. Als Antrags- und Vorsatzdelikt nach § 120 Abs. 5 BetrVG ist eine Sanktion des Be-

---

[469] Vgl. dazu auch den Vorschlag von *Möhle*, Die datenschutzrechtliche Verantwortlichkeit des Betriebsrats, 173, in Teil 2, Abschnitt 2, D. III.

[470] Allgemeine Übersicht zur Regelungskompetenz *Heuschmid*, SR 2019, 1 (2 ff.); vgl. Teil 2, Abschnitt 2, B. I.

[471] Teil 2, Abschnitt 2, B. I. 1.

[472] BAG 24. 4. 1986 – 6 AZR 607/83, AP Nr. 7 zu § 87 Sozialeinrichtungen BetrVG 1972 (unter II. 2. a. der Gründe); BAG 24. 10. 2001 – 7 ABR 20/00, AP Nr. 71 zu § 40 BetrVG 1972 (unter II. 1. der Gründe); BGH 25. 10. 2012 – III ZR 266/11, AP Nr. 110 zu § 49 BetrVG 1972 (unter II. 1. a. aa. (1) der Gründe); *Fitting*, BetrVG, § 1 Rn. 291; GK-BetrVG/*Wiese*, Einleitung, Rn. 105.

[473] Vgl. GK-BetrVG/*Wiese*, Einleitung Rn. 128.

triebsratsmitglieds jedoch nicht mit einer Haftung nach Art. 82 Abs. 1 DS-GVO vergleichbar. Eine zivilrechtliche Haftung einzelner Mitglieder wurde zwar auch schon vom BGH gem. § 179 BGB analog angenommen, weil Betriebsratsmitglieder ein Beratungsunternehmen beauftragten, obwohl dies für deren Aufgabenerfüllung nach § 111 BetrVG nicht erforderlich war.[474] Weitere Fälle, in denen einzelne Mitglieder persönlich hafteten, sind soweit ersichtlich aber nicht bekannt. Dahingegen ist die Haftung aufgrund von Datenschutzverstößen nach der DS-GVO wesentlich höher.[475] Beleg hierfür sind allein die zahlreichen Schadensersatzansprüche in Kündigungsschutzprozessen aufgrund der fehlerhaften Beantwortung von Auskunftsbegehren gem. Art. 15 Abs. 1 DS-GVO.[476] Verantwortliche wurden hierbei von Gerichten zu Schadensersatzzahlungen von bis zu 5.000 € verurteilt.[477]

Gleichwohl zeigt aber auch der Vergleich zu juristischen Personen, dass dem Betriebsrat und seinen Mitgliedern hier keine völlig unzumutbaren Belastungen auferlegt werden. Sicherlich mag es bei Großunternehmen als gerecht empfunden werden, dass bei datenschutzrechtlichen Verstößen Schadensersatzansprüche geltend gemacht werden können. Allerdings ist im Grundsatz auch jedes kleine Unternehmen davon betroffen. Selbst wenn ein Selbstständiger kaum Angestellte hat und einen Jahresumsatz im fünfstelligen Bereich erwirtschaftet, ist er ein Verantwortlicher nach Art. 4 Nr. 7 DS-GVO und damit ebenfalls Schadensersatzansprüchen ausgesetzt. Wieso selbiges dann aber nicht bei einem Betriebsrat gelten sollte, der in großen Unternehmen häufig sogar umfangreicher Beschäftigtendaten verarbeitet, die Möglichkeit auf Schulungsansprüche zur datenschutzrechtlichen Weiterbildung hat und im Falle einer Verantwortlichkeit einen eigenen Datenschutzbeauftragten ernennen könnte, ist nicht ersichtlich.

Auch kommt in diesem Zusammenhang das Argument einer Haftungsprivilegierung aufgrund des Ehrenamtes des Betriebsratsamtes nach § 37 Abs. 1 BetrVG nicht zum Tragen. Zwar ist es zutreffend, dass sich ehrenamtlich betätigende Personen keinen bzw. nur wenigen Haftungsrisiken ausgesetzt sein sollten.[478] Gleichwohl sind jedoch auch ehrenamtlich tätige Personen in Vereinen oder Hilfswerken als Organe juristischer Personen etwaigen Schadensersatzansprüchen im Grundsatz preisgegeben.[479] Gründe, wieso das betriebsverfassungsrechtliche Ehrenamt besser

---

[474] BGH 25.10.2012 – III ZR 266/11, AP Nr. 110 zu § 40 BetrVG 1972 (Rn. 37).

[475] Vgl. dazu auch *Kurzböck/Weinbeck*, BB 2018, 1652 (1653 f.), sowie Teil 2, Abschnitt 2, D. I.

[476] LAG Hamm 11.5.2021 – 6 SA 1269/20, BeckRS 2021, 21866; LAG Baden-Württemberg 10.8.2022 – 2 Sa 20/21, BeckRS 2022, 24524; LAG Hessen 11.11.2022 – 12 Ta 417/22, BeckRS 2022, 32230; ArbG Düsseldorf 5.3.2020 – 9 Ca 6557/18, BeckRS 2020, 11910; ArbG Neumünster 11.8.2020 – 1 CA 247 c/20, BeckRS 2020, 29998.

[477] ArbG Düsseldorf 5.3.2020 – 9 Ca 6557/18, BeckRS 2020, 11910 (Rn. 76).

[478] *Brahms/Möhle*, ZD 2018, 570 (572); *Möhle*, Die datenschutzrechtliche Verantwortlichkeit des Betriebsrats, 254 f.

[479] Vgl. Handreichung der Landesbeauftragten NRW für Vereine, abrufbar unter https://lfd.niedersachsen.de/startseite/datenschutzreform/ds_gvo/faq/vereine/vereine-166239.html (zuletzt

behandelt werden sollte als andere Ehrenämter, sind aber nicht erkennbar.[480] Eine unzumutbare Beeinträchtigung des Betriebsratsamts und der damit verbundenen freien Mandatsausübung durch mögliche Schadensersatzansprüche ist demnach nicht anzunehmen.

Abschließend kann daher festgestellt werden, dass durch die Stellung des Betriebsrats als Verantwortlichen nach Art. 4 Nr. 7 DS-GVO kein struktureller Eingriff in das BetrVG zu befürchten ist. Eine Einschränkung der Regelungskompetenz des Unionsgesetzgebers über Art. 153 Abs. 2 b) AEUV i. V. m. Art. 153 Abs. 1 f) AEUV besteht daher in diesem Bereich der Betriebsverfassung nicht.[481] Ein anderes Ergebnis zur Haftungsprivilegierung des Betriebsrats im Bereich des Datenschutzrechts lässt sich somit auch nicht durch die Richtlinienkompetenz der EU im Bereich der Vertretung und der kollektiven Wahrnehmung von Arbeitnehmerinteressen Art. 153 Abs. 2 b) AEUV i. V. m. Art. 153 Abs. 1 f) AEUV rechtfertigen.

III. Möglicher Rückgriff auf den Arbeitgeber

Der Betriebsrat ist als Verantwortlicher bei Datenschutzverstößen nach Art. 82 haftbar, ohne dass ihm eine Haftungsprivilegierung zugutekommt, und gegen diesen können gem. Art. 83 DS-GVO auch grundsätzlich Bußgelder verhängt werden. Da der Betriebsrat aber grundsätzlich nicht selbst vermögensfähig ist und die von ihm verursachten Kosten nach § 40 BetrVG vom Arbeitgeber ersetzt bekommt, könnte auch ein Rückgriff auf diesen bei Schadensersatzansprüchen und Bußgeldern in Betracht kommen.[482] Nach § 40 Abs. 2 BetrVG hat der Arbeitgeber die erforderlichen Kosten der Betriebsratstätigkeit zu tragen. Die durch die Tätigkeit des Betriebsrats entstandenen Kosten müssen für eine ordnungsgemäße Amtsausübung notwendig gewesen sein.[483] Darunter können vorsätzliche und grob fahrlässige Datenschutzverstöße nicht fallen, da diese keiner ordnungsgemäßen Amtsausübung entsprechen können.[484] Ähnlich könnte auch bei leicht und einfach fahrläs-

---

abgerufen am 8. 9. 2024); Zur grundlegenden Problematik, dass die DS-GVO für Vereine oder kleine Unternehmen keine Ausnahmevorschriften vorsieht, hat sich auch *Brink* geäußert, abrufbar unter https://www.schwarzwaelder-bote.de/inhalt.rottweil-datenschutzbeauftragter-raeumt-versaeumnisse-mit-blick-auf-vereine-ein.2ae5fb75-76ee-4843-9d5e-d7f4c7fec5dd.html (zuletzt abgerufen am 8. 9. 2024).

[480] *Walker*, FS-Moll (2019), 697 (703 f.), weist darauf hin, dass sich auch ein Ehrenamt nicht im rechtsfreien Raum bewegen kann.

[481] I. E. auch *Götz*, Datenschutzverstöße des Betriebsrats, 29 f.; a. A. wohl *Lembke*, FS Schmidt, 277 (292), nach welchem die Haftung des einzelnen Betriebsratsmitglieds nur mit Vorsicht zu genießen ist.

[482] *Brams/Möhle*, ZD 2018, 570 (572); *Lücke*, NZA 2019, 658 (669).

[483] Richardi/*Thüsing*, BetrVG, § 40 Rn. 6.

[484] *Brams/Möhle*, ZD 2018, 570 (572); a. A. hinsichtlich grob fahrlässiger Verstöße, *Lücke*, NZA 2019, 658 (669).

sigen Verstößen argumentiert werden, da ein gesetzlicher Verstoß nie einer ordnungsgemäßen Amtsausübung entsprechen kann.[485] Gleichwohl könnte zum Beispiel bei der Durchführung einer Videokonferenz ein Programm verwendet werden, welches zwar nicht den Sicherheitsanforderungen des Art. 32 DS-GVO genügt, jedoch trotzdem in der konkreten Situation notwendig ist, um einen erforderlichen und dringend notwendigen Beschluss des Betriebsrats herbeizuführen. Von einer ordnungsgemäßen Amtsausübung wäre wohl auch dann auszugehen, wenn sich der Betriebsrat in die Gefahr begibt, einen Verstoß gegen Art. 32 DS-GVO zu begehen. Sollten in einem solchen Zusammenhang Kosten für diesen nach Art. 82 und 83 DS-GVO entstehen, so könnten diese als ersatzfähige Kosten nach § 40 Abs. 2 BetrVG anzusehen sein.

Möhle schlägt daher als Ausweg aus diesem begrifflichen Dilemma der „Erforderlichkeit" vor, dieses Kriterium in ein „Vermeidbarkeitskriterium"[486] umzuwandeln. Sei ein Schaden demnach vermeidbar gewesen, weil er durch ein Betriebsratsmitglied grob fahrlässig oder vorsätzlich begangen wurde, dann könne dieser nicht dem Betriebsratsorgan als solchem zugerechnet werden, sondern müsse vielmehr das den Verstoß begangene Mitglied treffen.[487] Ist hingegen der datenschutzrechtliche Verstoß „kaum vermeidbar"[488] gewesen, weil ein Mitglied diesen nur leicht fahrlässig begangen hat, dann treffe die Schadensersatzpflicht das Betriebsratsorgan als Ganzes, mit der Rechtsfolge, dass der Schadensersatzanspruch nach § 40 BetrVG auf den Arbeitgeber übergehe.[489] Dadurch soll eine angemessene Kostenverteilung ermöglicht werden, deren Grundgedanke auf den Überlegungen zum innerbetrieblichen Schadensausgleich beruht. Auch bei einem solchen findet eine quotale Haftung nach Verschuldensgrad des Arbeitnehmers statt. Handelt dieser leicht fahrlässig, dann trägt der Arbeitgeber die Kosten. Handelt der Arbeitnehmer hingegen vorsätzlich, so hat er diese selber zu tragen. Bei den Verschuldensgraden dazwischen findet eine Gesamtabwägung statt. Diese Prinzipien seien nun auf das Verhältnis vom Arbeitgeber zu den einzelnen Betriebsratsmitgliedern bei einer Datenverarbeitung deshalb übertragbar, weil der Betriebsrat durch seine Mitbestimmung für Ruhe und Ordnung im Betrieb, sozialen Frieden und auch motivierte Mitarbeiter sorgt.[490] Überdies arbeiten Betriebsrat und Arbeitgeber gem. § 2 Abs. 1 BetrVG vertrauensvoll zusammen.[491]

Abzugewinnen ist diesem Ansatz eine sachgerechte Haftungsverteilung bei einer datenschutzrechtlichen Verantwortlichkeit des Betriebsrats, wobei auf die bereits

---

[485] *Möhle*, Die datenschutzrechtliche Verantwortlichkeit des Betriebsrats, 173; a. A.: *Lücke*, NZA 2019, 658 (669); zuvor auch noch *Brams/Möhle*, ZD 2018, 570 (572).

[486] *Möhle*, Die datenschutzrechtliche Verantwortlichkeit des Betriebsrats, 173.

[487] *Möhle*, Die datenschutzrechtliche Verantwortlichkeit des Betriebsrats, 173.

[488] *Möhle*, Die datenschutzrechtliche Verantwortlichkeit des Betriebsrats, 173.

[489] *Möhle*, Die datenschutzrechtliche Verantwortlichkeit des Betriebsrats, 173.

[490] *Möhle*, Die datenschutzrechtliche Verantwortlichkeit des Betriebsrats, 170.

[491] *Möhle*, Die datenschutzrechtliche Verantwortlichkeit des Betriebsrats, 169.

bestehende Rechtsprechung und Literatur zum innerbetrieblichen Schadensausgleich zurückgegriffen werden könnte,[492] d.h. gänzlich neue dogmatische Ansätze müssten sich insoweit nicht erst neu bilden. Ob ein solches Vermeidbarkeitskriterium den begrifflichen Widerspruch in § 40 BetrVG aufzulösen vermag, dass Gesetzesverstöße im Grunde nie erforderlich sind und deshalb auch nicht vom Arbeitgeber getragen werden sollen, ist im Zusammenhang mit den Begrifflichkeiten „vermeidbar" und „kaum vermeidbar" allerdings fraglich. Denn wenn der Datenschutzverstoß schon für den Betriebsrat bzw. das handelnde Betriebsratsmitglied kaum vermeidbar war, dann dürfte dies zumindest meistens erst recht für den nicht handelnden Arbeitgeber gelten. Wenn dieser nun aber in solchen Fällen haften muss, scheint der Widerstand auf Arbeitgeberseite vorgezeichnet zu sein – mit nicht absehbaren Folgen für das Gebot der vertrauensvollen Zusammenarbeit nach § 2 Abs. 1 BetrVG. Ferner kann auch in Frage gestellt werden, ob das Verhältnis zwischen Arbeitgeber und Betriebsratsmitglied mit jenem zwischen Arbeitgeber und Arbeitnehmer tatsächlich derart vergleichbar ist, um eine Haftungsprivilegierung nach dem Grundsatz des innerbetrieblichen Schadensausgleiches zu rechtfertigen. So trägt der Betriebsrat zwar durch seine Entscheidungen zum Wohle des Betriebes bei und berücksichtigt auch dessen Interessen, handelt in erster Linie aber doch für die Arbeitnehmer. Der Arbeitnehmer führt hingegen Aufgaben ausschließlich für den Arbeitgeber aus und wird darüber hinaus nur auf dessen Weisung tätig. Letzteres ist beim Betriebsrat und seinen Mitgliedern gerade nicht der Fall.

All dies mag sicherlich auch anders zu bewerten sein, ist nach der hier bereits vertretenen Ansicht jedoch nicht das tragende Argument gegen den von Möhle verfolgten Ansatz. Eine solche rechtliche Konstruktion würde letztendlich auf eine Haftungsprivilegierung des Betriebsrats hinauslaufen, welche nicht mit der Haftungssystematik der DS-GVO vereinbar ist. Aus diesem Grund kann auch ein datenschutzrechtlicher Verstoß des Betriebsrats, welcher zu einer Haftung über Art. 82 oder einem Bußgeld gem. Art. 83 DS-GVO führt, nicht einen Rückgriff auf den Arbeitgeber nach § 40 BetrVG i.V.m. mit den Grundsätzen des innerbetrieblichen Schadensausgleichs begründen. Ein Rückgriff auf den Arbeitgeber ist daher ausgeschlossen.[493]

IV. Haftungsverteilung unter den Betriebsratsmitgliedern

Nachdem der Betriebsrat selbst vermögenslos ist und weder Haftungsüberleitungen noch Regressmöglichkeiten gegen den Arbeitgeber bestehen, stellt sich ab-

[492] So auch ausdrücklich hervorgehoben von *Möhle*, Die datenschutzrechtliche Verantwortlichkeit des Betriebsrats, 173.

[493] I.E. wenn auch mit anderer Begründung *Götz*, Datenschutzverstöße des Betriebsrats, 100ff. und 135f.

schließend noch die Frage, wie sich eine Haftungsverteilung unter den Betriebsratsmitgliedern gestaltet.[494]

Sofern nur ein einzelnes Mitglied grob fahrlässig oder vorsätzlich gegen das Datenschutzrecht verstößt, wird dieses den entstandenen Schaden nach Art. 82 DS-GVO bzw. das Bußgeld gem. Art. 83 DS-GVO begleichen müssen. Das Mitglied handelt hier im Exzess.[495]

Anders ist dies in der Konstellation zu bewerten, in welcher ein Mitglied bei der Verarbeitung personenbezogener Daten einfach fahrlässig gegen eine Datenschutzvorschrift verstößt und damit eine Haftung nach Art. 82 DS-GVO bzw. ein Bußgeld gem. Art. 83 DS-GVO auslöst. Das Mitglied handelt hier jedenfalls nicht im Exzess,[496] weshalb es nicht selbst Verantwortlicher i. S. d. Art. 4 Nr. 7 DS-GVO ist, sondern der Betriebsrat. Im Außenverhältnis sind die Betriebsratsmitglieder damit Gesamtschuldner i. S. d. § 421 S. 1 BGB, womit die Leistung zunächst von jedem Mitglied gefordert werden kann. Erst im Innenverhältnis kann dann ein Ausgleich nach § 426 Abs. 2 S. 1 BGB verlangt werden, sofern das oder die verstoßenden Mitglieder nicht unmittelbar vom Betroffenen in Anspruch genommen worden sind. Gegebenenfalls kommt für die einfach verstoßenden Mitglieder aber auch ein Rückgriff auf den bestellten Datenschutzbeauftragten in Betracht, wenn dieser eine falsche Auskunft erteilt hat, welche zu dem Verstoß führte.[497]

Kommt es hingegen zu einem Datenschutzverstoß, welcher auf einem vorangegangenen Betriebsratsbeschluss beruht, dann sollen nach einer vertretenen Ansicht in der Literatur nur diejenigen Mitglieder haften, welche für den datenschutzwidrigen Beschluss gestimmt haben.[498] Verantwortlich solle demnach nur derjenige sein, der sich für eine fehlerhafte Verarbeitung entschieden hat.[499] Eine Obliegenheit zur Verhinderung eines solchen datenschutzwidrigen Verhaltens bestünde für

[494] Das nur die einzelnen Mitglieder haften können, auch *Brink*, 34 Datenschutz-Tätigkeitsbericht des Landesbeauftragten für den Datenschutz und die Informationsfreiheit Baden-Württemberg 2018, abrufbar unter https://www.baden-wuerttemberg.datenschutz.de/wp-content/uploads/2019/02/LfDI-34.-Datenschutz-Tätigkeitsbericht-Internet.pdf (zuletzt abgerufen 8.9.2024); *Götz*, Datenschutzverstöße des Betriebsrats, 91; *Kurzböck/Weinbeck*, BB 2018, 1652 (1654 f.); vgl. dazu ebenfalls *Möhle*, Die datenschutzrechtliche Verantwortlichkeit des Betriebsrats, 244 ff.; zur Frage eines staatshaftungsrechtlichen Anspruchs im Falle des Leerlaufs von Bußgeldern gegen den Betriebsrat vgl. ebenso *Möhle*, Die datenschutzrechtliche Verantwortlichkeit des Betriebsrats, 249 ff.

[495] I. E. auch *Götz*, Datenschutzverstöße des Betriebsrats, 63; *Maschmann*, NZA 2021, 834 (838).

[496] A. A.: *Götz*, Datenschutzverstöße des Betriebsrats, 58 und 68 f., wonach das jeweilige Mitglied bei jeder Form des selbstständigen Handelns sich zum Verantwortlichen aufschwingt.

[497] *Maschmann*, NZA 2021, 834 (838).

[498] *Götz*, Datenschutzverstöße des Betriebsrats, 65 f.; *Maschmann*, NZA 2021, 834 (838).

[499] *Maschmann*, NZA 2021, 834 (838).

die anderen Mitglieder insoweit nicht.[500] Dieser Auffassung ist bei Beschlussfassungen, die auf ein vorsätzliches oder grob fahrlässiges Verhalten im Hinblick auf die Einhaltung datenschutzrechtlicher Regelungen bei den Abstimmenden zurückzuführen sind, uneingeschränkt zuzustimmen. Führen diese auf eine solche Weise einen Datenschutzverstoß herbei, sind demnach keine Gründe für eine bessere Behandlung als in den vorangegangenen Konstellationen ersichtlich. Davon zu trennen ist allerdings eine Beschlussfassung, in welcher den Mitgliedern, welche für die Entscheidung stimmten, nur einfache oder leichte Fahrlässigkeit vorzuwerfen ist. Denn hier ist die Beschlussfassung Ausdruck der vorangegangenen kollektiven Willensbildung. Hätte daher ein gegen die Beschlussfassung stimmendes Mitglied innerhalb der Sitzung auf einen drohenden Datenschutzverstoß aufmerksam gemacht, dann hätten die dafür stimmenden Mitglieder grob fahrlässig oder vorsätzlich gehandelt und damit selbst gehaftet. Wies hingegen keines der Betriebsratsmitglieder vorher auf den Datenschutzverstoß hin, dann handelten auch die dagegen stimmenden bzw. sich enthaltenden Mitglieder zumindest leicht fahrlässig, da sie diese Bedenken nicht im Rahmen der kollektiven Willensbildung geltend machten. Eine Obliegenheit zur Gegendarstellung besteht damit innerhalb der gemeinsamen Willensbildung.[501] Auf Rechtsfolgenseite haften damit die an der Abstimmung beteiligten Mitglieder nach § 421 S. 1 BGB als Gesamtschuldner.

E. Zwischenergebnis

Die Auseinandersetzung mit der Frage der datenschutzrechtlichen Verantwortlichkeit des Betriebsrats vor der Einführung des § 79a BetrVG hat gezeigt, dass der Betriebsrat und nicht der Arbeitgeber als Verantwortlicher nach Art. 4 Nr. 7 DS-GVO galt. Maßgebliches Argument hierfür war, dass der Arbeitgeber nicht für eine Datenverarbeitung verantwortlich sein kann, die er selbst nicht zu kontrollieren und zu beeinflussen vermag. Auf haftungsrechtlicher Ebene hatte diese Grundentscheidung aber zur Konsequenz, dass der Betriebsrat für eigene Datenschutzverstöße gem. Art. 82 DS-GVO haftbar gewesen wäre bzw. das Bußgeld gem. Art. 83 DS-GVO hätte begleichen müssen. Insbesondere die Möglichkeit, bei immateriellen Schadensersatzansprüchen nach Art. 82 Abs. 1 DS-GVO zu haften, stellte dabei für den Betriebsrat ein nicht unerhebliches Risiko dar, auch weil für diesen weder Haftungsprivilegierungen noch ein Rückgriff auf den Arbeitgeber zur Erstattung dieser Kosten in Betracht kam.

Dieses durch das europäische Datenschutzrecht verursachte Haftungsrisiko steht im Widerspruch zu dem sich aus der Betriebsverfassung ergebenden Prinzip, wonach einzelne Betriebsratsmitglieder grundsätzlich keine materiellen Nachteile

---

[500] *Götz*, Datenschutzverstöße des Betriebsrats, 93 f.; *Maschmann*, NZA 2021, 834 (838).

[501] A. A.: *Götz*, Datenschutzverstöße des Betriebsrats, 67 und 93 f.; *Maschmann*, NZA 2021, 834 (838).

aufgrund ihrer Mandatsausübung erleiden sollen. Auch wenn dies nach der hier vertretenen Ansicht noch keinen strukturellen Eingriff in die Betriebsverfassung darstellt, der zu einer Überschreitung der Richtlinienkompetenz des Unionsgesetzgebers nach Art. 153 Abs. 2 b) AEUV i.V.m. Art. 153 Abs. 1 f) AEUV führt, hat dies doch Auswirkungen auf die freie Mandatsausübung der einzelnen Mitglieder.[502] Sehen sich diese einer möglichen Haftung ausgesetzt, dann werden sie versucht sein, die datenschutzrechtlich sicherere Variante zu wählen, auch wenn sie aus fachlichen bzw. betrieblichen Gründen ein anderes Ergebnis bevorzugt hätten. Dies ist insbesondere auch deshalb problematisch, weil die Betriebsratsarbeit von der Verarbeitung personenbezogener Arbeitnehmerdaten abhängig ist.

Wie es sich im Rahmen der Haftungsverteilung unter den einzelnen Betriebsratsmitgliedern gezeigt hat, hätte sich die Haftungsfrage dabei auch konkret auf die Entscheidungsfindung in der Betriebsratssitzung ausgewirkt. Gegen Betriebsratsmitglieder konnte nach der hier vertretenen Auffassung ein Schadensersatzanspruch gem. Art. 82 Abs. 1 DS-GVO geltend gemacht werden, wenn diese für einen Beschluss stimmten, der zu einem Verstoß gegen die Vorgaben der DS-GVO geführt hätte.

---

[502] Vgl. dazu auch *Möhle*, Die datenschutzrechtliche Verantwortlichkeit des Betriebsrats, 254 f.

Teil 3

Zielsetzungen für eine virtuelle Entscheidungsfindung unter dem Einfluss des Datenschutzrechts

Aufbauend auf den Anforderungen, die an den Entscheidungsprozess in der Präsenzsitzung gestellt werden, können nun die Ziele formuliert werden, welche an die Digitalisierung dieses Prozesses zu stellen sind, wobei zugleich untersucht werden kann, wie sich die Möglichkeit zur Abhaltung virtueller Sitzungen, unabhängig von den Neuregelungen im Betriebsrätemodernisierungsgesetz, auf die Vorgaben der Betriebsverfassung sowie die Kommunikation und das Verfahren in der Sitzung auswirkt. Nachdem bereits vor Einführung des § 79a BetrVG die Möglichkeit bestand, dass die Entscheidungsfindung des Betriebsrats von den Vorgaben der DS-GVO beeinflusst wird, muss auch das Datenschutzrecht im Hinblick auf die Zielsetzungen berücksichtigt werden.

A. Optimierung des analogen Entscheidungsverfahrens

Eine Digitalisierung, die keinen Nutzen verspricht, ist wenig sinnvoll. Die Digitalisierung des Entscheidungsverfahrens innerhalb des Betriebsrats sollte daher einen Vorteil gegenüber dem analogen Entscheidungsprozess bieten. Ein solcher Vorteil kann darin gesehen werden, die bestehenden Nachteile des analogen Entscheidungsverfahrens auszugleichen, d. h. das Verfahren durch die Einführung digitaler Prozesse zu optimieren. Anknüpfungspunkt für eine solche Optimierung ist dabei die Betriebsratssitzung in welcher das Gremium seine Entscheidungen trifft. In diesem Zusammenhang ist daher danach zu fragen, welche Nachteile für die Betriebsratsmitglieder bei der Entscheidungsfindung in einer Präsenzsitzung bestehen und ob diese durch eine digitale Form der Sitzung ausgeglichen werden können. Dafür müssen jedoch zunächst die technischen Möglichkeiten aufgezeigt werden, mit deren Hilfe eine Digitalisierung der Betriebsratssitzung erfolgen kann.

I. Technische Möglichkeiten zur Digitalisierung der Betriebsratssitzung

In der Betriebsratssitzung findet die gemeinsame Willensbildung des Betriebsrats statt, welche sich anschließend in Form einer Wahlentscheidung oder eines

Beschlusses äußert. Die technischen Möglichkeiten zur Digitalisierung der Betriebsratssitzungen müssen daher eine gemeinsame Willensbildung und Abstimmung ermöglichen. Die erste Möglichkeit wäre dabei, dass Willensbildung und Entscheidungsfindung per E-Mail stattfinden, d.h. der Vorsitzende schickt eine E-Mail mit einem oder mehreren Themen an alle Mitglieder, diese nehmen zunächst Stellung und daran anschließend treffen sie eine gemeinsame Entscheidung. Weiterhin könnte der Vorsitzende eine kollektive Willensbildung aber auch mithilfe eines Messenger-Programms wie Whats-App, Telegram oder Signal einleiten. Einzelne Themen werden entweder, wie im Verfahren via E-Mail, an die jeweiligen Mitglieder geschickt oder es wird eine Chat-Gruppe eröffnet, in welcher der Vorsitzende das zu behandelnde Thema einstellt und alle Mitglieder daran anschließend Stellung beziehen. Während die Kommunikation via E-Mail ausschließlich schriftlich stattfindet, besteht bei den meisten Messenger-Programmen die Möglichkeit, zusätzlich zu den schriftlichen Nachrichten auch Sprachnachrichten zu verfassen und den anderen Beteiligten zu schicken. Weitere technische Möglichkeiten zur Abbildung der Betriebsratssitzung sind die Telefon- und Videokonferenz. Beide Konferenzarten ermöglichen eine gemeinsame mündliche Beratung, wobei sich jedoch die Teilnehmer an einer Telefonkonferenz nicht gegenseitig visuell wahrnehmen können.[503] Diese beiden Formen würden neben einer ausschließlich im virtuellen Raum stattfindenden Sitzung auch hybride Möglichkeiten der gemeinsamen Willensbildung und Abstimmung schaffen. Ein Teil der Gremienmitglieder kann sich bei der Anwendung dieser Konferenzarten in Präsenz treffen, wohingegen sich der andere Teil entweder telefonisch oder mithilfe von Videokameras zuschaltet. Ferner sind auch Sitzungsformen möglich, in denen sich zwei oder mehrere Gruppen in Präsenz treffen und sich untereinander virtuell verbinden.

II. Beschleunigung der Betriebsratsarbeit

Erste Anknüpfungspunkte zur Optimierung der Entscheidungsfindung liefern die Beteiligungsrechte, welche sich je nach Eingriffsintensität, Komplexität und Regelmäßigkeit auf die Dauer der Willensbildung auswirken. Entscheidungen über einfach gelagerte Sachverhalte oder Routineangelegenheiten werden in Betriebsratssitzungen teilweise nur noch „abgenickt“[504] und bedürfen keiner ausführlichen Willensbildung. Für solche Fälle der Entscheidungsfindung kann es sich daher anbieten, die entsprechenden Betriebsratssitzungen zu beschleunigen, um die Zeit der Betriebsratsmitglieder nicht unnötig lange in Anspruch zu nehmen.

Beim Einsatz von technischen Medien, wie E-Mail und Messenger-Programmen, könnten einfachgelagerte Themen vom Vorsitzenden unmittelbar an die Betriebsratsmitglieder weitergeleitet und zur Abstimmung freigegeben werden. Da-

[503] Vgl. auch *Raab*, FA 2021, 286 (290).

[504] VG Köln 2.11.2009 – 34 K 6530/08, BeckRS 2009, 42361 (unter II. der Gründe).

durch würde einerseits die Sitzungszeit entfallen und anderseits auch die An- und Abreisezeit zu den Sitzungen. Bei der Anwendung von Video- und Telefonkonferenzen würde zwar der Zeitaufwand für die Besprechungen nicht entfallen, allerdings zumindest die hierfür erforderliche An- und Abreisezeit. Bei hybriden Sitzungsformen würde die An- und Abreise entweder nur für einen Teil der Mitglieder entbehrlich sein oder zumindest verkürzt werden, sofern die Präsenzsitzung aufgeteilt wird und an unterschiedlichen Standorten stattfindet, wodurch die Anreise für manche Mitglieder zum jeweiligen Standort der anderen Gruppe entfällt.[505]

Der Einsatz technischer Medien kann somit die Arbeit für den Betriebsrat im Rahmen des internen Entscheidungsprozesses beschleunigen und optimieren.[506] Die Wirkung der Beschleunigung ist dabei jedoch von der Wahl des jeweiligen technischen Mittels abhängig.

III. Erleichterung der Betriebsratsarbeit

Durch den Einsatz digitaler Medien ist es den Betriebsratsmitgliedern auch möglich, flexibler an der Betriebsratssitzung teilzunehmen. E-Mails oder Nachrichten auf Messenger-Programmen können grundsätzlich von überallher beantwortet werden. Aber auch die Teilnahme an Konferenzen mit Telefon/Videokamera ist von nahezu jedem Standort aus möglich. Einzige Voraussetzung dafür ist, dass eine stabile Internetverbindung besteht. Die flexiblere Möglichkeit zur Teilnahme an der Entscheidungsfindung im Betriebsrat kann sich im Zusammenspiel mit dem Entfall der An- und Abreisezeit zur Präsenzsitzung positiv auf die Arbeitsumstände der Betriebsratsmitglieder auswirken. Mitglieder mit Betreuungspflichten müssten nicht extra für eine Betriebsratssitzung in den Betrieb kommen, sondern könnten dies von zuhause aus erledigen. Mitgliedern, welche in Teilzeit arbeiten, würde das zweimalige Erscheinen im Betrieb erspart bleiben, wenn die Teilnahme an der Sitzung virtuell erfolgen kann[507] und auch für körperlich eingeschränkte Personen könnte die virtuelle Teilnahmemöglichkeit teilweise eine Erleichterung darstellen.[508]

---

[505] Vgl. auch *Jansen*, Elektronische Kommunikation, 77; *Raab*, FA 2021, 286 (288); *Thüsing/Beden*, BB 2019, 372 f.

[506] *Jansen*, Elektronische Kommunikation, 77; *Ch. Weber*, JArbR Bd. 58, 91 (101); Zur Beschleunigung von Verfahren in der Einigungsstelle, siehe *Lütkehaus/Powietzka*, NZA 2020, 552 (556); vgl. auch LAG Berlin-Brandenburg 13.4.2022 – 25 TaBV/126/22 (unter II. 4. e. ee. der Gründe) (Das Urteil ist nicht veröffentlicht, kann aber auf Anfrage beim Landesarbeitsgericht Berlin-Brandenburg anonymisiert angefordert werden, abrufbar unter https://www.berlin.de/gerichte/landesarbeitsgericht/entscheidungen/entscheidungsanforderung/ (zuletzt abgerufen am 8.9.2024)).

[507] Vgl. LAG Berlin-Brandenburg 13.4.2022 – 25 TaBV/126/22 (unter II. 4. e. cc. der Gründe); *Ch. Weber*, JArbR Bd. 58, 91 (101).

[508] In diese Richtung BT-Drs. 19/28899, 15; *Ch. Weber*, JArbR Bd. 58, 91 (101).

Eine hohe Flexibilität bietet dabei der Einsatz hybrider Telefon- und Videokonferenzen. Diejenigen Mitglieder, welche bereits im Betrieb sind, können herkömmlich an der Betriebsratssitzung teilnehmen, wohingegen sich die Gremienmitglieder, welchen die Anreise aus besonderen Umständen schwerfällt, virtuell zuschalten können. Bei ausschließlich virtuell stattfindenden Sitzungen bestünde jedoch für die Mitglieder im Betrieb der Nachteil, dass diese selbst separat an der Sitzung virtuell teilnehmen müssten oder dazu gezwungen wären, erst nachhause zu fahren, um der Sitzung virtuell beizuwohnen. Sofern für die gemeinsame Willensbildung und Entscheidungsfindung E-Mail- und Messenger-Programme verwendet werden, kann die Teilnahme von überall erfolgen, sodass diese, wie auch hybride Sitzungen, eine hohe Flexibilität bieten und damit erheblich zur Erleichterung der Betriebsratsarbeit beitragen können.

IV. Verbesserung der demokratischen Entscheidungsfindung

Der Einsatz technischer Medien zur Abhaltung der Betriebsratssitzung kann durch die Schaffung flexiblerer Teilnahmemöglichkeiten zur besseren Besetzung des Betriebsrats während der Beschlussfassung beitragen. Nach § 33 Abs. 2 BetrVG ist der Betriebsrat nur beschlussfähig, wenn mindestens die Hälfte der Betriebsratsmitglieder an der Sitzung teilnimmt. Unabhängig von etwaigen Statistiken zur durchschnittlichen Teilnehmerzahl in Betriebsratssitzungen scheint der Gesetzgeber damit selbst davon auszugehen, dass der Betriebsrat in seinen Sitzungen regelmäßig nicht vollzählig besetzt ist. Dies kann zum einen auf Umstände wie Elternzeit, Urlaub oder Krankheit zurückzuführen sein, die es Mitgliedern unmöglich oder unzumutbar machen, an Sitzungen teilzunehmen, aber auch auf Gründe, die in der Bequemlichkeit des einzelnen Mitglieds zu verorten sind. Eine flexiblere und dadurch erleichterte Teilnahmemöglichkeit an Betriebsratssitzungen kann, wie schon bei der Erleichterung der Betriebsratsarbeit beschrieben, zu einem Abbau solcher Umstände führen und damit zu einer besseren Besetzung des Betriebsrats in der Sitzung beitragen.[509] Sind durch den Einsatz technischer Medien mehr gewählte Vertreter der Arbeitnehmerschaft als in der herkömmlichen Präsenzsitzung in den Sitzungen, dann verbessert dies die demokratische Entscheidungsfindung.

Eine erleichterte Teilnahmemöglichkeit an den Betriebsratssitzungen, welche insbesondere für Teilzeitbeschäftigte, Betreuungspflichtige oder körperlich eingeschränkte Personen von Vorteil sein kann, könnte daher auch dazu führen, dass diese sich häufiger für die Übernahme eines Betriebsratsmandates entscheiden

[509] Vgl. dazu *Boemke/Roloff/Haase*, VSSAR 2021, 223 (241 f.), welche unter bestimmten Voraussetzungen die Verpflichtung zur virtuellen Teilnahme eines Betriebsratsmitglieds annehmen, um der demokratischen Legitimation des Betriebsrats zu entsprechen; zu den möglichen virtuellen Teilnahmeverpflichtungen im Zuge des BRModG in Teil 4, Abschnitt 1, B. II.

würden.[510] Ein solcher Effekt würde zu einer besseren Vertretung der kleineren Interessengruppen in der Arbeitnehmerschaft führen und damit zu einem besseren Abbild der Belegschaft im Betriebsrat. In der Entscheidungsfindung könnten dadurch die Interessen dieser kleineren Gruppen besser berücksichtigt werden. Eine solche Zielsetzung in der Digitalisierung würde sich damit auch in die grundsätzliche Entwicklung des BetrVG einreihen, die Interessen kleinerer Gruppen in der Arbeitnehmerschaft vermehrt zu berücksichtigen.[511]

Diese Verbesserung der demokratischen Entscheidungsfindung korreliert somit bei der Wahl der technischen Medien mit der dadurch geschaffenen Flexibilität. Grundsätzlich wird daher von Folgendem auszugehen sein: Je einfacher und flexibler die Teilnahmemöglichkeit an der Betriebsratsarbeit und damit auch der Entscheidungsfindung ist, desto wahrscheinlicher ist es auch, dass der Betriebsrat einerseits bei der Beschlussfassung vollständig besetzt ist und anderseits sich Arbeitnehmer kleinerer Interessensgruppen, für welche die Teilnahme an herkömmlichen Sitzungen meist umständlicher ist, häufiger für die Übernahme eines Mandats entscheiden.

V. Kostenreduzierung

Ein mit der Digitalisierung häufig in Verbindung gebrachtes Ziel ist die Einsparung von Kosten durch den Wegfall von Tagegeldern, Übernachtungskosten, Anreisekosten oder die Vermeidung von Mietkosten für die Bereitstellung von Sitzungsräumen.[512] Die Verlagerung der Entscheidungsfindung in den ausschließlich virtuellen Raum würde zwar zunächst mehr Kosten verursachen, da die technischen Geräte hierfür erst angeschafft werden müssten. Erste Kostenrechnungen gehen aber davon aus, dass bei einem Einsatz von Video- und Telefonkonferenzen auf lange Sicht von nicht unerheblichen Einsparungen auszugehen ist.[513] Der Einsatz von E-Mail und Messenger-Diensten bei der Entscheidungsfindung könnte daher zu noch größeren Einsparungen führen. Für die Betriebsratsarbeit, die Gremienmitglieder sowie die Entscheidungsfindung selbst hat eine solche Kosteneinsparung allerdings keinen Vorteil, da nach § 40 BetrVG der Arbeitgeber die Kosten und den Sachaufwand des Betriebsrats trägt.[514] Die Einsparung von Kosten durch

---

[510] BT-Drs. 19/28899, 15.

[511] Vgl. zur historischen Entwicklung Teil 2, Abschnitt 1, A. II.

[512] Vgl. zur Einsparung durch die Einführung von Video- und Telefonkonferenzen bei Personalräten BT-Drs. 19/26820, 81 f.; *Jansen*, Elektronische Kommunikation, 77.

[513] BT-Drs. 19/26820, 82, geht von einer jährlichen Entlastung von insgesamt 296.000 € bei Personalräten aus.

[514] Vgl. Teil 2, Abschnitt 1, A. I. 7.

den Einsatz digitaler Medien während der Betriebsratssitzung würde daher vor allem dem Arbeitgeber dienen.[515]

B. Sicherstellung der funktionellen Erwartungen

Neben der Optimierung des bestehenden analogen Entscheidungsverfahrens im Betriebsrat muss ausgehend von den Anforderungen, welche an dieses gestellt werden, auch in einem digitalen Verfahren sichergestellt sein, dass dieses die funktionellen Erwartungen auf gleiche oder zumindest ähnliche Weise erfüllt. Wie die historische Entwicklung der Vorschriften zum analogen Entscheidungsprozess zeigt, sind die betriebsverfassungsrechtlichen Grundprinzipien zur kollektiven Willensbildung und der daran anschließenden Abstimmung bis auf wenige gesetzliche Nachschärfungen und Neugewichtungen gleichgeblieben und haben sich damit bewährt. Zwar ist es einer neuen Sitzungsart in Form der virtuellen Betriebsratssitzung immanent, dass bestimmte Anforderungen nicht auf die gleiche Weise eingehalten werden können wie im analogen Entscheidungsprozess und der damit verbundenen Präsenzsitzung.[516] Eine andere Gewichtung bestimmter Prinzipien ist daher Voraussetzung, um die mit der Digitalisierung verbundene Chance sowie Optimierungsmöglichkeiten nutzen zu können. Dies darf umgekehrt aber auch nicht dazu führen, dass die bestehenden funktionellen Erwartungen außer Acht gelassen werden. Im Folgenden muss daher bewertet werden, wie die jeweiligen technischen Mittel zur Gestaltung eines digitalen Entscheidungsverfahrens die betriebsverfassungsrechtlichen Anforderungen an den analogen Entscheidungsprozess erfüllen können. Dabei sind jedenfalls die außergesetzlichen Aspekte zur Kommunikation und das Verfahren in der Präsenzsitzung in die Überlegungen miteinzubeziehen.

I. Anwesenheitsgebot

Wesentliches Merkmal der gemeinsamen Willensbildung in der Präsenzsitzung ist das Erfordernis der Anwesenheit der Betriebsratsmitglieder. Unabhängig davon, ob diese nur eine körperliche oder auch eine virtuelle bzw. geistige Anwesenheit meint,[517] setzt die Anwesenheit zumindest eine mündliche Beratung zwischen den Mitgliedern voraus. Da jedoch das BetrVG keine näheren Vorgaben zur mündlichen Beratung macht, wurde die genauere Bestimmung dieser direkten Kommunikation von „Angesicht zu Angesicht" mithilfe der Kommunikationspsychologie vorgenommen, auf deren Erkenntnisse bei einer Kommunikation mithilfe technischer

---

[515] *Jansen*, Elektronische Kommunikation, 77.

[516] Vgl. *Raab*, FA 2021, 286 (289).

[517] Dazu unter Teil 4, Abschnitt 1, A. I. 1.

Medien erneut zurückgegriffen wird. Zunächst muss daher eine Darstellung erfolgen, wie die digitale Kommunikation im Bereich der Kommunikationspsychologie einzuordnen ist, um daran anknüpfend darstellen zu können, ob die technischen Mittel zur Ermöglichung einer virtuellen Sitzung die direkte Kommunikation gleichwertig oder zumindest vergleichbar abbilden können.[518]

1. Formen der medialen Kommunikation

Findet die Kommunikation zwischen den Betriebsratsmitgliedern in der Betriebsratssitzung ohne den Einsatz von Medien statt, so wird in der Kommunikationspsychologie von der direkten Kommunikation von „Angesicht zu Angesicht" gesprochen.[519] Wird hingegen ein Medium zur Übermittlung einer Botschaft zwischen Sender und Empfänger eingesetzt, handelt es sich um den Bereich der medialen Kommunikation.[520] Dieser teilt sich erneut, je nach dem Grad der Technisierung der Medien, in sekundäre und tertiäre Medien auf.[521] Während bei ersteren, wie bei einem Brief, nur bei der Übertragung der Botschaft Technik notwendig ist, wird bei tertiären Medien sowohl beim Sender als auch beim Empfänger der Einsatz von Technik zur Übermittlung der Botschaft vorausgesetzt.[522] Beim Einsatz von E-Mails, Messenger-Diensten, Telefon- oder Videokonferenzen ist sowohl auf Seite des Senders als auch auf Seite des Empfängers der Einsatz von Technik notwendig, weshalb für die folgenden Betrachtungen lediglich die Erkenntnisse zu den tertiären Medien von Relevanz sind. Da bei dieser Form der Kommunikation der Einsatz von Medien Voraussetzung ist, wird neben den Erkenntnissen aus der Kommunikationspsychologie auch auf die Erkenntnisse der Medienpsychologie zurückgegriffen.

Die zur Digitalisierung des Entscheidungsprozesses in Betracht kommenden tertiären Medien lassen sich in ihrer Kommunikation in synchrone und asynchrone Medien unterteilen. Synchron läuft die Kommunikation ab, wenn Sender und Empfänger zur selben Zeit aktiv sind und dabei miteinander kommunizieren.[523] Bei der asynchronen Kommunikation wird hingegen die vom Sender übertragene Information zwischengespeichert, sodass der Empfänger erst zeitlich versetzt die Nachricht wahrnimmt,[524] eine aktive Kommunikation also nicht vorliegt. Eine Informationsübertragung per E-Mail wäre demnach als asynchrone Form der Ent-

---

[518] Einen ähnlichen Ansatz verfolgend *Jansen*, Die elektronische Kommunikation, 87 ff., wonach es letztlich darum geht, dass die Mitglieder sich inhaltlich und argumentativ austauschen müssen.

[519] Teil 2, Abschnitt 1, B. I. 1.

[520] Six/Gleich/Gimmler/*Döring*, Kommunikations- und Medienpsych., 298.

[521] Six/Gleich/Gimmler/*Döring*, Kommunikations- und Medienpsych., 298.

[522] Six/Gleich/Gimmler/*Döring*, Kommunikations- und Medienpsych., 298.

[523] Six/Gleich/Gimmler/*Döring*, Kommunikations- und Medienpsych., 303; *Trepte/Reinecke/Schäwel*, Medienpsychologie, 167.

[524] Six/Gleich/Gimmler/*Döring*, Kommunikations- und Medienpsych., 303; *Trepte/Reinecke/Schäwel*, Medienpsychologie, 167.

scheidungsfassung einzuordnen; die Kommunikation per Telefon- oder Videokonferenz ist als synchrone Form zu beurteilen, da hier alle Mitglieder zur selben Zeit aktiv miteinander kommunizieren. Einen Sonderfall stellt die mögliche Entscheidungsfassung mittels Messenger-Programmen dar. Die Teilnehmenden an einer solchen Kommunikation verschicken bei der Nutzung zwar Nachrichten, welche beim Empfänger zwischengespeichert sind und zumeist erst zeitlich versetzt wahrgenommen und beantwortet werden. Allerdings ist es bei dieser Form der Kommunikation auch möglich, dass sowohl Sender als auch Empfänger der Botschaft zeitgleich „online" sind und damit aktiv Nachrichten geschrieben und beantwortet werden, sodass hier auch von einer synchronen Kommunikation gesprochen werden könnte. Allerdings ist die Annahme, dass bei mehreren Teilnehmern an einer Kommunikation in einem Messenger jeder zeitgleich über die gesamte Dauer der Kommunikation hinweg online ist, trotzdem eher theoretischer Natur. Es reicht schon aus, wenn ein Teilnehmer das Messenger-Programm kurzzeitig verlässt, um vorübergehend eine andere Anwendung auf seinem Endgerät zu nutzen. Weiterhin müssen Nachrichten erst gelesen oder angehört werden und auch das Formulieren oder Aufnehmen von Antworten nimmt Zeit in Anspruch, wodurch die Kommunikation mittels Messenger im Gegensatz zur direkten Form der Kommunikation zeitlich erheblich verzögert ist. Insbesondere bei einer großen Zahl von Teilnehmern und dem damit verbundenen Eingang mehrerer Nachrichten kann dies viel Zeit in Anspruch nehmen, sodass zumindest bei einer Kommunikation im Betriebsrat, welcher nach § 9 BetrVG meist aus mehreren Mitgliedern besteht, nicht von einem aktiven Austausch bei einer Kommunikation über Messenger-Programme gesprochen werden kann. Nachrichten, die über Messenger-Programme versendet werden, gleich ob schriftlich oder als Sprachnachricht, wären daher für die Arbeit des Betriebsrats als asynchrone Form der Kommunikation einzustufen.[525] Im Vergleich zu den herkömmlichen Formen der Beschlussfassung zeigt sich, dass eine Kommunikation über tertiäre Medien, wie E-Mail oder Text-Messenger, mit einem Briefwechsel vergleichbar ist, bei welchem die Kommunikation ebenfalls zeitlich versetzt bzw. asynchron erfolgt. Diese Art der tertiären Medien ist daher dem Umlaufverfahren zuzuordnen. Im Gegensatz dazu läuft bei Telefon- und Videokonferenzen die Kommunikation wie in einer Präsenzsitzung synchron ab und ist von einem aktiven Austausch der Mitglieder geprägt.

2. Vergleichbarkeit direkter Kommunikation mit medial vermittelter Kommunikation

a) Verbale Ausdrucksmöglichkeiten

Die direkte Kommunikation in der Betriebsratssitzung ist maßgeblich geprägt vom verbalen bzw. sprachlichen Austausch innerhalb der Präsenzsitzung. Die ge-

[525] *Trepte/Reinecke/Schäwel*, Medienpsychologie, 167, gehen davon aus, dass bei Instant-Messenger-Diensten sowohl synchron als auch asynchron kommuniziert werden kann.

sprochene Sprache verleiht der Kommunikation eine feste Struktur und ermöglicht eine sichere Interpretation der gegenseitigen Botschaften. Im Gespräch können die Betriebsratsmitglieder ihre jeweiligen Ansichten und Meinungen austauschen und ihre Willensbildung in einer festen kommunikativen Struktur bilden.[526]

Bei einer digitalen Sitzung, in welcher nur schriftliche Nachrichten durch E-Mail oder Text-Messenger ausgetauscht werden, ist ein verbaler Austausch nicht möglich. In diesen Sitzungsformen fehlt jede Form des mündlichen Austausches, womit die Anforderungen an das Anwesenheitsgebot in solchen Sitzungen nicht gewahrt sind.[527] Anders kann dies teilweise noch bei Sitzungen mithilfe von Messengern gesehen werden, bei welchen Sprachnachrichten ausgetauscht werden. Bei diesen sind das verbale Verständnis sowie die feste Struktur der Sprache ebenfalls gegeben, letzteres sogar stärker als bei einem Gespräch in Präsenz, da Beginn und Ende der Sprachnachricht klar festgelegt sind.

Bei Video- und Telefonkonferenzen ist der verbale Austausch weitestgehend wie in einer Präsenzsitzung möglich. Im Gegensatz zu dieser ist die mündliche Kommunikation in solchen Sitzungen jedoch störungsanfälliger, wenn es etwa zu lauten Umgebungsgeräuschen oder Störungen in der Internetverbindung kommt.

b) Para- und nonverbale Ausdrucksmöglichkeiten

Unterstützt wird die verbale Kommunikation von para- und nonverbalen Merkmalen, welche keiner festen Struktur unterliegen, sondern dem Ausdruck von Emotionen dienen, wodurch sie häufig ungewollt vermittelt werden.[528] Dies verleiht der direkten Kommunikation meist eine zufällige Komponente, weil der Sender oder Empfänger einer Botschaft durch die Höhe seiner Stimmlage oder das Kratzen am Kopf während der Übermittlung einer Botschaft dem jeweils anderen zusätzliche Informationen über seine Auffassung von der Botschaft übermittelt, die weniger kontrollierbar sind. Auch können in einer Präsenzsitzung kollektive Emotionen ausgedrückt werden, welche beispielsweise die Zustimmung oder Ablehnung zu

[526] Vgl. *Delhees*, Soziale Kommunikation, 131 f.; *Frindte/Geschke*, Lehrbuch Kommunikationspsych., 222; dazu auch in Teil 2, Abschnitt 1, B. I.

[527] Vgl. dazu das juristische Schrifttum in der Literatur zum Umlaufverfahren in Betriebsratssitzungen: BAG 4.8.1975 – 2 AZR 266/74, AP Nr. 4 zu § 102 BetrVG 1972 (unter III. der Gründe); LAG Köln 25.11.1998 – 2 TaBV 38/98, NZA-RR 1999, 245 (unter II. der Gründe); *Fitting*, BetrVG, 33 Rn. 21; HWGNRH/*Glock*, § 33 Rn. 4; Löwisch/Kaiser/*Holler*, BetrVG, § 33 Rn. 5; *Klebe/Ratayczak/Heilmann/Spoo*, § 33 BetrVG Rn. 3; DKW/*Wedde*, BetrVG, § 33 Rn. 10; GK-BetrVG/*Raab*, § 33 Rn. 10 f.; Richardi/*Thüsing*, BetrVG, § 33 Rn. 3; a.A.: LAG München 6.8.1974 – 5 Sa 395/74, DB 1975, 1228, zumindest „bei klaren und einfach gelagerten Sachverhalten“.

[528] Vgl. *Argyle*, Körpersprache&Kommunikation, 16; *Delhees*, Soziale Kommunikation, 132; *Frindte/Geschke*, Lehrbuch Kommunikationspsych., 223.

einem Vorschlag signalisieren.[529] Die para- und nonverbalen Merkmale tragen daher zum tieferen und besseren Verständnis einer Botschaft bei der direkten Kommunikation bei.[530]

Die nonverbalen Merkmale der direkten Kommunikation setzen eine optische Wahrnehmung voraus und kommen damit von vornherein nur bei Videokonferenzen in Betracht. Paraverbale Merkmale hingegen lassen sich sowohl akustisch als auch visuell vermitteln und können deshalb zumindest theoretisch in Telefonkonferenzen und Sprachnachrichten übermittelt werden. Zu beachten ist dabei jedoch, dass para- und nonverbale Merkmale gerade unbewusst vermittelt werden und deshalb teilweise auch nicht ohne Weiteres wahrgenommen werden können. Die Erhöhung der Stimmlage, die Betonung bestimmter Worte oder eine Veränderung in der Mimik können grundsätzlich nur bei guter Akustik und Optik vom Empfänger der Botschaft erkannt werden. Die Übermittlung einer para- und nonverbalen Botschaft mittels Video, Telefon oder Sprachnachricht setzt daher eine gute Qualität der jeweiligen Medien voraus, weshalb diese eine bestimmte technische Qualität aufweisen und störungsfrei ablaufen müssen. Gerade letzteres kann jedoch nicht immer garantiert werden und liegt häufig nicht im Einflussbereich der Betriebsratsmitglieder, z. B. wenn es zu einer Störung in der Internetverbindung kommt.

In der Medien- und Kommunikationspsychologie gibt es auch Erkenntnisse dazu, dass bei medial vermittelter Kommunikation para- und nonverbale Merkmale existieren, welche es in der direkten Kommunikation so nicht gibt.[531] Bei Textnachrichten via E-Mail oder Sprachnachrichten kann die Gründlichkeit in der Rechtschreibung, Kommasetzung oder im Ausdruck eine wichtige Hintergrundinformation für den Empfänger darstellen.[532] Ferner kann die Dauer der Rückmeldung oder Antwortfrequenz ein Hinweis auf das Interesse am Thema des anderen sein. Der Einsatz von Emoticons in einer Nachricht kann die Gefühlslage des Senders ausdrücken.[533] Bei Videokonferenzen kann ein häufiger Blick hinter die oder deutlich abseits der Kamera als nonverbales Merkmal von Desinteresse aufgefasst werden, da der Kommunizierende abgelenkt zu sein scheint. Bei Telefonkonferenzen können hingegen regelmäßige Hintergrundgeräusche ein Hinweis auf Ablen-

---

[529] *Heise/O'Brien*, Handbook of Emotions, 489 (493 f.); vgl. dazu auch *Six/Gleich/Gimmler*, Kommunikations- und Medienpsych., 146.

[530] Vgl. Teil 2, Abschnitt 1, B. I. 2.

[531] *Six/Gleich/Gimmler*, Kommunikations- und Medienpsych., 306.

[532] *Six/Gleich/Gimmler*, Kommunikations- und Medienpsych., 306, „wie sorgfältig Botschaft gestaltet ist"; *Trepte/Reinecke/Schäwel*, Medienpsychologie, 169. In einer Studie aus dem Jahre 2019 konnte nachgewiesen werden, dass reduzierte soziale Schlüsselreize durch die Verwendung von Emoticons ausgeglichen werden können, vgl. *Krishnan/Hunt*, Information, Communication&Society 2021, 85 ff., abrufbar unter https://www.tandfonline.com/doi/full/10.1080/1369118X.2019.1635183 (zuletzt abgerufen am 8. 9. 2024).

[533] Vgl. auch *Six/Gleich/Gimmler*, Kommunikations- und Medienpsych., 306; *Trepte/Reinecke/Schäwel*, Medienpsychologie, 169 f.

kung sein. Bei all diesen medial vermittelten para- und nonverbalen Merkmalen wird zwar zu beachten sein, dass diese nicht genauso zuverlässig interpretiert werden können wie die Merkmale in einer direkten Kommunikation. Ein Mitglied, welches zum Zeitpunkt des Empfanges vorübergehend keine Internetverbindung hat, wird unabhängig von seinem Interesse an dem Thema, nicht antworten können. Ferner ist zu berücksichtigen, dass sich die medial und nonverbal vermittelten Merkmale wesentlich leichter zielgerichtet einsetzen lassen als jene in einer direkten Kommunikation. Es ist leichter, ein freundliches Gesicht an das Ende eines Textes zu setzen, als dieses in der direkten Kommunikation vorzutäuschen.[534] Gleichwohl zeigen diese Beispiele, dass eine medial vermittelte Kommunikation nicht zwangsläufig ohne para- und nonverbale Merkmale auskommen muss, wie dies insbesondere bei der rein textlichen Kommunikation zu beachten wäre.[535]

c) Objektive Umstände während der Kommunikation

Für eine erfolgreiche Kommunikation sind die objektiven Umstände, unter welchen die Kommunikation stattfindet, von Bedeutung.[536] Eine Präsenzsitzung findet zumeist am selben Ort statt und kann von bestimmten internen gruppenspezifischen Gewohnheiten geprägt sein, welche der Sitzung entweder einen förmlichen oder vertrauten Kontext vermitteln. Bei einer direkten Kommunikation in einer Gruppe ist häufig auch ein soziales Gefüge bzw. eine soziale Rangordnung erkennbar, welche sich auf die Kommunikation auswirken kann. Exemplarisch kann auf den Vorsitzenden verwiesen werden, der an der Stirnseite des Tisches sitzt und dessen Stimme nur vom Erscheinungsbild her schon mehr Gewicht in der Kommunikation hat als die Wortmeldung eines Mitglieds am Tischende.

Bei allen Arten der digitalen Abbildung einer Präsenzsitzung befinden sich die Betriebsratsmitglieder an einem anderen Ort und können daher zwangsläufig nicht die gleichen gruppenspezifischen Rituale zeigen wie in Präsenz. Auch können soziale Ordnungen aufgrund der Neutralität der Medien in der Übermittlung der Botschaft nicht genauso wiedergegeben werden wie in einer direkten Kommunikation.[537] Trotz dieser Unterschiede muss sich dadurch bei einer medialen Kom-

---

[534] *Krishnan/Hunt*, Information, Communication&Society 2021, 85 ff.: Darauf deuten die Ergebnisse dieser Studie hin, in welcher die Teilnehmer an einem Date teilnahmen, in welchem eine Gruppe mithilfe von Messenger-Diensten kommunizierte und die andere Gruppe mithilfe von videobasierten Anwendungen. Die Teilnehmer, welche mithilfe des Messenger-Dienstes kommunizierten, fanden sich sozial attraktiver als diejenigen, welche mittels videobasierter Anwendung das Date führten. Die Autoren der Studie zogen daraus den Schluss, dass diejenigen, welche mithilfe des Messenger-Dienstes kommuniziert hatten, ihre „Selbstpräsentation besser kontrollieren und optimieren konnten", wodurch der soziale Eindruck besser gewesen sei. Vgl. dazu auch *Trepte/Reinecke/Schäwel*, Medienpsychologie, 177.

[535] Darauf hinweisend *Six/Gleich/Gimmler*, Kommunikations- und Medienpsych., 306; *Trepte/Reinecke/Schäwel*, Medienpsychologie, 170.

[536] Teil 2, Abschnitt 1, B. I. 3).

[537] Vgl. *Six/Gleich/Gimmler*, Kommunikations- und Medienpsych., 302.

munikation nicht zwangsläufig der vertrauliche oder förmliche Kontext ändern. Entscheidend für den formellen, informellen, vertraulichen oder freundschaftlichen Charakter einer Kommunikation ist auch die Situation, in welcher diese stattfindet. Das virtuelle Vorstellungsgespräch ist somit nicht weniger formell als in Präsenz. Der formale Charakter einer E-Mail hängt davon ab, an wen diese gesendet wird und ob die Botschaft einen privaten oder geschäftlichen Kontext aufweist.[538] Ferner erscheint es auch nicht ausgeschlossen, dass sich bei der regelmäßigen Nutzung von medialen Kommunikationsmitteln eigene und neue gruppenspezifische Rituale zwischen den Betriebsratsmitgliedern herausbilden, welche sich positiv auf das zwischenmenschliche Gefüge in der Gruppe auswirken können. [539] Trotzdem müssen gerade im Zusammenhang mit den Auswirkungen der konkreten Situation auf die Kommunikation die realen Umstände berücksichtigt werden, in welchen sich das Betriebsratsmitglied während des Kommunikationsvorgangs befindet. Während E-Mails, Telefon- und Videokonferenzen eher im Büro oder eigenen Haus verfasst bzw. abgehalten werden, ist es bei Messenger-Programmen durchaus üblich, dass diese von überall aus auf dem Handy verwendet werden. Ob eine ertragreiche Diskussion entstehen kann, wenn Betriebsratsmitglieder in der U-Bahn, im Bett oder während des Fernsehens an einer Sitzung teilnehmen, kann jedoch bezweifelt werden.

Keines der medialen Kommunikationsmittel kann damit die objektiven Umstände der direkten Kommunikation und damit einer Präsenzsitzung des Betriebsrats nachbilden. Aufgrund der Abhängigkeit des Kontextes einer Kommunikation von der jeweiligen Situation kann dieses Defizit jedoch zumindest teilweise ausgeglichen werden. Gerade bei Messenger-Programmen besteht aber die Gefahr, dass diese in Situationen benutzt werden, welche für die Teilnahme an komplexen Kommunikationsthemen nicht geeignet sind.

d) Interaktive Möglichkeiten

Prägendes Merkmal der direkten Kommunikation ist, dass sich die Beteiligten während der gemeinsamen Kommunikation gegenseitig beeinflussen, dynamisch aufeinander einwirken können und damit einen interaktiven Prozess erzeugen.[540] Die Teilnehmer haben hier die Möglichkeit, jederzeit in den Kommunikationsprozess einzugreifen und diesen zu steuern.[541]

Bei einem Umlaufverfahren via E-Mail ist eine dynamische Steuerung der Kommunikation aufgrund der asynchronen Form der Kommunikation nicht möglich. Anders kann sich dies bei einem Messenger-Programm gestalten, welches zwar ebenfalls asynchron abläuft, jedoch eine deutlich schnellere Reaktion auf

[538] *Six/Gleich/Gimmler*, Kommunikations- und Medienpsych., 302, „Situationseffekt".

[539] *Six/Gleich/Gimmler*, Kommunikations- und Medienpsych., 308 f.

[540] *Six/Gleich/Gimmler*, Kommunikations- und Medienpsych., 22.

[541] Vgl. Teil 2, Abschnitt 1, B. I. 3.

Nachrichten anderer Teilnehmer an der Kommunikation ermöglicht. Noch besser eignen sich Telefonkonferenzen für eine aktive Teilnahme an der Kommunikation, wobei es allerdings aufgrund der fehlenden visuellen Wahrnehmung zu Störungen in der Kommunikation kommen kann, da für die Teilnehmer nicht immer ganz klar ist, wann der kommunizierende Teilnehmer seine Botschaft übermittelt hat bzw. wann dieser mit seinem Sprechakt fertig ist. In Videokonferenzen wird dies aufgrund der gegenseitigen visuellen Wahrnehmung seltener auftreten, wobei hier davon auszugehen ist, dass bei vielen Teilnehmern nicht jeder zum Gespräch Ansetzende genauso gut wahrgenommen werden kann wie in einer direkten Kommunikation.

e) Ergebnisse des Vergleichs

Der Vergleich zwischen direkter und medial vermittelter Kommunikation hat zunächst gezeigt, dass sich die elektronischen Umlaufverfahren via E-Mail und Messenger in ihrer Vergleichbarkeit zur direkten Kommunikation voneinander unterscheiden. Die Kommunikation mit Messenger-Programmen kann, sofern Sprachnachrichten verwendet werden, verbal erfolgen, wobei hier auch para- und nonverbale Merkmale vermittelt werden können. Dabei bestehen zwar Defizite im Vergleich zur direkten Kommunikation, diese sind jedoch nicht so erheblich, als dass das mediale Kommunikationsmittel hinsichtlich der Kriterien des verbalen Austausches, der dazugehörigen para- und nonverbalen Merkmale sowie der Interaktivität ein gänzlich ungeeignetes Kommunikationsmittel im Vergleich zur direkten Kommunikation in einer Präsenzsitzung darstellen würde. Fehlende nonverbale Merkmale, wie Mimik oder Gestik, können durch den Einsatz von Emoticons teilweise ausgeglichen werden und insbesondere im Bereich der Interaktivität ermöglichen Messenger-Programme eine aktive und dynamische Diskussion. Die damit verbundene Flexibilität in der Anwendung kann im Hinblick auf die objektiven Umstände der Kommunikation aber auch eine erhebliche Schwäche im Vergleich zu Präsenzsitzungen darstellen, wenn etwa Betriebsratsmitglieder von ungeeigneten Orten aus an einer Diskussion im Entscheidungsprozess des Betriebsrats teilnehmen. Eine Teilnahme an einer Diskussion vor dem Fernseher, im Bett oder an Orten mit anderen Störfaktoren erscheint daher wenig ertragreich und ist nicht mit dem Arbeitsumfeld in einer Präsenzsitzung zu vergleichen. Dass aber gerade dies wichtig ist, drückte bereits der Kommentar im Flatows zum BRG aus, wonach ein „Beschluß" nur noch dann wirksam sei, „solange noch von einer wirklichen Betriebsratssitzung, von dem Bewußtsein des Tätigwerdens in solcher bei den Mitgliedern die Rede sein kann".[542] Grundsätzlich ist dies auch bei einem Austausch mithilfe von E-Mail-Programmen der Fall, wenn diese über Mobiltelefone benutzt werden. Gewöhnlich werden E-Mails aber mithilfe von Computern oder Laptops verfasst, welche wiederum regelmäßig in einem Arbeitsumfeld verwendet werden,

[542] *Flatow/Kahn-Freund*, BRG, § 32 Rn. 1.

sodass die objektiven Umstände hier grundsätzlich als geeigneter zu bewerten sind als bei der Verwendung von Messenger-Programmen. Erhebliche Defizite weist die Kommunikation mit E-Mails allerdings im Bereich der Interaktivität auf, da ein dynamisches und gegenseitiges Einwirken auf die Meinungen der anderen Teilnehmer kaum möglich ist. Sowohl die Kommunikation via E-Mail als auch jene mit Messenger-Diensten bleiben daher hinter den Anforderungen an eine direkte Kommunikation zurück und stellen damit keine vergleichbare Alternative zur direkten Kommunikation in einer Präsenzsitzung dar.

Anders ist dies beim Einsatz von Video- und Telefonkonferenzen zu beurteilen, da beide die Anforderungen an eine direkte Kommunikation in den meisten Bereichen relativ gleichwertig erfüllen. Die Telefonkonferenz bleibt dabei zwar hinter der Videokonferenz zurück, da diese aufgrund fehlender visueller Wahrnehmbarkeit keine nonverbalen Merkmale nachbilden kann. Gleichwohl ist dies jedoch kein Grund, diese Form der Kommunikation als eine wesentlich schlechtere Variante der direkten Kommunikation anzusehen. Sowohl die Video- als auch die Telefonkonferenz bleiben damit hinsichtlich der vier Kriterien nicht so weit hinter der mündlichen Kommunikation in einer Präsenzsitzung zurück, als dass diese nicht auch das damit verbundene Gebot der Anwesenheit erfüllen könnten.[543]

---

[543] Hinsichtlich Videokonferenzen i.E. auch *Jansen*, Die elektronische Kommunikation, 92: Dieser geht zwar davon aus, dass Videokonferenzen dem Zweck von Gremiumssitzungen gerecht werden können, schränkt dies allerdings insoweit ein, als er auch zu dem Schluss kommt, dass nicht pauschal beurteilt werden kann, ob eine Videokonferenz immer das sachgerechte Medium ist, um bestimmte Themen zu erörtern. Weiterhin ist in diesem Zusammenhang auch auf die nur beschränkte Vergleichbarkeit der Untersuchung von Jansen mit der hier stattfindenden Untersuchung hinzuweisen. *Jansen* stützt sich bei der Frage, ob Videokonferenzen mit Betriebsratssitzungen vergleichbar sind, hauptsächlich auf Untersuchungen, in welchen zwei verschiedene „Gruppen" per Videoübertragung zusammengearbeitet haben. Hier ist der Ausgangspunkt der Überlegungen, dass jedes Betriebsratsmitglied virtuell für sich selbst an der Sitzung teilnimmt. Ferner ist bei Jansen auch zu berücksichtigen, dass seine Untersuchungen aus den Jahren 2000/2001 sind. Die Technik von heute ist mit der von vor über 20 Jahren jedoch kaum noch zu vergleichen, insbesondere was die Qualität der Anwendung betrifft; a.A.: *Hayen*, AuR 2020, 249 (252), welcher unter Berufung auf die Studie „Videoconferencing in the Field: A Heuristic Processing Model" von *Carlos*, *Ferran* und *Stephanie*, *Watts*, darauf hinweist, dass es für Teilnehmer*innen in Videokonferenzen schwerer ist als in persönlichen Gesprächen, Informationen zu verarbeiten und einzuordnen, abrufbar unter http://ferran.net/Files/ManSciVcCFerran.pdf (zuletzt abgerufen am 18.4.2023). Bei dieser Studie ist jedoch auch zu beachten, dass diese bereits aus dem Jahre 2008 ist und damit über 15 Jahre zurückliegt; Eine Studie aus dem Jahr 2022 zum Thema Arbeiten in Videokonferenzen von *Melanie Brucks* und *Jonathan Levav* hat aufgezeigt, dass in diesen zwar die Kreativität der Teilnehmer geringer ist, als wenn sich diese zusammen in einem Raum befinden, die Auswahl der Ideen selbst jedoch sogar etwas besser funktioniert als in einem Präsenztreffen; eine Zusammenarbeit über Videokonferenz daher nicht zwangsläufig schlechter funktioniert als in Präsenz. Studie abrufbar unter https://www.nature.com/articles/s41586-022-04643-y (zuletzt abgerufen am 8.9.2024); Zu den Defiziten bei Telefonkonferenzen im Vergleich zu Telefonkonferenzen vgl. Fischer/Goeres/*Gronimus*, BPersVG, § 38 Rn. 53 und 67.

II. Wahrung der Nichtöffentlichkeit

Wesentliches Merkmal für die Willensbildung im Betriebsrat ist das Prinzip der Nichtöffentlichkeit, wonach nur Teilnahmeberechtigte den Sitzungen beiwohnen dürfen. Dies soll eine sachliche Beratung und vertrauliche Willensbildung ermöglichen[544] und müsste daher auch im Rahmen von virtuellen Sitzungen gewährleistet werden. Im Hinblick auf die Zielsetzungen der Digitalisierung, die Teilnahme an Sitzungen zu erleichtern und flexibler zu gestalten, indem Betriebsratsmitglieder grundsätzlich von überallher an virtuellen Sitzungen teilnehmen können,[545] kann dies zu Schwierigkeiten bei der Gewährleistung der Nichtöffentlichkeit führen. Mitglieder, welche aus Büroräumen, dem Homeoffice oder von öffentlichen Plätzen aus an virtuellen Sitzungen teilnehmen, gefährden die Vertraulichkeit in höherem Maße, als wenn sie in Präsenz an einem Ort zusammenkommen, an dem sich grundsätzlich jedes Mitglied selbst davon überzeugen kann, dass nur teilnahmeberechtigte Personen anwesend sind. Nimmt ein Mitglied mithilfe von Video- oder Telefonkonferenzen an Sitzungen teil, ist es nicht ausgeschlossen, dass andere Arbeitnehmer, Familienmitglieder oder Mitbewohner Kenntnis vom Inhalt der Sitzung nehmen können, indem sie Gespräche mithören oder die Möglichkeit haben, den Bildschirm des teilnehmenden Mitglieds einzusehen.[546] Erfolgt die Entscheidungsfindung via E-Mail oder Messenger-Programm, tritt auch die Gefahr hinzu, dass Dritte die Nachrichten auf den Endgeräten der Betriebsratsmitglieder mitlesen oder sogar selbst verfassen könnten, wenn diese gerade nicht in der Nähe ihrer Endgeräte sind. Zu diesen Gefährdungen auf organisatorischer Seite treten auf technischer Ebene die Befürchtungen, dass Dritte Kenntnis vom Inhalt der Sitzung erlangen könnten, indem sie entweder den hierzu erforderlichen Datenaustausch beim Einsatz von Medien abfangen oder sich heimlich Zugriff auf die Endgeräte der Teilnehmer verschaffen und dadurch heimlich die Sitzung belauschen können.[547] Zur Sicherstellung der Nichtöffentlichkeit müssen bei virtuellen Sitzungen daher sowohl Maßnahmen auf technischer als auch auf organisatorischer Seite getroffen werden.[548] Den Ausgangspunkt zur Ermittlung, welche konkreten Maßnahmen erforderlich sind, um einen vertraulichen Meinungsaustausch auch in einer virtuellen Sitzung gewährleisten zu können, bildet dabei die Rechtsfolgenseite bei Verstößen gegen die Nichtöffentlichkeit in einer Präsenzsitzung. Ausgehend von den hierzu

---

[544] GK-BetrVG/*Raab*, § 30 Rn. 24, Rn. 50; vgl. *Fitting*, BetrVG, § 30 Rn. 22; HWGNRH/*Glock*, § 30 Rn. 19; *Klebe/Ratayczak/Heilmann/Spoo*, § 30 Rn. 5; Richardi/*Thüsing*, BetrVG, § 30 Rn. 10; DKW/*Wedde*, BetrVG, § 30 Rn. 11; dazu auch Teil 3, A. II-V.

[545] Zu den Optimierungsmöglichkeiten Teil 2, Abschnitt 2, A.

[546] Vgl. *Beden/Rombey*, BB 2020, 1141 (1143); *Boemke/Roloff/Haase*, VSSAR 2021, 223 (245); *Thüsing/Beden*, NZA 2020, 545 (546), in Extremfällen sogar der Arbeitgeber; *Jansen*, Elektronische Kommunikation, 85; *Jesgarzewski/Holzendorf*, NZA Online-Aufsatz 5/2012, 1 (4); *Sendelbeck*, AiB 2013, 626 (628); DKKW/*Wedde*, BetrVG, § 33 Rn. 11.

[547] *Beden/Rombey*, BB 2020, 1141 (1143); *Boemke/Roloff/Haase*, VSSAR 2021, 223 (245).

[548] Vgl. dazu BT-Drs. 19/18753, 28; BT-Drs. 19/28899, 20.

bereits bestehenden Kriterien soll dargelegt werden, bei welchen Verstößen gegen die Nichtöffentlichkeit in virtuellen Sitzungen ebenfalls Auswirkungen auf die Entscheidungsfindung im Betriebsrat zu erwarten sind und ob auf Rechtsfolgenseite Unterscheidungen zur Präsenzsitzung zu treffen sind.[549]

1. Ausrichtung der technischen und organisatorischen Maßnahmen an der Rechtsfolgenseite

a) Rechtsfolgen bei Verstößen gegen die Nichtöffentlichkeit in einer Präsenzsitzung

Verstöße gegen § 30 Abs. 1 S. 4 BetrVG im Rahmen einer Präsenzsitzung können zur Unwirksamkeit eines Betriebsratsbeschlusses führen. Unwirksam ist ein Beschluss nach der Rechtsprechung des BAG, wenn der jeweilige Verstoß gegen die Nichtöffentlichkeit als wesentlich anzusehen ist.[550] Demnach führt nicht jeder Verstoß gegen die Nichtöffentlichkeit zur Unwirksamkeit des Beschlusses, sondern nur wenn dieser so schwerwiegend ist, dass der Fortbestand des darauf beruhenden Beschlusses von der Rechtsordnung nicht hingenommen werden kann.[551] Die Verletzung des durch die Verfahrensvorschrift geschützten Interesses muss daher letztlich höher gewichtet sein als das Interesse an der Aufrechterhaltung des Beschlusses.[552]

Als wesentlich gilt ein Verstoß gegen die Nichtöffentlichkeit in einer Präsenzsitzung, wenn ein Mitglied die Teilnahme einer nicht dazu berechtigten Person beanstandet hat und diese trotzdem die Sitzung nicht verlässt.[553] In einem solchen Fall kann nicht ausgeschlossen werden, dass die Anwesenheit des Dritten die Vertraulichkeit der Sitzung beeinträchtigt hat und dadurch der unbefangene Meinungsaustausch sowie die daran anknüpfende Beschlussfassung beeinflusst worden sind.[554] Wird die Teilnahme eines unberechtigten Dritten hingegen bemerkt, aber nicht beanstandet, dann ist ein wesentlicher Verstoß anzunehmen, wenn der unberechtigt Teilnehmende konkreten Einfluss auf die Willensbildung in der Präsenzsitzung genommen hat.[555] Der Schutzzweck des § 30 Abs. 1 S. 4 BetrVG dient nach

---

[549] Vgl. *Mückl/Wittek*, DB 2020, 1289 (1292); *Tangemann*, BB 2020, 1974 (1979).

[550] BAG 15.4.2014 – 1 ABR 2/13, NZA 2014, 551 (Rn. 23); BAG 30.9.2014 – 1 ABR 32/13, NZA 2015, 370 (Rn. 50).

[551] BAG 15.4.2014 – 1 ABR 2/13, NZA 2014, 551 (Rn. 23); BAG 30.9.2014 – 1 ABR 32/13, NZA 2015, 370 (Rn. 50).

[552] BAG 15.4.2014 – 1 ABR 2/13, NZA 2014, 551 (Rn. 24); BAG 30.9.2014 – 1 ABR 32/13, NZA 2015, 370 (Rn. 50).

[553] BAG 30.9.2014 – 1 ABR 32/13, NZA 2015, 370 (Rn. 51).

[554] GK-BetrVG/*Raab*, § 30 Rn. 29.

[555] BAG 24.3.1977 – 2 AZR 289/76, AP Nr. 12 zu § 102 BetrVG 1972 (unter I. 4. c der Gründe); LAG Thüringen 17.12.1997 – 9 TaBV 6/96, BeckRS 1998, 41096 (Rn. 15); *Boemke/Roloff/Haase*, VSSAR 2021, 223 (245).; *Mückl/Wittek*, DB 2020, 1289 (1292); GK-Betr-

Auffassung des BAG jedoch nicht nur der Amtsführung des Betriebsrats, sondern auch den einzelnen Betriebsratsmitgliedern, weshalb diese grundsätzlich selbst entscheiden sollen, wann eine Beeinflussung ihres Willens vorliegt.[556] Den Mitgliedern soll allerdings kein Schutz aufgebürdet werden, den sie selbst überhaupt nicht in Anspruch nehmen wollen.[557] Für eine konkrete und unbeanstandete Beeinträchtigung reicht es daher nicht aus, wenn nur die Möglichkeit einer Einflussnahme auf die Willensbildung und damit die Beschlussfassung bestand.[558] Nur bei schwerwiegenden Beeinflussungen der Willensbildung könne demnach von einer Unwirksamkeit ausgegangen werden.[559] Der Beschluss muss damit letztlich auf der unberechtigten Einflussnahme beruhen.[560] Dies wird regelmäßig der Fall sein, wenn ein nichtberechtigter Dritter durch Einrufe, Redebeiträge oder ähnliches Verhalten auf die kollektive Willensbildung eingewirkt hat.[561]

Zusammenfassend betrachtet setzt ein Verstoß gegen die Nichtöffentlichkeit in einer Präsenzsitzung, der zur Unwirksamkeit eines gefassten Beschlusses führt, voraus, dass die Teilnahme eines unberechtigten Dritten von mindestens einem Mitglied bemerkt worden ist. Sofern daraufhin die Teilnahme nicht gerügt wurde, wird die Unwirksamkeit des Beschlusses nur dann angenommen, wenn es zu einer wesentlichen Beeinflussung der Willensbildung kam.

b) Rechtsfolgen bei Verstößen gegen die Nichtöffentlichkeit in einer virtuellen Sitzung

Diese Grundsätze zur Unwirksamkeit der Beschlussfassung in einer Präsenzsitzung müssten nun auf die Verstöße gegen die Nichtöffentlichkeit in virtuellen Sitzungen übertragbar sein.

Bei einer Video- und Telefonkonferenz ist es sowohl organisatorisch als auch technisch möglich, dass ein unberechtigter Dritter entweder bemerkt oder unbemerkt an einer Sitzung teilnimmt. Ein organisatorischer Verstoß kann demnach vorliegen, wenn sich ein nichtberechtigter Dritter im selben Raum oder am selben Ort wie das Betriebsratsmitglied aufhält. Der Dritte kann sich entweder akustisch bemerkbar machen, durch den Aufnahmebereich einer Videokamera laufen oder

---

VG/*Raab*, § 30 Rn. 29, Rn. 77; *Tangemann*, BB 2020, 1974 (1979); Richardi/*Thüsing*, BetrVG, § 30 Rn. 18.

[556] BAG 30.9.2014 – 1 ABR 32/13, NZA 2015, 370 (Rn. 51).

[557] BAG 30.9.2014 – 1 ABR 32/13, NZA 2015, 370 (Rn. 51); GK-BetrVG/*Raab*, § 30 Rn. 29.

[558] GK-BetrVG/*Raab*, § 33 Rn. 62; zum Meinungsstand bei virtuellen Sitzungen vgl. Fn. 555.

[559] BAG 30.9.2014 – 1 ABR 32/13, NZA 2015, 370 Rn. 50; GK-BetrVG/*Raab*, § 33 Rn. 62.

[560] GK-BetrVG/*Raab*, § 33 Rn. 62.

[561] *Mückl/Wittek*, DB 2020, 1289 (1292); a. A.: LAG Thüringen 17.12.1997 – 9 TaBV 6/96, BeckRS 1998, 41096 (Rn. 15).

unbemerkt bleiben, da er sich außerhalb vom akustischen und visuellen Aufnahmebereich einer Kamera befindet.[562] Eine Verletzung der Nichtöffentlichkeit auf technischer Seite kommt hingegen in Betracht, wenn ein Dritter unbefugt einer virtuellen Sitzung mithilfe von technischen Mitteln beiwohnt, indem er die Verschlüsselung der Verbindung umgeht oder sich unberechtigt in die Sitzung einwählt.[563] Werden solche technischen oder organisatorischen Verstöße gegen die Nichtöffentlichkeit von mindestens einem Betriebsratsmitglied bemerkt und beanstandet und verlässt daraufhin der Dritte nicht den virtuellen und tatsächlichen Wahrnehmungsbereich aller Mitglieder, so ist der in dieser Sitzung gefasste Beschluss wie in einer Präsenzsitzung unwirksam. Es kann demnach nicht ausgeschlossen werden, dass der Dritte die Vertraulichkeit der Sitzung gestört und damit die Willensbildung und Beschlussfassung beeinflusst hat. Die Rechtsprechung des BAG ist insoweit vollständig übertragbar.[564] Grundsätzlich gilt dies auch bei einer unberechtigten Teilnahme an der Beschlussfassung via E-Mail und Messenger-Programm. Allerdings wird die unberechtigte Teilnahme während der Beschlussfassung für die Betriebsratsmitglieder bei der Nutzung solcher Medien häufig nicht erkennbar sein.

Wird die Anwesenheit eines Dritten in einer Video- und Telefonkonferenz von den Betriebsratsmitgliedern bemerkt, aber nicht gerügt, dann muss es sich für die Unwirksamkeit des Beschlusses nach den für die Präsenzsitzung geltenden Grundsätzen zumindest um eine konkrete und schwerwiegende Beeinflussung der Willensbildung und Beschlussfassung handeln.[565] Kurze Störungen der Willensbildung, wenn etwa Familienmitglieder, Mitbewohner oder Kinder durch das Bild laufen, sich bemerkbar machen oder beim Verfassen von Textnachrichten anwesend sind, führen daher allein noch zu keiner Beeinflussung der Willensbildung und stellen somit auch keine von der Rechtsordnung nicht mehr hinzunehmenden Verstöße dar.[566] Die Grenze zu einer dauerhaften bzw. regelmäßig eintretenden Ablenkung durch Dritte und der dadurch nicht auszuschließenden Beeinflussung der Willensbildung eines Betriebsratsmitglieds, indem die sachliche Beratung gestört wird, ist im Einzelfall jedoch schwierig zu ziehen und kann zu erheblichen Beweisproblemen führen. Dies ist insbesondere der Fall bei einer Beschlussfassung mittels

---

[562] Vgl. Beispiele: *Boemke/Roloff/Haase*, VSSAR 2021, 223 (245); GK-BetrVG/*Raab*, § 30 Rn. 77.

[563] Vgl. Beispiele: *Boemke/Roloff/Haase*, VSSAR 2021, 223 (245); *Tangemann*, BB 2020, 1974 (1978 ff.).

[564] *Baeck/Winzer/Launer*, NZG 2020, 659 (661); *Boemke/Roloff/Haase*, VSSAR 2021, 223 (245); *Fitting*, BetrVG, § 30 Rn. 34; GK-BetrVG/*Raab*, § 30 Rn. 77; *Reinartz*, NZA-RR 2021, 457 (462 f.); *Tangemann*, BB 2020, 1974 (1979).

[565] BAG 24.3.1977 – 2 AZR 289/76, AP Nr. 12 zu § 102 BetrVG 1972 (unter I. 4. c. der Gründe); LAG Thüringen 17.12.1997 – 9 TaBV 6/96, BeckRS 1998, 41096 (Rn. 15); *Boemke/Roloff/Haase*, VSSAR 2021, 223 (245).; *Mückl/Wittek*, DB 2020, 1289 (1292); GK-BetrVG/*Raab*, § 30 Rn. 29, Rn. 77; *Tangemann*, BB 2020, 1974 (1979); Richardi/*Thüsing*, BetrVG, § 30 Rn. 18.

[566] *Mückl/Wittek*, DB 2020, 1289 (1292); DKW/*Wedde*, BetrVG, § 30 Rn. 61.

Messenger- und E-Mail-Programm, welche aufgrund ihrer Asynchronität in der Kommunikation[567] und der hohen Flexibilität in ihrer Anwendung die Teilnahme an der Beschlussfassung von Orten aus ermöglichen, an denen es häufig zu Störungen durch Dritte kommen kann. Das sich bereits in Präsenzsitzungen stellende Problem, den erforderlichen Nachweis zu erbringen, wann die Teilnahme durch Dritte zu einer konkreten Beeinflussung der Willensbildung und Beschlussfassung geführt hat, verschärft sich durch die Ermöglichung einer virtuellen Entscheidungsfindung damit zusätzlich. Während der virtuellen Beschlussfassung könnte deshalb bereits die Möglichkeit einer Beeinflussung der Willensbildung als ausreichend erachtet werden, um einen wesentlichen Verstoß gegen die Nichtöffentlichkeit zu begründen.[568] Beweisprobleme könnten dadurch umgangen werden. Im Gegenzug würde aber bereits jede Störung, selbst wenn sie nicht beanstandet wurde, zu einer Unwirksamkeit des gefassten Beschlusses führen, wodurch den Betriebsratsmitgliedern durch das Kriterium der Nichtöffentlichkeit ein Schutz aufgedrängt würde, der zumindest in den meisten Fällen überhaupt nicht gewollt ist. Als einzig handhabbare Möglichkeit verbleibt damit nachzuweisen, dass die bemerkte und unbeanstandete Teilnahme durch Dritte zu einer konkreten Beeinflussung der Willensbildung geführt hat. Die Grundsätze der Rechtsprechung zur Präsenzsitzung sind insoweit auch auf diese Konstellation übertragbar.[569]

Die durch die virtuelle Sitzung eröffnete Möglichkeit, von überallher an der Sitzung teilzunehmen und der Beschlussfassung ohne einer körperlichen Präsenz beizuwohnen, birgt im Hinblick auf die Wahrung der Nichtöffentlichkeit insbesondere das Risiko einer unbemerkten und folglich auch unbeanstandeten Teilnahme von nichtberechtigten Dritten an dieser Sitzungsform. Sei es, weil technische Sicherungsmaßnahmen wie eine Verschlüsselung überwunden werden, indem Dritte die Sitzung heimlich bei einem der Mitglieder belauschen oder im Falle einer Beschlussfassung mittels E-Mail- und Messenger-Programms ein Dritter selbst Nachrichten verfasst und damit auf die Beschlussfassung einwirkt. Bei konsequenter Weiterführung der Grundsätze zur Unwirksamkeit in einer Präsenzsitzung würde jedoch eine solche heimliche Teilnahme und der damit einhergehende Verstoß gegen die Nichtöffentlichkeit nur dann zur Unwirksamkeit führen, wenn dadurch die Beschlussfassung tatsächlich beeinflusst worden ist.[570] Während dies bei Messenger- und E-Mail-Diensten regelmäßig der Fall sein wird, da der Dritte aktiv an der kollektiven Willensbildung teilnimmt, wird ein unbemerktes Beiwohnen der Video- und Telefonkonferenzen die Beschlussfassung unmittelbar wohl kaum beeinflussen können, sodass die Übertragung der vom BAG aufgestellten Grundsätze

---

[567] Vgl. Teil 3, B. I. 1.

[568] *Jesgarzewski/Holzendorf*, NZA Online-Aufsatz 5/2012, 1 (4).

[569] I.E. auch *Boemke/Roloff/Haase*, NZA 2021, 827 (829); *Butz/Pleul*, AuA 2011, 213 (214); *Mückl/Wittek*, DB 2020, 1289 (1292); GK-BetrVG/*Raab*, § 30 Rn. 77; *Reinartz*, NZA-RR 2021, 457 (463); *Tangemann*, BB 2020, 1974 (1980); a.A.: *Jesgarzewski/Holzendorf*, NZA Online-Aufsatz 5/2012, 1 (4).

[570] Vgl. *Baeck/Winzer/Launer*, NZG 2020, 659 (661).

auch in dieser Konstellation möglich ist.[571] Die eigentliche Problematik der heimlichen und unbemerkten Teilnahme in einer virtuellen Sitzung ist daher vielmehr darin zu sehen, dass sie im Gegensatz zu einer Präsenzsitzung wesentlich wahrscheinlicher und einfacher ist.[572] Zwar kann auch in einer herkömmlichen Betriebsratssitzung der Arbeitgeber an der Tür des Betriebsratszimmers lauschen, Abhörwanzen platzieren oder Gesprächsinhalte mithilfe eines Mobiltelefons heimlich mitschneiden[573] und nachträglich veröffentlichen.[574] Allerdings ist der hiermit verbundene Aufwand und die Gefahr, dabei erwischt zu werden nicht mit einer virtuellen Betriebsratssitzung zu vergleichen, an welcher die Teilnahme zumindest theoretisch in der Öffentlichkeit möglich ist und Bildschirme bzw. Telefongespräche mit einfachsten Mitteln aufgezeichnet[575] und diese Mitschnitte der kollektiven Willensbildung des Betriebsrats ohne Weiteres an Arbeitgeber oder Arbeitnehmer versendet werden können.[576] Das dadurch entstehende Gefährdungspotential kann dazu führen, dass das eigentliche Ziel der Nichtöffentlichkeit, eine sachliche Beratung und vertrauliche Willensbildung zu gewährleisten, unterlaufen wird, da sich kein Betriebsratsmitglied sicher sein kann, dass das Gesagte auch vertraulich bleibt.[577] Auf eine konkrete Verletzung der Nichtöffentlichkeit kommt es dann gar nicht mehr an, um den Sinn und Zweck dieser Regelung zu unterlaufen. Zur Wahrung des Zwecks der Nichtöffentlichkeit in virtuellen Sitzungen muss daher sowohl auf technischer als auch auf organisatorischer Ebene eine „geschützte Sphäre"[578] geschaffen werden, welche den teilnehmenden Betriebsratsmitgliedern die Gewissheit vermittelt, dass die Beiträge zur gemeinsamen Willensbildung und Beschlussfassung vertraulich bleiben.

---

[571] GK-BetrVG/*Raab*, § 30 Rn. 77; *Baeck/Winzer/Launer*, NZG 2020, 659 (661); zu Beweisschwierigkeiten *Fitting*, BetrVG, § 30 Rn. 34.

[572] *Ch. Weber*, JArbR Bd. 58, 91 (102).

[573] *Jansen*, Elektronische Kommunikation, 85; *Fündling/Sorber*, NZA 2017, 552 (556).

[574] Vgl. Beispiele auch in *Beden/Rombey*, BB 2020, 1141 (1143).

[575] So auch *Bachner*, § 129 BetrVG Sonderregelung aus Anlass der Covid 19 Pandemie, Rn. 13, abrufbar unter https://www.bund-verlag.de/dossiers/betrvg129-covid-19 (zuletzt abgerufen am 18.4.2023).

[576] I.E. *Beden/Rombey*, BB 2020, 1141 (1143); *Klebe*, NZA 2020, 996; *Raab*, FA 2021, 286 (288); a.A.: *Günther/Böglmüller/Mesina*, NZA 2020, 77 (79).

[577] *Jansen*, Elektronische Kommunikation, 85, 100; *Jesgarzewski/Holzendorf*, NZA Online-Aufsatz 5/2012, 1 (4), dabei von einem besonders schweren Verstoß gegen die Nichtöffentlichkeit ausgehend.

[578] GK-BetrVG/*Raab*, § 30 Rn. 50, 77; *ders.*, FA 2021, 286 (294); im Folgenden auch vertrauliche oder sichere Sphäre genannt, gekennzeichnet mittels „…"; *Tangemann*, BB 2020, 1974 (1979), spricht insoweit von einer „Vertraulichkeit der Kommunikationswege" auf technischer Ebene; ähnlich auch *Beden/Rombey*, BB 2020, 1141 (1143).

2. Technische und organisatorische Maßnahmen zur Sicherstellung der Nichtöffentlichkeit

Ausgehend von der Rechtsfolgenseite zur Unwirksamkeit von Betriebsratsbeschlüssen bei Verstößen gegen die Nichtöffentlichkeit in virtuellen Sitzungen müssen die technischen und organisatorischen Maßnahmen zunächst sicherstellen, dass im Falle einer bemerkten Teilnahme eines nichtberechtigten Dritten dessen dauerhafte Entfernung aus der jeweiligen virtuellen Sitzungsart möglich ist. Aufgrund des Umstandes, dass es trotz einer Entfernung des unberechtigten Teilnehmers oder sofern dessen Teilnahme unbeanstandet geblieben ist, aber meist nur schwer nachweisbar ist, dass es zu einer Beeinflussung der Willensbildung einzelner Betriebsratsmitglieder gekommen ist, muss zu einer Umgehung dieser Beweisproblematik bereits möglichst im Vorfeld der digitalen Sitzung eine unberechtigte Teilnahme ausgeschlossen werden. Eng verknüpft mit den hierfür erforderlichen Maßnahmen ist daher die Notwendigkeit zur Schaffung einer „sicheren Sphäre“, welche den Betriebsratsmitgliedern die Gewissheit vermittelt, dass es auch im virtuellen Raum keine heimlichen Zuhörer gibt.

Je nachdem, um welches Medium es sich handelt, können andere technische und organisatorische Maßnahmen zur Gewährleistung der Nichtöffentlichkeit geboten sein, weshalb nach den einzelnen Medien zu differenzieren ist.

a) Technische Maßnahmen

aa) Videokonferenzen

Sofern das technische Medium zur Abhaltung einer virtuellen Sitzung eine Videokonferenz darstellt, hat der Betriebsrat grundsätzlich drei Möglichkeiten, diese technisch einzurichten: Zunächst besteht für ihn die Möglichkeit, die Videokonferenz auf der Grundlage eines eigenen Systems und mithilfe einer eigenen Software zu betreiben.[579] Dies würde jedoch voraussetzen, dass die Betriebsratsmitglieder ein eigenes Netzwerk haben, um untereinander Daten auszutauschen und auch das Konferenzprogramm von diesen selbst oder zumindest vom Arbeitgeber entwickelt wurde. Die zweite Möglichkeit, eine Videokonferenz abzuhalten, wäre, dass das Netzwerk und das Konferenzprogramm nicht vom Betriebsrat oder dem Arbeitgeber stammen, sondern von einem externen Anbieter,[580] welcher für jede Sitzung diese beiden erforderlichen Komponenten erneut zur Verfügung stellt. Die letzte Möglichkeit wäre die Nutzung eines Onlinedienstes, bei dem ein externer Anbieter dem Betriebsrat nur die Software zur Abhaltung von Videokonferenzen überlässt,[581]

[579] *Brink*, Videokonferenzsysteme – Hinweise des LfDI, 4, abrufbar unter https://www.baden-wuerttemberg.datenschutz.de/wp-content/uploads/2021/12/VKS_12_2021.pdf (zuletzt abgerufen am 8.9.2024).

[580] *Brink*, Videokonferenzsysteme – Hinweise des LfDI, 4.

[581] *Brink*, Videokonferenzsysteme – Hinweise des LfDI, 4.

der Datenaustausch hingegen über das öffentliche Internet und nicht wie bei den beiden vorherigen Methoden über ein separates Netzwerk erfolgt. Im Hinblick auf die Ziele der Digitalisierung des Entscheidungsprozesses, die Betriebsratsarbeit leichter, flexibler und schneller zu gestalten,[582] kommt als praktische Methode im Prinzip meist nur die letztgenannte Variante in Betracht. Denn nahezu kein Betriebsrat wird die Möglichkeit haben, auf eigene Videokonferenzprogramme, welche vom Arbeitgeber selbst verwaltet werden, zurückzugreifen. Die Einrichtung eines eigenen Netzwerks durch einen externen Anbieter kostet hingegen viel Zeit, ist wenig flexibel und technisch teilweise nur schwer umsetzbar, weshalb sie grundsätzlich kein geeignetes Mittel ist, um die dargestellten Optimierungsmöglichkeiten zu erreichen.[583] Für die folgenden Betrachtungen wird daher nur die Videokonferenzlösung näher erörtert, bei welcher der Betriebsrat auf das öffentliche Internet als Netzwerk und ein Videokonferenzprogramm eines externen Anbieters zurückgreift.[584]

Um bei solchen Videokonferenzprogrammen den sicheren Meinungsaustausch im öffentlichen Internet zu gewährleisten und dadurch den unberechtigten Zugriff auf die Sitzung durch Dritte zu verhindern, ist die Verschlüsselung von Daten der normale Sicherheitsstandard,[585] wobei die verschiedenen Anbieter von Videokonferenzprogrammen unterschiedliche Verschlüsselungsmethoden verwenden. Viele Anbieter von Videokonferenzen nutzen etwa bei der Verschlüsselung von Daten eine sogenannte Transportverschlüsselung.[586] Dies bedeutet, dass der Übertragungsweg der Daten von einem Endpunkt zu einem anderen verschlüsselt wird.[587] An den jeweiligen Endpunkten liegen die Daten jedoch unverschlüsselt vor.[588] Ein unberechtigter Dritter kann durch diese Verschlüsselung des Transportweges nicht von außen auf die an sich unverschlüsselten Daten zugreifen. Dadurch, dass der

---

[582] Dazu Teil 3, A. II. und III.

[583] Denkbar wäre die Herstellung mithilfe eines sicheren Netzwerks via VPN (Virtual-Private-Network). Allerdings steigen die technischen Ansprüche an ein solches VPN mit zunehmender Teilnehmerzahl und werden daher von Konferenzanbietern entweder gar nicht oder nur eingeschränkt ermöglicht. Vgl. dazu *Althaus*, VPN (Virtual Private Network) und die Krux mit den Videokonferenzen, abrufbar unter https://www.fhnw.ch/plattformen/iwi/2020/05/14/homeoffice-und-onlinekonferenzen-3-7/ (zuletzt abgerufen am 8.9.2024).

[584] Nach *Brink*, Videokonferenzsysteme – Hinweise des LfDI, 4, ist dies auch die am Häufigsten verwendete Lösung, wobei er sich allerdings nicht konkret auf Betriebsräte bezieht.

[585] Vgl. *Brink*, Videokonferenzsysteme – Hinweise des LfDI, Tabelle im Anhang (unter Technisch).

[586] *Brink*, Videokonferenzsysteme – Hinweise des LfDI, Tabelle im Anhang (unter Technisch).

[587] BSI, Verschlüsselt kommunizieren im Internet, abrufbar unter https://www.bsi.bund.de/DE/Themen/Verbraucherinnen-und-Verbraucher/Informationen-und-Empfehlungen/Onlinekommunikation/Verschluesselt-kommunizieren/verschluesselt-kommunizieren_node.html;jsessionid=86E08487E7AF861BE4FC0097A11D769D.internet081 (zuletzt abgerufen am 8.9.2024).

[588] BSI, Verschlüsselt kommunizieren im Internet (Nachw. Fn. 587).

Transportweg aber immer nur von Endpunkt zu Endpunkt verschlüsselt ist, sind die hier unverschlüsselten Daten zumindest an den Endpunkten technisch einsehbar.[589] Die Problematik bei dieser Verschlüsselungsmethode besteht nun darin, dass zumindest bei den allermeisten Videoplattformen die Teilnehmer nicht nur untereinander kommunizieren, sondern immer ein Server des Videoanbieters dazwischengeschaltet ist.[590] Ein solcher Server stellt aber gerade auch einen Endpunkt dar.[591] Das bedeutet, sobald ein Betriebsratsmitglied seine Daten von seinem Endgerät losschickt, sind diese zwar bis zum Server des Videoanbieters vor dem Zugriff jedes Dritten geschützt. Auf dem Server des Videoanbieters liegen die Daten dann jedoch unverschlüsselt vor, bis sie wieder über einen verschlüsselten „Tunnel" auf die Endgeräte der anderen Betriebsratsmitglieder verteilt werden. Konsequenterweise ist aber auch der Anbieter von Videokonferenzsystemen als ein Dritter i. S. d. § 30 Abs. 2 S. 1 Nr. 3 BetrVG zu qualifizieren.[592] Hat dieser jedoch zumindest theoretisch Zugriff auf den Gesprächsinhalt der Videokonferenz, kann kein vollständiger Schutz gewährleistet werden.

Einen solchen Schutz bei der Datenübertragung kann lediglich eine sogenannte „Ende-zu-Ende-Verschlüsselung" bieten.[593] Bei dieser Verschlüsselungsmethode wird nicht der Transportweg verschlüsselt, sondern der Inhalt der Nachricht, also die Datei selbst.[594] Ein unberechtigter Dritter hat somit zwar Zugriff auf die Daten, kann aber aufgrund eines fehlenden Schlüssels zur Entschlüsselung der Daten nichts mit diesen anfangen.[595] Dadurch, dass nur die Betriebsratsmitglieder auf ihren Endgeräten den entsprechenden Schlüssel zur Entschlüsselung der Daten haben, kann auch nicht der Videokonferenzanbieter auf die Daten zugreifen, wenn diese seinen Server passieren.[596] Voraussetzung für eine wirksame Ende-zu-Ende-Verschlüsselung ist aber, dass nur die Teilnehmer der Videokonferenz die Möglichkeit haben, auf den entsprechenden Schlüssel zuzugreifen. Kann daher der Konferenzanbieter, auf welche Weise auch immer, auf den Schlüssel und damit den Inhalt

---

[589] BSI, Verschlüsselt kommunizieren im Internet (Nachw. Fn. 587).

[590] Vgl. BSI, Kompendium Videokonferenzsysteme KoViKO -Version 1.0.1, 24, abrufbar unter https://www.bsi.bund.de/SharedDocs/Downloads/DE/BSI/Cyber-Sicherheit/Themen/Kompendium-Videokonferenzsysteme.pdf?__blob=publicationFile&v=4 (zuletzt abgerufen am 8. 9. 2024).

[591] BSI, Kompendium Videokonferenzsysteme KoViKO -Version 1.0.1, 24 (Nachw. Fn. 590).

[592] *Tangemann*, BB 2020, 1974 (1976).

[593] BSI, Verschlüsselt kommunizieren im Internet (Nachw. Fn. 587); *Tangemann*, BB 2020, 1974 (1976).

[594] BSI, Verschlüsselt kommunizieren im Internet (Nachw. Fn. 587).

[595] BSI, Verschlüsselt kommunizieren im Internet (Nachw. Fn. 587).

[596] BSI, Verschlüsselt kommunizieren im Internet (Nachw. Fn. 587).

zugreifen oder sich einen eigenen zweiten Schlüssel selbst generieren, dann liegt keine effektive Ende-zu-Ende Verschlüsselung vor.[597]

Soll demnach ein möglichst hohes Schutzniveau bei Videokonferenzen erreicht werden, muss eine effektive Ende-zu-Ende-Verschlüsselung gewährleistet sein.[598] Ist dies nicht der Fall, kann zumindest theoretisch der Konferenzanbieter, als nichtberechtigter Dritter, ein Gespräch auf dem Übertragungsweg unbemerkt mitverfolgen. Es stellt sich daher die Frage, ob beim Einsatz einer Transportverschlüsselung die „Vertraulichkeit der Kommunikationswege"[599] gefährdet wird und dadurch eine Behinderung der kollektiven Willensbildung droht, da sich einzelne Mitglieder durch ein mögliches Mithören des Konferenzanbieters nicht mehr in einer vertraulichen und „geschützten Sphäre" sehen könnten. Grundsätzlich kann jedoch nicht ohne konkrete Anhaltspunkte davon ausgegangen werden, dass Videoanbieter bewusst bei Betriebsratssitzungen mithören und es dadurch zu einem Verstoß gegen die Nichtöffentlichkeit kommt. Davon dürften Betriebsratsmitglieder wohl auch nicht ausgehen und sich daher keiner abstrakten Gefahr ausgesetzt sehen, welche deren Redebeiträge und Abstimmungsverhalten stört und damit letztlich die Willensbildung schwerwiegend beeinflusst. Das Zugreifen von Videoanbietern auf unverschlüsselte Daten von Videoteilnehmern ist teilweise sogar förderlich, weil dadurch die Ton- und Bildqualität erheblich verbessert werden kann.[600] Bei der Wahl der Verschlüsselung, wie aber auch bei allen anderen technischen Maßnahmen, gilt daher das Gleiche wie bei Präsenzsitzungen, sodass ein absoluter Vertraulichkeitsschutz nicht gewährleistet werden muss.[601] Solange keine allgemeinen Fälle bekannt sind, in welchen der Anbieter von Videokonferenzen aktiv Sitzungen abgehört oder mitgeschnitten hat, kann daher bei der Verwendung solcher Programme von keiner Zerrüttung der für die virtuelle Betriebsratssitzung erforderlichen „sicheren Sphäre" ausgegangen werden.[602] Als ausreichend kann damit auch eine Transportverschlüsselung erachtet werden. Eine Ende-zu-Ende-Verschlüsselung ist daher nicht zwangsläufig notwendig.[603]

---

[597] Zu den Bedenken vgl. *Tangemann*, BB 2020, 1974 (1976); vgl. auch BSI, Kompendium Videokonferenzsysteme KoViKO -Version 1.0.1, 24 (Nachw. Fn. 590); *Brink*, Videokonferenzsysteme – Hinweise des LfDI, 10.

[598] *Tangemann*, BB 2020, 1974 (1976).

[599] *Tangemann*, BB 2020, 1974 (1979).

[600] Vgl. BSI, Kompendium Videokonferenzsysteme KoViKO -Version 1.0.1, 24, 103 (Nachw. Fn. 590).

[601] *Fitting*, BetrVG, § 30 Rn. 33; GK-BetrVG/*Raab*, § 30 Rn. 52.

[602] Vgl. LAG Köln 25.6.2021 – 9 TaBV 7/21, BeckRS 2021, 22842 (Rn. 25); GK-BetrVG/*Raab*, § 30 Rn. 77, nur wenn das Betriebsratsmitglied den Eindruck hat, sich nicht in einer geschützten Sphäre zu bewegen und dies auch gerügt hat.

[603] I. E. *Boemke/Roloff/Haase*, VSSAR 2021, 223 (236); kritisch: *Tangemann*, BB 2020, 1974 (1976); Fischer/Goeres/*Gronimus*, BPersVG, § 38 Rn. 54, nennt zur Regelung in § 38 Abs. 3 S. 2 Nr. 1 BPersVG „einer den anerkannten Sicherheitsstandards entsprechenden Technik".

Eine weitere technische Maßnahme zur Gewährleistung der Nichtöffentlichkeit ist, die Endgeräte der Betriebsratsmitglieder mit einer Software zu schützen, welche mit regelmäßigen Sicherheitsupdates versorgt wird.[604] Grundsätzlich nützt die beste Verbindungsverschlüsselung nichts, wenn das Endgerät eines Teilnehmers durch einen Dritten kompromittiert ist. Auf dessen Endgerät liegen die Daten der Videokonferenz unverschlüsselt vor, unabhängig davon, ob zum Austausch der Daten eine Transport- oder Ende-zu-Ende- Verschlüsselung verwendet worden ist. Die Gewährleistung regelmäßiger Sicherheitsupdates verhindert jedoch die aktive Teilnahme eines unberechtigten Dritten und trägt zusätzlich zum Vertrauen in die „geschützte Sphäre" bei. Die Entfernung unberechtigter Teilnehmer ist daher, soweit ersichtlich, in allen Konferenzprogrammen möglich. Technisch können unberechtigte Aufzeichnungen von manchen der Konferenzprogramme auch verhindert werden.[605]

bb) Telefonkonferenzen

Wird eine Telefonkonferenz als Medium zur Abhaltung einer Betriebsratssitzung gewählt, gibt es grundsätzlich zwei Möglichkeiten, wie diese abgehalten werden kann: Entweder jeder der Teilnehmer ruft zu einer vereinbarten Zeit eine ihm mitgeteilte Telefonnummer an;[606] ist die Verbindung hergestellt, muss sich der Teilnehmer in der Regel noch mit einer PIN identifizieren, um mit den anderen Teilnehmern kommunizieren zu können (Dial-in-Verfahren oder auch Einwahlverfahren).[607] Die andere Alternative ist, dass jeder Teilnehmer zu einer vereinbarten Zeit angerufen wird, wobei allerdings die entsprechenden Telefonnummern im Vorfeld bekannt sein müssen (sogenanntes Dial-Out-Verfahren oder auch Anrufverfahren).[608]

Seit dem Jahr 2019 gibt es deutschlandweit praktisch keine analogen bzw. ISDN-Anschlüsse mehr, sondern fast nur noch die sogenannte VoIP-Telefonie (Voice over Internet Protocol bzw. Sprachübertragung über das Internetprotokoll),[609] weshalb sich die Betrachtungen zur technischen Sicherheit ausschließlich auf diese Übertragungstechnik beschränken werden. Bei VoIP-Telefonie kann sowohl mittels des klassischen Telefons als auch mithilfe eines Computers gemeinsam kommuniziert werden. Der gegenseitige Informations- bzw. Datenaustausch erfolgt

---

[604] Vgl. GK-BetrVG/*Raab*, § 30 Rn. 61.

[605] Vgl. dazu *Brink*, Videokonferenzsysteme – Hinweise des LfDI, 13 ff.

[606] Iopla Blog: Wie funktioniert eine Telefonkonferenz?, abrufbar unter https://www.inopla.de/blog/telefonkonferenz/ (zuletzt abgerufen am 8.9.2024).

[607] Iopla Blog: Wie funktioniert eine Telefonkonferenz? (Nachw. Fn. 606).

[608] Iopla Blog: Wie funktioniert eine Telefonkonferenz? (Nachw. Fn. 606).

[609] Bundesnetzagentur, Jahresbericht 2021, 59, abrufbar unter https://www.bundesnetzagentur.de/SharedDocs/Mediathek/Jahresberichte/JB2021.pdf?__blob=publicationFile&v=3 (zuletzt abgerufen am 18.4.2023).

daher über ein Rechnernetz, welches nach Internetstandards aufgebaut ist.[610] Erfolgt die VoIP-Telefonie über das öffentlich zugängliche Internet, sind die Daten ähnlich verschlüsselt wie bei den Videokonferenzprogrammen. Hierbei werden Transport- oder Ende-zu-Ende-Verschlüsselungen verwendet, für die auch gilt, dass beide Verschlüsselungsarten zur Gewährleistung der Nichtöffentlichkeit ausreichend sind. Manche Konferenzanbieter nutzen bei der VoIP-Telefonie allerdings nicht das öffentliche Internet, sondern vielmehr ein eigenes Netzwerk, welches separat vom öffentlichen Netz besteht.[611] Der Vorteil bei diesen Netzwerken ist, dass diese nur für den Telefonanbieter selbst zugänglich sind, wodurch ein Abfangen oder Verändern von Daten durch einen Dritten technisch zusätzlich erschwert wird.[612] Aus technischer Sicht sind daher Verstöße gegen die Nichtöffentlichkeit, welche zur Unwirksamkeit eines Beschlusses führen, bei Telefonkonferenzen regelmäßig nicht zu befürchten, da zum einen auch bei dieser Form der Kommunikation nicht ohne weitere Anhaltspunkte davon ausgegangen werden kann, dass der Konferenzanbieter bei den Betriebsratssitzungen mithört und damit zu einer Verletzung der „vertraulichen Sphäre" beiträgt. Zum anderen werden bei Telefonkonferenzen gängige Verschlüsselungsmethoden verwendet, welche die Teilnahme von nichtberechtigten Dritten effektiv verhindern.

cc) E-Mail und Messenger-Programme

Der Austausch bei E-Mails und Messenger-Programmen erfolgt, wie bei den Videokonferenzprogrammen und Teilen der Telefonkonferenzen, über das öffentliche Internet. Es ist daher beim Datenaustausch, wie etwa bei Video- und Telefonkonferenzen, eine Transportverschlüsselung oder Ende-zu-Ende Verschlüsselung erforderlich.[613] Da jedoch die Kommunikation bei diesen Programmen asynchron abläuft[614] und es damit nicht gewährleistet ist, dass sich die Betriebsratsmitglieder währenddessen immer vor ihren Endgeräten befinden, darf die

---

[610] Telefonkonferenz-Info: Voice over IP – Telefonkonferenz über das Internet, abrufbar unter https://www.telefonkonferenz.info/telefonkonferenz/voip/# (zuletzt abgerufen am 8.9. 2024).

[611] *McKinney*, VoIP: Telefonieren über den Telekom-IP-Anschluss ist sicher, abrufbar unter https://www.telekom.com/de/blog/netz/artikel/voip-telefonieren-ueber-den-telekom-ip-anschluss-ist-sicher-65466 (zuletzt abgerufen am 8.9.2024).

[612] *McKinney*, VoIP: Telefonieren über den Telekom-IP-Anschluss ist sicher.

[613] BSI, E-Mail Verschlüsselung, abrufbar unter https://www.bsi.bund.de/DE/Themen/Verbraucherinnen-und-Verbraucher/Informationen-und-Empfehlungen/Onlinekommunikation/Verschluesselt-kommunizieren/E-Mail-Verschluesselung/e-mail-verschluesselung_node.html (zuletzt abgerufen am 8.9.2024); BSI: Moderne Messenger – heute verschlüsselt, morgen interoperabel?, 7 ff., abrufbar unter https://www.bsi.bund.de/SharedDocs/Downloads/DE/BSI/Publikationen/DVS-Berichte/messenger.pdf?__blob=publicationFile&v=8 (zuletzt abgerufen am 8.9.2024).

[614] BSI: Moderne Messenger – heute verschlüsselt, morgen interoperabel?, 6 (Nachw. Fn. 613).

entsprechende Nutzung der E-Mail- oder Messenger-Programme nur mit der zusätzlichen Nutzung eines Passwortes möglich sein. Die meisten Messenger-Programme setzen dabei auf eine sogenannte Zwei-Faktor-Authentifizierung.[615] Der jeweilige Nutzer des Messenger-Programms identifiziert sich dabei gegenüber dem Messenger-Dienst mithilfe zweier unterschiedlicher Komponenten, welche aus den Kategorien Besitz (im Besitz des bereits registrierten Endgeräts) und Wissen (Passwort, PIN, Sicherheitsfrage) oder Biometrie (Fingerabdruck, Gesichtserkennung) bestehen.[616] Durch Kombination des Faktors Besitz mit zwei der anderen Kategorien soll die Sicherheitsschwäche ausgeglichen werden, die darin besteht, dass sich die meist mobilen Endgeräte nicht immer in unmittelbarer Nähe der Nutzer des Messenger-Programms befinden.[617] Zumindest auf technischer Ebene wird die Beeinflussung durch einen unberechtigten Dritten auf die Beschlussfassung des Betriebsrats damit weitestgehend zu verhindern sein. Nur schwer zu unterbinden ist allerdings auch hier die Anfertigung und Verbreitung von Kopien und Bildschirmaufnahmen der jeweiligen Nachrichten.

b) Organisatorische Maßnahmen

aa) Video- und Telefonkonferenzen

Die Schaffung einer virtuellen Betriebsratssitzung macht es möglich, dass die Betriebsratsmitglieder von überallher an dieser teilnehmen können, solange sie das entsprechende technische Medium bei sich haben und mit diesem eine Verbindung zum Internet herstellen können. Wird die Anwesenheit eines Dritten akustisch oder optisch durch ein Mitglied bemerkt und die Anwesenheit beanstandet, muss der Dritte die virtuelle Sitzung derart verlassen, dass er keine Möglichkeit mehr hat, von deren Inhalten Kenntnis zu nehmen. Ansonsten führt der Verstoß gegen die Nichtöffentlichkeit zu einer Unwirksamkeit des Beschlusses.[618] Im Gegensatz zu einer Präsenzsitzung kann der Dritte jedoch einerseits nicht einfach vom Vorsitzenden aus dem Raum verwiesen werden, da der Vorsitzende kein Weisungsrecht gegenüber Personen hat, die sich in der Öffentlichkeit aufhalten oder im selben Haus befinden wie das teilnehmende Betriebsratsmitglied. Anderseits können sich die anderen Mitglieder, selbst wenn der Dritte den Wahrnehmungsbereich verlässt, aufgrund akustisch oder optisch beschränkter Wahrnehmungsmöglichkeiten niemals vollständig sicher sein, dass der Dritte nicht mehr anwesend ist. Nimmt daher

[615] BSI: Moderne Messenger – heute verschlüsselt, morgen interoperabel?, 10 (Nachw. Fn. 613).

[616] BSI: Moderne Messenger – heute verschlüsselt, morgen interoperabel?, 10 (Nachw. Fn. 613).

[617] BSI: Moderne Messenger – heute verschlüsselt, morgen interoperabel?, 10 (Nachw. Fn. 613).

[618] BAG 30.9.2014 – 1 ABR 32/13, NZA 2015, 370 Rn. 51; vgl. Teil 3, B. II. 1. b).

ein Betriebsratsmitglied in der Öffentlichkeit, also zum Beispiel in einem Zug,[619] Park[620] oder Café[621] an der Sitzung teil, kann es in allen der auf Rechtsfolgenseite aufgezeigten Konstellationen zu einem nicht verhinderbaren und wesentlichen Verstoß gegen die Nichtöffentlichkeit kommen. Hängt die Wahrung der Nichtöffentlichkeit aber nur vom Zufall ab, dann genügt diese Form der Teilnahme generell nicht den Ansprüchen an die Nichtöffentlichkeit.[622]

Anders wird dies zu bewerten sein, wenn ein Mitglied im Homeoffice oder aus einem anderen Betriebsteil an der virtuellen Sitzung teilnimmt. Zwar kann der Vorsitzende auch bei einer solchen Teilnahme Dritten gegenüber keine Weisungen erteilen. Allerdings hat das teilnehmende Betriebsratsmitglied eine bessere Möglichkeit, darauf hinzuwirken, dass sich der Nichtberechtigte aus dem Wahrnehmungsbereich der Sitzung entfernt. Familienmitglieder, Mitbewohner oder Arbeitskollegen können wirksamer dazu veranlasst werden, eine Störung der Sitzung zu unterlassen, als eine unbekannte Person in der Öffentlichkeit. Darüber hinaus kann das Gremienmitglied zu Beginn der Sitzung im Protokoll versichern, dass nur teilnahmeberechtigte Personen anwesend sind.[623] Betritt hingegen eine nicht teilnahmeberechtigte Person den Raum, wäre dies unverzüglich dem Vorsitzenden mitzuteilen.[624] Zwar besteht auch dann noch die Möglichkeit, dass ein Dritter unbemerkt an der Sitzung teilnimmt. Die für eine virtuelle Sitzung erforderliche „vertrauliche Sphäre" wird dadurch aber weniger gefährdet als durch eine Teilnahme in der Öffentlichkeit, da die Wahrung der Nichtöffentlichkeit nicht mehr vom Zufall abhängig ist.[625] Weitere organisatorische Maßnahmen zur Wahrung der Nichtöffentlichkeit sind die Passwortvergabe zu Beginn einer Sitzung[626], die Festlegung einer neuen Zugangsberechtigung bei jeder Sitzung[627] oder die Kontrolle der Teilnehmer-IDs[628], wobei es sich hier anbietet, die genauen technischen und organisatorischen Maßnahmen in der Geschäftsordnung festzulegen.[629]

---

[619] *Mückl/Wittek*, DB 2020, 1289 (1290).

[620] GK-BetrVG/*Raab*, § 30 Rn. 53.

[621] *Mückl/Wittek*, DB 2020, 1289 (1290).

[622] I.E. auch *Thüsing/Beden*, NZA 2020, 545 (548); *Fitting*, BetrVG, § 30 Rn. 33; GK-BetrVG/*Raab*, § 30 Rn. 53; DKW/*Wedde*, BetrVG, § 30 Rn. 46, 57, 59.

[623] BT-Drs. 19/28899, 20.

[624] BT-Drs. 19/28899, 20.

[625] *Thüsing/Beden*, NZA 2020, 545 (548), halten auch unter Umständen eine Teilnahme im Homeoffice für unzulässig (z.B. in kleinen Wohnungen); für möglich haltend, aber doch kritisch, DKW/*Wedde*, BetrVG, § 30 Rn. 58, 61.

[626] *Brink*, Videokonferenzsysteme – Hinweise des LfDI, 8; GK-BetrVG/*Raab*, § 30 Rn. 52; *Tangemann*, BB 2020, 1974 (1978); *Winzer/Baeck/Hilgers*, NZA 2021, 620 (622).

[627] GK-BetrVG/*Raab*, § 30 Rn. 52.

[628] *Brink*, Videokonferenzsysteme – Hinweise des LfDI, 8; *Tangemann*, BB 2020, 1974 (1978); ähnlich *Winzer/Baeck/Hilgers*, NZA 2021, 620 (622); die Grenzen zwischen technischen und organisatorischen Maßnahmen sind hier fließend, sodass solche Maßnahmen zur Sicherung der Nichtöffentlichkeit in Video- und Telefonkonferenzen auch als technische Maßnahmen angesehen werden könnten; vgl. dazu auch Kühling/Buchner/*Jandt*, DS-GVO,

bb) E-Mail und Messenger-Programme

Nachdem die Kommunikation bei einem digitalen Entscheidungsverfahren über E-Mail und Messenger-Programme asynchron ist, kann die Nichtöffentlichkeit während der Willensbildung im virtuellen Umlaufverfahren nicht aktiv verletzt werden. Eine Beanstandung durch ein Mitglied, dass ein Dritter die Vertraulichkeit stört, ist daher nicht möglich. Eine Übertragung der BAG-Rechtsprechung kommt daher für diesen Aspekt nicht in Betracht. Bei einer Willensbildung im digitalen Umlaufverfahren wird es vielmehr der Fall sein, dass ein Dritter Nachrichten anderer Mitglieder mitliest bzw. Sprachnachrichten mithört, entweder weil ein Betriebsratsmitglied die Nachrichten nicht ausreichend gegen die Wahrnehmung Nichtberechtigter Dritter geschützt hat oder der Dritte sich in unmittelbarer Nähe befindet, während das Gremienmitglied seine Nachrichten verfasst. Dabei wird es zwar in den meisten Fällen zu keiner aktiven Beeinflussung der Willensbildung in dem Sinne kommen, dass der Nichtberechtigte selbst Nachrichten verfasst, diktiert oder überhaupt eine Meinung zu den Inhalten der Sitzungen hat. Gerade aber die potentielle Möglichkeit, dass ein Nichtberechtigter jederzeit Kenntnis vom besprochenen Inhalt der Willensbildung nehmen könnte, ohne dass die anderen Mitglieder in der Lage sind, dies zu erkennen, könnte jedoch zu einer schwerwiegenden Störung der Vertraulichkeit und damit auch zu einer Verletzung der Nichtöffentlichkeit führen. Reduziert werden kann die Gefahr eines heimlichen Mithörens durch organisatorische Maßnahmen wie die Sicherung des Laptops oder des Handys mit einem Passwort, die generelle Trennung von beruflichen und privaten Endgeräten sowie die Verwendung dieser Geräte nur im beruflichen Alltag und nicht in öffentlichen Bereichen.

3. Zwischenergebnis

Die Grundsätze zur Unwirksamkeit eines Beschlusses in einer Präsenzsitzung bei einem Verstoß gegen die Nichtöffentlichkeit gem. § 30 Abs. 1 S. 4 BetrVG lassen sich auf virtuelle Sitzungen übertragen, müssen im Bereich einer möglichen heimlichen Teilnahme durch unberechtigte Dritte allerdings erweitert werden. Im Gegensatz zu einer Präsenzsitzung ist die Gefahr einer heimlichen Teilnahme durch einen nichtberechtigten Dritten sowie die unbemerkte Aufzeichnung von Inhalten einer virtuellen Betriebsratssitzung wesentlich wahrscheinlicher und auch einfacher möglich. Es muss daher in diesen eine „geschützte Sphäre“ geschaffen werden,

Art. 32 Rn. 5, welcher bei den ähnlichen technischen und organisatorischen Maßnahmen nach Art. 32 DS-GVO im Datenschutzrecht eine strikte Trennung für „weder möglich noch sinnvoll“ hält.

[629] *Boemke/Roloff/Haase*, NZA 2021, 827 (832); *dies.*, VSSAR 2021, 223 (236); *Winzer/Baeck/Hilgers*, NZA 2021, 620 (622), vgl. auch BT-Drs. 19/18753, 28 zu § 30 Abs. 2 S. 1 Nr. 3 BetrVG.

welche den Betriebsratsmitgliedern die Gewissheit vermittelt, dass die Beiträge zur kollektiven Willensbildung und Beschlussfassung vertraulich bleiben.

Auf technischer Ebene kann bei allen Kommunikationsformen effektiv verhindert werden, dass ein Dritter unberechtigt und heimlich der Sitzung beiwohnt. Sofern die ergriffenen Sicherheitsmaßnahmen dennoch unterlaufen werden sollten, besteht die Möglichkeit, unberechtigte Teilnehmer aufgrund der Rüge eines Mitglieds aus der jeweiligen virtuellen Sitzungsform auszuschließen. Schwieriger gestaltet es sich hingegen, eine „vertrauliche Sphäre" auch durch die Ergreifung organisatorischer Maßnahmen zu gewährleisten. Während eine Verletzung der Nichtöffentlichkeit bei Video- und Telefonkonferenzen durch eine Untersagung, in der Öffentlichkeit an virtuellen Sitzungen teilzunehmen, sich relativ zuverlässig verhindern lässt, ist ein solches Verbot bei E-Mail- und Messenger-Programmen nur schwer umsetzbar, da aufgrund der hier asynchron verlaufenden Kommunikationsformen die Überprüfung einer solchen Untersagung kaum möglich ist. Abträglich zur Herstellung einer „geschützten Sphäre" in virtuellen Sitzungen ist bei allen Medien, dass sich in diesen zwar auf technischer Ebene eine unbefugte Aufzeichnung von Inhalten verhindern lässt, organisatorisch, mithilfe anderer technischer Medien wie Mobiltelefonen, jedoch kaum.

Abschließend ist damit festzustellen, dass es bei virtuellen Sitzungen zu mehr Verstößen gegen die Nichtöffentlichkeit als in Präsenzsitzungen kommen kann. Diese Verstöße sind allerdings regelmäßig keine schwerwiegenden und führen daher nicht zur Unwirksamkeit von Betriebsratsbeschlüssen, womit das Risiko von rechtlich relevanten Verletzungen der Nichtöffentlichkeit in virtuellen Sitzungen gering ist. Diese Frage könnte hingegen anders zu bewerten sein, wenn allein dieses grundsätzlich als gering zu bewertende Risiko ausreicht, um Betriebsratsmitgliedern die zur Herstellung einer „geschützten Sphäre" notwendige Sicherheit zu vermitteln, sodass die Inhalte der Sitzung vertraulich bleiben. Dies kann von Betriebsrat zu Betriebsrat anders zu beantworten sein. Grundsätzlich ist allerdings davon auszugehen, dass Video- und Telefonkonferenzen eine solche „vertrauliche Sphäre" besser erzeugen können als eine Beschlussfassung, welche mithilfe von E-Mail- und Messenger-Programmen stattfindet.

III. Sonstige funktionelle Erwartungen

Neben der weitestgehenden Sicherstellung der Funktionen des Anwesenheitsgebotes nach § 33 Abs. 1 S. 1 BetrVG und der Nichtöffentlichkeit nach § 30 Abs. 1 S. 4 BetrVG müsste eine virtuelle Sitzung auch die anderen funktionellen Erwartungen gewährleisten, welche in einer Präsenzsitzung an den Prozess der Entscheidungsfindung gestellt werden. Zu diesen zählt die Fähigkeit, ein demokratisches und gerechtes Verfahren in der Betriebsratssitzung abzubilden, eine Willensbildung aus dem Stegreif heraus zu vermeiden, die Moderation der Entscheidungsfindung, die Anfertigung einer Sitzungsniederschrift sowie die Möglichkeit, dass auch Angehörige von Minderheitenlisten in virtuellen Sitzungen effektiv an der Entscheidungsfindung mitwirken können.

1. Demokratische Grundsätze und ein gerechtes Verfahren

Die technischen Medien zur Digitalisierung der Entscheidungsfindung müssten ein demokratisches und gerechtes Verfahren gewährleisten können. Hierfür muss die medial vermittelte Kommunikation einerseits mit den Ansprüchen der Diskurstheorie und der Theorie der juristischen Argumentation vereinbar sein, welche ein gerechtes Verfahren im juristischen Diskurs ermöglichen. Ferner erfordern die Regelungen zur Entscheidungsfindung die Gewährleistung von geheimen Abstimmungen und Wahlen.

a) Mediale Kommunikation im Verfahren

Der Einsatz medialer Kommunikationsmittel müsste auch mit den Ansprüchen an das Verfahren im Entscheidungsprozess des Betriebsrats vereinbar sein. Maßgebliche Theorien zur Bewertung dieser Ansprüche sind die Diskurstheorie von Habermas sowie die Theorie der juristischen Argumentation von Alexy. Erstere verlangt für das Zustandekommen einer gerechten Entscheidung, dass diese die Zustimmung aller in einem praktischen Diskurs findet.[630] Dies kann jedoch nur dann der Fall sein, wenn sie von allen zwanglos akzeptiert wird.[631] Dafür muss sich jeder am Diskurs Beteiligte auf allgemeine Kommunikationsvoraussetzungen einlassen, was eine gleichberechtigte Teilnahme gewährleistet;[632] Habermas nennt dies die „ideale Sprechsituation".[633] Eine solche wird ermöglicht, wenn es zu keinen äußeren Beeinflussungen und Zwängen im Diskurs kommt, jeder dieselben Chancen hat, seine Sprechakte frei zu wählen und jederzeit den Diskurs eröffnen bzw. mit Rede und Gegenrede, Frage und Antwort einsteigen kann.[634] Die von Alexy entwickelte Theorie der Gerechtigkeit baut auf dieser Theorie auf und modifiziert sie für juristische Diskurse insoweit, als dass diese sich neben dem Leitbild der idealen Sprechsituationen im praktischen Diskurs an die juristischen Argumentationen der Auslegung, der Dogmatik, der Empirie, der Präjudizienwirkung sowie weitere spezielle, juristische Argumentationen zu halten habe.[635]

Sowohl im elektronischen Umlaufverfahren mithilfe von Messengern oder E-Mails als auch in einer Telefon- oder Videokonferenz ist es generell möglich, juristisch zu argumentieren. Argumente dogmatischer oder empirischer Natur sowie

---

[630] *Habermas*, Erläuterungen zur Diskursethik, 12.

[631] *Habermas*, Erläuterungen zur Diskursethik, 12.

[632] *Habermas*, Erläuterungen zur Diskursethik, 13 f.

[633] *Habermas/Luhmann*, Gesellschaft oder Sozialtechnologie, 136 ff.

[634] Vgl. *Habermas*, Erläuterungen zur Diskursethik, 13 f.

[635] Ausführlich Teil 2, Abschnitt 1, B. II. 4.

maßgebliche Gerichtsentscheidungen können daher in den ausgewählten medialen Kommunikationsformen verbal oder schriftlich wiedergegeben werden. Zu berücksichtigen wird in diesem Zusammenhang allerdings auch sein, dass insbesondere die empirische Argumentation auf der Beurteilung von Tatsachen, Handlungen, Motiven, Ereignissen oder Zuständen beruht.[636] Soll es hingegen einem Teilnehmer am juristischen Diskurs möglich sein, jederzeit auch in den empirischen Diskurs überzugehen,[637] so muss für diesen die Möglichkeit bestehen, entsprechende Tatsachen, Zustände oder Ähnliches einbringen zu können. Konkret auf die Betriebsratsarbeit übertragen würde dies bedeuten, dass, wenn über eine Kündigung i.S.d. § 102 BetrVG oder eine Neueinstellung gem. § 99 Abs. 1 BetrVG entschieden werden muss, die entsprechenden Kündigungsgründe oder Bewerbungsunterlagen in die Sitzung als Tatsachen einzubringen sind. Während es bei den elektronischen Umlaufverfahren mithilfe von E-Mails oder des Messengers sowie bei Videokonferenzen möglich ist, relevante Dokumente in elektronischer Form zu übertragen, ist dies bei Telefonkonferenzen nicht ohne Weiteres der Fall. Zwar können Unterlagen an die Telefongeräte der anderen Mitglieder verschickt werden, allerdings nur wenn diese über ein Smartphone verfügen, welches in der Lage ist, die entsprechenden Dateien zu öffnen. Aufgrund der begrenzten Displaygröße der Smartphones kann sich darüber hinaus eine Sichtung der relevanten Dokumente als schwierig gestalten. Die grundsätzlich fehlende Möglichkeit der visuellen Wahrnehmung in einer Telefonkonferenz erschwert daher die Teilnahme am juristischen Diskurs.

Neben den speziellen juristischen Argumentationsformen muss der Diskurs mithilfe medialer Mittel aber auch versuchen, die Voraussetzungen der idealen Sprechsituation weitestgehend zu erfüllen. Bei den elektronischen Umlaufverfahren und insbesondere beim Diskurs mit E-Mails kann es sich aufgrund der hier asynchron stattfindenden Kommunikation als schwierig gestalten, den Sprechakt frei zu wählen und jederzeit in den Diskurs einzusteigen. Nachrichten, welche erst Minuten, Stunden oder Tage später gelesen werden, können folglich auch erst zeitlich versetzt wahrgenommen werden, wodurch die Gegenrede oder Antwort im Diskurs ebenfalls verzögert wird. Der Diskurs im elektronischen Umlaufverfahren ist damit zwar möglich, spielt sich jedoch nicht genauso unmittelbar ab wie jener in einer Video- oder Telefonkonferenz bzw. der klassischen Präsenzsitzung. Unterschiede bestehen in dieser Hinsicht zwischen dem Verfahren mit E-Mail- und Messenger-Programmen, da letztere i.d.R. eine interaktivere Kommunikation ermöglichen, sofern die Teilnehmer zur selben Zeit das Messenger-Programm verwenden.

Videokonferenzen eignen sich somit am besten, um dem Leitbild der idealen Sprechsituation zu genügen sowie einen zielführenden juristischen Diskurs zu führen. Insbesondere die empirische Diskussion, basierend auf Beweisen und Dokumenten im juristischen Diskurs der Betriebsratssitzung, ist in einer Telefonkon-

---

[636] *Alexy*, Theorie der juristischen Argumentation, 286.

[637] *Alexy*, Theorie der juristischen Argumentation, 287.

ferenz nur schwer umsetzbar und auch wenn hier eine Sprechsituation prinzipiell möglich ist, in welcher die Beteiligten vergleichbare Bedingungen haben und aktiv mit Argumenten auf die anderen Diskursteilnehmer einwirken können, eignet sich die Telefonkonferenz zur Abbildung eines juristischen Diskurses nur bedingt. In E-Mail- und Messenger-Programmen ist die Einbringung von elektronischen Dokumenten hingegen kein Problem. Der Umstand, dass eine Diskussion bei diesen Medien meist zeitlich versetzt stattfindet, verhindert aber vor allem bei E-Mail-Programmen die von der idealen Sprechsituation geforderte Möglichkeit, jederzeit argumentativ auf die anderen Teilnehmer einwirken zu können.

b) Gewährleistung geheimer Abstimmungen und Wahlen

Sowohl die Abstimmungen bei Beschlüssen wie auch die internen Wahlen erfolgen im Anschluss an die interne Willensbildung. Technische Medien müssen daher gewährleisten, dass im Anschluss an die digitale Sitzung eine geheime Abstimmung oder Wahl unmittelbar möglich ist. Erreicht werden kann dies mithilfe von Abstimmungssoftwares, welche von verschiedenen Unternehmen teils kostenfrei zur Verfügung gestellt werden.[638] Der Vorsitzende legt dafür mithilfe der entsprechenden Software eine Umfrage an, indem er eine Frage zu einer entsprechenden Thematik in ein hierfür vorgesehenes Feld eingibt.[639] Daran anschließend wird ein Link erstellt, welchen der Vorsitzende an alle teilnehmenden Betriebsratsmitglieder versenden muss.[640] Die Empfänger haben dann die Wahl zwischen einer Ja-, Nein- oder Enthaltungsstimme.[641] Sobald die Abstimmung durch alle Stimmberechtigten erfolgt ist, bekommt der Vorsitzende das anonymisierte Ergebnis angezeigt.[642] Möglich ist der Einsatz dieses Programmes jedoch nur, wenn die Beteiligten eine Internetverbindung und ein Display haben, auf welchem die Software angezeigt wird.[643] Während diese Voraussetzungen bei Videokonferenzen, E-Mail- und Messenger-Programmen vorliegen, dürfte hingegen die visuelle Anzeige der Abstimmungsmöglichkeiten sowie des Ergebnisses bei Telefonkonferenzen nicht immer umsetzbar sein.[644]

---

[638] Z. B. Poko, Geheime Abstimmung – jetzt auch virtuell, abrufbar unter https://www.poko.de/Betriebsrat/Betriebsrat-Know-How/Nuetzliche-Tipps-fuer-Ihre-Betriebsratsarbeit/Geheime-Abstimmungen-jetzt-auch-virtuell (zuletzt abgerufen am 18. 4. 2023).

[639] Poko, Geheime Abstimmung – jetzt auch virtuell (Nachw. Fn. 638).

[640] Poko, Geheime Abstimmung – jetzt auch virtuell (Nachw. Fn. 638).

[641] Poko, Geheime Abstimmung – jetzt auch virtuell (Nachw. Fn. 638).

[642] Poko, Geheime Abstimmung – jetzt auch virtuell (Nachw. Fn. 638).

[643] Poko, Geheime Abstimmung – jetzt auch virtuell (Nachw. Fn. 638).

[644] Zu Video- und Telefonkonferenzen: GK-BetrVG/*Raab*, § 33 Rn. 41; *Ch. Weber*, JArbR Bd. 58, 91 (109); *Gaul/Kaule*, ArbRB 2021, S4, halten geheime Abstimmungen in Video- und Telefonkonferenzen ohne Weiteres für möglich; hingegen ist für *Ilbertz/Widmaier*, BPersVG, § 38 Rn. 23 nicht ersichtlich, wie eine Geheimhaltung sichergestellt werden kann; für möglich haltend bei der vergleichbaren Vorschrift in § 38 BPersVG allerdings Fischer/Goeres/*Gronimus*, BPersVG, § 38 Rn. 54.

Vergleichend kann in diesem Zusammenhang auch auf die Vorschriften im AktG abgestellt werden. Die Beschlussfassung im Aufsichtsrat kann hier gem. § 108 Abs. 4 AktG mithilfe elektronischer Medien erfolgen. Auf die Wahl des Aufsichtsratsvorsitzenden und seiner Ausschüsse finden die Regelungen über die Beschlussfassung entsprechend Anwendung.[645] Sowohl die Beschlussfassung als auch die Wahlen können nach überwiegender Auffassung geheim erfolgen.[646] Als Formen der elektronischen Beschlussfassung sind dabei die telefonische Beschlussfassung, die Beschlussfassung via E-Mail und Messenger-Dienst sowie die Videokonferenz anerkannt.[647] Selbst wenn im Aufsichtsrat grundsätzlich die offene Abstimmung der Normalfall ist, so zeigt die Möglichkeit zur Abhaltung von Wahlen mit elektronischen Mitteln, dass eine geheime Abstimmung machbar sein muss.

Es bestehen somit bereits Optionen, geheime Abstimmungen und Wahlen mithilfe technischer Medien durchzuführen. Obwohl sich manche der technischen Medien bisher nur bedingt eignen, scheint keine davon als tragbare Lösung dauerhaft ausgeschlossen zu sein.

2. Ausreichend Zeit zur Vorbereitung gem. § 29 Abs. 2 S. 3 BetrVG

Für die Willensbildung im analogen Entscheidungsprozess ist es wichtig, dass die Betriebsratsmitglieder im Vorfeld der Präsenzsitzung mit der Ladung zur Sitzung über die Tagesordnungspunkte informiert werden und sich dadurch schon eine eigene Meinung bilden können. Normiert ist dies in § 29 Abs. 2 S. 3 BetrVG, wonach die Ladung zur Betriebsratssitzung rechtzeitig erfolgen muss.[648] Das Digitalisierungsziel, die Betriebsratsarbeit generell zu beschleunigen, kann jedoch dazu führen, dass der Zeitraum zwischen Bekanntgabe der Tagesordnung und Beginn der Sitzung wegfällt. Bei einem elektronischen Umlaufverfahren könnte die Sitzung bereits mit Versendung des zu behandelnden Themas via E-Mail oder Textnachricht beginnen. Solche kurzfristig stattfindenden Sitzungen könnten allerdings im Konflikt zu der mit § 29 Abs. 2 S. 3 BetrVG verbundenen Vorbereitungszeit stehen, wenn die im Betriebsrat zu treffenden Entscheidungen eine ausführliche Willensbildung erfordern. Den stimmberechtigten Teilnehmern dürfte daher durch virtuelle Sitzungen nicht die Vorbereitungszeit entzogen werden, um sich bereits im Vorfeld der Sitzung einen eigenen Willen bilden zu können. Zu keinem Konflikt mit § 29 Abs. 2 S. 3 BetrVG wird es hingegen bei solchen Themen kommen, welche entweder nur eine kurze oder gar keine Vorbereitungszeit benötigen. Es gibt Themen im Betriebsrat, bei denen der Beschluss entweder bereits im Vorfeld der Sitzung

[645] MüKo-AktG/*Habersack*, AktG, § 107 Rn. 22, 33.

[646] MüKo-AktG/*Habersack*, AktG, § 107 Rn. 23, § 108 Rn. 18; BeckOGK/*Spindler*, AktG, § 108 Rn. 20.

[647] MüKo-AktG/*Habersack*, AktG, § 108 Rn. 60.

[648] Ausführlich Teil 2, Abschnitt 1, A. I. 4.

feststeht oder das Gesetz selbst durch die Setzung einer kurzen Frist nur wenig Vorbereitungszeit zur Ausübung der Beteiligungsrechte einräumt.[649] Zielt die Beschleunigung somit nur darauf ab, den Entscheidungsprozess bei Themen zu verkürzen, bei welchen eigentlich keine Willensbildung mehr erforderlich ist, da sie einfach gelagert sind oder regelmäßig anfallen, so besteht letztlich kein Widerspruch zur analogen Sitzung, da in solchen Fällen die Vorbereitungszeit nicht genutzt wird.

3. Gewährleistung des Minderheitenschutzes

Durch die Verwendung von technischen Medien bei der Entscheidungsfindung dürfte es zu keiner Aushebelung des Minderheitenschutzes kommen. Dieser in der Betriebsverfassung nur punktuell bestehende Schutz kommt bei der Entscheidungsfindung bisher nur in Ausnahmefällen wie bei einem Beschluss über die Geschäftsordnung nach § 36 BetrVG [650] oder der Wahl von Ausschussmitgliedern gem. § 28 Abs. 1 S. 2 i. V. m. § 27 Abs. 1 S. 3 BetrVG zum Tragen.[651] Im Grundsatz gilt aber, dass Beschlüsse und damit die Ausübung von Beteiligungsrechten gem. § 33 Abs. 1 S. 1 BetrVG mit einfacher Mehrheit gefasst werden und damit die Funktionsfähigkeit des Betriebsrats über dem Schutz der Minderheiten steht.[652] Sofern technische Medien daher zu einer Digitalisierung der Betriebsratssitzung oder des Entscheidungsverfahrens selbst beitragen sollen, besteht daher zunächst keine Veranlassung, Minderheiten besonders zu berücksichtigen.

Anderseits zeigt die Rechtsprechung des BAG zu § 34 Abs. 3 BetrVG zu Zugriffsrechten auf Unterlagen, die für die Betriebsratsarbeit erforderlich sind[653], dass Mitgliedern von Minderheitslisten notwendige Unterlagen häufig verwehrt oder vorenthalten werden, indem die Mehrheitsfraktionen formelle Mittel geschickt anwenden, um kleinere Fraktionen im Betriebsrat zu benachteiligen.[654] Die Nutzung digitaler Medien zur Abhaltung einer virtuellen Konferenz ist ein formales Mittel und läge vorbehaltlich einer gesetzlichen Regelung grundsätzlich im Ermessen des Vorsitzenden. Könnte der Vorsitzende nun allein darüber entscheiden, welche Art der Sitzung stattfindet, könnte dies zu einem Konflikt mit dem Antragsrecht aus

---

[649] Vgl. zu den Auswirkungen der Beteiligungsrechte auf das Entscheidungsverfahren Teil 2, Abschnitt 1, A. III.

[650] *Rennpferdt*, RdA 2022, 27 (30).

[651] *Rennpferdt*, RdA 2022, 27 (28).

[652] *Rennpferdt*, RdA 2022, 27 (27); Zum Minderheitenschutz in der Präsenzsitzung Teil 2, Abschnitt 1, A. I. 8.

[653] BAG 12. 8. 2009 – 7 ABR 15/08, AP zu § 34 Nr. 2 BetrVG 1972 (Rn. 15 ff.).

[654] *Nawrot*, Voraussetzungen für eine erfolgreiche Betriebsratspolitik: Achtung der Rechte von Minderheiten im Betriebsrat, abrufbar unter https://www.betriebsratsberater-berlin.de/2017/10/17/achtung-der-rechte-von-minderheiten-im-betriebsrat/ (zuletzt abgerufen am 8. 9. 2024); vgl. dazu auch das mit Betriebsräten durchgeführte Interview von *Voss*, Rechtsstellung von Minderheitslisten, 23 f.; sowie die daraus folgenden Probleme für die Praxis, 24 ff.

§ 29 Abs. 3 BetrVG führen. Das Antragsrecht soll es einem Viertel der Mitglieder des Betriebsrats ermöglichen, Themen auf die Tagesordnung zu setzen. Damit wird das Ermessen des Vorsitzenden nach § 29 Abs. 2 S. 2 BetrVG beschränkt, obwohl dieser die Tagesordnung festlegen darf. Wird dem Vorsitzenden, welcher zugleich Angehöriger der Mehrheitsfraktion ist, nun auferlegt, einzelne Themen auf die Tagesordnung zu setzen, kann dieser trotzdem frei darüber entscheiden, welche Art der Beschlussfassung stattfindet. In der Folge könnte dieser daher unliebsame Themen in virtuelle Sitzungen verlagern, in welchen die Kommunikationsmöglichkeiten besonders deutlich hinter der direkten Kommunikation zurückbleiben, wodurch für die Minderheit die Chance reduziert wird, andere Mitglieder durch Argumente von ihrer Position zu überzeugen. Sofern der Minderheitenschutz daher in virtuellen Betriebsratssitzungen in gleicher Weise wie in der Präsenzsitzung bestehen soll, wäre darauf zu achten, das Ermessen des Vorsitzenden bei der Wahl der Sitzungsart einzuschränken.[655]

4. Sitzungsniederschrift

Nach § 34 Abs. 1 S. 1 BetrVG ist über jede Verhandlung des Betriebsrats eine Niederschrift aufzunehmen, die mindestens den Wortlaut der Beschlüsse enthält. Dabei ist diese gem. § 34 Abs. 1 S. 2 BetrVG vom Vorsitzenden und einem weiteren Mitglied zu unterzeichnen und gem. § 34 Abs. 1 S. 3 BetrVG muss sich jedes Mitglied in die beigefügte Anwesenheitsliste selbstständig eintragen. Die Unterschrift des Vorsitzenden und eines weiteren Mitglieds muss die Niederschrift räumlich abschließen.[656] Die selbstständige Eintragung in die Anwesenheitsliste dient der Identitäts- und Echtheitsfunktion, damit eindeutig nachvollzogen werden kann, welche Mitglieder an der Sitzung teilgenommen haben.[657] Weder bei einer Video- noch einer Telefonkonferenz wäre es möglich, dass sowohl der Vorsitzende als auch ein weiteres Mitglied die Niederschrift eigenhändig unterzeichnen, da sie sich an unterschiedlichen Orten befinden. Aus demselben Grund ist eine eigenhändige Eintragung in die Anwesenheitsliste durch die Mitglieder nicht möglich. Schwieriger gestaltet sich aufgrund der eingeschränkten Kommunikationsmöglichkeiten und dabei insbesondere bei der Telefonkonferenz auch die Anfertigung einer Mitschrift, um zumindest den Wortlaut der Beschlüsse festzuhalten. Die Herausforderung bei der Anpassung der Niederschrift an virtuelle Betriebsratssitzungen liegt somit darin, einerseits eine Lösung zu finden, welche die Kernfunktionen der Niederschrift sicherstellt, anderseits aber auch nicht derart umständlich vorzugehen, dass sie praktisch kaum anwendbar ist.

---

[655] Dazu Näheres in Teil 4, Abschnitt 1, A. II.

[656] BGH 20.11.1990 – XI ZR 107/89, NJW 1991, 487 (unter I. 2. b. der Gründe); GK-BetrVG/*Raab*, § 34, Rn. 20.

[657] GK-BetrVG/*Raab*, § 34, Rn. 22.

Eine virtuelle Entscheidungsfindung via E-Mail oder Messenger-Programm würde eine Niederschrift obsolet werden lassen, sofern sichergestellt wäre, dass der Schriftverkehr nicht gelöscht werden kann und im Anschluss an die Beschlussfassung digital archiviert wird. Anhand der verwendeten Namen im Messenger-Programm oder der E-Mail-Adressen könnte sich nachvollziehen lassen, welches Mitglied wann und wie an der Entscheidungsfindung mitgewirkt hat.

C. Interessensausgleich zwischen Betriebsrat, Arbeitgeber und Belegschaft im Datenschutz

Die Untersuchungen zu den Vorgaben und dem Einfluss des Datenschutzrechts auf das analoge Entscheidungsverfahren im Betriebsrat haben bereits gezeigt, dass die hiervon ausgehenden Auswirkungen auf die Willensbildung des Betriebsrats von der Frage abhängig sind, ob der Betriebsrat oder der Arbeitgeber Verantwortlicher nach Art. 4 Nr. 7 DS-GVO ist. Sofern der Betriebsrat als Verantwortlicher gilt, besteht die Möglichkeit, dass dessen Mitglieder gem. Art. 82 DS-GVO persönlich für Datenschutzverstöße haften. Nach der hier vertretenen Ansicht greifen in einem solchen Fall auch keine Haftungsprivilegierungen oder Regressansprüche zugunsten der Betriebsratsmitglieder. Es besteht daher die Möglichkeit, dass Schadensersatzansprüche gegen einzelne Gremienmitglieder aufgrund ihres Abstimmungsverhaltens in Betriebsratssitzungen geltend gemacht werden können, wenn sie für eine Entscheidung gestimmt haben, die zu einem Datenschutzverstoß führt. Die hiermit verbundenen Auswirkungen auf die freie Mandatsausübung haben unmittelbaren Einfluss auf die Entscheidungsfindung in der Betriebsratssitzung.[658]

Nachdem der Entscheidungsprozess in der Betriebsratssitzung durch die Möglichkeit der Video- und Telefonkonferenz im Betriebsrätemodernisierungsgesetz digitalisiert werden soll und nach den hier angestellten Überlegungen auch mittels E-Mail oder Messenger-Chat denkbar wäre, muss zunächst dargestellt werden, ob sich diese neuen technischen Möglichkeiten auf diesen datenschutzrechtlichen Konflikt auswirken.

[658] Teil 2, Abschnitt 2, E.

I. Verschärfung und neue datenschutzrechtliche Problemstellungen durch virtuelle Betriebsratssitzungen

1. Zusätzliche Anforderungen beim Schutz von personenbezogenen Daten

Während einer Betriebsratssitzung werden laufend personenbezogene Daten von Arbeitnehmern verarbeitet, indem zum Beispiel über konkrete Arbeitnehmer geredet wird, Einsichten in deren Personalakten genommen oder Bewerbungsunterlagen begutachtet werden. Bei der Verarbeitung von personenbezogenen Daten ist daher gem. Art. 32 Abs. 1 DS-GVO ein angemessenes Schutzniveau zu gewährleisten, wobei für die konkreten Sicherungsmaßnahmen der Stand der Technik sowie die hierfür erforderlichen Implementierungskosten zu berücksichtigen sind. Nach Erwägungsgrund 78 S. 1 der DS-GVO sind dabei organisatorische und technische Maßnahmen zu treffen, welche die Anforderungen der Verordnung erfüllen können. Exemplarisch[659] führt Art. 32 Abs. 1 a) und b) DS-GVO dazu die Pseudonymisierung und Verschlüsselung von personenbezogenen Daten auf, um die Vertraulichkeit und Integrität von personenbezogenen Daten während der Verarbeitung durch den Verantwortlichen zu gewährleisten. Im Gegensatz zur Präsenzsitzung erfolgt die Verarbeitung von personenbezogenen Daten bei einer virtuellen Sitzung meist über das Internet, weshalb neben den organisatorischen Maßnahmen zur Gewährleistung der Vertraulichkeit und Integrität der Daten in der Betriebsratssitzung zusätzlich noch technische Sicherheitsmaßnahmen zu treffen sind. Durch diese hinzutretenden Sicherheitsmaßnahmen in einer virtuellen Sitzung steigt das Risiko, einen Verstoß gegen das Datenschutzrecht zu begehen.

2. Schwierigkeiten bei der personenbezogenen Datenübermittlung in Drittländer

Ferner ist beim Einsatz technischer Medien zum Austausch personenbezogener Daten das fünfte Kapitel der DS-GVO bezüglich der Übermittlung personenbezogener Daten an Drittländer oder an internationale Organisationen zu berücksichtigen. Nach Art. 44 S. 1 DS-GVO ist jede Übermittlung von personenbezogenen Daten an ein Drittland nur zulässig, wenn der Verantwortliche nach Art. 4 Nr. 7 DS-GVO die Bedingungen dieses Kapitels und der restlichen DS-GVO einhält. Zweck der Vorschrift ist es, die personenbezogenen Daten der Betroffenen nicht an ausländische Stellen weiterzugeben, welche das Schutzniveau der DS-GVO nicht gewährleisten.[660] Aus diesem Grund darf gem. Art. 45 Abs. 1 S. 1 DSGVO eine personenbezogene Datenübermittlung an ein Drittland zunächst nur dann stattfinden,

---

[659] Kühling/Buchner/*Jandt*, DS-GVO, Art. 32 Rn. 14; Gola/Heckmann/*Piltz*, DS-GVO, Art. 32 Rn. 23; Taeger/Gabel/*Schultze-Melling*, Art. 32 DS-GVO, Rn. 6.

[660] Taeger/*Gabel*, Art. 44 DS-GVO, Rn. 1; Gola/Heckmann/*Klug*, DS-GVO, Art. 44 Rn. 1; Kühling/Buchner/*Schröder*, DS-GVO, Art. 44 Rn. 1.

wenn die europäische Kommission aufgrund eines Durchführungsaktes i. S. d. Art. 45 Abs. 3 DS-GVO beschlossen hat, dass ein Drittland ein angemessenes Schutzniveau gem. Art. 45 Abs. 2 DS-GVO bietet. Für die Vereinigten Staaten von Amerika hat die europäische Kommission eine solche Angemessenheitsentscheidung zunächst mit dem „Safe-Harbor-Abkommen" und darauffolgend mit dem „EU/US Privacy Shield-Abkommen" getroffen. Beide dieser Angemessenheitsentscheidungen wurden jedoch vom EUGH für unwirksam erklärt, im Kern mit der Begründung, dass die personenbezogenen Daten nicht ausreichend vor staatlichen Eingriffen US-amerikanischer Behörden geschützt seien.[661] Im Juli 2023 trat daher eine erneute Vereinbarung mit dem Namen „EU-US Data Privacy Framework" (DPF) in Kraft, welche zwischen der Europäischen Union in Form der Kommission und den Vereinigten Staaten von Amerika geschlossen wurde.[662] Dieser Datenschutzrahmen soll in Anknüpfung an die beiden vorangegangenen Beschlüsse eine rechtssichere Datenübertragung in die USA ermöglichen.[663] Das EU-Parlament bezweifelt jedoch, dass der Beschluss mit den Anforderungen des europäischen Datenschutzrechts vereinbar ist und verabschiedete hierzu im Mai 2023 eine Resolution, welche mit 306 Ja-Stimmen angenommen wurde, wohingegen nur 27 Parlamentsmitglieder den Beschluss ablehnten.[664] Somit wird auch nach aktuellem Stand wohl von keinem dauerhaften und wirksamen Angemessenheitsbeschluss gem. Art. 45 Abs. 4 DS-GVO auszugehen sein. Es bleibt somit dabei, dass der datenschutzrechtlich Verantwortliche gem. Art. 46 Abs. 1 DS-GVO eigentlich nur dann Daten in die USA übermitteln darf, wenn er für die Sicherheit der Daten geeignete Garantien vorgesehen hat und dem Betroffenen auch in den USA durchsetzbare Rechte und wirksame Rechtsbehelfe zur Wahrung seiner datenschutzrechtlichen Interessen möglich sind. Solche geeigneten Garantien können zum Beispiel Standarddatenschutzklauseln von der Europäischen Kommission selbst oder von nationalen Aufsichtsbehörden sein, die durch die Kommission genehmigt worden sind, Art. 46 Abs. 2 c) und d) DS-GVO. Der EuGH hält solche Standardvertragsklauseln zwar für wirksam, allerdings eben nur dann, wenn auch diese die Einhaltung eines im Wesentlichen gleichen Datenschutzniveaus wie in der Europäischen Union gewährleisten und die Betroffenen gegenüber dem Drittstaat wirk-

---

[661] EuGH 6. 10. 2015 – Rs. C-362/14 (Maximilian Schrems ./. Data Protection Commissioner) ECLI:EU:C:2015:650 (Rn. 88); EuGH 16. 7. 2020 – Rs. C-311/18 (Data Protection Commissioner ./. Facebook Ireland Ltd, Maximilian Schrems) ECLI:EU:C:2020:559 (Rn. 178 ff.).

[662] EU-U.S. Data Privacy Framework Principles issued by the the U.S. Department of Commerce, abrufbar unter https://privacyshielddev.blob.core.windows.net/publicsiteassets/Full%20Text_EU-U.S.%20DPF.pdf (zuletzt abgerufen am 29. 7. 2025).

[663] EU-U.S. Data Privacy Framework Principles issued by the the U.S. Department of Commerce, Rn. 1 f. (Nachw. Fn. 662).

[664] Vgl. European Parliament resolution of 11 May 2023 on the adequacy of the protection afforded by the EU-US Data Privacy Framework, abrufbar unter https://www.europarl.europa.eu/doceo/document/TA-9-2023-0204_EN.html (zuletzt abgerufen am 29. 7. 2025).

same Rechtsbehelfe haben.[665] Wie diese Standardvertragsklauseln und die ggf. ergänzenden Maßnahmen des jeweiligen Verantwortlichen nach Art. 4 Nr. 7 DS-GVO in Ländern konkret ausgestaltet sein sollen, in denen staatliche Behörden einen exzessiven Zugriff auf personenbezogene Daten haben, ließ der EuGH bisher offen.[666] Besteht somit weder ein wirksamer Angemessenheitsbeschluss nach Art. 45 Abs. 3 DS-GVO noch eine geeignete Garantie gem. Art. 46 DS-GVO, kann eine Datenübermittlung an ein Drittland nur aufgrund einer besonderen Bedingung des Art. 49 DS-GVO erfolgen, was zum Beispiel nach Art. 49 Abs. 1 S. 1 a) DS-GVO eine ausdrückliche Einwilligung des Betroffenen erfordert.[667]

Die Problematik beim Einsatz technischer Medien zur Abhaltung einer virtuellen Betriebsratssitzung liegt nun darin, dass insbesondere die gängigen Anbieter von Videokonferenzen und Messenger-Programmen aus den USA kommen.[668] Bei der Nutzung dieser Dienste kann daher regelmäßig nicht ausgeschlossen werden, dass auch eine Datenübertragung in die USA stattfindet, welche den Anforderungen der Art. 45 ff. DS-GVO unterliegt. Zwar kann es, wie bereits dargestellt, durchaus mit geltendem Recht vereinbar sein, dass eine datenschutzkonforme Übertragung auch in einem solchen Fall möglich ist. Gleichwohl ist diese im Bereich der Standardvertragsklauseln sowie der gesonderten Bedingungen des Art. 49 DS-GVO bis auf einen dauerhaften und wirksamen Angemessenheitsbeschluss der europäischen Kommission gem. Art. 45 Abs. 3 DS-GVO mit zahlreichen rechtlichen Unsicherheiten behaftet, was unweigerlich zu einem erhöhten Haftungsrisiko nach Art. 82 und 83 DS-GVO führt.

3. Auswirkungen auf den Entscheidungsprozess

Wie die erhöhten Anforderungen an die Datensicherheit nach Art. 32 DS-GVO und die rechtlichen Unsicherheiten bei einer Datenübermittlung an Drittstaaten, wie etwa die USA, nach Art. 45 ff. DS-GVO zeigen, ist die Abhaltung einer virtuellen Betriebsratssitzung mit erheblich mehr datenschutzrechtlichen Unsicherheiten behaftet als eine Präsenzsitzung. Dadurch steigt auch das Risiko einer Haftung nach Art. 82 f. DS-GVO. Sofern der Betriebsrat als Verantwortlicher nach Art. 4 Nr. 7 DS-GVO angesehen wird, kann dieses gesteigerte Haftungsrisiko zu einem Hemmnis bei der Durchführung bestimmter virtueller Sitzungen führen. Denn wenn technische Sicherheitsmaßnahmen und datenschutzrechtliche Unsicherheiten insbesondere bei Videokonferenzen oder dem Einsatz von Messenger-Programmen

[665] EuGH 16.7.2020 – Rs. C-311/18 (Data Protection Commissioner ./. Facebook Ireland Ltd, Maximilian Schrems) ECLI:EU:C:2020:559 (Rn. 131 ff.).

[666] Vgl. Kühling/Buchner/*Gabel*, DS-GVO, Art. 45 Rn. 11.

[667] Vgl. dazu auch *Reinartz*, NZA-RR 2021, 457 (462 f.).

[668] Überblicksartig in *Brink*, Videokonferenzsysteme – Hinweise des LfDI, 13 ff.; Gesellschaft für Datenschutz und Datensicherheit e. V., PH-Videokonferenzsysteme aktuelle Tabelle, abrufbar unter https://www.gdd.de/downloads/praxishilfen/ph_videokonferenzsysteme_aktuelle-tabelle/view (zuletzt abgerufen am 18.4.2023).

auftreten, könnten Betriebsratsmitglieder dazu geneigt sein, Telefonkonferenzen oder E-Mail-Programme zu verwenden, bei welchen das Risiko eines datenschutzrechtlichen Verstoßes geringer ist, da die Auswahl der nationalen Anbieter bei diesen größer ist, wodurch es nicht zu der Problematik der Datenübermittlung in Drittländer kommt.[669] Die Verwendung von Telefonkonferenzen und E-Mail-Programmen würde aber wiederum zu Abstrichen in der Kommunikation[670] und im Verfahren[671] des Entscheidungsprozesses führen.

II. Dilemma der datenschutzrechtlichen Verantwortlichkeit

Wie die Darstellungen zeigen, führen die technischen Möglichkeiten zur Abhaltung virtueller Betriebsratssitzungen dazu, dass das Datenschutzrecht noch stärker Einfluss auf die Entscheidungsfindung im Betriebsrat nimmt, wenn das Gremium als Verantwortlicher nach Art. 4 Nr. 7 DS-GVO gilt. Zum einen führt dies zu einer erneuten Steigerung des Haftungsrisikos der einzelnen Betriebsratsmitglieder.[672] Zum anderen könnten diese dadurch bei virtuellen Sitzungen aber auch dazu neigen, auf virtuelle Sitzungsformen zurückzugreifen, bei denen die Anforderungen an das Datenschutzrecht einfacher zu wahren sind, auch wenn es dadurch zu Abstrichen in der Kommunikation kommt.[673]

Aufgrund dieser negativen Auswirkungen der datenschutzrechtlichen Verantwortlichkeit des Betriebsrats auf dessen Entscheidungsfindung wäre es naheliegend, dass die Zielsetzung des Gesetzgebers sein müsste, dem Arbeitgeber die datenschutzrechtliche Verantwortlichkeit zuzuweisen. Gilt der Arbeitgeber als Verantwortlicher nach Art. 4 Nr. 7 DS-GVO, dann kann der Betriebsrat nicht nach den Art. 82 f. DS-GVO haften. Die Gremienmitglieder hätten keine materiellen Nachteile zu befürchten, wodurch deren freie Mandatsausübung nicht gefährdet wird.[674] Ferner würden die Mitglieder zumindest aus datenschutzrechtlicher Sicht nicht in der Wahl eines bestimmten technischen Mittels zur Abhaltung virtueller Sitzungen beschränkt werden.

Ist der Arbeitgeber für die Datenverarbeitung des Betriebsrats verantwortlich, dann wird dieser jedoch auch ein Interesse daran haben, das eigene Haftungsrisiko möglichst gering zu halten. Dies kann ihm aber nur gelingen, wenn er kontrollieren kann, ob sich der Betriebsrat an die Vorgaben des Datenschutzrechts hält und es ihm bei datenschutzwidrigem Verhalten des Gremiums möglich ist, dieses zur recht-

---

[669] Bsp. Deutsche Telekom oder United Internet (1&1, GMX, Web.de).

[670] Teil 3, B. I. 2.

[671] Teil 3, B. III. 1. a).

[672] Vgl. Teil 2, Abschnitt 2, D.

[673] Vgl. Teil 3, B. I.

[674] Dazu dann genauer in Teil 4, Abschnitt 3, C. III.

mäßigen Datenverarbeitung anzuweisen. Unweigerlich würde ein solches Kontroll- und Weisungsrecht aber die Unabhängigkeit des Betriebsrats beschränken.[675]

Zur Vermeidung einer solchen Einschränkung wäre es möglich, dem Arbeitgeber überhaupt keine Kontroll- und Weisungsrechte zu gewähren. Dieser könnte Datenschutzverstöße des Betriebsrats dann nur verhindern, indem er den Mitgliedern Schulungen zum Datenschutz anbietet und ihnen Technik zur Verfügung stellt, welche die Anforderungen des Datenschutzes wahrt. Letztlich wäre der Betriebsrat aber nicht gezwungen, solche Angebote anzunehmen. Ferner stellt sich die Frage, wie der Arbeitgeber seinen datenschutzrechtlichen Verpflichtungen nachkommen soll, wenn der Betriebsrat die Zusammenarbeit ablehnt. Will ein Arbeitnehmer Auskunft über seine personenbezogenen Daten nach Art. 15 Abs. 1 DS-GVO erhalten, dann müsste der Arbeitgeber diesem auch die Daten zur Verfügung stellen, welche vom Betriebsrat verarbeitet werden. Wenn der Betriebsrat dem Arbeitgeber diese Daten aber nicht zur Verfügung stellt, kann dieser dem Auskunftsbegehren nicht nachkommen. Der Arbeitgeber würde sich dadurch dem Arbeitnehmer gegenüber aufgrund seiner Verantwortlichkeitsstellung einem Haftungsrisiko nach Art. 82 Abs. 1 DS-GVO aussetzen.

Zusammenfassend bleiben damit zur Regelung der datenschutzrechtlichen Verantwortlichkeit bei der Verarbeitung von personenbezogenen Daten durch den Betriebsrat drei Optionen. Die erste ist, dass der Betriebsrat Verantwortlicher nach Art. 4 Nr. 7 DS-GVO bleibt und damit seine Mitglieder für Datenschutzverstöße persönlich haften. Die zweite ist, dass der Arbeitgeber zum Verantwortlichen ernannt, im Gegenzug aber die Unabhängigkeit des Betriebsrats eingeschränkt wird oder als dritte Möglichkeit, dass dem Arbeitgeber als Verantwortlichen keine Kontroll- und Weisungsmöglichkeiten zugestanden werden, wodurch er aber für Datenschutzverstöße des Betriebsrats haftet, die er selbst nicht kontrollieren kann.

Keine dieser Optionen verspricht somit eine Lösung, welche für den Betriebsrat, den Arbeitgeber und die Belegschaft zu jeweils gänzlich zufriedenstellenden Ergebnissen führen kann. Insoweit sollte es daher die Zielsetzung des Gesetzgebers sein, eine der Optionen zu wählen, welche eine möglichst interessengerechte Lösung für alle drei Akteure bietet.

---

[675] Dazu schon BAG 11.11.1997 – 1 ABR 21/97, AP Nr. 1 zu § 36 BDSG (unter B. III. 2. c. der Gründe); auch Teil 4, Abschnitt 3, C. III.

Teil 4

Analyse der Regelungen des Betriebsrätemodernisierungsgesetzes

Aufgrund dieser mit der Digitalisierung des Entscheidungsprozesses verbundenen Ziele liegt ein eigener Prüfungsmaßstab vor, mit dessen Hilfe die Regelungen des Betriebsrätemodernisierungsgesetzes und deren Auswirkungen auf die Entscheidungsfindung bewertet werden sollen. Vergleichend werden dazu auch die Regelungen von anderen Gremien wie dem Personalrat auf Bundesebene oder den kirchlichen Mitarbeitervertretungen betrachtet. Denn auch in anderen Beschäftigtenvertretungen wurden virtuelle Sitzungen ermöglicht sowie die Frage der datenschutzrechtlichen Verantwortlichkeit geregelt.

A. Regelungen durch das Betriebsrätemodernisierungsgesetz

Bereits zu Beginn dieser Arbeit wurde kurz dargestellt, welche wesentlichen Regelungen durch das Betriebsrätemodernisierungsgesetz im Bereich der virtuellen Betriebsratssitzung und der datenschutzrechtlichen Verantwortlichkeit geändert bzw. neu eingeführt wurden. Gleichwohl soll an dieser Stelle noch ein ausführlicherer Überblick bezüglich der Neuregelungen im Betriebsrätemodernisierungsgesetz sowie der dazugehörigen Übergangsnorm des § 129 BetrVG (a.F.) gegeben werden, um anschließend auch im Detail auf die jeweiligen Regelungen eingehen zu können.

I. Modifikation der §§ 30 und 33 BetrVG

Wie die Analyse zu den Anforderungen an die Entscheidungsfindung noch vor dem Betriebsrätemodernisierungsgesetz und § 129 BetrVG (a.F.) gezeigt hat, wird diese durch das Betriebsverfassungsgesetz und das Datenschutzrecht beeinflusst. Den wichtigsten Bestandteil für die analoge Entscheidungsfindung im Betriebsrat bildet dabei die Präsenzsitzung, in welcher die kollektive Willensbildung der Gremienmitglieder stattfindet und daran anknüpfende Entscheidungen in Form von Beschlüssen oder Wahlen getroffen werden. Maßgebliche Voraussetzungen für die Abhaltung einer Betriebsratssitzung finden sich in den §§ 30 und 33 BetrVG. Während § 30 BetrVG die Teilnahme- und Durchführungsmöglichkeiten einer Betriebsratssitzung regelt, legt § 33 BetrVG die Voraussetzungen für die Beschlussfassung und die dafür erforderliche ordnungsgemäße Willensbildung fest.[676] Die beiden Normen wurden durch das Betriebsrätemodernisierungsgesetz vom 14.6. 2021 bedeutend modifiziert.[677] Bis zu dieser Änderung der beiden Gesetze konnten Betriebsratssitzungen rechtssicher nur in körperlicher Anwesenheit der Mitglieder abgehalten werden. Eine Teilnahme an der Sitzung und eine Beschlussfassung mittels Videokamera wurden mehrheitlich abgelehnt.[678] Eine Beteiligung mittels Telefons oder E-Mail-Dienst war nahezu ausgeschlossen [679] und die Verwendung von Messenger-Programmen wurde nicht einmal in Betracht gezogen. Eines der grundlegendsten Argumente gegen die Abhaltung solcher Konferenzen wurde in § 33 Abs. 1 S. 1 BetrVG gesehen, wonach die Beschlüsse mit der Mehrheit der „anwesenden" Mitglieder gefasst werden müssen. Darunter wurde überwiegend eine körperliche[680] und nicht etwa virtuelle oder geistige Anwesenheit verstanden,[681] da die virtuelle Form der Sitzung nur über eingeschränkte Kommunikationsmöglichkeiten verfüge.[682] In Sitzungen, welche mithilfe von Videokameras stattfinden, seien Mimik und Gestik nur eingeschränkt wahrnehmbar,[683] in Telefonkonferenzen überhaupt nicht.[684] Die Stimmungslage unter den Betriebsratsmitgliedern sei daher in solchen Konferenzen nur schwer erkennbar und es fehle am persönlichen Kontakt in Sitzungspausen und -unterbrechungen, welcher vertrauensfördernd sein kann.[685] Erhebliche Zweifel bestanden auch in der Frage, ob die Nichtöffentlichkeit gem. § 30 Abs. 1 S. 4 BetrVG während einer virtuellen Sitzung gewährleistet werden

---

676 BeckOKA/*Mauer*, BetrVG, § 33 Vorw.; vgl. Teil 2, Abschnitt 1, A. I. 1.

677 Richardi/*Thüsing*, BetrVG, § 30 Rn. 1a.

678 Haase, GmbHR 2020, 943 (947); *Jesgarzewski/Holzendorf*, NZA Online-Aufsatz 5/2012, 1 (5); *Klebe*, NZA-Beilage 2017, 77 (84); *Klebe/Ratayczak/Heilmann/Spoo* (21. Auflage), BetrVG, § 30 R. 5, § 33 Rn. 3; *Löwisch*/Kaiser (7. Auflage), BetrVG, § 30 Rn. 1, § 33 Rn. 3; GK-BetrVG/*Raab* (11. Auflage), §33 Rn. 12; Richardi/*Thüsing* (16. Auflage), BetrVG, § 33 Rn. 3; DKW/*Wedde* (17. Auflage), BetrVG, §30 Rn. 12, § 33 Rn. 11; differenzierend: *Fitting* (30. Auflage), BetrVG, § 33 Rn. 21b–d; *Hess*, Arbeitswelt 4.0, 41; *Jansen*, elektronische Kommunikation, 92; a. A.: *Beden/Rombey*, BB 2020, 1141 (1144); *Britz*, PersV 2012, 450 (451); *Fündling/Sorber*, NZA 2017, 552 (557); *Günther/Böglmüller/Mesina*, NZA 2020, 77 (78 f.); ErfK/*Koch* (20. Auflage), BetrVG, § 33 Rn. 3; *Thüsing/Beden*, BB 2019, 372 (378); NK-GA/*Wolmerath*, BetrVG, § 33 Rn. 4.

679 Vgl. HWGNRH/*Glock*, BetrVG, § 33 Rn. 4; NK-GA/*Wolmerath*, BetrVG, § 33 Rn. 4; a. A. zur vergleichbaren Regelung im BPersVG bzgl. Telefonkonferenzen *Britz*, PersV 2012, 450 (451).

680 Exemplarisch: HWGNRH/*Glock*, BetrVG, § 33 Rn. 4; GK-BetrVG/*Raab* (11. Auflage), § 33 Rn. 12.

681 Vgl. NK-GA/*Wolmerath*, BetrVG, § 33 Rn. 4; vgl. auch *Beden/Rombey*, BB 2020, 1141 (1142 f.); *Fündling/Sorber*, NZA 2017, 552 (555).

682 Vgl. dazu *Jansen*, elektronische Kommunikation, 88 ff.; DKW/*Wedde* (17. Auflage), BetrVG, § 33 Rn. 11.

683 GK-BetrVG/*Raab* (11. Auflage), § 33 Rn. 12, „keine Gleichwertigkeit".

684 Vgl. *Beden/Rombey*, BB 2020, 1141 (1142).

685 *Jansen*, elektronische Kommunikation, 91.

konnte. Hierbei wurde vor allem befürchtet, Dritte könnten unbemerkt an einer digitalen Sitzung teilnehmen, indem sie sich außerhalb des Aufzeichnungsbereichs einer Kamera aufhielten[686] oder über Lautsprecherfunktionen heimlich zuhörten.[687] Die Bedenken gegen virtuelle Sitzungen richten sich damit insbesondere gegen die gesetzlichen Aspekte der Anwesenheit und Nichtöffentlichkeit, wohingegen andere Fragen wie jene der Willensbildung nach demokratischen Grundsätzen, der Nachvollziehbarkeit der Entscheidungsfindung oder der Ermöglichung eines gerechten Verfahrens in virtuellen Sitzungen außer Betracht blieben.

Noch vor dem Inkrafttreten des Betriebsrätemodernisierungsgesetzes und der damit verbundenen Modifizierung der §§ 30, 33 BetrVG wurde § 129 BetrVG (a. F.) eingeführt, welcher die Video- und Telefonkonferenz möglich machen sollte. Diese Regelung normierte in Satz 1, dass die Teilnahme an einer Betriebsratssitzung sowie die Beschlussfassung mittels Video- und Telefonkonferenz erfolgen können, sofern sichergestellt ist, dass Dritte vom Inhalt der Sitzung keine Kenntnis nehmen. Eine solche Regelung war im Zuge der Corona-Pandemie und der damit einhergehenden Kontaktbeschränkungen notwendig geworden, da Mitglieder von Betriebsräten nicht mehr körperlich anwesend zusammentreten wollten bzw. durften, womit eine Beschlussfassung in der herkömmlichen Präsenzsitzung häufig nicht möglich war.[688] Trotz der unbestrittenen Notwendigkeit einer solchen Regelung aufgrund der Corona-Krise blieb es bei den generellen Vorbehalten gegen die digitale Betriebsratssitzung,[689] weshalb § 129 BetrVG zunächst nur bis zum 31. 12. 2020[690] und später bis zum 31. 6. 2021[691] befristet wurde. Eine dauerhafte Regelung der Video- und Telefonkonferenz wurde erst durch das Inkrafttreten des Betriebsrätemodernisierungsgesetzes ermöglicht.[692] Die Regelungen zu §§ 30 und 33 BetrVG im Betriebsrätemodernisierungsgesetz orientierten sich dabei an der vorherigen Regelung des § 129 BetrVG.[693] Es soll daher auch auf die Diskussionen

---

[686] *Jesgarzewski/Holzendorf*, NZA Online-Aufsatz 5/2012, 1 (5); a. A. GK-BetrVG/*Raab* (11. Auflage), § 30 Rn. 19.

[687] Vgl. hierzu DKKW/*Wedde* (17. Auflage), BetrVG, § 33 Rn. 11.

[688] *Ch. Weber*, JArbR Bd. 58, 91 (92); vgl. dazu auch *Düwell*, jurisPR-ArbR 15/2020 Anm. 1 (unter A.).

[689] Stellungnahme DGB, abrufbar unter https://www.dgb.de/themen/++co++05c05486-7f26-11ea-9cad-52540088cada (zuletzt abgerufen am 8. 9. 2024); befürwortend und für dauerhafte Regelung, GesamtMetall, abrufbar unter https://www.bundestag.de/resource/blob/801212/891b9be4821c7032048eabfc4e6bc9a2/19-11-809-SN-Metall-data.pdf (zuletzt abgerufen am 8. 9. 2024); BDA, abrufbar unter https://nordernaehrung.de/sites/default/files/files/RS-Anschreiben_0.pdf (zuletzt abgerufen am 3. 1. 2022); vgl. dazu auch *Grambow*, DB 2021 – Heft 18, M18: „Möglicherweise hängt diese Zurückhaltung (im Hinblick auf § 30 Abs. 2 n. F.) mit dem Teilnahmerecht der im Betriebsrat vertretenen Gewerkschaften zusammen, die ihren Einfluss vermeintlich schwinden sehen".

[690] BGBl. I 2020, 1044 (1054), Art. 19 Abs. 6.

[691] BGBl. I 2020, 2691 (2692), Art. 4 Nr. 2.

[692] BT-Drs. 19/28899, 2.

[693] BT-Drs. 19/28899, 2.

in der Literatur sowie die zu § 129 BetrVG ergangene Rechtsprechung zurückgegriffen werden, um die geltende Rechtslage unter dem Betriebsrätemodernisierungsgesetz umfassender beurteilen zu können.

II. Erweiterung von § 34 BetrVG

Neben den gesetzlichen Anpassungen der §§ 30 und 33 BetrVG wurde durch das Betriebsrätemodernisierungsgesetz auch die Vorschrift über die Sitzungsniederschrift in § 34 BetrVG an die Gegebenheiten einer virtuellen Sitzung mittels Video- und Telefonkonferenz angepasst. Gem. § 34 Abs. 1 S. 4 BetrVG kann die Teilnahme an einer Video- oder Telefonkonferenz gegenüber dem Vorsitzenden in Textform bestätigt werden. Diese Bestätigung ist gem. § 34 Abs. 1 S. 5 BetrVG der Niederschrift beizufügen. Diese Regelung befand sich bereits in ähnlicher Form in § 129 Abs. 1 S. 3 BetrVG (a.F.), wonach § 34 Abs. 1 S. 3 BetrVG (a.F.) mit der Maßgabe anzuwenden war, dass die Mitglieder ihre Anwesenheit gegenüber dem Vorsitzenden in Textform bestätigen konnten und sich damit in virtuellen Sitzungen nicht mehr eigenhändig in die Anwesenheitslisten eintragen mussten.

III. Neuregelung zum Datenschutz in § 79a BetrVG

Neu eingefügt in die Betriebsverfassung wurde die Regelung zur datenschutzrechtlichen Verantwortlichkeit in § 79a BetrVG. Diese normiert in § 79a S. 2, dass, soweit der Betriebsrat zur Erfüllung seiner Aufgaben personenbezogene Daten verarbeitet, der Arbeitgeber hierfür verantwortlich ist. Die Regelung knüpft damit unmittelbar an die bisher bestehende Streitigkeit zur Frage der Verantwortlichkeit des Betriebsrats nach Art. 4 Nr. 7 DS-GVO an[694] und setzt zumindest vorerst einen Schlussstrich unter die Diskussion, indem der Arbeitgeber zum Verantwortlichen für die Datenverarbeitung des Betriebsrats erklärt wird. Flankiert wird die Regelung einerseits durch § 79a S. 1 und 3 BetrVG, wonach der Betriebsrat die Vorschriften über den Datenschutz einzuhalten und den Arbeitgeber hierbei auch zu unterstützen hat. Anderseits steht dem betrieblichen Datenschutzbeauftragten nach § 79a S. 4 BetrVG gegenüber dem Betriebsrat nun auch ein Kontrollrecht zu, welches jedoch für diesen insoweit eingeschränkt wird, als dass dieser keine Informationen gegenüber dem Arbeitgeber preisgeben darf, welche Rückschlüsse auf den Meinungsbildungsprozess des Betriebsrats zulassen.

---

[694] Ausführlich in Teil 2, Abschnitt 2, C. III.

B. Regelungen zur virtuellen Entscheidungsfindung in anderen Gremien

Neben dem Betriebsrat bestehen im deutschen Arbeitsrecht noch weitere Gremien, welche die Interessen der Arbeitnehmerschaft vertreten. Unterschieden wird dabei im Bereich der Mitbestimmung zwischen betrieblicher und unternehmensbezogener Beteiligung.[695] Auf Ebene der betrieblichen Mitbestimmung findet sich neben dem BetrVG für Beschäftigte des öffentlichen Dienstes das Personalvertretungsgesetz in Form des Bundespersonalvertretungsgesetzes (BPersVG) und der Länderpersonalvertretungsgesetze (LPersVG) wieder. Daneben besteht für leitende Angestellte das Sprecherausschussgesetz (SprAuG), für Mitarbeiter kirchlicher Einrichtungen die jeweiligen Mitarbeitervertretungsordnungen der Kirchen (MVG-EKD und MAVO) und für europaweit agierende Unternehmen das Europäische Betriebsrätegesetz (EBRG)[696] bzw. das Gesetz über die Beteiligung der Arbeitnehmer in einer Europäischen Gesellschaft (SEBG). Im Bereich der unternehmensbezogenen Mitbestimmung gelten das Montanmitbestimmungsgesetz (MontanMitbestG inkl. Ergänzungsgesetz), das Drittelbeteiligungsgesetz (DrittelG) sowie das Mittbestimmungsgesetz (MitbestG).[697] Jedes dieser Gesetze ermöglicht die Interessenvertretung von Beschäftigten, weshalb sie für diese Untersuchungen in die Betrachtungen miteinbezogen werden sollen, sofern sie Regelungen zur virtuellen Gremiumssitzung oder zur datenschutzrechtlichen Verantwortlichkeit enthalten.

I. Personalräte

1. Regelungen zur Digitalisierung des Entscheidungsverfahrens

Die Digitalisierung des Entscheidungsverfahrens in Personalräten erlebte sowohl auf Bundes- als auch auf Länderebene eine ähnliche Entwicklung wie deren privatrechtliches Äquivalent in den Betriebsräten. Während es im Bundespersonalvertretungsgesetz wie im BetrVG zunächst umstritten war, ob eine digitale Entscheidungsfindung bereits mithilfe der ursprünglichen Normen durchgeführt werden konnte,[698] wurde dies im Zuge der Corona-Pandemie durch die Schaffung neuer

---

[695] Überblicksartig: *Preis/Greiner*, Kollektivarbeitsrecht, Rn. 1553 f.

[696] *Preis/Greiner*, Kollektivarbeitsrecht, Rn. 1555.

[697] *Preis/Greiner*, Kollektivarbeitsrecht, Rn. 1563.

[698] Gegen die Zulässigkeit von Videokonferenzen *Ilbertz/Widmaier*, BPersVG, § 38 Rn. 14; Altvater/*Kröll* (9. Auflage), BPersVG, § 37 Rn. 2; a. A.: *Grandjot/Schulze*, NZA-RR 2017, 393 (398); *Vogelsang*, PersV 2014, 251 (257); Fischer/Goeres/*Gronimus*, BPersVG, § 37 Rn. 14a (1/19 -II.19); *Britz*, PersV 2012, 450 (451). Gegen die Zulässigkeit von Telefonkonferenzen Fischer/Goeres/*Gronimus*, BPersVG, § 37 Rn. 14a (1/19 -II.19); *Grandjot/Schulze*, NZA-RR 2017, 393 (398); *Ilbertz/Widmaier*, BPersVG, § 38 Rn. 14; Altvater/*Kröll* (9. Auflage), BPersVG, § 37 Rn. 2; *Vogelsang*, PersV 2014, 251 (256); a. A.: *Britz*, PersV

Regelungen möglich gemacht. Diese Novellierung des Bundespersonalvertretungsgesetzes, welche die virtuelle Beschlussfassung in den §§ 38 und 39 BPersVG ermöglichte, erfolgte ungefähr zeitgleich mit den Veränderungen im Betriebsverfassungsgesetz.[699] Ebenfalls beinhaltet die Novellierung mit § 69a BPersVG eine Norm, welche die datenschutzrechtliche Verantwortlichkeit i. S. d. Art. 4 Nr. 7 DS-GVO der Dienststelle und nicht dem Personalrat zugewiesen hat.

Auf Länderebene gab es in Art. 37 Abs. 3 BayPersVG und § 34 Abs. 3 BaWüPersVG bereits Regelungen, welche eine digitale Beschlussfassung in Form eines Umlaufverfahrens ermöglichten. Während der Pandemie erließen dann zahlreiche Bundesländer einzelne Regelungen, welche eine digitale Entscheidungsfindung zumindest vorübergehend zuließen. Davon blieben mit § 34 Abs. 1a BaWüPersVG, § 31 Abs. 3 NRWPersVG, Art. 35 Abs. 2 BayPersVG, § 37 Abs. 5 ThürPersVG, § 29 Abs. 3 HessPersVG, § 31 Abs. 2, § 32 Abs. 3 BerPersVG mehrere Normen bestehen, welche eine Entscheidungsfindung auf digitalem Wege ermöglichen. Neben diesen Regelungen, welche unmittelbaren Einfluss auf den Prozess der Entscheidungsfindung in den Personalräten haben, sind auf Länderebene insbesondere die Gesetze zur datenschutzrechtlichen Verantwortlichkeit von Relevanz. Im Gegensatz zum BetrVG und BPersVG weisen die Bundesländer Baden-Württemberg (§ 67 Abs. 1a BaWüPersVG), Thüringen (§ 80 Abs. 1 S. 1 ThürPersVG), Nordrhein-Westfalen (§ 65 Abs. 4 S. 1 NRWPersVG) und Sachsen-Anhalt (§ 11 SaAnPersVG) die datenschutzrechtliche Verantwortlichkeit dem Personalrat und nicht der Dienststelle zu, woraus sich wie dargestellt[700] eine andere Beeinflussung der Entscheidungsfindung ergeben kann.

2. Vergleichbarkeit mit dem Betriebsrat

Den Personalvertretungsgesetzen liegt die gleiche Zielsetzung zugrunde wie dem BetrVG. Auch der Personalrat arbeitet gem. § 2 Abs. 1 BPersVG zum Wohle der Beschäftigten und zur Erfüllung der Aufgaben mit der Dienststelle vertrauensvoll zusammen. Ausgehend von den gesetzlichen Regelungen zur Willensbildung und Entscheidungsfassung nach dem Bundespersonalvertretungsgesetz und den

2012, 450 (451). Gegen die Zulässigkeit von Umlaufverfahren i. S. v. E-Mail, Chatroom, Messenger, *Grandjot/Schulze*, NZA-RR 2017, 393 (394); *Ilbertz/Widmaier*, BPersVG, § 38 Rn. 14, §39 Rn. 7; Altvater/*Kröll* (9. Auflage), BPersVG, § 37 Rn. 2; Lorenzen/*Ramm*, BPersVG, § 37 Rn. 7 (206. Aktualisierung); *Vogelsang*, PersV 2014, 251 (255 f.); differenzierend: *Britz*, PersV 2012, 450 (451), bei Routineangelegenheiten.

[699] BGBl. 2021 Teil I Nr. 31, 1614, Gesetz zur Novellierung des Bundespersonalvertretungsgesetzes vom 9. Juni 2021; BGBl. 2021 Teil I Nr. 32, 1762, Gesetz zur Förderung der Betriebsratswahlen und der Betriebsratsarbeit in einer digitalen Arbeitswelt (Betriebsrätemodernisierungsgesetz) vom 14. Juni 2021; Zum Widerstand der Gewerkschaften gegen diese Regelung vgl. Fischer/Goeres/*Gronimus*, BPersVG, § 38 Rn. 57; vgl. auch den Überblick von *Ch. Weber*, JArbR Bd. 58, 91 (97 ff.).

[700] Siehe zum Betriebsrat Teil 2, Abschnitt 2, D.

verschiedenen Länderpersonalvertretungsgesetzen ergeben sich daher kaum Unterschiede zu den Vorgaben des BetrVG.[701] Alle für die Personalratssitzung maßgeblichen Normen haben somit gemeinsam, dass die Sitzungen unter dem Ausschluss der Öffentlichkeit stattfinden sowie vom Vorsitzenden anberaumt und geleitet werden, damit die Mitglieder durch die vorherige Mitteilung der Tagesordnung ausreichend Zeit bekommen, um sich auf die Sitzungen vorzubereiten. Die Beschlussfassung in den Personalräten erfolgt nach demokratischen Grundsätzen und verlangt, dass die Mehrheit der Mitglieder bei dieser anwesend ist. Darüber hinaus sind Sitzungsniederschriften anzufertigen und es bestehen ebenfalls vereinzelte Regelungen zum Minderheitenschutz in den einzelnen Gesetzen sowie die Prinzipien des Ehrenamts und der Kostentragung durch die Dienststelle.

II. Mitarbeitervertretungen kirchlicher Einrichtungen

1. Vergleichbarkeit mit dem Betriebsrat

Nach Art. 137 Abs. 3 S. 1 der Weimarer Reichsverfassung (WRV) ordnet und verwaltet jede Religionsgemeinschaft ihre eigenen Angelegenheiten selbstständig innerhalb der Schranken der für alle geltenden Gesetze. Durch Art. 140 GG wird diese Bestimmung in das Grundgesetz inkorporiert, sodass Art. 137 Abs. 3 S. 1 WRV im Verfassungsrang steht. Die Religionsgemeinschaften der katholischen und evangelischen Kirchen können daher selbst bestimmen, „ob und in welcher Weise die Arbeitnehmer und ihre Vertretungsorgane in Angelegenheiten des Betriebs, die ihre Interessen berühren, mitwirken und mitbestimmen".[702] Sie fallen aufgrund ihres verfassungsrechtlich garantierten Selbstbestimmungsrechts, welches sich u. a. in § 118 Abs. 2 BetrVG widerspiegelt, daher nicht unter den Geltungsbereich des BetrVG oder der PersVG,[703] weshalb ihnen die Möglichkeit zukommt, eigene Mitarbeitervertretungsordnungen zu schaffen. Die katholische Kirche hat dies in Form der Mitarbeitervertretungsordnung (MAVO) für die jeweiligen Bistümer getan, die evangelische Kirche in Form des Kirchengesetzes über Mitarbeitervertretungen in der evangelischen Kirche in Deutschland (MVG-EKD). Dabei beziehen die Mitarbeitervertretungsordnungen der Kirchen sowohl Mitarbeiter ein, die in einem öffentlich-rechtlichen Dienstverhältnis mit der Kirche stehen, als auch solche, die aufgrund eines privatrechtlichen Vertragsverhältnisses in kirchlichen Einrichtungen tätig sind.[704] Obwohl sich die Mitarbeitervertretungsordnungen auf-

[701] *Edenfeld*, Arbeitnehmerbeteiligung, 419, „signifikante Parallelen und Übereinstimmungen"; *Preis/Greiner*, Kollektivarbeitsrecht, Rn. 2728.

[702] BVerfGE 11. 10. 1977 – 2 BvR 209/76, AP Nr. 1 zu Art. 140 GG (unter B. II. 3. der Gründe).

[703] BVerfGE 11. 10. 1977 – 2 BvR 209/76, AP Nr. 1 zu Art. 140 GG (unter B. II. 4. der Gründe), dazu auch *Richardi*, Arbeitsrecht in der Kirche, § 17 Rn. 16 f.

[704] *Richardi*, Arbeitsrecht in der Kirche, § 17 Rn. 20.

grund der durch Art. 140 GG i. V. m. Art. 137 Abs. 3 S. 1 WRV garantierten Selbstständigkeit in ihrer Gestaltung teilweise erheblich vom Betriebsverfassungsrecht unterscheiden, werden die MAVO und das MVG-EKD rechtssystematisch zum Betriebsverfassungsrecht gezählt, solange es um gleichgelagerte Sachverhalte und damit aus der Betriebsverfassung erwachsende Rechtsprinzipien geht.[705] Selbst wenn dabei zwar die kirchlichen Besonderheiten berücksichtigt werden müssen,[706] ist damit die Vergleichbarkeit mit der Betriebsverfassung nicht von vornherein ausgeschlossen.

Die Anlehnung der MAVO und MVG-EKD an das BetrVG zeigt sich hierbei insbesondere in den Regelungen über die Geschäftsordnung der kirchlichen Mitarbeitervertretungen. Die katholische Kirche regelt in Art. 14 Abs. 1 S. 1 MAVO, dass der Vorsitzende aus der Mitte der Mitglieder mit einfacher Mehrheit gewählt wird, und auch die Beschlüsse nach Art. 14 Abs. 5 S. 2 MAVO werden mit der Mehrheit der anwesenden Mitglieder beschlossen. Die Entscheidungen dieser Gremien müssen demnach ebenfalls demokratischen Grundsätzen entsprechen. Nach Art. 14 Abs. 3 S. 1 MAVO beruft der Vorsitzende die Sitzung unter Angabe der Tagesordnung ein und leitet diese. Die Willensbildung unterliegt daher wie im BetrVG der Leitung des Vorsitzenden und durch die vorherige Angabe der Tagesordnung wird den Mitgliedern die individuelle Vorbereitung auf die gemeinsame Willensbildung ermöglicht. ausgeschlossen. Ferner sind die Sitzungen nach Art. 14 Abs. 1 S. 1 MAVO nicht öffentlich und die Beschlüsse werden mit der Mehrheit der anwesenden Mitglieder gem. Art. 14 Abs. 5 S. 2 MAVO gefasst. Eine Willensbildung zwischen Anwesenden unter Ausschluss der Öffentlichkeit ist daher in der katholischen Kirche wie im BetrVG erforderlich, sodass auch die Erkenntnisse zur Kommunikation, wie sie in der Betriebsratssitzung stattfindet, auf die Entscheidungsfindung des Mitarbeitervertretungsgremiums der katholischen Kirche übertragbar sind. Zwar wird es in Art. 14 Abs. 9 S. 1 MAVO ermöglicht, Beschlüsse im Umlaufverfahren zu fassen, sofern dies in der Geschäftsordnung vorgesehen ist und dabei Einstimmigkeit erzielt wird. Dies ändert jedoch wie schon bei Art. 37 Abs. 3 BayPersVG nichts an der generellen Vergleichbarkeit der beiden Regelungswerke, da die Beschlussfassung aufgrund des Erfordernisses der Einstimmigkeit auf eng begrenzte Ausnahmefälle beschränkt sein sollte.[707] Da die MVG-EKD in den §§ 23 Abs. 1 S. 1, S. 2; 24 Abs. 2 S. 1, S. 2, Abs. 4 S. 4; 26 Abs. 1, Abs. 2 S. 1, S. 3 nahezu die gleichen Regelungen trifft, sind auch diese Regelungswerke hinsichtlich der Ansprüche an die analoge Entscheidungsfindung im Gremium mit denen der Betriebsverfassung vergleichbar.

---

[705] *Richardi*, Arbeitsrecht in der Kirche, § 18 Rn. 17.

[706] *Richardi*, Arbeitsrecht in der Kirche, § 18 Rn. 17.

[707] Vgl. *Thiel*/Fuhrmann/Jüngst, MAVO, Art. 14 Rn. 84, wonach das Umlaufverfahren auch unpraktisch sein könnte, da es bei nur einer Neinstimme gegenstandslos wird.

2. Regelungen zur Digitalisierung des Entscheidungsverfahrens

Sowohl die MAVO als auch die MVG-EKD sehen Regelungen vor, welche den Entscheidungsprozess der jeweiligen Mitarbeitervertretungsorgane der digitalen Nutzung zugänglich machen. Nach Art. 14 Abs. 9 S. 1 MAVO können die Beschlüsse im Umlaufverfahren getroffen werden, womit ein elektronisches Verfahren, z.B. via E-Mail, nicht ausgeschlossen ist.[708] Entsprechendes gilt für die Regelung in § 26 Abs. 2 S. 3 MVG-EKD. Im Zuge der Corona-Pandemie erließen beide Religionsgemeinschaften in Art. 14 Abs. 4 S. 4, S. 5 MAVO und § 26 Abs. 2 S. 5–10 MVG-EKD Regelungen, welche virtuelle Sitzungen und eine digitale Beschlussfassung ermöglichten. Die katholische Kirche befristete diese Möglichkeit der virtuellen Entscheidungsfindung vorerst auf den 31.3.2022 und verlängerte diese anschließend bis zum 31.3.2024. Nach Art. 14 Abs. 4 S. 4 MAVO konnten Sitzungen mittels neuer Informations- und Kommunikationstechnologie stattfinden, wenn die Sitzung durch ein unabwendbares Ereignis nicht durch die körperliche Anwesenheit eines oder mehrerer Mitglieder durchgeführt werden konnte und sichergestellt war, dass Dritte keine Kenntnisse vom Inhalt der Sitzung erlangten. In der zweiten Fassung des Art. 14 Abs. 4 S. 4 MAVO, welche bis zum 31.3.2026 gilt,[709] wurde die Passage des „unabwendbaren Ereignisses" dann gestrichen. In beiden Fassungen gelten die Mitglieder bei der Beschlussfassung in der virtuellen Sitzung als anwesend, gem. Art. 14 Abs. 4 S. 5 MAVO. Die evangelische Kirche hat im Gegensatz dazu mit § 26 Abs. 2 S. 5–10 MVG-EKD eine dauerhafte Möglichkeit der virtuellen Beschlussfassung geschaffen. Die Vorschrift ähnelt § 30 Abs. 2 BetrVG, da gem. § 26 Abs. 2 S. 5 MVG-EKD nur im Ausnahmefall eine Video- oder Telefonkonferenz abgehalten werden kann und kein Mitglied diesem Vorhaben unverzüglich nach Bekanntgabe widersprechen darf. Ferner ist nach § 26 Abs. 2 S. 6 MVG-EKD sicherzustellen, dass kein Dritter Kenntnis vom Inhalt der Sitzung erlangt und eine Aufzeichnung dieser ist gem. § 26 Abs. 2 S. 7 MVG-EKD ebenfalls unzulässig. Mitglieder, welche virtuell Beschlüsse fassen, gelten nach § 26 Abs. 2 S. 8 MVG-EKD als anwesend. Deren Identität ist vor dem Beginn der Sitzung vom Vorsitzenden festzustellen und in eine Anwesenheitsliste gem. § 26 Abs. 2 S. 9 MVG-EKD einzutragen.

Für die Betrachtung der aktuellen gesetzlichen Regelungen zur Digitalisierung der Entscheidungsfindung im Betriebsrat werden daher insbesondere die Regelungen der evangelischen Kirche von Interesse sein, da diese nicht wie die Normen der katholischen Kirche nur vorübergehend gelten. Allerdings beinhaltet auch die MAVO mit Art. 14 Abs. 4 S. 4 eine Regelung, welche mit in die Betrachtungen einzubeziehen ist, da diese nicht nur spezifisch auf Video- und Telefonkonferenzen

---

[708] Vgl. *Thiel*/Fuhrmann/Jüngst, MAVO, Art. 14 Rn. 84.

[709] Vgl. Mitarbeitervertretungsordnung für die Erzdiözese München und Freising, abrufbar unter https://diag-mav-b-muenchen.de/wp-content/uploads/2024/04/2024-04-MAVO-durchgeschriebene-Fassung_mit-befristeten-Aenderungen.pdf (zuletzt abgerufen am 29.7.2025).

zugeschnitten ist, sondern im Prinzip eine Entscheidungsfindung mithilfe jeglicher neuer Informations- und Kommunikationstechnologie ermöglicht.

III. Weitere Gremien auf betrieblicher Mitbestimmungsebene

Neben den Personalvertretungsgesetzen und den kirchlichen Mitarbeitervertretungsordnungen bestehen auf betrieblicher Mitbestimmungsebene noch das SprAuG für die leitenden Angestellten sowie das SEBG und EBRG für Arbeitnehmer, die in europaweit agierenden Unternehmen tätig sind. Beim SprAuG handelt es sich generell um materielles Betriebsverfassungsrecht,[710] wobei die §§ 11, 12 Abs. 2, Abs. 5 SprAuG dem Betriebsverfassungsgesetz nachgebildet sind. Diese Nachbildung bezieht sich gleichermaßen auf die vorgenommenen gesetzlichen Änderungen zur Ermöglichung von Video- und Telefonkonferenzen in §§ 12 Abs. 6, Abs. 7 und 13 SprAuG. Die jeweiligen Normen sind mit denen des BetrVG wortgleich, weshalb bei einem Vergleich mit dem BetrVG keine anderen Erkenntnisse zu erwarten sind.

Bei den Gesetzen zum SEBG und EBRG besteht hinsichtlich der Normen zur Durchführung von Sitzungen und Beschlussfassungen in den besonderen Verhandlungsgremien nach § 15 Abs. 2 SEBG und § 13 Abs. 2 ERBG im Vergleich zum Betriebsverfassungsgesetz der Unterschied, dass die Teilnehmer zumindest nach dem Wortlaut der Norm „nicht anwesend" sein müssen. Daraus wird abgeleitet, dass Videokonferenzen bereits ohne eine Veränderung der Norm möglich seien.[711] Diese Ansicht beruht allerdings im Wesentlichen auf dem Argument, dass solche Verhandlungsgremien international zusammengesetzt sind und der Gesetzgeber daher bewusst auf eine physische Anwesenheit verzichtet hat.[712] Die Beschlüsse solcher Gremien können damit auch mittels Videokonferenz gefasst werden. Aufgrund der anderen Zusammensetzung dieser Gremien sind diese Regelungen aber nur eingeschränkt mit denen des BetrVG vergleichbar.

Übergangsweise wurde es in den §§ 41b Abs. 1 EBRG und § 48 Abs. 1 SEBG während der Corona-Pandemie auch dem Europäischen Betriebsrat und dem SE-Betriebsrat ermöglicht, ihre Beschlüsse nach § 28 S. 1 EBRG und § 24 Abs. 3 S. 1 SEBG mittels Video- und Telefonkonferenz zu fassen. Besonderheiten im Vergleich zu § 129 Abs. 1 BetrVG (a.F.) bestehen dabei keine. Auch nach diesen Regelungen muss daher sichergestellt sein, dass Dritte vom Inhalt der Sitzung keine Kenntnis nehmen können und eine Aufzeichnung unzulässig ist.

---

[710] *Hromadka/Sieg*, SprAuG, Vorbemerkung zu § 1 Rn. 1 ff.; *Preis/Greiner*, Kollektivarbeitsrecht, Rn. 2674.

[711] MüKoAktG/*Jacobs*, SEBG, § 15 Rn. 5; *Krois/Wendler*, DB 2020, 1009 (1013); NK-GA3/*Sagan*, SEBG, § 15 Rn. 2; unentschieden: Düwell/*Sick*, SE und grenzüberschreitende Verschmelzung, Rn. 46.

[712] *Krois/Wendler*, DB 2020, 1009 (1013).

Im Unterschied zum BetrVG verbleibt damit als einzige Digitalisierungsbestrebung § 41a EBRG. Die Norm ermöglicht es sogenannten „Seebetriebsräten“, unter bestimmten Voraussetzungen eine Sitzung mittels neuer Informations- und Kommunikationstechnologie abzuhalten. Vergleichbar ist diese Norm zwar nur bedingt mit den §§ 30, 33 BetrVG und den Ansprüchen des Betriebsrats an die Entscheidungsfindung, da Seebetriebsräte aufgrund der Besonderheiten ihrer Arbeit in erhöhtem Maße auf eine Kommunikation unter Anwesenden verzichten müssen. Gleichwohl kann auf diese Norm bei der Analyse der aktuell bestehenden Regelungen zur Digitalisierung des Entscheidungsprozesses im Betriebsrat zumindest vergleichend zurückgegriffen werden.

IV. Gremien auf unternehmensbezogener Mitbestimmungsebene

Auf unternehmensbezogener Mitbestimmungsebene verbleiben das Montan-MitbestG, das DrittelG sowie das MitbestG. Die genannten Gesetze zielen darauf ab, bei der unternehmerischen Planung neben den Interessen der Anteilseigner auch die Interessen der Arbeitnehmer einfließen zu lassen.[713] Es geht daher stets um die Gestaltung der Unternehmenspolitik sowie der Auswahl und Kontrolle der Unternehmensleitung,[714] womit sich die Gesetze schon in der Zielsetzung vom BetrVG unterscheiden, welches den Arbeitnehmern die Mitwirkung auf betrieblicher Ebene ermöglichen will.[715]

Unabhängig von der Vergleichbarkeit mit der Betriebsverfassung beinhaltet keines dieser Gesetze unmittelbar eine Regelung zur Digitalisierung der Entscheidungsfindung in den jeweiligen Gremien. Allerdings nehmen sie Bezug auf die Vorschriften zum AktG und damit insbesondere auch auf § 108 Abs. 4 AktG. Dieser ermöglicht es, dass Beschlüsse schriftlich, fernmündlich oder in anderer vergleichbarer Form gefasst werden können, wenn die Satzung oder Geschäftsordnung des jeweiligen Gremiums dies vorsieht und kein Mitglied diesem Verfahren widerspricht. § 108 Abs. 4 AktG ermöglicht damit im Prinzip jede Form der virtuellen Sitzung und Entscheidungsfindung.

Uneingeschränkt kann die Wertung dieser Norm aber nicht auf die Entscheidungsfindung im Betriebsrat übertragen werden. Denn Unterschiede ergeben sich bereits in der Aufgabenstellung der beiden Gremien, da der Aufsichtsrat nach § 111 Abs. 1 AktG die Geschäftsführung zu überwachen hat, im Gegensatz zum Betriebsrat jedoch nicht das Ziel verfolgt, gegenüber der Geschäftsführung Beteiligungsrechte der Arbeitnehmer auszuüben. Die Willensbildung im Aufsichtsratsgremium wird daher von anderen Motiven als im Betriebsrat geleitet. Ferner zeigt

---

[713] *Preis/Greiner*, Kollektivarbeitsrecht, Rn. 1564.

[714] *Preis/Greiner*, Kollektivarbeitsrecht, Rn. 1564.

[715] Zur Zielrichtung betrieblicher Mitbestimmung *Preis/Greiner*, Kollektivarbeitsrecht, Rn. 1556.

§ 108 Abs. 2 S. 1, S. 2 AktG, der zur Beschlussfassung lediglich auf eine Teilnahme abstellt und diese generell unter den Vorbehalt einer abweichenden Regelung in der Satzung stellt, dass das Prinzip der Anwesenheit und der damit einhergehenden mündlichen Kommunikation in der analogen Entscheidungsfindung nicht denselben Stellenwert hat wie im BetrVG. Die Ansprüche an die Kommunikation im Aufsichtsrat sind daher gesetzlich viel offener gestaltet als die im BetrVG.

Eine Vergleichbarkeit zwischen den beiden Gremien besteht jedoch insoweit, als dass nach § 107 Abs. 1 S. 1 AktG der Vorsitzende grundsätzlich aus der Mitte der Mitglieder zu wählen ist, womit auch in diesem Gremium demokratische Grundsätze einzuhalten sind. Nicht ausdrücklich geregelt in § 107 AktG, aber allgemein anerkannt, ist darüber hinaus, dass der Vorsitzende die Sitzung einberuft und leitet[716] sowie die Tagesordnung im Vorfeld der Sitzung den Mitgliedern zu übermitteln hat.[717] Ein ausdrücklicher Grundsatz der Nichtöffentlichkeit wie im BetrVG besteht im AktG zwar nicht, allerdings sollen gem. § 109 AktG an den Sitzungen des Aufsichtsrats keine Personen teilnehmen, welche diesem oder dem Vorstand nicht angehören. Eine generelle Teilnahmemöglichkeit von Dritten an den Sitzungen durch eine entsprechende Regelung in der Geschäftsordnung besteht daher, vergleichbar wie im BetrVG, auch nicht.[718] Ob die Teilnahme eines nicht berechtigten Dritten zu einem relevanten Verfahrensfehler führt, ist ähnlich umstritten wie im BetrVG.[719] Lemke vertritt dazu die These, dass das Aufsichtsratsmitglied „eigenständig und eigenverantwortlich" handelt und deshalb nur die eigene Sachkunde und eigenverantwortliche Meinungsbildung ausschlaggebend für die Stimmabgabe sein können. Das „unselbstständige Anhängen an die Ansicht anderer kann nicht dadurch gefördert werden, daß man dem Aufsichtsratsmitglied für den Fall des Irrens des anderen Mitglieds ein Anfechtungsrecht zubilligt oder gar von der Nichtigkeit der gefaßten Beschlüsse ausgeht";[720] womit in der Konsequenz die unberechtigte Teilnahme eines Dritten zu keinem relevanten Verfahrensfehler führt, der sich auch auf die Beschlussfassung auswirkt.[721] Davon ausgehend sind im Aufsichtsrat nach dem AktG keine ähnlich strengen Anforderungen an den Grundsatz der Nichtöffentlichkeit zu stellen wie im BetrVG. Gleichwohl ist trotz der verschiedenen Rechtsfolgen das Grundprinzip der Nichtöffentlichkeit gleich.

Festgehalten werden kann damit, dass die Regelung nach § 108 Abs. 4 AktG für die Digitalisierung des Entscheidungsprozesses im Betriebsrat von Interesse ist. Dabei muss jedoch bei Übertragung der Regelung auf die Sitzungen und Beschlüsse des Betriebsrats berücksichtigt werden, dass die Ansprüche des Aufsichtsrats an das Entscheidungsverfahren nur bedingt mit jenen des Betriebsrats zu vergleichen sind.

---

[716] MüKoAktG/*Habersack*, AktG, § 107 Rn. 51; BeckOGK/*Spindler*, AktG, § 107 Rn. 47.

[717] MüKoAktG/*Habersack*, AktG, § 107 Rn. 51.

[718] BeckOGK/*Spindler*, AktG, § 109 Rn. 33.

[719] Vgl. *Lemke*, Der fehlerhafte Aufsichtsratsbeschluß, 140.

[720] *Lemke*, Der fehlerhafte Aufsichtsratsbeschluß, 140 f.

[721] *Lemke*, Der fehlerhafte Aufsichtsratsbeschluß, 140 f.

Abschnitt 1

Betriebsverfassungsrechtliche Voraussetzungen für die Anberaumung einer Video- und Telefonkonferenz

Die Voraussetzungen für die Teilnahme an einer Betriebsratssitzung werden in § 30 BetrVG geregelt. Nach § 30 Abs. 1 S. 5 BetrVG erfolgt die Teilnahme an einer Sitzung grundsätzlich in Präsenz und gem. § 30 Abs. 1 S. 4 BetrVG unter Ausschluss der Öffentlichkeit. Abweichend davon kann nach § 30 Abs. 2 S. 1 BetrVG eine Teilnahme auch mittels Video- und Telefonkonferenz erfolgen. Unter dem Begriff „Teilnahme" ist dabei zunächst die Möglichkeit zu verstehen, einer Präsenzsitzung virtuell beizutreten, indem sich einzelne Mitglieder auf einem Bildschirm oder einer Lautsprecheranlage in der Präsenzsitzung bemerkbar machen können.[722] Entgegen des Wortlautes „Teilnahme" können allerdings genauso ausschließlich virtuelle Sitzungen abgehalten werden.[723] Im Gegensatz zur Präsenzsitzung sind die Hybridsitzung und die ausschließlich virtuell stattfindende Sitzung an besondere Voraussetzungen hinsichtlich ihrer Anberaumung und Durchführung geknüpft. Diese sind in § 30 Abs. 2 S. 1 Nr. 1–3 BetrVG normiert. Anberaumt werden kann demnach eine Video- oder Telefonkonferenz nach § 30 Abs. 2 S. 1 Nr. 1 BetrVG nur dann, wenn die Voraussetzungen hierfür vorher in der Geschäftsordnung des Betriebsrats unter Sicherung des Vorrangs der Präsenzsitzung festgelegt worden sind. Außerdem darf gem. § 30 Abs. 2 S. 1 Nr. 2 BetrVG nicht ein Viertel der Mitglieder einer solchen Sitzung widersprochen haben. Dem Wortlaut nach könnte § 30 Abs. 2 S. 1 Nr. 3 BetrVG, wonach eine Video- oder Telefonkonferenz nur anberaumt werden darf, wenn sichergestellt ist, dass Dritte vom Inhalt keine Kenntnis nehmen können, ebenfalls als Voraussetzung für eine erfolgreiche Anberaumung verstanden werden. Gleichwohl kann eine Betriebsratssitzung nur während ihrer Durchführung gestört werden, weshalb es sich trotz anderslautender Formulierung um eine Modalität der Sitzungsdurchführung handelt.[724]

---

[722] Vgl. GK-BetrVG/*Raab*, § 30 Rn. 40.

[723] LAG Berlin-Brandenburg 22.3.2022 – 8 TaBV 1415/21 (unter II. 1. b. aa. 22. der Gründe) (Das Urteil ist nicht veröffentlicht, kann aber auf Anfrage beim Landesarbeitsgericht Berlin-Brandenburg anonymisiert angefordert werden, abrufbar unter https://www.berlin.de/gerichte/landesarbeitsgericht/entscheidungen/entscheidungsanforderung/ (zuletzt abgerufen am 8.9.2024).); LAG Berlin-Brandenburg 13.4.2022 – 25 TaBV/126/22 (unter II. 4. c. aa. der Gründe); *Boemke/Roloff/Haase*, NZA 2021, 827 (828); BeckOKA/*Mauer*, BetrVG, § 30 Rn. 5; *Oberthür*, ArbRB 2021, 350 (351); GK-BetrVG/*Raab*, § 30 Rn. 40; *ders.*, FA 2021, 286 (290); *Reinartz*, NZA-RR 2021, 457 (460); *Schiefer/Worzalla*, NZA 2021, 817 (819); *Ch. Weber*, JArbR Bd. 58, 91 (105 f.).

[724] Ausführlich in Teil 4, Abschnitt 2, A. II. 3.

A. Vorrang der Präsenzsitzung, § 30 Abs. 2 S. 1 Nr. 1 und Nr. 2 BetrVG

Zentrale Voraussetzung für die Anberaumung einer Video- und Telefonkonferenz ist, dass der Vorrang der Präsenzsitzung gewahrt wird. Während § 30 Abs. 2 S. 1 Nr. 1 BetrVG den Vorrang der Präsenzsitzung ausdrücklich normiert, ergibt sich dies aus der Widerspruchsmöglichkeit des § 30 Abs. 2 S. 1 Nr. 2 BetrVG nicht unmittelbar.

I. Hintergrund, Sinn und Zweck des § 30 Abs. 2 S. 1 Nr. 1 und Nr. 2 BetrVG

1. Ursprüngliche Rechtslage vor §§ 129 Abs. 1 S. 1 (a. F.) und 30 Abs. 2 S. 1 Nr. 1, 2 BetrVG

Der rechtliche Hintergrund der Norm ist der bereits angedeutete Streit darüber, ob die Kommunikationsmöglichkeiten bei Video- und Telefonkonferenzen mit jenen einer Präsenzsitzung vergleichbar sind.[725] Vor der ausdrücklichen Ermöglichung von Betriebsratssitzungen mittels Video- und Telefonkonferenzen wurden virtuelle Betriebsratssitzungen in der alten Fassung der §§ 30, 33 BetrVG noch überwiegend mit dem Argument abgelehnt, dass in digitalen Sitzungen nur eingeschränkte Kommunikationsmöglichkeiten zwischen den verschiedenen Mitgliedern bestehen würden. Körpersprache, Mimik und Gestik seien daher in einer virtuellen Sitzung nicht genauso wahrzunehmen wie bei der Durchführung einer Präsenzsitzung; auch könne der vertrauliche Meinungsaustausch am Rande und im Vorfeld von Sitzungen zwischen den einzelnen Mitgliedern nicht gewährleistet werden, obwohl dieser für die Meinungsbildung wichtig sei.[726] Eine Sitzung und die damit verbundene Beschlussfassung stünden daher dem Sinn und Zweck von § 33 Abs. 1 S. 1 BetrVG entgegen, welcher körperlich anwesende Mitglieder verlangt.[727] Eine vordringende Ansicht[728] stellte hingegen darauf ab, dass zumindest die Videokonferenz ein vergleichbares „Äquivalent"[729] zur herkömmlichen Präsenzsitzung sei. Eine unmittelbare Kommunikation zwischen den verschiedenen Mitgliedern sei demnach gewährleistet, sodass eine gemeinsame Willensbildung auch mittels Videokonferenz möglich wäre.[730] Mimik und Gestik wären zwar weniger gut wahr-

---

[725] In der Einführung in Teil 1, A. I. und III.

[726] Z. B. *Klebe*, NZA 2020, 996 (996 f.).

[727] Vgl. *Jansen*, Elektronische Kommunikation, 88 ff.; *Klebe*, NZA 2020, 996 (996 f.); GK-BetrVG/*Raab* (11. Auflage), § 33 Rn. 12; DKW/*Wedde* (17. Auflage), BetrVG, § 33 Rn. 11.

[728] So beschrieben von *Tillmanns*, FS 100 Jahre BetrVG (2020), 745 (749).

[729] Vgl. *Beden/Rombey*, BB 2020, 1141 (1142 f.), „funktionale Äquivalenz".

[730] *Beden/Rombey*, BB 2020, 1141 (1143); NK-GA/*Wolmerath*, BetrVG, § 33 Rn. 4.

nehmbar als in einer Präsenzsitzung, allerdings würde die immer weiter fortschreitende Technik diese Defizite weiter ausgleichen.[731] Der Begriff „anwesend" sei „mithin funktional, unter Beachtung der Entwicklung der digitalen Technik, zu verstehen und auszulegen".[732] Die Abhaltung von Videokonferenzen sei daher im Rahmen einer Betriebsratssitzung zulässig.[733] Einigkeit bestand allerdings sowohl bei Befürwortern als auch bei den Gegnern von Videokonferenzen darin, dass die Kommunikationsmöglichkeiten bei Telefonkonferenzen aufgrund der fehlenden visuellen Wahrnehmbarkeit gänzlich hinter einer Präsenzsitzung zurückblieben, weshalb diese unzulässig sein sollten.[734]

Im Hinblick auf die kommunikationspsychologischen Erkenntnisse zur Abhaltung von Video- und Telefonkonferenzen ist beiden Ansichten darin zuzustimmen, dass sowohl die Video- als auch die Telefonkonferenzen in ihren Kommunikationsmöglichkeiten hinter der Präsenzsitzung zurückbleiben und dabei die Videokonferenz einen besseren Informationsaustausch als die Telefonkonferenz ermöglicht. Gleichwohl konnte auch festgestellt werden, dass die Videokonferenz in den Bereichen der verbalen Ausdrucksmöglichkeiten, der Abbildung objektiver Umstände, der Vermittlung eines förmlichen oder vertrauten Kontextes sowie der Gewährleistung einer kommunikativen Interaktivität praktisch kaum hinter der Präsenzsitzung zurücksteht und lediglich leichte Defizite bei der Abbildung von para- und nonverbalen Merkmalen aufweist.[735] Wirklich erhebliche Mängel bei der Abbildung einer direkten Kommunikation konnten allerdings auch nicht bei einer Telefonkonferenz festgestellt werden. Bei diesen ist zwar die Abbildung nonverbaler Merkmale aufgrund der fehlenden visuellen Wahrnehmbarkeit nicht möglich, wodurch die wechselseitige Kommunikation zwischen den Mitgliedern eingeschränkt wird. Der verbale Austausch, die dazugehörigen paraverbalen Merkmale sowie die Vermittlung förmlicher und vertraulicher objektiver Umstände sind jedoch auch in einer Telefonkonferenz realisierbar.[736] Diese letztlich nicht allzu großen Unter-

---

[731] Vgl. *Fündling/Sorber*, NZA 2017, 552 (555).

[732] *Fündling/Sorber*, NZA 2017, 552 (555).

[733] *Beden/Rombey*, BB 2020, 1141 (1144); *Britz*, PersV 2012, 450 (451); *Fündling/Sorber*, NZA 2017, 552 (557); *Günther/Böglmüller/Mesina*, NZA 2020, 77 (78 f.); ErfK/*Koch* (20. Auflage), BetrVG, § 33 Rn. 3; *Thüsing/Beden*, BB 2019, 372 (378); NK-GA/*Wolmerath*, BetrVG, § 33 Rn. 4; differenzierend: *Fitting* (30. Auflage), BetrVG, § 33 Rn. 21b-d; *Hess*, Arbeitswelt 4.0, 41; *Jansen*, elektronische Kommunikation, 92; a. A.: *Haase*, GmbHR 2020, 943 (947); *Jesgarzewski/Holzendorf*, NZA Online-Aufsatz 5/2012, 1 (5); *Klebe*, NZA-Beilage 2017, 77 (84); *Klebe/Ratayczak/Heilmann/Spoo* (21. Auflage), BetrVG, § 30 Rn. 5, § 33 Rn. 3; *Löwisch*/Kaiser (7. Auflage), BetrVG, § 30 Rn. 1, § 33 Rn. 3; GK-BetrVG/*Raab* (11. Auflage), §33 Rn. 12; Richardi/*Thüsing* (16. Auflage), BetrVG, § 33 Rn. 3; DKW/*Wedde* (17. Auflage), BetrVG, § 30 Rn. 12, § 33 Rn. 11.

[734] Vgl. HWGNRH/*Glock*, BetrVG, § 33 Rn. 4; NK-GA/*Wolmerath*, BetrVG, § 33 Rn. 4; a. A. zur vergleichbaren Regelung im BPersVG bzgl. Telefonkonferenzen, *Britz*, PersV 2012, 450 (451).

[735] Teil 3, B. I. 2. e).

[736] Teil 3, B. I. 2. e).

schiede in der Kommunikation im Vergleich zur Präsenzsitzung hätten daher durchaus den Schluss zulassen können, dass sowohl die Videokonferenz als auch die Telefonkonferenz zumindest mit dem Sinn und Zweck der aus § 33 Abs. 1 S. 1 BetrVG folgenden Anwesenheit zu vereinbaren sind.

2. § 129 Abs. 1 S. 1 BetrVG (a. F.) als Übergangsnorm

Mit der Einführung des § 129 Abs. 1 S. 1 BetrVG (a. F.) ermöglichte der Gesetzgeber sowohl die Abhaltung einer Video- als auch einer Telefonkonferenz. Virtuelle Betriebsratssitzungen an sich wurden damit zwar nicht mehr in Rede gestellt, jedoch das Verhältnis, in welchem die herkömmliche Präsenzsitzung zur Video- und Telefonkonferenz stand. In der Fachliteratur wurde dies unter der Begrifflichkeit des „Vorrangs der Präsenzsitzung“[737] diskutiert.

Der Wortlaut von § 129 Abs. 1 S. 1 BetrVG (a. F.) sprach weder für noch gegen den Vorrang einer der beiden Sitzungsarten und stellte lediglich klar, dass die Teilnahme an einer Sitzung und die Beschlussfassung mittels Video- und Telefonkonferenz erfolgen können.[738] Dies ermöglichte zwar Hybridsitzungen, legte jedoch nicht eindeutig das Verhältnis zur Präsenzsitzung fest. Aufschlussreicher war dahingegen die systematische Betrachtung. § 129 Abs. 1 S. 1 BetrVG (a. F.) war nicht wie die Präsenzsitzung im dritten Abschnitt des zweiten Teils in der Geschäftsführung des Betriebsrats geregelt, sondern am Ende des Gesetzes in den Übergangs- und Schlussvorschriften. Dies verdeutlichte neben der zeitlichen Begrenzung der Norm auch deren Ausnahmecharakter.[739] Daraus hätte abgeleitet werden können, dass § 129 Abs. 1 S. 1 BetrVG (a. F.) als Ausnahmeregel eben nur ausnahmsweise statt der Präsenzsitzung anzuwenden sei; beispielsweise wenn eine Präsenzsitzung aufgrund eines Infektionsgeschehens im Betrieb die Gesundheit der Mitglieder gefährdet hätte.[740] Darüber hinaus wurde in der Gesetzesbegründung von der hergebrachten Durchführung von Sitzungen unter physischer Anwesenheit der Teilnehmer vor Ort „als Regelfall“ gesprochen.[741] Dagegen wäre jedoch zunächst einzu-

[737] Vgl. *Ch. Weber*, JArbR Bd. 58, 91 (95).

[738] *Fuhlrott/Fischer*, NZA 2020, 490 (491); *Mückl/Wittek*, DB 2020, 1289 (1290).

[739] Mit anderer Begründung *Thüsing/Beden*, NZA 2020, 545 (548), hinsichtlich der zeitlichen Begrenzung und dem Anlass der Regelung.

[740] *Bachner*, § 129 BetrVG Sonderregelung aus Anlass der Covid 19-Pandemie, Rn. 8, welcher einen solchen sachlichen Grund für erforderlich hält, um eine Videokonferenz durchführen zu können; *Thüsing/Beden*, NZA 2020, 545 (548); *Klebe/Ratayczak/Heilmann/Spoo* (21. Auflage), Nachtrag S. 2; *Mückl/Wittek*, DB 2020, 1289 (1290); *Althoff/Sommer*, ArbRAktuell 2020, 250 (252); vgl. dazu auch Ministererklärung vom 20. 3. 2020, welche die Durchführung von Video- oder Telefonkonferenzen von einer Gefahr für Leib und Leben abhängig gemacht hat, abrufbar unter https://fidi.verdi.de/++file++5e7ba46d8f88f6c244f699bd/download/200320%2BMinistererkla%CC%88rung.pdf (zuletzt abgerufen am 18. 4. 2023).

[741] BT-Drs. 19/18753, 28; *Thüsing/Beden*, NZA 2020, 545 (548); *Mückl/Wittek*, DB 2020, 1289 (1290).

wenden, dass es grundsätzlich unwahrscheinlich ist, dass der Gesetzgeber den Vorrang der Präsenzsitzung nahezu beiläufig durch die systematische Stellung des § 129 Abs. 1 S. 1 BetrVG (a. F.) festlegen wollte. Wäre dieser nämlich von einem grundsätzlichen Vorrang der Präsenzsitzung ausgegangen, hätte er diesen ausdrücklich in § 129 Abs. 1 S. 1 BetrVG (a. F.) regeln können.[742] Die systemwidrige Stellung ist demnach vielmehr dem Umstand geschuldet, dass der Gesetzgeber in einer Notlage zügig Rechtssicherheit für Betriebsräte schaffen wollte,[743] und deshalb den bis dahin aufgehobenen § 129 BetrVG (a. F.) als Lückenfüller benutzt hatte. Weiterhin wurde in der Gesetzesbegründung zwar die Präsenzsitzung „als Regelfall" genannt, allerdings sollte die Video- und Telefonkonferenz nach der Gesetzesbegründung genauso als zusätzliche „Option" neben die herkömmliche Präsenzsitzung treten.[744] Aus der systematischen Stellung sowie deren Ausnahmecharakter lässt sich daher kein Vorrang der Präsenzsitzung ableiten. Sinn und Zweck von § 129 Abs. 1 S. 1 BetrVG (a. F.) war es somit, in Zeiten der Corona-Pandemie Rechtssicherheit für den Betriebsrat zu schaffen.[745] Durch die Einführung der Video- und Telefonkonferenz wollte der Gesetzgeber dem Betriebsrat eine hohe Flexibilität zur Wahrnehmung seiner Sitzungen gewähren.[746] Bei einem Vorrang der Präsenzsitzung wäre demnach für Betriebsräte nicht hinreichend klar gewesen, zu welchen Bedingungen eine virtuelle Sitzung stattfinden sollte, was die mit der Norm beabsichtigte Rechtssicherheit und Flexibilität konterkariert hätte.[747] Außerdem wäre es äußerst widersprüchlich gewesen, wenn in Zeiten der Kontaktreduzierung eine Präsenzsitzung, welche den persönlichen Kontakt voraussetzt, hätte stattfinden müssen. Der Sinn und Zweck von § 129 Abs. 1 S. 1 BetrVG (a. F.) sprach daher gegen einen Vorrang der Präsenzsitzung. Die Gesamtbetrachtung stand dem nicht entgegen, weshalb es keinen Vorrang der Präsenzsitzung gegenüber der virtuellen Sitzungsmöglichkeit unter § 129 Abs. 1 S. 1 BetrVG (a. F.) gab.[748]

[742] Wohl auch *Fuhlrott/Fischer*, NZA 2020, 490 (491).

[743] BT-Drs. 19/18753, 28.

[744] BT-Drs. 19/18753, 28.

[745] Vgl. BT-Drs. 19/18753, 28.

[746] *Fuhlrott/Fischer*, NZA 2020, 490 (491); ErfK/*Kania* (22. Auflage), BetrVG, § 129 Rn. 2; Richardi-NachtragCovid19/*Weber*, § 37 Abs. 3, Rn. 15.

[747] Vgl. *Ch. Weber*, JArbR Bd. 58, 100.

[748] LAG Berlin-Brandenburg 24. 8. 2020 – 12 TaBVGa 1015/20, BeckRS 2020, 21347 (Rn. 38); LAG Berlin-Brandenburg 13. 10. 2020 – 26 TaBVGa 1281/20, BeckRS 2020, 46243 (Rn. 42); LAG Hessen 21. 5. 2021 – 16 TaBVGa 79/21, BeckRS 2021, 18553 (Rn. 30); ArbG Köln 24. 3. 2021 – 18 BVGa 11/21, NZA-RR 2021, 375 (Rn. 16); *Fuhlrott/Fischer*, NZA 2020, 490 (491); ErfK/*Kania* (22. Auflage), BetrVG, § 129 Rn. 2; GK-BetrVG/*Raab*, § 30 Rn. 71; *Tangemann*, BB 2020, 1974 (1975 f.); *Ch. Weber*, JArbR Bd. 58, 91 f.; i. E. auch zu der ähnlich formulierten Regelung in § 37 Abs. 3 BPersVG, Richardi-NachtragCovid19/*Weber*, § 37 Abs. 3, Rn. 15; a. A.: ArbG Regensburg 7. 12. 2020 – 2 BVGa 7/20, BeckRS 2020, 41046 (Rn. 25); *Bachner*, § 129 BetrVG Sonderregelung aus Anlass der Covid 19 Pandemie, Rn. 8; *Thüsing/Beden*, NZA 2020, 545 (548); *Klebe/Ratayczak/Heilmann/Spoo* (21. Auflage), Nachtrag S. 2; *Mückl/Wittek*, DB 2020, 1289 (1290); *Wedde*, CuA 2020 Heft 5, 13; *Althoff/Sommer*, ArbRAktuell 2020, 250 (252), bzgl. Einigungsstelle.

3. Lösung durch den Gesetzgeber im BRModG

a) § 30 Abs. 2 S. 1 Nr. 1 BetrVG

Aufgrund der vorangegangenen Diskussionen zu den eingeschränkten Kommunikationsmöglichkeiten von virtuellen Sitzungen zu § 33 Abs. 1 S. 1 BetrVG sowie dem Vorrang der Präsenzsitzung nach der ausdrücklichen Ermöglichung von Video- und Telefonkonferenzen in § 129 BetrVG (a. F.) bezog der Gesetzgeber im Betriebsrätemodernisierungsgesetz in § 30 Abs. 2 S. 1 Nr. 1 BetrVG nun ausdrücklich Stellung, indem er die Teilnahme an einer Video- und Telefonkonferenz unter den ausdrücklichen Vorbehalt stellte, dass der Vorrang der Präsenzsitzung in der Geschäftsordnung vorher festgelegt werden muss.[749] Mit dieser Klarstellung berücksichtigt der Gesetzgeber einerseits die überwiegende Auffassung in der Literatur, dass Video- und Telefonkonferenzen nur über eingeschränkte Kommunikationsmöglichkeiten gegenüber Präsenzsitzungen verfügen und daher nicht den Regelfall der Betriebsratssitzung darstellen sollten.[750] Anderseits trägt er damit denjenigen Stimmen Rechnung, welche eine Digitalisierung der Betriebsratssitzung für längst überfällig hielten,[751] weshalb in diesem Zusammenhang durchaus von einer „Kompromisslösung“[752] gesprochen werden kann. Die Norm soll damit einerseits Rechtssicherheit für die Durchführung einer virtuellen Betriebsratssitzung schaffen, anderseits setzt sie aber auch zumindest vorerst einen Schlusspunkt unter die vorangegangene Diskussion, indem sie die Kommunikation innerhalb einer Präsenzsitzung für eindeutig vorzugswürdig gegenüber jener in Video- und Telefonkonferenzen erklärt.

b) § 30 Abs. 2 S. 1 Nr. 2 BetrVG

Nachdem § 30 Abs. 2 S. 1 Nr. 2 BetrVG zumindest zum Teil der Sicherung des Vorrangs der Präsenzsitzung dient,[753] findet die vorherige Diskussion zum Vorrang der Präsenzsitzung bei § 129 BetrVG (a. F.) und der damit verbundenen Kritik, dass virtuelle Konferenzen nur über eingeschränkte Kommunikationsmöglichkeiten verfügen, auch in dieser Norm ihren Niederschlag. Daneben dient die Norm jedoch ebenfalls dem Minderheitenschutz.[754]

---

[749] *Ch. Weber*, JArbR Bd. 58, 91 (99 f.).

[750] Vgl. zum Meinungsstand Teil 4, Abschnitt 1, A. I 1., sowie Fn. 711.

[751] Vgl. Teil 4, Abschnitt 1, A. I 1.; sowie Fn. 711.

[752] *Ch. Weber*, JArbR Bd. 58, 91 (101).

[753] DGB Stellungnahme vom 21. 12. 2020, abrufbar unter https://www.bmas.de/SharedDocs/Downloads/DE/Gesetze/Stellungnahmen/betriebsraetemodernisierungsgesetz-dgb.pdf;jsessionid=B4F05AF9C24B5AF85A507D0A84C694D9.delivery2-master?__blob=publicationFile&v=1 (zuletzt abgerufen am 8. 9. 2024); *Boemke/Roloff/Haase*, NZA 2021, 827 (828); GK-BetrVG/*Raab*, § 30 Rn. 46; *Ch. Weber*, JArbR Bd. 58, 91 (108).

[754] *Boemke/Roloff/Haase*, NZA 2021, 827 (828); DGB-Stellungnahme vom 21. 12. 2020 (Nachw. Fn. 753).; GK-BetrVG/*Raab*, § 30 Rn. 46; *Ch. Weber*, JArbR Bd. 58, 91 (108).

Der Minderheitenschutz soll zunächst sicherstellen, dass eine Video- oder Telefonkonferenz von der ganz überwiegenden Mehrheit der Mitglieder im Betriebsrat befürwortet wird.[755] Den einzelnen Mitgliedern soll daher jeweils eine Abwägung zwischen den Vor- und Nachteilen einer virtuellen Sitzung ermöglicht werden, damit sie diese bei hinreichenden Bedenken auch ablehnen können.[756] Neben eingeschränkten Kommunikationsmöglichkeiten können sich die Bedenken der Mitglieder auch auf die Vertraulichkeit der Sitzung, datenschutzrechtliche Belange, aber auch praktische Hindernisse wie den Umgang mit moderner Technik beziehen, sodass die Bandbreite möglicher Bedenken wesentlich mehr erfasst als die Ermöglichung einer optimalen Kommunikation oder vertraulicher Pausengespräche.[757] Diese Vielzahl an unterschiedlichen Vorbehalten gegen virtuelle Sitzungen, welchen § 30 Abs. 2 S. 1 Nr. 2 BetrVG Rechnung tragen will,[758] zeigt, dass die Norm im Gegensatz zu § 30 Abs. 2 S. 1 Nr. 1 BetrVG nicht darauf abzielt, Rechtssicherheit zu schaffen.[759] Sie erreicht vielmehr das Gegenteil, indem die virtuelle Konferenz von der individuellen Ausübung des Widerspruchs abhängig gemacht wird. Der Widerspruch soll zwar auch zu einer besseren Kommunikation beitragen, weshalb er eine Voraussetzung für Sitzungen mittels Video- und Telefonkonferenz ist. In erster Linie dient das Widerspruchsrecht aber dem Minderheitenschutz,[760] indem zum einen den zahlreichen und nicht abstrakt wiederzugebenden möglichen Vorbehalten einzelner Betriebsratsmitglieder gegen Video- und Telefonkonferenzen Rechnung getragen wird, zum anderen aber auch die Angehörigen von Minderheitslisten die Möglichkeit haben, die Behandlung der für sie wichtigen Themen notfalls in einer Präsenzsitzung mithilfe des Widerspruchsrechts zu erzwingen.[761]

II. Wahrung des Vorrangs der Präsenzsitzung

Anknüpfend an die verschiedenen Zielrichtungen von § 30 Abs. 2 S. 1 Nr. 1 und Nr. 2 BetrVG kann nun erörtert werden, wie der Vorrang der Präsenzsitzung einzuhalten ist. Zentraler Ausgangspunkt dafür ist gem. § 30 Abs. 2 S. 1 Nr. 1 BetrVG die Geschäftsordnung. In dieser müssen die Voraussetzungen für die Teilnahme an

---

[755] GK-BetrVG/*Raab*, § 30 BetrVG Rn. 46.

[756] GK-BetrVG/*Raab*, § 30 BetrVG Rn. 46.

[757] Vgl. dazu auch GK-BetrVG/*Raab*, § 30 BetrVG Rn. 46 mit Verweis auf Rn. 38; *Reinartz*, NZA-RR 2021, 457 (461 f.); zu den unterschiedlichen Motiven des Widerspruchs vgl. auch *Ilbertz/Widmaier*, BPersVG, § 38 Rn. 21.

[758] Vgl. dazu *Ch. Weber*, JArbR Bd. 58, 91 (108).

[759] I. E. auch *Boemke/Roloff/Haase*, NZA 2021, 827 (831).

[760] GK-BetrVG/*Raab*, § 30 BetrVG Rn. 46; *ders.*, FA 2021, 286 (292); a. A. *Boemke/Roloff/Haase*, NZA 2021, 827 (828).

[761] I. E. *Boemke/Roloff/Haase*, NZA 2021, 827 (828); GK-BetrVG/*Raab*, § 30 BetrVG Rn. 46; *Reinartz*, NZA-RR 2021, 457 (461 f.); *Ch. Weber*, JArbR Bd. 58, 91 (108).

einer virtuellen Konferenz unter Beachtung des Vorrangs der Präsenzsitzung geregelt werden. Zunächst erfolgt daher eine Darstellung der Regelungen, welche zwingend in der Geschäftsordnung zu treffen sind, damit der Vorrang der Präsenzsitzung gewahrt werden kann, um daran anschließend jene Regelungen wiederzugeben, welche zwar zur erfolgreichen Abhaltung einer virtuellen Sitzung beitragen, für die Einhaltung des Vorrangs der Präsenzsitzung aber nicht notwendig sind. Daran anschließend ist auf die Widerspruchsmöglichkeit in § 30 Abs. 2 S. 1 Nr. 2 BetrVG einzugehen, welche ebenfalls zur Wahrung des Vorrangs der Präsenzsitzung beiträgt.

1. Regelungen in der Geschäftsordnung

Nach § 36 BetrVG sollen die Regelungen über die Geschäftsführung des Betriebsrats in der Geschäftsordnung getroffen werden. Wenn der Betriebsrat eine Sitzung mittels Video- oder Telefonkonferenz abhalten will, muss er gem. § 30 Abs. 2 S. 1 Nr. 1 BetrVG die Voraussetzungen dafür in seiner Geschäftsordnung treffen. § 30 Abs. 2 S. 1 Nr. 1 BetrVG macht also aus der Soll-Vorschrift des § 36 BetrVG zumindest eine Muss-Vorschrift, sofern es sich um eine zwingende Voraussetzung zur Abhaltung einer virtuellen Sitzung handelt und der Betriebsrat eine solche abhalten will. Zwingend ist in diesem Zusammenhang eine Vorschrift zur Abhaltung von Video- und Telefonkonferenzen, wenn ohne sie der Vorrang der Präsenzsitzung verletzt wird.

Gem. § 29 Abs. 2 S. 1 BetrVG beruft der Vorsitzende die Sitzungen des Betriebsrats nach pflichtgemäßem Ermessen ein.[762] Wird jedoch eine Regelung in der Geschäftsordnung getroffen, gilt sie als „statutarisches Recht“[763], welches die einzelnen Mitglieder und somit auch den Vorsitzenden bindet.[764] Besteht demnach eine Regelung in der Geschäftsordnung, welche die Einberufung und Ausgestaltung von Betriebsratssitzungen betrifft, kann diese das Ermessen des Vorsitzenden nach § 29 Abs. 2 S. 1 BetrVG einschränken. Es ist daher notwendig, zwischen obligatorischen und fakultativen Vorschriften zu unterscheiden, damit dargestellt werden kann, wann das Ermessen des Vorsitzenden durch die Geschäftsordnung von virtuellen Sitzungen eingeschränkt werden muss und wann es lediglich durch Regelungen in der Geschäftsordnung eingeschränkt werden kann.[765] Dabei ist zwischen Regelungen über das „Ob“ und das „Wie“ zu differenzieren. Die Vorschriften in der Geschäftsordnung müssen demnach zunächst regeln, „ob“ eine virtuelle Sitzung in Form der Video- und Telefonkonferenz überhaupt stattfinden darf. Die Regelungen

---

[762] *Fitting*, BetrVG, § 29 Rn. 22; BeckOKA/*Mauer*, BetrVG, § 29 Rn. 3; GK-BetrVG/*Raab*, § 30 Rn. 24; DKW/*Wedde*, BetrVG, § 29 Rn. 16.

[763] Richardi/*Thüsing*, BetrVG, § 36 Rn. 12.

[764] *Fitting*, BetrVG, § 36 Rn. 13 GK-BetrVG/*Raab*, § 36 Rn. 16; Richardi/*Thüsing*, BetrVG, § 36 Rn. 12; DKW/*Wedde*, BetrVG, § 29 Rn. 16.

[765] Vgl. auch *Raab*, FA 2021, 286 (292).

über das „Wie" betreffen hingegen die Ausgestaltung der virtuellen Sitzung. Sowohl beim „Ob" als auch bei den Regelungen zur Ausgestaltung der Sitzung stellt sich daher die Frage, wie konkret die Vorgaben der Geschäftsordnung sein müssen, um den Vorrang der Präsenzsitzung zu wahren. Denn je konkreter die Vorgaben in der Geschäftsordnung sind, desto mehr wird das aus § 29 Abs. 2 S. 1 BetrVG erwachsende Ermessen des Vorsitzenden eingeschränkt.

a) Regelungen zur Anberaumung einer virtuellen Sitzung

Damit der Vorsitzende eine Video- oder Telefonkonferenz anberaumen kann, müssen gem. § 30 Abs. 2 S. 1 Nr. 1 BetrVG die Voraussetzungen hierfür unter Beachtung des Vorrangs der Präsenzsitzung in der Geschäftsordnung festgelegt sein. Die überwiegende Auffassung in der Literatur argumentiert in diesem Zusammenhang streng und verlangt, dass die einzelnen Bedingungen zur Abhaltung einer virtuellen Konferenz explizit in der Geschäftsordnung geregelt werden müssen, sodass dem Vorsitzenden kein Ermessen mehr verbleibt, wenn er eine solche Sitzung anberaumen will.[766] Der Geschäftsordnung komme somit bei der Abhaltung virtueller Sitzungen eine zentrale Rolle zu.[767] Nach der Gesetzesbegründung soll der Betriebsrat selbst darüber entscheiden, unter welchen Rahmenbedingungen er eine Sitzung mittels Video- und Telefonkonferenz abhalten will.[768] Die Frage, „ob" eine virtuelle Sitzung anberaumt werden kann, liegt damit allein in der Entscheidungsbefugnis des gesamten Betriebsrats und nicht in der des einzelnen Mitglieds in Form des Vorsitzenden.[769] Dies diene auch der Planungs- und Rechtssicherheit, wenn sich die konkreten Vorgaben bereits aus der Geschäftsordnung ergeben und nicht vom Ermessen des Vorsitzenden abhängig sind.[770] Dem wird jedoch entgegengehalten, dass die tägliche Praxis eine Vielzahl an Sachverhalten und Fragen aufwerfe, welche nicht alle detailliert in der Geschäftsordnung festgelegt werden können.[771] Besteht demnach ein unvorhergesehenes und folglich nicht geregeltes Bedürfnis nach einer virtuellen Sitzung, kann diese nur abgehalten werden, wenn hierfür ein Beschluss zustande kommt, welcher die Anforderungen an die qualifizierte Mehrheit i. S. d. § 36 BetrVG erfüllt, da diese Form der Mehrheit notwendig ist, um eine

[766] *Boemke/Roloff/Haase*, VSSAR 2021, 233 (237 f.); *dies.*, NZA 2021, 827 (829); *Oberthür*, ArbRB 2021, 350 (351); HWK/*Reichold*, BetrVG, § 30 Rn. 9; *Steiner*, AiB 5/2022, 19; *Bachner*, NZA 2022, 1024 (1025) lehnt ein Ermessen ab, lässt jedoch Beurteilungsspielräume zu.

[767] *Boemke/Roloff/Haase*, NZA 2021, 827 (829); *dies.*, VSSAR 2021, 233 (238).

[768] BT-Drs. 19/28899, 15.

[769] LAG Berlin-Brandenburg 13.4.2022 – 25 TaBV/126/22 (unter II. 4. c. aa. der Gründe); *Boemke/Roloff/Haase*, NZA 2021, 827 (828); *Dies.*, VSSAR 2021, 233 (229).

[770] *Boemke/Roloff/Haase*, VSSAR 2021 Heft 3, 233 (238).

[771] GK-BetrVG/*Raab*, § 30 Rn. 44.

Regelung zur virtuellen Sitzung in der Geschäftsordnung zu treffen.[772] Eine virtuelle Sitzung könne damit aufgrund dieser hohen und auch umständlichen Hürden in solchen Fällen praktisch nicht stattfinden.[773] Überzeugend stellt diese Ansicht, welche ein Ermessen des Vorsitzenden nicht für ausgeschlossen hält, auch darauf ab, dass bereits das Widerspruchsrecht in § 30 Abs. 2 S. 1 Nr. 2 BetrVG ein hinreichendes Korrektiv darstelle, da durch dessen erfolgreiche Ausübung eine virtuelle Sitzung jederzeit verhindert werden kann.[774] Letztlich zeigt die Möglichkeit zum Widerspruch auch, dass die Gesetzesbegründung keine Aussage über das Ermessen des Vorsitzenden und die Frage trifft, wie konkret die Regelungen in der Geschäftsordnung sein müssen. In der Gesetzesbegründung heißt es zwar, dass der Betriebsrat unter ausschließlich selbst gesetzten Rahmenbedingungen Sitzungen mittels Video- und Telefonkonferenz durchführen kann.[775] Die Möglichkeit, dass aber bereits ein Viertel der Mitglieder eine virtuelle Sitzung verhindern kann, zeigt, dass es gerade nicht in der Hand des gesamten Betriebsrats liegt, über eine solche zu entscheiden. Konsequenterweise ist es dann aber auch nicht zwingend, dass dieser dem Vorsitzenden durch die Geschäftsordnung derart konkrete Vorgaben machen muss und diesem kein Ermessen bei der Frage zukommt, ob die Sitzung in Präsenz oder virtuell stattfinden soll. Einziges Kriterium, welches an die Regelungen in der Geschäftsordnung gestellt wird, ist somit, dass der Vorrang der Präsenzsitzung gewahrt bleibt.[776] Kann diese Vorgabe durch eine Vorschrift in der Geschäftsordnung eingehalten werden, welche dem Vorsitzenden ein Ermessen einräumt, liegt kein Verstoß gegen § 30 Abs. 2 S. 1 Nr. 1 BetrVG vor.[777]

b) Regelungen über die Ausgestaltung virtueller Sitzungen

Von der Ermessensfrage der Vorsitzenden, „ob“ eine Präsenzsitzung oder eine virtuelle Sitzung stattfindet, sind die Fragen zu trennen, „wie“ eine virtuelle Sitzung durch das Ermessen des Vorsitzenden ausgestaltet werden kann und inwieweit die

---

[772] Insoweit auch *Boemke/Roloff/Haase*, NZA 2021, 827 (830); *dies.*, VSSAR 2021, 233 (229), GK-BetrVG/*Raab*, § 30 Rn. 44.

[773] GK-BetrVG/*Raab*, § 30 Rn. 44, sprich insoweit von „Verfahrensrisiken“.

[774] GK-BetrVG/*Raab*, § 30 Rn. 44; *ders.*, FA 2021, 286 (292).

[775] BT-Drs. 19/28899, 15.

[776] LAG Berlin-Brandenburg 13.4.2022 – 25 TaBV/126/22 (unter II. 4. c. bb. (1) der Gründe); GK-BetrVG/*Raab*, § 30 Rn. 44.

[777] GK-BetrVG/*Raab*, § 30 Rn. 44; wohl auch *Reinartz*, NZA-RR 2021, 457 (460); In diese Richtung auch LAG Berlin-Brandenburg 13.4.2022 – 25 TaBV/126/22 (unter II. 4. c. bb. (2) (2.1) der Gründe), welches die unbestimmte Formulierung „erheblich erschwert“ zur Wahrung des Vorrangs der Präsenzsitzung in der Geschäftsordnung und damit der Auslegung des Vorsitzenden, ausreichen ließ; a. A.: *Boemke/Roloff/Haase*, VSSAR 2021, 233 (237 f.); *Dies.*, NZA 2021, 827 (829); HWK/*Reichold*, BetrVG, § 30 Rn. 9; *Steiner*, AiB 5/2022, 19; wohl auch *Schrader/Kirschner*, AiB 1/2023, 27 (30); uneindeutig insoweit *Fitting*, BetrVG, § 30 Rn. 25, nach welchem die grundlegenden Voraussetzungen in der Geschäftsordnung festgelegt werden müssen und nicht dem Ermessen des Vorsitzenden überlassen werden dürfen.

Geschäftsordnung diesbezüglich Vorgaben machen muss.[778] Das Ermessen des Vorsitzenden kann dabei durch die Geschäftsordnung beschränkt werden. Regelungen zu der Art und Weise einer virtuellen Sitzung müssen in der Geschäftsordnung nur bestehen, wenn der Vorrang der Präsenzsitzung nach § 30 Abs. 2 S. 1 Nr. 1 BetrVG verletzt werden würde.

aa) Differenzierung zwischen hybriden und vollständig virtuellen Sitzungen

Nach den bisherigen Ergebnissen ermöglicht § 30 Abs. 2 S. 1 BetrVG sowohl die Teilnahme an einer virtuellen Sitzung als auch eine ausschließlich virtuell stattfindende Sitzung.[779] Daraus resultiert die Frage, ob bei der Festlegung einer Regelung in der Geschäftsordnung begrifflich zwischen diesen beiden Formen der virtuellen Sitzung unterschieden werden muss, um den Vorrang der Präsenzsitzung in der Geschäftsordnung zu wahren.

Dafür könnte zunächst sprechen, dass die bloße virtuelle Teilnahme an einer Betriebsratssitzung einer Präsenzsitzung näherkommt als eine ausschließlich virtuell abgehaltene Sitzung.[780] Die in Präsenz teilnehmenden Mitglieder können sich in einer hybriden Sitzung wie gewohnt beraten.[781] Dies soll die Diskussionsbereitschaft der zugeschalteten Mitglieder erhöhen und die gemeinsame Willensbildung fördern.[782] Dass die Betriebsratsmitglieder sich möglichst in Präsenz treffen, könnte sich auch in § 30 Abs. 3 BetrVG widerspiegeln, welcher die Teilnahme vor Ort bei Video- und Telefonkonferenzen als stets erforderlich anerkennt.[783] Weiterhin spricht für eine solche Differenzierung, dass es für die ausschließlich digital stattfindende Sitzung andere Gründe geben kann als für die virtuelle Teilnahme an einer eigentlich in Präsenz stattfindenden Sitzung.[784] Bei einer bloßen Teilnahme könnte der Grund für die virtuelle Zuschaltung in der Person des Einzelnen liegen,[785] während der Grund für eine rein virtuelle Sitzung außerhalb des Einflussbereichs des Gremiums läge.[786] Begrifflich müssten deshalb diese unterschiedlichen Gründe für eine Video- und Telefonkonferenz in der Geschäftsordnung gesondert festgelegt werden. Indes könnten durch eine solche Unterscheidung in der Geschäftsordnung die verschiedenen Teilnahmekriterien besser präzisiert werden. Ausnahmen vom

---

[778] Vgl. *Raab*, FA 2021, 286 (292).

[779] *Boemke/Roloff/Haase*, NZA 2021, 827 (828); BeckOKA/*Mauer*, BetrVG, § 30 Rn. 5; *Reinartz*, NZA-RR 2021, 457 (460); *Schiefer/Worzalla*, NZA 2021, 817 (819).

[780] *Boemke/Roloff/Haase*, NZA 2021, 827 (830); ähnlich *Klebe/Ratayczak/Heilmann/Spoo*, BetrVG, § 30 Rn. 3a.

[781] *Boemke/Roloff/Haase*, NZA 2021, 827 (830).

[782] *Boemke/Roloff/Haase*, NZA 2021, 827 (830).

[783] *Boemke/Roloff/Haase*, NZA 2021, 827 (830).

[784] *Boemke/Roloff/Haase*, NZA 2021, 827 (830).

[785] *Boemke/Roloff/Haase*, NZA 2021, 827 (830).

[786] *Boemke/Roloff/Haase*, NZA 2021, 827 (830); dem sich anschließend LAG Berlin-Brandenburg 22.3.2022 – 8 TaBV 1415/21 (unter II. 1. b. aa. 22. der Gründe).

Vorrang der Präsenzsitzung ließen sich dadurch genauer festlegen, wodurch deren Vorrang besser gewahrt werden würde.[787]

Gleichwohl darf aus diesen praktischen Erwägungen heraus nicht der Eindruck entstehen, dass eine solche Differenzierung deshalb auch zwangsläufig rechtlich geboten ist. § 30 Abs. 2 S. 1 BetrVG regelt zwar entgegen seinem Wortlaut neben der Teilnahme auch die rein virtuelle Sitzung. Daraus allein kann aber nicht gefolgert werden, dass zwischen diesen beiden Formaten im Rahmen der Geschäftsordnung differenziert werden muss.[788] Etwas anderes ergibt sich auch nicht aus dem Wortlaut des § 30 Abs. 3 BetrVG. Diese Norm dient zwar dem Vorrang der Präsenzsitzung, indem sie festlegt, dass Betriebsratsmitglieder nicht aus Kostengründen auf eine Teilnahme vor Ort verzichten müssen.[789] Daraus ergibt sich aber kein Anspruch des einzelnen Mitglieds auf eine Teilnahme vor Ort, wenn etwas anderes in der Geschäftsordnung geregelt ist. Eine Hybridsitzung kann daher nicht ausschließlich auf der Grundlage von § 30 Abs. 3 BetrVG stattfinden. Dies bedeutet aber zugleich, dass § 30 Abs. 3 BetrVG keine Aussage darüber trifft, ob Hybridsitzungen den Präsenzsitzungen näherstehen oder nicht. Ebenfalls steht eine teilvirtuelle Sitzung einer Präsenzsitzung nicht näher als eine vollständig virtuell stattfindende Sitzung. Es stimmt zwar, dass in einer hybriden Sitzung die Teilnehmer in Präsenz besser untereinander kommunizieren können, als wenn sich die Sitzung ganz im virtuellen Raum abspielt und deshalb eine bloße Teilnahme dem Vorrang der Präsenzsitzung näherkommen könnte als eine reine virtuelle Veranstaltung. Allerdings wird zu Recht darauf verwiesen, dass die virtuell Teilnehmenden gegenüber den Präsenzteilnehmern eine schwächere Position haben.[790] Diese sind in Sitzungen nicht genauso gut wahrnehmbar wie die körperlich Anwesenden und können sich schon deshalb nur schwerer bemerkbar machen. Je weniger Mitglieder virtuell teilnehmen, desto größer ist daher die Gefahr, dass sie in einer Präsenzsitzung von den Anwesenden übergangen werden. Der Kommunikationsvorteil der physisch Teilnehmenden geht somit zu Lasten der virtuell Teilnehmenden. In einer rein virtuellen Sitzung gibt es zwar einen kommunikativen Nachteil, der alle betrifft, dagegen kann jedoch zumindest jeder Teilnehmer unter den gleichen Bedingungen diskutieren und Beschlüsse fassen.

Diese hier im Bereich der Kommunikation geführte Diskussion greift auch die Frage auf, welche Ansprüche an das Verfahren im Bereich der medialen Kommunikation zu stellen sind. Nach den hiesigen Aufführungen sollte im Entscheidungsprozess des Betriebsrats eine Annäherung an die von Habermas geforderte

[787] *Boemke/Roloff/Haase*, NZA 2021, 827 (830); dem sich anschließend LAG Berlin-Brandenburg 22.3.2022 – 8 TaBV 1415/21 (unter II. 1. b. aa. 22. der Gründe).

[788] A. A.: LAG Berlin-Brandenburg 22.3.2022 – 8 TaBV 1415/21 (unter II. 1. b. aa. 22. der Gründe); *Boemke/Roloff/Haase*, NZA 2021, 827 (830); *Schrader/Kirschner*, AiB 1/2023, 27 (28 f.); wohl auch *Klebe/Ratayczak/Heilmann/Spoo*, BetrVG, § 30 Rn. 3a.

[789] GK-BetrVG/*Raab*, § 30 Rn. 64.

[790] *Boemke/Roloff/Haase*, NZA 2021, 827 (830); GK-BetrVG/*Raab*, § 30 Rn. 42; DKW/*Wedde*, BetrVG, § 30 Rn. 37.

„ideale Sprechsituation" erfolgen, um eine Entscheidung zu erreichen, welcher möglichst alle zustimmen können.[791] Dies erfordert allerdings, dass sich die Teilnehmer des Diskurses auf allgemeine und gleichberechtigte Kommunikationsvoraussetzungen einlassen. Erlangen in einer Hybridsitzung die Teilnehmer in der Präsenzsitzung Kommunikationsvorteile gegenüber den virtuell Zugeschalteten, dann gefährdet dies die Grundidee der Diskurstheorie, dass jeder die gleiche Möglichkeit haben soll, auf den Diskurs einzuwirken und mit Rede und Gegenrede, Frage und Antwort einsteigen zu können. Die Möglichkeit zur virtuellen Teilnahme an einer Präsenzsitzung stärkt hingegen nicht das Demokratieprinzip, indem virtuell Teilnehmenden überhaupt erst die Möglichkeit eröffnet wird, an der Sitzung teilzunehmen,[792] sondern schwächt dieses vielmehr, da den virtuell teilnehmenden Mitgliedern nicht dieselben Chancen bei der Willensbildung eingeräumt werden wie den in Präsenz tagenden.

Die begriffliche Unterscheidung zwischen der Teilnahme an einer digitalen Sitzung und einer rein virtuellen Sitzung in der Geschäftsordnung kann damit aus praktischen Erwägungen heraus sinnvoll sein. Dies darf aber eben nicht zu der Annahme führen, dass die Teilnahme an einer virtuellen Sitzung den Vorrang der Präsenzsitzung besser wahren würde. Es deutet im Gegenteil sogar einiges darauf hin, dass die vollständig virtuelle Sitzung gegenüber der hybriden Sitzung aus verfahrensrechtlicher und kommunikativer Perspektive vorzugswürdig sein könnte. Zumindest stehen sich aber die rein virtuelle Sitzung und die Hybridsitzung gleichberechtigt gegenüber, weshalb grundsätzlich von beiden Formen der digitalen Betriebsratssitzung derselbe Gebrauch gemacht werden kann. Regelungen, welche zwischen einer hybriden Sitzung und einer rein virtuellen Sitzung differenzieren, sind daher fakultativer Natur.

bb) Stufenverhältnis zwischen Video- und Telefonkonferenz

Ferner stellt sich in diesem Zusammenhang die Frage, ob der Vorrang der Präsenzsitzung verletzt wird, wenn der Betriebsratsvorsitzende eine Telefonkonferenz als virtuelle Sitzungsform wählt, obwohl auch eine Videokonferenz möglich gewesen wäre, d. h. ein Stufenverhältnis zwischen der Video- und der Telefonkonferenz besteht. Sinn und Zweck von § 30 Abs. 2 S. 1 Nr. 1 BetrVG ist es, eine optimale Kommunikation zu gewährleisten, wodurch auch ein hinreichendes Vertrauensverhältnis zwischen den Mitgliedern sichergestellt werden soll.[793] Nachdem die Kommunikationsmöglichkeiten in einer Videokonferenz gegenüber denen in einer Telefonkonferenz vorzugswürdig sind, könnte daher der Schluss naheliegen, dass

---

[791] Dazu ausführlich in Teil 2, Abschnitt 1, B. II. 3. c).

[792] *Boemke/Roloff/Haase*, NZA 2021, 827 (830).

[793] *Boemke/Roloff/Haase*, NZA 2021, 827 (828); *dies.*, VSSAR 2021, 233 (228); *Fitting*, BetrVG, § 30 Rn. 29; *Klebe/Ratayczak/Heilmann/Spoo*, BetrVG, § 30 Rn. 3; DKW/*Wedde*, BetrVG, § 30 Rn. 20.

die Videokonferenz gegenüber der Telefonkonferenz als vorrangig anzusehen ist, weil diese dem Sinn und Zweck des § 30 Abs. 2 S. 1 Nr. 1 BetrVG näherkommt.[794] Dem Wortlaut der Norm lässt sich ein solches Stufenverhältnis jedoch nicht entnehmen. Nach diesem kann die Teilnahme an einer virtuellen Sitzung mittels Video- und Telefonkonferenz erfolgen. Die Konjunktion „und" spricht hier für eine Gleichstellung der beiden virtuellen Sitzungsmöglichkeiten. Systematisch betrachtet wird die Videokonferenz zwar vor der Telefonkonferenz angeführt, dies allein reicht allerdings nicht aus, um daraus ein Stufenverhältnis abzuleiten.[795] Der Gesetzgeber musste daher vielmehr zwangsläufig eine der beiden Sitzungen zuerst anführen. Ferner wird in der Begründung zum Betriebsrätemodernisierungsgesetz zwar eindeutig auf die Nachteile der virtuellen Konferenz gegenüber der Präsenzsitzung hingewiesen,[796] Unterschiede zwischen den beiden digitalen Konferenzarten werden hingegen nicht erwähnt,[797] sondern vielmehr werden beide Formen der virtuellen Sitzung als „Begriffspaar" verwendet.[798] Die im Gesetzgebungsverfahren vorgeschlagene Differenzierung[799] zwischen Video- und Telefonkonferenz wurde somit nicht berücksichtigt.[800] Dass kein Stufenverhältnis zwischen der Videokonferenz und der Telefonkonferenz besteht, entspricht schließlich auch der überwiegenden Auffassung zu § 129 Abs. 1 S. 1 BetrVG (a. F.).[801] Bereits hier wurde aufgrund der nachteiligen Kommunikationsmöglichkeiten im Rahmen einer Telefonkonferenz eine Vorrangigkeit der Videositzung gefordert.[802] Jedoch ließ sich dies weder aus dem Wortlaut[803] noch aus der systematischen Stellung ableiten.[804]

Nach zutreffender Auffassung muss die Videokonferenz somit nicht vorrangig angewendet werden.[805] Der Vorrang der Präsenzsitzung kann daher nicht verletzt

---

[794] In diese Richtung *Klebe/Ratayczak/Heilmann/Spoo*, BetrVG, § 30 Rn. 3a.

[795] Vgl. dazu *Boemke/Roloff/Haase*, NZA 2021, 827 (832); a. A. DKW/*Wedde*, BetrVG, § 30 Rn. 31.

[796] BT-Drs. 19/28899, 19.

[797] BT-Drs. 19/28899, 19; *Winzer/Baeck/Hilgers*, NZA 2021, 620 (623).

[798] *Ch. Weber*, JArbR Bd. 58, 91 (106).

[799] Vgl. Stellungnahme DGB zum BRModG vom 21.4.2021, 4, abrufbar unter https://www.dgb.de/downloadcenter/++co++3f6df3bc-ac0e-11eb-ae85-001a4a160123 (zuletzt abgerufen am 8.9.2024); *Winzer/Baeck/Hilgers*, NZA 2021, 620 (623).

[800] GK-BetrVG/*Raab*, § 30 Rn. 56.

[801] *Baeck/Winzer/Launer*, NZG 2020, 659 (661); *Fuhlrott/Fischer*, NZA 2020, 490 (491); ErfK/Kania (22. Auflage), BetrVG, § 129 Rn. 2; *Klebe/Ratayczak/Heilmann/Spoo*, BetrVG (21. Auflage), Nachtrag S. 2; *Mückl/Wittek*, DB 2020, 1289 (1290); *Wedde*, CuA 2020 Heft 5, 8.

[802] *Klebe/Ratayczak/Heilmann/Spoo*, BetrVG (21. Auflage), Nachtrag S. 2; *Wedde*, CuA 2020 Heft 5, 8.

[803] *Mückl/Wittek*, DB 2020, 1289 (1290).

[804] *Fuhlrott/Fischer*, NZA 2020, 490 (491).

[805] LAG Hessen 14.3.2022 – 16a TaBV 143/21, BeckRS 2022, 10344 Rn. 31; *Boemke/Roloff/Haase*, NZA 2021, 827 (832); *dies.*, VSSAR 2021, 223 (230); *Fitting*, BetrVG, § 30 Rn. 25; GK-BetrVG/*Raab*, § 30 Rn. 56 (12 A.); *Reinartz*, NZA-RR 2021, 457 (461);

werden, wenn der Betriebsratsvorsitzende im Rahmen seines Ermessens eine Telefonkonferenz statt einer Videokonferenz festlegt. Die Geschäftsordnung kann damit zwar Regelungen zur Wahl einer virtuellen Sitzungsform treffen, sie muss es aber nicht.

c) Regelungen zum Widerspruch

Das Widerspruchsrecht in § 30 Abs. 2 S. 1 Nr. 2 BetrVG steht, anders als die Voraussetzungen zur Teilnahme an einer Video- oder Telefonkonferenz nach § 30 Abs. 2 S. 1 Nr. 1 BetrVG nicht unter dem Vorbehalt, in der Geschäftsordnung des Betriebsrats geregelt sein zu müssen. Regelungen zum Widerspruch in der Geschäftsordnung sind daher nicht zwingend, sondern lediglich fakultativ.

Diese optionale Ausgestaltung des Widerspruchsrechts in der Geschäftsordnung könnte im Hinblick auf die unbestimmten Vorgaben des § 30 Abs. 2 S. 1 Nr. 2 BetrVG und das damit einhergehende Konfliktpotential[806] für Betriebsräte besonders attraktiv sein.[807] So besteht bei der Setzung der Widerspruchsfrist durch den Vorsitzenden lediglich Einigkeit darin, dass diese angemessen sein muss.[808] Ob eine Frist angemessen ist, hängt jedoch von der jeweiligen Perspektive ab.[809] Während der Vorsitzende aufgrund eines hohen administrativen Aufwands in Folge des Widerspruchsrechts[810] eher ein Interesse daran hat, die Frist kurz zu halten, werden die übrigen Betriebsratsmitglieder eher eine längere Bedenkfrist bevorzugen. Weiterhin stellt sich für Betriebsratsmitglieder auch die Frage, ob von dem in § 30 Abs. 2 S. 1 Nr. 2 BetrVG normierten Quorum in der Geschäftsordnung abgewichen werden kann.[811] Darüber hinaus würde es sich anbieten, Einzelheiten über eine Widerspruchsbegründung und die Form des Widerspruchs in der Geschäftsordnung festzuhalten.

Die Geschäftsordnung hat zum Ziel, einzelne Verfahrensfragen über die Geschäftsführung des Betriebsrats zu regeln.[812] Grundsätzlich kann damit alles geregelt werden, was in irgendeiner Art und Weise mit der Geschäftsführung des Be-

---

Ch. Weber, JArbR Bd. 58, 91 (106); *Winzer/Baeck/Hilgers*, NZA 2021, 620 (623 f.); a. A.: *Klebe/Ratayczak/Heilmann/Spoo*, BetrVG, § 30 Rn. 3a; DKW/*Wedde*, BetrVG, § 30 Rn. 31.

[806] *Boemke/Roloff/Haase*, VSSAR 2021, 233 (231).

[807] *Boemke/Roloff/Haase*, NZA 2021, 827 (831).

[808] BT-Drs. 19/28899, 20; GK-BetrVG/*Raab*, § 30 Rn. 47; *Boemke/Roloff/Haase*, NZA 2021, 827 (828); *dies.*, VSSAR 2021, 223 (232).

[809] GK-BetrVG/*Raab*, § 30 Rn. 47.

[810] *Boemke/Roloff/Haase*, NZA 2021, 827 (831).

[811] Angedeutet von Richardi/*Thüsing*, BetrVG, § 30 Rn. 17b.

[812] BAG 16.11.2005 – 7 ABR 11/05, AP Nr. 7 zu § 28 BetrVG 1972 (unter B. II. 1. b. bb. (1) der Gründe); LAG Hamburg 6.10.2006 – 6 TaBV 12/06, BeckRS 2011, 66726 (unter II. der Gründe); GK-BetrVG/*Raab*, § 36 Rn. 12.

triebsrats zusammenhängt.[813] Das Widerspruchsrecht nach § 30 Abs. 2 S. 1 Nr. 2 BetrVG beinhaltet daher Verfahrensfragen zur Geschäftsführung wie z. B. die Widerspruchsfrist oder das nötige Widerspruchquorum und kann damit grundsätzlich auch in der Geschäftsordnung bestimmt werden. Grenzen werden der Gestaltungsfreiheit des Betriebsrats allerdings dann gesetzt, wenn die zu regelnde Verfahrensfrage bereits durch eine zwingende gesetzliche Bestimmung abschließend normiert ist.[814] Zu den zwingenden gesetzlichen Bestimmungen gehören die Vorschriften über die Geschäftsführung des Betriebsrats[815] sowie „anerkannte demokratische Grundsätze".[816] Der Regelungsgehalt dieser Vorschriften darf jedoch durch die Geschäftsordnung nicht verändert werden.[817] Übertragen auf das Widerspruchsrecht in § 30 Abs. 2 S. 1 Nr. 2 BetrVG heißt dies, dass es sich zum einen um eine Bestimmung über die Geschäftsführung des Betriebsrats handelt und somit eine zwingende gesetzliche Bestimmung. Zum anderen beinhaltet § 30 Abs. 2 S. 1 Nr. 2 BetrVG aber auch die Funktion des Minderheitenschutzes,[818] sodass hier zusätzlich ein anerkannter demokratischer Grundsatz besteht. § 30 Abs. 2 S. 1 Nr. 2 BetrVG stellt daher eine Bestimmung dar, welche die Gestaltungsfreiheit des Betriebsrats in der Geschäftsordnung beschränkt.[819] Damit darf der Betriebsrat das Widerspruchsrecht zwar ausgestalten, allerdings nur, wenn dadurch nicht der abschließende Regelungscharakter des § 30 Abs. 2 S. 1 Nr. 2 BetrVG verletzt wird. Dieser besteht beim Widerspruchsrecht in der Wahrung des Vorrangs der Präsenzsitzung sowie dem Minderheitenschutz. Es ist damit bei jeder Regelung zum Widerspruchsrecht gesondert zu prüfen, ob dadurch gegen eines der beiden Prinzipien verstoßen wird und damit gegen den obligatorischen Charakter des § 30 Abs. 2 S. 1 Nr. 2 BetrVG.[820]

---

[813] GK-BetrVG/*Raab*, § 36 Rn. 12.

[814] BAG 16.11.2005 – 7 ABR 11/05, AP Nr. 7 zu § 28 BetrVG 1972 (unter B. II. 1. b. bb. (1) der Gründe).

[815] BAG 16.11.2005 – 7 ABR 11/05, AP Nr. 7 zu § 28 BetrVG 1972 (unter B. II. 1. b. bb. (1) der Gründe).

[816] LAG Hamburg 6.10.2006 – 6 TaBV 12/06, BeckRS 2011, 66726 (unter II. der Gründe); GK-BetrVG/*Raab*, § 36 Rn. 12.

[817] BAG 16.11.2005 – 7 ABR 11/05, AP Nr. 7 zu § 28 BetrVG 1972 (unter B. II. 1. b. bb. (1) der Gründe); LAG Hamburg 6.10.2006 – 6 TaBV 12/06, BeckRS 2011 66726 (unter II. der Gründe); *Fitting*, BetrVG, § 36 Rn. 5; GK-BetrVG/*Raab*, § 36 Rn. 12; DKW/*Wedde*, BetrVG, § 36 Rn. 3.

[818] Vgl. Teil 4, Abschnitt 1, A. I. 3. b).

[819] Insoweit noch übereinstimmend GK-BetrVG/*Raab*, § 30 Rn. 49; *Boemke/Roloff/Haase*, NZA 2021, 827 (831).

[820] Vgl. *Fitting*, BetrVG, § 30 Rn. 27; GK-BetrVG/*Raab*, § 30 Rn. 49; wohl auch DKW/*Wedde*, BetrVG, § 30 Rn. 39, 45; a. A.: *Winzer/Baeck/Hilgers*, NZA 2021, 620 (622), welche die Ausgestaltung von § 30 Abs. 2 S. 1 Nr. 2 BetrVG in der Geschäftsordnung an keine Bedingungen knüpfen.

aa) Widerspruchsfrist

Die Setzung einer angemessenen Frist durch den Betriebsratsvorsitzenden hat den Zweck, dass die Betriebsratsmitglieder einerseits ausreichend Zeit haben, sich darüber klar zu werden, ob sie in der kommenden Sitzung die mit einer Video- oder Telefonkonferenz verbundenen kommunikativen Nachteile auf sich nehmen wollen oder nicht.[821] Anderseits soll dem Vorsitzenden aber auch noch ein ausreichender Spielraum gegeben werden, beim Bestehen eines entsprechenden Widerspruchsquorums, noch eine Präsenzsitzung anberaumen zu können.[822] Die Fristsetzung dient damit einerseits dem Vorrang der Präsenzsitzung und anderseits der Planungssicherheit des Betriebsrats.

Die Setzung einer konkreten und angemessenen Frist im Rahmen der Geschäftsordnung würde demnach nicht bewirken, dass die einzelnen Mitglieder keine Bedenkzeit mehr hätten und dem Vorsitzenden keine Zeit mehr bliebe, kurzfristig eine Präsenzsitzung anzuberaumen. Vielmehr würden die einzelnen Mitglieder nicht in die Gefahr geraten, aufgrund unklarer Fristen möglicherweise übereilt ihre Stimmen abzugeben. Zusätzlich würde der Vorsitzende durch die Möglichkeit zur Vorgabe eindeutiger Fristen einen Zugewinn an Planungssicherheit erhalten.[823] Darüber hinaus wird zu Recht darauf verwiesen, dass das Schweigen des Gesetzgebers zu einer konkreten Frist in § 30 Abs. 2 S. 1 Nr. 2 BetrVG nicht derart interpretiert werden kann, dass im Gesetz eine abschließende Regelung getroffen werden sollte.[824] Die Konkretisierung der Widerspruchsfrist ist daher innerhalb der Geschäftsordnung möglich.[825]

bb) Herauf- und Herabsetzung des Widerspruchsquorums

Die Setzung eines Quorums von mindestens einem Viertel der Mitglieder nach § 30 Abs. 2 S. 1 Nr. 2 BetrVG dient teilweise dem Vorrang der Präsenzsitzung, in erster Linie jedoch dem Minderheitenschutz.[826] Von diesem dürfte daher auch nicht durch eine Ausgestaltung in der Geschäftsordnung abgewichen werden. Einigkeit herrscht insoweit darüber, dass eine Heraufsetzung des erforderlichen 25 %-Quo-

---

[821] *Boemke/Roloff/Haase*, VSSAR 2021, 223 (232); GK-BetrVG/*Raab*, § 30 Rn. 47; *Wedde*, AiB 9/2021, 21 (22).

[822] *Boemke/Roloff/Haase*, VSSAR 2021, 223 (232); GK-BetrVG/*Raab*, § 30 Rn. 47; *Wedde*, AiB 9/2021, 21 (22).

[823] GK-BetrVG/*Raab*, § 30 Rn. 49, „Gewinn an Rechtsklarheit und -sicherheit".

[824] GK-BetrVG/*Raab*, § 30 Rn. 49.

[825] *Fitting*, BetrVG, § 30 Rn. 27; GK-BetrVG/*Raab*, § 30 Rn. 49; *Winzer/Baeck/Hilgers*, NZA 2021, 620 (622); DKW/*Wedde*, BetrVG, § 30 Rn. 39; *Wedde*, AiB 9/2021, 21 (22); a. A.: LAG Berlin-Brandenburg 13.4.2022 – 25 TaBV/126/22 (unter II. 4. c. bb. (5) (5.1) der Gründe); *Boemke/Roloff/Haase*, NZA 2021, 827 (831); *Oberthür*, ArbRB 2021, 350 (351).

[826] GK-BetrVG/*Raab*, § 30 Rn. 49; vgl. Teil 4, Abschnitt 1, A. I. 3. b).

rums den Minderheitenschutz verletzen würde.[827] Zwar spricht § 30 Abs. 2 S. 1 Nr. 2 BetrVG von „mindestens“ einem Viertel der Mitglieder, allerdings würde bereits die Erhöhung des Quorums von einem Viertel auf ein Drittel die Möglichkeit des Widerspruchs erschweren. Bei einer Erhöhung des Quorums auf die Hälfte oder zwei Drittel könnte daher nicht einmal mehr von einem Minderheitenschutz die Rede sein. Eine Erhöhung des Quorums würde damit dem Normzweck entgegenstehen.

Nicht so eindeutig lässt sich die Frage hinsichtlich einer Absenkung des Quorums beantworten. Eine solche Herabsetzung würde es einer Minderheit zunächst einmal leichter machen, ihr Widerspruchsrecht auszuüben, womit kein Verstoß gegen dieses Prinzip vorläge. Weiterhin kann für eine Herabsetzung des Quorums angeführt werden, dass es allein in der Entscheidungsfreiheit des Betriebsrats liegen soll, ob er von der Teilnahme an einer Video- oder Telefonkonferenz Gebrauch macht oder nicht.[828] Schließlich könnte er diese Möglichkeit auch ganz ausschließen, indem er gar keine Regelung für eine virtuelle Teilnahme in der Geschäftsordnung trifft,[829] weshalb die Herabsetzung eines Quorums möglich sein sollte.[830] Dagegen wird jedoch eingewendet, dass § 30 Abs. 2 S. 1 Nr. 2 BetrVG „mindestens einem Viertel der Betriebsratsmitglieder“ steht,[831] d.h. dass sich der Gesetzgeber ganz bewusst für diese Untergrenze durch das Wort „mindestens“ entschieden hat.[832] Hätte er eine Abweichung zulassen wollen, hätte er auch eine Regelung ähnlich wie in § 108 Abs. 4 AktG schaffen können,[833] wonach eine virtuelle Beschlussfassung möglich ist, solange „kein“ Mitglied diesem Verfahren widerspricht oder eine abweichende Regelung in der Satzung getroffen wird. Schwerlich kann daher angenommen werden, dass der Gesetzgeber bei der Schaffung des § 30 Abs. 2 S. 1 Nr. 2 BetrVG die Regelung des § 108 Abs. 4 AktG nicht im Blick gehabt hat. Diese Regelung besteht seit der Änderung des Aktiengesetzes im Jahr 2001 durch das NaStraG[834] und wurde bereits in der vorherigen Diskussion zu den §§ 30 und

---

[827] LAG Berlin-Brandenburg 22.3.2022 – 8 TaBV 1415/21 (unter II. 1. b. aa. 22. der Gründe); LAG Berlin-Brandenburg 13.4.2022 – 25 TaBV/126/22 (unter II. 4. c. bb. (5) (5.1) der Gründe); *Boemke/Roloff/Haase*, NZA 2021, 827 (828); *Fitting*, BetrVG, § 30 Rn. 27; *Oberthür*, ArbRB 2021, 350 (351); GK-BetrVG/*Raab*, § 30 Rn. 49; *Ch. Weber*, JArbR Bd. 58, 91 (108).

[828] BT-Drs. 19/28899, 19; GK-BetrVG/*Raab*, § 30 Rn. 49 mit Verweis auf Rn. 39.

[829] GK-BetrVG/*Raab*, § 30 Rn. 49.

[830] GK-BetrVG/*Raab*, § 30 Rn. 49.

[831] *Boemke/Roloff/Haase*, NZA 2021, 827 (831).

[832] *Boemke/Roloff/Haase*, NZA 2021, 827 (831); d*ies.*, VSSAR 2021, 223 (235).

[833] *Boemke/Roloff/Haase*, NZA 2021, 827 (831).

[834] Bundesgesetzblatt 2001 Teil I Nr. 4, 124, abrufbar unter https://www.bgbl.de/xaver/bgbl/start.xav?start=//*%5B@attr_id=%27bgbl101s0123.pdf%27%5D#__bgbl__%2F%2F*%5B%40attr_id%3D%27bgbl101s0123.pdf%27%5D__1643628945763 (zuletzt abgerufen am 8.9.2024).

33 BetrVG (a. F.) immer wieder vergleichend angeführt,[835] womit die Norm in der rechtswissenschaftlichen Diskussion bereits hinreichend Anklang gefunden hat.[836] Neben § 108 Abs. 4 AktG spricht jedoch insbesondere die zum Betriebsverfassungsrecht parallel verlaufende Diskussion zu Video- und Telefonkonferenzen im Bundespersonalvertretungsrecht für eine abschließende Regelung im 25 %-Quorum des § 30 Abs. 2 S. 1 Nr. 2 BetrVG. Nach § 37 Abs. 3 S. 1 Nr. 2 BPersVG (a. F.) war die Teilnahme an einer Personalratssitzung nämlich nur dann möglich, wenn vorbehaltlich einer abweichenden Regelung in der Geschäftsordnung kein Mitglied des Personalrats dieser Sitzungsart widersprochen hatte. Diese ersichtlich an § 108 Abs. 4 AktG angelehnte Regelung im BPersVG[837] wurde dann im Rahmen der Novellierung des Bundespersonalvertretungsgesetzes durch § 38 Abs. 3 S. 2 Nr. 2 BPersVG abgelöst und beinhaltet nun ebenfalls ein Quorum von 25 %. Die Passage „vorbehaltlich einer abweichenden Regelung in der Geschäftsordnung" wurde jedoch gestrichen. Dies zeigt, dass der Gesetzgeber im BPersVG keine Abweichung von dem vorgeschriebenen Quorum mehr zulassen wollte, da bei einem Widerspruch durch nur ein Mitglied eine zu geringe Anwendung der virtuellen Konferenz befürchtet wurde.[838] Da die Diskussion zum Betriebsrätemodernisierungsgesetz nahezu zeitgleich mit der Novelle im Bundespersonalvertretungsrecht stattfand, spricht daher einiges dafür, dass der Gesetzgeber ganz bewusst dieses bestimmte Quorum festlegen wollte und dies abschließend und zwingend in § 30 Abs. 2 S. 1 Nr. 2 BetrVG regelte. Zwar stimmt es, dass sich der Betriebsrat einer virtuellen Sitzung ganz entziehen könnte, indem er gar keine Regelung trifft. Wenn er sich allerdings für eine Video- oder Telefonkonferenz entscheidet, dann soll auch eine rechtssichere und insbesondere praktisch sinnvolle Alternative zur Präsenzsitzung zur Verfügung stehen. Dies wäre aber nicht der Fall, wenn neben dem Vorrang der Präsenzsitzung der Widerspruch von nur einem Mitglied ausreicht, um die virtuelle Sitzung zu verhindern. Hierbei bestünde jedoch die Gefahr, dass dann zu oft kein Gebrauch von der virtuellen Konferenz gemacht wird, wodurch Zweifel am praktischen Nutzen der Video- und Telefonkonferenz entstehen könnten. Die Herabsetzung des Quorums nach § 30 Abs. 2 S. 1 Nr. 2 BetrVG ist daher nicht möglich.[839]

---

[835] Vgl. *Fündling/Sorber*, NZA 2017, 552 (555 f.); *Günther/Böglmüller/Mesina*, NZA 2020, 77 (79); *Jansen*, elektronische Kommunikation, 81 ff.; *Klebe*, NZA-Beilage 2017, 77 (84); *Thüsing/Beden*, BB 2019, 372 (373).

[836] *Winzer/Baeck/Hilgers*, NZA 2021, 620 (622).

[837] *Winzer/Baeck/Hilgers*, NZA 2021, 620 (622), assoziieren § 30 Abs. 2 S. 1 Nr. 2 BetrVG mit § 108 Abs. 4 AktG.

[838] Vgl. Stellungnahmen, BDA 21. 12. 2020, Gesamtmetall 21. 12. 2020, beide abrufbar unter https://www.bmas.de/DE/Service/Gesetze-und-Gesetzesvorhaben/betriebsraetemodernisierungsgesetz.html (zuletzt abgerufen am 8. 9. 2024).

[839] LAG Berlin-Brandenburg 13. 4. 2022 – 25 TaBV/126/22 (unter II. 4. c. bb. (5) (5.1) der Gründe); *Boemke/Roloff/Haase*, NZA 2021, 827 (831); *Oberthür*, ArbRB 2021, 350 (351); *Winzer/Baeck/Hilgers*, NZA 2021, 620 (622); a. A.: GK-BetrVG/*Raab*, § 30 Rn. 49.

cc) Begründungspflicht

§ 30 Abs. 2 S. 1 Nr. 2 BetrVG verlangt für die wirksame Teilnahme an einer Video- oder Telefonkonferenz, dass nicht mindestens ein Viertel der Mitglieder einer solchen Konferenz dem Vorsitzenden gegenüber widerspricht. Einer Begründung für den Widerspruch bedarf es nach dem Gesetzestext nicht, d.h. eine Verpflichtung zur Begründung lässt sich aus der Gesetzesbegründung zu § 30 Abs. 2 S. 1 Nr. 2 BetrVG nicht ableiten.[840] Der Widerspruch kann daher grundsätzlich ohne jegliche Begründung erfolgen.[841] Gerade für den Betriebsratsvorsitzenden ist die Angabe eines Grundes aber von Interesse, da er nur dadurch den Anlass für die Ablehnung einer virtuellen Konferenz erfährt. Der Vorsitzende wird zukünftige Betriebsratssitzungen nicht mehr als Video- oder Telefonkonferenz anberaumen, wenn ersichtlich dieselben Ablehnungsgründe der Betriebsratsmitglieder vorliegen. Eine Widerspruchsbegründung könnte dem Vorsitzenden daher Arbeit und Zeit sparen, weshalb es sich anbietet, diese in der Geschäftsordnung zu regeln. Dies ist allerdings nur dann möglich, wenn dadurch nicht gegen den zwingenden Charakter des § 30 Abs. 2 S. 1 Nr. 2 BetrVG verstoßen wird. Dieser besteht in der Wahrung des Vorrangs der Präsenzsitzung sowie dem Minderheitenschutz.[842] Die grundlose Möglichkeit des Widerspruchs vereinfacht es den Betriebsratsmitgliedern, eine Video- oder Telefonkonferenz abzulehnen. Dadurch kann die herkömmliche Betriebsratssitzung erleichtert stattfinden, sodass dies teilweise dem Vorrang der Präsenzsitzung dient.[843] Insbesondere wird aber dem Minderheitenschutz Rechnung getragen, da der Widerspruch nicht aufgrund einer fehlenden oder unzureichenden Begründung unwirksam sein kann. Eine Regelung zur Begründung in der Geschäftsordnung ist daher in erster Linie daran zu messen, ob eine Verletzung des Minderheitenschutzes vorliegt.[844] Dabei ist zunächst danach zu unterscheiden, ob die Begründung obligatorisch oder fakultativ ist.

Eine Regelung in der Geschäftsordnung, nach welcher nur der Grund für einen Widerspruch angegeben werden „kann“, würde keine Bedingung für die Ausübung des Widerspruches darstellen. Der Widerspruch könnte daher nach wie vor auch ohne Einschränkungen erfolgen, sodass der Minderheitenschutz durch eine fakultative Regelung nicht verletzt werden würde.[845] „Muss“ hingegen eine Begründung beim Widerspruch erfolgen, dann könnte eine solche Verpflichtung derart ausge-

---

840 BT-Drs. 19/28899, 19 f.

841 BT-Drs. 19/28899, 20; *Boemke/Roloff/Haase*, NZA 2021, 827 (829); *Dies.*, VSSAR 2021, 223 (234); GK-BetrVG/*Raab*, § 30, Rn. 48; *Winzer/Baeck/Hilgers*, NZA 2021, 620 (622).

842 Teil 4, Abschnitt 1, A. I. 3. b).

843 Ähnlich *Boemke/Roloff/Haase*, NZA 2021, 827 (831); GK-BetrVG/*Raab*, § 30 Rn. 48 mit Verweis auf Rn. 6.

844 GK-BetrVG/*Raab*, § 30 Rn. 49.

845 *Winzer/Baeck/Hilgers*, NZA 2021, 620 (622); a. A.: *Boemke/Roloff/Haase*, NZA 2021, 827 (831), wohl auch GK-BetrVG/*Raab*, § 30 Rn. 48, wenn auch nicht differenzierend.

staltet werden, dass entweder jegliche Begründung oder diese nur in bestimmten Fällen ausreichend ist. Letztere Möglichkeit ist die einschneidendste für den Minderheitenschutz. Ein Widerspruch wäre dann entweder nur noch in den durch die Geschäftsordnung vorgeschriebenen Fällen möglich oder sogar teilweise vom Willen des Vorsitzenden abhängig. Weiterhin kann die Geschäftsordnung mit der absoluten Mehrheit[846] des Betriebsrats stets abgeändert werden, sodass auch bei einer Festlegung von Gründen in der Geschäftsordnung missliebige Begründungen jederzeit gestrichen werden könnten. Eine Ausgestaltung in dem Sinne, dass nur bestimmte Gründe ausreichend sind, ist daher nicht mit dem Minderheitenschutz vereinbar. Aber auch wenn grundsätzlich jede Begründung ausreichend wäre, würde durch eine Begründungspflicht die Widerspruchsmöglichkeit erschwert werden. Indes könnte es im Streitfall zu erheblichen Beweisproblemen kommen, wenn Widerspruch und Begründung formlos erfolgen. Es ist daher davon auszugehen, dass der Gesetzgeber eine zwingende und abschließende Regelung in § 30 Abs. 2 S. 1 Nr. 2 BetrVG dahingehend treffen wollte, dass es keiner verpflichtenden Begründung für den Widerspruch bedarf. Der Minderheitenschutz würde dadurch zu sehr gefährdet werden.[847] Eine bloße Kann-Vorschrift in der Geschäftsordnung steht dem allerdings nicht entgegen, sodass eine solche Ergänzung des § 30 Abs. 2 S. 1 Nr. 2 BetrVG in der Geschäftsordnung zulässig ist.

dd) Form des Widerspruchs

§ 30 Abs. 2 S. 1 Nr. 2 BetrVG verlangt für die Ausübung des Widerspruchs keine bestimmte Form. Dieser ist daher formlos möglich.[848] Dies kann jedoch bei einem mündlichen Widerspruch zu erheblichen Beweisproblemen führen, weshalb sich die Festlegung einer Formvorschrift in der Geschäftsordnung anbietet.[849] Dabei dürfte allerdings erneut kein Verstoß gegen den zwingenden Charakter des § 30 Abs. 2 S. 1 Nr. 2 BetrVG bestehen.[850]

Dass der Widerspruch formlos möglich ist, hat vergleichbare Gründe wie der Umstand, dass dieser auch ohne Begründung erfolgen kann. Zum einen ist dadurch die herkömmliche Präsenzsitzung einfacher zu realisieren. Zum anderen wird durch einen formlosen Widerspruch aber auch dem Minderheitenschutz Rechnung getragen, da die Ausübung des Widerspruchsrechts leichter möglich ist. Eine Regelung in der Geschäftsordnung dürfte daher weder dem Vorrang der Präsenzsitzung noch

---

846 Richardi/*Thüsing*, BetrVG, § 36 Rn. 2.

847 LAG Berlin-Brandenburg 13.4.2022 – 25 TaBV/126/22 (unter II. 4. c. bb. (5) (5.1) der Gründe); *Boemke/Roloff/Haase*, NZA 2021, 827 (831); *Fitting*, BetrVG, § 30 Rn. 27; GK-BetrVG/*Raab*, § 30 Rn. 49; a. A.: *Winzer/Baeck/Hilgers*, NZA 2021, 620 (622).

848 BT-Drs. 19/28899, 20.

849 *Boemke/Roloff/Haase*, NZA 2021, 827 (831).

850 Zu den Voraussetzungen § 30 Abs. 2 S. 1 Nr. 2 durch die Geschäftsordnung zu modifizieren Teil 4, Abschnitt 1, A. II. 1. e).

dem Minderheitenschutz entgegenstehen.[851] Die mildeste[852] und somit den Regelungszielen des § 30 Abs. 2 S. 1 Nr. 2 BetrVG noch am wenigsten entgegenlaufende Formvorschrift ist die Textform nach § 126b BGB. Nach dieser muss eine lesbare Erklärung auf einem dauerhaften Datenträger abgegeben werden. Ein dauerhafter Datenträger ist dabei jedes Medium, welches es dem Empfänger ermöglicht, eine an ihn persönlich gerichtete Erklärung aufzubewahren oder zu speichern, § 126b S. 2 BGB. Der Widerspruch könnte damit grundsätzlich per E-Mail,[853] Messenger-Dienst,[854] SMS,[855] aber auch handschriftlich[856] gegenüber dem Vorsitzenden bekannt gegeben werden, womit nur die mündliche Bekanntgabe ausgeschlossen wäre. Grundsätzlich ist zwar jeder Ausschluss einer Form der Bekanntgabe dazu geeignet, den Widerspruch zu erschweren und gefährdet somit sowohl den Vorrang der Präsenzsitzung als auch den Minderheitenschutz. Gleichwohl wird im Gegenzug durch eine lesbare Widerspruchserklärung Rechtssicherheit gewonnen, wodurch im Streitfall sogar der Vorrang der Präsenzsitzung, aber insbesondere auch der Minderheitenschutz gestärkt werden kann. Dies könnte den Ausschluss der mündlichen Widerspruchsmöglichkeit aufwiegen und somit für eine Zulässigkeit einer solchen Regelung in der Geschäftsordnung sprechen. Allerdings würde die Zulassung der Textform nach § 126b BGB eindeutig der Gesetzesbegründung entgegenstehen, wonach der Widerspruch „nicht formgebunden" ist.[857] Dies spricht daher dafür, dass es dem Gesetzgeber beim formlosen Widerspruch nicht auf die Herstellung von Rechtssicherheit ankam. Darüber hinaus wäre jedoch auch das Ausmaß der gewonnenen Rechtssicherheit fraglich. Zum Nachweis des erfolgten Widerspruchs ist es zwar von Vorteil, eine perpetuierte Erklärung zu haben. Die Widerspruchserklärung wäre aber aufgrund des Erfordernisses in § 126b S. 2 Nr. 1 BGB, dass die Erklärung persönlich an den Empfänger zu richten ist, zum Beispiel schon dann unwirksam, wenn die Widersprechenden ihren Widerspruch in eine Chat-Gruppe des Betriebsrats (WhatsApp, Telegram etc. ...) schreiben, in welcher auch der Vorsitzende ist. Das Merkmal der persönlichen Adressierung wäre demnach durch eine Gruppennachricht nicht erfüllt.[858] Die ohnehin schon komplizierte Vorschrift des § 30 Abs. 2 S. 1 BetrVG durch eine Formvorschrift noch

---

[851] Allgemein zu Abwägungen in der Geschäftsordnung, GK-BetrVG/*Raab*, § 30 Rn. 49.

[852] Jauernig/*Mansel*, BGB, § 126b Rn. 4: „Die Textform kann durch jede strengere Form ersetzt werden, da sie in dieser aufgeht".

[853] OLG Schleswig 25.1.2012 – 2 W 57/11, NJW 2021, 2524 (unter II. der Gründe); OLG Hamburg 24.8.2006 – 3 U 103/06, NJW-RR 2007, 839 (unter II. 4. a. der Gründe).

[854] BeckOGKZ/*Primaczenko/Frohn*, BGB, § 126b Rn. 16.1.

[855] Jauernig/*Mansel*, BGB, § 126b Rn. 2; BeckOGKZ/*Primaczenko/Frohn*, BGB, § 126b Rn. 16.1.

[856] OLG Hamburg 24.8.2006 – 3 U 103/06, NJW-RR 2007, 839 (unter II. 4. a. der Gründe) „Verkörperungen auf Papier".

[857] BT-Drs. 19/28899, 20.

[858] Vergleichend hinsichtlich einer Adressierung einer Twitter-Nachricht, BeckOGKZ/*Primaczenko/Frohn*, BGB, § 126b Rn. 16.1.

komplizierter zu machen, erscheint daher der Rechtssicherheit nicht zuträglich zu sein. Die Beweisfunktion wird weiterhin dadurch gemindert, dass es an einer persönlichen Signatur des Widersprechenden fehlt.[859] Zusätzlich würde der verwaltungsmäßige Aufwand des Vorsitzenden durch die Prüfung der Einhaltung von Formvorschriften erhöht werden.

Die besseren Gründe sprechen daher dafür, dass in der Geschäftsordnung keine Textform gem. § 126b BGB für den Widerspruch geregelt werden kann. Sofern daher eine Regelung für die mildeste Formvorschrift nicht möglich ist, gilt dies erst recht für die strengeren Formvorschriften nach § 126 und § 126a BGB.[860]

d) Regelungen zur Teilnahmemöglichkeit von Dritten

An allen Betriebsratssitzungen dürfen gem. §§ 32, 67 Abs. 1 S. 1 BetrVG die Mitglieder der Schwerbehindertenvertretung und der JAV-Vertretung teilnehmen. Auf Antrag eines Viertels der Betriebsratsmitglieder kann gem. § 31 BetrVG ein Beauftragter der Gewerkschaft der Sitzung beiwohnen und bei Sitzungen, welche auf Verlangen des Arbeitgebers anberaumt wurden oder zu denen er ausdrücklich eingeladen ist, gem. § 29 Abs. 4 S. 1 BetrVG teilnehmen. Die Gesetzesbegründung zur Video- und Telefonkonferenz im Betriebsrätemodernisierungsgesetz stellt ausdrücklich klar, dass die Teilnahme von der Art der Sitzung unberührt bleibt und auch bei diesen Sitzungsformen sicherzustellen ist.[861] Der Vorsitzende hat dazu der jeweiligen teilnahmeberechtigten Person die Zugangsdaten rechtzeitig zur Verfügung zu stellen.[862] Sofern es sich um eine hybride Sitzung handelt, wird die Ansicht vertreten, dass in der Geschäftsordnung eine Regelung darüber möglich ist, ob die teilnahmeberechtigten Dritten in Präsenz oder virtuell teilnehmen.[863] Besteht eine solche Regelung nicht, dann läge es nach dieser Ansicht im pflichtgemäßen Ermessen des Vorsitzenden, festzulegen, ob diese in Präsenz oder virtuell an der Sitzung teilnehmen .[864] Diese Auffassung stößt allerdings im Hinblick auf die Regelungsbefugnis des Betriebsrats in der Geschäftsordnung auf Bedenken. Denn Grenzen hinsichtlich der Gestaltungsfreiheit des Betriebsrats in der Geschäftsordnung werden dann gezogen, wenn die zu regelnde Verfahrensfrage bereits durch eine zwingende gesetzliche Bestimmung abschließend normiert ist.[865] Zu den

---

[859] Vgl. MüKoBGB/*Einsele*, BGB, § 126b Rn. 9.

[860] LAG Berlin-Brandenburg 13.4.2022 – 25 TaBV/126/22 (unter II. 4. c. bb. (5) (5.1) der Gründe); *Boemke/Roloff/Haase*, NZA 2021, 827 (831); a.A.: *Winzer/Baeck/Hilgers*, NZA 2021, 620 (622); DKW/*Wedde*, BetrVG, § 30 Rn. 39.

[861] BT-Drs. 19/28899, 20.

[862] GK-BetrVG/*Raab*, § 30 Rn. 65, § 31 Rn. 15; § 32 Rn. 12; vgl. auch *Fitting*, BetrVG, § 31 Rn. 15.

[863] GK-BetrVG/*Raab*, § 30 Rn. 44, § 31 Rn. 15; § 32 Rn. 12.

[864] GK-BetrVG/*Raab*, § 31 Rn. 15; § 32 Rn. 12.

[865] BAG 16.11.2005 – 7 ABR 11/05, AP BetrVG 1972 § 28 Nr. 7 (unter B. II. 1. b. bb. (1) der Gründe).

zwingenden gesetzlichen Bestimmungen gehören die Vorschriften über die Geschäftsführung des Betriebsrats.[866] §§ 29 Abs. 4, 31, 32, aber auch § 67 Abs. 1 S. 1 BetrVG sind zwingende gesetzliche Bestimmungen, die im Wesentlichen nicht verändert werden dürfen.[867] Sinn und Zweck dieser Teilnahmerechte ist es, dass Dritte Einfluss auf die Willensbildung des Betriebsrats nehmen können, damit dieser bei der Entscheidungsfindung z. B. auch die Interessen der Schwerbehinderten und Auszubildenden berücksichtigt.[868] Würde der Betriebsrat aber in seiner Geschäftsordnung festlegen können, dass diese Dritten immer nur virtuell teilnehmen dürfen, während sich die restlichen Mitglieder in Präsenz treffen, dann hätten es die teilnahmeberechtigten Dritten aufgrund der verschlechterten Kommunikationsbedingungen[869] erheblich schwerer, auf die Willensbildung der anwesenden Mitglieder einzuwirken. Der Normzweck wäre daher bei Teilnahmen mittels Telefons, während die restlichen Mitglieder in Präsenz tagen, ernsthaft in Frage gestellt, weshalb eine solche Festlegung nicht in der Geschäftsordnung des Betriebsrats möglich ist. Aus denselben Gründen kann es auch nicht im pflichtgemäßen Ermessen des Betriebsratsvorsitzenden liegen, ob ein Dritter virtuell oder in Präsenz teilnehmen darf, sofern eine hybride Sitzung anberaumt worden ist. Dies muss allein die Entscheidung des zur Teilnahme Berechtigten bleiben, damit dieser angemessen und im Rahmen der gesetzlichen Vorschriften Einfluss auf die Willensbildung des Betriebsrats nehmen kann.

e) Vorschlag zur Ausgestaltung der Geschäftsordnung für die Anberaumung einer virtuellen Sitzung

Zwingend muss in der Geschäftsordnung nur die grundsätzliche Möglichkeit einer Video- und Telefonkonferenz geregelt werden.[870] Eine Unterscheidung, ob eine Videokonferenz anstelle einer Telefonkonferenz stattfinden sollte,[871] oder ob eine Hybridsitzung einer vollständig virtuellen Sitzung vorzugswürdig ist,[872] bedarf es dabei nicht, da der Vorrang der Präsenzsitzung durch eine fehlende Regelung nicht verletzt werden würde. Solche Regelungen sind daher ausschließlich fakultativer Natur. In kommunikativer Hinsicht ist die Videokonferenz jedenfalls gegenüber der Telefonkonferenz vorzugswürdig. Ebenfalls ist eine Argumentation in der Willensbildung basierend auf Dokumenten wie Personalakten, Bewerbungsschrei-

---

[866] BAG 16.11.2005 – 7 ABR 11/05, AP BetrVG 1972 § 28 Nr. 7 (unter B. II. 1. b. bb. (1) der Gründe).

[867] GK-BetrVG/*Raab*, § 31 Rn. 5, 32 Rn. 6.

[868] *Fitting*, BetrVG, § 31 Rn. 22, § 32 Rn. 28; GK-BetrVG/*Oetker*, § 67 Rn. 1; GK-BetrVG/*Raab*, § 32 Rn. 1, § 29 Rn. 76.

[869] Vgl. zu den Kommunikationsbedingungen in Video- und Telefonkonferenzen Teil 3, B. I. 2. e).

[870] Vgl. Teil 4, Abschnitt 1, A. II. 1. a).

[871] Dazu in Teil 4, Abschnitt 1, A. II. 1. b) bb).

[872] Dazu in Teil 4, Abschnitt 1, A. II. 1. b) aa).

ben oder Lebensläufen von Arbeitnehmern bei der Ausübung von Beteiligungsrechten aufgrund der fehlenden visuellen Wahrnehmungsmöglichkeiten nicht oder nur schwerlich möglich,[873] weshalb hier die Videokonferenz im Hinblick auf die Sicherstellung der funktionellen Erwartungen vorzugswürdig ist. Umgekehrt ist der Einsatz von Videotechnik im Hinblick auf den Datentransfer in Drittstaaten aufgrund des Schrems II-Urteils des EuGH sowie der befürchteten Unwirksamkeit des „EU-US Data Privacy Frameworks" zumindest nach aktuellem Stand de facto nicht mit der DS-GVO vereinbar, weshalb ein Großteil gängiger Videokonferenzprogramme nicht rechtssicher verwendet werden kann.[874] Ein Ausschluss der Telefonkonferenz durch die Geschäftsordnung ist daher zumindest momentan nicht anzuraten, da sich dadurch der Betriebsrat bei der Wahl seiner Mittel zur Abhaltung einer virtuellen Sitzung unnötig einschränken würde. Ebenso ist dem Betriebsrat nicht zu empfehlen, sich vorrangig auf eine hybride Sitzung statt einer vollständig virtuellen Sitzung festzulegen. Die Abbildung eines Verfahrens mit gleichwertigen Teilnahmebedingungen ist in einer hybriden Sitzung nicht möglich, da die virtuell Zugeschalteten nur erschwert mit den Mitgliedern in Präsenz kommunizieren können. Die hybride Sitzung ermöglicht eine hohe Flexibilität für den Betriebsrat und zielt damit auf die Optimierung des Entscheidungsprozesses ab. Trotzdem sollte die Wahl, ob die Sitzung hybrid oder vollständig virtuell ist, dem Ermessen des Vorsitzenden überlassen werden, weshalb es in der Geschäftsordnung keiner konkreten Regelung hierzu bedarf.[875]

Das Widerspruchsrecht nach § 30 Abs. 2 S. 1 Nr. 2 BetrVG kann in der Geschäftsordnung nur hinsichtlich der Widerspruchsfrist konkretisiert werden. Dies ist zur Schaffung von Rechts- und Planungssicherheit dem Betriebsrat anzuraten.[876] Das Widerspruchsquorum darf hingegen weder erhöht noch abgesenkt werden.[877] Ebenfalls darf der Widerspruch an keine Form[878] oder Begründung[879] gebunden sein.

Der Vorrang der Präsenzsitzung kann nach der Gesetzesbegründung dadurch gewahrt werden, dass entweder die Anzahl an Video- oder Telefonkonferenzen beschränkt wird oder eine Begrenzung auf bestimmte Themen und Sachverhalte vorliegt, bei welchen der Betriebsrat eine möglichst schnelle Beschlussfassung für angezeigt hält.[880] Die Festlegung einer starren Anzahl von Sitzungen erscheint in-

---

[873] Vgl. Teil 3, B. III. 1. a).

[874] Vgl. Teil 3, C. I. 2.

[875] A. A.: *Boemke/Roloff/Haase*, NZA 2021, 827 (833 f.); HWK/*Reichold*, BetrVG, § 30 Rn. 9; *Schrader/Kirschner*, AiB 1/2023, 27 (30); nur empfehlend: DKW/*Wedde*, BetrVG, § 30 Rn. 37.

[876] Teil 4, Abschnitt 1, A. II. 1. c) aa).

[877] Teil 4, Abschnitt 1, A. II. 1. c) bb).

[878] Teil 4, Abschnitt 1, A. II. 1. c) dd).

[879] Teil 4, Abschnitt 1, A. II. 1. c) cc).

[880] BT-Drs. 19/28899, 19; DKW/*Wedde*, BetrVG, § 30 Rn. 36.

sofern wenig praxistauglich, da der Betriebsrat bei der Aufstellung der Geschäftsordnung die Gesamtanzahl seiner Sitzungen kaum absehen kann.[881] Hingegen stellt die Begrenzung von virtuellen Sitzungen auf eilbedürftige Angelegenheiten hinreichend klar, dass die Präsenzsitzung in allen anderen Angelegenheiten der Normalfall ist.[882] Im Hinblick darauf, dass § 30 Abs. 2 BetrVG insbesondere für Mitglieder mit Betreuungspflichten, Behinderungen oder Teilzeitbeschäftigte geschaffen wurde,[883] empfiehlt es sich, die Ausnahme der virtuellen Sitzung auf die Fälle auszudehnen, in welchen eine Teilnahme unmöglich oder unzumutbar ist.[884] Betreuungspflichtige Eltern können dann etwa bei Krankheit eines Kindes ausnahmsweise auch virtuell an der Sitzung teilnehmen, da eine Beteiligung vor Ort unzumutbar wäre. Im Falle behördlicher Kontaktbeschränkungen aufgrund einer Pandemie wäre die Teilnahme für alle Mitglieder unmöglich, sodass die Sitzung auch als Video- oder Telefonkonferenz möglich wäre.[885]

Ausgehend von den hier vertretenen Ansichten, welche Regelungen in der Geschäftsordnung für die Anberaumung einer Video- oder Telefonkonferenz obligatorischer und fakultativer Natur sind bzw. unzulässig und empfehlenswert, ergibt sich folgender konkreter Vorschlag für die Geschäftsordnung zur Anberaumung einer Video- und Telefonkonferenz:

1. Eine Betriebsratssitzung kann als Video- oder Telefonkonferenz i. S. d. § 30 Abs. 2 S. 1 BetrVG abgehalten werden. Dabei sind der Vorrang der Präsenzsitzung und der Minderheitenschutz nach § 30 Abs. 2 S. 1 Nr. 1 und Nr. 2 BetrVG zu wahren.

2. Der Vorrang der Präsenzsitzung und der Minderheitenschutz werden gewahrt, indem Video- oder Telefonkonferenzen nur stattfinden dürfen, wenn:[886]

---

[881] *Boemke/Roloff/Haase*, NZA 2021, 827 (831); GK-BetrVG/*Raab*, § 30 Rn. 43; *ders.*, FA 2021, 286 (291 f.); *Schrader/Kirschner*, AiB 1/2023, 27 (31); a. A.: *Wedde*, AiB 9/2021, 21 (26), schlägt insoweit vor, die Anzahl zwar zu begrenzen, aber in begründeten Ausnahmefällen Video- und Telefonkonferenzen trotzdem zuzulassen; *Steiner*, AiB 5/2022, 19, sieht eine zahlenmäßige Begrenzung als zwingend an.

[882] *Boemke/Roloff/Haase*, NZA 2021, 827 (831); GK-BetrVG/*Raab*, § 30 Rn. 43.

[883] BT-Drs. 19/28899, 15.

[884] *Boemke/Roloff/Haase*, NZA 2021, 827 (830, 833), schlagen eine „Unzumutbarkeit und Unmöglichkeit" vor, wobei das Kriterium der „Unzumutbarkeit" in der Geschäftsordnung näher gesetzlich ausgestaltet werden muss, da der Betriebsratsvorsitzende nur in Ausnahmefällen ein Ermessen haben soll; HWK/*Reichold*, BetrVG, § 30 Rn. 9, insoweit dürfte auch den Bedenken Rechnung getragen sein, dass virtuelle Sitzungen nicht aus Gründen der „Bequemlichkeit" stattfinden dürfen; für eine ähnliche Regelung auch *Schrader/Kirschner*, AiB 1/2023, 27 (31).

[885] BT-Drs. 19/28899, 19; GK-BetrVG/*Raab*, § 30 Rn. 43.

[886] Eine solche Formulierung eher ablehnend, da keine Differenzierung zwischen hybriden und vollständig virtuellen Sitzungen, sowie zu großer Ermessensspielraum des Vorsitzenden, LAG Berlin-Brandenburg 22. 3. 2022 – 8 TaBV 1415/21 (unter II. 1. b. aa. 33. der Gründe); *Schulze/Ratzesberger/Jost*, ArbRAktuell 2022, 371 (373), fordern eine „enge, genau beschriebene Voraussetzung".

a) es sich um eine eilbedürftige Angelegenheit handelt,[887] oder
b) die Sitzungsteilnahme in Präsenz einem, mehreren oder allen Mitgliedern unmöglich oder unzumutbar ist[888]
c) und mindestens ein Viertel der Mitglieder einer solchen Konferenz nicht widersprochen haben.

3. Zur ordnungsgemäßen Ausübung des Widerspruchs bestimmt der Betriebsratsvorsitzende eine angemessene Frist. Diese hat sich an der Eilbedürftigkeit der Angelegenheit zu orientieren.[889] Die widersprechenden Betriebsratsmitglieder können ihren Widerspruch gegenüber dem Vorsitzenden begründen.[890]

2. Widerspruchsmöglichkeit

Da bereits dargelegt wurde, inwieweit die Geschäftsordnung das Widerspruchsrecht nach § 30 Abs. 2 S. 1 Nr. 2 BetrVG konkretisieren darf, ist nun auf die einzelnen Voraussetzungen des Widerspruchs einzugehen. Zur wirksamen Ausübung des Widerspruchsrechts muss gem. § 30 Abs. 2 S. 1 Nr. 2 BetrVG mindestens ein Viertel der Mitglieder des Betriebsrats dem Vorsitzenden gegenüber widersprechen, wobei der Widerspruch eines einzelnen Betriebsratsmitglieds dem Vorsitzenden innerhalb der von ihm gesetzten Frist zugehen muss.

a) Rechtsnatur des Widerspruchs

Zur genauen Bestimmung, wann ein fristgerechter Zugang des Widerspruchs vorliegt, muss zunächst dessen Rechtsnatur qualifiziert werden.[891] Das Betriebsverfassungsgesetz und somit auch der Betriebsrat sind dem Privatrecht zuzuord-

---

[887] *Boemke/Roloff/Haase*, NZA 2061, 827 (834), „zu Einhaltung einer gesetzlichen Frist"; *Schrader/Kirschner*, AiB 1/2023, 27 (32); vgl. auch *Wedde*, AiB 9/2021, 21 (26).

[888] *Boemke/Roloff/Haase*, NZA 2021, 827 (833 f.), beschränken die Unzumutbarkeit und Unmöglichkeit auf bestimmte Fälle; ähnlich *Schrader/Kirschner*, AiB 1/2023, 27 (32); vgl. auch positive Beurteilung des Begriffs „erheblich erschwert" durch LAG Berlin-Brandenburg 13.4.2022 – 25 TaBV/126/22 (unter II. 4. c. bb. (2) (2.1) der Gründe), sowie zum Gesundheitsschutz (unter II. 4. c. bb. (2) (2.2) der Gründe); *Bachner*, NZA 2022, 1024 (1025) stellt zwar ebenfalls auf den Begriff „unzumutbar" ab, verlangt allerdings noch eine genauere Definition dieses Begriffs in der Geschäftsordnung.

[889] Ausgestaltungsmöglichkeiten der Frist: *Winzer/Baeck/Hilgers*, NZA 2021, 620 (622); GK-BetrVG/*Raab*, § 30 Rn. 49; a. A.: *Boemke/Roloff/Haase*, NZA 2021, 827 (831).

[890] *Winzer/Baeck/Hilgers*, NZA 2021, 620 (622); a. A.: *Boemke/Roloff/Haase*, NZA 2021, 827 (831); GK-BetrVG/*Raab*, § 30 Rn. 49, wenn auch ohne Differenzierung.

[891] *Boemke/Roloff/Haase*, VSSAR 2021 Heft 3, 223 (233).

nen,[892] weshalb die Vorschriften über die Willenserklärung nach den §§ 116 ff. BGB auch auf den Widerspruch anwendbar sein könnten.[893] Direkt wären die §§ 116 ff. BGB anwendbar, wenn es sich bei dem Widerspruch um eine Willenserklärung handelt. Analog wären zumindest die meisten Vorschriften anwendbar, wenn diese eine rechtsgeschäftsähnliche Handlung darstellen würden.[894]

Nach ständiger Rechtsprechung des BAG ist eine Willenserklärung auf die Vornahme eines Rechtsgeschäftes gerichtet und somit dessen notwendiger Bestandteil.[895] Hiermit soll eine Rechtswirkung hervorgerufen werden, welche ausschließlich auf dem Willen des Erklärenden beruht.[896] Eine rechtsgeschäftsähnliche Handlung ist hingegen auf einen tatsächlichen Erfolg gerichtet, dessen Rechtsfolgen nicht deswegen eintreten, weil sie final gewollt sind, sondern weil das Gesetz dies unabhängig vom Willen des Erklärenden anordnet.[897] Die Rechtsfolge bei der rechtsgeschäftsähnlichen Handlung ist daher lediglich das äußere Ergebnis der Erklärung und setzt keinen darauf gerichteten Willen voraus.[898]

Das widersprechende Mitglied will durch seinen Widerspruch erreichen, dass eine Präsenzsitzung statt einer Video- oder Telefonkonferenz stattfindet. Die Erklärung ist zunächst auf einen tatsächlichen Erfolg gerichtet und nicht unmittelbar auf die Rechtsfolge.[899] Diese ist hier vielmehr das äußere Ergebnis der Erklärung. Darüber hinaus wird der Widerspruch auch erst mit einem Viertel der Betriebsratsmitglieder wirksam, weshalb in den meisten Fällen die Rechtswirkung nicht allein auf dem Willen des Einzelnen beruht.[900] Der Widerspruch stellt folglich eine rechtsgeschäftsähnliche Handlung dar,[901] womit die §§ 116 ff. BGB grundsätzlich nur analog anwendbar sind.

---

[892] BAG 15.2.1989 – 7 ABR 9/88, AP Nr. 17 zu § 19 BetrVG 1972 (unter B. der Gründe); *Boemke/Roloff/Haase*, VSSAR 2021 Heft 3, 223 (232); DKW/*Däubler*, BetrVG, Einleitung Rn. 69; GK-BetrVG/*Wiese*, Einleitung Rn. 92.

[893] Vgl. *Boemke/Roloff/Haase*, NZA 2021, 827 (829); *Boemke* GK-BetrVG/*Raab*, § 30 Rn. 48.

[894] BGH 17.10.2001 – X ZR 97/99, NJW 2001, 289 (unter II. 1. B. bb. der Gründe); MüKoBGB/*Armbrüster*, BGB, § 116 Vorbemerkung Rn. 18; Grüneberg/*Ellenberger*, BGB, Überbl. v. § 104 Rn. 7.

[895] BAG 11.6.2002 – 1 ABR 43/01 AP Nr. 118 zu § 99 BetrVG 1972 (unter IV. 1. bb. der Gründe); BAG 9.12.2008 – 1 ABR 79/07, AP Nr. 36 zu § 99 BetrVG (Rn. 31).

[896] BAG 11.6.2002 – 1 ABR 43/01 AP Nr. 118 zu § 99 BetrVG 1972 (unter IV. 1. bb. der Gründe); BAG 9.12.2008 – 1 ABR 79/07, AP Nr. 36 zu § 99 BetrVG (Rn. 31).

[897] BAG 11.6.2002 – 1 ABR 43/01 AP Nr. 118 zu § 99 BetrVG 1972 (unter IV. 1. cc. der Gründe); BAG 9.12.2008 – 1 ABR 79/07, AP Nr. 36 zu § 99 BetrVG (Rn. 31).

[898] BAG 11.6.2002 – 1 ABR 43/01 AP Nr. 118 zu § 99 BetrVG 1972 (unter IV. 1. cc. der Gründe); BAG 9.12.2008 – 1 ABR 79/07, AP Nr. 36 zu § 99 BetrVG (Rn. 31).

[899] *Boemke/Roloff/Haase*, VSSAR 2021, 223 (233).

[900] Abhängig von der Größe des Betriebsrats nach § 9 BetrVG.

[901] *Boemke/Roloff/Haase*, VSSAR 2021, 223 (233).

b) Zugang des Widerspruchs

Der Widerspruch muss dem Vorsitzenden zugegangen sein, d.h. er ist empfangsbedürftig.[902] Wird dieser gegenüber dem anwesenden Vorsitzenden erklärt, reicht der Ausspruch bzw. die Übergabe des schriftlichen Widerspruchs.[903] Schwieriger ist hingegen der Widerspruch gegenüber dem abwesenden Vorsitzenden zu beurteilen. Nach § 130 Abs. 1 S. 1 BGB wird die rechtsgeschäftsähnliche Handlung analog[904] gegenüber einem Abwesenden zu dem Zeitpunkt wirksam, wenn sie ihm zugeht. Ein Zugang liegt dann vor, wenn die Willenserklärung derart in den Machtbereich des Empfängers gelangt, dass er unter normalen Umständen von ihrem Inhalt Kenntnis nehmen kann.[905] Bei der Zusendung des Widerspruchs an den Vorsitzenden muss jedoch berücksichtigt werden, dass dieser als Betriebsratsmitglied nur im Rahmen seiner üblichen Dienstzeiten dazu verpflichtet ist, Erklärungen zur Kenntnis zu nehmen.[906] Fristen, welche für den Betriebsrat gelten, werden daher grundsätzlich erst in Gang gesetzt, solange eine Erklärung zu den geschäftsüblichen Zeiten in dessen Machtbereich gelangen.[907] Außerhalb dieser Zeiten entfaltet die Erklärung erst ihre Wirkung, wenn der Vorsitzende hiervon tatsächlich Kenntnis erlangt.[908]

Im Umkehrschluss muss das Gleiche aber auch für die Wahrung von Fristen gegenüber dem Vorsitzenden gelten. Hat dieser etwa für die angemessene Frist nur ein konkretes Datum und nicht zusätzlich eine Uhrzeit bestimmt, so ist der Zugang grundsätzlich nur im Rahmen der üblichen Geschäftszeiten möglich. Später kann der Vorsitzende den Widerspruch zwar auch noch entgegennehmen, allerdings ist er dazu nicht verpflichtet. Zur Vermeidung von Unklarheiten wird daher zutreffend darauf hingewiesen, dass es sich bei der Fristsetzung anbietet, neben dem Tag noch eine Uhrzeit anzugeben.[909]

---

[902] Zur Empfangsbedürftigkeit von Willenserklärungen; Palandt/*Ellenberger*, BGB, § 130 Rn. 2; MüKoBGB/*Einsele*, BGB, § 130 Rn. 2.

[903] Vgl. GK-BetrVG/*Raab*, § 26 Rn. 55.

[904] *Boemke/Roloff/Haase*, VSSAR 2021, 223 (233); GK-BetrVG/*Raab*, § 30 Rn. 48, stellt i.E. auf § 130 BGB ab, wenn auch nicht analog.

[905] BGH 26.11.1997 – VIIIZR22/97, NJW 1998, 977 (unter II. 1. der Gründe); BGH 21.6. 2011 – II ZB 15/10, NJW-RR 2011, 1185 Rn. 15; BGH 8.1.2014 – IV ZR 206/13, NJW 2014, 1011 Rn. 8; MüKoBGB/*Einsele*, BGB, § 130 Rn. 16; BeckOGKZ/*Gomille*, BGB, § 130 Rn. 48; Soergel/*Riesenhuber*, § 130 Rn. 49; vgl. auch *Raab*, FA 2021, 286 (293).

[906] BAG 27.8.1982 – 7 AZR 30/80, AP Nr. 25 zu §102 BetrVG (unter I. 2. b. cc. der Gründe); *Fitting*, BetrVG, § 26 Rn. 41; GK-BetrVG/*Raab*, §26 Rn. 55; DKW/*Wedde*, BetrVG, § 26 Rn. 29.

[907] Z.B. durch „Wurf in den Briefkasten“, LAG Niedersachsen 26.11.2007 – 6 TaBV 34/07, BeckRS 2008, 53429 (unter II. A. 3. c. bb. der Gründe); BeckOKA/*Mauer*, BetrVG, § 26 Rn. 8.

[908] BAG 27.8.1982 u 7 AZR 30/80, AP Nr. 25 zu §102 BetrVG (unter I. 2. b. cc. der Gründe); BeckOKA/*Mauer*, BetrVG, § 26 Rn. 8; GK-BetrVG/*Raab*, §26 Rn. 55, § 30 Rn. 55.

[909] GK-BetrVG/*Raab*, § 30 Rn. 48; *ders.*, FA 2021, 286 (293).

c) Fristsetzung durch den Vorsitzenden

Wenn der Vorsitzende eine nicht angemessene Frist setzt, kann dies nicht dazu führen, dass eine virtuelle Sitzung nicht stattfinden kann, weil die Voraussetzungen des § 30 Abs. 2 S. 1 Nr. 2 BetrVG nicht eingehalten wurden. Dies würde dem Vorsitzenden ein nicht von § 30 Abs. 2 S. 1 BetrVG vorgesehenes Vetorecht einräumen. Eine unangemessene Frist setzt daher vielmehr eine angemessene in Gang,[910] in welcher der Widerspruch noch erklärt werden kann.

Sofern der Betriebsratsvorsitzende keine Frist setzt, wird die Auffassung vertreten, dass die Betriebsratsmitglieder noch bis zum Beginn der virtuellen Sitzung ihren Widerspruch erklären könnten.[911] Einerseits bietet diese Ansicht Rechtssicherheit, da den Betriebsratsmitgliedern ein sicherer Zeitrahmen gegeben wird, um den Widerspruch abzugeben, obwohl es an einer Fristsetzung fehlt. Anderseits kann eine Widerspruchsmöglichkeit bis zum Beginn der Sitzung in bestimmten Fällen zu einer übermäßig langen Widerspruchsmöglichkeit führen. Virtuelle Sitzungen können dadurch theoretisch noch bei Sitzungsbeginn verhindert werden, mit der Folge, dass auch eine Präsenzsitzung möglicherweise nicht mehr rechtzeitig anberaumt werden kann.[912] Beschlüsse, welche die Einhaltung von Fristen wie zum Beispiel in den §§ 99 Abs. 3 S. 1, 102 Abs. 2 S. 1 BetrVG verlangen, können dann nicht mehr fristgerecht gefasst werden. Darüber hinaus lässt sich dem Wortlaut des § 30 Abs. 2 S. 1 Nr. 2 BetrVG nicht entnehmen, dass, wenn der Vorsitzende keine Frist setzt, der Widerspruch noch bis zum Beginn der Sitzung möglich sein soll. Vielmehr setzt daher das Fehlen einer Fristsetzung durch den Vorsitzenden auch in einem solchen Fall eine angemessene Frist in Gang, innerhalb der ein Widerspruch erklärt werden kann.

Anders ist dies nur dann zu beurteilen, wenn der Vorsitzende bewusst keine Frist setzt, weil es sich um einen „Eilfall"[913] handelt.[914] Hier wird die Frist nicht weggelassen, sondern diese ist dann vielmehr bis zum Beginn der virtuellen Sitzung möglich, weil eine angemessene Frist ansonsten nicht einzuhalten wäre. Die Frist endet jedoch spätestens, sobald ein Beschluss in der Sitzung gefasst wurde, da

---

[910] Vgl. BGH 21.6.1985 – V ZR 134/84, NJW 1985, 2640 (unter II. 1. a. der Gründe); BGH 12.8.2009 – VIII ZR 254/08, NJW 2009, 3154 (Rn. 11).

[911] *Boemke/Roloff/Haase*, VSSAR 2021, 223 (233); GK-BetrVG/*Raab*, § 30 Rn. 47.

[912] *Fitting*, BetrVG, § 30 Rn. 31, befürchtet taktische Widersprüche bei einer noch späteren Zulassung bis zur Beschlussfassung.

[913] Ein Eilfall wäre z.B. die Einhaltung der 3-Tages-Frist nach § 102 Abs. 2 S. 3 BetrVG bei einer außerordentlichen Kündigung.

[914] Insofern auch *Boemke/Roloff/Haase*, VSSAR 2021, 223 (233); *Oberthür*, ArbRB 2021, 350 (351).

ansonsten ein Beschlussergebnis noch nachträglich durch den Widerspruch beseitigt werden könnte.[915]

d) Verwirkung des Widerspruchsrechts

Ferner stellt sich die Frage, ob ein Betriebsratsmitglied sein Widerrufsrecht verwirken kann, wenn es bereits die Teilnahme an einer Video- oder Telefonkonferenz gegenüber dem Vorsitzenden bestätigt hat. Dies wäre nur dann möglich, wenn sich durch die Auslegung der Teilnahmebestätigung gem. den §§ 133, 157 BGB analog ergibt, dass diese einen Ausschluss des Widerspruchs darstellen soll.[916] Gegen eine solche Auslegung spricht jedoch, dass eine Teilnahmebestätigung, welche den Widerspruch ausschließt, dem zwingenden Abwehrrecht gegen die Telefon- oder Videokonferenz nicht hinreichend Rechnung tragen würde.[917] Allerdings ist auch zu berücksichtigen, dass ein Betriebsratsmitglied, welches zunächst die Teilnahme an einer virtuellen Konferenz bestätigt und später diese Bestätigung durch den Widerspruch in gewisser Weise widerruft, sich widersprüchlich verhält. Ein solches Verhalten könnte daher nicht mehr vom Minderheitenschutz des § 30 Abs. 2 S. 1 Nr. 2 BetrVG erfasst sein. Die Abstellung auf ein widersprüchliches Verhalten würde aber verkennen, dass § 30 Abs. 2 S. 1 Nr. 2 BetrVG neben dem Minderheitenschutz zusätzlich dem Vorrang der Präsenzsitzung dient[918] und der Normzweck des § 30 Abs. 2 S. 1 Nr. 2 BetrVG somit über die Schutzfunktion einzelner Betriebsratsmitglieder hinausgeht. Deshalb kann aber auch nicht der Widerspruch durch eine Teilnahmebestätigung generell verwirkt werden, womit dieser trotz einer Teilnahmebestätigung bis zum Ablauf der Frist möglich ist.[919]

B. Ausnahmen vom Vorrang der Präsenzsitzung

Obwohl der Vorrang der Präsenzsitzung in § 30 Abs. 2 S. 1 Nr. 1 und Nr. 2 BetrVG ein zentrales Element für die Abhaltung von Video- oder Telefonkonferenzen darstellt, könnten auch Ausnahmen von diesem Grundsatz bestehen, sofern entweder ein an der Betriebsratssitzung zur Teilnahme Berechtigter oder der Arbeitgeber Anspruch auf die Abhaltung einer virtuellen Sitzung haben.

---

[915] *Boemke/Roloff/Haase*, NZA 2021, 827 (829); *dies.*, VSSAR 2021, 223 (233); ähnlich GK-BetrVG/*Raab*, § 30 Rn. 47, Widerspruch nur bis Aufnahme der Beratung möglich, da auch hier die nachträgliche Beseitigung des Beschlusses befürchtet wird.

[916] *Boemke/Roloff/Haase*, VSSAR 2021, 223 (234).

[917] *Boemke/Roloff/Haase*, VSSAR 2021, 223 (234).

[918] Teil 4, Abschnitt 1, A. I. 3. b).

[919] I. E. *Boemke/Roloff/Haase*, VSSAR 2021, 223 (234).

I. Erzwingung einer hybriden Sitzung durch die Betriebsratsmitglieder

1. Vorherige Diskussion zu § 129 (a. F.) BetrVG

Bereits bei § 129 BetrVG (a. F.) wurde diskutiert, ob ein einzelnes Mitglied des Betriebsrats einen Anspruch auf die Teilnahme an einer Video- oder Telefonkonferenz hat bzw. anders ausgedrückt zumindest eine hybride Sitzung erzwingen kann. Der Wortlaut von § 129 Abs. 1 S. 1 BetrVG (a. F.) stellte auf die „Teilnahme" und die Gesetzesbegründung auf ein „Zuschalten"[920] an einer virtuellen Sitzung ab, worin teilweise Hinweise des Gesetzgebers auf eine individuelle Teilnahmemöglichkeit gesehen wurden.[921] Weiterhin sollte auch der Sinn und Zweck von § 129 Abs. 1 S. 1 BetrVG (a. F.) für einen individuellen Teilnahmeanspruch sprechen,[922] da § 129 Abs. 1 S. 1 BetrVG (a. F.) nicht nur für den Betriebsrat die Handlungsfähigkeit sicherstellen sollte, sondern auch die Teilnahmemöglichkeit für den Einzelnen.[923] Würde daher der Vorsitzende eine Präsenzveranstaltung anberaumen, obwohl ein einzelnes Mitglied an dieser nicht teilnehmen kann, würde sich der Anspruch des § 129 Abs. 1 S. 1 BetrVG (a. F.) auf die Abhaltung einer Video- oder Telefonkonferenz in einen individuellen Anspruch auf „Zuschaltung" umwandeln.[924] Damit könnte zwar keine vollständig virtuelle Konferenz erzwungen werden, aber zumindest eine Hybridsitzung.[925]

Anders sah dies das hessische LAG mit Beschluss vom 8.2.2021. In dem zu entscheidenden Fall ging es um einen Unterlassungsantrag des Betriebsrats gegen den Arbeitgeber, anderen Arbeitnehmern den Zugang zum Betrieb vor 5:45 Uhr zu verwehren.[926] Der hierfür erforderliche Betriebsratsbeschluss kam in einer Präsenzsitzung zustande, obwohl eines der Mitglieder im Homeoffice arbeitete und eine Anfrage an den Betriebsrat gestellt hatte, ob es nicht per Telefon- oder Videokonferenz an der Sitzung teilnehmen könnte.[927] Der Arbeitgeber beanstandete deshalb, dass in dieser Sitzung kein ordnungsgemäßer Beschluss gefasst worden sei.[928] Das LAG verwies zunächst darauf, dass es nicht im Belieben eines Betriebsratsmitglieds stünde, nach eigenem Ermessen zu entscheiden, ob es an einer Sitzung virtuell teilnehme oder nicht.[929] § 129 BetrVG (a. F.) überlasse dies entweder dem Ermessen des Vorsitzenden nach § 29 Abs. 2 BetrVG oder dem Betriebsrat

---

[920] BT-Drs. 19/18753, 28.

[921] *Hagedorn*, NZA 2021, 158 (159).

[922] *Hagedorn*, NZA 2021, 158 (159).

[923] *Hagedorn*, NZA 2021, 158 (159).

[924] *Hagedorn*, NZA 2021, 158 (159).

[925] *Hagedorn*, NZA 2021, 158 (159).

[926] LAG Hessen 8.2.2021 – 16 TaBV 185/20, BeckRS 2021, 4935 (Rn. 1).

[927] LAG Hessen 8.2.2021 – 16 TaBV 185/20, BeckRS 2021, 4935 (Rn. 22).

[928] LAG Hessen 8.2.2021 – 16 TaBV 185/20, BeckRS 2021, 4935 (Rn. 3).

[929] LAG Hessen 8.2.2021 – 16 TaBV 185/20, BeckRS 2021, 4935 (Rn. 22).

als Ganzem.[930] Weigert sich allerdings der Vorsitzende, eine hybride Sitzung trotz Antrag eines Mitglieds abzuhalten, dann müsse dieser Antrag durch ein Viertel der Mitglieder gem. § 29 Abs. 3 BetrVG auf die Tagesordnung gesetzt werden.[931] Sofern das erforderliche Quorum erreicht sei, könnte der Betriebsrat als Ganzes abwägen, ob er eine Präsenzsitzung, eine hybride oder eine ausschließliche Sitzung mittels Video- und Telefonkonferenz abhalten möchte.[932] Ein einzelnes Betriebsratsmitglied könne jedoch den Vorsitzenden nicht dazu zwingen, Sitzungen vollständig virtuell oder für die einzelne Teilnahme zumindest hybrid abzuhalten.[933] Das hessische LAG sah somit in § 129 Abs. 1 S. 1 BetrVG (a. F.) keinen individuellen Anspruch auf die Herbeiführung einer hybriden Sitzung, womit das Ermessen des Vorsitzenden bei der Wahl der Sitzungsart nur über § 29 Abs. 3 BetrVG hätte beschränkt werden können.

In Anbetracht des Umstands, dass mit § 129 BetrVG (a. F.) während der Corona-Pandemie das Ziel verfolgt wurde, die Handlungsfähigkeit[934] des Betriebsrats mithilfe einer möglichst hohen Flexibilität[935] auch bei der Wahl der Sitzungsart zu gewährleisten, ist der Entscheidung des hessischen LAG zuzustimmen. Hätten einzelne Mitglieder individuelle Ansprüche aus § 129 Abs. 1 S. 1 BetrVG (a. F.) ableiten können, um damit entgegen dem Willen des Vorsitzenden eine virtuelle Sitzung zu erzwingen, dann hätte dies zu häufigen Verfahrensfehlern führen können. Dies wäre jedoch zur Aufrechterhaltung der Handlungsfähigkeit des Betriebsrats und zur Gewährleistung der Rechtssicherheit wenig förderlich gewesen. Auf der Kehrseite hatte die Entscheidung allerdings zur Folge, dass das Ermessen des Vorsitzenden praktisch kaum einzuschränken war. Denn selbst wenn das Quorum von einem Viertel i. S. d. § 29 Abs. 3 BetrVG erreicht worden wäre, hätte der Betriebsrat in einer vorweggenommenen Diskussion entscheiden müssen, ob sich das beantragende Mitglied virtuell zuschalten darf. Eine solche Diskussion würde dann aber zwangsläufig in Präsenz stattfinden, sodass das beantragende Mitglied in aller Regel selbst nicht hätte anwesend sein können. Andere Mitglieder hätte es dann aber nur schwerlich von den Vorzügen einer hybriden Sitzung überzeugen können. Darüber hinaus könnte das die Hybridsitzung beantragende Mitglied mangels Anwesenheit auch nicht selbst abstimmen. Eine Beschränkung des Ermessens des Vorsitzenden bei der Wahl der Sitzungsart ist damit zwar über § 29 Abs. 3 BetrVG denkbar, praktisch jedoch nur schwer umzusetzen. Trotzdem bestand in Anbetracht der Notwendigkeit, während der Corona-Pandemie eine mög-

---

[930] LAG Hessen 8. 2. 2021 – 16 TaBV 185/20, BeckRS 2021, 4935 (Rn. 22).

[931] LAG Hessen 8. 2. 2021 – 16 TaBV 185/20, BeckRS 2021, 4935 (Rn. 22).

[932] LAG Hessen 8. 2. 2021 – 16 TaBV 185/20, BeckRS 2021, 4935 (Rn. 22).

[933] LAG Hessen 8. 2. 2021 – 16 TaBV 185/20, BeckRS 2021, 4935 (Rn. 22).

[934] BT-Drs. 19/18753, 28.

[935] *Fuhlrott/Fischer*, NZA 2020, 490 (491); ErfK/*Kania* (22. Auflage), BetrVG, § 129 Rn. 2; Richardi-NachtragCovid19/*Weber*, § 37 Abs. 3, Rn. 15.

lichst rechtssichere Auslegung der Norm zu ermöglichen, kein individueller Anspruch auf Teilnahme nach § 129 Abs. 1 S. 1 BetrVG (a. F.).[936]

2. Erzwingung nach § 30 Abs. 2 S. 1 BetrVG

§ 30 Abs. 2 S. 1 BetrVG stellt wie schon § 129 Abs. 1 S. 1 BetrVG (a. F.) auf die „Teilnahme" an einer Video- oder Telefonkonferenz ab. In der Gesetzesbegründung ist die Möglichkeit der Zuschaltung einzelner Teilnehmer aufgeführt, weshalb auch bei der dauerhaften Ermöglichung der Video- und Telefonkonferenz in § 30 Abs. 2 S. 1 BetrVG eine hybride Sitzung durch ein einzelnes Betriebsratsmitglied erzwungen werden könnte bzw. ein individueller Anspruch zur virtuellen Teilnahme besteht.[937] Dafür solle auch die Parallelvorschrift zu § 30 Abs. 2 BetrVG in § 38 BPersVG sprechen. In der zeitlich etwas eher erlassenen Norm im BPersVG zu Video- und Telefonkonferenzen wird nicht nur die „Teilnahme" genannt, sondern auch normiert, sodass die Sitzungen des Personalrats vollständig oder unter Zuschaltung einzelner Mitglieder durchgeführt werden können. Dies solle eine allgemeinere Formulierung darstellen als in § 30 Abs. 1 S. 1 BetrVG, wo von der „Teilnahme an einer Betriebsratssitzung mittels Video- und Telefonkonferenz" die Rede ist.[938] Letztlich führe auch der Normzweck von § 30 Abs. 1 S. 1 BetrVG zu einem individuellen Anspruch auf Zuschaltung, da dieser darauf abziele, einzelnen Mitgliedern eine virtuelle Gremiumsarbeit zu ermöglichen, wenn der Grund dafür bei ihnen selbst liegt.[939] Erlöschen würde ein solcher Anspruch nur, wenn ein Widerspruch i. S. d. § 30 Abs. 2 S. 1 Nr. 2 BetrVG vorliege.[940]

Hinsichtlich des Wortlautes „Teilnahme" in § 30 Abs. 2 S. 1 BetrVG muss jedoch zunächst berücksichtigt werden, dass entgegen dieser eigentlich klaren Formulierung trotzdem einhellig angenommen wird, dass auch eine vollständig virtuelle Sitzung nach § 30 Abs. 2 S. 1 BetrVG möglich ist.[941] Aus einer solch variabel auszulegenden Formulierung kann dann aber nur schwerlich der Wille des Gesetzgebers abgeleitet werden, einen individuellen Anspruch auf Teilnahme an einer Video- und Telefonkonferenz zu ermöglichen. Indes nennt die Gesetzesbegründung zwar die Möglichkeit der „Zuschaltung",[942] führt daran anschließend aber genauso auf, dass die Möglichkeit der Video- und Telefonkonferenz in der alleinigen Ent-

---

[936] LAG Hessen 8. 2. 2021 – 16 TaBV 185/20, BeckRS 2021, 4935 (Rn. 22); a. A.: *Hagedorn*, NZA 2021, 158 (159).

[937] Vgl. *Boemke/Roloff/Haase*, VSSAR 2021, 223 (239).

[938] *Boemke/Roloff/Haase*, VSSAR 2021, 223 (240).

[939] *Boemke/Roloff/Haase*, VSSAR 2021, 223 (240).

[940] *Boemke/Roloff/Haase*, VSSAR 2021, 223 (240); dabei bezugnehmend auf BT-Drs. 19/28899, 15; sowie die Ausführungen zu § 129 BetrVG bei *Hagedorn*, NZA 2021, 158 (159).

[941] *Boemke/Roloff/Haase*, NZA 2021, 827 (828); BeckOKA/*Mauer*, BetrVG, § 30 Rn. 5; *Reinartz*, NZA-RR 2021, 457 (460); *Schiefer/Worzalla*, NZA 2021, 817 (819).

[942] BT-Drs. 19/28899, 19.

scheidungsbefugnis des Betriebsrats stehe.[943] Dies erinnert an die Rechtsprechung des hessischen LAG zu § 129 Abs. 1 S. 1 BetrVG, wonach die Möglichkeit der virtuellen Sitzung entweder im Ermessen des Vorsitzenden stand oder zumindest dem gesamten Betriebsrat über die Möglichkeit des § 29 Abs. 3 BetrVG oblag.[944] Auch der systematische Vergleich mit § 38 BPersVG, worin die Norm genereller formuliert sein soll als in § 30 Abs. 2 S. 1 BetrVG, erscheint im Hinblick auf deren Formulierung „unter Zuschaltung einzelner Mitglieder" wenig überzeugend. Durch diese Formulierung in § 38 BPersVG kommt der individuelle Bezug auf die einzelnen Mitglieder genauso zum Ausdruck wie in § 30 Abs. 2 S. 1 BetrVG. Ferner wird im Unterschied zu § 129 Abs. 1 S. 1 BetrVG in § 30 Abs. 2 S. 1 Nr. 1 BetrVG nun der Vorrang der Präsenzsitzung sogar ausdrücklich formuliert. Zu Recht wird daher darauf verwiesen, dass es widersprüchlich wäre, wenn ein einzelnes Mitglied trotzdem eine Video- oder Telefonkonferenz erzwingen könnte und deshalb allen anderen Mitgliedern die Möglichkeit der Präsenzsitzung verwehren würde.[945] Selbst wenn im Hinblick auf die Gesetzesbegründung die Möglichkeit der virtuellen Konferenz auch für Personen mit Betreuungspflichten oder körperlicher Einschränkung geschaffen wurde,[946] bleibt zu bedenken, dass die Möglichkeit einer Video- oder Telefonkonferenz nach § 30 Abs. 2 S. 1 Nr. 1 BetrVG ausdrücklich unter den Vorbehalt einer Regelung in der Geschäftsordnung gestellt ist, welche nur mit der absoluten Mehrheit der Mitglieder beschlossen werden kann. Zwar ermöglicht es das Widerspruchsrecht in § 30 Abs. 2 S. 1 Nr. 2 BetrVG, dass sich ein kleiner Teil der Mitglieder über die grundlegende Mehrheitsentscheidung in der Geschäftsordnung hinwegsetzen kann, um eine virtuelle Sitzung zu untersagen. Für die umgekehrte Zielrichtung, nämlich dass ein kleiner Teil oder sogar ein einzelnes Mitglied der Mehrheit eine virtuelle Sitzung aufzwingen kann, fehlt es jedoch an der gesetzlichen Grundlage. Ein individueller Anspruch auf Teilnahme an einer virtuellen Sitzung folgt daher aus § 30 Abs. 2 S. 1 BetrVG nicht.[947]

Ist hingegen die Geschäftsordnung zugunsten einer individuellen Teilnahme formuliert, so ergibt sich aus dieser der Anspruch eines Einzelnen auf die virtuelle Zuschaltung.[948] Der Betriebsrat und seine Mitglieder haben in einem solchen Fall hinreichend zum Ausdruck gebracht, dass es eine solche Möglichkeit geben soll.

---

[943] BT-Drs. 19/28899, 19; GK-BetrVG/*Raab*, § 30 Rn. 55.

[944] LAG Hessen 8.2.2021 – 16 TaBV 185/20, BeckRS 2021, 4935 (Rn. 22).

[945] GK-BetrVG/*Raab*, § 30 Rn. 55.

[946] BT-Drs. 19/28899, 15.

[947] GK-BetrVG/*Raab*, § 30 Rn. 55; *ders.*, FA 2021, 286 (289); wohl a. A.: *Boemke/Roloff/Haase*, NZA 2021, 827 (829); *dies.*, VSSAR 2021, 223 (240), wobei diese letztlich auch davon ausgehen, dass dem Vorsitzenden durch die Geschäftsordnung kein Ermessensspielraum verbleiben darf, womit sich in der Konsequenz ein Anspruch auf Zuschaltung bereits aus der Geschäftsordnung ergibt, sodass es auf § 30 Abs. 2 S. 1 BetrVG nicht mehr ankommen würde.

[948] *Boemke/Roloff/Haase*, NZA 2021, 827 (829); *dies.*, VSSAR 2021, 223 (240); GK-BetrVG/*Raab*, § 30 Rn. 57; *ders.*, FA 2021, 286 (289).

Die grundlegende Entscheidung einer Video- oder Telefonkonferenz verbleibt damit beim Betriebsrat, welcher aber eine solche Regelung in seiner Geschäftsordnung nicht treffen muss.[949] Ferner scheidet der Anspruch auf eine individuelle Teilnahme per Video oder Telefon auch dann aus, wenn hiergegen ein qualifizierter Widerspruch besteht.[950]

II. Pflicht zur Abhaltung einer virtuellen Sitzung

Eng verknüpft mit einem Anspruch auf Teilnahme an einer virtuellen Sitzung ist die Frage, ob der Betriebsrat im Einzelfall vom Arbeitgeber zur Abhaltung einer virtuellen Sitzung verpflichtet werden kann. Eine solche Verpflichtung könnte sich ergeben, wenn dem Betriebsrat im Rahmen des § 30 Abs. 2 S. 1 BetrVG ein Ermessen zustünde, welches er auch gegenüber dem Arbeitgeber pflichtgemäß auszuüben hat. Dieses Ermessen könnte unmittelbar aus § 30 Abs. 2 S. 1 BetrVG folgen. Gleichfalls könnten als weitere rechtliche Anknüpfungspunkte gem. § 30 Abs. 1 S. 2 BetrVG auch die Pflicht, auf betriebliche Notwendigkeiten Rücksicht zu nehmen, sowie Kostengründe gem. § 40 BetrVG in Betracht kommen.

1. Nach § 30 Abs. 1 S. 2 i.V.m. § 2 Abs. 1 BetrVG

Die Verpflichtung zur Abhaltung einer Video- oder Telefonkonferenz nach § 30 Abs. 2 S. 1 BetrVG könnte aus der Rücksichtnahmepflicht nach § 30 Abs. 1 S. 2 BetrVG resultieren, welche eine Konkretisierung des Gebotes der vertrauensvollen Zusammenarbeit nach § 2 Abs. 1 BetrVG darstellt.[951] Nach herkömmlichem Verständnis regelt § 30 Abs. 1 S. 2 BetrVG insbesondere die Anzahl der Sitzungen sowie deren Zeitpunkt und Dauer.[952] Dabei hat der Betriebsratsvorsitzende, welcher die Sitzungen nach § 29 Abs. 2 S. 1 BetrVG einberuft, auf die betrieblichen Notwendigkeiten Rücksicht zu nehmen. Damit § 30 Abs. 1 S. 2 BetrVG aber überhaupt zur Anwendung kommt, müsste die Wahl der Sitzungsart, d.h. ob diese in Präsenz oder virtuell stattfindet, unter den Anwendungsbereich der Norm fallen.

---

[949] Vgl. dazu Teil 4, Abschnitt 1, II. 1. a).

[950] *Boemke/Roloff/Haase*, VSSAR 2021, 223 (240).

[951] *Bulla*, RdA 1965, 121; HWGNRH/*Glock*, BetrVG, § 30 Rn. 4; Löwisch/Kaiser/*Holler*, BetrVG, § 30 Rn. 6; GK-BetrVG/*Raab*, § 30 Rn. 10.

[952] BAG 24.7.1979 – 6 ABR 96/77, AP Nr. 1 zu § 51 BetrVG 1972 (unter III. 2. b. der Gründe); *Fitting*, BetrVG, § 30 Rn. 10; HWGNRH/*Glock*, BetrVG, § 30 Rn. 4; Löwisch/Kaiser/*Holler*, BetrVG, § 30 Rn. 6; GK-BetrVG/*Raab*, § 30 Rn. 11.

a) Rechtslage unter § 129 Abs. 1 S. 1 (a. F.) BetrVG

Bereits in der Rechtsprechung zu § 129 Abs. 1 S. 1 BetrVG (a. F.), der Vorgängernorm von § 30 Abs. 2 S. 2 BetrVG, wurde diskutiert, ob der Arbeitgeber den Betriebsrat zur Abhaltung einer Video- oder Telefonkonferenz verpflichten kann.

aa) Entscheidung des LAG Berlin-Brandenburg vom 24. 8. 2020

In einem ersten Verfahren über die Möglichkeit der virtuellen Betriebsratssitzung hatten sich das ArbG Berlin[953] und später das LAG Berlin-Brandenburg[954] mit einem Fall zu beschäftigen, in welchem eine Arbeitgeberin von überregionalen Rehabilitationskliniken[955] einem Gesamtbetriebsrat die Durchführung einer Präsenzsitzung untersagen wollte.[956] Grund hierfür war ein hohes Infektionsgeschehen im Zuge der Covid-Pandemie.[957] Die Arbeitgeberin wollte aufgrund dieses Infektionsgeschehens klinikübergreifende Zusammenkünfte verhindern, damit sich das Virus zwischen den verschiedenen Kliniken nicht bzw. schwerer ausbreiten konnte. Dadurch sollten auch die beherbergten Patienten besser geschützt werden. [958]

Das ArbG Berlin stellte in seiner Entscheidung eine Interessenabwägung an, in welcher es die Organisationsgewalt hinsichtlich der Durchführung einer Betriebsratssitzung gegen den Gesundheitsschutz abwog.[959] Dabei kam es zum Ergebnis, dass der Gesundheitsschutz als höherwertig anzusehen sei, insbesondere mit dem Argument, dass es zu vielfältigen privaten Zusammenkünften bei dem mehrtägigen Treffen kommen könnte. [960] Der Gesamtbetriebsrat erklärte daraufhin zwar die Sache für erledigt, stellte aber zugleich einen neuen Antrag für eine weitere bevorstehende Gesamtbetriebsratssitzung, welche in Präsenz stattfinden sollte.[961] In dieser Sitzung sollten auch Nachwahlen abgehalten werden.[962]

---

[953] ArbG Berlin 7. 8. 2020 – 54 BVGa 9762/20, BeckRS 2020, 24643.

[954] LAG Berlin-Brandenburg 24. 8. 2020 – 12 TaBVGa 1015/20, BeckRS 2020, 21347.

[955] LAG Berlin-Brandenburg 24. 8. 2020 – 12 TaBVGa 1015/20, BeckRS 2020, 21347 (Rn. 2).

[956] LAG Berlin-Brandenburg 24. 8. 2020 – 12 TaBVGa 1015/20, BeckRS 2020, 21347 (Rn. 1).

[957] LAG Berlin-Brandenburg 24. 8. 2020 – 12 TaBVGa 1015/20, BeckRS 2020, 21347 (Rn. 8).

[958] LAG Berlin-Brandenburg 24. 8. 2020 – 12 TaBVGa 1015/20, BeckRS 2020, 21347 (Rn. 8).

[959] LAG Berlin-Brandenburg 24. 8. 2020 – 12 TaBVGa 1015/20, BeckRS 2020, 21347 (Rn. 3).

[960] LAG Berlin-Brandenburg 24. 8. 2020 – 12 TaBVGa 1015/20, BeckRS 2020, 21347 (Rn. 3).

[961] LAG Berlin-Brandenburg 24. 8. 2020 – 12 TaBVGa 1015/20, BeckRS 2020, 21347 (Rn. 12).

[962] LAG Berlin-Brandenburg 24. 8. 2020 – 12 TaBVGa 1015/20, BeckRS 2020, 21347 (Rn. 12).

Das LAG Berlin konnte es aufgrund dieser Nachwahlen in seiner Entscheidung ausdrücklich offenlassen, ob die Möglichkeit der Video- und Telefonkonferenz in § 129 BetrVG (a. F.) beim Hinzutreten besonderer Umstände zu einer Verpflichtung des Betriebsrats führen würde, eine virtuelle Sitzung einzuberufen.[963] Denn auf Wahlen ist nach Ansicht des Gerichts zumindest § 129 BetrVG nicht anwendbar, womit für den Betriebsrat keine Möglichkeit bestehen würde, seine Nachwahlen im Rahmen einer virtuellen Konferenz durchführen zu können.[964] Allein schon deshalb bestünde keine Verpflichtung zur Abhaltung einer virtuellen Konferenz.[965] Gleichwohl unterließ es das Gericht nicht, anzudeuten, dass es grundsätzlich den (Gesamt-)Betriebsrat in der Pflicht sieht, bei der Planung und Vorbereitung von Sitzungen zwischen virtuellen und Präsenzsitzungen abzuwägen.[966] Im Hinblick auf den Wortlaut „können erfolgen“ von § 129 Abs. 1 S. 1 BetrVG könnte daher von einer ermessensähnlichen Entscheidung des Betriebsrats auszugehen sein, welche im Zusammenspiel mit der Notwendigkeit, auf die betrieblichen Erfordernisse nach § 30 S. 2 BetrVG (a. F., nun § 30 Abs. 1 S. 2 BetrVG) Rücksicht zu nehmen, zu einer entsprechenden Rücksichtnahmepflicht in Form einer verpflichtenden Durchführung einer Video- oder Telefonkonferenz führen könnte.[967] Angesichts der damit verbundenen rechtlichen Unsicherheiten erschien es dem Gericht aber vorzugswürdig, wenn sich die Arbeitsgerichte in einem ähnlichen Verfahren ohne Wahlen, erneut damit befassen würden.[968]

In der Literatur stieß dieses Urteil auf breite Zustimmung.[969] Das Gericht habe auf die Frage, ob der Betriebsrat durch den Arbeitgeber zu einer Telefon- oder Videokonferenz verpflichtet werden kann, anerkannte Prinzipien des Betriebsverfassungsrechts angewendet.[970] Dabei stellte das Gericht klar, dass zwar einerseits der Betriebsrat allein über die Durchführungsform entscheiden darf, anderseits sei dieser aber auch in der Pflicht, abzuwägen, ob eine virtuelle Sitzung oder eine Präsenzsitzung stattfinden soll.[971] Im Einzelfall kann daher auch eine Verpflichtung

---

[963] LAG Berlin-Brandenburg 24. 8. 2020 – 12 TaBVGa 1015/20, BeckRS 2020, 21347 (Rn. 28).

[964] LAG Berlin-Brandenburg 24. 8. 2020 – 12 TaBVGa 1015/20, BeckRS 2020, 21347 (Rn. 28).

[965] LAG Berlin-Brandenburg 24. 8. 2020 – 12 TaBVGa 1015/20, BeckRS 2020, 21347 (Rn. 28).

[966] LAG Berlin-Brandenburg 24. 8. 2020 – 12 TaBVGa 1015/20, BeckRS 2020, 21347 (Rn. 36).

[967] LAG Berlin-Brandenburg 24. 8. 2020 – 12 TaBVGa 1015/20, BeckRS 2020, 21347 (Rn. 39).

[968] LAG Berlin-Brandenburg 24. 8. 2020 – 12 TaBVGa 1015/20, BeckRS 2020, 21347 (Rn. 40).

[969] Vgl. *Däubler*, NZA-RR 2020, 647 (650); *Wahlers*, jurisPR-IT 25/2020, Anm. 6 (unter C.); *Wolmerath*, jurisPR-ArbR 50/2020, Anm. 3 (unter D.).

[970] *Däubler*, NZA-RR 2020, 647 (650).

[971] *Andrä*, GWR 2020, 480.

zur Abhaltung einer Telefon- oder Videokonferenz i. S. d. § 129 Abs. 1 S. 1 BetrVG (a. F.) bestehen.[972]

Sowohl der Entscheidung des LAG Berlin-Brandenburg als auch der überwiegenden Auffassung in der Literatur ist in der Hinsicht zuzustimmen, dass die Entscheidung über die Art der Sitzung zunächst allein dem Betriebsrat bzw. dessen Vorsitzenden obliegt, da es sich dabei um die interne Geschäftsführung des Betriebsrats handelt. Für die nähere Ausgestaltung der Sitzung ist daher nur der Vorsitzende nach § 29 Abs. 2 S. 1 BetrVG zuständig und nicht der Arbeitgeber. Trotzdem kann der Vorsitzende dabei auch nicht völlig die Belange des Betriebes und Arbeitgebers ausblenden,[973] weshalb im Einzelfall die Entscheidungsfreiheit eingeschränkt werden kann.

Dogmatisch unklar bleibt an dieser Stelle aber, über welche Norm eine solche Einschränkung bzw. Verpflichtung zur Abhaltung einer virtuellen Konferenz genau erfolgen kann. Abgeleitet kann eine solche Verpflichtung entweder aus der Rücksichtnahmepflicht nach den §§ 30 S. 2 i. V. m. 2 Abs. 1 BetrVG (a. F.)[974] werden oder direkt aus § 129 Abs. 1 S. 1 BetrVG (a. F.) im Rahmen einer Ermessensreduzierung auf Null,[975] da nach dem Wortlaut virtuelle Sitzungen erfolgen „können". Das LAG Berlin-Brandenburg bezieht sich zwar zunächst in seiner Entscheidung auf den Wortlaut des § 129 Abs. 1 S. 1 BetrVG (a. F.) und deutet dabei eine „ermessensähnliche Entscheidung" an.[976] Anschließend geht es aber auf die Rücksichtnahmepflicht nach § 30 S. 2 BetrVG (a. F.) ein und erwähnt in diesem Zusammenhang eine mögliche Verpflichtung zur Bevorzugung einer Video- oder Telefonkonferenz in bestimmten Fällen.[977] Dies scheint jedoch mehr für eine Herleitung der Verpflichtung über § 30 S. 2 BetrVG (a. F.) zu sprechen als über eine Ermessensreduzierung auf Null im Rahmen des § 129 Abs. 1 S. 1 BetrVG (a. F.). Da jedoch das Gericht diese Frage ausdrücklich offenließ und eine erneute Befassung der Arbeitsgerichte mit dieser Sache für vorzugswürdig hielt, muss der Blick auf ähnliche Gerichtsentscheidungen erweitert werden.

---

[972] *Andrä*, GWR 2020, 480; *Däubler*, NZA-RR 2020, 647 (650); *Frowein*, CuA 2021, Nr. 1, 39; *Schmid*, ArbRAktuell 2020, 554; *Wahlers*, jurisPR-IT 25/2020, Anm. 6 (unter C.); *Wolmerath*, jurisPR-ArbR 50/2020, Anm. 3 (unter D.).

[973] Vgl. GK-BetrVG/*Raab*, § 29 Rn. 24; DKKW/*Wedde*, BetrVG, § 29 Rn. 16.

[974] *Däubler*, NZA-RR 2020, 647 (650); wohl auch *Wahlers*, jurisPR-IT 25/2020, Anm. 6 (unter C.).

[975] *Städler*, NZA 2021, 465 (468).

[976] LAG Berlin-Brandenburg 24. 8. 2020 – 12 TaBVGa 1015/20, BeckRS 2020, 21347 (Rn. 39).

[977] LAG Berlin-Brandenburg 24. 8. 2020 – 12 TaBVGa 1015/20, BeckRS 2020, 21347 (Rn. 39).

bb) Entscheidung des LAG Berlin-Brandenburg vom 13.10.2020

In einem ähnlichen Verfahren, welches ebenfalls vor dem LAG Berlin-Brandenburg verhandelt wurde, wollte der Arbeitgeber deutschlandweiter Rehabilitationskliniken seinem Konzernbetriebsrat die Abhaltung einer Präsenzsitzung untersagen[978] und diesen auf die Möglichkeit einer virtuellen Konferenz nach § 129 Abs. 1 S. 1 BetrVG (a.F.) verweisen.[979] Allerdings musste der Konzernbetriebsrat, wie schon der Gesamtbetriebsrat im vorherigen Fall, betriebsratsinterne Wahlen abhalten.[980] Das Gericht entschied daher, seiner Linie treu zu bleiben, sodass auch hier keine Verpflichtung zur Abhaltung einer Video- oder Telefonkonferenz für das Gremium angenommen wurde, da § 129 Abs. 1 S. 1 BetrVG (a.F.) auf betriebsratsinterne Wahlen nicht anwendbar sei.[981]

Im Unterschied zur vorangegangenen Entscheidung stellte hier das LAG die Unanwendbarkeit des § 129 Abs. 1 S. 1 BetrVG (a.F.) auf Wahlen fest, aber nicht separat, sondern vielmehr im Rahmen einer Interessenabwägung.[982] Die Rücksichtnahme auf die betrieblichen Notwendigkeiten bei der Ansetzung der Betriebsratssitzung nach § 30 S. 2 BetrVG (a.F.) zwinge den (Konzern-) Betriebsrat nicht dazu, von einer Präsenzsitzung abzusehen, da sich das Auswahlermessen des Betriebsrats nicht in der Weise verengt habe, dass von einer solchen Gebrauch gemacht werden müsste.[983] Das Interesse des Arbeitgebers am Gesundheitsschutz sei zwar gewichtig,[984] gleichwohl könne dahinter das Interesse des Gremiums nicht zurücktreten, da § 129 Abs. 1 S. 1 BetrVG (a.F.) auf Wahlen keine Anwendung finde bzw. die Abhaltung einer Wahl im Rahmen einer virtuellen Konferenz mit solchen Unsicherheiten verbunden sei, dass dies dem Betriebsrat nicht zuzumuten wäre.[985]

Das Gericht bezog damit in seiner Entscheidung die Möglichkeit, Wahlen im Rahmen von § 129 Abs. 1 S. 1 BetrVG (a.F.) abzuhalten, in die Interessenabwägung mit ein und leitete diese aus der Rücksichtnahmepflicht des § 30 S. 2 Betr-

[978] LAG Berlin-Brandenburg 13.10.2020 – 26 TaBVGa 1281/20, BeckRS 2020, 46243 (Rn. 1).

[979] LAG Berlin-Brandenburg 13.10.2020 – 26 TaBVGa 1281/20, BeckRS 2020, 46243 (Rn. 2).

[980] LAG Berlin-Brandenburg 13.10.2020 – 26 TaBVGa 1281/20, BeckRS 2020, 46243 (Rn. 4).

[981] LAG Berlin-Brandenburg 13.10.2020 – 26 TaBVGa 1281/20, BeckRS 2020, 46243 (Rn. 45).

[982] LAG Berlin-Brandenburg 13.10.2020 – 26 TaBVGa 1281/20, BeckRS 2020, 46243 (Rn. 43, 45).

[983] LAG Berlin-Brandenburg 13.10.2020 – 26 TaBVGa 1281/20, BeckRS 2020, 46243 (Rn. 43).

[984] LAG Berlin-Brandenburg 13.10.2020 – 26 TaBVGa 1281/20, BeckRS 2020, 46243 (Rn. 44).

[985] LAG Berlin-Brandenburg 13.10.2020 – 26 TaBVGa 1281/20, BeckRS 2020, 46243 (Rn. 45).

VG (a.F.) ab.[986] Auf eine Reduzierung des Ermessens auf Null, wie es der (Konzern-)Betriebsrat in seinem Antrag geltend gemacht hatte,[987] ging das LAG nicht näher ein. Im Zusammenspiel mit der Entscheidung vom 24.8.2020 kann daher davon ausgegangen werden, dass nach der Rechtsprechung des LAG Berlin-Brandenburg eine dogmatische Herleitung über die Rücksichtnahmepflicht des § 30 S. 2 BetrVG erfolgt und nicht durch eine Ermessensreduzierung auf Null direkt über § 129 Abs. 1 S. 1 BetrVG (a.F.).

cc) Entscheidung des ArbG Regensburg vom 7.12.2020

Fortgeführt wurde diese Judikatur in einer Entscheidung des ArbG Regensburg vom 7.12.2020. Hier ging es erneut um die Frage, ob die Arbeitgeberin dem Betriebsrat eine Präsenzsitzung untersagen kann,[988] damit einer Ausbreitung des Corona-Virus im Betrieb kein Vorschub geleistet wird.[989] Im Unterschied zu den Entscheidungen des LAG Berlin-Brandenburg musste der Betriebsrat dieses Mal aber keine internen Wahlen abhalten.

Das Arbeitsgericht Regensburg stellte zunächst darauf ab, dass das in § 129 Abs. 1 S. 1 BetrVG (a.F.) eingeräumte Ermessen durch den Vorsitzenden pflichtgemäß auszuüben sei und folglich auch auf Null reduziert werden kann.[990] Der Betriebsrat könnte daher verpflichtet werden, von den vorgesehenen technischen Möglichkeiten in § 129 BetrVG (a.F.) Gebrauch zu machen.[991] Die Belange des Arbeitgebers seien demnach im Querblick auf § 30 S. 2 BetrVG (a.F.) mit in die Erwägungen des Betriebsrats im Rahmen seiner Ermessensausübung bei § 129 Abs. 1 S. 1 BetrVG (a.F.) einzubeziehen,[992] allerdings nur hinsichtlich des Zeitpunktes der Sitzung.[993] Die Tatsache, dass der Arbeitgeber zur Hochzeit eines weltweit grassierenden Virus Mitarbeiter und Familien schützen wollte, sei damit vielmehr über den Grundsatz der vertrauensvollen Zusammenarbeit gem. § 2 Abs. 1 BetrVG in die Ermessenserwägungen einzubeziehen.[994]

---

[986] Anders machte es noch die vorherige Instanz, ArbG Berlin 7.10.2020 – 7 BVGa 12816/20, BeckRS 2020, 43693 Rn. 23, 26; ebenfalls bezieht das LAG Berlin-Brandenburg 24.8.2020 – 12 TaBVGa 1015/20, BeckRS 2020, 21347 (Rn. 28, 36) die Wahlen nicht in die Interessenabwägung ein; ähnlich *Städler*; NZA 2021, 465 (467).

[987] LAG Berlin-Brandenburg 13.10.2020 – 26 TaBVGa 1281/20, BeckRS 2020, 46243 (Rn. 29).

[988] ArbG Regensburg 7.12.2020 – 2 BVGa 7/20, BeckRS 2020, 41046 (Rn. 1).

[989] ArbG Regensburg 7.12.2020 – 2 BVGa 7/20, BeckRS 2020, 41046 (Rn. 3).

[990] ArbG Regensburg 7.12.2020 – 2 BVGa 7/20, BeckRS 2020, 41046 (Rn. 28).

[991] ArbG Regensburg 7.12.2020 – 2 BVGa 7/20, BeckRS 2020, 41046 (Rn. 28).

[992] ArbG Regensburg 7.12.2020 – 2 BVGa 7/20, BeckRS 2020, 41046 (Rn. 29).

[993] ArbG Regensburg 7.12.2020 – 2 BVGa 7/20, BeckRS 2020, 41046 (Rn. 29).

[994] ArbG Regensburg 7.12.2020 – 2 BVGa 7/20, BeckRS 2020, 41046 (Rn. 29).

In dieser Interessenabwägung hob das Gericht im Gegensatz zum LAG Berlin-Brandenburg hervor, dass das Betriebsverfassungsgesetz die Präsenzsitzung als Regelfall vorsehe.[995] Allerdings sei die digitale Durchführung einer Betriebsratssitzung nur mit leichten Erschwernissen verbunden[996] und es läge in diesem Fall keine Sonderkonstellation in Form einer betriebsratsinternen Wahl vor.[997] Das Zusammenkommen von Betriebsratsmitgliedern aus jeweils unterschiedlichen Haushalten zu einer Hochphase der Pandemie könne deshalb kein angebrachtes Ergebnis darstellen.[998] Die auf Arbeitgeberseite getroffene Entscheidung, die Sitzung zu untersagen, sei daher alternativlos.[999]

Dieses Ergebnis in der Interessenabwägung ist im Hinblick auf die hier nicht stattfindenden Wahlen im Betriebsrat überzeugend.[1000] Auch das LAG Berlin-Brandenburg hatte bereits angedeutet, dass eine Interessenabwägung ohne abzuhaltende Wahlen anders hätte ausfallen können,[1001] ähnlich wie dies bereits die Vorinstanz entschieden hatte.[1002] Das Gremium war mit acht Mitgliedern[1003] auch deutlich kleiner als der Gesamtbetriebsrat mit 35 Mitgliedern[1004] und der Konzernbetriebsrat mit mehr als 50 Teilnehmern[1005]. Eine Video- oder Telefonkonferenz war daher deutlich leichter koordinier- und umsetzbar. Sicherlich sinkt mit der Zahl der Mitglieder auch die Möglichkeit einer Ansteckung. Letztlich stellt eine weltweite Pandemie aber einen Sonderfall dar, weshalb das Ergebnis dieser Einzelfallabwägung nicht zu beanstanden ist. Dogmatisch verfolgt das ArbG Regensburg demnach einen anderen Ansatz bei der Herleitung der Interessenabwägung, die aus dem in § 129 Abs. 1 S. 1 BetrVG (a.F.) eingeräumten Ermessen erfolgt. Dieses Ermessen muss pflichtgemäß ausgeübt werden und kann auch auf Null reduziert werden. Der Betriebsrat sei daher in einem solchen Fall verpflichtet, eine virtuelle Konferenz i.S.d. § 129 Abs. 1 S. 1 BetrVG (a.F.) abzuhalten.[1006] Die Belange des Arbeitgebers seien in dieser Interessenabwägung somit nach Maßgabe des § 30 S. 2 BetrVG (a.F.) und § 2 Abs. 1 BetrVG zu berücksichtigen.[1007]

---

[995] ArbG Regensburg 7.12.2020 – 2 BVGa 7/20, BeckRS 2020, 41046 (Rn. 25).

[996] ArbG Regensburg 7.12.2020 – 2 BVGa 7/20, BeckRS 2020, 41046 (Rn. 30).

[997] ArbG Regensburg 7.12.2020 – 2 BVGa 7/20, BeckRS 2020, 41046 (Rn. 28).

[998] ArbG Regensburg 7.12.2020 – 2 BVGa 7/20, BeckRS 2020, 41046 (Rn. 31).

[999] ArbG Regensburg 7.12.2020 – 2 BVGa 7/20, BeckRS 2020, 41046 (Rn. 31).

[1000] *Burger*, öAT 2021, 84; a.A.: *Bartelmeß*, ArbRAktuell 2021, 142.

[1001] LAG Berlin-Brandenburg 24.8.2020 – 12 TaBVGa 1015/20, BeckRS 2020, 21347 (Rn. 28).

[1002] ArbG Berlin 7.8.2020 – 54 BVGa 9762/20, BeckRS 2020, 24643 (Rn. 3).

[1003] ArbG Regensburg 7.12.2020 – 2 BVGa 7/20, BeckRS 2020, 41046 (Rn. 2).

[1004] LAG Berlin-Brandenburg 24.8.2020 – 12 TaBVGa 1015/20, BeckRS 2020, 21347 (Rn. 2).

[1005] LAG Berlin-Brandenburg 13.10.2020 – 26 TaBVGa 1281/20, BeckRS 2020, 46243 (Rn. 4).

[1006] ArbG Regensburg 7.12.2020 – 2 BVGa 7/20, BeckRS 2020, 41046 (Rn. 28).

[1007] ArbG Regensburg 7.12.2020 – 2 BVGa 7/20, BeckRS 2020, 41046 (Rn. 29).

In der Literatur wurde die Entscheidung des ArbG Regensburg durchaus kritisch betrachtet.[1008] Allerdings bezog sich die Kritik nicht auf die Vornahme und die dogmatische Herleitung der Interessenabwägung an sich, sondern vielmehr auf deren Ergebnis.[1009] So seien digitale Sitzungen mit wesentlich mehr Schwierigkeiten verbunden als vom ArbG Regensburg dargestellt, weshalb auch nicht der Gesundheitsschutz das Recht zur Selbstorganisation bei der Wahl der Sitzungsart einschränke.[1010] An dieser Sichtweise könnte zwar hinterfragt werden, welches Ereignis das Ermessen des Betriebsrats einzuschränken vermag, wenn nicht einmal eine weltweite Pandemie hierfür ausreichend ist.[1011] Im Ergebnis kommt es für die Gesamtbetrachtung darauf aber nicht an, da die Interessenabwägung an sich nicht in Rede gestellt wurde.

b) Zwischenergebnis

Abschließend kann damit zunächst festgehalten werden, dass sowohl in der Rechtsprechung als auch in der Literatur eine Interessenabwägung bei der Wahl der Sitzungsart im Rahmen des § 129 Abs. 1 S. 1 BetrVG (a. F.) nicht beanstandet wurde. Grundsätzlich hätte der Betriebsrat damit auch zur Abhaltung einer virtuellen Sitzung verpflichtet werden können.[1012] Uneinheitlich wurde hingegen die genaue dogmatische Einordnung der Interessenabwägung und der daraus resultierenden Verpflichtung beantwortet. Während die Entscheidungen des LAG Berlin-Brandenburg vom 24. 8. 2020 und 13. 10. 2020 eher den Eindruck erweckten, dass die Interessenabwägung aus § 30 S. 2 BetrVG (a. F.) abgeleitet wurde, schien das ArbG Regensburg eher von einer Interessenabwägung direkt über § 129 Abs. 1 S. 1 BetrVG (a. F.) auszugehen, in welcher die Interessen des Arbeitgebers über § 30 S. 2 BetrVG (a. F.) und das Gebot der vertrauensvollen Zusammenarbeit nach § 2 Abs. 1 BetrVG einbezogen werden können. Ähnlich uneinheitlich war die dogmatische Herleitung in der Literatur: Däubler und Wahlers leiteten die Verpflichtung aus den Rücksichtnahmepflichten des BetrVG ab,[1013] wohingegen Städ-

---

[1008] *Bartelmeß*, ArbRAktuell 2021, 142.

[1009] *Bartelmeß*, ArbRAktuell 2021, 142.

[1010] *Bartelmeß*, ArbRAktuell 2021, 142.

[1011] Dazu *Burger*, öAT 2021, 84.

[1012] LAG Berlin-Brandenburg 24. 8. 2020 – 12 TaBVGa 1015/20, BeckRS 2020, 21347 (Rn. 28); LAG Berlin-Brandenburg 13. 10. 2020 – 26 TaBVGa 1281/20, BeckRS 2020, 46243 (Rn. 40); ArbGBerlin 7. 10. 2020 – 7 BVGa 12816/20, BeckRS 2020, 43693 (Rn. 2); ArbG Regensburg 7. 12. 2020 – 2 BVGa 7/20, BeckRS 2020, 41046 (Rn. 28); *Däubler*, NZA-RR 2020, 647 (650); *Frowein*, CuA 2021, Nr. 1, 39; *Fuhlrott/Mai*, GWR 2021, 174; *Grambow*, DB 2021, 180; *Schmid*, ArbRAktuell 2020, 554; *Städler*, NZA 2021, 465 (468); *Tödtmann/Erdmann*, DB 2021, 2356, *Wahlers*, jurisPR-ITR 25/2020, Anm. 6 (unter C.); a. A.: *Schulze/Simon*, jurisPR-ArbR 12/2021, Anm. 2 (unter D.); *dies.*, jurisPR-ArbR11/2021, Anm. 7 (unter D.); wohl auch *Andrä*, GWR 2020, 480; *Bartelmeß*, ArbRAktuell 2021, 142.

[1013] *Däubler*, NZA-RR 2020, 647 (650); *Wahlers*, jurisPR-ITR 25/2020, Anm. 6 (unter C.); so auch zu § 30 BetrVG (n. F.) *Ch. Weber*, JArbR Bd. 58, 91 (104).

ler bei § 129 Abs. 1 S. 1 BetrVG (a. F.) von einer Ermessensreduzierung auf Null ausging und die Interessen des Arbeitgebers erst indirekt über die Rücksichtnahmepflichten miteinbezog.[1014] Dabei muss allerdings beachtet werden, dass es keinem der Autoren um eine genaue dogmatische Einordnung ging, sondern vielmehr darum, ob der Betriebsrat generell zu einer Video- oder Telefonkonferenz verpflichtet werden konnte.

Fraglich ist insoweit auch, ob die genaue dogmatische Herleitung überhaupt einen Unterschied bei der Ermessenserwägung macht. Einigkeit besteht nämlich jedenfalls darin, dass die Interessen des Arbeitgebers berücksichtigt werden müssen. Trotzdem mutet eine Ermessensreduzierung auf Null grundsätzlich weniger einschränkend für den Betriebsrat an als eine allgemeine Berücksichtigung der betrieblichen Notwendigkeiten und Arbeitgeberinteressen über die §§ 30 S. 2 (a. F.), 2 Abs. 1 BetrVG. Bei einer Ermessensreduzierung auf Null wäre daher der Betriebsrat nur in Ausnahmesituationen dazu angehalten, eine virtuelle Sitzung abzuhalten, wohingegen der Spielraum für eine solche Verpflichtung bei einer allgemeinen Herleitung über § 30 S. 2 BetrVG (a. F.) und insbesondere über § 2 Abs. 1 BetrVG deutlich größer für den Arbeitgeber erscheint.

Normzweck von § 129 Abs. 1 S. 1 BetrVG (a. F.) war es, den Schwierigkeiten rund um die Covid-Pandemie Rechnung zu tragen.[1015] Der Gesetzgeber stellte dadurch auch auf die Erschwernisse eines physischen Zusammenkommens ab, welches in einer Präsenzsitzung aufgrund des Ansteckungsrisikos mit Covid-19 bestand und würdigte damit die Interessen des Arbeitgebers, welchem es auch daran gelegen war, eine Ausbreitung des Virus im eigenen Unternehmen zu verhindern. Dies sprach daher eher dafür, die Interessen des Arbeitgebers bei der Wahl der Sitzungsart direkt über § 30 S. 2 BetrVG (a. F.) einzubeziehen, als nur indirekt über eine Ermessensreduzierung auf Null gem. § 129 Abs. 1 S. 1 BetrVG (a. F.). Im Ergebnis ist somit festzustellen, dass die Möglichkeit durchaus bestand, den Betriebsrat zu einer Video- oder Telefonkonferenz über § 30 S. 2 BetrVG (a. F.) zu verpflichten.

2. Nach § 30 Abs. 2 S. 1 BetrVG

Da eine Verpflichtung zu Video- und Telefonkonferenzen gem. § 129 Abs. 1 S. 1 BetrVG (a. F.) i. V. m. § 30 S. 2 BetrVG unter engen Grenzen möglich war, stellt sich daran anschließend die Frage, inwieweit sich dieses Ergebnis auf § 30 Abs. 2 S. 1 BetrVG übertragen lässt.

§ 30 Abs. 2 S. 1 BetrVG ist wie § 129 Abs. 1 S. 1 BetrVG (a. F.) als Kann-Vorschrift ausgestaltet. Dies deutet bereits auf die Einräumung eines Ermessens für den

[1014] *Städler*, NZA 2021, 465 (468).

[1015] BT-Drs. 19/18753, 28.

Betriebsrat bzw. dessen Vorsitzenden bei der Wahl der Sitzungsart hin.[1016] Im Unterschied zu § 129 Abs. 1 S. 1 BetrVG (a.F.) statuiert § 30 Abs. 2 S. 1 BetrVG nun aber ausdrücklich einen Vorrang der Präsenzsitzung. Dieser bestand jedoch nach der hier vertretenen Auffassung bei § 129 Abs. 1 S. 1 BetrVG (a.F.) noch nicht.[1017] Ausdruck findet der Vorrang der Präsenzsitzung in § 30 Abs. 2 S. 1 Nr. 1 und Nr. 2 BetrVG, wonach die Priorisierung zum einen in der Geschäftsordnung verankert sein muss und zum anderen kein Widerspruch gegen die virtuelle Sitzung bestehen darf. Solche Voraussetzungen beinhaltete § 129 Abs. 1 S. 1 BetrVG (a.F.) nicht. Darüber hinaus wird in der Gesetzesbegründung zu § 30 Abs. 2 S. 1 Nr. 1 BetrVG im Gegensatz zu der von § 129 Abs. 1 S. 1 BetrVG (a.F.) ausdrücklich klargestellt, dass die Möglichkeit der Video- und Telefonkonferenz in der alleinigen Entscheidungsbefugnis des Betriebsrats stehe und der Arbeitgeber in keinem Fall dazu berechtigt sei, die Durchführung mittels Video- und Telefonkonferenz zu verlangen.[1018] Dies verdeutlicht, dass die Möglichkeit der Video- und Telefonkonferenz im Rahmen des § 30 Abs. 2 S. 1 BetrVG eingeschränkter nutzbar sein soll als noch unter der Geltung von § 129 Abs. 1 S. 1 BetrVG (a.F.). Die Verpflichtung zu einer Video- oder Telefonkonferenz aus § 30 Abs. 2 S. 1 BetrVG kann damit zumindest nicht leichter möglich sein als jene aus § 129 Abs. 1 S. 1 BetrVG (a.F.).

Für die Möglichkeit einer verpflichtenden Video- oder Telefonkonferenz könnte zunächst angeführt werden, dass es dem Betriebsrat aus rechtlichen oder tatsächlichen Gründen wie etwa im Zuge der Covid-Pandemie manchmal nicht möglich sein könnte, eine Präsenzsitzung abzuhalten.[1019] Eine Verweigerungshaltung des Betriebsrats gegenüber virtuellen Konferenzen würde zur Blockade wichtiger Beschlüsse führen, obwohl der Betriebsrat grundsätzlich dazu verpflichtet ist, seine Aufgaben und Befugnisse wahrzunehmen und der Betrieb einem erheblichen Risiko von drohenden Schäden und Nachteilen ausgesetzt werden könnte, sofern das Gremium diesen Verpflichtungen nicht nachkommt.[1020] Unter Umständen könnten durch eine solche Verweigerungshaltung des Betriebsrats auch gesundheitliche Gefahren für die Menschen im Betrieb entstehen, sodass eine Ermessensreduzierung auf Null vorliegen könnte.[1021] Dagegen spricht nicht, dass sich die Rücksichtnahmepflicht aus § 30 Abs. 1 S. 2 BetrVG nach herkömmlichem Verständnis nur

---

[1016] LAG Berlin-Brandenburg 24.8.2020 – 12 TaBVGa 1015/20, BeckRS 2020, 21347 (Rn. 39); ArbG Regensburg 7.12.2020 – 2 BVGa 7/20, BeckRS 2020, 41046 (Rn. 28).

[1017] Vgl. Teil 4, Abschnitt 1, B. II. 1. b).

[1018] BT-Drs. 19/28899, 19.

[1019] GK-BetrVG/*Raab*, § 30 Rn. 55.

[1020] GK-BetrVG/*Raab*, § 30 Rn. 55, 59.

[1021] GK-BetrVG/*Raab*, § 30 Rn. 59; zu § 129 Abs. 1 S. 1 BetrVG: ArbG Regensburg 7.12.2020 – 2 BVGa 7/20, BeckRS 2020, 41046 (Rn. 30 f.); zumindest angedacht: LAG Berlin-Brandenburg 24.8.2020 – 12 TaBVGa 1015/20, BeckRS 2020, 21347 (Rn. 28); LAG Berlin-Brandenburg 13.10.2020 – 26 TaBVGa 1281/20, BeckRS 2020, 46243 (Rn. 44 f.).

auf den Zeitpunkt, die Zahl und die Dauer der Sitzungen bezieht.[1022] Denn zum einen sind Video- und Telefonkonferenzen erst seit kurzem möglich und zum anderen können betriebliche Notwendigkeiten ebenfalls durch die Wahl der Sitzungsart betroffen sein.[1023] Weiterhin besteht nun zwar bei § 30 Abs. 2 S. 1 BetrVG ausdrücklich der Vorrang der Präsenzsitzung, allerdings nahm diesen bereits das ArbG Regensburg im Rahmen des § 129 Abs. 1 S. 1 BetrVG (a.F.) an[1024] und sprach sich trotzdem zu Lasten des Betriebsrats für eine Verpflichtung zur Video- oder Telefonkonferenz über eine Ermessensreduzierung auf Null aus.[1025]

Übertragbar dürfte diese Entscheidung des ArbG Regensburg zu § 129 Abs. 1 S. 1 BetrVG (a.F.) auf § 30 Abs. 2 S. 1 BetrVG jedoch nicht sein. Selbst wenn schon in § 129 Abs. 1 S. 1 BetrVG (a.F.) ein Vorrang der Präsenzsitzung angenommen wurde, war dieser an keine zusätzlichen Normen wie etwa § 30 Abs. 2 S. 1 Nr. 1–3, S. 2 BetrVG gebunden. Eine Verpflichtung zur virtuellen Konferenz ist demnach leichter zu begründen als bei § 30 Abs. 2 S. 1 BetrVG. Ferner wäre es widersprüchlich, wenn der Betriebsrat entgegen seinen eigenen Vorgaben in der Geschäftsordnung zu einer virtuellen Sitzung verpflichtet werden könnte. Dem widerspricht auch die zentrale Rolle der Geschäftsordnung bei Video- und Telefonkonferenzen.[1026] Noch gewichtiger ist in diesem Zusammenhang jedoch, dass ansonsten in solchen Konstellationen das Widerspruchsrecht aus § 30 Abs. 2 S. 1 Nr. 2 BetrVG gegenstandslos wäre. Der Widerspruch soll den einzelnen Mitgliedern die Möglichkeit eröffnen, darüber abzuwägen, ob sie im Einzelfall eine Video- oder Telefonkonferenz für angemessen halten können oder nicht.[1027] Über diesen Abwägungsprozess würde sich der Arbeitgeber hinwegsetzen, sofern eine Verpflichtung zu einer virtuellen Konferenz bestehen würde. Fragen des „Ob" und „Wie" stehen nach der Gesetzesbegründung aber ausdrücklich in der alleinigen Entscheidungsbefugnis des Betriebsrats und nicht in der des Arbeitgebers.[1028]

Eine Verpflichtung zur Video- oder Telefonkonferenz besteht somit bei § 30 Abs. 2 S. 1 BetrVG anders als noch bei § 129 Abs. 1 S. 1 BetrVG (a.F.) nicht.[1029]

[1022] So aber *Boemke/Roloff/Haase*, NZA 2021, 827 (830); *Hagedorn*, NZA 2021, 158 (160).

[1023] Nur i.E. GK-BetrVG/*Raab*, § 29 Rn. 24 mit Verweis auf seine Begründung in § 30 Rn. 55; a.A.: LAG Berlin-Brandenburg 13.4.2022 – 25 TaBV/126/22 (unter II. 4. c. bb. (8) (8.3.) der Gründe);

[1024] ArbG Regensburg 7.12.2020 – 2 BVGa 7/20, BeckRS 2020, 41046 (Rn. 25).

[1025] ArbG Regensburg 7.12.2020 – 2 BVGa 7/20, BeckRS 2020, 41046 (Rn. 31).

[1026] *Reinartz*, NZA-RR 2021, 457 (460), „Geschäftsordnung schützt auch vor dem Druck der Arbeitgeberseite".

[1027] Vgl. Teil 4, Abschnitt 1, A. I. 3. b).

[1028] BT-Drs. 19/28899, 19.

[1029] LAG Berlin-Brandenburg 13.4.2022 – 25 TaBV/126/22 (unter II. 4. c. bb. (8) (8.3.) der Gründe); *Boemke/Roloff/Haase*, NZA 2021, 827 (830); *Reinartz*, NZA-RR 2021, 457 (460); *Stück*, AuA 11/2021, 60; *Ch. Weber*, JArbR Bd. 58, 91 (103 f.); wohl auch *Keitel/*

Dies kann zwar in Sonderkonstellationen zu einer kaum tragbaren Belastung für den Betrieb und den Arbeitgeber führen,[1030] was jedoch im Hinblick auf die gesetzlichen Vorgaben des § 30 Abs. 2 S. 2 BetrVG sowie die klare Gesetzesbegründung hinzunehmen ist.

C. Rechtsfolgen bei Verstößen gegen den Vorrang der Präsenzsitzung

I. Unwirksamkeit eines Beschlusses

1. Allgemeine Voraussetzungen für die Unwirksamkeit eines Beschlusses

Die Zulässigkeit von virtuellen Betriebsratssitzungen in Form von Video- und Telefonkonferenzen ist an die Verfahrensvoraussetzungen des Vorrangs der Präsenzsitzung nach § 30 Abs. 2 S. 1 Nr. 1 und Nr. 2 BetrVG geknüpft. Ein Verstoß gegen diesen könnte zur Unwirksamkeit der in den virtuellen Sitzungen gefassten Beschlüsse führen. Aufgrund der bisher fehlenden Rechtsprechung zur Unwirksamkeit von Beschlüssen mittels Video- und Telefonkonferenz bietet es sich an, auf die von der Rechtsprechung und Literatur entwickelten Grundsätze zur Unwirksamkeit von Beschlüssen bei Präsenzsitzungen zurückzugreifen.[1031] Verstöße gegen Verfahrensvorschriften führen danach nur zur Unwirksamkeit des Beschlusses, wenn sie als wesentlich anzusehen sind.[1032] Dies kommt aber nur bei schwerwiegenden Verstößen in Betracht, welche von der Rechtsordnung nicht hingenommen werden können.[1033] Ob die Verletzung der durch die Verfahrensvorschrift geschützten Interessen stärker zu gewichten ist als das Interesse an der Aufrechterhaltung des Beschlusses, ist anhand des Regelungszwecks der Norm zu bestimmen.[1034] Dabei muss das Allgemein- bzw. das Schutzinteresse der von dem Verstoß

Busch, BB 2021, 564(569); a. A. in Ausnahmefällen: GK-BetrVG/*Raab*, § 30 Rn. 55, 59; *ders.*, FA 2021, 286 (296 ff.).

[1030] Wie angedeutet von GK-BetrVG/*Raab*, § 30 Rn. 55, 59; sofern der Betriebsrat in solchen Situationen tatsächlich den Einsatz von Video- oder Telefontechnik verweigern sollte, verbleibt die Möglichkeit, eine Auflösung des Gremiums im Rahmen von § 23 Abs. 1 S. 1 Alt. 2 BetrVG zu beantragen. Sofern diese aufgrund des (legitimen) Widerspruchs keinen Erfolg haben sollte, liegt es allein bei der Belegschaft, den Betriebsrat im Rahmen der regulären Wahlen abzustrafen.

[1031] *Mückl/Wittek*, DB 2020, 1289 (1292), Vorschlag zu § 129 BetrVG; auch GK-BetrVG/*Raab*, § 30 Rn. 73.

[1032] BAG 15.4.2014 – 1 ABR 2/13, NZA 2014, 551 (Rn. 23); BAG 30.9.2014 – 1 ABR 32/13, NZA 2015, 370 (Rn. 50).

[1033] BAG 15.4.2014 – 1 ABR 2/13, NZA 2014, 551 (Rn. 23); BAG 30.9.2014 – 1 ABR 32/13, NZA 2015, 370 (Rn. 50).

[1034] BAG 15.4.2014 – 1 ABR 2/13, NZA 2014, 551 (Rn. 24); BAG 30.9.2014 – 1 ABR 32/13, NZA 2015, 370 (Rn. 50).

Betroffenen höher zu gewichten sein als das Interesse an der Aufrechterhaltung des Beschlusses und damit der Rechtssicherheit.[1035] Regelungszweck des Vorrangs der Präsenzsitzung nach § 30 Abs. 1 S. 5 und Abs. 2 S. 1 Nr. 1 BetrVG ist es, dass der vorzugswürdige Meinungsaustausch innerhalb der Präsenzsitzung gegenüber demjenigen in einer Video- oder Telefonkonferenz weiterhin gewährleistet wird, und dass dadurch auch ein ausreichendes zwischenmenschliches Vertrauensverhältnis zwischen den einzelnen Betriebsratsmitgliedern besteht.[1036] § 30 Abs. 2 S. 1 Nr. 2 BetrVG manifestiert den Vorrang der Präsenzsitzung sowie den Minderheitenschutz.[1037] Demgegenüber steht das Interesse der Belegschaft und des Arbeitgebers an rechtswirksamen Beschlüssen des Betriebsrats.

2. Unwirksamkeit eines Beschlusses bei § 129 Abs. 1 S. 1 BetrVG (a. F.)

Bei der Vorgängernorm des § 30 Abs. 2 BetrVG, dem § 129 Abs. 1 BetrVG (a. F.), war ein Vorrang der Präsenzsitzung gesetzlich noch nicht normiert und bestand daher nach der hier vertretenen Auffassung nicht.[1038] Ebenfalls nahm die Rechtsprechung überwiegend an, dass eine virtuelle Betriebsratssitzung grundsätzlich gleichberechtigt neben der traditionellen Präsenzsitzung steht[1039] und nur in Ausnahmefällen eine der beiden Sitzungsarten verpflichtend sein konnte.[1040] Rechtsprechung zur Unwirksamkeit eines Beschlusses bei einem Verstoß gegen den Vorrang der Präsenzsitzung in § 129 Abs. 1 S. 1 BetrVG (a. F.) gibt es somit nicht. Der Teil in der Literatur, welcher hingegen einen Vorrang der Präsenzsitzung in § 129 Abs. 1 S. 1 BetrVG (a. F.) annahm, ging davon aus, dass sich ein Verstoß gegen diesen grundsätzlich nicht auf die Wirksamkeit der Beschlussfassung auswirke, sofern jedes Mitglied ordnungsgemäß an der virtuellen Sitzung teilgenommen hatte.[1041] Rechtlicher Anknüpfungspunkt für diese Überlegung war die ordnungsgemäße Ladung, wonach diese bei einer fehlerhaften Sitzungswahl zwar un-

---

[1035] BAG 15.4.2014 – 1 ABR 2/13, NZA 2014, 551 (Rn. 23); GK-BetrVG/*Raab*, § 33 Rn. 53.

[1036] *Boemke/Roloff/Haase*, NZA 2021, 827 (828); GK-BetrVG/*Raab*, § 30 Rn. 46; vgl. auch Teil 4, Abschnitt 1, A. I. 3. a).

[1037] *Boemke/Roloff/Haase*, NZA 2021, 827 (828); GK-BetrVG/*Raab*, § 30 Rn. 46; *Ch. Weber*, JArbR Bd. 58, 91 (108); vgl. Teil 4, Abschnitt 1, A. I. 3. b).

[1038] Vgl. Teil 4, Abschnitt 1, A. I. 2.

[1039] LAG Berlin-Brandenburg 24.8.2020 – 12 TaBVGa 1015/20, BeckRS 2020, 21347 (Rn. 38); LAG Berlin-Brandenburg 13.10.2020 – 26 TaBVGa 1281/20, BeckRS 2020, 46243 (Rn. 42); LAG Hessen 21.5.2021 – 16 TaBVGa 79/21, BeckRS 2021, 18553 (Rn. 30); ArbG Köln 24.3.2021 – 18 BVGa 11/21, NZA-RR 2021, 375 (Rn. 16); a. A.: ArbG Regensburg 7.12.2020 – 2 BVGa 7/20, BeckRS 2020, 41046 (Rn. 25).

[1040] Vgl. Teil 4, Abschnitt 1, B. II. 1. b).

[1041] *Mückl/Wittek*, DB 2020, 1289 (1292).

richtig sei, was grundsätzlich auch zur Unwirksamkeit des Beschlusses führe.[1042] Allerdings werde dieser Fehler geheilt, wenn die Mitglieder widerspruchslos an der Sitzung teilnehmen würden.[1043] Übe der Betriebsratsvorsitzende bei der Wahl der Sitzungsart daher sein Ermessen falsch aus, dann könne sich dies auf die Beschlussfassung zumindest in dem Fall nicht auswirken, wenn alle Betriebsratsmitglieder mit der virtuellen Sitzung einverstanden seien.[1044] Diese Ansicht vermag zu überzeugen, sofern die Video- und Telefonkonferenz gem. § 129 Abs. 1 BetrVG (a. F.) als nachrangig gegenüber der Präsenzsitzung angesehen wird. Die Norm wurde während der Corona-Pandemie geschaffen, um dem Betriebsrat eine rechtssichere Möglichkeit zur Beschlussfassung in virtuellen Sitzungen zu ermöglichen.[1045] Der Betriebsrat sollte damit in die Lage versetzt werden, wichtige Beschlüsse über Hygienekonzepte oder Kurzarbeit mit dem Arbeitgeber treffen zu können. Es bestand daher ein erhebliches Interesse daran, dass die bis dahin noch nicht möglichen virtuellen Beschlüsse auch rechtssicher gefasst werden konnten. Selbst wenn also ein Verstoß gegen den bis dahin noch sehr unbestimmten Vorrang der Präsenzsitzung und die damit verbundenen besseren Kommunikationsmöglichkeiten vorgelegen hätte, vermochte das Interesse an einer vorzugswürdigen Kommunikation in der Präsenzsitzung nicht, jenes an einer rechtssicheren Beschlussfassung zu überwiegen, sofern alle Mitglieder ordnungsgemäß an der virtuellen Sitzung teilgenommen hatten und diese nichts beanstandeten.

3. Verstöße gegen § 30 Abs. 2 S. 1 Nr. 1 BetrVG

Der Vorrang der Präsenzsitzung wird verletzt, wenn der Betriebsrat in seiner Geschäftsordnung nicht festlegt, „ob“ eine Video- oder Telefonkonferenz stattfinden kann und eine solche trotzdem vom Vorsitzenden anberaumt wird.[1046] Der Wertung des Gesetzgebers ist zu entnehmen, dass hierfür der Betriebsrat in seiner Gesamtheit die Grundlagen in seiner Geschäftsordnung schaffen muss.[1047] Der Betriebsrat soll das „Für und Wider“ einer Video- oder Telefonkonferenz bereits im Vorfeld abgewogen haben[1048] und diese nur ermöglichen, wenn dafür auch die notwendige Mehrheit nach § 36 BetrVG besteht. Eine Heilung wie bei § 129 Abs. 1 S. 1 BetrVG (a. F.), wo alle Mitglieder beanstandungslos an einer solchen virtuellen Sitzung teilnahmen, kommt hier demnach nicht in Betracht.[1049] Eine rügelose Ein-

---

[1042] *Mückl/Wittek*, DB 2020, 1289 (1292).

[1043] *Mückl/Wittek*, DB 2020, 1289 (1292), anknüpfend an LAG Saarbrücken 11.11.1964 – Sa 141/63, DB 1965, 148; LAG Düsseldorf 7.3.1975 – 16 Sa 690/74, DB 1975, 743 (744).

[1044] *Mückl/Wittek*, DB 2020, 1289 (1292).

[1045] BT-Drs. 19/18753, 28; *Fuhlrott/Fischer*, NZA 2020, 490 (491); ErfK/*Kania* (22. Auflage), BetrVG, § 129 Rn. 2; Richardi-NachtragCovid19/*Weber*, § 37 Abs. 3, Rn. 15.

[1046] Vgl. Teil 4, Abschnitt 1, A. II. 1. a).

[1047] *Boemke/Roloff/Haase*, VSSAR 2021, 223 (243); GK-BetrVG/*Raab*, § 30 Rn. 74.

[1048] *Boemke/Roloff/Haase*, VSSAR 2021, 223 (243); GK-BetrVG/*Raab*, § 30 Rn. 74.

[1049] GK-BetrVG/*Raab*, § 30 Rn. 74.

lassung ist folglich nicht gleichzusetzen mit der vorherigen Beratung zur Beschließung einer solchen Regelung in der Geschäftsordnung.[1050] Dies hat auch zur Folge, dass der grundsätzlich vorzugswürdige Meinungsaustausch in einer Präsenzsitzung durch die Anberaumung einer virtuellen Sitzung ohne entsprechende Regelung in der Geschäftsordnung missachtet wird und daher das generelle Interesse an rechtssicheren Betriebsratsbeschlüssen überwiegt. Es besteht damit ein Verfahrensverstoß, welcher von der Rechtsordnung nicht hingenommen werden kann.[1051]

Nachdem hier der Standpunkt vertreten wird, dass das Ermessen des Vorsitzenden bei der Ausgestaltung der virtuellen Sitzung nicht durch die Geschäftsordnung eingeschränkt werden muss, stellt ein Verstoß gegen das „Wie" regelmäßig keinen Grund für eine Unwirksamkeit des Beschlusses dar. Indem der Betriebsrat nämlich in der Geschäftsordnung beschließt, dass dem Vorsitzenden ein Ermessen bei der Wahl und der Ausgestaltung der virtuellen Sitzung eingeräumt wird, nimmt er gleichzeitig in Kauf, dass es dabei auch zu Ermessensverstößen kommen kann. Eine lediglich geringfügige Abweichung vom Vorrang der Präsenzsitzung durch den Vorsitzenden kann daher das Interesse an der Rechtssicherheit allein nicht überwiegen;[1052] dies muss insbesondere dann gelten, wenn alle Mitglieder rügelos an der virtuellen Sitzung teilnehmen.

4. Verstöße gegen § 30 Abs. 2 S. 1 Nr. 2 BetrVG

Wird eine Betriebsratssitzung trotz des Vorliegens der Voraussetzungen des § 30 Abs. 2 S. 1 Nr. 2 BetrVG anberaumt, setzt sich der Vorsitzende über den qualifizierten Widerspruch der Gremienmitglieder hinweg. Dadurch verstößt er zum einen gegen den Vorrang der Präsenzsitzung und übergeht zum anderen auch den von § 30 Abs. 2 S. 1 Nr. 2 BetrVG eingeräumten Minderheitenschutz. Dies stellt einen schwerwiegenden Verstoß dar, welcher von der Rechtsordnung nicht hingenommen werden kann und deshalb als wesentlicher Verstoß gegen die gesetzlichen Vorschriften zur Unwirksamkeit des Beschlusses führt. In diesem Zusammenhang kann erneut eine Heilung, ähnlich wie bei § 129 Abs. 1 S. 1 BetrVG (a.F.) in Betracht kommen, sofern die widersprechenden Mitglieder an der virtuellen Sitzung teilnehmen und diese dabei nicht weiter beanstanden. Dies würde die erneute Anberaumung einer Sitzung entbehrlich machen und damit auch zu einer zügigeren Entscheidungsfindung beitragen. Gegen eine solche Möglichkeit könnte zwar sprechen, dass § 30 Abs. 2 S. 1 Nr. 2 BetrVG überwiegend dem Minderheiten-

[1050] GK-BetrVG/*Raab*, § 30 Rn. 74.

[1051] *Boemke/Roloff/Haase*, VSSAR 2021, 223 (243); *dies.*, NZA 2021, 827 (833); *Fitting*, BetrVG, § 30 Rn. 29; GK-BetrVG/*Raab*, § 30 Rn. 73, § 33 Rn. 54; *Runkel*, FA 2022, 95 (96); *Wedde*, AiB 9/2021, 21 (22).

[1052] DKW/*Wedde*, BetrVG § 30 Rn. 22, z. B., wenn ein rein zahlenmäßiges Überwiegen der Präsenzsitzung im Nachhinein nicht festgestellt werden kann; GK-BetrVG/*Raab*, § 30 Rn. 75.

schutz dient und eine solche Heilungsmöglichkeit innerhalb der Sitzung die widersprechenden Mitglieder dem kollegialen Druck aussetzt, die ohnehin schon stattfindende Sitzung nachträglich zu legitimieren, weshalb eine solche Option nicht mit dem Regelungszweck der Norm vereinbar sein könnte. Allerdings würde eine solche Sichtweise verkennen, dass die Mitglieder, welche zuvor widersprochen hatten, der Sitzung auch hätten fernbleiben können. Denn der kollegiale Druck kann zwar in der Sitzung selbst aufkommen, im Vorfeld der Sitzung aber nicht. Nehmen die Mitglieder, welche zuvor widersprochen haben, daher trotzdem an einer solchen Sitzung rügelos teil, dann erfolgt dies gerade nicht aufgrund des Drucks von anderen Betriebsratsmitgliedern, sondern beruht auf einem freiwilligen Entschluss des Gremienmitglieds. Folglich muss in einem solchen Fall dann aber auch die Heilung durch die rügelose Teilnahme der Mitglieder möglich sein.[1053]

II. Grobe Pflichtverletzung i. S. d. § 23 BetrVG

1. Allgemeine Voraussetzungen

Ein Mitglied kann nach § 23 Abs. 1 S. 1 Alt. 1 BetrVG aus dem Betriebsrat ausgeschlossen werden, wenn es eine gesetzliche Pflicht grob verletzt hat. Verletzt der Betriebsrat als Organ eine gesetzliche Pflicht grob, dann kann er nach § 23 Abs. 1 S. 1 Alt. 2 BetrVG aufgelöst werden. Gesetzliche Pflichten sind zunächst alle Pflichten, welche den Betriebsratsmitgliedern aufgrund ihrer Amtsstellung obliegen.[1054] Diese können sich sowohl aus der Betriebsverfassung als auch aus anderen gesetzlichen Vorschriften ergeben.[1055] Verstöße gegen das Datenschutzrecht können daher ebenfalls zu einem Amtsausschluss bzw. einer Auflösung des Betriebsrats führen.[1056] Grob ist eine Pflichtverletzung dann, wenn der Verstoß gegen eine gesetzliche Vorschrift objektiv erheblich ist.[1057] Dies soll vorliegen, wenn unter Berücksichtigung aller Umstände des Einzelfalls, was die betrieblichen Gegebenheiten und den Anlass des Pflichtverstoßes beinhaltet, die weitere Amtsausübung des Betriebsrats schlechthin untragbar erscheint.[1058] Dies kann unter Umständen der Fall sein, wenn die Funktionsfähigkeit des Betriebsrats ernstlich bedroht oder

---

[1053] *Boemke/Roloff/Haase*, VSSAR 2021, 223 (244); GK-BetrVG/*Raab*, § 30 Rn. 76.

[1054] BeckOKA/*Besgen*, BetrVG, § 23 Rn. 12; Richardi/*Thüsing*, BetrVG, § 23 Rn. 12.

[1055] BeckOKA/*Besgen*, BetrVG, § 23 Rn. 12.

[1056] LAG Berlin-Brandenburg 12.11.2012 – 17 TaBV 1318/12, NZA-RR 2013, 293 (unter B. II. 2. der Gründe); ArbG Elmshorn 23.8.2023 – 3 BV 31 e/23, ArbRAktuell 2024, 75; DKW/*Dornberger*, BetrVG § 23 Rn. 46; allerdings führt auch nicht jede unberechtigte Weitergabe von Daten zu einer groben Pflichtverletzung, ArbG Marburg 12.11.2010 – 2 BV 4/10, BeckRS 2011, 67814 (unter B. II. der Gründe); DKW/*Dornberger*, BetrVG § 23 Rn. 62.

[1057] BAG 21.2.1978 – 1 ABR 54/76, AP zu § 74 Nr. 1 BetrVG 1972 (unter II. 2. d. der Gründe); Richardi/*Thüsing*, BetrVG, § 23 Rn. 25.

[1058] BAG 22.6.1993 – 1 ABR 62/92, AP zu § 23 Nr. 22 BetrVG 1972 (unter III. 3. a. der Gründe); BeckOKA/*Besgen*, BetrVG, § 23 Rn. 18.

lahmgelegt wird.[1059] Eines wiederholten Verstoßes bedarf es dabei nicht, es kann auch ein einmaliger Verstoß ausreichend sein.[1060] Uneinigkeit besteht beim Vorliegen eines solchen Verstoßes dahingehend, ob dieser schuldhaft begangen worden sein muss.[1061] Dies wird jedoch teilweise mit der Begründung abgelehnt, dass § 23 Abs. 1 BetrVG kein individueller Sanktionscharakter zukommt, sondern vielmehr die Norm allein die Amtstätigkeit des Betriebsrats im Blick hat.[1062] Aus diesem Grund stehe § 23 Abs. 1 BetrVG auch nicht im Abschnitt über die „Strafgeld- und Bußgeldvorschriften", sondern in dem über die „Amtszeit des Betriebsrats".[1063] Ausreichend für die Amtsenthebung sei daher eine „objektive grobe, dem Betriebsratsmitglied zurechenbare Pflichtverletzung".[1064] Die Gegenauffassung verlangt hingegen ein schuldhaftes Handeln, welches grob fahrlässig oder vorsätzlich war.[1065]

2. Verstöße gegen § 30 Abs. 2 S. 1 Nr. 1 und Nr. 2 BetrVG

Eine grobe Pflichtverletzung bzw. ein grob fahrlässiger oder vorsätzlicher Verstoß, welcher zur Auflösung des Betriebsrats nach § 23 Abs. 1 S. 1 Alt. 2 BetrVG führt, könnte in einer Missachtung gegen den Vorrang der Präsenzsitzung nach § 30 Abs. 2 S. 1 Nr. 1 BetrVG zu sehen sein. Dieser stellt eine gesetzliche Verpflichtung i. S. d. § 23 Abs. 1 S. 1 BetrVG dar. Objektiv erheblich könnte dieser sein, wenn der Betriebsrat eine virtuelle Sitzung abhält, ohne die Voraussetzungen hierfür, wie in § 30 Abs. 2 S. 1 Nr. 1 BetrVG ausdrücklich gefordert, in der Geschäftsordnung festzulegen. Unter Berücksichtigung aller Umstände des Einzelfalls kommt eine Auflösung jedoch unabhängig davon, ob nun ein schuldhaftes Handeln oder eine objektiv grobe Pflichtverletzung ausreichend ist, unter Zugrundelegung des Sinns und Zwecks des § 30 Abs. 2 S. 1 Nr. 1 BetrVG nicht in Betracht. Denn diese Norm soll gerade bezwecken, dass allein der Betriebsrat darüber entscheidet, ob eine virtuelle Sitzung abgehalten werden kann oder nicht. Hält er diese ohne vorherige Festlegung in der Geschäftsordnung ab, so entspricht dies zwar nicht der gesetzli-

---

[1059] BAG 5.9.1967 – 1 ABR 1/67, juris, 65; GK-BetrVG/*Oetker*, § 23 Rn. 16, wenn auch für nicht entscheidend halten; Richardi/*Thüsing*, BetrVG, § 23 Rn. 25.

[1060] BAG 18.3.2014 – 1 ABR 77/12, NZA 2014, 988 (Rn. 18); BeckOKA/*Besgen*, BetrVG, § 23 Rn. 13; Löwisch/Kaiser/Klumpp/*Schneider*, BetrVG, § 23 Rn. 23; Richardi/*Thüsing*, BetrVG, § 23 Rn. 25.

[1061] Für schuldhaftes Verhalten: BeckOKA/*Besgen*, BetrVG, § 23 Rn. 13; *Fitting*, BetrVG, § 23 Rn. 16; Löwisch/Kaiser/Klumpp/*Schneider*, BetrVG, § 23 Rn. 23; Richardi/*Thüsing*, BetrVG, § 23 Rn. 25; a. A.: *Klebe/Ratayczak/Heilmann/Spoo*, BetrVG, § 23 Rn. 2; GK-BetrVG/*Oetker*, § 23 Rn. 49.

[1062] GK-BetrVG/*Oetker*, § 23 Rn. 14, Rn. 50.

[1063] GK-BetrVG/*Oetker*, § 23 Rn. 14.

[1064] GK-BetrVG/*Oetker*, § 23 Rn. 49.

[1065] BAG 14.2.1969 – VII P 11.67, AP zu § 26 Nr. 8 PersVG (Ls.); BeckOKA/*Besgen*, BetrVG, § 23 Rn. 13; *Fitting*, BetrVG, § 23 Rn. 16.

chen Anordnung des § 30 Abs. 2 S. 1 Nr. 1 BetrVG, allerdings steht deren Sinn und Zweck, dass nur der Betriebsrat über die Art der vorzugswürdigen Kommunikation entscheidet, dem im Grunde nicht entgegen, weshalb die Amtsfortführung des Betriebsrats nicht untragbar ist.[1066] Hingegen kann die Anordnung des Betriebsratsvorsitzenden zur Abhaltung einer virtuellen Konferenz, obwohl die Möglichkeit hierfür nicht in der Geschäftsordnung besteht, einen objektiv erheblichen und schwerwiegenden Verstoß darstellen, wenn dadurch die Funktionsfähigkeit des Betriebsrats lahmgelegt werden soll, um beispielsweise einen unliebsamen Beschluss zu verhindern.[1067]

Zu einer Amtsenthebung kann es auch kommen, wenn der Vorsitzende trotz des Bestehens eines Widerspruchsquorums nach § 30 Abs. 2 S. 1 Nr. 2 BetrVG eine virtuelle Sitzung anberaumt. Dabei wird jedoch nach den Umständen des Einzelfalls zu differenzieren sein, aus welchem Grund sich der Vorsitzende über das Quorum hinweggesetzt hat. Setzte er etwa eine unangemessene Widerspruchsfrist und dachte er deshalb, der ihm danach zugegangene Widerspruch sei unwirksam, dann wird darin keine erhebliche Pflichtverletzung des Vorsitzenden zu sehen sein. Setzt er sich hingegen offensichtlich über den bestehenden und wirksam erteilten Widerspruch hinweg, um einer Minderheit die Teilnahme an einer Sitzung zu erschweren, dann stellt dies eine erhebliche Pflichtverletzung dar.

D. Vergleich mit anderen Gremien

I. Personalvertretungen auf Bundesebene

§ 38 Abs. 3 BPersVG regelt für die Personalräte auf Bundesebene die Möglichkeit zur Anberaumung und Durchführung einer Personalratssitzung mittels Video- und Telefonkonferenz. Gem. § 38 Abs. 1 S. 1 BPersVG finden die Sitzungen des Personalrats in der Regel als Präsenzsitzungen in Anwesenheit seiner Mitglieder vor Ort statt. Nach § 38 Abs. 3 S. 2 BPersVG kann die Sitzung davon abweichend entweder vollständig oder unter Zuschaltung einzelner Personalratsmitglieder mittels Video- oder Telefonkonferenz durchgeführt werden. Hierfür darf nach § 38 Abs. 3 S. 2 Nr. 2 BPersVG allerdings nicht mindestens ein Viertel der Mitglieder oder die Mehrheit der Vertreter einer Gruppe des Personalrats binnen einer von dem Vorsitzenden zu bestimmenden Frist einer solchen Sitzung widersprochen haben. Regelungen zum Vorrang der Präsenzsitzung finden sich damit auch bei den Personalräten auf Bundesebene wieder.

[1066] DKW/*Wedde*, BetrVG § 30 Rn. 22, hält die versehentliche Missachtung des zahlenmäßigen Primats der Präsenzsitzung für keinen groben Verstoß i.S.d. § 23 Abs. 1 BetrVG.

[1067] *Boemke/Roloff/Haase*, VSSAR 2021, 223 (239), nehmen einen groben Verstoß des Vorsitzenden z.B. dann an, wenn er eine Präsenzsitzung einberuft, obwohl ein einzelnes Mitglied ein Recht zur Teilnahme an einer virtuellen Sitzung hat.

Ebenso wurde bereits bei § 37 Abs. 3 BPersVG (a.F.), der Vorgängernorm zu § 38 Abs. 3 BPersVG, wie im Übrigen auch bei § 129 Abs. 1 BetrVG (a.F.) diskutiert, ob ein Vorrang der Präsenzsitzung gegenüber der Sitzung per Telefon- oder Videotechnik besteht. Ein solcher wurde auch in § 37 Abs. 3 BPersVG (a.F.) nicht ausdrücklich normiert. Da die Norm wie § 129 Abs. 1 S. 1 BetrVG (a.F.) dazu diente, Rechtssicherheit in Zeiten der Krise sowie die Handlungs- und Beschlussfähigkeit des Personalrats sicherzustellen,[1068] ist davon auszugehen, dass die virtuelle und traditionelle Sitzungsart zumindest vorübergehend gleichwertig nebeneinander bestanden.[1069] Ein Vorrang der Videokonferenz gegenüber der Telefonkonferenz kam damit erst recht nicht in Betracht.[1070]

Aufgrund der auch zum BPersVG bestehenden Bedenken hinsichtlich der gleichwertigen Kommunikationsmöglichkeiten in Video- und Telefonkonferenzen[1071] regelte der Gesetzgeber im neuen § 38 Abs. 3 S. 1 BPersVG, dass die Sitzungen des Personalrats in der Regel als Präsenzsitzung in Anwesenheit seiner Mitglieder vor Ort stattfinden müssen. Der Präsenzsitzung wird daher wie auch im BetrVG[1072] ein klarer Vorrang eingeräumt.[1073] Gleichwohl unterscheidet sich dabei die Regelungskonzeption von § 38 Abs. 3 S. 1 BPersVG zu § 30 Abs. 3 S. 1 Nr. 1 BetrVG. Selbst wenn beide Normen unstreitig der klassischen Präsenzsitzung den Vorrang einräumen, wirkt dieses Erfordernis bei den Personalräten weniger strikt als bei den Betriebsräten. Rein dem Wortlaut nach verlangt § 38 Abs. 3 S. 1 BPersVG nur, dass Sitzungen des Personalrates „in der Regel" als Präsenzsitzung stattfinden, wohingegen in § 30 Abs. 3 S. 1 Nr. 1 BetrVG ausdrücklich eine Sicherung des Vorrangs der Präsenzsitzung in der Geschäftsordnung gefordert wird.[1074] Das BetrVG koppelt daher die Anwendbarkeit der virtuellen Sitzungsform im Rahmen des Vorrangs der Präsenzsitzung an eine zusätzliche Voraussetzung, wohingegen im BPersVG lediglich klargestellt wird, dass der Grundsatz der Präsenzsitzung gilt. Dieser Eindruck verfestigt sich auch mit Blick auf die systemati-

---

[1068] Vgl. BT-Drs. 19/18696, 10; BT-Drs. 19/18753, 28.

[1069] Fischer/Goeres/*Gronimus*, BPersVG, § 37 Rn. 25c (1/19 -II.19); Lorenzen/*Ramm*, BPersVG, § 37 Rn. 10b; *Ch. Weber*, JArbR Bd. 58, 91 (95 f.).

[1070] Fischer/Goeres/*Gronimus*, BPersVG, § 37 Rn. 25e (1/19 -II.19); *Ch. Weber*, JArbR Bd. 58, 91 (106); ein solcher wird auch unter § 38 Abs. 3 BPersVG nicht angenommen, Fischer/Goeres/*Gronimus*, BPersVG, § 38 Rn. 67.

[1071] *Ilbertz/Widmaier*, BPersVG, § 38 Rn. 14; Altvater/*Kröll* (9. Auflage), BPersVG, § 37 Rn. 2; Lorenzen/*Ramm*, BPersVG, § 37 Rn. 10e; *Schäfer*, PersV 7 2020, 250; *Vogelsang*, PersV 2014, 257 f.; nur hinsichtlich Telefonkonferenzen Fischer/Goeres/*Gronimus*, BPersVG, § 37 Rn. 25e, 14a (1/19 -II.19).

[1072] Vgl. § 30 Abs. 2 S. 1 Nr. 1 BetrVG.

[1073] Richardi/Dörner/Weber/Annuß/*Heinkel*, BPersVG, § 38 Rn. 33; Altvater/*Kröll*, BPersVG, § 38 Rn. 17; *Ch. Weber*, JArbR Bd. 58, 91 (105).

[1074] *Ch. Weber*, JArbR Bd. 58, 91 (105): Eine mögliche Erklärung hierfür ist, dass nach § 36 BetrVG die Regelung zum Erlass einer Geschäftsordnung eine „Soll-Vorschrift" ist, wohingegen in § 44 BPersVG die Möglichkeit zum Erlass einer Geschäftsordnung als „Kann-Vorschrift" ausgestaltet ist.

sche Stellung der Regelungen. § 30 Abs. 3 S. 1 Nr. 1 BetrVG regelt den Vorrang explizit in den Voraussetzungen zur digitalen Betriebsratssitzung, indem er als separate Nummer angeführt wird. § 38 Abs. 3 S. 1 BPersVG normiert diesen hingegen lediglich voranstellend in der generellen Zulässigkeit von Video- und Telefonkonferenzen, woraus zu folgern ist, dass der Gesetzgeber den Vorrang der Präsenzsitzung bei den Personalräten weniger schwer gewichten wollte als bei den Betriebsräten. Die Annahme, dass der Vorrang der Präsenzsitzung in § 38 Abs. 3 S. 1 BPersVG damit weniger schwer zu gewichten ist als in der Regelung des § 30 Abs. 2 S. 1 BetrVG, korrespondiert insoweit auch mit der zeitlichen Befristung des § 38 BPersVG, wonach die Norm auch immer noch zur Aufrechterhaltung der Handlungs- und Beschlussfähigkeit des Personalrats während der Corona-Pandemie dienen soll.[1075] Daraus ist zu folgern, dass dem Personalratsvorsitzenden ein größerer Ermessensspielraum zuzubilligen ist als dem Betriebsratsvorsitzenden. Daher ist die Rechtsprechung zum Vorrang der Präsenzsitzung im BetrVG nicht vollständig auf das BPersVG übertragbar.

Hingegen ist die Formulierung zum Widerspruchsrecht, wonach nicht mindestens ein Viertel der Mitglieder oder die Mehrheit der Vertreter einer Gruppe im Personalrat binnen einer von der Vorsitzenden zu bestimmenden Frist gegenüber dieser widersprochen haben darf, in § 38 Abs. 3 S. 2 Nr. 2 BPersVG einschränkender als in § 30 Abs. 2 S. 1 Nr. 2 BetrVG geregelt. Denn neben den Betriebsratsmitgliedern können im BPersVG auch die Mehrheit der Vertreterinnen einer Gruppe des Personalrats einer Video- oder Telefonkonferenz widersprechen. Das heißt, es genügt, wenn der Widerspruch von der Mehrheit der Vertreter der Beamten oder der Arbeitnehmer gestellt wird.[1076] Auch wenn damit in § 38 Abs. 3 Nr. 2 BPersVG im Gegensatz zu § 37 Abs. 3 S. 1 Nr. 2 BPersVG (a. F.) auf das Widerspruchsrecht von nur einer Person verzichtet wurde, kann es im Ergebnis trotzdem häufig darauf hinauslaufen, dass nur der Widerspruch eines Mitglieds ausreichend ist, um eine Präsenzsitzung zu erzwingen.[1077]

II. Personalvertretungen auf Länderebene

Auf Länderebene ist der dauerhafte Einsatz von Video- und Telefontechnik zur Abhaltung einer Betriebsratssitzung nach § 34 Abs. 1a BaWüPersVG möglich. Ein ausdrücklicher Vorrang der Präsenzsitzung wird in der Vorschrift zwar nicht normiert, jedoch kann eine solche Sitzung vom Vorsitzenden nur beim Vorliegen „besonderer Umstände“ anberaumt werden. Dies zeigt einerseits, dass die Prä-

---

[1075] Fischer/Goeres/*Gronimus*, BPersVG, § 38 Rn. 64; *Ilbertz/Widmaier*, BPersVG, § 38 Rn. 21.

[1076] Richardi/Dörner/Weber/Annuß/*Heinkel*, BPersVG, § 38 Rn. 41; vgl. auch Altvater/*Kröll*, BPersVG, § 38 Rn. 37.

[1077] Vgl. auch Fischer/Goeres/*Gronimus*, BPersVG, § 38 Rn. 82.

senzsitzung der Regelfall ist und anderseits, dass der Maßstab zur Abhaltung einer Video- und Telefonkonferenz sogar strenger als nach dem BetrVG und BPersVG ist, da hier „besondere Umstände“ nur in Ausnahmefällen in Betracht kommen. In Bezug auf den Widerspruch normiert § 34 Abs. 1a BaWüPersVG, dass wenn, vorbehaltlich einer abweichenden Regelung in der Geschäftsordnung, ein Viertel der Mitglieder unverzüglich nach Bekanntgabe der Absicht des Vorsitzenden zum Einsatz von Video- oder Telefontechnik diesem gegenüber widerspricht, diese nicht stattfinden darf. Dadurch wird das Widerspruchsrecht im Gegensatz zu § 30 Abs. 2 S. 1 Nr. 2 BetrVG gleich zweifach eingeschränkt. Zum einen kann der Personalrat dieses in seiner Geschäftsordnung vollständig ausschließen und zum anderen wird die Frist verkürzt, indem die Mitglieder unverzüglich, also ohne schuldhaftes Zögern (§ 121 BGB), dem Vorsitzenden gegenüber widersprechen müssen.

Zudem ist es in Bayern gem. Art. 35 Abs. 2 S. 2 BayPersVG möglich, dass der Personalrat seine Sitzungen vollständig oder unter Zuschaltung einzelner Personalratsmitglieder mittels Video- oder Telefonkonferenz durchführt. Die Regelung in Art. 35 Abs. 2 S. 2 BayPersVG ist hinsichtlich der S. 1–6 nahezu identisch mit der Vorschrift des § 38 Abs. 3 BPersVG. Alleine die Sätze 7 und 8 weichen von dieser ab. Nach Art. 37 Abs. 3 S. 7 BayPersVG hat der Personalratsvorsitzende auf Antrag eines Viertels der Mitglieder eine virtuelle Personalratssitzung anzuberaumen. Art. 37 Abs. 3 S. 8 BayPersVG beschränkt dies jedoch, indem im Falle eines darauffolgenden Widerspruchs durch ein Viertel der Personalratsmitglieder i. S. d. Art. 37 Abs. 3 S. 2 Nr. 2 BayPersVG der Vorsitzende über die Anberaumung einer virtuellen Sitzung zu entscheiden hat. In der Literatur wird an dieser Regelung kritisiert, dass es nicht eindeutig sei, anhand welcher Kriterien der Personalratsvorsitzende diese Entscheidung ausrichten soll.[1078] Der Hinweis in der Gesetzesbegründung, dass in einem solchen Fall, die „Lösung zunächst innerhalb des Gremiums konstruktiv … zu suchen“[1079] sei, überzeuge bereits deshalb nicht, weil der Personalrat seinen Willen gerade innerhalb der Sitzung bildet, nun aber außerhalb einer solchen, zu einer gemeinsamen Entscheidung gelangen soll.[1080] Weiterhin spricht gegen eine solche Entscheidungsbefugnis des Vorsitzenden, dass dieser regelmäßig der Mehrheitsfraktion innerhalb des Personalrats angehören wird und somit im Zweifel dazu tendieren dürfte dem jeweiligen Antrag seiner Fraktion zuzustimmen. Dies läuft dem durch das Widerspruchsrecht bezweckten Minderheitenschutz aber zuwider. Zu Recht wird daher gefordert, dass die Sätze 7–8 in Art. 35 Abs. 3 BayPersVG gestrichen werden sollten.[1081]

Personalräte in Berlin können Sitzungen mittels Video- und Telefonkonferenz gem. § 31 Abs. 3 BerPersVG abhalten, wenn nicht vorher mindestens 25 Prozent der stimmberechtigten Sitzungsteilnehmenden gegenüber dem Vorsitzenden, bin-

---

[1078] BayPersVGK/*Hebeler*, BayPersVG, Art. 35 Rn. 29.

[1079] BayLT-Drs. 18/28503, 19.

[1080] BayPersVGK/*Hebeler*, BayPersVG, Art. 35 Rn. 29.

[1081] BayPersVGK/*Hebeler*, BayPersVG, Art. 35 Rn. 30.

nen einer von ihm zu setzenden Frist, einer solchen Sitzung widersprechen. Eine explizite Regelung zum Vorrang der Präsenzsitzung besteht nicht, sodass dieser grundsätzlich weniger stark gewichtet wird als im BPersVG und BetrVG. Gleichwohl wird in § 32 Abs. 3 BerPersVG normiert, dass in Video- und Telefonkonferenzen eine elektronische Beschlussfassung nur dann möglich ist, wenn nicht mindestens 25 Prozent der stimmberechtigten Sitzungsteilnehmenden unmittelbar vor der Beschlussfassung dem entsprechenden Tagesordnungspunkt gegenüber dem Vorsitzenden widersprechen. Bereits unklar ist an dieser Regelung, was unter elektronischer Beschlussfassung zu verstehen ist. Sofern darunter z. B. auch die mündliche Zustimmung eines Mitglieds fällt, welche anschließend elektronisch an die Endgeräte der anderen Mitglieder übertragen wird, wäre in einem solchen Fall die Abhaltung einer virtuellen Sitzung möglich, die Beschlussfassung in dieser jedoch nicht. Für eine solche Differenzierung zwischen virtueller Sitzung und elektronischer Beschlussfassung lässt sich zwar anführen, dass Personalratsmitglieder bei der Beratung bestimmter Tagesordnungspunkte feststellen können, dass eine ausführlichere Beratung im Rahmen einer Präsenzsitzung notwendig ist. Das damit einhergehende Missbrauchspotential kann allerdings erheblich sein. Es ist nicht auszuschließen, dass bestimmte Tagesordnungspunkte zunächst in einer virtuellen Sitzung zugelassen und beraten werden, kurz vor der Beschlussfassung aber ein Widerspruch aus taktischen Gründen erfolgt, um z. B. einen Beschluss über ein bestimmtes Thema zu verzögern. Aufgrund des Widerspruches kann der entsprechende Tagesordnungspunkt dann erst in der nächsten Präsenzsitzung behandelt werden. Die Regelung in § 32 Abs. 3 BerPersVG kann damit als eine Blockademöglichkeit missbraucht werden, um unliebsame Beschlüsse zu verhindern und unterläuft damit auch teilweise § 32 Abs. 1 S. 1 BerPersVG, wonach Beschlüsse mit einfacher Stimmenmehrheit zu fassen sind.

Eine gänzlich vorbehaltslose Möglichkeit zur Abhaltung virtueller Personalratssitzungen findet sich hingegen in § 37 Abs. 5 ThürPersVG wieder, wonach Beschlüsse alternativ mittels Umlaufverfahrens, elektronischer Abstimmung, Video- oder Telefonkonferenz erfolgen können. Ein Vorrang der Präsenzsitzung besteht bei dieser Regelung nicht. Zudem ist der Aufzählung „mittels Umlaufverfahrens, elektronischer Abstimmung“ zu entnehmen, dass der Gesetzgeber in Thüringen eine elektronische Abstimmung nicht zwangsläufig einem Umlaufverfahren mittels E-Mail gleichsetzt. Gem. § 37 Abs. 5 ThürPersVG ist damit auch eine Beschlussfassung via Messenger-Dienst möglich.[1082]

[1082] Zu der Frage, ob die Kommunikation mittels Messenger-Diensten asynchron oder synchron erfolgt und nach der hier vertretenen Ansicht nicht dem Umlaufverfahren unterfällt, vgl. Teil 3, B. I. 1.

III. Mitarbeitervertretungen kirchlicher Einrichtungen

Nach § 26 Abs. 2 S. 5 MVG-EKD kann in der evangelischen Kirche die Teilnahme einzelner oder aller Mitglieder im Ausnahmefall an einer Sitzung mittels Video- und Telefonkonferenz erfolgen, wenn kein Mitglied der Mitarbeitervertretung unverzüglich nach Bekanntgabe der Absicht zur Durchführung der Sitzung widerspricht. Ein ausdrücklicher Vorrang der Präsenzsitzung wird damit zwar nicht normiert, allerdings zeigt die Formulierung „Ausnahmefall", dass eine Video- oder Telefonkonferenz nur in bestimmten Fällen möglich sein kann, womit die Regelung zum Vorrang der Präsenzsitzung stark § 34 Abs. 1a BaWüPersVG ähnelt, welcher auf „besondere Umstände" abstellt. Die Anberaumung der digitalen Sitzung kann durch den Widerspruch von nur einem Mitglied verhindert werden und ist damit strenger als die Regelung in § 30 Abs. 2 S. 1 Nr. 2 BetrVG. Da die „Teilnahme" an einer einzelnen Sitzung mittels Video- und Telefonkonferenz möglich ist, kann auch eine Hybridsitzung abgehalten werden.

Die Mitarbeitervertretungsordnung der katholischen Kirche regelt in Art. 14 Abs. 4 MAVO,[1083] dass die Teilnahme einzelner oder aller Mitglieder auch mittels neuer Informations- und Kommunikationstechnik erfolgen kann, wenn nicht mindestens ein Viertel der Mitglieder binnen einer vom Vorsitzenden zu bestimmenden Frist widerspricht. Einen ausdrücklichen Vorrang der Präsenzsitzung normiert Art. 14 Abs. 4 MAVO damit jedoch nicht. Lediglich im Widerspruchsrecht ist zu erkennen, dass die Präsenzsitzung den Normalfall darstellt. Die schwächere Ausgestaltung zum Vorrang der Präsenzsitzung im Vergleich zu § 30 Abs. 2 S. 1 Nr. 1 und 2 BetrVG zeigt sich auch in der Vorgängerregelung. Nach Art. 14 Abs. 4 MAVO (a. F.) war eine Sitzung mittels neuer Informations- und Kommunikationstechnik nur möglich, wenn aufgrund eines unabwendbaren Ereignisses die körperliche Anwesenheit eines oder mehrerer Mitglieder nicht infrage kam. Die Streichung des „unabwendbaren Ereignisses" deutet nun darauf hin, dass der Einsatz technischer Medien zur Abhaltung einer Sitzung verstärkt genutzt werden kann. Eine weitere Besonderheit von Art. 14 Abs. 4 MAVO besteht darin, dass die Regelung nicht explizit auf eine Sitzung mittels Video- oder Telefonkonferenz abstellt, sondern generell auf „neue Informations- und Kommunikationstechnik". Nach der hier vertretenen Auffassung findet eine Willensbildung mittels Messenger-Programms nicht in einer Sitzung statt, sondern in einem Umlaufverfahren, da bei der Verwendung dieses technischen Mediums keine synchrone, sondern nur eine asynchrone Kommunikation möglich ist.[1084] Messenger-Programme können damit auch nicht nach Art. 14 Abs. 4 MAVO zum Einsatz kommen. Neue Informations- und Kommunikationsmittel sind damit Videokonferenzen und auch Sitzungen mittels Telefons, sofern letztere als neues Mittel der Kommunikation angesehen werden können.

[1083] Zeitlich begrenzt bis zum 31.3.2024.

[1084] Teil 3, B. I. 1.

IV. Weitere Gremien

Eine dauerhafte Regelung zur Durchführung virtueller Sitzungen findet sich in § 41a EBRG. Nach § 41a Abs. 2 Nr. 1 EBRG kann die Teilnahme an einer Sitzung mittels neuer Informations- und Kommunikationstechnologie erfolgen, wenn sich ein Besatzungsmitglied auf See oder in einem Hafen in einem anderen Land befindet, deshalb nicht an der Sitzung teilnehmen kann und diese Möglichkeit in der Geschäftsordnung des zuständigen Gremiums vorgesehen ist. Der Vorrang der Präsenzsitzung ergibt sich dabei nicht direkt aus dem Wortlaut, wird allerdings durch die Ausnahmesituation, dass sich ein Mitglied in einem anderen Land aufhalten muss, impliziert.[1085] Zwar muss diese Ausnahme in der Geschäftsordnung vorgegeben sein, wobei jedoch keine konkreten Vorgaben zum Vorrang der Präsenzsitzung wie in § 30 Abs. 2 S. 1 Nr. 1 BetrVG gemacht werden müssen.[1086] Ein Widerspruchsrecht besteht zwar nicht, ist aber im Hinblick darauf, dass nur eine Teilnahme und damit eine hybride Sitzung möglich ist, konsequent, damit ein vor Ort teilnehmendes Mitglied einem auf die virtuelle Zuschaltung angewiesenen Mitglied nicht die Teilnahme versagen kann. Hinsichtlich des Einsatzes von neuer Informations- und Kommunikationstechnologie kann auf Art. 14 Abs. 4 MAVO verwiesen werden.[1087]

Ferner kann auch die Beschlussfassung des Aufsichtsrats gem. § 108 Abs. 4 AktG fernmündlich oder in anderen vergleichbaren Formen durchgeführt werden, wenn kein Mitglied diesem Verfahren widerspricht und die Satzung bzw. Geschäftsordnung keine entgegenstehenden Regelungen enthält. Der grundsätzliche Vorrang der Präsenzsitzung ergibt sich damit aus dem Widerspruchsrecht. Allerdings ist der Vorrang nicht wie in § 30 Abs. 2 BetrVG zwingend, sondern kann durch die Geschäftsordnung abbedungen werden.[1088] In dieser kann auch festgelegt werden, dass die Beschlussfassung im Umlaufverfahren mittels Messenger-Programms oder E-Mail-Verfahrens abgehalten wird.[1089]

[1085] Vgl. BT-Drs. 18/12590, 13, Beratungsverlauf, Fraktion der SPD: „eine Ausnahme ausschließlich für Seeleute"; Düwell/*Hayen*, EBRG, § 41a Rn. 4.

[1086] Düwell/*Hayen*, EBRG, § 41a Rn. 3.

[1087] Düwell/*Hayen*, EBRG, § 41a Rn. 4, befasst sich dabei nur mit der Möglichkeit der Videokonferenz.

[1088] Dazu BeckOGKA/*Spindler/Walla*, AktG, § 108 Rn. 65; *Wagner*, NZG 2002, 57 (58).

[1089] MüKoAktG/*Habersack*, AktG, § 108 Rn. 60; BeckOGKA/*Spindler/Walla*, AktG, § 108 Rn. 67.

E. Bewertung des § 30 Abs. 2 S. 1 Nr. 1 und Nr. 2 BetrVG im Hinblick auf die Zielsetzungen

Ausgehend vom eigenen Prüfungsmaßstab, welche Zielsetzungen an eine virtuelle Entscheidungsfindung im Betriebsrat zu stellen sind, ist zum Vorrang der Präsenzsitzung in § 30 Abs. 2 S. 1 Nr. 1 BetrVG zunächst festzustellen, dass dieser in erster Linie darauf abzielt, die in der Präsenzsitzung vermittelte direkte Kommunikation von „Angesicht zu Angesicht" weitestgehend sicherzustellen. Der Gesetzgeber erkennt damit an, dass die durch Video- und Telefonkonferenzen vermittelte Kommunikation hinter der direkten Kommunikation zurückbleibt und stellt dadurch die funktionelle Erwartung an eine möglichst optimale Kommunikation während der gemeinsamen Willensbildung im Betriebsrat sicher. Indem der Betriebsrat den Vorrang der Präsenzsitzung in seiner Geschäftsordnung verankern muss, wird dieser Grundsatz zusätzlich gefestigt. Anhand des Umstandes, dass der Gesetzgeber keinen Vorrang der Videokonferenz gegenüber der Telefonkonferenz normiert, obwohl bei letzterer schlechtere Kommunikationsbedingungen bestehen, trifft der Gesetzgeber die grundlegende Entscheidung, beim Einsatz technischer Medien nicht hinsichtlich der Kommunikationsmöglichkeiten zu differenzieren, was für die Rechtssicherheit der Norm zuträglich ist. Ferner dient die Verpflichtung zur Normierung der Video- und Telefonkonferenz in der Geschäftsordnung aber auch teilweise dem Minderheitenschutz, da nach § 36 BetrVG eine absolute Mehrheit erforderlich ist, um diese Bestimmungen zu beschließen. § 30 Abs. 2 S. 1 Nr. 2 BetrVG verfolgt dabei eine vergleichbare Zielsetzung, nur mit dem Unterschied, dass in dieser Norm unmittelbar der Minderheitenschutz zum Ausdruck kommt und der Vorrang der Präsenzsitzung sich aus dieser nur mittelbar ergibt. Im Hinblick auf die zahlreichen Streitigkeiten über die Regelungsmöglichkeiten in der Geschäftsordnung zum Vorrang der Präsenzsitzung und dem Widerspruchsrecht sowie den Problematiken zu möglichen Ausnahmen davon ist allerdings festzustellen, dass der Gesetzgeber mit § 30 Abs. 2 S. 1 Nr. 1 und Nr. 2 BetrVG Regelungen geschaffen hat, welche zahlreichen Ungewissheiten unterliegen und damit im Ergebnis nur wenig Rechtssicherheit in ihrer Anwendung vermitteln. Diese fehlende Rechtssicherheit bei der Anberaumung von Video- und Telefonkonferenzen ist auch einer der Gründe dafür, warum die mit der Video- und Telefonkonferenz grundsätzlich zu erwartende Erleichterung der Betriebsratsarbeit nur bedingt erreicht wird. Auch führt die zweifache Absicherung des Vorrangs der Präsenzsitzung in § 30 Abs. 2 S. 1 Nr. 1 und Nr. 2 BetrVG zu einer doppelten Einschränkung der virtuellen Sitzung.

Durch die Ermöglichung von Video- und Telefonkonferenzen wird ein erster Grundstein zur flexibleren Teilnahmemöglichkeit an den Betriebsratssitzungen gelegt. Insbesondere die Möglichkeit der hybriden Sitzung trägt zu einer flexibleren Teilnahmemöglichkeit an den Sitzungen bei und kann dadurch die Betriebsratsarbeit für die von der Gesetzesbegründung genannten Zielgruppen erleichtern. In diesem Zusammenhang ist insbesondere die grundlegende gesetzgeberische Wertentscheidung zu begrüßen, dass zwischen den Medien der Video- und Telefonkonferenz kein weiteres Rangverhältnis normiert wurde. Insoweit ist der bestehenden Kritik zuzustimmen, dass die Telefonkonferenz kommunikativ hinter der Videokonferenz und insbesondere der Präsenzsitzung zurückbleibt. Ein weiteres Rangverhältnis innerhalb der technischen Medien hätte jedoch die Anberaumung virtueller Sitzungen nochmals verkompliziert sowie den praktischen Anwendungsbereich der Telefonkonferenz in Frage gestellt. Trotz dieser verschiedenen und im Grunde auch flexiblen Möglichkeiten zur Durchführung einer virtuellen Sitzung führt die zweifache Absicherung des Vorrangs der Präsenzsitzung in § 30 Abs. 2 S. 1 Nr. 1 und Nr. 2 BetrVG sowie die Ausrichtung am Minderheitenschutz zu einer erheblichen Einschränkung der Anwendungsmöglichkeiten, wodurch die Betriebsratsmitglieder ihre Arbeit nur beschränkt flexibler gestalten können und eine wirkliche Erleichterung der Betriebsratsarbeit somit nicht eintritt.[1090]

Verglichen mit den Regelungen zu virtuellen Sitzungen in anderen Gremien sind die Hürden zur Abhaltung von Video- und Telefonkonferenzen teilweise höher, teilweise aber auch niedriger. Während der ausdrückliche Vorrang der Präsenzsitzung in § 34 Abs. 1a BaWüPersVG und § 26 Abs. 2 S. 5 MVG-EKD strenger und in § 38 Abs. 3 S. 1 BPersVG milder ausgestaltet ist, liegt ein solcher in § 37 Abs. 5 ThürPersVG und Art. 14 Abs. 4 MAVO überhaupt nicht vor. Das Widerspruchsrecht sowie das hierfür erforderliche Quorum von einem Viertel der Mitglieder bestehen in fast allen Regelungen, können allerdings nach § 34 Abs. 1a BaWüPersVG sowie § 25 Abs. 2 MVG-EKD abbedungen werden. Lediglich in § 37 Abs. 5 ThürPersVG wird auf ein solches vollständig verzichtet. Die funktionellen Erwartungen an die Kommunikation sowie den Minderheitenschutz werden dadurch in nahezu allen anderen Gremien auf ähnliche Art und Weise sichergestellt. Gleichwohl überzeugt in Anbetracht der fehlenden Rechtssicherheit in § 30 Abs. 2 S. 1 Nr. 1 und Nr. 2 BetrVG vor allem die Regelung in Art. 14 Abs. 4 MAVO, nach welcher die Anberaumung der virtuellen Konferenz nicht von einer Regelung in der Geschäftsordnung zum Vorrang der Präsenzsitzung abhängig ist, da keine schwierigen und wertungsabhängigen Fragen zum Vorrang der Präsenzsitzung auftreten. Dadurch wird die damit verbundene vorzugswürdige Kommunikation zwar nicht im gleichen Maße sichergestellt wie im BetrVG oder in den anderen Gremien, allerdings kommt der Vorrang der Präsenzsitzung durch das Widerspruchsrecht dennoch zum Ausdruck, sodass letztlich allein das Gremium darüber entscheiden kann, welche Art der Kommunikation es für vorzugswürdig hält, ohne dass dadurch die Belange kleinerer Fraktionen im Betriebsrat missachtet werden. Der Verzicht auf die doppelte Absicherung des Vorrangs der Präsenzsitzung und des Minderheitenschutzes führt damit zu einer vereinfachten Rechtsanwendung. Hingegen ist der Verzicht auf sämtliche Regelungen zum Vorrang der Präsenzsitzung und zur Gewährleistung des Minderheitenschutzes in § 37 Abs. 5 ThürPersVG zu weitgehend. Auch wenn nach der hier vertretenen Ansicht

[1090] Löwisch/Kaiser/Klumpp/*Holler*, BetrVG, § 30 Rn. 11.

die Kommunikation in Videokonferenzen der in Präsenzsitzungen nahekommt, ist sie doch noch nicht vollständig mit dieser vergleichbar. Insbesondere läuft die Möglichkeit zur uneingeschränkten Nutzung von Telefonkonferenzen und Messenger-Programmen aber dem Anwesenheitsgebot zuwider, welches eine möglichst optimale Kommunikation bei der Entscheidungsfindung gewährleisten soll. Die verbalen und nonverbalen Verständigungsmöglichkeiten sind in solchen Verfahren nicht mit denen in einer Präsenzsitzung vergleichbar.[1091] Zudem besteht die Gefahr, dass unliebsame Themen von Angehörigen der Minderheitsfraktion stets in Sitzungen mittels Telefonkonferenz angesetzt werden können, ohne dass hiergegen eine Widerspruchsmöglichkeit besteht.

Abschnitt 2

Betriebsverfassungsrechtliche Anforderungen an die Durchführung einer Video- und Telefonkonferenz

Die Voraussetzungen für die Durchführung einer analogen Betriebsratssitzung werden in den §§ 30 und 33 BetrVG geregelt. Gem. § 30 Abs. 1 S. 4 BetrVG muss sichergestellt sein, dass die Sitzungen des Betriebsrats nicht öffentlich sind. Betriebsratsbeschlüsse werden gem. § 33 Abs. 1 S. 1 BetrVG mit der Mehrheit der anwesenden Mitglieder gefasst. Beschlussfähig ist der Betriebsrat, wenn mindestens die Hälfte der Mitglieder an der Sitzung teilnimmt, § 33 Abs. 2 BetrVG. Diese für die Präsenzsitzung geltenden Grundsätze finden leicht modifiziert auch auf Sitzungen via Video und Telefon Anwendung. § 30 Abs. 2 S. 1 Nr. 3 BetrVG normiert, dass sichergestellt sein muss, dass Dritte vom Inhalt einer Sitzung mittels Videos oder Telefons keine Kenntnis nehmen können. Mitglieder, welche an einer Video- und Telefonkonferenz teilnehmen, gelten gem. § 33 Abs. 1 S. 2 BetrVG als anwesend. Zusätzlich darf nach § 30 Abs. 2 S. 2 BetrVG eine Video- oder Telefonkonferenz nicht aufgezeichnet werden. Dabei stellt sich zum Regelungsgehalt von § 30 Abs. 2 S. 1 Nr. 3 BetrVG zunächst die Frage, in welchem Verhältnis dieser zum Grundsatz der Nichtöffentlichkeit nach § 30 Abs. 1 S. 4 BetrVG steht, ob die Norm also die gleiche oder eine weitergehende Zielsetzung verfolgt. Ähnlich unklar ist in diesem Zusammenhang auch der Regelungsgehalt des Aufzeichnungsverbotes nach § 30 Abs. 2 S. 2 BetrVG, da Aufzeichnungen in einer Präsenzsitzung grundsätzlich für zulässig gehalten werden.[1092] Weiterhin ist es fraglich, ob während der Durchführung virtueller Sitzungen betriebsratsinterne Wahlen ab-

---

[1091] Vgl. Teil 3, B. I. 2.

[1092] *Fitting*, BetrVG, § 34 Rn. 12; ErfK/*Koch*, BetrVG, § 34 Rn. 1; BeckOKA/*Mauer*, BetrVG, § 34 Rn. 2; GK-BetrVG/*Raab*, § 30 Rn. 19; Richardi/*Thüsing*, BetrVG, § 34 Rn. 8; DKKW/*Wedde*, BetrVG, § 34 Rn. 7; Düwell/*Wolmerath*, BetrVG, § 34 Rn. 4.

gehalten werden können und damit § 33 Abs. 1 S. 2 BetrVG auf diese und nicht nur die Beschlussfassung angewendet werden kann.

A. Sicherstellung der Nichtöffentlichkeit, § 30 Abs. 2 S. 1 Nr. 3 und S. 2 BetrVG

I. Hintergrund, Sinn und Zweck des § 30 Abs. 2 S. 1 Nr. 3 und S. 2 BetrVG

1. Ursprüngliche Rechtslage vor §§ 129 Abs. 1 S. 1, 2 (a. F.) BetrVG und 30 Abs. 2 S. 1 Nr. 3, S. 2 BetrVG

Die Möglichkeit zur Abhaltung von Betriebsratssitzungen mittels Videos und insbesondere Telefons wurde häufig mit dem Argument abgelehnt, dass der in § 30 S. 4 BetrVG (a. F.) verankerte Nichtöffentlichkeitsgrundsatz nicht gewährleistet werden könne.[1093] Bei virtuellen Sitzungen bestünde demnach die konkrete Gefahr, dass unberechtigte Dritte sich entweder unbemerkt in eine Sitzung einwählen und diese dadurch heimlich verfolgen, [1094] oder dass sich diese im selben Raum mit einem teilnehmenden Betriebsratsmitglied befinden und von den anderen Mitgliedern nicht wahrgenommen werden, da sie für diese nicht sichtbar sind,[1095] sei es, weil der Dritte außerhalb des Aufzeichnungsbereichs der Kamera ist, oder weil bei Telefonkonferenzen eine optische Wahrnehmung grundsätzlich nicht möglich ist.[1096] Die Betriebsratsmitglieder würden deshalb keine Kenntnis von dem Verstoß gegen die Nichtöffentlichkeit erlangen, weshalb ein besonders schwerer Verstoß gegen diesen Grundsatz vorliege.[1097] Allein die Möglichkeit einer unberechtigten Teilnahme würde daher ausreichen, um einen Verstoß gegen die Nichtöffentlichkeit zu begründen.[1098] Dem wurde jedoch zum Teil entgegengehalten, dass allein eine abstrakte Gefährdung der Nichtöffentlichkeit für einen Verstoß gegen diesen

[1093] *Thüsing/Beden*, NZA 545 (546); *Jesgarzewski/Holzendorf*, NZA Online Aufsatz 5/2012, 4; *Klebe/Ratayczak/Heilmann/Spoo* (21. Auflage), BetrVG, § 30 Rn. 5; *Löwisch*/Kaiser (7. Auflage), BetrVG, § 30 Rn. 1; DKW/*Wedde* (17. Auflage), BetrVG, § 30 Rn. 12, § 33 Rn. 11.

[1094] *Jesgarzewski/Holzendorf*, NZA Online Aufsatz 5/2012, 4.

[1095] *Jesgarzewski/Holzendorf*, NZA Online Aufsatz 5/2012, 4; DKW/*Wedde* (17. Auflage), BetrVG, § 33 Rn. 11.

[1096] *Thüsing/Beden*, NZA 2020, 545 (548).

[1097] *Thüsing/Beden*, NZA 545 (546); *Jesgarzewski/Holzendorf*, NZA Online Aufsatz 5/2012, 4; *Klebe/Ratayczak/Heilmann/Spoo* (21. Auflage), BetrVG, § 30 Rn. 5; DKW/*Wedde* (17. Auflage), BetrVG, § 33 Rn. 11.

[1098] *Jesgarzewski/Holzendorf*, NZA Online Aufsatz 5/2012, 4.

Grundsatz nicht ausreichend sei.[1099] Auch bei den herkömmlichen Präsenzsitzungen bestünde die abstrakte Gefahr, dass ein nicht berechtigter Dritter die Sitzung verfolgt.[1100] Mit fortschreitender Technik sei diese Gefahr sogar zunehmend immanent.[1101] Betriebsratsmitglieder könnten mithilfe ihrer Smartphones heimliche Mitschnitte von der Sitzung machen und diese in die Außenwelt übertragen.[1102] Ebenso bestünde theoretisch auch die Gefahr, dass das Sitzungszimmer verwanzt sei.[1103] Die hypothetischen Gefahren allein würden aber auch nicht zu einem Verstoß gegen die Nichtöffentlichkeit nach § 30 S. 4 BetrVG (a. F.) führen.[1104] Eine differenzierende Ansicht stellte daher nicht auf die Gefahr einer Verletzung ab, sondern auf die Funktionsfähigkeit des Betriebsrats. Nur wenn diese durch eine Präsenzsitzung nicht gewährleistet werden kann und eine dringende Beschlussfassung notwendig ist, könnte der Betriebsrat seine Sitzung auch als Videokonferenz abhalten.[1105] Gestützt wurde dieser Ansatz auf einen Vergleich mit § 41a Abs. 2 EBRG, wonach Betriebsräte, welche auf Seeschiffen arbeiten, die Möglichkeit haben, an Betriebsratssitzungen mittels neuer Informations- und Kommunikationstechnologie teilzunehmen, wenn sie auf See oder in einem anderen Hafen sind, sodass anders eine Teilnahme an der Sitzung nicht möglich wäre. Ein Betriebsratsmitglied im Ausland befände sich demnach in einer vergleichbaren Situation, weshalb eine Videokonferenz hier nicht gegen den Grundsatz der Öffentlichkeit verstoße.[1106]

Ausgehend von den Rechtsfolgen bei einem Verstoß gegen die Nichtöffentlichkeit nach § 30 Abs. 1 S. 4 BetrVG und der damit einhergehenden Rechtsprechung des BAG ist jedoch nicht davon auszugehen, dass die bloße Möglichkeit einer Verletzung der Nichtöffentlichkeit ausreichend ist, um die Unwirksamkeit eines Beschlusses annehmen zu können. Zum einen führte die unbemerkte Teilnahme eines Dritten auch bisher nur zur Unwirksamkeit eines Beschlusses, wenn dieser konkreten Einfluss auf die Willensbildung genommen hat.[1107] Zum anderen soll die Nichtöffentlichkeit in § 30 Abs. 1 S. 4 BetrVG nicht nur das Gremium als Ganzes

---

[1099] *Butz/Pleul*, AuA 2011, 213 (214); *Fündling/Sorber*, NZA 2017, 552 (556); GK-BetrVG/*Raab* (11. Auflage), § 30 Rn. 19; *Thüsing/Beden*, BB 2019, 372 (374 f.).

[1100] *Beden/Rombey*, BB 2020, 1141 (1143); *Fündling/Sorber*, NZA 2017, 552 (556); *Jansen*, Elektronische Kommunikation, 85; GK-BetrVG/*Raab* (11. Auflage), § 30 Rn. 19.

[1101] *Fündling/Sorber*, NZA 2017, 552 (556).

[1102] *Beden/Rombey*, BB 2020, 1141 (1143); *Fündling/Sorber*, NZA 2017, 552 (556); *Jansen*, Elektronische Kommunikation, 85.

[1103] *Beden/Rombey*, BB 2020, 1141 (1143); *Thüsing/Beden*, BB 2019, 372 (374 f.).

[1104] *Beden/Rombey*, BB 2020, 1141 (1143); *Fündling/Sorber*, NZA 2017, 552 (556); *Jansen*, Elektronische Kommunikation, 85; GK-BetrVG/*Raab* (11. Auflage), § 30 Rn. 19; *Schiefer/Worzalla*, DB 2019, 2017 (2021); *Thüsing/Beden*, BB 2019, 372 (375).

[1105] *Fitting* (30. Auflage), BetrVG, § 33 Rn. 21c.

[1106] *Fitting* (30. Auflage), BetrVG, § 33 Rn. 21d; GK-BetrVG/*Raab* (11. Auflage), § 33 Rn. 12; gegen eine Vergleichbarkeit mit § 41a EBRG, *Klebe/Ratayczak/Heilmann/Spoo* (21. Auflage), BetrVG, § 30 Rn. 5; DKW/*Wedde* (17. Auflage), BetrVG, § 33 Rn. 11.

[1107] BAG 24. 3. 1977 – 2 AZR 289/76, AP Nr. 12 zu § 102 BetrVG 1972 (unter I. 4. c. der Gründe); LAG Thüringen 17. 12. 1997 – 9 TaBV 6/96, BeckRS 1998, 41096 (Rn. 15).

schützen, sondern auch die Amtsführung des einzelnen Betriebsratsmitglieds, weshalb diese grundsätzlich selbst darüber entscheiden sollen, wann es zu einer Beeinflussung ihrer Willensbildung gekommen ist.[1108] Die bloße Möglichkeit einer unberechtigten Teilnahme kann daher nicht ausreichend sein, um die Unwirksamkeit eines Beschlusses herbeizuführen, da ansonsten den Mitgliedern ein Schutz aufgebürdet wird, den sie selbst vielleicht gar nicht in Anspruch genommen hätten.

Ausschlaggebend ist daher nach der hier vertretenen Ansicht vielmehr,[1109] dass bei Videokonferenzen eine „geschützte Sphäre" geschaffen wird, welche den Teilnehmern die Gewissheit vermittelt, dass die Beiträge und Meinungen zur kollektiven Willensbildung vertraulich bleiben.[1110] Da dies bei Videokonferenzen sowohl auf technischer als auch auf organisatorischer Ebene nach der hier vertretenen Ansicht möglich ist,[1111] wäre derjenigen Ansicht zuzustimmen, welche die Beseitigung von technischen Unsicherheiten vor der Teilnahme eines unberechtigten Dritten bereits vor dem Betriebsrätemodernisierungsgesetz und § 129 Abs. 1 S. 1 BetrVG (a. F.) für möglich hielt.

2. § 129 Abs. 1 S. 1 HS. 2 und 2 BetrVG (a. F.) als Übergangsnorm

Aufgrund der bestehenden Befürchtungen, dass es bei Video- und Telefonkonferenzen zu Verstößen gegen die Nichtöffentlichkeit kommen würde, hatte der Gesetzgeber bereits in § 129 Abs. 1 S. 1 HS. 2 BetrVG (a. F.) normiert, dass die Teilnahme an Video- und Telefonkonferenzen nur erfolgen kann, wenn sichergestellt ist, dass Dritte vom Inhalt der Sitzung keine Kenntnis nehmen können.[1112] Die Formulierung des Gesetzgebers „wenn sichergestellt ist, dass" hätte dabei zwar in die Richtung gedeutet werden können, dass bereits die „bloße Möglichkeit" einer Verletzung der Nichtöffentlichkeit durch einen Dritten ausreichend sei, um eine Video- oder Telefonkonferenz nach § 129 Abs. 1 S. 1 BetrVG (a. F.) zu versagen.[1113] Da eine solche Möglichkeit aber niemals auszuschließen ist, hätte dies den Anwendungsbereich der Norm praktisch auf Null reduziert, weshalb eine solche Lesart der Norm unzutreffend gewesen wäre. Deutlich wird durch die Formulierung vielmehr, dass die Teilnahme des einzelnen Mitglieds in der Öffentlichkeit keinesfalls möglich gewesen wäre, da hier die Nichtöffentlichkeit nicht sichergestellt

---

[1108] BAG 30. 9. 2014 – 1 ABR 32/13, NZA 2015, 370 (Rn. 51).

[1109] Vgl. dazu Teil 3, B. II. 3.

[1110] Vgl. dazu auch GK-BetrVG/*Raab*, § 30 Rn. 77; *Tangemann*, BB 2020, 1974 (1979); ähnlich auch *Beden/Rombey*, BB 2020, 1141 (1143).

[1111] Teil 2, B. II. 3.

[1112] Vgl. dazu auch *Ch. Weber*, JArbR Bd. 58, 91 (102 f.).

[1113] So wie noch zu § 30 S. 4 BetrVG (a. F.) angenommen von *Jesgarzewski/Holzendorf*, NZA Online Aufsatz 5/2012, 4; hinsichtlich solcher Bedenken bei § 129 Abs. 1 S. 1 HS. 2 BetrVG, *Fuhlrott/Fischer*, NZA 2020, 490 (491).

werden konnte[1114] und dass auch bei einer Teilnahme im Homeoffice oder von anderen nicht öffentlichen Orten aus der bereits aus § 30 S. 4 BetrVG (a. F.) resultierende Grundsatz einzuhalten ist. § 129 Abs. 1 S. 1 HS. 2 BetrVG (a. F.) verfolgt daher jedenfalls den Zweck, die Nichtöffentlichkeit in einer Video- oder Telefonkonferenz zu gewährleisten.[1115]

Teilweise wurde in § 129 Abs. 1 S. 1 HS. 2 BetrVG (a. F.) auch eine datenschutzrechtliche Zielsetzung gesehen,[1116] mit dem Argument, dass der Betriebsrat in seinen Sitzungen eine Vielzahl von personenbezogenen Arbeitnehmerdaten verarbeitet.[1117] In der Gesetzesbegründung zu § 129 Abs. 1 S. 1 BetrVG (a. F.) werde von der Notwendigkeit zur Umsetzung technischer und organisatorischer Maßnahmen gesprochen,[1118] was als Anlehnung an Art. 32 DS-GVO zu verstehen sei, da nach dessen Wortlaut auch „technische und organisatorische Maßnahmen" zur Sicherheit der Verarbeitung von personenbezogenen Daten zu ergreifen sind.[1119] Uneindeutig war in diesem Zusammenhang auch der Regelungszweck des Aufzeichnungsverbotes der virtuellen Sitzungen gemäß § 129 Abs. 1 S. 2 BetrVG (a. F.). Nach der Gesetzesbegründung diente die Norm der Wahrung der Nichtöffentlichkeit und dem Persönlichkeitsschutz der Teilnehmer.[1120] Letzteres deutet ebenfalls auf eine datenschutzrechtliche Zielsetzung hin, da es an den Grundsatz der Datenminimierung nach Art. 5 Abs. 1 c) DS-GVO erinnerte[1121], wonach die Verarbeitung personenbezogener Daten auf das für den Zweck notwendige Maß zu beschränken ist. Da zumindest Tonbandaufzeichnungen in Präsenzsitzungen für zulässig gehalten wurden, sollte § 129 Abs. 1 S. 2 BetrVG (a. F.) daher so zu verstehen sein, dass das Aufzeichnungsverbot in virtuellen Sitzungen in erster Linie Art. 5 Abs. 1 c) DS-GVO diene und nicht der Sicherstellung der Nichtöffentlichkeit, weil es nicht offensichtlich sei, warum eine Aufzeichnung der virtuellen Sitzung die Nichtöffentlichkeit mehr gefährde als bei Präsenzsitzungen.[1122] Eine solche datenschutzrecht-

---

[1114] BT-Drs. 19/18753, 28; *Mückl/Wittek*, DB 2020, 1289 (1290); zur Teilnahme an einer virtuellen Sitzung in der Öffentlichkeit bei Video- und Telefonkonferenzen, Teil 3, B. II. 1. b).

[1115] *Thüsing/Beden*, NZA 2020, 545 (548); *Fuhlrott/Fischer*, NZA 2020, 490 (491); *Klebe/Ratayczak/Heilmann/Spoo* (21. Auflage), Nachtrag § 129 BetrVG; *Mückl/Wittek*, DB 2020, 1289 (1290); *Müller*, ArbRAktuell 2020, 247 (249); *Tangemann*, BB 2020, 1974 (1980).

[1116] ErfK/*Kania* (22. Auflage), BetrVG, § 129 Rn. 2; *Mückl/Wittek*, DB 2020, 1289 (1290); *Jesgarzewski*, AuA 2020, 456 (459).

[1117] *Fuhlrott/Fischer*, NZA 2020, 490 (491).

[1118] BT-Drs. 19/18753, 28.

[1119] *Fuhlrott/Fischer*, NZA 2020, 490 (491); *Mückl/Wittek*, DB 2020, 1289 (1290); ebenfalls in diese Richtung: *Baeck/Winzer/Launer*, NZG 2020, 659 (661); *Thüsing/Beden*, NZA 2020, 545 (549).

[1120] BT-Drs. 19/18753, 28.

[1121] *Baeck/Winzer/Launer*, NZG 2020, 659 (662 f.).; *Tangemann*, BB 2020, 1974 (1980); vgl. auch *Beden/Rombey*, BB 2020, 1141 (1144).

[1122] *Tangemann*, BB 2020, 1974 (1980); anders sah *Jansen*, Die elektronische Kommunikation, 100, die Problematik, dass eine Videoaufzeichnung die Nichtöffentlichkeit gefährden könne, bereits schon im Jahr 2001.

liche Zielsetzung in den §§ 129 Abs. 1 S. 1 HS. 2 und 129 Abs. 1 S. 2 BetrVG (a. F.) ist jedoch erneut im Hinblick auf die Problematik auf der Rechtsfolgenseite bei Verstößen gegen die Nichtöffentlichkeit in virtuellen Sitzungen abzulehnen. Wie dargestellt, liegt bei Video- und insbesondere auch Telefonkonferenzen das Problem der Nichtöffentlichkeit darin, dass es einerseits für nichtberechtigte Dritte leichter ist, unbemerkt solchen Sitzungsformen beizuwohnen, und anderseits das Risiko, bei heimlichen Mitschnitten ertappt zu werden, geringer ist, sodass es notwendig ist, eine „geschützte Sphäre" zu schaffen.[1123] Einen solchen „Wohlfühlraum" versuchte der Gesetzgeber zum einen durch die zusätzliche Klarstellung in § 129 Abs. 1 S. 1 HS. 2 BetrVG (a. F.) zu formen, indem nochmals explizit sichergestellt sein musste, dass unberechtigte Dritte nicht an den virtuellen Sitzungen teilnehmen konnten. Zum anderen sollte aber gerade das Aufzeichnungsverbot bezwecken, dass Betriebsratsmitglieder keine heimlichen Mitschnitte unter Umständen auch von berechtigt Teilnehmenden befürchten mussten.[1124] Das in der Gesetzesbegründung zu § 129 Abs. 1 S. 2 BetrVG (a. F.) genannte allgemeine Persönlichkeitsrecht zielte deshalb auch auf den Schutz der Persönlichkeitsrechte der Betriebsratsmitglieder ab.[1125] In dogmatischer Hinsicht lässt sich diese Lesart der §§ 129 Abs. 1 S. 1 HS. 2 und 129 Abs. 1 S. 2 BetrVG (a. F.) auch besser begründen, da es kaum nachvollziehbar gewesen wäre, warum der Gesetzgeber unter allen datenschutzrechtlichen Verpflichtungen der DS-GVO ausgerechnet den Grundsatz der Datenminimierung nach Art. 5 Abs. 1 c) DS-GVO sowie der Datensicherheit nach Art. 32 Abs. 1 DS-GVO als wichtig erachten sollte. Im Hinblick auf die bestehende Problematik bei der Datenübermittlung in Drittländer in Videokonferenzen wäre eine Fokussierung auf Art. 44 DS-GVO mindestens genauso naheliegend gewesen.

Im Hinblick auf die Zielrichtungen des § 129 Abs. 1 S. 1 HS. 2 und § 129 Abs. 1 S. 2 BetrVG (a. F.) ist daher festzuhalten, dass diese ausschließlich der Sicherung des Grundsatzes der Nichtöffentlichkeit dienten.[1126] Dass das Aufzeichnungsverbot nach § 129 Abs. 1 S. 2 BetrVG (a. F.) mittelbar auch zur Einhaltung datenschutzrechtlicher Verpflichtungen wie der Datenschutzminimierung nach Art. 5 Abs. 1 c) DS-GVO beitrug, ist zwar nicht zu bestreiten und war sicherlich auch zumindest aus datenschutzrechtlicher Perspektive[1127] ein positiver Nebeneffekt.

[1123] Teil 3, B. II. 1. b).

[1124] *Müller*, ArbRAktuell 2020, 247 (249); sieht das Aufzeichnungsverbot anderseits nicht im Zusammenhang mit der Sicherstellung der Nichtöffentlichkeit gem. § 129 Abs. 1 S. 1 HS. 2 BetrVG (a. F.).

[1125] BT-Drs. 19/18753, 28.

[1126] A. A.: *Baeck/Winzer/Launer*, NZG 2020, 659 (662 f.); *Fuhlrott/Fischer*, NZA 2020, 490 (491).; *Hayen*, AuR 2020, 249 (252); ErfK/*Kania* (22. Auflage), BetrVG, § 129 Rn. 2; *Tangemann*, BB 2020, 1974 (1980); wohl auch *Beden/Rombey*, BB 2020, 1141 (1144).

[1127] Zur dadurch entstehenden Erschwerung der Sitzungsniederschrift in virtuellen Sitzungen sogleich in Teil 4, Abschnitt 2, C.

Eine datenschutzrechtliche Zielsetzung wurde damit durch die beiden Normen vom Gesetzgeber jedoch nicht verfolgt.

3. Dauerhafte Lösung durch den Gesetzgeber im BRModG, § 30 Abs. 2 S. 1 Nr. 3 und S. 2 BetrVG

a) Zielsetzung der Normen

In der dauerhaften Regelung zur Ermöglichung von Video- und Telefonkonferenzen durch das Betriebsrätemodernisierungsgesetz wurde der Gesetzeswortlaut des § 129 Abs. 1 S. 1 HS. 2 und S. 2 BetrVG (a.F.) in § 30 Abs. 2 S. 1 Nr. 3 und S. 2 BetrVG übernommen. Nach der Gesetzesbegründung zu § 30 Abs. 2 S. 1 Nr. 3 BetrVG soll die Regelung sicherstellen, dass Dritte vom Inhalt der Sitzung keine Kenntnis nehmen können,[1128] weshalb technische und organisatorische Schutzmaßnahmen notwendig seien. Weiterhin sollen auch die Vorgaben der Datenschutz-Grundverordnung sowie des Bundesdatenschutzgesetzes beachtet werden.[1129] Beim Aufzeichnungsverbot nach § 30 Abs. 2 S. 2 BetrVG wiederholt die Gesetzesbegründung nur den Wortlaut der Norm.[1130]

Neben der betriebsverfassungsrechtlichen Zielsetzung, die Nichtöffentlichkeit während der virtuellen Sitzung sicherzustellen, könnte aus den beiden Normen insbesondere aufgrund des Passus in der Gesetzesbegründung, wonach die Vorgaben der DS-GVO und des BDSG einzuhalten sind, erneut gefolgert werden, dass diese auch eine datenschutzrechtliche Zielsetzung verfolgen. In diesem Zusammenhang wird zwar zu Recht darauf hingewiesen, dass, wenn die Vorgaben der Nichtöffentlichkeit gewahrt sind, regelmäßig auch die Anforderungen an die Datensicherheit nach Art. 5 f) DS-GVO bzw. Art. 32 DS-GVO eingehalten werden.[1131] Allerdings ist letztlich zwischen den datenschutzrechtlichen Anforderungen und den aus § 30 Abs. 2 S. 1 Nr. 3 BetrVG folgenden betriebsverfassungsrechtlichen Pflichten zur Gewährleistung der Nichtöffentlichkeit zu differenzieren.[1132] Die Wahrung der Nichtöffentlichkeit kann, muss aber nicht immer mit der Einhaltung der datenschutzrechtlichen Sicherheitsanforderungen einhergehen. Umgekehrt gilt dies allerdings genauso. Nur weil ein Verstoß gegen die Nichtöffentlichkeit vorliegt, weil beispielsweise ein Betriebsratsmitglied entgegen dem Aufzeichnungsverbot in § 30 Abs. 2 S. 2 BetrVG eine Aufnahme getätigt hat, folgt allein daraus noch kein Verstoß gegen die Datensicherheit nach Art. 5 Abs. 1 f) DS-GVO bzw. Art. 32 DS-GVO. Konsequenterweise wären ansonsten auch Schadensersatzan-

---

[1128] BT-Drs. 19/28899, 20.

[1129] BT-Drs. 19/28899, 20.

[1130] BT-Drs. 19/28899, 20.

[1131] GK-BetrVG/*Raab*, § 30 Rn. 54; *Reinartz*, NZA-RR 2021, 457 (462 f.); *Schulze/Helmrich*, ArbRAktuell 2020, 253 (254).

[1132] GK-BetrVG/*Raab*, § 30 Rn. 54; *Reinartz*, NZA-RR 2021, 457 (462 f.).

sprüche nach Art. 82 DS-GVO bei einem Verstoß gegen § 30 Abs. 2 S. 1 Nr. 3 und S. 2 BetrVG denkbar. Verstöße gegen die Nichtöffentlichkeit sollen zwar ggf. zur Unwirksamkeit eines Betriebsratsbeschlusses führen oder unter besonderen Umständen auch den Ausschluss eines Betriebsratsmitglieds gem. Art. 23 Abs. 1 S. 1 Alt. 1 BetrVG nach sich ziehen. Eventuelle Schadensersatzansprüche können dadurch aber nicht begründet werden. Die Norm verfolgt damit keinen anderen Regelungszweck als § 129 Abs. 1 S. 1 und S. 2 BetrVG (a. F.) und dient damit ausschließlich der Sicherstellung der Nichtöffentlichkeit.[1133]

b) Konkrete Voraussetzungen zur Gewährleistung der Nichtöffentlichkeit

In Bezug auf die Einhaltung der Nichtöffentlichkeit unterscheidet die Gesetzesbegründung in § 30 Abs. 2 S. 1 Nr. 3 BetrVG zwischen technischen und organisatorischen Maßnahmen.[1134] Exemplarisch werden bei den technischen Maßnahmen die Verschlüsselung der Verbindung genannt[1135] und in organisatorischer Hinsicht die Nutzung eines nicht öffentlichen Raumes oder die Versicherung im Protokoll durch die einzelnen Betriebsratsmitglieder, dass nur teilnahmeberechtigte Personen in dem jeweils genutzten Raum anwesend sind.[1136] Die Gesetzesbegründung ist insoweit wortgleich zu jener des § 129 BetrVG (a. F.).[1137] Ausführungen, wie eine Aufzeichnung in Video- und Telefonkonferenzen i. S. d. § 30 Abs. 2 S. 2 BetrVG zu verhindern ist, macht die Gesetzesbegründung hingegen nicht.[1138] Der Gesetzgeber zielt bei den beiden Normen wie bereits in § 129 Abs. 1 S. 1 BetrVG (a. F.)[1139] auf die Schaffung einer „geschützten Sphäre“ im virtuellen Raum ab, in welcher den Betriebsratsmitgliedern die Gewissheit vermittelt werden soll, dass die Beiträge zur kollektiven Willensbildung vertraulich bleiben.[1140] Insbesondere das Aufzeichnungsverbot greift die bereits zu § 30 S. 4 BetrVG (a. F.) vorgebrachten Bedenken zur Zulässigkeit von Videokonferenzen auf, wonach in diesen heimliche Mitschnitte unbemerkt von allen Mitgliedern angefertigt werden können, sodass die Vertraulichkeit in einer solchen Sitzungsform generell nicht zu gewährleisten

---

[1133] Uneindeutig insoweit *Schulze/Helmrich*, ArbRAktuell 2020, 253 (254); i. E. wohl gleich GK-BetrVG/*Raab*, § 30 Rn. 54; wohl auch *Reinartz*, NZA-RR 2021, 457 (462 f.) hinsichtlich § 30 Abs. 2 S. 1 Nr. 3 BetrVG, bzgl. § 30 Abs. 2 S. 2 BetrVG nimmt er hingegen einen datenschutzrechtlichen Bezug an; a. A.: *Ch. Weber*, JArbR Bd. 58, 91 (103); sowie schon zu § 129 BetrVG, *Baeck/Winzer/Launer*, NZG 2020, 659 (662 f.); *Fuhlrott/Fischer*, NZA 2020, 490 (491).; *Hayen*, AuR 2020, 249 (252); ErfK/*Kania* (22. Auflage), BetrVG, § 129 Rn. 2; *Tangemann*, BB 2020, 1974 (1980); wohl auch *Beden/Rombey*, BB 2020, 1141 (1144).

[1134] BT-Drs. 19/28899, 20.

[1135] BT-Drs. 19/28899, 20.

[1136] BT-Drs. 19/28899, 20.

[1137] BT-Drs. 19/18753, 28.

[1138] Vgl. BT-Drs. 19/28899, 20.

[1139] Teil 4, Abschnitt 2, A. I. 2.

[1140] Vgl. GK-BetrVG/*Raab*, § 30 Rn. 50.

sei.[1141] § 30 Abs. 2 S. 1 Nr. 3 BetrVG enthält damit gegenüber der Nichtöffentlichkeit in § 30 Abs. 1 S. 4 BetrVG keinen eigenständigen Regelungsgehalt, sondern dient lediglich der Klarstellung und Wiederholung, wodurch den Betriebsratsmitgliedern die zusätzliche Gewissheit eines geschützten virtuellen Raumes vermittelt werden soll.[1142] Im Hinblick auf die konkreten Anforderungen zur Sicherstellung der Nichtöffentlichkeit nach § 30 Abs. 2 S. 1 Nr. 3 BetrVG kann damit auf die bereits erfolgten Ausführungen zu den technischen und organisatorischen Maßnahmen zu Video- und Telefonkonferenzen verwiesen werden. Sowohl in Video- als auch in Telefonkonferenzen kann ein solcher „sicherer Raum" durch technische und organisatorische Maßnahmen sichergestellt werden, wobei die Herausforderungen, eine solche „vertrauliche Sphäre" zu gewährleisten, nach der hier vertretenen Ansicht insbesondere auf organisatorischer Ebene liegen.[1143]

Bei dem Aufzeichnungsverbot wird die praktische Pflicht zur Umsetzung dieser Regelung teilweise beim Arbeitgeber gesehen.[1144] Begründet wird dies mit der besonderen Bedeutung der Nichtöffentlichkeit für die Betriebsratssitzung.[1145] Dagegen ist allerdings einzuwenden, dass dem Gebot der Nichtöffentlichkeit schon vor der Einführung virtueller Konferenzen eine herausragende Stellung zukam,[1146] der Arbeitgeber deshalb aber trotzdem keine Maßnahmen zur Wahrung der Nichtöffentlichkeit treffen musste. Weiterhin zeigt der Vergleich zu den Personalräten auf Bundesebene in § 38 Abs. 3 S. 2 Nr. 1 BPersVG, dass der Arbeitgeber nach dem BetrVG nicht dazu verpflichtet ist, Maßnahmen zur Gewährleistung der Nichtöffentlichkeit zu treffen. Die Norm im BPersVG regelt, dass vorhandene Einrichtungen zur Nutzung von Video- und Telefonkonferenzen im Personalrat vorher durch die Dienststelle freigegeben werden müssen, d.h., dass in technischer Hinsicht die Dienststelle für die Einhaltung der Nichtöffentlichkeit im Personalrat verantwortlich ist.[1147] § 38 Abs. 3 BPersVG wurde durch die Novellierung des BPersVG fast zeitgleich mit dem Betriebsrätemodernisierungsgesetz in § 30 Abs. 2 S. 2 BetrVG erlassen,[1148] weshalb es naheliegt, dass der Gesetzgeber eine solche Verpflichtung des Arbeitgebers in § 30 Abs. 2 S. 2 BetrVG ausdrücklich geregelt hätte. Für die Sicherstellung, dass in der virtuellen Betriebsratssitzung keine Aufzeichnung statt-

---

[1141] Vgl. dazu u.a. *Jesgarzewski/Holzendorf*, NZA Online Aufsatz 5/2012, 4.

[1142] GK-BetrVG/*Raab*, § 30 Rn. 50.

[1143] Teil 3, B. II. 2. b).

[1144] *Bachner*, § 129 BetrVG Sonderregelung aus Anlass der Covid-19-Pandemie, Rn. 13.

[1145] *Bachner*, § 129 BetrVG Sonderregelung aus Anlass der Covid-19-Pandemie, Rn. 13.

[1146] BAG 30.9.2014 – 1 ABR 32/13, AP Nr. 144 zu § 99 BetrVG 1972 (Rn. 51), „wesentlich für die Wirksamkeit eines … Betriebsratsbeschlusses".

[1147] Detailliert dazu, siehe in Teil 3, Abschnitt 1, D. I.

[1148] BGBl. 2021 Teil I Nr. 31, 1614, Gesetz zur Novellierung des Bundespersonalvertretungsgesetzes vom 9. Juni 2021; BGBl. 2021 Teil I Nr. 32, 1762, Gesetz zur Förderung der Betriebsratswahlen und der Betriebsratsarbeit in einer digitalen Arbeitswelt (Betriebsrätemodernisierungsgesetz) vom 14. Juni 2021.

findet, ist somit der Betriebsrat und nicht der Arbeitgeber zuständig.[1149] Konkret kann eine Aufzeichnung verhindert werden, indem bei der Wahl der Videokonferenzprogramme darauf geachtet wird, dass es eine Funktion gibt, welche den Start einer Aufnahme durch das Programm selbst allen Mitgliedern anzeigt.[1150] Bei Aufzeichnungen mithilfe von externen Geräten wie zum Beispiel Smartphones kann einer heimlichen Aufzeichnung durch die richtige Kameraeinstellung bei den einzelnen Mitgliedern zumindest entgegengewirkt werden. Das unbemerkte Abfilmen des Bildschirms ist dadurch nur erschwert möglich. Wirklich effizient verhindern lässt sich eine heimliche Aufzeichnung allerdings weder technisch noch organisatorisch.[1151] Betriebsratsmitglieder könnten immer noch mithilfe von externen Aufzeichnungsprogrammen oder Tonbandaufzeichnungen am Smartphone unbemerkt eine Aufzeichnung vornehmen. Der Vorsitzende sollte deshalb vor einer virtuellen Konferenz nochmals ausdrücklich auf die Unzulässigkeit einer Aufzeichnung und die damit möglicherweise verbundenen rechtlichen Sanktionen hinweisen. Zusätzlich sollte eine Klarstellung des Verbotes in der Geschäftsordnung erfolgen.[1152]

II. Rechtsfolgen bei Verstößen und Auswirkungen auf den Entscheidungsprozess

Da die Rechtsfolgen bei einem Verstoß gegen die Nichtöffentlichkeit nach § 30 Abs. 1 S. 4 BetrVG bereits dargestellt wurden und darüber hinaus auch, ob diese abstrakt auf virtuelle Konferenzen ausgeweitet werden können,[1153] stellt sich nun die Frage, inwieweit dies auch auf § 30 Abs. 2 S. 1 Nr. 3 und S. 2 BetrVG übertragbar ist.

1. § 30 Abs. 2 S. 1 Nr. 3 BetrVG

Bei § 30 Abs. 2 S. 1 Nr. 3 BetrVG ist dies davon abhängig, welche Zielsetzung der Norm beigemessen wird. Sofern die Norm, wie hier vertreten, nur den Zweck verfolgt, die Nichtöffentlichkeit in einer Video- und Telefonkonferenz sicherzustellen, kommt ihr letztlich keine andere Zielsetzung zu als in § 30 Abs. 1 S. 4 BetrVG, womit die von der Rechtsprechung aufgestellten Grundsätze über-

---

[1149] I. E. *Mückl/Wittek*, DB 2020, 1289 (1291); *Boemke/Roloff/Haase*, NZA 2021, 827 (832).

[1150] *Tangemann*, BB 2020, 1974 (1977).

[1151] *Tangemann*, BB 2020, 1974 (1978).

[1152] *Boemke/Roloff/Haase*, NZA 2021, 827 (832); vgl. zu Verhinderung von Aufzeichnungen Teil 3, B. II. 2.

[1153] Teil 3, B. II. 1.

tragbar sind.[1154] Wenn die Norm hingegen auch dem Datenschutz dient, müsste auch die Rechtsfolgenseite berücksichtigt werden, dass datenschutzrechtliche Regelungen unter anderem das Ziel haben, die allgemeinen Persönlichkeitsrechte von natürlichen Personen zu schützen. Damit würde § 30 Abs. 2 S. 1 Nr. 3 BetrVG jedoch nicht mehr nur die Amtsausführung der Betriebsratsmitglieder schützen, sondern auch die datenschutzrechtlichen Interessen der Betriebsratsmitglieder sowie die der Arbeitnehmer.[1155] Konsequenterweise kann es bei einem Verstoß gegen § 30 Abs. 2 S. 1 Nr. 3 BetrVG dann aber nicht mehr nur auf die Beeinflussung der Willensbildung ankommen und damit das Empfinden des jeweiligen Betriebsratsmitgliedes, sondern es müssten auch die Interessen der Arbeitnehmer berücksichtigt werden, deren Daten während des Verstoßes gegen die Vorschrift durch den Betriebsrat verarbeitet worden sind. Dass eine solche Zielsetzung mit § 30 Abs. 2 S. 1 Nr. 3 BetrVG verfolgt wurde, lässt sich aber kaum annehmen, sodass diese Norm auch aus diesem Grund keine datenschutzrechtliche Zielsetzung verfolgt. Es kann damit auf die Grundsätze des BAG zur Unwirksamkeit von Betriebsratsbeschlüssen bei Verstößen gegen die Nichtöffentlichkeit sowie die Übertragbarkeit dieser Rechtsprechung auf virtuelle Sitzungen zurückgegriffen werden.

Ferner kommt bei einem Verstoß gegen die Nichtöffentlichkeit durch ein Betriebsratsmitglied ein Ausschluss aus dem Betriebsrat nach § 23 Abs. 1 S. 1 Alt. 1 BetrVG in Betracht, sofern dadurch der interne Betriebsratsfrieden nachhaltig gestört wird. Eine solche Störung kann z. B. dann bestehen, wenn ein Betriebsratsmitglied einen unberechtigten Dritten heimlich zuhören lässt.[1156]

2. § 30 Abs. 2 S. 2 BetrVG

Das Aufzeichnungsverbot nach § 30 Abs. 2 S. 2 BetrVG verfolgt wie § 30 Abs. 2 S. 1 Nr. 3 BetrVG allein das Ziel, die Nichtöffentlichkeit während der Betriebsratssitzung sicherzustellen,[1157] sodass die durch das BAG aufgestellten Richtlinien[1158] zur Unwirksamkeit eines Beschlusses grundsätzlich übertragbar sind. Der heimliche Mitschnitt in einer Video- und Telefonkonferenz während der Sitzungsdurchführung wird daher zunächst nur dann zur Unwirksamkeit des Beschlusses führen, wenn dieser während der Sitzung bemerkt und auch beanstandet wird.[1159] Einen Beschluss für unwirksam zu erklären, weil nach dem Ende der Sit-

---

[1154] So auch GK-BetrVG/*Raab*, § 30 Rn. 29, 77; *Boemke/Roloff/Haase*, VSSAR 2021, 223 (244 ff.).

[1155] Zu den Zielsetzungen von § 30 Abs. 2 S. 1 Nr. 3 BetrVG Teil 4, Abschnitt 2, I. 3. a); Dass § 30 Abs. 2 S. 1 Nr. 3 BetrVG auch dem Datenschutz dienen muss, wohl auch DKW/*Wedde*, BetrVG, § 30 Rn. 47.

[1156] *Klebe/Ratayczak/Heilmann/Spoo*, BetrVG, § 30 Rn. 3a.

[1157] Teil 4, Abschnitt 2, I. 3. a).

[1158] Dazu in Teil 3, B. II. 1. a).

[1159] *Boemke/Roloff/Haase*, VSSAR 2021, 223 (246); *Mückl/Wittek*, DB 2020, 1289 (1293); GK-BetrVG/*Raab*, § 30 Rn. 77.

zung ein Mitschnitt veröffentlich wird, hätte somit reine Sanktionswirkung und würde daher auch diejenigen treffen, welche den Mitschnitt nicht zu verantworten haben. Die einzige betriebsverfassungsrechtliche Möglichkeit, gegen einen solchen Verstoß vorzugehen, wäre demnach § 23 Abs. 1 BetrVG, sofern der Aufzeichnende festgestellt werden kann. Ein Mitglied kann deshalb nach § 23 Abs. 1 S. 1 Alt. 1 BetrVG aus dem Betriebsrat ausgeschlossen werden, wenn es eine gesetzliche Pflicht grob verletzt hat. Gesetzliche Pflichten sind zunächst alle Pflichten, die den Betriebsratsmitgliedern aufgrund ihrer Amtsstellung obliegen.[1160] Diese können sich sowohl aus der Betriebsverfassung als auch aus anderen gesetzlichen Vorschriften ergeben.[1161] Das Aufzeichnungsverbot nach § 30 Abs. 2 S. 2 BetrVG stellt eine solche gesetzliche Pflicht dar. Grob ist eine Pflichtverletzung, wenn der Verstoß gegen eine gesetzliche Vorschrift objektiv erheblich ist.[1162] Dies soll vorliegen, wenn unter Berücksichtigung aller Umstände des Einzelfalls, was die betrieblichen Gegebenheiten und den Anlass des Pflichtverstoßes beinhaltet, die weitere Amtsausübung des Betriebsrats schlechthin untragbar erscheint.[1163] Dies kann unter Umständen der Fall sein, wenn die Funktionsfähigkeit des Betriebsrats ernstlich bedroht oder lahmgelegt wird.[1164] Eines wiederholten Verstoßes bedarf es dabei nicht, da auch ein einmaliger Verstoß ausreichend sein kann.[1165] Ein Verstoß gegen die Nichtöffentlichkeit nach § 30 Abs. 1 S. 4 und § 30 Abs. 2 S. 1 Nr. 3 BetrVG sowie das damit verbundene Aufzeichnungsverbot nach § 30 Abs. 2 S. 2 BetrVG können mit der Verletzung einer betrieblichen Schweigepflicht einhergehen, was von der Rechtsprechung als schwerwiegende Pflichtverletzung angesehen wurde.[1166] Ob allerdings in jeder unerlaubten Aufzeichnung eine schwerwiegende Pflichtverletzung zu sehen ist, erscheint im Hinblick auf die beispielsweise geringe Hemmschwelle für Aufzeichnungen mit dem Handy fraglich. Ohne Weiteres ist es nämlich möglich, eine Aufnahme vom eigenen Bildschirm zu machen, auf welchem die Teilnehmer der Sitzung zu sehen sind. Allein dies stellt aber noch keinen objektiven erheblichen Verstoß dar, welcher den Ausschluss eines Mitglieds nach § 23 Abs. 1 S. 1 Alt. 1 BetrVG rechtfertigen könnte. Anders wird dies jedoch zu beur-

[1160] BeckOKA/*Besgen*, BetrVG, § 23 Rn. 12; Richardi/*Thüsing*, BetrVG, § 23 Rn. 12.

[1161] BeckOKA/*Besgen*, BetrVG, § 23 Rn. 12.

[1162] BAG 21.2.1978 – 1 ABR 54/76, AP zu § 74 Nr. 1 BetrVG 1972 (unter II. 2. d. der Gründe); Richardi/*Thüsing*, BetrVG, § 23 Rn. 25.

[1163] BAG 22.6.1993 – 1 ABR 62/92, AP zu § 23 Nr. 22 BetrVG 1972 (unter III. 3. a. der Gründe); BeckOKA/*Besgen*, BetrVG, § 23 Rn. 18.

[1164] BAG 5.9.1967 – 1 ABR 1/67, juris (Rn. 65); GK-BetrVG/*Oetker*, § 23 Rn. 16; Richardi/*Thüsing*, BetrVG, § 23 Rn. 25.

[1165] BAG 18.3.2014 – 1 ABR 77/12, NZA 2014, 988 Rn. 18; BeckOKA/*Besgen*, BetrVG, § 23 Rn. 13; Richardi/*Thüsing*, BetrVG, § 23 Rn. 25.

[1166] BAG 5.9.1967 – 1 ABR 1/67, juris (Rn. 65), Frage des Einzelfalls.

teilen sein, wenn das Mitglied die Bildaufnahme z. B. später in sozialen Netzwerken veröffentlicht.[1167]

3. § 30 Abs. 2 S. 1 Nr. 3 und S. 2 BetrVG als Voraussetzung der Durchführung

Wie die Betrachtung der Rechtsfolgen zu § 30 Abs. 2 S. 1 Nr. 3 und S. 2 BetrVG zeigt, sind die Grundsätze der Rechtsprechung zu den Rechtsfolgen der Nichtöffentlichkeit in einer Präsenzsitzung weitestgehend übertragbar. Ein absoluter Schutz der Nichtöffentlichkeit, auch entgegen der Formulierung in § 30 Abs. 2 S. 1 Nr. 3 BetrVG, „wenn sichergestellt ist, [...]", ist jedoch nicht zu verlangen, weshalb grundsätzlich davon auszugehen ist, dass es sich bei den beiden Normen nicht um Voraussetzungen für die Anberaumung einer Betriebsratssitzung handelt, sondern um Erfordernisse, welche während der Sitzungsdurchführung einzuhalten sind. Im Hinblick darauf, dass es bei den beiden Normen aber gerade um die Schaffung einer „geschützten Sphäre" geht, innerhalb der ein von Vertraulichkeit geprägter Meinungsaustausch der Betriebsratsmitglieder stattfinden soll, könnte auch darüber nachzudenken sein, ob der Vorsitzende bereits im Vorfeld der Sitzung zu einer solchen Sphäre beitragen sollte; d. h., dass die Normen also doch eine Tatbestandvoraussetzung darstellen würden. Dafür würde jedenfalls die Zielrichtung von § 30 Abs. 2 S. 1 Nr. 3 und S. 2 BetrVG sprechen, dass eine vertrauliche Willensbildung im virtuellen Raum eben nur dann möglich ist, wenn sich die Betriebsratsmitglieder bereits zu Beginn der Sitzung in einer „geschützten Sphäre" wähnen können. Missachtet der Vorsitzende bei der Anberaumung der Video- oder Telefonkonferenz diese Bedingung, indem er z. B. eine virtuelle Teilnahme in der Öffentlichkeit gestattet, dann könnte die Ansicht vertreten werden, dass es überhaupt keine Sitzung gibt. Die rechtliche Konsequenz wäre dann, dass die in dieser Sitzung gefassten Beschlüsse unwirksam sind, weil die Tatbestandsvoraussetzungen des § 30 Abs. 2 BetrVG nicht vollständig erfüllt wären. Richtigerweise sind aber auch in einem solchen Fall die Tatbestandsvoraussetzungen des § 30 Abs. 2 BetrVG als erfüllt anzusehen. § 30 Abs. 2 S. 1 Nr. 3 und S. 2 BetrVG stellt gerade deshalb auf das „Gefühl der Vertraulichkeit" der Betriebsratsmitglieder ab, damit auch in einer eigentlich ungeschützten Sphäre ein vertraulicher Meinungsaustausch gewährleistet ist. Den Betriebsratsmitgliedern soll dadurch aber kein Schutz aufgezwungen werden, den sie selber möglicherweise gar nicht in Anspruch nehmen wollen.[1168] Ferner würde dies auf Rechtsfolgenseite zu dem widersprüchlichen Ergebnis führen, dass der Beschluss bei einer heimlichen Teilnahme eines unberechtigten Dritten zwar nur dann unwirksam ist, wenn dieser tatsächlich Einfluss auf die Willensbildung

[1167] GK-BetrVG/*Raab*, § 30 Rn. 77, welcher bei einem Verstoß gegen das Aufzeichnungsverbot nach § 30 Abs. 2 S. 2 BetrVG von einer generell schwerwiegenden Pflichtverletzung nach § 23 Abs. 1 BetrVG ausgeht.

[1168] BAG 30.9.2014 – 1 ABR 32/13, NZA 2015, 370 (Rn. 51); GK-BetrVG/*Raab*, § 30 Rn. 29; dazu auch in Teil 3, B. II. 1.

genommen hat, bei einer virtuellen Sitzung im ungeschützten Raum aber bereits von einer generellen Unwirksamkeit der gefassten Beschlüsse auszugehen wäre, selbst wenn es zu keiner unberechtigten Teilnahme eines Dritten gekommen ist.[1169] Erst wenn sich ein Mitglied daher nicht in einer solchen Sphäre wähnt und dies auch beanstandet, kann es daher zu einer Unwirksamkeit des Beschlusses kommen.[1170] Hier muss im Einzelfall überprüft werden, ob die Sitzung in einem sicheren Raum stattgefunden hat.

B. Möglichkeit betriebsratsinterner Wahlen bei Video- und Telefonkonferenzen

Neben der Beschlussfassung nach § 33 BetrVG muss der Betriebsrat in seinen Sitzungen auch Wahlen abhalten. Die Vorschriften über die betriebsratsinternen Wahlen finden sich in den §§ 26, 27, 28 und 38 BetrVG. Diese umfassen die Wahl des Vorsitzenden und seines Stellvertreters (§ 26 Abs. 1 BetrVG), die Wahl von Mitgliedern bestimmter Ausschüsse (§§ 27 Abs. 1, 28 Abs. 1 S. 2 BetrVG) sowie die Wahl der freizustellenden Mitglieder (§ 38 Abs. 2 BetrVG). Nähere Wahlvorschriften enthält das Gesetz nicht.[1171] Die Vorschriften zur Wahl des Betriebsrats finden auf betriebsratsinterne Wahlen keine Anwendung.[1172] Der Betriebsrat ist insofern frei darin, die eigenen Wahlgrundsätze selbst in der Geschäftsordnung zu regeln.[1173] Lediglich demokratische Grundsätze[1174] bzw. die allgemeinen Prinzipien der Entscheidungsfindung müssen dabei beachtet werden.[1175] Die Wahlen selbst können grundsätzlich sowohl offen als auch geheim erfolgen.[1176] Die Abstimmung mittels Handaufhebens, Kopfnickens oder Zurufs ist bei einer offenen Abstimmung

---

[1169] GK-BetrVG/*Raab*, § 30 Rn. 77.

[1170] *Fitting*, BetrVG § 30 Rn. 34; GK-BetrVG/*Raab*, § 30 Rn. 77; wohl auch *Schulze/Helmrich*, ArbRAktuell 2020, 253 (255); *Mückl/Wittek*, DB 2020, 1289 (1292 f.), insoweit einschränkend, dass bei offensichtlicher Nichterfüllung der technischen Voraussetzungen ein Verfahrensfehler vorliegen könnte; a. A.: *Tangemann*, BB 2020, 1974 (1979), welcher von der Unwirksamkeit des Beschlusses auch ohne Beanstandung ausgeht; *Boemke/Roloff/Haase*, VSSAR 2021, 223 (246), gehen hingegen von generell keiner Unwirksamkeit des Beschlusses aus, solange kein unberechtigter Dritter an der Sitzung teilgenommen hat.

[1171] *Fitting*, BetrVG, § 26 Rn. 9; HWGNRH/*Glock*, BetrVG, § 26 Rn. 7; *Klebe/Ratayczak/Heilmann/Spoo*, BetrVG, § 26 Rn. 2; GK-BetrVG/*Raab*, § 26 Rn. 9.

[1172] GK-BetrVG/*Raab*, § 26 Rn. 9.

[1173] HWGNRH/*Glock*, BetrVG, § 26 Rn. 7; GK-BetrVG/*Raab*, § 26 Rn. 10.

[1174] *Thüsing/Beden*, NZA 2020, 545 (549).

[1175] GK-BetrVG/*Raab*, § 26 Rn. 9.

[1176] *Fitting*, BetrVG, § 26 Rn. 9; HWGNRH/*Glock*, BetrVG, § 26 Rn. 10; *Klebe/Ratayczak/Heilmann/Spoo*, BetrVG, § 26 Rn. 2; Richardi/*Thüsing*, BetrVG, § 26 Rn. 7.

ohne Weiteres möglich.[1177] Geheim ist eine Abstimmung nur dann, wenn dies beantragt wird, in der Geschäftsordnung vorgesehen ist oder das BetrVG hierzu eine konkrete Vorgabe macht.[1178] Dies zeigt, dass die Vorschriften über die Beschlussfassung nach den §§ 30 und 33 BetrVG zumindest nicht ohne Weiteres auf interne Wahlen anwendbar sind,[1179] woraus die Frage resultiert, ob die Normen zu Video- und Telefonkonferenzen nach § 30 Abs. 2 und § 33 Abs. 1 S. 2 BetrVG auch für Wahlen innerhalb des Betriebsrats gelten, oder anders ausgedrückt, ob interne Wahlen auch im Rahmen von virtuellen Sitzungen abgehalten werden können.

I. Meinungsstand unter der Geltung von § 129 Abs. 1 S. 1 (a. F.) BetrVG

Nach § 129 BetrVG (a. F.) konnte die Teilnahme an Sitzungen des Betriebsrats sowie die Beschlussfassung mittels Video- und Telefonkonferenz erfolgen, womit die Norm als eine Vorschrift über die Beschlussfassung galt. Bereits bei § 129 Abs. 1 S. 1 BetrVG war daher umstritten, ob diese Norm auch auf betriebsratsinterne Wahlen anwendbar ist. Das LAG Berlin-Brandenburg lehnte dies in der Entscheidung vom 24. 8. 2020 ab.[1180] Das Gericht begründete dies zunächst damit, dass weder der Wortlaut noch die Gesetzesbegründung der Norm von Wahlen sprachen;[1181] lediglich die „Beschlussfassung" werde darin genannt.[1182] Hinzu komme, dass § 129 Abs. 1 BetrVG keine Vorkehrungen treffe, wie eine geheime Wahl in einer virtuellen Sitzung abgehalten werden könnte.[1183] Im Hinblick auf die in dieser Entscheidung maßgeblichen Wahlen des Gesamtbetriebsausschusses sei dies jedoch unerlässlich, da diese gem. der §§ 21 Abs. 1 S. 3 und 51 Abs. 1 S. 1 BetrVG geheim stattfinden müssten;[1184] die Abhaltung einer Briefwahl sei ebenfalls nicht mög-

---

[1177] *Fitting*, BetrVG, § 26 Rn. 9; *Thüsing/Beden*, NZA 2020, 545 (549); HWGNRH/*Glock*, BetrVG, § 26 Rn. 7; *Klebe/Ratayczak/Heilmann/Spoo*, BetrVG, § 26 Rn. 2; GK-BetrVG/*Raab*, § 26 Rn. 10.

[1178] Strittig ist dabei, ob ein Mitglied hierfür ausreicht oder der Antrag von mindestens der Hälfte der Betriebsratsmitglieder gestellt werden muss; vgl. dazu *Fitting*, BetrVG, § 26 Rn. 9; GK-BetrVG/*Raab*, § 26 Rn. 10.

[1179] GK-BetrVG/*Raab*, § 26 Rn. 9; *Ch. Weber*, JArbR Bd. 58, 91 (111).

[1180] Sachverhalt ausführlich in Teil 4, Abschnitt 1, B. II. 1. a) aa).

[1181] LAG Berlin-Brandenburg 24. 8. 2020 – 12 TaBVGa 1015/20, BeckRS 2020, 21347 (Rn. 28).

[1182] LAG Berlin-Brandenburg 24. 8. 2020 – 12 TaBVGa 1015/20, BeckRS 2020, 21347 (Rn. 28); mit diesen Argumenten in der Literatur auch ablehnend: *Thüsing/Beden*, NZA 2020, 545 (549); *Grambow*, DB 2021, 180; ErfK/*Kania* (22. Auflage), BetrVG, § 129 Rn. 2; *Klebe/Ratayczak/Heilmann/Spoo*, BetrVG, Nachtrag S. 3; *Städler*, NZA 2021, 465 (467).

[1183] *Thüsing/Beden*, NZA 2020, 545 (550); *Städler*, NZA 2021, 465 (467).

[1184] LAG Berlin-Brandenburg 24. 8. 2020 – 12 TaBVGa 1015/20, BeckRS 2020, 21347 (Rn. 28).

lich.[1185] Dem Wortlaut des § 33 Abs. 1 S. 1 BetrVG lasse sich nämlich entnehmen, dass die Betriebsverfassung von den „anwesenden Mitgliedern" ausgehe, was jedoch bei einer Briefwahl gerade nicht der Fall sei.[1186] Dies zeige letztlich auch ein Vergleich zum Gesetz über die Beteiligung der Arbeitnehmer in einer Europäischen Gesellschaft (SEBG). In diesem wird die Abhaltung einer Wahl im Rahmen einer virtuellen Sitzung nämlich gerade deshalb für zulässig erachtet, weil in der entscheidenden Norm über die Beschlussfassung (§ 15 Abs. 2 SEBG) nicht von den „anwesenden Mitgliedern" die Rede ist, sondern nur von „Mitgliedern".[1187]

In der Literatur wurde jedoch zunächst darauf hingewiesen, dass die Wahl für einen Gesamtbetriebsratsausschuss schon deshalb nicht geheim stattfinden könnte, weil jedes wählende Mitglied unterschiedlich viele Stimmen habe und diese nur einheitlich zu vergeben seien.[1188] Daraus ließen sich Rückschlüsse auf das jeweilige Abstimmungsverhalten ziehen, sodass eine geheime Wahl bei einem Gesamtbetriebsrat schon von vornherein nicht möglich sei.[1189] Der Verweis von § 52 Abs. 1 S. 2 BetrVG auf § 27 Abs. 1 BetrVG bzgl. der geheimen Wahlen sei insofern ein Redaktionsversehen.[1190] Selbst wenn aber eine geheime Wahl Voraussetzung wäre, könnte eine solche mittels Briefwahl oder Chatfunktion abgehalten werden.[1191] Hinzu komme, dass § 129 BetrVG nahezu sinnlos wäre, wenn nun auf die anwesenden Mitglieder nach § 33 Abs. 1 S. 1 BetrVG abgestellt werden könnte, obwohl doch nach § 129 BetrVG auch audiovisuelle Sitzungen zulässig sein.[1192] Die Notwendigkeit der physischen Anwesenheit wollte der Gesetzgeber durch § 129 BetrVG gerade entbehrlich machen.[1193] § 33 Abs. 1 S. 1 BetrVG sei daher für Wahlen im Zusammenspiel mit § 129 BetrVG zu weit gefasst und müsse deshalb teleologisch um das Wort „anwesend" reduziert werden.[1194] Andere Stimmen wiesen auch darauf hin, dass die knapp gehaltene Vorschrift zu virtuellen Betriebsratssitzungen in § 129 BetrVG eher dafür sprach, dass dem Betriebsrat keine zusätzlichen Schwierigkeiten in Bezug auf audiovisuelle Sitzungen bereitet werden sollten.[1195] § 129 BetrVG verfolgte das Ziel, die Handlungsfähigkeit des Betriebsrats auf-

---

[1185] *Thüsing/Beden*, NZA 2020, 545 (549).

[1186] LAG Berlin-Brandenburg 24.8.2020 – 12 TaBVGa 1015/20, BeckRS 2020, 21347 (Rn. 28).

[1187] LAG Berlin-Brandenburg 24.8.2020 – 12 TaBVGa 1015/20, BeckRS 2020, 21347 (Rn. 29).

[1188] *Staneff/Böhm*, SPA 2021, 9 (10).

[1189] *Staneff/Böhm*, SPA 2021, 9 (10).

[1190] *Staneff/Böhm*, SPA 2021, 9 (10).

[1191] *Staneff/Böhm*, SPA 2021, 9 (10).

[1192] *Staneff/Böhm*, SPA 2021, 9 (10).

[1193] *Staneff/Böhm*, SPA 2021, 9 (10).

[1194] *Staneff/Böhm*, SPA 2021, 9 (10).

[1195] GK-BetrVG/*Raab*, § 30 Rn. 70; *Ch. Weber*, JArbR Bd. 58, 91 (111).

rechtzuerhalten.[1196] Dafür müsste diesem aber das Gleiche zugestanden werden wie in einer Präsenzsitzung.[1197] Die Abhaltung von Wahlen in Präsenz hätte daher die einzelnen Gremienmitglieder auch einem Infektionsrisiko ausgesetzt, welches durch § 129 BetrVG gerade unterbunden werden sollte.[1198]

II. Bewertung des Meinungsstands

Der Ansicht, die Wahlen innerhalb virtueller Sitzungen ablehnt, ist insoweit zuzustimmen, dass die entsprechende Anwendung von Normen über die Beschlussfassung auf die betriebsratsinternen Wahlvorschriften nicht ohne Weiteres möglich ist.[1199] Dies ergibt sich aus den oben dargelegten Grundsätzen. Sofern jedoch darauf verwiesen wird, dass der Wortlaut von § 129 BetrVG sowie die Gesetzesbegründung nur von der Beschlussfassung sprechen und nicht von Wahlen, ist dies insofern gerade kein Argument gegen eine Anwendung, da, wie in den Grundsätzen dargestellt, die Regelungen über die Beschlussfassung nie ohne Weiteres auf die Regelungen zur Wahl anwendbar sind. Ansonsten wären es nämlich keine Regelungen zur Beschlussfassung, sondern Normen zu betriebsratsinternen Wahlen.

Ebenso wenig ist der Vergleich zum SEBG überzeugend. Zwar ist im SEBG auch bei konstituierenden Sitzungen nach § 12 SEBG eine Wahl in einer virtuellen Sitzung nach § 15 SEBG möglich.[1200] Allerdings wird dabei der Umstand übergangen, dass virtuelle Sitzungen nach § 15 SEBG im Gegensatz zu § 33 Abs. 1 S. 1 BetrVG nahezu einhellig anerkannt werden.[1201] Übertragen auf § 33 Abs. 1 S. 1 BetrVG heißt dies zwar konsequenterweise, dass eine Wahl in einer Video- oder Telefonkonferenz nicht möglich ist. Dies liegt aber eben an dem Umstand, dass virtuelle Sitzungen bei § 33 Abs. 1 S. 1 BetrVG (a. F.) grundsätzlich nicht befürwortet wurden.[1202] Maßgebliche Norm war nun jedoch § 129 BetrVG, nach welcher die Beschlussfassung mittels Videos und Telefons wie auch in § 15 SEBG möglich war. Der Vergleich mit dem SEBG sprach daher eher für als gegen eine Durchführung von Wahlen in virtuellen Sitzungen. Aus diesem Grund hätte es zur Durchführung von virtuellen Wahlen auch keiner teleologischen Reduktion des

---

[1196] *Staneff/Böhm*, SPA 2021, 9 (10); *Hagedorn*, NZA 2021 (158) 160; GK-BetrVG/*Raab*, § 30 Rn. 70.

[1197] *Hagedorn*, NZA 2021 (158) 160.

[1198] GK-BetrVG/*Raab*, § 30 Rn. 70.

[1199] GK-BetrVG/*Raab*, § 30 Rn. 70; *Ch. Weber*, JArbR Bd. 58, 91 (111).

[1200] MüKoAktG/*Jacobs*, SEBG, § 15 Rn. 5.

[1201] MüKoAktG/*Jacobs*, SEBG, § 15 Rn. 5; *Krois/Wendler*, DB 2020, 1009 (1013); NK-GA3/*Sagan*, SEBG, § 15 Rn. 2; unentschieden: Düwell/*Sick*, SE und grenzüberschreitende Verschmelzung, Rn. 46.

[1202] Zum Meinungsstand von Video- und Telefonkonferenzen bei §§ 30, 33 BetrVG (a. F.) vgl. Teil 4, Abschnitt 1, A. I. 1.

Wortes „anwesend“ bedurft. Zwar wären aus diesem Grund Briefwahlen in Video- und Telefonkonferenzen nach § 129 Abs. 1 S. 1 BetrVG nicht zulässig gewesen, jedoch[1203] offene Abstimmungen mittels Chatfunktion oder Handhebung. Bei geheimen Abstimmungen wäre von einer Zulässigkeit nur dann auszugehen gewesen, wenn die Vertraulichkeit der Wahl gewährleistet worden wäre.[1204]

III. Schlussfolgerungen für die Zulässigkeit von internen Wahlen unter §§ 30 und 33 BetrVG

Bei Video- und Telefonkonferenzen nach den §§ 30 Abs. 2 und 33 BetrVG stellt sich nun erneut die Frage, ob die Normen auf die internen Wahlvorschriften des Betriebsrats anwendbar sind. Eine Klarstellung durch den Gesetzgeber ist insoweit nicht erfolgt.[1205] § 30 Abs. 2 und § 33 BetrVG stellen wie bereits § 129 BetrVG nur auf die Beschlussfassung ab und erwähnen keine Wahlen.[1206] Dies stünde jedoch einer entsprechenden Anwendung auf die Wahlvorschriften wie schon bei § 129 Abs. 1 S. 1 BetrVG nicht entgegen.[1207] Anders als § 129 BetrVG wurden allerdings die §§ 30 Abs. 2, 33 BetrVG (n. F.) nicht mehr im gesetzgeberischen Schnellverfahren beschlossen und dienen daher auch nicht mehr der Erhaltung der Handlungsfähigkeit des Betriebsrats. Ferner normiert § 30 Abs. 2 S. 1 Nr. 1 BetrVG nun ausdrücklich den Vorrang der Präsenzsitzung, woraus gefolgert werden könnte, dass gerade Sitzungen, in welchen Wahlen abgehalten werden, nicht virtuell stattfinden sollen. Gleichwohl zeigt auch die Regelung in § 30 Abs. 2 S. 1 Nr. 1 BetrVG, dass der Betriebsrat grundsätzlich selbst über das „Ob“ und „Wie“ von virtuellen Sitzungen entscheiden soll.[1208] Konkrete Anforderungen an den Vorrang der Präsenzsitzung werden jedoch vom Gesetzgeber nicht gestellt. Es kann daher nicht davon ausgegangen werden, dass die Abhaltung von Wahlen in virtuellen Sitzungen diesen Vorrang generell missachten würde. Weiterhin ist in § 33 Abs. 1 S. 2 BetrVG nun direkt geregelt, dass Betriebsratsmitglieder, welche an einer Video- und Telefonkonferenz teilnehmen, als „anwesend“ gelten. Die Wertung des § 129 Abs. 1 S. 3 BetrVG (a. F.) kommt daher nun in § 33 Abs. 1 S. 2 BetrVG unmittelbar

---

[1203] So aber *Staneff/Böhm*, SPA 2021, 9 (10).

[1204] I. E. *Staneff/Böhm*, SPA 2021, 9 (10); GK-BetrVG/*Raab*, § 30 Rn. 70, eingeschränkt hinsichtlich geheimer Wahlen; *ders.*, FA 2021, 286 (291); *Ch. Weber*, JArbR Bd. 58, 91 (111); auch *Hagedorn*, NZA 2021 (158) 160; a. A.: LAG Berlin-Brandenburg 24. 8. 2020 – 12 TaBVGa 1015/20, BeckRS 2020, 21347 (Rn. 28); *Thüsing/Beden*, NZA 2020, 545 (549 f.); *Grambow*, DB 2021, 180; ErfK/*Kania* (22. Auflage), BetrVG, § 129 Rn. 2; *Klebe/Ratayczak/Heilmann/Spoo* (21. Auflage), BetrVG, Nachtrag S. 3; *Städler*, NZA 2021, 465 (467).

[1205] *Ch. Weber*, JArbR Bd. 58, 91 (111).

[1206] *Horstmeier*, BB 2022, 116 (117).

[1207] Vgl. auch *Ch. Weber*, JArbR Bd. 58, 111.

[1208] *Ch. Weber*, JArbR Bd. 58, 91 (112).

zum Ausdruck.[1209] Zu Recht wird auch auf den Umstand verwiesen, dass Abstimmungssoftware bereits in virtuellen Hauptversammlungen nach § 118 Abs. 1 AktG erfolgreich eingesetzt worden ist.[1210] Wenn daher eine solche Software schon bei den großen Hauptversammlungen funktioniert, müsste dies erst recht bei den zahlenmäßig überschaubaren Betriebsratssitzungen gelingen. Lediglich geheime Wahlen in Telefonkonferenzen sowie hybriden Sitzungen sind in einer geheimen Abstimmung technisch und organisatorisch nur sehr schwer umzusetzen.[1211] Die anwesenden Mitglieder müssten daher bei hybriden Sitzungen auch die Möglichkeit einer elektronischen und geheimen Stimmabgabe haben, da die Zugeschalteten ihre Stimme auf jeden Fall nicht in Präsenz abgeben können.[1212] Wahlen sind somit aber in Video- und Telefonkonferenzen grundsätzlich zulässig.[1213]

C. Digitale Sitzungsniederschrift, § 34 BetrVG

Durch das Betriebsrätemodernisierungsgesetz wurde die Vorschrift in § 34 Abs. 2 BetrVG um die Sätze 4 und 5 ergänzt,[1214] wonach bei der Teilnahme eines Betriebsratsmitglieds mittels Video- oder Telefonkonferenz die Teilnahme gegenüber dem Vorsitzenden in Textform zu bestätigen ist und diese Bestätigung der Niederschrift beigefügt werden muss. Der Gesetzgeber versucht damit die Problematik zu lösen, dass sich die Gremienmitglieder während der Sitzung nicht selbstständig in die Niederschrift eintragen können.[1215] Die Eintragungsmöglichkeit in Textform i. S. d. § 126b BGB setzt jedoch eine lesbare Erklärung auf einem dauerhaften Datenträger voraus.[1216] Geeignete Datenträger sind dabei alle Medien, auf denen die Daten mithilfe eines Anwendungsprogrammes lesbar sind.[1217] Daten, die

[1209] GK-BetrVG/*Raab*, § 30 Rn. 41.

[1210] *Ch. Weber*, JArbR Bd. 58, 91 (110, 112).

[1211] Vgl. dazu auch die Ausführungen in Teil 3, B. III. 1. b).

[1212] Ebenfalls auf organisatorische Schwierigkeiten hinweisend bei hybriden Sitzungen zu § 38 BPersVG, *Ilbertz/Widmaier*, BPersVG, § 38 Rn. 24.

[1213] *Oberthür*, ArbRB 2021, 350 (352); GK-BetrVG/*Raab*, § 30 Rn. 41; *ders.*, FA 2021, 286 (291); *Ch. Weber*, JArbR Bd. 58, 91 (112); a. A.: *Horstmeier*, BB 2022, 116 (117); HWK/*Reichold*, BetrVG, § 30 Rn. 8; *Steiner*, AiB 5/2022, 19 (21); *Wedde*, AiB 9/2021, 21 (24); ablehnend zur vergleichbaren Vorschrift in § 38 BPersVG, *Ilbertz/Widmaier*, BPersVG, § 38 Rn. 23.

[1214] BGBl. 2021 Teil I Nr. 32, 1762 (1762).

[1215] Vgl. dazu Teil 3, B. III. 4.; *Keitel/Busch*, BB 2021, 564(569); GK-BetrVG/*Raab*, § 34, Rn. 22, „Äquivalent für die eigenhändige Eintragung"; *Jansen*, Die Elektronische Kommunikation, 99, vertritt hingegen die Ansicht, dass die Eintragung auch im Umlaufverfahren erfolgen könne bzw. auch die Anfertigung von „Teillisten" möglich sei.

[1216] MüKoBGB/*Einsele*, BGB, § 126b Rn. 4; Grüneberg/*Ellenberger*, BGB, § 126b Rn. 3.

[1217] BT-Drs. 17/12637, 44.

nur akustisch wiedergegeben werden können, reichen somit nicht aus.[1218] Eine Teilnahmebestätigung via E-Mail, Messenger-Dienst oder Chatprogramm in einer Video- oder Telefonkonferenz kommt damit in Frage, sofern ein lesbarer Ausdruck möglich ist, welcher der Niederschrift i. S. d. § 34 Abs. 1 S. 5 BetrVG beigefügt werden kann.[1219] Eine Bestätigung durch Äußerung in einer Telefonkonferenz oder Sprachnachricht in einem Messenger-Programm scheidet hingegen aus.

Der Gesetzgeber löst damit die aufgeworfenen Problemstellungen zur Sitzungsniederschrift in virtuellen Sitzungen nur teilweise. Zwar erkennt er durch die Regelungen in § 34 Abs. 1 S. 4 und 5 BetrVG die Gegebenheit an, dass die Mitglieder sich nicht eigenhändig in Anwesenheitslisten eintragen können, wenn sie in einer virtuellen Sitzung zusammenkommen. Allerdings wird dem Umstand, dass die eigenhändige Unterschrift des Vorsitzenden und eines weiteren Mitglieds grundsätzlich auch nicht möglich ist, solange es sich nicht um eine Hybridsitzung handelt, durch die Norm keine Rechnung getragen. Dem Protokollführer bleibt damit nichts anderes übrig, als die Sitzungsniederschrift dem Vorsitzenden und dem anderen Mitglied, welches zum Unterzeichnen bestimmt wurde,[1220] postalisch zuzuschicken. Ferner wird durch die Regelung in § 34 Abs. 1 S. 4 BetrVG auch keine gleichwertige Echtheitsfunktion wie durch die eigenhändige Eintragung nach § 34 Abs. 1 S. 3 BetrVG gewährleistet, da die elektronische Übermittlung der Teilnahme manipulationsanfälliger ist als die selbstständige Eintragung.[1221] Zu Recht wird allerdings darauf hingewiesen, dass der Gesetzgeber dies bewusst in Kauf genommen hat, um eine Video- oder Telefonkonferenz praktisch sinnvoll gewährleisten zu können.[1222] Zwar wäre auch eine Eintragung in elektronischer Form i. S. d. § 126a BGB denkbar gewesen. Die Einrichtung qualifizierter elektronischer Signaturen würde sich allerdings praktisch als so umständlich erweisen, dass eine Video- oder Telefonkonferenz allein aufgrund des Eintragungserfordernisses kaum stattfinden könnte. Außerdem bleibt durch die Eintragung in Textform eine Identifizierung möglich.[1223] § 34 Abs. 1 S. 4 und 5 BetrVG verzichtet damit zwar in Teilen auf die funktionellen Erwartungen, welche an die Sitzungsniederschrift in einer Präsenzsitzung gestellt werden, erleichtert dafür jedoch die Teilnahme an einer Video- und Telefonkonferenz und führt somit zu einer grundsätzlich flexibleren Möglichkeit, Betriebsratssitzungen stattfinden zu lassen. Insbesondere bei

---

[1218] BT-Drs. 14/4987, 20.

[1219] *Fitting*, BetrVG, § 34 Rn. 21a; *Klebe/Ratayczak/Heilmann/Spoo*, BetrVG, § 34 Rn. 1; GK-BetrVG/*Raab*, § 34, Rn. 22; weitere Beispiele: DKW/*Wedde*, BetrVG, § 34 Rn. 5b.

[1220] GK-BetrVG/*Raab*, § 34, Rn. 20, wonach eine Unterzeichnung durch den Protokollführer zwar naheliegt, aber nicht zwingend ist, wenn ein anderes Mitglied zur Unterzeichnung durch den Betriebsrat bestimmt worden ist; dazu auch *Fitting*, BetrVG § 34 Rn. 19; Richardi/*Thüsing*, BetrVG, § 34 Rn. 10.

[1221] GK-BetrVG/*Raab*, § 34, Rn. 22; *Oberthür*, ArbRB 2021, 350 (352); noch zu der identischen Regelung in § 129 Abs. 1 S. 3 BetrVG, *Thüsing/Beden*, NZA 2020, 545 (549).

[1222] GK-BetrVG/*Raab*, § 34, Rn. 22.

[1223] *Thüsing/Beden*, NZA 2020, 545 (549).

kurzfristig einberufenen Sitzungen kann diese einfache Form der Anwesenheitsbestätigung zu einer schnelleren Beschlussfassung führen. Die Norm stellt daher einen gelungenen Kompromiss zwischen dem Bedürfnis dar, einerseits die Entscheidungsfindung im Betriebsrat möglichst genau nachvollziehen zu können und anderseits die mit der Digitalisierung der Sitzung verbundenen Vorteile zu nutzen.

D. Vorschlag zur Ausgestaltung der Geschäftsordnung für die Durchführung einer virtuellen Sitzung

Anknüpfend an den Vorschlag zur Ausgestaltung der Geschäftsordnung für die Anberaumung einer Video- und Telefonkonferenz,[1224] soll nun auch eine Empfehlung für die Geschäftsordnung hinsichtlich der Durchführung einer solchen Sitzungsform unterbreitet werden.

Damit die Nichtöffentlichkeit i. S. d. § 30 Abs. 2 S. 1 Nr. 3 BetrVG gewährleistet ist, muss eine „sichere Sphäre" geschaffen werden, innerhalb der die Betriebsratsmitglieder darauf vertrauen können, dass ihre Beiträge zur kollektiven Willensbildung in der Sitzung vertraulich bleiben.[1225] Dies schließt eine virtuelle Teilnahme in der Öffentlichkeit aus[1226] und auch unberechtigte Dritte dürfen sich nicht während der Sitzung im selben Raum wie das digital teilnehmende Betriebsratsmitglied befinden.[1227] Die einzelnen Gremienmitglieder sollten daher zu Beginn der Sitzung gegenüber dem Vorsitzenden bestätigen, dass nur sie selbst in der jeweils genutzten Räumlichkeit anwesend sind.[1228]

Weiterhin erfordert die Schaffung einer „geschützten Sphäre", dass die Mitglieder nicht befürchten müssen, dass ihre Redebeiträge und Reaktionen aufgezeichnet werden.[1229] Nachdem es jedoch sowohl technisch als auch organisatorisch nur schwer möglich ist, eine solche Aufzeichnung effektiv zu verhindern, sollte der Betriebsratsvorsitzende zu Beginn der Sitzung darauf hinweisen, dass eine Video- und Tonaufzeichnung während der Konferenz nicht erlaubt ist und zu einem Ausschluss nach § 23 Abs. 1 S. 1 Alt. 1 BetrVG führen kann. [1230]

[1224] Teil 4, Abschnitt 1, A. II. 1. e).

[1225] GK-BetrVG/*Raab*, § 30 Rn. 77; *Tangemann*, BB 2020, 1974 (1979); ähnlich auch *Beden/Rombey*, BB 2020, 1141 (1143).

[1226] Vgl. auch *Thüsing/Beden*, NZA 2020, 545 (548); *Fitting*, BetrVG, § 30 Rn. 33; GK-BetrVG/*Raab*, § 30 Rn. 53; DKW/*Wedde*, BetrVG, § 30 Rn. 46, 57, 59.

[1227] Ausführlich in Teil 3, B. II. und Teil 4, Abschnitt 2, A. I. 3. b).

[1228] BT-Drs. 19/28899, 20.

[1229] Zum Regelungszweck des Aufzeichnungsverbotes Teil 4, Abschnitt 2, A. I. 3.

[1230] Zu den Rechtsfolgen bei einem Verstoß gegen das Aufzeichnungsverbot Teil 4, Abschnitt 2, A. II. 2.

Nach der hier vertretenen Auffassung sind interne Wahlen auch im Rahmen von Video- und Telefonkonferenzen möglich.[1231] Voraussetzung hierfür ist allerdings, dass bei geheimen Wahlen die Vertraulichkeit gewährleistet ist. Insbesondere bei Hybridsitzungen und Telefonkonferenzen ist dies aber nur schwer umsetzbar, weshalb virtuelle Wahlen nur in Videokonferenzen durchgeführt werden sollten.

Bei der Sitzungsniederschrift ist es nach § 34 Abs. 1 S. 3 BetrVG erforderlich, dass die Mitglieder sich in eine Anwesenheitsliste eintragen. Gem. § 34 Abs. 1 S. 4 BetrVG können die virtuell Teilnehmenden deshalb ihre Anwesenheit auch gegenüber dem Vorsitzenden in Textform bestätigen. Diese Formvorschrift macht es allerdings erforderlich, dass die Bestätigung auch lesbar ausgedruckt werden kann.[1232] Damit für den Vorsitzenden im Zweifelsfall auch eine solche Bestätigung nachweisbar ist, sollte diese daher einheitlich mittels E-Mail abgegeben werden. Diese Bestätigung trägt der Vorsitzende dann zu Beginn der Sitzung in eine Liste ein und fügt diese anschließend der Sitzungsniederschrift bei.

Aus diesen Erwägungen ergibt sich damit in Anschluss an den bereits erbrachten Vorschlag zur Sitzungsanberaumung für die Sitzungsdurchführung folgende Empfehlung zur Ausgestaltung der Geschäftsordnung:

…

4. Nimmt ein Betriebsratsmitglied mittels Video- oder Telefonkonferenz an der Sitzung teil, so hat es seine Teilnahme gegenüber dem Vorsitzenden mittels E-Mail zu bestätigen. Diese Bestätigung muss auch eine Erklärung darüber enthalten, dass nur das Betriebsratsmitglied selbst an der Video- und Telefonkonferenz teilnimmt. Der Vorsitzende trägt beide Bestätigungen in eine Liste ein und fügt sie anschließend der Niederschrift bei.
5. Der Vorsitzende weist die teilnehmenden Betriebsratsmitglieder darauf hin, dass eine Aufzeichnung der Betriebsratssitzung nicht gestattet ist und zu einer Amtsenthebung nach § 23 Abs. 1 S. 1 Alt. 1 BetrVG führen kann.
6. In Videokonferenzen können interne Wahlen abgehalten werden, wenn die Vertraulichkeit der Wahl gewährleistet ist.

E. Vergleich mit anderen Gremien

I. Personalräte auf Bundesebene

§ 38 Abs. 3 S. 2 Nr. 3 BPersVG legt fest, dass für eine Teilnahme an einer Sitzung mittels Video- oder Telefonkonferenz der Personalrat geeignete organisatorische Maßnahmen treffen muss, um sicherzustellen, dass Dritte vom Inhalt der

[1231] Teil 4, Abschnitt 2, B. III.

[1232] Vgl. MüKoBGB/*Einsele*, BGB, § 126b Rn. 4; Grüneberg/*Ellenberger*, BGB, § 126b Rn. 3; ausführlich Teil 4, Abschnitt 2, C.

Sitzung keine Kenntnis nehmen können. Technische Maßnahmen wie in § 30 Abs. 2 S. 1 Nr. 3 BetrVG werden demnach nicht gefordert. [1233] Der Grund dafür ist § 38 Abs. 3 S. 2 Nr. 1 BPersVG, wonach der Personalrat zur Abhaltung von Video- und Telefonkonferenzen nur vorhandene Einrichtungen nutzen darf, welche vorher durch die Dienststelle zur dienstlichen Nutzung freigegeben worden sind. Mit dieser Vorschrift wird einerseits das Ziel verfolgt, die Nichtöffentlichkeit zu gewährleisten, indem der Personalrat davon ausgehen kann, dass Konferenztechniken, welche vorher von der Dienststelle geprüft worden sind, den Anforderungen an die IT-Sicherheit genügen.[1234] Anderseits sollen diese Einrichtungen auch den datenschutzrechtlichen Anforderungen entsprechen.[1235] Dem Personalrat wird dadurch im Gegensatz zum Betriebsrat die Pflicht genommen, technische Sicherheitsmaßnahmen zu ergreifen.[1236] Die Nutzung auf dem Markt verfügbarer, aber durch die Dienststelle nicht freigegebener technischer Medien ist damit tatbestandlich ausgeschlossen.[1237] Trotzdem dürfte dem Personalrat zumindest eine Plausibilitätskontrolle zukommen, ob die technischen Maßnahmen nicht offensichtlich ungeeignet sind, die Nichtöffentlichkeit zu wahren.[1238] Bei der Verwendung einer Video- oder Telefonkonferenzsoftware, die für jedermann frei zugänglich ist, weil zum Beispiel kein Passwort vergeben werden kann, dürfte sich daher der Personalrat nicht auf den durch § 38 Abs. 3 S. 2 Nr. 1 BPersVG bestehenden Vertrauensschutz berufen können. Darauf deutet auch die Formulierung in der Gesetzesbegründung hin, wonach die Dienststelle auf Verlangen des Personalrats zu bestätigen hat, dass Administratorinnen keine Kenntnis vom Inhalt der Sitzung nehmen können.[1239] Trotzdem werden dem Personalrat durch § 38 Abs. 3 S. 2 Nr. 3 i. V. m. § 38 Abs. 3 S. 2 Nr. 1 BPersVG weniger Pflichten zur Sicherstellung der Nichtöffentlichkeit auferlegt als dem Betriebsrat.

Gem. § 38 Abs. 3 S. 3 BPersVG ist die Aufzeichnung einer Video- oder Telefonkonferenz unzulässig.[1240] Die Gesetzesbegründung wiederholt den Normtext le-

---

[1233] BT-Drs. 19/26820, 101 mit Verweis auf BT-Drs. 19/18696, 10.

[1234] BT-Drs. 19/26820, 101 mit Verweis auf BT-Drs. 19/18696, 10.

[1235] BT-Drs. 19/26820, 101 mit Verweis auf BT-Drs. 19/18696, 10.

[1236] Fischer/Goeres/*Gronimus*, BPersVG, § 38 Rn. 68; *Ilbertz/Widmaier*, BPersVG, § 38 Rn. 20.

[1237] BT-Drs. 19/26820, 101 mit Verweis auf BT-Drs. 19/18696, 10; Fischer/Goeres/*Gronimus*, BPersVG, § 38 Rn. 68; *Ilbertz/Widmaier*, BPersVG, § 38 Rn. 20, 22; Altvater/*Kröll*, BPersVG, § 38 Rn. 35.

[1238] Wohl auch *Ch. Weber*, JArbR Bd. 58. (91) 103.

[1239] BT-Drs. 19/26820, 101.

[1240] *Ilbertz/Widmaier*, BPersVG, § 38 Rn. 25; Richardi/Dörner/Weber/*Annuß/Heinkel*, BPersVG, § 38 Rn. 50; einschränkend: Fischer/Goeres/*Gronimus*, BPersVG, § 38 Rn. 92, welcher eine Tonbandaufzeichnung unter allseitigem Einverständnis mit sofortiger Löschung nach Sitzungsende für denkbar hält.

diglich,[1241] sodass wie bei § 30 Abs. 2 S. 2 BetrVG davon auszugehen ist, dass die Norm der Sicherstellung der Nichtöffentlichkeit dient.[1242]

Im Gegensatz zu § 34 Abs. 1 S. 4 und 5 BetrVG müssen die Mitglieder ihre Teilnahme nicht in Textform gegenüber dem Vorsitzenden bestätigen, sondern diese wird durch den Vorsitzenden gem. § 38 Abs. 3 S. 5 i.V.m. § 43 Abs. 1 S. 3 BPersVG selbst festgestellt und in die Anwesenheitsliste eingetragen. Diese Lösung ist praktisch einfacher als die des § 34 Abs. 1 S. 5 BetrVG, da die hierfür erforderliche Textform eine mündliche Bestätigung ausschließt.[1243] Ebenfalls wahrt die Regelung die Identitätsfunktion besser als § 34 Abs. 1 S. 4 BetrVG, da eine persönliche Feststellung durch den Vorsitzenden zum Sitzungsbeginn[1244] weniger manipulationsanfällig ist, als die Teilnahmebestätigung mittels Textform bei welcher der Aussteller nicht akustisch oder visuell identifizierbar ist.

II. Personalräte auf Länderebene

Gem. § 34 Abs. 1a S. 1 Nr. 2 BaWüPersVG kann eine Teilnahme an einer Sitzung mittels Video- und Telefonkonferenztechnik nur dann erfolgen, wenn der Personalrat geeignete organisatorische Maßnahmen trifft, um sicherzustellen, dass Dritte vom Inhalt der Sitzung keine Kenntnis nehmen können. § 34 Abs. 1a S. 1 Nr. 1 BaWüPersVG setzt voraus, dass die vorhandene Einrichtung vorher durch die Dienststelle freigegeben worden ist und die datenschutzrechtlichen Voraussetzungen erfüllt. Die Bedingungen zur Gewährleistung der Nichtöffentlichkeit ähneln damit zwar § 38 Abs. 3 S. 2 Nr. 1 und 3 BPersVG, erklären aber im Unterschied zu diesem die datenschutzrechtliche Gewährleistung der Einrichtung zur Tatbestandsvoraussetzung der Norm. Dies hat auf der Rechtsfolgenseite den Unterschied, dass bei einer Video- oder Telefonkonferenz nach § 34 Abs. 1a BaWüPersVG nicht mehr allein auf die Interessen der Betriebsratsmitglieder abgestellt werden kann, sondern auch die Interessen von dem Verstoß betroffener Beschäftigter zu berücksichtigen sind, deren Daten währenddessen durch den Personalrat verarbeitet wurden. Kommt es bei dem Verstoß zwar zu keiner Beeinflussung der Willensbildung, aber zu einer schwerwiegenden Verletzung des Datenschutzrechts, so führt dies zur Unwirksamkeit des Beschlusses. Gem. § 34 Abs. 1a S. 2 BaWüPersVG ist eine Aufzeichnung der Video- und Telefonkonferenz unzulässig. Insoweit ergeben sich keine Unterschiede zu § 30 Abs. 2 S. 2 BetrVG.

[1241] BT-Drs. 19/26820, 101 mit Verweis auf BT-Drs. 19/18696, 10.

[1242] Fischer/Goeres/*Gronimus*, BPersVG, § 38 Rn. 92; *Ilbertz/Widmaier*, BPersVG, § 38 Rn. 15; Richardi/Dörner/Weber/*Annuß/Heinkel*, BPersVG, § 38 Rn. 33, sieht zugleich den Grundsatz der Dateminimierung gem. Art. 5 Abs. 1 c) DS-GVO hierin verwirklicht.

[1243] Richardi/Dörner/Weber/*Annuß/Heinkel*, BPersVG, § 38 Rn. 51; vgl. zu § 34 BetrVG, Teil 4, Abschnitt 2, C.

[1244] Fischer/Goeres/*Gronimus*, BPersVG, § 38 Rn. 96.

Die Regelungen in § 31 Abs. 3 S. 2 Nr. 3, S. 3 NRWPersVG, Art. 35 Abs. 3 S. 2 Nr. 3, S. 4 BayPersVG und § 29 Abs. 3 S. 2 Nr. 3, S. 3 HessPersVG zur Nichtöffentlichkeit und dem Verbot der Aufzeichnung entsprechen der Regelung in § 38 Abs. 3 Nr. 3, S. 3 BPersVG, sodass sich bei diesen Normen keine Besonderheiten zur Sitzungsdurchführung ergeben. In Thüringen und Berlin wird in § 37 Abs. 5 ThürPersVG, § 31 Abs. 2 BerPersVG auf die Hervorhebung verzichtet, wonach das Gebot der Nichtöffentlichkeit auch in der virtuellen Personalratssitzung sichergestellt sein muss. Dies bedeutet jedoch nicht, dass das Prinzip der Nichtöffentlichkeit in solchen Sitzungsformen nicht gelten würde. Es lässt sich vielmehr unmittelbar aus dem Gebot der Nichtöffentlichkeit in § 35 S. 1 ThürPersVG und § 31 Abs. 1 S. 1 BerPersVG ableiten. Zudem unterliegen Personalräte in Thüringen keinem Aufzeichnungsverbot bei der Durchführung von virtuellen Personalratssitzungen.

III. Weitere Gremien

Sowohl in den Mitarbeitervertretungsordnungen der Kirchen gem. § 26 Abs. 2 S. 6 MVG-EKD, Art. 14 Abs. 4 S. 3 MAVO als auch nach dem Gesetz über Europäische Betriebsräte gem. § 41a Abs. 2 Nr. 2 EBRG muss bei der Abhaltung virtueller Sitzungen sichergestellt sein, dass Dritte vom Inhalt der Sitzung keine Kenntnis nehmen können. Insoweit bestehen keine Unterschiede zu der Formulierung in § 30 Abs. 2 S. 1 Nr. 3 BetrVG. Die Aufzeichnung einer virtuellen Konferenz ist daher nach § 41a EBRG und Art. 14 Abs. 4 MAVO möglich. Ausgeschlossen wird sie hingegen nach § 26 Abs. 2 S. 7 MVG-EKD. Dies zeigt, dass nicht in allen Arbeitnehmervertretungen die Gefahr vor einer heimlichen Aufzeichnung für derart erheblich gehalten wurde, um ein Verbot gesetzlich zu normieren.

F. Bewertungen des § 30 Abs. 2 S. 1 Nr. 3 und S. 2 BetrVG im Hinblick auf die Zielsetzungen

Nach der hier vertretenen Ansicht dient die Vorschrift des § 30 Abs. 2 S. 1 Nr. 3 BetrVG allein der Sicherstellung der Nichtöffentlichkeit[1245] und hat damit keinen über § 30 Abs. 1 S. 4 BetrVG hinausgehenden Zweck. Im Hinblick auf die bisher bestehenden rechtlichen Unsicherheiten im Zusammenhang mit virtuellen Betriebsratssitzungen und den damit zusätzlich verbundenen Anforderungen bei der technischen Gewährleistung der Nichtöffentlichkeit erscheint es allerdings folgerichtig, dass der Gesetzgeber diese funktionelle Erwartung an die Betriebsratssit-

[1245] Vgl. Teil 4, Abschnitt 2, A. I. 3. b).

zung und den Entscheidungsprozess an sich zunächst erneut hervorgehoben hat.[1246] Einen anderen Regelungsweg geht in diesem Zusammenhang § 38 Abs. 3 S. 2 Nr. 1 und Nr. 3 BPersVG, wonach der Personalrat nur für die organisatorische Seite zur Gewährleistung der Nichtöffentlichkeit, während Video- oder Telefonkonferenzen, Sorge zu tragen hat. Für die technische Seite ist hingegen die Dienststelle zuständig. Dies entlastet den Personalrat und insbesondere den Vorsitzenden von etwaigen technischen Prüfpflichten und ist auch insoweit stimmig, da die Dienststelle gem. den §§ 46 Abs. 1, 47 BPersVG ohnehin für die technischen Geräte zur Abhaltung virtueller Sitzungen aufkommen muss. Dies kann im Gegenzug allerdings bei der Unwirksamkeit eines Personalratsbeschlusses aufgrund eines Verstoßes gegen die Nichtöffentlichkeit auf technischer Ebene dazu führen, dass der Beschluss auch gegenüber der Dienststelle unwirksam ist, da für diese der Vertrauensschutz insoweit nicht mehr greift.[1247] Dies mindert zwar einerseits die Rechtssicherheit der Personalratsbeschlüsse, anderseits wird die Umsetzung einer virtuellen Betriebsratssitzung für den Personalrat dadurch aber auch einfacher.[1248] Noch einen Schritt weiter geht dabei § 34 Abs. 1a S. 2 BaWüPersVG, wonach die von der Dienststelle freigegebenen Einrichtungen neben den technischen Anforderungen auch die datenschutzrechtlichen Voraussetzungen gewährleisten müssen, wodurch der Personalrat zusätzlich entlastet wird.[1249]

Das Aufzeichnungsverbot nach § 30 Abs. 2 S. 2 BetrVG dient ebenfalls ausschließlich der Sicherstellung der Nichtöffentlichkeit[1250] und soll im Zusammenhang mit § 30 Abs. 2 S. 1 Nr. 3 BetrVG zur Schaffung einer „geschützten Sphäre" in virtuellen Sitzungen beitragen, in welcher den Betriebsratsmitgliedern die Gewissheit vermittelt wird, dass ihre Beiträge zur kollektiven Willensbildung vertraulich bleiben.[1251] Trotz dieses im Grunde zu begrüßenden Schutzzweckes der Norm trägt dies auf der Kehrseite auch dazu bei, dass die nach § 34 BetrVG geforderte Protokollierung der Betriebsratssitzung in der Sitzungsniederschrift ungleich schwerer als in einer Präsenzsitzung ist.[1252] Dies kann zu einer erschwerten

---

[1246] *Ch. Weber*, JArbR Bd. 58, 91 (102).

[1247] Vgl. zum BetrVG: BAG 4.8.1975 – 2 AZR 266/74, AP zu § 102 Nr. 4 BetrVG 1972 (unter III. der Gründe); BAG 16.1.2003 – 2 AZR 707/01, AP zu § 102 BetrVG 1972 (unter B. I. a. der Gründe); zur Vorläufer-Regelung nach § 37 Abs. 3 BPersVG, Richardi-Nachtrag-Covid19/*Weber.*

[1248] *Oberthür*, ArbRB 2021, 350 (352), hält die Regelung im BPersVG grds. für besser geregelt als im BetrVG.

[1249] Die Regelung in § 37 V ThürPersVG, wonach es mangels ausdrücklicher Regelung keiner vorherigen Freigabe von Einrichtungen durch die Dienstelle bedarf, ist insoweit konsequent, da nach § 80 Abs. 1 ThürPersVG der Personalrat Alleinverantwortlicher für den Datenschutz ist. Mithin auch selbst sicherstellen muss, dass Video- und Telefonkonferenzen den datenschutzrechtlichen Vorgaben entsprechen.

[1250] Vgl. Teil 4, Abschnitt 2, A. I. 3. b).

[1251] Vgl. dazu auch GK-BetrVG/*Raab*, § 30 Rn. 77; *Tangemann*, BB 2020, 1974 (1979); ähnlich auch *Beden/Rombey*, BB 2020, 1141 (1143).

[1252] Vgl. Teil 4, Abschnitt 2, C.

Nachvollziehbarkeit der Willensbildung in virtuellen Sitzungen führen, wenn Protokolle deshalb ggf. unvollständig oder widersprüchlich niedergeschrieben sind. Anderseits wird es durch § 34 Abs. 1 S. 4 BetrVG ermöglicht, die Anwesenheit in einer virtuellen Sitzung gegenüber dem Vorsitzenden in Textform zu bestätigen, wodurch eine flexible Möglichkeit zur Identifikation der Teilnehmer geschaffen wurde.

In der Gesamtheit betrachtet dient § 30 Abs. 2 S. 1 Nr. 3 und S. 2 BetrVG allein dem Zweck, die funktionelle Erwartung der Nichtöffentlichkeit in einer Präsenzsitzung auch in einer virtuellen Sitzung sicherzustellen. Etwaige Vorteile, welche die Video- oder Telefonkonferenz gegenüber der Präsenzsitzung bringen könnte, sind mit den Normen nicht verbunden. Die Vorschriften in § 38 Abs. 3 S. 1 Nr. 1, Nr. 3 und § 34 Abs. 1a BaWüPersVG zeigen allerdings, dass dies durchaus möglich ist. Ferner kann sich das Aufzeichnungsverbot in § 30 Abs. 2 S. 2 BetrVG negativ auf die Nachvollziehbarkeit der Willensbildung in der Niederschrift auswirken, was nicht in jeder Hinsicht zur Sicherstellung der funktionellen Erwartungen beiträgt. Ungelöst und weiter umstritten bleibt hingegen die Frage, ob betriebsratsinterne Wahlen in virtuellen Sitzungen durchgeführt werden können. Dies ist zwar nach der hier vertretenen Auffassung sowohl bei offenen als auch bei geheimen Wahlen möglich,[1253] allerdings bis zur Entstehung einer gefestigten Rechtsprechung mit einer gewissen Unsicherheit verbunden.

Abschnitt 3

Regelungen zu datenschutzrechtlichen Konflikten und deren Auswirkungen auf das Entscheidungsverfahren

Ausgehend von der Zielsetzung, die aus der DS-GVO hervorgehenden Konflikte für den Entscheidungsprozess des Betriebsrats derart interessengerecht aufzulösen, dass sowohl die Interessen des Gremiums als auch die des Arbeitgebers und der Belegschaft zur Geltung kommen, sind nun die Regelungen zum Betriebsrätemodernisierungsgesetz zu bewerten. Die Problematik in Bezug auf den Entscheidungsprozess des Betriebsrats durch den Datenschutz hat ihren Ausgangspunkt in der Frage, ob der Betriebsrat oder der Arbeitgeber bei der Verarbeitung von personenbezogenen Daten durch das Gremium selbst verantwortlich i. S. d. Art. 4 Nr. 7 DS-GVO ist. Während eine Einstufung des Betriebsrats als datenschutzrechtlich Verantwortlichen zu einer Haftung des Gremiums bzw. seiner Mitglieder führen würde, wäre die Einstufung des Arbeitgebers als Verantwortlichen entweder mit einer Einschränkung der betriebsverfassungsrechtlichen Unabhängigkeit verbunden oder der Arbeitgeber würde einem erheblichen Haftungsrisiko ausgesetzt werden, welches er selbst nicht kontrollieren kann. Sowohl eine Haftung der Mit-

[1253] Vgl. Teil 4, Abschnitt 2, B. III.

glieder als auch die Einschränkung der Unabhängigkeit des Betriebsrats würden Einfluss auf den kollektiven Entscheidungsprozess des Betriebsrats nehmen. Lediglich wenn dem datenschutzrechtlich verantwortlichen Arbeitgeber keine Kontroll- und Weisungsbefugnisse gegenüber dem Betriebsrat eingeräumt würden, könnte von keiner Beeinflussung der Entscheidungsfindung des Gremiums durch das Datenschutzrecht auszugehen sein.[1254] Für die Analyse der durch das Betriebsrätemodernisierungsgesetz erlassenen Regelungen wird daher zunächst die grundsätzliche Frage zu erörtern sein, für welche der beiden Positionen sich der Gesetzgeber entschieden hat und wie er den damit jeweils verbundenen Konflikt aufzulösen versucht. Nachdem der nationale Gesetzgeber sich dabei grundsätzlich[1255] an den Anwendungsvorrang der DS-GVO halten muss, sind die Regelungen mit datenschutzrechtlichem Bezug im Betriebsrätemodernisierungsgesetz auch stets auf ihre Vereinbarkeit mit dem Europarecht bzw. der DS-GVO zu überprüfen.

A. Arbeitgeber als Verantwortlicher und Stellung des Betriebsrats nach § 79a S. 2 BetrVG

Nach der hier vertretenen Auffassung erfüllt der Betriebsrat die Kriterien des Art. 4 Nr. 7 DS-GVO und ist daher für die Verarbeitung von personenbezogenen Daten in seinem eigenen Tätigkeitsbereich verantwortlich. Der Gesetzgeber hat sich durch das Betriebsrätemodernisierungsgesetz allerdings der gegenteiligen Auffassung angeschlossen und in § 79a S. 2 BetrVG den Arbeitgeber zum Verantwortlichen erklärt.[1256] § 79a S. 2 BetrVG lautet nun: „Soweit der Betriebsrat zur Erfüllung seiner Aufgaben personenbezogene Daten verarbeitet, ist der Arbeitgeber der für die Verarbeitung Verantwortliche im Sinne der datenschutzrechtlichen Vorschriften.“ Nach der Gesetzesbegründung zu § 79a S. 2 BetrVG ist eine solche Regelung, welche dem Arbeitgeber die Verantwortlichkeit zuweist, sachgerecht, da der Betriebsrat keine nach außen rechtlich verselbstständigte Institution darstellt.[1257] Bei der Verarbeitung agiert der Betriebsrat vielmehr als institutionell unselbstständiger

---

[1254] Vgl. Teil 3, C. II.

[1255] Zu den Regelungsmöglichkeiten des Unionsgesetzgebers Teil 2, Abschnitt 2, B. I.

[1256] BT-Drs. 19/28899, 22; einhellig: *Althoff*, ArbRAktuell 2021, 151; Taeger/Gabel/*Arning/Rothkegel*, DS-GVO, Art. 4 Rn. 179; *Brink/Joos*, NZA 2021, 1440; *Flink*, RDV 2021, 123; EuArbRK/*Franzen*, DS-GVO, Art. 4 Rn. 12a; GK-BetrVG/*Franzen*, § 79a Rn. 1; *Gaul/Kaule*, ArbRB 05/2021, S4; ErfK/*Kania*, BetrVG, § 79a Rn. 1; *Keitel/Busch*, BB 2021, 564 (567); *Lembke*, FS Schmidt (2021), 277 (294); *Lembke/Fischels/Djordjevic*, NJW 2022, 292 (293); *Maschmann*, NZA 2021, 834 (835); *ders.*, FS Schmidt (2021), 352 (366 f.); *Möhle*, ZD-Aktuell 2021, 05067; *Möllenkamp*, DB 2021, 1198 (1202); *Reinhartz*, NZA-RR 2021, 457 (466); BeckOKD/*Riesenhuber*, BDSG, § 26 Rn. 195; *Rolfs/Wolf*, ZIP 2021, 1895 (1899 f.); *Schiefer/Worzalla*, NZA 2021, 817 (821); *Schulze*, ArbRAktuell 2021, 211 (212); Richardi/*Thüsing*, BetrVG, § 79a Rn. 1; BeckOKA/*Werner*, BetrVG, § 79a Rn. 3.

[1257] BT-Drs. 19/28899, 22.

Teil des für die Einhaltung des Datenschutzes verantwortlichen Arbeitgebers.[1258] Im Kern schließt sich der Gesetzgeber damit der Argumentationslinie an, welche den Betriebsrat aufgrund seiner fehlenden Vermögens- und Rechtsfähigkeit nicht als Adressaten des Art. 4 Nr. 7 DS-GVO betrachtet.[1259]

Im Hinblick auf die rechtliche Selbstständigkeit des Betriebsrats gegenüber dem Arbeitgeber führt dies jedoch zu dem bereits aufgezeigten Konflikt,[1260] wonach der Arbeitgeber den Aufgaben und Verpflichtungen der DS-GVO nur nachkommen kann, wenn ihm gegenüber dem Betriebsrat ein umfassendes Kontroll- und Weisungsrecht zugestanden wird.[1261] Da ein solches bisher jedoch nicht bestanden hat, würde dies auf der Kehrseite zu einer Einschränkung der Unabhängigkeit des Betriebsrats führen.[1262] Dieses Problem erkennend hat der Gesetzgeber dem betrieblichen Datenschutzbeauftragten daher zunächst in § 79a S. 4 BetrVG ein Kontrollrecht gegenüber dem Betriebsrat eingeräumt. Da allerdings eine solche Kontrollmöglichkeit nach der bisherigen Rechtsprechung des BAG im Wesentlichen mit dem Argument versagt wurde, dass der Datenschutzbeauftragte der „verlängerte Arm des Arbeitgebers“[1263] sei und damit gerade keine unabhängige Überwachung garantiert werden könne,[1264] schränkt der Gesetzgeber diese Möglichkeit zur Kontrolle in § 79a S. 4 BetrVG ein. Dem Datenschutzbeauftragten ist es nach dieser Norm untersagt, dem Arbeitgeber solche Informationen zu offenbaren, die einen Rückschluss auf den Meinungsbildungsprozess im Betriebsrat zulassen. Unabhängig von der konkreten Umsetzung dieser Verpflichtung[1265] erinnert die Regelung an einen „Spagat“[1266], den der Gesetzgeber hier zwischen den beiden Konflikten versucht. Der Betriebsrat wird durch § 79a S. 2 BetrVG zwar aus der Haftung genommen und durch den betrieblichen Datenschutzbeauftragten auf die Einhaltung des Datenschutzes kontrolliert. Gleichzeitig soll allerdings dabei die Unabhängigkeit des Gremiums gewahrt bleiben, indem der Datenschutzbeauftragte keine In-

---

[1258] BT-Drs. 19/28899, 22.

[1259] Kühling/Buchner/*Hartung*, DS-GVO, Art. 4 Nr. 7 Rn. 11a; vgl. dazu auch *Althoff*, ArbRAktuell 2021, 151 (152 f.); *Flink*, Beschäftigtendatenschutz, 209 ff.; *Lücke*, NZA 2019, 658 (660); *Middel*, AuR 2018, 411 (417); *Pötters/Gola*, RDV 2017, 279 (280).

[1260] Teil 3, C. II. und sodann auch unter Teil 4, Abschnitt 3, C. I.

[1261] *Brink/Joos*, NZA 2021, 1440 (1443); *Maschmann*, NZA 2021, 834 (835); vgl. dazu auch *Flink*, Beschäftigtendatenschutz, 214 ff.; *dies.*, RDV 2021, 123 (126 f.).

[1262] *Brink/Joos*, NZA 2021, 1440 (1443); *Schulze*, ArbRAktuell 2021, 211 (212).

[1263] BAG 11. 11. 1997 – 1 ABR 21/97, AP Nr. 1 zu § 36 BDSG (unter B. III. 2. c. bb. (2) der Gründe).

[1264] BAG 11. 11. 1997 – 1 ABR 21/97, AP Nr. 1 zu § 36 BDSG (unter B. III. 2. c. der Gründe) „Kontrollrecht des Datenschutzbeauftragten … massiver und wertungswidersprüchlicher Eingriff in ein Strukturprinzip des Betriebsverfassungsgesetzes“.

[1265] Dazu in Teil 4, Abschnitt 3, C. I.

[1266] *Möhle*, ZD-Aktuell 2021, 05067, spricht von einem solchem im Zusammenhang von § 79a S. 2 mit § 79a S. 3 BetrVG.

formationen weitergeben darf, welche Rückschlüsse auf den Prozess der Meinungsbildung zulassen.

In dieses gesetzgeberische Muster fügen sich auch die Regelungen des § 79a S. 1 und S. 3 BetrVG ein. Nach § 79a S. 1 BetrVG hat sich der Betriebsrat bei der Verarbeitung von personenbezogenen Daten an die Vorschriften des Datenschutzes zu halten, obwohl sich die Pflichten der DS-GVO überwiegend nur an den Verantwortlichen richten.[1267] § 79a S. 3 BetrVG konkretisiert dieses Gebot, indem normiert wird, dass sich der Betriebsrat und der Arbeitgeber gegenseitig bei der Einhaltung der datenschutzrechtlichen Verpflichtungen zu unterstützen haben. In der Gesetzesbegründung heißt es dazu, dass der Betriebsrat zum Beispiel die Sicherheit der Daten im Rahmen seiner Verarbeitung nach Art. 24 und 32 DS-GVO selbst zu gewährleisten hat.[1268] Diese Auferlegung vereinzelter Pflichten aus der DS-GVO soll damit zwar ebenfalls über die Problematik hinweghelfen, dass der Arbeitgeber die effektive Gewährleistung der DS-GVO nicht ohne die Mitwirkung des Betriebsrats sicherstellen kann.[1269] Dies führt im Gegenzug aber auch dazu, dass die datenschutzrechtliche Rolle des Betriebsrats im Gefüge der DS-GVO nicht ohne Weiteres zu erkennen ist.

I. Keine gemeinsame Verantwortlichkeit gem. Art. 26 DS-GVO

Der Betriebsrat soll bei seiner Verarbeitung von personenbezogenen Daten gem. § 79a S. 1 BetrVG die Vorschriften der DS-GVO neben dem Arbeitgeber einhalten. Dies könnte den Schluss nahelegen, dass es sich um eine gemeinsame Verantwortlichkeit i. S. d. Art. 26 DS-GVO handelt.[1270] Gem. Art. 26 Abs. 1 S. 1 DS-GVO gelten zwei Verantwortliche als gemeinsam verantwortlich, wenn sie die Zwecke und Mittel einer personenbezogenen Datenverarbeitung gemeinsam festlegen. Dabei bestimmen sie nach Art. 26 Abs. 1 S. 2 DS-GVO entweder selbst in transparenter Form, wer von ihnen welche Verpflichtung gemäß der Verordnung erfüllt oder dies wird unmittelbar durch das Recht der Mitgliedstaaten vorgegeben. Nach Art. 26 Abs. 3 DS-GVO muss im Außenverhältnis trotzdem jeder der Verantwortlichen vollumfänglich für die Einhaltung aller Vorgaben der DS-GVO einstehen;[1271]

[1267] Darauf wird in der Gesetzesbegründung hingewiesen, BT-Drs. 19/28899, 22; ferner *Brink/Joos*, jurisPR-ArbR 5/2021, Anm. 1 (unter C.), „Unstimmigkeiten … durchaus bewusst“; *Maschmann*, NZA 2021, 834 (835), „um dieses kuriose Ergebnis zu vermeiden“.

[1268] BT-Drs. 19/28899, 22.

[1269] *Franzen*, FA 2021, 222 (226).

[1270] *Maschmann*, NZA 2021, 834 (835); ebenfalls andeutend: *Brink/Joos*, NZA 2021, 1440 (1442); *Franzen*, FA 2021, 222 (224).

[1271] Taeger/Gabel/*Arning/Rothkegel*, DS-GVO, Art. 4 Rn. 222; *Moos/Rothkegel*, MMR 2018, 591 (597).

von der Datenverarbeitung Betroffene können ihre Rechte gegenüber jedem Verantwortlichen geltend machen.[1272]

Gerade die Aufteilung der verschiedenen Pflichten der DS-GVO durch das Recht der Mitgliedstaaten ist vergleichbar mit den Regelungen in § 79a S. 1 und S. 2 BetrVG, wonach sowohl der Betriebsrat als auch der Arbeitgeber für die Einhaltung des Datenschutzes Sorge zu tragen haben. Ihnen beiden soll die Einhaltung der verschiedenen Pflichten der DS-GVO obliegen.[1273] Darüber hinaus unterstützen sich gemeinsam Verantwortliche gegenseitig, wie es auch in § 79a S. 3 BetrVG vorgesehen ist und schließen transparente Vereinbarungen, welche die Rolle und Aufgaben des jeweiligen Verantwortlichen eindeutig definieren.[1274]

Trotz der Parallelen des § 79a BetrVG zu einer gemeinsamen Verantwortlichkeit i. S. d. Art. 26 DS-GVO bleibt die zentrale Aussage des § 79a S. 2 BetrVG, dass der Arbeitgeber der Verantwortliche i. S. d. datenschutzrechtlichen Vorschriften sein soll. Diese schließt zwar nicht von vornherein eine eigene Verantwortlichkeit des Betriebsrats aus, da dieser nach wie vor selbstständig die Kriterien des Art. 4 Nr. 7 HS. 1 DS-GVO bei bestimmten Datenverarbeitungen erfüllen könnte[1275] und es nach der Rechtsprechung des EuGH stets auf eine Einzelfallbetrachtung statt auf eine pauschale Festlegung der Verantwortlichkeit ankommt.[1276] Im Hinblick darauf, dass die Gesetzesbegründung aber ausdrücklich die Öffnungsklausel des Art. 4 Nr. 7 HS. 2 DS-GVO erwähnt,[1277] welche es ermöglicht, die Frage der Verantwortlichkeit vollständig zu regeln, ist jedoch davon auszugehen, dass der Gesetzgeber diese abschließend dem Arbeitgeber zuweisen wollte. Dafür spricht ebenfalls, dass der Betriebsrat als institutionell unselbstständiger Teil angesehen wird,[1278] wodurch zwar nicht explizit erwähnt, aber durchaus angedeutet wird, dass dieser letztlich nicht vermögensfähig ist, d. h., dass Schadensersatzansprüche entweder leerliefen[1279] oder die Haftung auf die einzelnen Mitglieder übergehen würden.[1280]

[1272] Taeger/Gabel/*Arning/Rothkegel*, DS-GVO, Art. 26 Rn. 103; BeckOKD/*Spoerr*, DS-GVO, Art. 26 Rn. 63.

[1273] Vgl. Taeger/Gabel/*Arning/Rothkegel*, DS-GVO, Art. 26 Rn. 76, wonach gemeinsame Verantwortliche Vereinbarungen abschließen, um sich die unterschiedlichen Verpflichtungen der DS-GVO untereinander aufzuteilen.

[1274] Ehmann/Selmayr/*Bertermann*, DS-GVO, Art. 26 Rn. 24.

[1275] Vgl. Teil 2, Abschnitt 1, B. III. 4.

[1276] EuGH 5.6.2018 – Rs. C-210/16 (LzD-Schleswig-Holstein ./. Wirtschaftsakademie Schleswig-Holstein GmbH) ECLI:EU:C:2018:388 (Rn. 43); EuGH 10.7.2018 – Rs. C-25/17 (Tietosuojavaltuutettu ./. Jehovan) ECLI:EU:C:2018:551 (Rn. 66); EuGH 19.7.2019 – Rs. C-40/17 (Fashion ID GmbH & Co. KG ./. Verbraucherzentrale NRW) ECLI:EU:C:2019:629 (Rn. 70); vgl. dazu auch *Franzen*, FA 2021, 222 (224); Teil 2, Abschnitt 1, B. II. 1.

[1277] BT-Drs. 19/28899, 22.

[1278] BT-Drs. 19/28899, 15, 22.

[1279] Dazu auch *Flink*, Beschäftigtendatenschutz, 210 f.

[1280] *Lembke*, FS Ingrid Schmidt, 277 (283 ff.), Titel können nur gegenüber einzelnen Betriebsratsmitgliedern vollstreckt werden.

Beide Folgen sind allerdings nicht erwünscht, weshalb es auch schon im Vorfeld von § 79a BetrVG Bestrebungen gab, den Betriebsrat aus der datenschutzrechtlichen Verantwortlichkeit zu nehmen.[1281] Der Wille des Gesetzgebers ist somit dahingehend zu verstehen, dass allein der Arbeitgeber Verantwortlicher i. S. d. Art. 4 Nr. 7 DS-GVO sein soll.

II. Betriebsrat – kein datenschutzrechtlicher Akteur i. S. d. DS-GVO

Da der Betriebsrat selbst kein Verantwortlicher i. S. d. Art. 4 Nr. 7 DS-GVO ist, aber sich trotzdem gem. § 79a S. 1 BetrVG an die Pflichten der DS-GVO halten muss, könnte es auch in Betracht kommen, dass dieser ein anderer Akteur der DS-GVO sein soll. Nach Art. 32 DS-GVO ist an die Sicherheit der Verarbeitung nicht nur der Verantwortliche gebunden, sondern auch der Auftragsverarbeiter.[1282] Nach der Definition in Art. 4 Nr. 8 DS-GVO kann ein Auftragsverarbeiter jede natürliche oder juristische Person, Einrichtung oder andere Stelle sein, welche die personenbezogenen Daten im Auftrag des Verantwortlichen verarbeitet. Zwar ist der Betriebsrat eine andere Stelle,[1283] allerdings agiert er dabei weisungsunabhängig vom verantwortlichen Arbeitgeber, weshalb er nicht in dessen Auftrag tätig sein kann.[1284]

Letzte in Betracht kommende Rolle nach der DS-GVO wäre für den Betriebsrat die eines Dritten nach Art. 4 Nr. 10 DS-GVO. Danach darf ein Dritter weder selbst von der Datenverarbeitung betroffen noch Auftragsverarbeiter oder Verantwortlicher sein bzw. unmittelbar unter dessen Kontrolle stehen. Es handelt sich daher um eine Stelle, auf welche sich die verarbeiteten Daten nicht beziehen, weshalb faktisch von einem Außenstehenden auszugehen ist.[1285] Diese Rolle kann der Betriebsrat aufgrund seiner zentralen Stellung bei der Verarbeitung von Beschäftigtendaten jedoch nicht beanspruchen.[1286] Der Betriebsrat ist bei der Datenverarbeitung durch sich selbst auf jeden Fall kein Außenstehender, weshalb er auch kein Dritter gem. Art. 4 Nr. 10 DS-GVO sein kann.[1287] Nachdem es keine weiteren Akteure der DS-GVO gibt, welche an deren Verpflichtungen gebunden sind, kann festgestellt werden, dass der nationale Gesetzgeber dem Betriebsrat eine datenschutzrechtliche

[1281] Vgl. nur Stellungnahme DGB v. 19. 1. 2021 zum Referentenentwurf des Betriebsrätestärkungsgesetzes, 20, abrufbar unter https://www.verdi.de/wegweiser/mitbestimmung/++file++600974548213a7134b9bc7fd/download/2021-01_DGB-Stellungnahme_Betriebsraetestaerkungsgesetz.pdf (zuletzt abgerufen am 23. 1. 2023).

[1282] BT-Drs. 19/28899, 22: Diese Pflicht soll der Betriebsrat nach der Gesetzesbegründung z. B. einhalten.

[1283] Vgl. Teil 2, Abschnitt 2, C. III. 1.

[1284] *Maschmann*, NZA 2021, 834 (837).

[1285] Taeger/Gabel/*Arning/Rothkegel*, DS-GVO, Art. 4 Rn. 277.

[1286] Dazu auch Teil 1, A. II.

[1287] DKW/*Buschmann*, BetrVG, § 79a Rn. 16.

Rolle zugedacht hat, welche zumindest in dieser Form nicht von der DS-GVO vorgesehen ist.[1288]

III. Sonderrolle: Betriebsrat als Teilverantwortlicher

Da eine datenschutzrechtliche Einordnung des Betriebsrats nach europäischen Maßstäben nicht in Betracht kommt, verbleibt nur die Möglichkeit einer nationalen Sonderstellung. Eine solche konnte vor dem Inkrafttreten der DS-GVO bereits in der von der damaligen h. M. vertretenen Teilverantwortlichkeit des Betriebsrats gesehen werden.[1289] Der Betriebsrat galt danach nicht als datenschutzrechtlich Verantwortlicher, welcher im Außenverhältnis für die Einhaltung der datenschutzrechtlichen Regelungen verantwortlich gewesen wäre. Vielmehr wurde diese Rolle allein dem Arbeitgeber zuteil. Gleichwohl bedeutet dies nicht, dass der Betriebsrat im Umgang mit personenbezogenen Daten frei gewesen wäre. Dieser musste sich ebenfalls an die datenschutzrechtlichen Regelungen, insbesondere die des BDSG, halten.[1290] Aufgrund der betriebsverfassungsrechtlichen Unabhängigkeit des Betriebsrats durfte der verantwortliche Arbeitgeber den Betriebsrat diesbezüglich aber weder kontrollieren noch Weisungen erteilen.[1291] Dem Betriebsrat kam daher eine Art Hybridstellung zu, da er einerseits dem Datenschutz verpflichtet war, er anderseits hinsichtlich der Einhaltung dieser Vorschriften faktisch jedoch keiner Kontrolle bzw. etwaigen Konsequenzen ausgesetzt sein konnte. Er daher nur als Teil einer verantwortlichen Stelle galt.[1292]

Anknüpfungspunkt für eine vergleichbare Stellung gemäß § 79a BetrVG ist die Gesetzesbegründung, welche den Betriebsrat als institutionell unselbstständigen Teil ansieht, der neben dem Arbeitgeber für die Einhaltung des Datenschutzes verantwortlich ist.[1293] Indem beide, sowohl der Betriebsrat als auch der Arbeitgeber,

---

[1288] *Gaul/Kaule*, ArbRB 05/2021, S4, sprechen von einer „abgestuften Verantwortlichkeit", welche dem Datenschutz fremd ist.

[1289] Zu den begrifflichen Unstimmigkeiten bei Art. 2 d) DSRL und deren nationaler Umsetzung in § 3 Abs. 7 BDSG i. V. m. § 2 IV S. 1 BDSG (a. F.), vgl. Kühling/Buchner/*Hartung*, DS-GVO, Art. 4 Nr. 7 Rn. 2 ff.; *Monreal*, ZD 2014, 611 (616); *Simitis*/Hornung/Spiecker, DS-GVO, Art. 4 Nr. 7 Rn. 9; vgl. dazu Teil 2, Abschnitt 2, C. I.

[1290] BAG 12. 8. 2009 – 7 ABR 15/08, AP Nr. 2 zu § 34 BetrVG (Rn. 27).

[1291] BAG 11. 11. 1997 – 1 ABR 21/97, AP Nr. 15 zu § 1 BetrVG (unter B. III. 2. c. ee. der Gründe).

[1292] BAG 11. 11. 1997 – 1 ABR 21/97, AP Nr. 15 zu § 1 BetrVG 1972 (unter B. III. 2. a. der Gründe); BAG 12. 8. 2009 – 7 ABR 15/08, AP Nr. 2 zu § 34 BetrVG 1972 (Rn. 27); BAG 7. 2. 2012 – 1 ABR 46/10, AP Nr. 4 zu § 84 SGB IX (Rn. 43); BAG 14. 1. 2014 – 1 ABR 54/12, NZA 2014, 738 (Rn. 28); vgl. dazu Teil 2, Abschnitt 2, C. I. und bzgl. der Rechtslage nach dem Inkrafttreten der DS-GVO Teil 2, Abschnitt 2, C. II., wonach ein erheblicher Teil in Literatur und Rechtsprechung entgegen der hier vertretenen Auffassung auch von einer Hybridstellung ausging.

[1293] BT-Drs. 19/28899, 15.

zur Einhaltung des Datenschutzes nach § 79a S. 1 und S. 2 BetrVG verpflichtet werden, zugleich aber nur der Arbeitgeber Verantwortlicher nach § 79a S. 2 BetrVG ist, wird der Betriebsrat erneut nur zum Teil der verantwortlichen Stelle deklariert. Der Gesetzgeber knüpft damit an die alte Rechtslage an,[1294] obwohl eine solche Teilverantwortlichkeit in der DS-GVO nicht vorgesehen ist.[1295]

B. Vereinbarkeit von § 79a S. 2 BetrVG mit dem Europarecht

Aufgrund der nationalen Sonderstellung des Betriebsrats im Gefüge der DS-GVO stellt sich die Frage, ob die Regelung des § 79a S. 2 BetrVG mit dem Europarecht vereinbar ist. Die Regelungen des BetrVG sind dabei an den Vorgaben der DS-GVO zu messen.

I. Öffnungsklausel

Die Kriterien der datenschutzrechtlichen Verantwortlichkeit sind in Art. 4 Nr. 7 DS-GVO geregelt und gelten daher nach Art. 288 Abs. 2 S. 2 AEUV grundsätzlich unmittelbar und zwingend für die Mitgliedstaaten. Der nationale Gesetzgeber kann somit eine davon abweichende Verantwortlichkeit nur begründen, sofern eine entsprechende Öffnungsklausel besteht. In Betracht kommt dabei zunächst Art. 88 Abs. 1 DS-GVO, wonach die Mitgliedstaaten durch Rechtsvorschrift spezifische Vorschriften zur Gewährleistung des Schutzes der Rechte und Freiheiten bei der Verarbeitung personenbezogener Beschäftigtendaten im Beschäftigungskontext festlegen können.[1296] Wird die datenschutzrechtliche Verantwortlichkeit des Arbeitgebers durch einen nationalen Mitgliedstaat festgelegt, so ist davon jedenfalls die Verarbeitung personenbezogener Beschäftigtendaten betroffen. Denn der Verantwortliche hat z.B. nach Art. 5 Abs. 2 DS-GVO die Grundsätze für die Verarbeitung personenbezogener Daten und auch für die Beschäftigtendaten einzuhalten, welche im Rahmen der Betriebsratstätigkeit verarbeitet werden. Jedoch betrifft die Festlegung der Verantwortlichkeit auch Fragen wie die Benennung des Datenschutzbeauftragten nach Art. 37 Abs. 1 DS-GVO oder die Haftung nach Art. 82 Abs. 1 DS-GVO, womit die datenschutzrechtliche Verantwortlichkeit durch die

---

[1294] Ausdrücklich: BT-Drs. 19/28899, 15; i.E. *Brink/Joos*, NZA 2021, 1440 (1442); *Franzen*, FA 2021, 222 (226); *Maschmann*, NZA 2021, 834 (835); *Möhle*, ZD-Aktuell 2021, 05067, spricht von einer „Hybridstellung"; *Reinartz*, NZA-RR 2021, 457 (466); *Rüdesheim/Middel*, AiB 9/2021, 30.

[1295] *Gaul/Kaule*, ArbRB 05/2021, S4; *Schulze*, ArbRAktuell 2021, 211 (212): „Hierfür fehlt es dem Gesetzgeber an der Regelungskompetenz in der DS-GVO".

[1296] *Lücke*, NZA 2019, 658 (660).

Öffnungsklausel des Art. 88 Abs. 1 DS-GVO über die eröffnete Möglichkeit, spezifische Vorschriften bei der Datenverarbeitung im Beschäftigungskontext festzulegen, hinausgeht.[1297] Folglich kann allein aus diesem Grund die Frage der Verantwortlichkeit nicht über Art. 88 Abs. 1 DS-GVO geregelt werden.[1298] Darüber hinaus verarbeitet der Betriebsrat nicht nur Beschäftigtendaten, sondern zum Beispiel auch Daten des Arbeitgebers oder der Gewerkschaften, die ebenfalls Informationen über identifizierbare Personen (Art. 4 Nr. 1 DS-GVO) außerhalb des Beschäftigungskontextes enthalten können, sodass, selbst wenn sich die Verantwortlichkeit nur auf Datenverarbeitungsvorgänge bezieht, eben nicht nur Beschäftigtendaten betroffen wären. Art. 88 Abs. 1 DS-GVO ist daher auch aus diesem Grund keine taugliche Öffnungsklausel, um die Verantwortlichkeit nach Art. 4 Nr. 7 DS-GVO festzulegen.[1299]

Als weitere Öffnungsklausel zur Regelung der Verantwortlichkeit kommt Art. 4 Nr. 7 HS. 2 DS-GVO in Betracht. Danach kann der Verantwortliche durch das Recht der Mitgliedstaaten vorgesehen werden, wenn dieses die Zwecke und Mittel der Verarbeitung vorgibt. Denn entscheiden die Mitgliedstaaten bereits selbst über das „Ob" und „Wie" der Datenverarbeitung, dann können sie sogleich festlegen, wer als Verantwortlicher anzusehen ist.[1300] Gleichwohl stellt sich aber gerade deshalb die Frage, ob es sich bei Art. 4 Nr. 7 HS. 2 DS-GVO um eine Öffnungsklausel handelt. Denn wenn der Gesetzgeber den Zweck und die Mittel einer Datenverarbeitung durch ein Gesetz festlegt, dann erwächst die Verantwortlichkeit des davon Betroffenen ohnehin aus Art. 4 Nr. 7 HS. 1 DS-GVO. Unabhängig davon, ob der nationale Gesetzgeber diesen nun ausdrücklich als Verantwortlichen benennt oder nicht, ist Art. 4 Nr. 7 HS. 2 DS-GVO so zu verstehen, dass der nationale Gesetzgeber zwar den Verantwortlichen selbst benennen kann, dabei jedoch die Vorgaben des Art. 4 Nr. 7 HS. 1 DS-GVO, also die Festlegung von Zweck und Mitteln, zu beachten hat.

Grundsätzlich ist die Festlegung der Verantwortlichkeit des Arbeitgebers in § 79a S. 2 BetrVG über die Öffnungsklausel des Art. 4 Nr. 7 HS. 2 DS-GVO aber möglich.[1301]

[1297] *Maschmann*, NZA 2021, 834 (837).

[1298] *Maschmann*, NZA 2021, 834 (837).

[1299] Vgl. dazu *Fitting*, BetrVG, § 79a Rn. 14.

[1300] *Maschmann*, NZA 2021, 834 (836).

[1301] BT-Drs. 19/28899, 22; i. E. *Brink/Joos*, NZA 2021, 1440 (1142); DKW/*Buschmann*, BetrVG, § 79a Rn. 16; *Friedrichsen*, § 79a BetrVG, 45; *Gaul/Kaule*, ArbRB 05/2021, S4; *Götz*, Datenschutzverstöße des Betriebsrats, 71 f. und 73 ff.; Löwisch/Kaiser/*Klumpp*, BetrVG, § 79a Rn. 6; *Lembke*, FS Schmidt (2021), 277 (295); *Lembke/Fischels/Djordjevic*, NJW 2022, 292 (293); *Maschmann*, NZA 2021, 834 (837); *ders.*, FS Schmidt (2021), 352 (367); *Möhle*, ZD-Aktuell, 2021, 05067; *Reinhartz*, NZA-RR 2021, 457 (466); *Schiefer/Worzalla*, NZA 2021, 817 (821); *Schulze*, ArbRAktuell 2021, 211 (212); inzwischen auch *Fitting*, BetrVG, § 79a Rn. 21; a. A. und damit auf Art. 88 DS-GVO abstellend: *Brams/Möhle*, ZD 2018, 570 (573); *Lücke*, NZA 2019, 658 (660); *Rolfs/Wolf*, ZIP 2021, 1895 (1900); auf beide Er-

II. Voraussetzungen von Art. 4 Nr. 7 HS. 2 DS-GVO

Bei der Ernennung des Arbeitgebers zum Verantwortlichen für die Datenverarbeitung des Betriebsrats gem. § 79a S. 2 BetrVG müssten die Voraussetzungen der Öffnungsklausel nach Art. 4 Nr. 7 HS. 2 DS-GVO eingehalten worden sein. Gem. Art. 4 Nr. 7 HS. 2 DS-GVO sind dafür die Zwecke und Mittel der Datenverarbeitung des Verantwortlichen durch das Recht der Mitgliedstaaten vorzugeben.

Eine solche Vorgabe der Zwecke und Mittel könnte nun ganz allgemein im BetrVG gesehen werden.[1302] Dieses zeichnet die Aufgaben des Betriebsrats vor und gibt damit zumindest grob umrissen an, zu welchem Zweck, aber auch mit welchen Mitteln der Betriebsrat personenbezogene Daten verarbeitet. Dabei ist es jedoch äußerst fraglich, ob eine solche undetaillierte Vorgabe durch das BetrVG ausreichend ist, um der Öffnungsklausel des Art. 4 Nr. 7 HS. 2 DS-GVO zu genügen und damit eine Verantwortlichkeit zu begründen, auf welche sich die zentralen Aufgaben und Pflichten der DS-GVO stützen. Ziel der Zuweisung von Verantwortlichkeit ist es, dass klar und eindeutig ermittelt werden kann, wer die datenschutzrechtlichen Entscheidungen trifft.[1303] Naheliegend wäre es daher eher, wenn der Gesetzgeber explizit festlegen müsste, zu welchem Zweck und mit welchen Mitteln personenbezogene Daten verarbeitet werden, da ansonsten ein Verstoß gegen das Transparenzgebot der DS-GVO vorliegen könnte.[1304] Letztlich kommt es jedoch nicht auf die Frage an, ob das BetrVG detailliert genug ausgestaltet ist, da, selbst wenn dies der Fall wäre, es im Endeffekt nur vorgibt, für welchen Zweck und mit welchen Mitteln der Betriebsrat personenbezogene Daten für sich verarbeitet. Nachdem § 79a S. 2 BetrVG die Verantwortlichkeit für den Arbeitgeber festlegt, müsste das BetrVG daher eine Aussage treffen, wieso der Betriebsrat personenbezogene Daten für den Arbeitgeber verarbeitet. Im Hinblick auf die Mittel könnte noch darauf abgestellt werden, dass schlussendlich der Arbeitgeber dem Betriebsrat die Mittel zur Bearbeitung zur Verfügung stellt.[1305] Zwar verbleibt dem Betriebsrat dabei ein Entscheidungsspielraum,[1306] welcher aber nach den Ausführungen der Artikel-29-Datenschutzgruppe nicht ausschlaggebend ist, da eine „Entscheidung über die Mittel nur dann die Verantwortung für die Verarbeitung impliziert, wenn über we-

---

mächtigungsgrundlagen stützend: *Flink*, Beschäftigtendatenschutz, 222; GK-BetrVG/*Franzen*, § 79a Rn. 7; *ders.*, FA 2021, 222 (223), sieht die Ermächtigungsgrundlage in Art. 4 Nr. 7 HS. 2 DS-GVO und stellt ergänzend auf Art. 88 DS-GVO ab.

[1302] *Gaule/Kaule*, ArbRB 2021, 176 (178); a. A.: *Friedrichsen*, § 79a BetrVG, 47, wonach § 26 Abs. 1 S. 1 BDSG, sowie Art. 6 Abs. 1 a) DS-GVO die Zwecke und Mittel vorgeben.

[1303] Art.-29-Datenschutzgruppe, Stellungnahme vom 16. 2. 2010, WP 169, 19.

[1304] *Maschmann*, NZA 2021, 834 (836); *Rolfs/Wolf*, ZIP 2021, 1895 (1900).

[1305] *Lembke*, FS Ingrid Schmidt, 277 (289).

[1306] Gefestigte Rechtsprechung: BAG 12. 5. 1999 – 7 ABR 36/97, AP Nr. 65 zu § 40 BetrVG 1972 (unter B. III. 2. a. der Gründe); BAG 11. 11. 1998 – 7 ABR 57/97, AP Nr. 64 zu § 40 BetrVG 1972 (unter B. 2. der Gründe); BAG 20. 4. 2016 – 7 ABR 50/14, AP Nr. 113 zu § 40 BetrVG 1972, Rn. 17; zur Reichweite des Entscheidungsspielraums, GK-BetrVG/*Weber*, § 40 Rn. 141 f.; vgl. dazu die Ausführungen in Teil 2, Abschnitt 2, C. III. 3.

sentliche Aspekte der Verarbeitung entschieden wird".[1307] Gerade beim maßgeblichen Zweck ist aber nach den Vorgaben des BetrVG kaum ersichtlich, warum der Betriebsrat bei der Datenverarbeitung für den Arbeitgeber tätig werden sollte. Der Betriebsrat ist die Interessenvertretung der Arbeitnehmerschaft und nicht die des Arbeitgebers. Die Zwecke der personenbezogenen Datenverarbeitung sind gänzlich andere als die des Arbeitgebers.[1308] Übergeordnet wäre es zwar noch denkbar, darauf abzustellen, dass Betriebsräte mit dem Arbeitgeber kooperieren, statt mit diesem in einem grundlegenden Konflikt zu stehen[1309] und dadurch die Interessen des Betriebs und damit auch die des Arbeitgebers zu fördern,[1310] womit ein gemeinsamer Zweck noch angenommen werden könnte. Dazu macht § 79a BetrVG jedoch keinerlei Angaben, was im Hinblick auf die Anforderungen der Öffnungsklausel aber gerade notwendig wäre. Im Ergebnis werden daher die Anforderungen der Öffnungsklausel des Art. 4 Nr. 7 HS. 2 DS-GVO verfehlt.[1311]

Werden die Vorgaben einer Öffnungsklausel nicht eingehalten, ist die nationale Regelung nicht mit der DS-GVO vereinbar und folglich europarechtswidrig. Dies führt aufgrund des Anwendungsvorrangs des Unionsrechts[1312] dazu, dass die nationale Regelung unangewendet bleibt und alleine Art. 4 Nr. 7 HS. 1 DS-GVO für die Bestimmung der Verantwortlichkeit der rechtliche Maßstab ist.[1313] Nachdem der Unionsgesetzgeber bei der Zuweisung der datenschutzrechtlichen Verantwortlichkeit auch nicht seine aus Art. 16 Abs. 2 HS. 1 AEUV erwachsende Regelungskompetenz überschreitet[1314] und der Betriebsrat die Voraussetzungen Art. 4

[1307] Art.-29-Datenschutzgruppe, Stellungnahme vom 16.2.2010, WP 169, 17.

[1308] Verdeutlicht wird dies auch am Beispiel einer ordentlichen Kündigung eines Arbeitnehmers in Teil 5, C. III. 3.

[1309] GK-BetrVG/*Franzen*, § 2 Rn. 3. „Kooperationsgebot als Leitprinzip"; vgl. ferner die historischen Ausführungen zum BetrVG in Teil 2, Abschnitt 1, A. II.

[1310] GK-BetrVG/*Franzen*, § 2 Rn. 15 „Partnerschaftsgedanke", Rn. 43.

[1311] *Brink/Joos*, NZA 2021, 1440 (1442); *Götz*, Datenschutzverstöße des Betriebsrats, 71 ff.; *Maschmann*, NZA 2021, 834 (836); BeckOKD/*Riesenhuber*, BDSG, § 26 Rn. 195d; *Rolfs/Wolf*, ZIP 2021, 1895 (1900); *Zöllner*, EuZA 2024, 167 (179); wohl auch *Rüdesheim/Middel*, AiB 9/2021, 30 (34); a. A.: *Fitting*, BetrVG, § 79a Rn. 20 (wenn auch zweifelnd); *Gaul/Kaule*, ArbRB 2021, S4; ErfK/*Kania*, BetrVG, § 79a Rn. 2; *Möllenkamp*, DB 2021, 1198 (1202) (wenn auch ohne nähere Begründung für mit dem EU-Recht vereinbar haltend); Richardi/*Thüsing*, BetrVG, § 79a Rn. 1; ausdrücklich offenlassend: BAG 9.5.2023 – 1 ABR 14/22, AP Nr. 92 § 80 BetrVG 1972 (Rn. 57).

[1312] Streitig ist dessen dogmatische Herleitung, BVerfG 6.11.2019 – 1 BvR 276/17, NJW 2020 (Rn. 69) leitet diesen aus der Integrationsverantwortung gem. Art. 23 Abs. 1 GG her; EuGH 9.3.1978 – Rs. C-106/77 (Amministrazione delle finanze dello Stato ./. Simmenthal), ECLI:EI:C:1978:49 (Rn. 21/23) stellt hingegen darauf ab, dass das Unionsrecht funktionsfähig sein muss; vgl. dazu auch Calliess/*Ruffert*, AEUV, Art. 1 Rn. 16 ff.

[1313] Vgl. *Götz*, Datenschutzverstöße des Betriebsrats, 73; *Maschmann*, NZA 2021, 834 (837).

[1314] Vgl. dazu Teil 2, Abschnitt 2, B. I. und Teil 2, Abschnitt 2, D. II. 2.

Nr. 7 DS-GVO erfüllt,[1315] ist dieser entgegen § 79a S. 2 BetrVG verantwortlich für seine eigenen Datenverarbeitungen.[1316]

C. Auswirkungen von § 79a BetrVG auf die Entscheidungsfindung

Die vorangegangene Darstellung zeigt auf, dass der Arbeitgeber nach § 79a S. 2 BetrVG verantwortlich für die Datenverarbeitung des Betriebsrats sein soll. Dem Betriebsrat kommt insoweit eine Hybridstellung zu, wonach er sich zwar an die Vorgaben des Datenschutzrechts zu halten hat, jedoch im Außenverhältnis keiner Haftung ausgesetzt ist, da er nur als „Teil-Verantwortlicher" kein Verantwortlicher i. S. d. Art. 4 Nr. 7 DS-GVO ist und damit die Haftungsvoraussetzungen der Art. 82 f. DS-GVO nicht erfüllt. Nach der hier vertretenen Auffassung ist diese Zuweisung der Verantwortlichkeit für die Datenverarbeitung des Betriebsrats an den Arbeitgeber zwar europarechtswidrig, womit weiterhin der Betriebsrat nach Art. 4 Nr. 7 DS-GVO Verantwortlicher wäre und damit auch gem. Art. 82 f. DS-GVO dieser haften würde. Bis zu einer Vorlage beim EuGH in Form eines Vorabentscheidungsverfahrens nach Art. 267 AEUV wird die Praxis jedoch mit § 79a S. 2 BetrVG umgehen müssen und es wird wohl auch davon auszugehen sein, dass deutsche Gerichte diese Norm anwenden werden.[1317] Es wird daher an dieser Stelle untersucht, wie sich § 79a BetrVG auf die Entscheidungsfindung in der Betriebsratssitzung auswirken kann.

I. Gegenseitige Unterstützungspflicht zwischen Betriebsrat und Arbeitgeber

§ 79a S. 3 BetrVG normiert, dass sich Betriebsrat und Arbeitgeber bei der Einhaltung der datenschutzrechtlichen Vorschriften gegenseitig zu unterstützen haben. Sofern der Arbeitgeber kraft nationaler Zuweisung nach § 79a S. 2 BetrVG i. V. m. Art. 4 Nr. 7 HS. 2 DS-GVO als Verantwortlicher für die Verarbeitung der personenbezogenen Daten innerhalb des Betriebsrats gilt, stellt sich für diesen die zentrale Frage, wie er trotz der betriebsverfassungsrechtlichen Unabhängigkeit des Betriebsrats seinen Verpflichtungen aus der DS-GVO nachkommen kann. Diese reichen von Informations- und Auskunftspflichten über Melde- und Dokumentati-

---

[1315] Vgl. Teil 2, Abschnitt 2, C. III. 4.

[1316] *Götz*, Datenschutzverstöße des Betriebsrats, 73; *Maschmann*, NZA 2021, 834 (837); *ders.*, FS Schmidt (2021), 352 (367 f.); *Zöllner*, EuZA 2024, 167 (183 f.); i. E. auch *Schulze*, ArbRAktuell 2021, 211 (212); *Grimm/Vitt*, ArRB 2021, 279 (280); vgl. auch *Guhl*, öAT 2023, 231.

[1317] Vgl. *Fitting*, BetrVG, § 79a Rn. 21.

onspflichten bis hin zur Erstellung von Verarbeitungsverzeichnissen und der Einhaltung technischer und organisatorischer Schutzmaßnahmen,[1318] weshalb eine wirksame Unterstützungspflicht sehr weitreichend sein müsste, damit der Arbeitgeber jede dieser Pflichten bei einer personenbezogenen Datenverarbeitung durch den Betriebsrat einhalten kann. Wenig hilfreich wäre es daher z.B., wenn der Arbeitgeber zwar ein Auskunftsrecht gegenüber dem Betriebsrat hätte, diesen dann aber nicht dazu anweisen könnte, konkrete personenbezogene Daten gem. Art. 17 Abs. 1 DS-GVO zu löschen, sofern dies erforderlich wäre. Eine nur teilweise bestehende Verpflichtung des Betriebsrats, den Arbeitgeber zu unterstützen, würde daher den Anforderungen der DS-GVO nicht gerecht werden. Es müsste eine umfassende Pflicht zur Unterstützung bestehen, welche es dem Arbeitgeber ermöglicht, seinen Verpflichtungen aus der DS-GVO in jeder Hinsicht nachzukommen.

1. § 79a S. 3 BetrVG als Konkretisierung der vertrauensvollen Zusammenarbeit nach § 2 Abs. 1 BetrVG

Teilweise wird in § 79a S. 3 BetrVG eine Konkretisierung des Gebots der vertrauensvollen Zusammenarbeit nach § 2 Abs. 1 BetrVG gesehen.[1319] § 2 Abs. 1 BetrVG ist jedoch selbst keine anspruchserzeugende Norm, sondern eine unmittelbar verpflichtende Rechtsnorm, welche das Verhalten der Betriebsparteien verbindlich regelt.[1320] Im Gebot der vertrauensvollen Zusammenarbeit kann eine „methodische Hilfsfigur zur Entscheidungsbegründung"[1321] gesehen werden. „Scheitert nämlich eine den Besonderheiten des Einzelfalls angemessen Rechnung tragende Begründung aus den betriebsverfassungsrechtlichen Normen und erscheint eine durch Subsumtion zu gewinnende Entscheidung im Einzelfall nicht dementsprechend, was bei einer praktizierten vertrauensvollen Zusammenarbeit zu erwarten wäre, weil eine Seite unbillig benachteiligt würde, so greift die Ergänzungs-

1318 Exemplarisch: Informations- und Auskunftspflicht Art. 13–15 DS-GVO; Melde- und Dokumentationspflichten Art. 33 DS-GVO; Pflicht zur Führung eines Verarbeitungsverzeichnisses Art. 30 DS-GVO; Implementierung technischer und organisatorischer Schutzmaßnahmen Art. 24 und 32 DS-GVO.

1319 *Brink/Joos*, NZA 2021, 1440 (1443); *dies.*, jurisPR-ArbR 5/2021 Anm. 1 (unter D.); *Möllenkamp*, DB 2021, 1198 (1202); *Grambow*, DB 18/2021, M18; *Stogov*, ArbRAktuell 2022, 331 (332); a.A.: GK-BetrVG/*Franzen*, § 79a Rn. 9; *ders.*, FA 2021, 222 (224); *Friedrichsen*, § 79a BetrVG, 79f.; Löwisch/Kaiser/*Klumpp*, BetrVG, § 79a Rn. 13; *Möhle*, ZD-Aktuell 2021, 05067; BeckOKD/*Riesenhuber*, BDSG, § 26 Rn. 195c; *Schiefer/Worzalla*, NZA 2021 817 (822), welche in § 79a S. 3 BetrVG keine konkretisierende Regelung, sondern eine darüberhinausgehende Norm sehen; auch *Gottier*, AuA 6/2022, 16 (18); nach *Fitting*, BetrVG, § 79a Rn. 53, handelt es sich um einen betriebsverfassungsrechtlichen Anspruch, wonach der Betriebsrat gegenüber dem Arbeitgeber die Zurverfügungstellung von für die Datenverarbeitung erforderlichen Einrichtungen geltend machen kann, umgekehrt eine solche Geltendmachung von Ansprüchen des Arbeitgebers gegenüber dem Betriebsrat nicht möglich ist.

1320 *Fitting*, BetrVG, § 2 Rn. 22; GK-BetrVG/*Franzen*, § 2 Rn. 5.

1321 *R. L. Weber*, Die vertrauensvolle Zusammenarbeit, 220.

bzw. Begrenzungsfunktion des § 2 Abs. 1 BetrVG ein."[1322] § 2 Abs. 1 BetrVG kann daher keine eigene Anspruchsgrundlage sein, sondern lediglich eine Brücke zur jeweiligen Gesetzesnorm.[1323]

Wäre § 79a S. 3 BetrVG eine Konkretisierung des Gebotes der vertrauensvollen Zusammenarbeit nach § 2 Abs. 1 BetrVG, so wäre die Norm nur eine Art „Brücke" zu einer bereits bestehenden Norm, welche die datenschutzrechtlichen Pflichten des Betriebsrats gegenüber dem Arbeitgeber regelt, da aus ihr selbst kein Anspruch erwachsen kann. Eine solche Norm, zu der eine Brücke geschlagen werden könnte, ist im Betriebsverfassungsgesetz nicht ohne Weiteres ersichtlich. In diesem werden überwiegend nur Auskunfts- und Informationsrechte des Betriebsrats gegenüber dem Arbeitgeber geregelt. Auskunftsrechte des Arbeitgebers gegenüber dem Betriebsrat bestehen hingegen ebenso wenig wie etwaige Löschpflichten oder ähnliche, mit der DS-GVO vergleichbare Regelungen. Daher könnte lediglich § 79a S. 1 BetrVG als Anknüpfungspunkt für § 79a S. 3 BetrVG in Betracht kommen. Danach wird der Betriebsrat zur Einhaltung der datenschutzrechtlichen Vorschriften verpflichtet, obwohl er selbst kein Verantwortlicher nach Art. 4 Nr. 7 DS-GVO ist. § 79a S. 3 i. V. m. § 79a S. 1 BetrVG könnte daher so zu verstehen sein, dass der Betriebsrat immer dann den datenschutzrechtlichen Verpflichtungen eines Verantwortlichen nachkommen muss, wenn der Arbeitgeber ansonsten unbillig benachteiligt werden würde, weil zum Beispiel ein Schadensersatzanspruch nach Art. 82 Abs. 1 DS-GVO droht.[1324] Dabei sind aber genauso die Interessen des Betriebsrats zu berücksichtigten, weshalb dieser bei einer datenschutzrechtlichen Aufgabenzuweisung durch den Arbeitgeber ebenfalls nicht unbillig benachteiligt werden darf.[1325] Würde also durch ein Auskunftsbegehren des Arbeitgebers die effektive Interessenvertretung des Betriebsrats behindert, müsste der Betriebsrat diesem Begehren auch nicht nachkommen.[1326]

Damit stellt sich letztlich bei § 79a S. 3 BetrVG nicht die Frage, welche datenschutzrechtlichen Ansprüche des Arbeitgebers gegen den Betriebsrat konkret aus dieser Norm resultieren, da § 79a S. 3 i. V. m. § 79a S. 1 BetrVG zunächst alle da-

---

[1322] *R. L. Weber*, Die vertrauensvolle Zusammenarbeit, 220.

[1323] *R. L. Weber*, Die vertrauensvolle Zusammenarbeit, 220.

[1324] § 79a S. 1 BetrVG wäre damit mehr als nur eine Klarstellung, wie z. B. angenommen von *Rolfs/Wolf*, ZIP 2021, 1895 (1901).

[1325] Ähnlicher Ansatz wohl *Schiefer/Worzalla*, NZA 2021, 817 (822), welche § 2 Abs. 1 BetrVG als „Leitplanke" für den Grad der erforderlichen Unterstützung des Arbeitgebers durch den Betriebsrat in datenschutzrechtlichen Fragen ansehen; vgl. auch GK-BetrVG/*Franzen*, § 79a Rn. 13.

[1326] I. E. auch *Gottier*, AuA 6/2022, 16 (17 f.), welcher von einer zumindest partiellen Einschränkung der durch das BetrVG gewährten Unabhängigkeit ausgeht; *Grimm/Vitt*, ArRB 2021, 279 (281); Löwisch/Kaiser/*Klumpp*, BetrVG, § 79a Rn. 13; In dieser Richtung kann auch das LAG Baden-Württemberg, 20. 5. 2022 – 12 TaBV 4/21, BeckRS 2022, 13788 (Rn. 59) verstanden werden, „Kontrollmöglichkeit in gewissem Umfang"; a. A.: *Reifelsberger/Koplin*, DB 2022, 598 (602), welche davon ausgehen, dass der Betriebsrat alle Informationen zur Verfügung stellen muss; *Stogov*, ArbRAktuell 2022, 331 (332).

tenschutzrechtlichen Ansprüche des Arbeitgebers gegen den Betriebsrat ermöglicht. Es ist vielmehr danach zu fragen, wann der Betriebsrat durch die Geltendmachung eines datenschutzrechtlichen Begehrens unbillig benachteiligt wird. Dabei sind die Interessen des Arbeitgebers gegen jene des Betriebsrats abzuwägen, wobei der Unabhängigkeit des Betriebsrats nach dem Telos der Norm eine stärkere Gewichtung einzuräumen ist.[1327] § 79a S. 3 BetrVG konkretisiert damit das Gebot der vertrauensvollen Zusammenarbeit nach § 2 Abs. 1 BetrVG, indem er eine Brücke bzw. das Scharnier zwischen § 79a S. 1 und S. 2 BetrVG darstellt und dadurch einen im Einzelfall gerechten Ausgleich zwischen den beiden gegensätzlichen Normen ermöglicht. Dieses Ergebnis vermag zumindest auf betriebsverfassungsrechtlicher Ebene zu überzeugen, da die durch § 79a S. 3 i.V.m. § 2 Abs. 1 BetrVG eröffnete Option der Abwägung nicht dazu führt, dass die betriebsverfassungsrechtliche Unabhängigkeit des Betriebsrats vom Arbeitgeber eingeschränkt werden kann.

Auf Ebene der DS-GVO vermag die Regelung allerdings nur bedingt zu überzeugen. Zwar ermöglicht sie, dass der Arbeitgeber zumindest teilweise seinen Verpflichtungen aus der DS-GVO nachkommen kann. Gleichwohl wird es auch Fälle geben, in denen der Arbeitgeber diese nicht erfüllen kann, da ansonsten die Unabhängigkeit des Betriebsrats eingeschränkt wird. Der Arbeitgeber kann daher seinen Pflichten gegenüber den Betroffenen nicht nachkommen und ist damit auch etwaigen Schadensersatzansprüchen nach Art. 82 Abs. 1 DS-GVO ausgesetzt. Das daraus resultierende Konfliktpotential ist somit vorgezeichnet.[1328] Zu Recht wird daher der Arbeitgeber stets ein Interesse daran haben, nicht für datenschutzrechtliche Versäumnisse des Betriebsrats haften zu müssen und zumeist keine Verletzung der betriebsverfassungsrechtlichen Unabhängigkeit sehen. Umgekehrt könnten manche Betriebsräte in datenschutzrechtlichen Begehren des Arbeitgebers stets eine heimliche Überwachung sehen und sich deshalb immer auf ihre betriebsverfassungsrechtlich garantierte Unabhängigkeit berufen, auch wenn es tatsächlich nur um die Wahrung des Datenschutzrechts geht. Insoweit könnte ein gemeinsames datenschutzrechtliches Vorgehen mithilfe von Betriebsvereinbarungen die Zusammenarbeit erheblich erleichtern.[1329] Eine Verpflichtung für den Betriebsrat, solche Vereinbarungen abzuschließen, besteht jedoch nicht.[1330]

[1327] I.E. wohl genauso *Brink/Joos*, NZA 2021, 1440 (1443); GK-BetrVG/*Franzen*, § 79a Rn. 13, welcher die Interessen des Betriebsrats mit dem „Grundsatz der Informationstrennung" beschreibt; a.A.: *Horstmeier*, BB 2022, 116 (116), spricht insoweit von Mitwirkungsobliegenheiten, gesteht dem AG insoweit aber wohl auch nur Auskunftsansprüche zu; ErfK/*Kania*, BetrVG, § 79a Rn. 3; *Möllenkamp*, DB 2021, 1198 (1202), nur einzelne Ansprüche, wie einen Auskunftsanspruch; *Schulze*, ArbRAktuell 2021, 211 (212), geht hingegen davon aus, dass sich der Arbeitgeber aufgrund des Anwendungsvorrangs des Europarechts im Streitfall stets gegen den Betriebsrat durchsetzt.

[1328] *Maschmann*, NZA 2021, 834 (835 f.).

[1329] BT-Drs. 19/29819, 17; *Brink/Joos*, NZA 2021, 1440 (1443); *Gottier*, AuA 6/2022, 16 (17 f.); *Grimm/Vitt*, ArRB 2021, 279 (280); zum Muster einer möglichen Regelungsabrede, *Reifelsberger/Koplin*, DB 2022, 598 (603).

[1330] LAG Baden-Württemberg, 20.5.2022 – 12 TaBV 4/21, BeckRS 2022, 13788 (Rn. 60).

2. Recht zur Verweigerung der Datenweitergabe durch den Arbeitgeber

In der Praxis stellte sich bisher nicht das Problem, dass der Arbeitgeber den Betriebsrat zur Umsetzung einer datenschutzrechtlichen Verpflichtung anweisen wollte, sondern vielmehr, dass der Betriebsrat die Übermittlung personenbezogener Daten verlangte, der Arbeitgeber dies aber mit einem Hinweis auf das Datenschutzrecht verweigerte.[1331]

In dieser zunächst vor dem LAG Baden-Württemberg verhandelten Streitigkeit ging es um ein Auskunftsbegehren des Betriebsrats über die Anzahl und Namen aller im Betrieb und im Unternehmen beschäftigten schwerbehinderten Menschen.[1332] Die Arbeitgeberin lehnte die Übermittlung dieser Daten ab, da es sich bei diesen um sensitive Daten i. S. d. Art. 9 Abs. 1 DS-GVO handelte, deren Verarbeitung nur unter den besonderen Voraussetzungen des Art. 9 Abs. 2 DS-GVO erlaubt sei.[1333] Nicht alle Schwerbehinderten im Unternehmen hätten in die Datenübermittlung an den Betriebsrat eingewilligt.[1334] Deshalb könne eine Offenlegung der Daten nur erfolgen, wenn der Betriebsrat die Voraussetzungen des Art. 9 Abs. 2 b) i. V. m. § 26 Abs. 3 BDSG einhalte.[1335] Eine solche Darlegung, dass die hierfür erforderlichen Maßnahmen nach § 22 Abs. 2 BDSG getroffen wurden, sei durch den Betriebsrat aber nicht erfolgt.[1336] Das hierfür vom Betriebsrat vorgelegte Datenschutzkonzept sei nicht ausreichend.[1337] Diese vom Arbeitgeber vorgebrachten Gründe zur Verweigerung der Datenauskunft konnte der Betriebsrat im vorliegenden Fall zwar widerlegen, indem er darlegte, dass das Auskunftsbegehren zur Erfüllung seiner betriebsverfassungsrechtlichen Aufgaben notwendig war und auch ein hinreichendes Datenschutzkonzept bestand.[1338] Das LAG Baden-Württemberg gab der Arbeitgeberin jedoch insoweit Recht, dass sie aufgrund der strukturellen Unabhängigkeit des Betriebsrats die Einhaltung von angemessenen und spezifischen Schutzmaßnahmen nicht in der Hand habe und deshalb bei Auskunftsbegehren des Betriebsrats verlangen könne, dass dieser darlege, welche berechtigten Interessen die Arbeitnehmer an der konkreten Datenverarbeitung haben und dabei strikt darauf achte, dass Vorkehrungen getroffen werden, welche das Vertraulichkeitsinteresse der betroffenen Personen zu wahren vermögen.[1339] Daraus folgt eine

---

[1331] LAG Baden-Württemberg, 20. 5. 2022 – 12 TaBV 4/21, BeckRS 2022, 13788 (Rn. 3).

[1332] LAG Baden-Württemberg, 20. 5. 2022 – 12 TaBV 4/21, BeckRS 2022, 13788 (Rn. 6).

[1333] LAG Baden-Württemberg, 20. 5. 2022 – 12 TaBV 4/21, BeckRS 2022, 13788 (Rn. 18).

[1334] LAG Baden-Württemberg, 20. 5. 2022 – 12 TaBV 4/21, BeckRS 2022, 13788 (Rn. 3).

[1335] Vgl. LAG Baden-Württemberg, 20. 5. 2022 – 12 TaBV 4/21, BeckRS 2022, 13788 (Rn. 26).

[1336] LAG Baden-Württemberg, 20. 5. 2022 – 12 TaBV 4/21, BeckRS 2022, 13788 (Rn. 26).

[1337] LAG Baden-Württemberg, 20. 5. 2022 – 12 TaBV 4/21, BeckRS 2022, 13788 (Rn. 26).

[1338] LAG Baden-Württemberg, 20. 5. 2022 – 12 TaBV 4/21, BeckRS 2022, 13788 (Rn. 46 ff.).

[1339] LAG Baden-Württemberg, 20. 5. 2022 – 12 TaBV 4/21, BeckRS 2022, 13788 (Rn. 45).

„zweistufige Vorprüfung“,[1340] bevor Daten an den Betriebsrat herausgegeben werden können. In einem ersten Schritt muss der Betriebsrat demnach schlüssig darlegen, dass ein betriebsverfassungsrechtlicher Aufgabenbezug besteht.[1341] Danach ist in einem zweiten Schritt zu prüfen, dass auch datenschutzrechtliche Erwägungen dem Anspruch nicht entgegenstehen.[1342]

Diese vom LAG Baden-Württemberg getroffene Entscheidung zur Verweigerung eines Auskunftsbegehrens des Betriebsrats nach § 80 Abs. 2 S. 1 BetrVG stützt sich im Wesentlichen auf die Rechtsprechung des BAG. Dieses entschied bereits vor der Einführung des § 79a BetrVG, dass das Gremium bei einem Auskunftsverlangen gem. § 80 Abs. 2 S. 2 BetrVG gegenüber dem Arbeitgeber einen konkreten betriebsverfassungsrechtlichen Aufgabenbezug nachzuweisen hat[1343] sowie die Belange des Datenschutzes dabei zu beachten sind.[1344] Das BAG hob hervor, dass der Arbeitgeber bei der Weitergabe sensitiver Daten es aufgrund der Unabhängigkeit des Betriebsrats nicht in der Hand habe, ob dieser auch tatsächlich die Vorgaben des Datenschutzes wahrt.[1345] Daher hat der Betriebsrat bei der Weitergabe von sensitiven Daten darzulegen, dass er spezifische Maßnahmen getroffen hat, welche dem schutzwürdigen Interesse der betroffenen Arbeitnehmer gerecht werden.[1346] Den Betriebsrat trifft insoweit, unabhängig davon, ob er Verantwortlicher i. S. d. Art. 4 Nr. 7 DS-GVO ist oder nur ein Teil der verantwortlichen Stelle, eine spezifische Schutzpflicht.[1347]

Das BAG hat diese Entscheidung des LAG Baden-Württemberg im Hinblick auf das mögliche Auskunftsverweigerungsrecht des Arbeitgebers gegenüber dem Betriebsrat bei einem fehlenden Nachweis entsprechender Schutzmaßnahmen i. S. d. § 22 Abs. 2 BDSG inzwischen auch für die Rechtslage nach Einführung des § 79a BetrVG bestätigt.[1348] Ein Informationsanspruch des Betriebsrats sei in einem solchen Fall ausgeschlossen.[1349] Gleichwohl hält es auch an seiner bisherigen Rechtsprechung fest,[1350] wonach es dabei auf die Frage, ob der Betriebsrat oder der

[1340] *Heuer/Sorber*, ArbRAktuell 2022, 445.

[1341] LAG Baden-Württemberg, 20. 5. 2022 – 12 TaBV 4/21, BeckRS 2022, 13788 (Rn. 46); *Heuer/Sorber*, ArbRAktuell 2022, 445.

[1342] LAG Baden-Württemberg, 20. 5. 2022 – 12 TaBV 4/21, BeckRS 2022, 13788 (Rn. 46); *Heuer/Sorber*, ArbRAktuell 2022, 445.

[1343] BAG, 9. 4. 2019 – 1 ABR 51/17, AP Nr. 86 zu § 80 BetrVG 1972 (Rn. 12 f., 39).

[1344] BAG, 9. 4. 2019 – 1 ABR 51/17, AP Nr. 86 zu § 80 BetrVG 1972 (Rn. 40).

[1345] BAG, 9. 4. 2019 – 1 ABR 51/17, AP Nr. 86 zu § 80 BetrVG 1972 (Rn. 47).

[1346] BAG, 9. 4. 2019 – 1 ABR 51/17, AP Nr. 86 zu § 80 BetrVG 1972 (Rn. 47).

[1347] BAG, 9. 4. 2019 – 1 ABR 51/17, AP Nr. 86 zu § 80 BetrVG 1972 (Rn. 47); zur ausführlichen Darstellung dieser Entscheidung vgl. auch *Ch. Weber*, FS Schmidt (2021), 637 ff.

[1348] BAG 9. 5. 2023 – 1 ABR 14/22, AP Nr. 92 § 80 BetrVG 1972 (Rn. 70).

[1349] BAG 9. 5. 2023 – 1 ABR 14/22, AP Nr. 92 § 80 BetrVG 1972 (Rn. 70).

[1350] BAG, 9. 4. 2019 – 1 ABR 51/17, AP Nr. 86 zu § 80 BetrVG 1972 (Rn. 47).

Arbeitgeber der Verantwortliche nach Art. 4 Nr. 7 DS-GVO ist, nicht ankomme.[1351] Denn den Betriebsrat würden die Verpflichtungen gem. Art. 9 Abs. 2 b) i. V. m. § 26 Abs. 3, § 22 Abs. 2 BDSG unabhängig von seiner datenschutzrechtlichen Stellung treffen.[1352]

Vor diesem Hintergrund der Rechtsprechung des BAG könnte zunächst zu folgern sein, dass die Ernennung des Arbeitgebers zum Verantwortlichen in § 79a S. 2 BetrVG für Datenverarbeitungen des Betriebsrats keinen Einfluss auf den Informationsanspruch nach § 80 Abs. 2 S. 2 BetrVG hat. Schon vor der Einführung des § 79a BetrVG musste der Betriebsrat gegenüber dem Arbeitgeber einen betriebsverfassungsrechtlichen Aufgabenbezug nachweisen und Maßnahmen darlegen, welche die berechtigten Interessen der betroffenen Arbeitnehmer wahrten. Konnte der Betriebsrat einer dieser beiden Anforderungen nicht nachkommen, war der Arbeitgeber dazu berechtigt, die Datenweitergabe an den Betriebsrat zu verweigern.

Der Unterschied zu der Rechtslage vor § 79a BetrVG liegt bei der Entscheidung des LAG Baden-Württemberg und der darauffolgenden des BAG allerdings nun darin, dass der Arbeitgeber ausdrücklich für die Datenverarbeitungen des Betriebsrats verantwortlich ist.[1353] Der Betriebsrat ist gem. § 79a S. 2 BetrVG ein Teil der verantwortlichen Stelle, womit der Arbeitgeber gegenüber den betroffenen Arbeitnehmern für deren Datenverarbeitungen einzustehen hat.[1354] Der Arbeitgeber ist deshalb nicht nur dazu berechtigt, dem Betriebsrat die Datenweitergabe zu verweigern, wenn dieser die datenschutzrechtlichen Belange der Arbeitnehmer nicht berücksichtigt, sondern sogar dazu verpflichtet.[1355] Kommt der Arbeitgeber dieser Verpflichtung nicht nach, dann setzt er sich Schadensersatzansprüchen und Bußgeldern nach Art. 82 f. DS-GVO aus.[1356] Dem BAG ist damit zwar insoweit zuzustimmen, dass den Betriebsrat die Verpflichtungen nach Art. 9 Abs. 2 b) i. V. m. § 26 Abs. 3, § 22 Abs. 2 BDSG unabhängig von seiner datenschutzrechtlichen Stellung treffen, da auch § 79a S. 1 BetrVG das Gremium zur Einhaltung des Datenschutzes anhält. Anderseits betrifft die Datenweitergabe an den Betriebsrat den Arbeitgeber aufgrund von § 79a S. 2 BetrVG nun aber auch finanziell, weshalb dieser in Zukunft noch mehr darauf bedacht sein wird, zu überprüfen, ob der Betriebsrat seiner konkreten Darlegungslast bei Informationsansprüchen nachkommt.

[1351] BAG 9. 5. 2023 – 1 ABR 14/22, AP Nr. 92 § 80 BetrVG 1972 (Rn. 57).

[1352] BAG 9. 5. 2023 – 1 ABR 14/22, AP Nr. 92 § 80 BetrVG 1972 (Rn. 57); vgl. dazu auch *Witteler*, NJW 2024, 16 (17 ff.).

[1353] Ausdrücklich offengelassen: BAG, 9. 4. 2019 – 1 ABR 51/17, AP Nr. 86 zu § 80 BetrVG 1972 (Rn. 47).

[1354] Vgl. dazu Teil 4, Abschnitt 3, A. III.

[1355] Zu dieser Problematik bereits vor § 79a BetrVG, *Fuhlrott*, ArbRAktuell 2019, 408 (409 f.).

[1356] *Fuhlrott*, ArbRAktuell 2019, 408 (409 f.).

Insoweit besteht sowohl bei der Entscheidung des BAG als auch bei der des LAG Baden-Württemberg die Besonderheit, dass es sich jeweils um sensitive Daten i. S. d. Art. 9 Abs. 1 DS-GVO handelt. Bei einem Auskunftsbegehren des Betriebsrats nach § 80 Abs. 2 S. 2 BetrVG gibt § 26 Abs. 3 S. 1 HS. 2 BDSG, als Ausnahme zum grundsätzlichen Verarbeitungsverbot von sensitiven Daten gem. Art. 9 Abs. 1 DS-GVO, daher vor, dass bei einer Verarbeitung solcher Daten kein schutzwürdiges Interesse der betroffenen Personen entgegenstehen darf. Der Betriebsrat ist deshalb zur Darlegung angemessener und spezifischer Sicherungsmaßnahmen bereits über Art. 9 Abs. 1 DS-GVO i. V. m. §§ 26 Abs. 3 S. 1, S. 3, 22 Abs. 2 BDSG verpflichtet. Weitaus häufiger wird es in der Praxis aber vorkommen, dass der Betriebsrat Auskunft über Daten begehrt, welche keine sensitiven Daten gem. Art. 9 Abs. 1 DS-GVO sind. Die Rechtmäßigkeit der Datenverarbeitung richtet sich für den Betriebsrat damit regelmäßig nach Art. 6 Abs. 1 c) DS-GVO, wonach eine rechtliche Verpflichtung und damit die Darlegung eines Aufgabenbezuges nach der Betriebsverfassung ausreichend sind, um eine rechtmäßige Verarbeitung zu gewährleisten. Gleichwohl hat der datenschutzrechtliche Verantwortliche z. B. nach Art. 30, 32 DS-GVO weiterhin für die Datensicherheit während der Verarbeitung einzustehen. Aufgrund der strukturellen Unabhängigkeit des Betriebsrats ist es dem Arbeitgeber aber grundsätzlich nicht möglich, die Einhaltung solcher datenschutzrechtlichen Vorschriften sicherzustellen, sobald sie in die Sphäre des Betriebsrats gelangt sind. Für den Arbeitgeber stellt sich daher die praktisch relevante Frage, ob er dem Betriebsrat nicht über das Unterstützungsgebot des nach § 79a S. 3 i. V. m. § 79a S. 1 BetrVG zumindest vorübergehend die Datenweitergabe verweigern kann, bis das Gremium datenschutzrechtliche Vorgaben, wie z. B. nach Art. 30, 32 DS-GVO erfüllt. Das Unterstützungsgebot als Ausformung der vertrauensvollen Zusammenarbeit gem. § 2 Abs. 1 BetrVG ermöglicht es dem Arbeitgeber bereits, den Betriebsrat zur Umsetzung bestimmter datenschutzrechtlicher Vorgaben zu verpflichten, sofern es dadurch nicht zu einer unzulässigen Einschränkung in dessen Unabhängigkeit kommt. Umgekehrt würde es dem Gebot der vertrauensvollen Zusammenarbeit und damit auch dem Unterstützungsgebot nach § 79a S. 3 i. V. m. § 79a S. 1 BetrVG aber widersprechen, wenn der Arbeitgeber dem Betriebsrat personenbezogene Daten von Arbeitnehmern übermitteln müsste, obwohl er sich nicht sicher sein kann, dass das Gremium die datenschutzrechtlichen Verpflichtungen überhaupt wahren kann. Das aus Art. 82 Abs. 1 DS-GVO erwachsende Risiko einer Haftung für den Arbeitgeber wird den Betriebsrat regelmäßig dazu verpflichten, darzulegen, dass er konkrete datenschutzrechtliche Vorgaben bei der Verarbeitung von Arbeitnehmerdaten einhalten kann, bevor der Arbeitgeber ihm diese übermitteln muss.[1357]

Ein weiterer Konflikt, der in diesem Zusammenhang auftreten kann, ist, dass der Arbeitgeber dem Gremium die Weitergabe von personenbezogenen Daten gem.

[1357] In diese Richtung, allerdings vor § 79a BetrVG, wohl auch *Fuhlrott*, ArbRAktuell 2019, 408 (409 f.).

§ 79a S. 3 i. V. m. § 79a S. 1 BetrVG verweigern könnte, wenn der Betriebsrat in der Vergangenheit bereits mehrmals datenschutzrechtlichen Anweisungen des Arbeitgebers nicht nachgekommen ist. Den Verantwortlichen trifft z. B. nach Art. 17 Abs. 1 a) DS-GVO die Verpflichtung, personenbezogene Daten unmittelbar zu löschen, wenn der Zweck, für den sie erhoben wurden, weggefallen ist. Kam der Betriebsrat bei seiner Verarbeitung dieser Verpflichtung für den Arbeitgeber aber bereits mehrmals in der Vergangenheit nicht nach, dann wird ihm auch in einem solchen Fall ein Recht zur Verweigerung der Datenweitergabe an den Betriebsrat gem. § 79a S. 3 i. V. m. § 79a S. 1 BetrVG zustehen.[1358] Denn dieser missachtete das Gebot der vertrauensvollen Zusammenarbeit dadurch, dass er den datenschutzrechtlichen Pflichten für den Arbeitgeber nicht nachkam.

Regelmäßig wird jedoch auch der Verdacht bestehen, dass der Arbeitgeber diese datenschutzrechtlichen Argumente nur vorschiebt, um unliebsame Auskunftsbegehren des Betriebsrats zu verhindern oder zumindest zu verzögern. Der Arbeitgeber datenschutzrechtliche Vorwände somit nur als taktisches Druckmittel nutzt, um dem Betriebsrat die Arbeit zu erschweren.[1359] Obwohl § 79a S. 3 BetrVG eine Ausformung des Gebots der vertrauensvollen Zusammenarbeit darstellt, wird diese dadurch eher gefährdet als gefördert.

3. Vereinbarkeit von § 79a S. 3 BetrVG mit dem Europarecht

Im Zusammenhang mit der Unterstützungspflicht nach § 79a S. 3 BetrVG wird die Auffassung vertreten, dass, wenn der Arbeitgeber für die Datenverarbeitung des Betriebsrats verantwortlich ist, er diesen auch zur Vornahme und zur Unterlassung bestimmter Datenverarbeitungen anweisen können muss.[1360] Dies soll daher auf der Rechtsfolgenseite die Konsequenz nach sich ziehen, dass sich der Arbeitgeber aufgrund des Vorrangs der unionsrechtlichen Regelungen in der DS-GVO immer gegenüber dem Betriebsrat durchsetzt und damit auch dessen betriebsverfassungsrechtliche Unabhängigkeit einschränken kann.[1361] Dies komme jedoch einer Entmachtung des Betriebsrats gleich, welche auch nicht durch das Kooperationsgebot hinreichend aufgefangen werde.[1362]

Zuzustimmen ist dieser Auffassung insoweit, dass es durch die Zuweisung der Verantwortlichkeit nach Art. 4 Nr. 7 DS-GVO an den Arbeitgeber zu einer Einschränkung der betriebsverfassungsrechtlichen Unabhängigkeit kommen muss, um den Arbeitgeber nicht gänzlich schutzlos etwaigen Schadensersatzansprüchen und Sanktionen auszusetzen. Nach der hier vertretenen Auffassung findet das Unions-

---

[1358] A. A. ohne nähere Begründung *Guhl*, öAT 2023, 202 (203).

[1359] Vgl. auch *Sorber*, BB 2022, 2868 (2871).

[1360] *Schulze*, ArbRAktuell 2021, 211 (212).

[1361] *Schulze*, ArbRAktuell 2021, 211 (212).

[1362] *Schulze*, ArbRAktuell 2021, 211 (212).

recht in Form der DS-GVO durch die nur im Bereich der Vertretung von kollektiven Arbeitnehmerinteressen nach Art. 153 Abs. 1 f) AEUV i.V.m. Art. 153 Abs. 5 AEUV bestehende Richtlinienkompetenz seine Grenzen dort, wo dieses zu einer strukturellen Veränderung der Betriebsverfassung führen würde.[1363] Eine unionsrechtskonforme Erweiterung des § 79a S. 3 BetrVG und die damit verbundene Entmachtung des Betriebsrats würden jedoch einen strukturellen und damit kompetenzüberschreitenden Eingriff darstellen. Folglich verdrängt die DS-GVO das BetrVG im Rahmen des § 79a S. 3 BetrVG nicht.

4. Auswirkungen von § 79a S. 3 BetrVG auf die Entscheidungsfindung

Die aus § 79a S. 3 BetrVG resultierende Unterstützungspflicht stellt eine Konkretisierung des Gebotes der vertrauensvollen Zusammenarbeit nach § 2 Abs. 1 BetrVG dar und ermöglicht es dem Arbeitgeber, seine datenschutzrechtlichen Verpflichtungen gegenüber dem Betriebsrat durchzusetzen. Verarbeitet der Betriebsrat rechtswidrig Daten, kann der Arbeitgeber diesen dazu anweisen, die Datenverarbeitung rechtmäßig zu gestalten oder auch ganz zu beenden. Nach der hier vertretenen Auffassung wird dieses aus § 79a S. 3 i.V.m. § 79a S. 1 BetrVG resultierende Weisungsrecht des Arbeitgebers jedoch durch die betriebsverfassungsrechtliche Unabhängigkeit des Betriebsrats begrenzt. Es ist eine Abwägung zwischen dem Interesse des Arbeitgebers, die Einhaltung der datenschutzrechtlichen Vorschriften zu gewährleisten, und dem Interesse des Betriebsrats, unabhängig vom Arbeitgeber zu agieren, vorzunehmen, wobei der betriebsverfassungsrechtlichen Unabhängigkeit eine stärkere Gewichtung einzuräumen ist. Eine Einflussnahme auf die Entscheidungsfindung in der Betriebsratssitzung ist daher nur in Ausnahmefällen anzunehmen. Ein Eingriff in die betriebsverfassungsrechtliche Unabhängigkeit läge z.B. noch nicht vor, wenn der Arbeitgeber dem Betriebsrat aus datenschutzrechtlich nachvollziehbaren Gründen eine Videokonferenz mit einem bestimmten Programm untersagt,[1364] solange es dem Gremium möglich ist, ein anderes Programm zu verwenden. Würde hingegen eine Videokonferenz aufgrund eines Verbots des Arbeitgebers gänzlich unterbleiben, dann wäre der Betriebsrat nicht zur Umsetzung der datenschutzrechtlichen Weisung nach § 79a S. 3 BetrVG verpflichtet.

In diesem Zusammenhang ist hervorzuheben, dass es andere Auffassungen in der Literatur gibt, welche von einer wesentlich weitreichenderen Unterstützungspflicht ausgehen. Würde nach diesen Auffassungen der Arbeitgeber sich bei grundsätzlich jeder rechtswidrigen Datenverarbeitung des Betriebsrats diesem gegenüber durchsetzen,[1365] dann fällt die Einflussnahme auf die Entscheidungsfindung des Gremi-

---

[1363] Vgl. Teil 2, Abschnitt 2, B. I. 1.

[1364] Vgl. dazu die Problematik zur Datenübermittlung in Drittländer in Teil 3, C. II.

[1365] *Schulze*, ArbRAktuell 2021, 211 (212).

ums wesentlich umfangreicher aus. Würde der Betriebsrat zum Beispiel eine Mitarbeiterbefragung gem. § 80 Abs. 1 Nr. 1, Abs. 2 BetrVG in einer seiner Sitzungen beschließen wollen, könnte der Arbeitgeber Einfluss darauf nehmen, indem er manchen Fragen oder gegebenenfalls der gesamten Umfrage datenschutzrechtliche Einwände entgegenhält. Zumindest nach der hier vertretenen Ansicht würde ein stetiger Vorrang der DS-GVO gegenüber der Betriebsverfassung aber die Kompetenz des Unionsgesetzgebers nach Art. 153 Abs. 1 f) AEUV i.V.m. Art. 153 Abs. 5 AEUV überschreiten.

Der Arbeitgeber kann dem Betriebsrat nach § 79a S. 3 BetrVG aber nicht nur Weisungen erteilen, sondern diesem auch aus datenschutzrechtlichen Gründen Arbeitnehmerdaten vorenthalten.[1366] Hat der Betriebsrat in seinen Sitzungen nicht alle Informationen über Arbeitnehmer, die er benötigt, dann kann er seine Beteiligungsrechte nicht effektiv ausüben. Auf die Entscheidungsfindung des Betriebsrats kann dies insbesondere deshalb umfangreiche Auswirkungen haben, da der Arbeitgeber den Datenschutz nur als Vorwand nutzen könnte,[1367] um dem Gremium notwendige Informationen zu verwehren. Selbst wenn der Arbeitgeber in einem späteren gerichtlichen Verfahren zur Weitergabe verpflichtet wird, kann dies die Entscheidungsfindung im Betriebsrat zumindest erheblich verzögern.

II. Neue Befugnisse des Datenschutzbeauftragten

Nach bisheriger Rechtsprechung des BAG gilt der betriebliche Datenschutzbeauftragte als „verlängerter Arm“[1368] des Arbeitgebers, welcher keine „neutrale Stellung“ zwischen Arbeitgeber und Betriebsrat einnimmt.[1369] Aufgrund seiner möglichen Kontrollrechte gegenüber dem Betriebsrat würde der vom Arbeitgeber bestellte Datenschutzbeauftragte die gesetzlich vorgeschriebene Unabhängigkeit des Gremiums beeinträchtigen,[1370] weshalb ihm ein solches Kontrollrecht nicht zustehen könne.

Diese Rechtsprechung könnte im Hinblick auf den neu eingeführten § 79a BetrVG nun hinfällig geworden sein. Nach § 79a S. 4 BetrVG ist der Datenschutzbeauftragte gegenüber dem Arbeitgeber zur Verschwiegenheit verpflichtet, sofern sich Rückschlüsse auf den Meinungsbildungsprozess des Betriebsrats ziehen lassen. Über die Betriebsratsarbeit kann der Datenschutzbeauftragte aber nur etwas ver-

[1366] Teil 4, Abschnitt 3, C. I. 2.

[1367] Vgl. *Sorber*, BB 2022, 2868 (2871).

[1368] BAG 11.11.1997 – 1 ABR 21/97, AP Nr. 15 zu § 36 BDSG (unter B. III. 2. c. bb. (2) der Gründe).

[1369] BAG 11.11.1997 – 1 ABR 21/97, AP Nr. 15 zu § 36 BDSG (unter B. III. 2. c. bb. der Gründe).

[1370] BAG 11.11.1997 – 1 ABR 21/97, AP Nr. 15 zu § 36 BDSG (unter B. III. 2. c. bb. der Gründe).

schweigen, wenn er Einblicke und somit auch Kontrollmöglichkeiten hat. Zwar ergibt sich daraus allein noch keine ausdrückliche Zuständigkeit des Datenschutzbeauftragten für den Betriebsrat, jedoch wird diese explizit von der Gesetzesbegründung klargestellt, wonach Stellung und Aufgaben des Datenschutzbeauftragten auch gegenüber dem Betriebsrat als Teil der verantwortlichen Stelle bestehen.[1371] Der Datenschutzbeauftragte hat sich dabei nach Art. 38 und 39 DS-GVO der Datenschutzgrundverordnung zu richten.[1372] Aufgrund dieser Klarstellungen des Gesetzgebers könnte daher die bisherige Rechtsprechung als überholt angesehen werden.[1373]

Gleichwohl wird in Teilen der Literatur darauf hingewiesen, dass sich an dem Kernproblem der alten Rechtsprechung auch unter Geltung der neuen Rechtslage mit § 79a S. 4 BetrVG nichts geändert habe.[1374] Der betriebliche Datenschutzbeauftragte wird nach Art. 37 Abs. 1 DS-GVO immer noch vom Verantwortlichen bestimmt und ist damit nicht unabhängig von diesem.[1375] Eine neutrale Stellung komme diesem damit keineswegs zu.[1376] Weiterhin könne auch die in § 79a S. 4 BetrVG geregelte Verschwiegenheitspflicht nichts daran ändern, dass der Datenschutzbeauftragte im Lager des Arbeitgebers stehe.[1377] Die Vorschrift würde daher nur regeln, dass der Datenschutzbeauftragte derartige Informationen „erlangen“ und nicht etwa „verlangen“ könne.[1378] Letztlich rege auch die Begründung im Konjunktiv an, dass der Betriebsrat die Beratung des Datenschutzbeauftragten in Anspruch nehmen sollte.[1379] Dies impliziert aber zum einen kein „Müssen“ und zum anderen werde eine solche beidseitige Zusammenarbeit nur dann möglich, wenn der Betriebsrat nicht befürchten muss, dass Interna nach außen getragen werden.[1380]

Wird zunächst der Wortlaut des § 79a S. 4 BetrVG betrachtet, ist festzustellen, dass der Datenschutzbeauftragte stets zur Verschwiegenheit gegenüber dem Arbeitgeber verpflichtet ist, sobald dadurch Rückschlüsse auf den Meinungsbildungsprozess im Betriebsrat gezogen werden können. Die Verschwiegenheit bezieht sich damit nicht nur auf Verarbeitungsvorgänge bei personenbezogenen Daten

---

[1371] BT-Drs. 19/28899, 22.

[1372] BT-Drs. 19/28899, 22.

[1373] *Fitting*, BetrVG, § 79a Rn. 66; GK-BetrVG/*Franzen*, § 79a Rn. 14; *ders.*, FA 2021, 222 (225); *Maschmann*, NZA 2021, 834 (836); *Schiefer/Worzalla*, NZA 2021, 817 (822); bereits vor § 79a S. 4 BetrVG ein Kontrollrecht annehmend: *Lücke*, NZA 2019, 658 (667 f.).

[1374] DKW/*Buschmann*, BetrVG, § 79a Rn. 22; *Götz*, Datenschutzverstöße des Betriebsrats, 134.

[1375] DKW/*Buschmann*, BetrVG, § 79a Rn. 21.

[1376] DKW/*Buschmann*, BetrVG, § 79a Rn. 21.

[1377] DKW/*Buschmann*, BetrVG, § 79a Rn. 21.

[1378] DKW/*Buschmann*, BetrVG, § 79a Rn. 22.

[1379] DKW/*Buschmann*, BetrVG, § 79a Rn. 22.

[1380] DKW/*Buschmann*, BetrVG, § 79a Rn. 22.

durch den Betriebsrat, sondern grundlegend auf jegliche Information,[1381] welche einen solchen Rückschluss zulassen könnte. Selbst wenn es also zu einem Datenschutzverstoß innerhalb des Betriebsrats kommen sollte, der Arbeitgeber aber dadurch Rückschlüsse auf den Meinungsbildungsprozess ziehen könnte, wäre der Datenschutzbeauftragte trotzdem zur Verschwiegenheit verpflichtet. Der Gesetzgeber räumt der betriebsverfassungsrechtlichen Unabhängigkeit damit eine größere Bedeutung als dem Datenschutzrecht ein. Kommt der betriebsverfassungsrechtlichen Unabhängigkeit jedoch ein solcher Vorrang zu, dann ist im Ergebnis zunächst kein wirklicher Unterschied zu der bisherigen Rechtsprechung des BAG erkennbar, welche eine Überwachung des Betriebsrats letztlich mit dem Argument ausschloss, dass dadurch dessen Unabhängigkeit gefährdet werden könnte. Sowohl nach bisheriger Rechtsprechung als auch nach § 79a S. 4 BetrVG wird daher die Unabhängigkeit des Betriebsrats zumindest theoretisch höher gewichtet als die effektive Gewährleistung des Datenschutzes.

Indes ist es fraglich, inwieweit diese Theorie der Praxis wirklich gerecht werden kann. Bereits das BAG führte an, dass, selbst wenn eine Verschwiegenheitspflicht des Datenschutzbeauftragten bestehen würde, die praktische Wirksamkeit dieses Schutzes doch zweifelhaft wäre.[1382] Die Unterwerfung des Betriebsrats unter die Kontrollbefugnis des Datenschutzbeauftragten würde einem Vertreter der Arbeitgeberseite Zugang zu grundsätzlich allen Dateien eröffnen, auch wenn diese keine personenbezogenen Daten beinhalten.[1383] Letztlich würde dem Datenschutzbeauftragten dadurch eine Kontrollbefugnis eingeräumt, welche dem Arbeitgeber im Verhältnis zum Betriebsrat eigentlich nicht zusteht.[1384]

Das BAG teilt die Kontrolle des Datenschutzbeauftragten damit im Prinzip in zwei Phasen auf. In der ersten Phase geht es um die reine Informationsbeschaffung, also die Klärung von Fragen, welche Daten der Betriebsrat verarbeitet, wie er diese verarbeitet und ob er sich dabei an geltendes Datenschutzrecht hält. In der zweiten Phase wird darauf abgestellt, wie der Datenschutzbeauftragte mit diesen Informationen umgeht, d. h., ob er dem Arbeitgeber über bestimmte Verarbeitungsvorgänge berichtet und sofern er dies tut, in welchem Umfang dies geschieht.

Die Verschwiegenheitspflicht des Datenschutzbeauftragten nach § 79a S. 4 BetrVG bezieht sich jedoch nur auf die zweite Phase der Kontrolle. Die erste Phase (Informationsbeschaffung) wird dadurch nicht beschränkt, weshalb der Datenschutzbeauftragte, unabhängig von seiner Verschwiegenheitspflicht, ein volles

[1381] BT-Drs. 19/29819, 17; *Fitting*, BetrVG, § 79a Rn. 67; GK-BetrVG/*Franzen*, § 79a Rn. 14.

[1382] BAG 11.11.1997 – 1 ABR 21/97, AP Nr. 15 zu § 36 BDSG (unter B. III. 2. c. bb. (2) der Gründe).

[1383] BAG 11.11.1997 – 1 ABR 21/97, AP Nr. 15 zu § 36 BDSG (unter B. III. 2. c. bb. (3) der Gründe).

[1384] BAG 11.11.1997 – 1 ABR 21/97, AP Nr. 15 zu § 36 BDSG (unter B. III. 2. c. bb. (3) der Gründe).

Zugriffsrecht auf die Daten des Betriebsrats hat.[1385] Ein solches stand ihm nach der bisherigen Rechtsprechung des BAG aber gerade nicht zu, da ihm diese jegliche Kontrolle rudimentär untersagte. Der Datenschutzbeauftragte kann daher Informationen vom Betriebsrat „verlangen“ und ist für ein „Erlangen“ nicht etwa auf die Mithilfe des Betriebsrats angewiesen. Daran ändert auch nichts die Gesetzesbegründung, wenn sie anführt, der Betriebsrat „solle“ die Beratung des Datenschutzbeauftragten in Anspruch nehmen. Denn unabhängig davon, ob er diese Möglichkeit einer Beratung in Anspruch nimmt oder nicht, kann der Datenschutzbeauftragte nun nach § 79a S. 4 BetrVG in vollem Umfang auf die vom Betriebsrat verarbeiteten personenbezogenen Daten zugreifen. Dieses Kontrollrecht ist von keiner vorherigen Beratung abhängig.

Festgehalten werden kann damit, dass durch die Einführung des § 79a S. 4 BetrVG zumindest in Teilen eine Abkehr von der alten Rechtsprechung vorliegt. Zwar wird die Unabhängigkeit des Betriebsrats nach wie vor höher gewichtet als die zumindest im Einzelfall effektive Durchsetzung des Datenschutzrechts. Allerdings steht dem Datenschutzbeauftragten nun ein Zugriffsrecht auf die personenbezogenen Daten zu, welche vom Betriebsrat verarbeitet werden.[1386]

1. Praktische Effektivität der Verschwiegenheitspflicht nach § 79a S. 4 BetrVG

Daran anknüpfend stellt sich insbesondere für den Betriebsrat die Frage, wie effektiv die Verschwiegenheitspflicht zur Wahrung der betriebsverfassungsrechtlichen Unabhängigkeit in der betrieblichen Praxis ist. Zwar darf nach § 79a S. 4 BetrVG der betriebliche Datenschutzbeauftragte keinerlei Informationen teilen, welche Rückschlüsse auf den Meinungsbildungsprozess des Betriebsrats zulassen. Gleichwohl ist eine solche Verschwiegenheitspflicht nach § 79a S. 4 BetrVG praktisch nur dann wirksam, wenn der Datenschutzbeauftragte tatsächlich eine unabhängige Stellung gegenüber dem Arbeitgeber innehat.

[1385] LAG Baden-Württemberg, 20. 5. 2022 – 12 TaBV 4/21, BeckRS 2022, 13788 (Rn. 57); in diese Richtung auch *Grimm/Vitt*, ArRB 2021, 279 (282).

[1386] I. E. *Brink/Joos*, NZA 2021, 1440 (1442); *Fitting*, BetrVG, § 79a Rn. 66; GK-BetrVG/*Franzen*, § 79a Rn. 14; *Friedrichsen*, § 79a BetrVG, 82; *Gaul/Kaule*, ArbRB 2021, S4; *Horstmeier*, BB 2022, 116 f.; Löwisch/Kaiser/*Klumpp*, BetrVG, § 79a Rn. 17; *Lembke/Fischels/Djordjevic*, NJW 2022, 292 (293); *Maschmann*, NZA 2021, 834 (836); *Rolfs/Wolf*, ZIP 2021, 1895 (1901); *Schiefer/Worzalla*, NZA 2021, 817 (822); *Schulze*, ArbRAktuell 2021, 211 (212); a. A.: DKW/*Buschmann*, BetrVG, § 79a Rn. 22; *Götz*, Datenschutzverstöße des Betriebsrats, 134 f.; *Möllenkamp*, DB 2021, 1198 (1202); *Rüdesheim*, AuR 2021, 344 (346); *Rüdesheim/Middel*, AiB 9/2021, 30 (34); Bereits vor § 79a S. 4 BetrVG eine Kontrollmöglichkeit annehmend: *Flink*, Beschäftigtendatenschutz, 289 f.

Aufgrund der bisherigen Rechtsprechung des BAG, welche den betrieblichen Datenschutzbeauftragten als „verlängerten Arm des Arbeitgebers“[1387] bezeichnet, könnten dabei jedoch eher Zweifel gehegt werden.[1388] So wird der Datenschutzbeauftragte gem. Art. 37 Abs. 1 DS-GVO vom Verantwortlichen benannt und kann gem. Art. 37 Abs. 6 DS-GVO zugleich bei diesem beschäftigt sein. Die Wahrscheinlichkeit, dass ein Arbeitgeber einen möglichst loyalen Mitarbeiter zum Datenschutzbeauftragten ernennt, liegt daher nahe.[1389] Hinzu kommt, dass nach Art. 38 Abs. 3 S. 3 DS-GVO der Datenschutzbeauftragte unmittelbar der höchsten Managementebene zu berichten hat, wodurch die konkrete Befürchtung mancher Betriebsräte bestehen könnte, dass auch Informationen an den Arbeitgeber weitergeleitet werden, aus denen Rückschlüsse auf den Meinungsbildungsprozess des Betriebsrats gezogen werden können.

Dem kann allerdings entgegengehalten werden, dass der betriebliche Datenschutzbeauftragte gem. Art. 38 Abs. 3 S. 1 DS-GVO weisungsfrei vom Verantwortlichen ist, dem Arbeitgeber also kein Instruktionsrecht zusteht, mit dem er den Datenschutzbeauftragten dazu auffordern könnte, den Betriebsrat einer datenschutzrechtlichen Überprüfung zu unterziehen.[1390] Geschützt wird diese Weisungsfreiheit durch Art. 38 Abs. 2 S. 2 DS-GVO, wonach der Datenschutzbeauftragte vom Verantwortlichen aufgrund der Erfüllung seiner Aufgaben weder abberufen noch benachteiligt werden darf. Zumindest theoretisch dürfen dem Datenschutzbeauftragten damit auch keine Beförderungen oder Gehaltssteigerungen vorenthalten werden, welche der Arbeitgeber als mögliche Gegenleistung für eine etwaige Überwachung oder Ähnliches verwenden könnte.

Allerdings steht es dem Verantwortlichen trotz dieser generellen Unabhängigkeit des Datenschutzbeauftragten zu, dessen Amtsausübung zu überwachen.[1391] Einem Auskunftsverlangen des Verantwortlichen muss der betriebliche Datenschutzbeauftragte daher nachkommen. Selbst wenn er dabei weiterhin an Geheimhaltungspflichten wie § 79a S. 4 BetrVG gebunden ist, muss der Betriebsrat letztlich trotzdem darauf vertrauen, dass keine Informationen weitergegeben werden, welche Rückschlüsse auf den Meinungsbildungsprozess zulassen. Dieses Vertrauen könnte insbesondere hinsichtlich der praktischen Schwierigkeiten bei der Informationstrennung schwerfallen.[1392]

[1387] BAG 11.11.1997 – 1 ABR 21/97, AP Nr. 15 zu § 36 BDSG (unter B. III. 2. c. bb. (2) der Gründe).

[1388] So DKW/*Buschmann*, BetrVG, § 79a Rn. 21; *Horstmeier*, BB 2022, 116; *Maschmann*, FS Schmidt (2021), 353 (365); *Rüdesheim/Middel*, AiB 9/2021, 30 (31 f.).

[1389] *Rüdesheim/Middel*, AiB 9/2021, 30 (33): „Es bestünde die Gefahr, dass Arbeitgeber ihre Datenschutzbeauftragten instrumentalisieren und die Unabhängigkeit des Betriebsrats angreifen“.

[1390] Taeger/Gabel/*Scheja*, DS-GVO, Art. 38 Rn. 60.

[1391] BeckOKD/*Moos*, DS-GVO, Art. 38 Rn. 20; Taeger/Gabel/*Scheja*, DS-GVO, Art. 38 Rn. 63.

[1392] *Rüdesheim/Middel*, AiB 9/2021, 30 (32).

Dass es dem Gesetzgeber aber gerade auch wichtig war, dass jedes einzelne Mitglied das Gefühl der Vertraulichkeit beim Meinungsbildungsprozess besitzt, zeigen allein die Vorschriften zur Betriebsratssitzung in § 30 Abs. 2 S. 4 BetrVG und § 30 Abs. 2 S. 1 Nr. 3 BetrVG sowie § 30 Abs. 2 S. 2 BetrVG, welche die Nichtöffentlichkeit und das Aufzeichnungsverbot normieren. Diese Vorschriften bezwecken neben dem konkreten Schutz der Vertraulichkeit auch, dass die einzelnen Mitglieder während der Sitzungen nicht das Gefühl haben, heimlich belauscht bzw. aufgezeichnet zu werden.[1393] Nicht ganz widerspruchsfrei wäre daher, wenn dieses Gefühl der Vertraulichkeit dadurch verloren ginge, dass der Betriebsrat befürchten müsste, vertrauliche Informationen könnten vom Datenschutzbeauftragten nach außen getragen werden. Denn wie bereits aufgezeigt vermag die Geheimhaltungspflicht nach § 79a S. 4 BetrVG dieses Gefühl der Vertraulichkeit nur bedingt herzustellen.

Umgangen werden könnte dieses Problem möglicherweise dann, wenn dem Betriebsrat bei der Bestellung des Datenschutzbeauftragten entweder ein Mitbestimmungsrecht zusteht oder sogar ein Mitglied des Betriebsrats selbst diese Position ausfüllen könnte. Neben der Geheimhaltungspflicht würde dann ein zusätzlicher Schutzmechanismus für die Vertraulichkeit der internen Betriebsratsangelegenheiten bestehen.

Mitbestimmungsrechte bestehen bei der Bestellung eines Datenschutzbeauftragten nur, wenn es sich dabei um eine Einstellung oder Versetzung i. S. d. § 95 Abs. 3 S. 1 BetrVG handelt. Nach § 99 Abs. 1 S. 1 BetrVG ist der Betriebsrat dann vor der Bestellung des Datenschutzbeauftragten vom Arbeitgeber über die personelle Maßnahme zu unterrichten. Im Einzelfall kann der Betriebsrat dabei auch die Zustimmung nach § 99 Abs. 2 Nr. 1 BetrVG verweigern, wenn die Ernennung gesetzeswidrig ist. Dies kann etwa dann der Fall sein, wenn dem Datenschutzbeauftragten entweder das notwendige Fachwissen i. S. d. Art. 37 Abs. 5 DS-GVO fehlt[1394] oder er aufgrund seiner anderen betrieblichen Aufgabe nicht zur Erfüllung der in Art. 39 DS-GVO genannten Aufgaben in der Lage ist, es also zu einem Interessenskonflikt kommen würde.[1395] Letztlich eröffnet § 99 Abs. 1 S. 1 BetrVG allerdings keine Möglichkeit für den Betriebsrat, selbst mitzubestimmen, wer betrieblicher Datenschutzbeauftragter wird, weshalb es die Norm nicht vermag, die oben genannten Bedenken auszuräumen.[1396]

[1393] Zu den Zielsetzungen der Norm, vgl. Teil 4, Abschnitt 2, A. I. 3.

[1394] BAG 23.3.2011 – 10 AZR 562/09, AP zu § 4 BDSG f Nr. 3 (Rn. 24).

[1395] BAG 23.3.2011 – 10 AZR 562/09, AP zu § 4 BDSG f Nr. 3 (Rn. 24); BAG 22.3.1994 – 1 ABR 51/93, AP zu § 99 Versetzung Nr. 4 BetrVG 1972 (unter B. IV. der Gründe); vgl. dazu auch DKW/*Buschmann*, BetrVG, § 79a Rn. 19; *Reifelsberger/Koplin*, DB 2022, 598 (601).

[1396] DKW/*Buschmann*, BetrVG, §79a Rn. 19a, „BR an dessen Bestellung nicht besonders beteiligt“; *Rüdesheim/Middel*, AiB 9/2021, 30 (32).

2. Vereinbarkeit des Betriebsratsmandates mit dem Amt des Datenschutzbeauftragten

Zu der Frage, ob ein Betriebsratsmitglied zugleich Datenschutzbeauftragter sein kann, führte das BAG bisher an, dass sich die Mitgliedschaft im Betriebsrat und das Amt des Datenschutzbeauftragten nicht grundsätzlich ausschließen würden.[1397] Auch ein Betriebsratsmitglied könne daher als Datenschutzbeauftragter die Beaufsichtigungs- und Kontrollbefugnisse ordnungsgemäß wahrnehmen, genauso wie dies ein Arbeitnehmer in der Funktion des Datenschutzbeauftragten gegenüber seinem Arbeitgeber mache.[1398] Eine generelle Unvereinbarkeit der beiden Ämter sei daher nicht anzunehmen.[1399] Das BAG berief sich dabei[1400] teilweise auf seine vorangegangene Rechtsprechung zu einer möglichen Interessenskollision zwischen dem Amt des Datenschutzbeauftragten und einem Arbeitnehmer, welcher bedeutende Funktionen in der EDV wahrnahm.[1401] Auch hier wurde kein genereller Interessenskonflikt zwischen den beiden Aufgaben angenommen, nur weil sich der Arbeitnehmer neben seiner Aufgabe als Datenschutzbeauftragter zumindest teilweise mit der Verarbeitung personenbezogener Daten beschäftigte.[1402] Allerdings stellte das BAG damals fest, dass es mit der Stellung und Funktion des Datenschutzbeauftragten gerade nicht vereinbar sei, wenn dieser in erster Linie seine eigenen Tätigkeiten kontrollieren müsste.[1403] Entscheidend für die Feststellung seien demnach die Umstände des Einzelfalls.[1404]

Ob allerdings diese Umstände des Einzelfalls und die Feststellung, dass eine Selbstkontrolle nur wenig effektiv ist, in der darauffolgenden Entscheidung des BAG hinreichend berücksichtigt wurden, könnte durchaus bezweifelt werden.[1405] Zwar ist dem BAG insoweit zuzustimmen, dass auch ein Betriebsratsmitglied in seiner Funktion als Datenschutzbeauftragter Kontrollbefugnisse insbesondere gegenüber dem Arbeitgeber ausüben kann. Gleichwohl bleibt aber zu konstatieren, dass damit die Überwachung des eigenen Gremiums sowie letztlich der eigenen Person verbunden ist. Dies mag bei einem Arbeitnehmer, welcher nur gelegentlich personenbezogene Daten verarbeitet, nicht ausschlaggebend sein, um eine Interes-

---

[1397] BAG 23.3.2011 – 10 AZR 562/09, AP zu § 4 BDSG f Nr. 3 (Rn. 25).

[1398] BAG 23.3.2011 – 10 AZR 562/09, AP zu § 4 BDSG f Nr. 3 (Rn. 25).

[1399] BAG 23.3.2011 – 10 AZR 562/09, AP zu § 4 BDSG f Nr. 3 (Rn. 25).

[1400] Vgl. BAG 23.3.2011 – 10 AZR 562/09, AP zu § 4 BDSG f Nr. 3 (Rn. 25).

[1401] BAG 22.3.1994 – 1 ABR 51/93, AP zu § 99 Versetzung Nr. 4 BetrVG 1972 (unter B. IV. der Gründe).

[1402] BAG 22.3.1994 – 1 ABR 51/93, AP zu § 99 Versetzung Nr. 4 BetrVG 1972 (unter B. IV. der Gründe).

[1403] BAG 22.3.1994 – 1 ABR 51/93, AP zu § 99 Versetzung Nr. 4 BetrVG 1972 (unter B. IV. der Gründe).

[1404] BAG 22.3.1994 – 1 ABR 51/93, AP zu § 99 Versetzung Nr. 4 BetrVG 1972 (unter B. IV. der Gründe).

[1405] Vgl. zur Diskussion *Dzida/Kröpelin*, NZA 2011, 1018 f.

senskollision anzunehmen. Bei einem Betriebsratsmitglied, welches zur ordnungsgemäßen Erfüllung seiner Aufgaben regelmäßig Arbeitnehmerdaten verarbeitet, läge hingegen, wenn es um eine Kündigung, Einstellung oder Versetzung geht, eine deutlich umfangreichere Selbstüberwachung vor. Der Datenschutzbeauftragte müsste dadurch letztlich gegen Verstöße vorgehen, die das Gremium, dem er angehört, oder sogar er selbst verursacht hat.[1406] Dies scheint im Hinblick darauf, dass der Betriebsrat ein von der Arbeitnehmerschaft gewähltes Organ ist und sich somit auch hinsichtlich der ordnungsgemäßen Datenverarbeitung gegenüber dieser rechtfertigen muss, zwangsläufig zu einem Konflikt der Interessen zu führen. Freilich kommt dieses Argument nur dann zum Tragen, wenn ein grundsätzliches Kontrollrecht des betrieblichen Datenschutzbeauftragten gegenüber dem Betriebsrat besteht. Wird demgegenüber der gegenteiligen Auffassung gefolgt, wie es dies zumindest bisher das BAG getan hat, dann kann es zu diesem Interessenskonflikt erst gar nicht kommen, da auch das Betriebsratsmitglied, welches als Datenschutzbeauftragter tätig ist, den Betriebsrat nicht überwachen müsste.

Da durch die Einführung der DS-GVO und dem damit verbundenen Anwendungsvorrang des Europarechts die Rechtsprechung zu den Kontrollrechten gegenüber dem Betriebsrat zuletzt durchaus in Frage gestellt werden konnte, stellte das BAG seine bisherige Rechtsprechung auf den Prüfstand, indem es die Frage der Vereinbarkeit des Betriebsratsamts mit dem des Datenschutzbeauftragten unter Geltung der neuen DS-GVO als Vorlagefrage i. S. d. Art. 267 AEUV an den EuGH richtete.[1407] Dabei wollte das Gericht insbesondere wissen, ob jedweder Umgang mit personenbezogenen Daten im Rahmen der Betriebsratstätigkeit einer Ausübung des Amtes als Datenschutzbeauftragten entgegenstehe oder ein solcher Interessenskonflikt erst bei einer gesteigerten Verantwortlichkeit im Umgang mit personenbezogenen Daten bestehe.[1408]

Der EuGH zog zur Beantwortung der Vorlagefrage Art. 38 Abs. 6 DS-GVO heran, wonach „der Datenschutzbeauftragte andere Aufgaben und Pflichten wahrnehmen kann".[1409] Aus dem Wortlaut ergebe sich, „dass die Wahrnehmung von Aufgaben des Datenschutzbeauftragten und die Wahrnehmung anderer Aufgaben beim Verantwortlichen […] grundsätzlich nicht unvereinbar sind".[1410] Allerdings dürfen die Pflichten und Aufgaben des Datenschutzbeauftragten zu keinem Inter-

---

[1406] *Flink*, Beschäftigtendatenschutz, 295 f.; *Ilbertz/Widmaier*, BPersVG, § 69 Rn. 16; *Lembke/Fischels/Djordjevic*, NJW 2022, 292 (293), „nemo iudex in causa sua"; a. A.: *Maschmann*, FS Schmidt (2021), 353 (365).

[1407] BAG 27. 4. 2021 – 9 AZR 383/19 (A), AP zu § 6 Nr. 2 BDSG 2018.

[1408] BAG 27. 4. 2021 – 9 AZR 383/19 (A), AP zu § 6 Nr. 2 BDSG 2018 (Rn. 48).

[1409] EuGH 9. 2. 2023 – Rs. C-453/21 (X-FAB Dresden-GmbH ./. FC), ECLI:EU:C:2023:79 (Rn. 39).

[1410] EuGH 9. 2. 2023 – Rs. C-453/21 (X-FAB Dresden-GmbH ./. FC), ECLI:EU:C:2023:79 (Rn. 40).

essenskonflikt führen.[1411] Ein solcher Interessenskonflikt liegt vor, wenn einem Datenschutzbeauftragten neben seinen datenschutzrechtlichen Aufgaben andere betriebliche Angelegenheiten übertragen werden, die ihn dazu veranlassen, Zwecke und Mittel bei der Verarbeitung von personenbezogenen Daten eigenständig festzulegen.[1412] Denn letztlich würde der Datenschutzbeauftragte sich dadurch selbst überwachen. Ob dies der Fall ist, muss das nationale Gericht im Einzelfall ermitteln.[1413]

Der EuGH traf damit zwar keine konkrete Entscheidung über die Frage, ob das Betriebsratsamt mit dem Amt des Datenschutzbeauftragten vereinbar ist, stellte jedoch allgemeine Grundsätze auf, aus denen sich ein Interessenskonflikt bei der Amtsausübung des Datenschutzbeauftragten ermitteln lässt. Daraus leitete das BAG ab, dass sich das Amt des Betriebsratsvorsitzenden und des Datenschutzbeauftragten nicht miteinander vereinbaren lassen.[1414] Denn „der Betriebsrat legt als Gremium Zwecke und Mittel der Verarbeitung personenbezogener Daten fest. Er entscheidet durch Beschluss darüber, unter welchen konkreten Umständen er welche personenbezogenen Daten in Ausübung der ihm durch das Betriebsverfassungsgesetz zugewiesenen Aufgaben erhebt und auf welche Weiße er diese anschließend verarbeitet".[1415] Ein als Betriebsratsvorsitzender beteiligter Datenschutzbeauftragter besitzt daher nicht die für eine Gewährleistung des gesetzlichen Datenschutzes erforderliche Unabhängigkeit.[1416] Ausdrücklich stellte das BAG zwar klar, dass es keiner Entscheidung darüber bedurfte, ob dies auch auf das einzelne Betriebsratsmitglied zutreffe.[1417] In Anbetracht des Umstandes, dass der Betriebsrat aber als Kollektivorgan entscheidet und der Stimme des Vorsitzenden kein größeres Gewicht zukommt als der eines einzelnen Mitglieds, wäre es nur konsequent, auch bei einem einzelnen Mitglied einen solchen Interessenskonflikt anzunehmen.[1418]

[1411] EuGH 9. 2. 2023 – Rs. C-453/21 (X-FAB Dresden-GmbH ./. FC), ECLI:EU:C:2023:79 (Rn. 41).

[1412] Vgl. EuGH 9. 2. 2023 – Rs. C-453/21 (X-FAB Dresden-GmbH ./. FC), ECLI:EU:C:2023:79 (Rn. 46).

[1413] EuGH 9. 2. 2023 – Rs. C-453/21 (X-FAB Dresden-GmbH ./. FC), ECLI:EU:C:2023:79 (Rn. 46).

[1414] BAG 6. 6. 2023 – 9 AZR 383/13, AP zu § 6 Nr. 5 BDSG 2018 (Rn. 26).

[1415] BAG 6. 6. 2023 – 9 AZR 383/13, AP zu § 6 Nr. 5 BDSG 2018 (Rn. 27); Anmerkung: der letzte Satz, dass der Betriebsrat in diesem Rahmen selbstständig die Zwecke und Mittel der Verarbeitung personenbezogener Daten festlegt, kann auch als Hinweis angesehen werden, dass der Betriebsrat als Verantwortlicher nach Art. 4 Nr. 7 DS-GVO gilt. Denn gerade bei der Festlegung der Verantwortlichkeit ging es um die Frage, wer die „Zwecke und Mittel" der Verarbeitung bestimmt. Dies scheint nach Ansicht des BAG der Betriebsrat und eben nicht der Arbeitgeber zu sein. Insoweit ist jedoch zu berücksichtigen, dass es in der Entscheidung des BAG nicht um die Frage der Verantwortlichkeit nach Art. 4 Nr. 7 DS-GVO ging.

[1416] BAG 6. 6. 2023 – 9 AZR 383/13, AP zu § 6 Nr. 5 BDSG 2018 (Rn. 36).

[1417] BAG 6. 6. 2023 – 9 AZR 383/13, AP zu § 6 Nr. 5 BDSG 2018 (Rn. 36).

[1418] *Fuhlrott*, NZA-RR 2023, 662; *Guhl*, öAT 2023, 231; *Lehr*, SPA 2023, 179 (180).

Es ist daher grundsätzlich davon auszugehen, dass dem Betriebsrat keine Möglichkeit zusteht, bei der Bestellung des Datenschutzbeauftragten mitzuwirken. Es ist vielmehr zu befürchten, dass trotz der Verschwiegenheitspflicht des Datenschutzbeauftragten Informationen, die Rückschlüsse auf den internen Meinungsbildungsprozess zulassen, an den Arbeitgeber oder die Belegschaft getragen werden. Dies könnte zu einem von Misstrauen geprägten Verhältnis zwischen dem Gremium und dem betrieblichen Datenschutzbeauftragten führen.[1419]

3. Vereinbarkeit von § 79a S. 4 BetrVG mit dem Europarecht

§ 79a S. 4 BetrVG normiert eine Verschwiegenheitspflicht des Datenschutzbeauftragten gegenüber dem Arbeitgeber hinsichtlich Informationen, die Rückschlüsse auf den Meinungsbildungsprozess des Betriebsrats zulassen. Erfasst werden alle Informationen, unabhängig davon, ob sie personenbezogene Daten darstellen oder nicht.[1420] Die Informationen können sich somit auf konkrete Inhalte der vom Betriebsrat angelegten Dateien und Verzeichnisse beziehen.[1421] Ebenso können aber auch nur verfahrensbezogene Informationen betroffen sein.[1422] Damit ist im Verhältnis zur DS-GVO zunächst zwischen Informationen zu unterscheiden, welche sich auf personenbezogene Daten beziehen und solchen, die rein verfahrensbezogen sind. Sachlich ist die DS-GVO nach Art. 2 Abs. 1 DS-GVO ausschließlich auf die Verarbeitung personenbezogener Daten anwendbar, sodass ein Konflikt mit der Verschwiegenheitspflicht des Datenschutzbeauftragten nach § 79a S. 4 und der DS-GVO nur bei solchen Daten auftreten kann.

Die Stellung und die Aufgaben des Datenschutzbeauftragten richten sich nach den Art. 37 ff. DS-GVO. Gem. Art. 38 Abs. 2 DS-GVO ist dem Datenschutzbeauftragten Zugang zu personenbezogenen Daten und Verarbeitungsvorgängen zu gewähren. Dies soll sicherstellen, dass es bei Datenverarbeitungen zu keinen kontrollfreien Räumen kommt.[1423] Da der Datenschutzbeauftragte gem. Art. 38 Abs. 3 S. 3 DS-GVO unmittelbar den Verantwortlichen und damit den Arbeitgeber über die Wahrung von datenschutzrechtlichen Vorschriften in Kenntnis zu setzen hat, besteht der Konflikt mit § 79a S. 4 BetrVG darin, dass die Norm diese Pflicht zur Berichterstattung einschränken könnte.[1424] Denn der Datenschutzbeauftragte ist

[1419] So auch *Rüdesheim/Middel*, AiB 9/2021, 30 (32); ähnlich zweifelnd: *Brink/Joos*, jurisPR-ArbR 5/2021 Anm. 1 (unter C.).

[1420] BT-Drs. 19/29819, 17; *Fitting*, BetrVG, § 79a Rn. 67; GK-BetrVG/*Franzen*, § 79a Rn. 14.

[1421] BT-Drs. 19/29819, 17.

[1422] BT-Drs. 19/29819, 17.

[1423] Kühling/Buchner/*Bergt/Herbort*, DS-GVO, Art. 38 Rn. 18; *Däubler/Wedde/Weichert/Sommer*, DS-GVO, Art. 38 Rn. 5.

[1424] Kühling/Buchner/*Bergt/Herbort*, DS-GVO, Art. 38 Rn. 18; *Kort*, ZD 2017, 3 (6), nach welchem es keine Möglichkeit gibt, die Kontrollbefugnisse des betrieblichen Datenschutzbeauftragten zu beschränken.

durch § 79a S. 4 BetrVG im Einzelfall dazu angehalten, dem Arbeitgeber Informationen über die Verarbeitung von personenbezogenen Daten im Betriebsrat vorzuenthalten, sofern dieser Rückschlüsse auf den Meinungsbildungsprozess des Betriebsrats ziehen könnte. § 79a S. 4 BetrVG führt daher zu einer Einschränkung der aus Art. 38 Abs. 3 S. 3 DS-GVO erwachsenden Aufgabe zur Unterrichtung des Verantwortlichen.[1425]

Da die Stellung und Aufgaben des Datenschutzbeauftragten von der DS-GVO geregelt werden, müsste grundsätzlich eine Öffnungsklausel bestehen, welche eine nationale Verschwiegenheitspflicht i. S. d. § 79a S. 4 BetrVG ermöglicht. Dabei kommt zunächst die allgemeine Öffnungsklausel für den Beschäftigtendatenschutz nach Art. 88 Abs. 1 DS-GVO in Betracht. Die Regelung lässt nationale Normen, welche dem Datenschutz dienen, nur dann zu, wenn sie den Beschäftigungskontext prägen oder konkretisieren.[1426] § 79a S. 4 BetrVG regelt allerdings die Reichweite der Unterrichtungspflicht des Datenschutzbeauftragten gegenüber dem Arbeitgeber, welche nicht in einem Beschäftigungskontext steht, sodass diese Öffnungsklausel für § 79a S. 4 BetrVG nicht in Betracht kommt.[1427]

Ferner könnte die Öffnungsklausel nach Art. 38 Abs. 5 DS-GVO einschlägig sein. Hiernach ist der Datenschutzbeauftragte nach dem Recht der Union oder der Mitgliedstaaten bei der Erfüllung seiner Aufgaben an die Wahrung der Geheimhaltung oder Vertraulichkeit gebunden. Davon sind auch umfassende Verschwiegenheitspflichten gegenüber der verantwortlichen Stelle erfasst.[1428] Der Datenschutzbeauftragte soll danach Kenntnis von allen personenbezogenen Daten erlangen, nicht jedoch die verantwortliche Stelle.[1429] Insbesondere Berufsgeheimnisträger, aber auch Betriebsräte müssen sich darauf verlassen können, dass keine Geheimnisse unbefugt offenbart werden.[1430] Art. 38 Abs. 5 DS-GVO ermöglicht somit den Mitgliedstaaten, die Verschwiegenheitspflicht des Datenschutzbeauftragten auszugestalten.[1431] § 79a S. 4 BetrVG stellt demnach eine solche Verschwiegenheitspflicht des Datenschutzbeauftragten gegenüber dem Arbeitgeber dar und ist daher von der Öffnungsklausel des Art. 38 Abs. 5 DS-GVO erfasst. Die Norm ist deshalb mit dem Europarecht vereinbar.[1432]

[1425] I. E. wohl auch Kühling/Buchner/*Bergt/Herbort*, DS-GVO, Art. 38 Rn. 18.

[1426] Vgl. Teil 2, Abschnitt 2, B. I. 3.

[1427] I. E. auch *Flink*, Beschäftigtendatenschutz, 290.

[1428] Kühling/Buchner/*Bergt/Herbort*, DS-GVO, Art. 38 Rn. 38.

[1429] Kühling/Buchner/*Bergt/Herbort*, DS-GVO, Art. 38 Rn. 38b.

[1430] Kühling/Buchner/*Bergt/Herbort*, DS-GVO, Art. 38 Rn. 38b; Taeger/Gabel/*Scheja* DS-GVO, Art. 38 Rn. 74.

[1431] Kühling/Buchner/*Bergt/Herbort*, DS-GVO, Art. 38 Rn. 38; Taeger/Gabel/*Scheja* DS-GVO, Art. 38 Rn. 74.

[1432] *Lembke/Fischels/Djordjevic*, NJW 2022, 292 (293); a. A. wohl *Flink*, Beschäftigtendatenschutz, 290, allerdings zu Rechtslage vor § 79a BetrVG.

4. Auswirkungen von § 79a S. 4 BetrVG auf die Entscheidungsfindung

Der betriebliche Datenschutzbeauftragte hat nach § 79a S. 4 BetrVG nun entgegen der bisherigen Rechtsprechung des BAG die Möglichkeit, den Betriebsrat dahingehend zu überwachen, ob die Vorschriften des Datenschutzrechts eingehalten werden. Dem Datenschutzbeauftragten steht insoweit ein umfangreiches Kontrollrecht zu. Ihm muss Zugang zu den Arbeitsräumen des Betriebsrats gewährt werden und auch in den Betriebsratssitzungen hat dieser nun ein Teilnahmerecht. Von diesem Kontrollrecht ist die Pflicht des Datenschutzbeauftragten zu trennen, den Arbeitgeber daran anschließend auch über eventuelle Datenschutzverstöße des Betriebsrats zu unterrichten. Gem. § 79a S. 4 BetrVG darf der Datenschutzbeauftragte dies nur, wenn dadurch für den Arbeitgeber keine Rückschlüsse auf den Meinungsbildungsprozess des Betriebsrats möglich sind. Diese Einschränkung der Befugnisse des Datenschutzbeauftragten soll das Vertrauen im Betriebsratsgremium stärken, nicht indirekt vom Arbeitgeber überwacht zu werden. Die Analyse der praktischen Effektivität dieser Verschwiegenheitspflicht hat gezeigt, dass der Datenschutzbeauftragte unabhängig vom Arbeitgeber agiert, da dieser gem. Art. 38 Abs. 3 S. 1 DS-GVO weisungsfrei handelt und gem. Art. 38 Abs. 2 S. 2 DS-GVO nicht aufgrund seiner Amtsausübung benachteiligt werden darf. Insoweit ist es jedoch zweifelhaft, ob allein aufgrund dieser Regelungen die Gremienmitglieder von der Unabhängigkeit des Datenschutzbeauftragten überzeugt werden können. Dem Betriebsrat steht bei der Bestellung des Datenschutzbeauftragten kein Mitbestimmungsrecht zu, weshalb dieser allein vom Arbeitgeber bestellt wird. Nicht zuletzt sah noch das BAG diesen als „verlängerten Arm des Arbeitgebers“[1433] an. Zum anderen lässt es § 79a S. 4 BetrVG offen, bei welchen Informationen überhaupt Rückschlüsse auf den Meinungsbildungsprozess zu ziehen sind. Selbst ein unabhängig agierender Datenschutzbeauftragter könnte aufgrund dieser sehr auslegungsbedürftigen Norm Informationen an den Arbeitgeber weiterreichen, welche nach Ansicht der Betriebsratsmitglieder eigentlich Rückschlüsse auf deren kollektive Willensbildung zulassen. Nach der hier vertretenen Ansicht kann dieses fehlende Vertrauen zwischen Betriebsrat und dem Datenschutzbeauftragten auch nicht dadurch ausgeglichen werden, dass ein Gremienmitglied selbst das Amt des Datenschutzbeauftragten ausübt.[1434] Der hierbei entstehende Interessenskonflikt wäre nicht mit Art. 38 Abs. 6 DS-GVO vereinbar.

Für die Entscheidungsfindung in der Betriebsratssitzung kann dieses fehlende Vertrauen in den betrieblichen Datenschutzbeauftragten weitreichende Konsequenzen haben. Wenn der Datenschutzbeauftragte an Betriebsratssitzungen teil-

---

[1433] BAG 11.11.1997 – 1 ABR 21/97, AP Nr. 15 zu § 36 BDSG (unter B. III. 2. c. bb. (2) der Gründe).

[1434] Nach der Rspr. des BAG steht auf jeden Fall fest, dass der Betriebsratsvorsitzende das Amt des betrieblichen Datenschutzbeauftragten nicht ausüben kann, vgl. dazu Teil 4, Abschnitt 3, C. II. 2.

nehmen darf, obwohl die Gremienmitglieder diesem nicht vertrauen, dann wirkt sich dies hemmend auf die kollektive Willensbildung aus. Kein Betriebsratsmitglied will den Eindruck haben, während der Sitzung vom Arbeitgeber überwacht zu werden.

Ferner stellt ein solches Teilnahmerecht des Datenschutzbeauftragten das Prinzip der Nichtöffentlichkeit in Frage. Der intern bestellte Datenschutzbeauftragte ist ein Arbeitnehmer, der selbst im Unternehmen angestellt ist. Nimmt dieser aber an Sitzungen teil, dann könnten die Betriebsratsmitglieder die Gefahr sehen, dass Informationen der Sitzung nicht nur an den Arbeitgeber, sondern auch an die Belegschaft weitergegeben werden. Zwar kann grundsätzlich davon ausgegangen werden, dass Datenschutzbeauftragte gewissenhaft ihren Aufgaben nachkommen und sich an Verschwiegenheitspflichten halten. Wie das Aufzeichnungsverbot in Video- und Telefonkonferenzen gem. § 30 Abs. 2 S. 2 BetrVG zeigt,[1435] kommt es bei der Sicherstellung der Nichtöffentlichkeit jedoch auch auf die Schaffung einer „vertraulichen Sphäre" an, welche selbst dann gestört sein kann, wenn es zu überhaupt keinem konkreten Verstoß gekommen ist.

III. Veränderte Haftungsverteilung zwischen Betriebsrat und Arbeitgeber

Nachdem der Betriebsrat weder rechts- noch vermögensfähig ist,[1436] haften seine Mitglieder unmittelbar für Datenschutzverstöße, wenn das Gremium als datenschutzrechtlich Verantwortlicher nach Art. 4 Nr. 7 DS-GVO gilt. Nach der hier vertretenen Auffassung kommen den Betriebsratsmitgliedern dabei weder Haftungsprivilegierungen zugute, noch stehen ihnen Regressansprüche gegenüber dem Arbeitgeber zu. Diese nahezu uneingeschränkte Haftung der Gremienmitglieder kann sich auf die freie Mandatsausübung auswirken und damit auch auf die Entscheidungsfindung in der Betriebsratssitzung.[1437]

Es stellt sich daher einerseits im Rahmen der Zuweisung der Verantwortlichkeit an den Arbeitgeber durch § 79a S. 2 BetrVG die Frage, ob dadurch eine Haftung des Betriebsrats und seiner Mitglieder vollständig ausgeschlossen ist, mit der Konsequenz, dass es zu keiner Beeinflussung der Entscheidungsfindung mehr kommen kann. Anderseits knüpft daran die für den Arbeitgeber relevante Frage an, wie sich in einem solchen Fall seine Haftung gestaltet.

[1435] Vgl. Teil 4, Abschnitt 2, A. I. 3.

[1436] BAG 24.4.1986 – 6 AZR 607/83, AP Nr. 7 zu § 87 Sozialeinrichtungen BetrVG 1972 (unter II. 2. a. der Gründe); BAG 24.10.2001 – 7 ABR 20/00, AP Nr. 71 zu § 40 BetrVG 1972 (unter II. 1. der Gründe); BGH 25.10.2012 – III ZR 266/11, AP Nr. 110 zu § 49 BetrVG 1972 (unter II. 1. a. aa. (1) der Gründe); *Fitting*, BetrVG, § 1 Rn. 291; GK-BetrVG/*Wiese*, Einleitung, Rn. 105.

[1437] Vgl. Teil 2, Abschnitt 2, D. und E.

1. Haftungsbegründende Normen für den Arbeitgeber

Auf unionsrechtlicher Ebene kann ein Schadensersatzanspruch über Art. 82 DS-GVO begründet werden. Art. 82 Abs. 1 DS-GVO setzt hierfür einen Verstoß gegen die DS-GVO durch den Verantwortlichen voraus und einen daraus resultierenden materiellen oder immateriellen Schaden für die von dem Verstoß betroffene Person. Wird dabei die Idee des § 79a S. 2 BetrVG zugrunde gelegt, wonach der Arbeitgeber für die Datenverarbeitung des Betriebsrats verantwortlich ist, führt ein Verstoß des Betriebsrats gegen die Vorschriften der DS-GVO zu einem Schadensersatzanspruch gegen den Arbeitgeber, sofern der betroffenen Person daraus ein materieller oder immaterieller Schaden entsteht. Maßgeblich zur Erfüllung des Tatbestandes von Art. 82 Abs. 1 DS-GVO wäre danach allein, dass der Arbeitgeber verantwortlich für die Datenverarbeitung des Betriebsrats ist, zunächst auch unabhängig davon, ob er diese beeinflussen kann oder nicht.[1438]

Auf nationalrechtlicher Ebene gibt es mit § 83 BDSG einen vergleichbaren Schadensersatzanspruch, welcher nach § 45 S. 2 BDSG allerdings nur gegen öffentliche Stellen geltend gemacht werden kann,[1439] sodass dieser für den Arbeitgeber nicht in Betracht kommt. Ebenfalls scheidet eine deliktsrechtliche Haftung für den Verrichtungsgehilfen nach § 831 Abs. 1 S. 1 BGB aus, da der Betriebsrat aufgrund seiner Unabhängigkeit vom Arbeitgeber nicht als dessen Verrichtungsgehilfe anzusehen ist. Nicht von vornherein ausgeschlossen erscheint hingegen eine Haftung über § 823 Abs. 1 BGB, da der Arbeitgeber bei Datenschutzverstößen des Betriebsrats zwar nicht aktiv handelt, es jedoch unterlassen könnte, seiner durch § 79a S. 2 BetrVG vermittelten Verantwortlichkeit und damit auch möglicherweise der folgenden Garantenstellung nachzukommen. Allerdings ist die Verletzung des allgemeinen Persönlichkeitsrechts bei § 823 Abs. 1 BGB wesentlich schwerer nachzuweisen als bei einem immateriellen Schaden im Rahmen von Art. 82 Abs. 1 DS-GVO, welcher nach der Rechtsprechung des EuGH gerade keiner Erheblichkeit bedarf[1440] und bei dem ein Verschulden vermutet wird. § 823 Abs. 1 BGB kommt daher in der praktischen Anwendung keine vergleichbare Rolle wie dem Schadensersatzanspruch nach Art. 82 Abs. 1 DS-GVO zu.[1441]

Die auf unionsrechtlicher Ebene zu verhängenden Bußgelder bei Datenschutzverstößen richten sich nach Art. 83 DS-GVO. Ähnlich wie bei einer Verantwortlichkeit des Betriebsrats ist aus praktischer Sicht jedoch nicht davon auszugehen, dass Behörden bei Datenschutzverstößen des Betriebsrats Bußgelder gegen den

[1438] Alte Rechtslage, *Flink*, Beschäftigtendatenschutz, 227.

[1439] § 45 S. 1, Behörden, welche für die Verhütung, Ermittlung, Aufdeckung, Verfolgung oder Ahndung von Straftaten oder Ordnungswidrigkeiten zuständig sind; BeckOKD/*Wolff*, BDSG, § 45 Rn. 47.1.

[1440] EuGH 4.5.2023 – Rs. C-300/21 (UI ./. Österreichische Post AG), ECLI:EU:C:2023:370 (Rn. 45).

[1441] Vgl. *Kurzböck/Weinbeck*, BB 2018, 1652 (1654).

Arbeitgeber verhängen.[1442] Aufgrund dieser eher geringen praktischen Relevanz soll sich im Folgenden die Darstellung auf Schadensersatzansprüche und dabei überwiegend auf die Anspruchsgrundlage des Art. 82 Abs. 1 DS-GVO beschränken.

2. Exkulpationsmöglichkeiten des Arbeitgebers

In Bezug auf die zivilrechtliche Haftung nach Art. 82 DS-GVO hat der Verantwortliche die Möglichkeit, sich nach Art. 82 Abs. 3 DS-GVO davon zu befreien, wenn er nachweist, dass er in keinerlei Hinsicht für den Umstand, durch den der Schaden eingetreten ist, verantwortlich war. Es handelt sich dabei somit um eine widerlegbare Verschuldensvermutung.[1443] Da jedoch den Verantwortlichen „keinerlei Verschulden" treffen darf, ist eine Befreiung schon bei leichter Fahrlässigkeit und nur minimalem Umfang ausgeschlossen.[1444] Damit den Verantwortlichen überhaupt ein Verschulden treffen kann, muss er zumindest eine tatsächliche sowie rechtliche Einflussmöglichkeit auf den Datenverarbeitungsvorgang gehabt haben.[1445] Aufgrund der betriebsverfassungsrechtlichen Unabhängigkeit des Betriebsrats vom Arbeitgeber könnte zu folgern sein, dass der Arbeitgeber keine Einflussmöglichkeiten auf das Gremium und dessen Mitglieder hat, sodass diesen keinerlei Verschulden trifft und somit der Entlastungsbeweis gelingt.[1446]

Allerdings ist auch die Frage der tatsächlichen und rechtlichen Einflussmöglichkeiten des Arbeitgebers auf den Betriebsrat anhand der ihm vom Gesetzgeber eingeräumten Instrumentarien zu beurteilen. Solche finden sich nun in § 79a S. 3 und S. 4 BetrVG wieder, wodurch das Gelingen der Exkulpationsmöglichkeit maßgeblich von der Reichweite dieser Normen und der damit verbundenen Einflussmöglichkeit auf den Betriebsrat abhängt.

Nach § 79a S. 4 BetrVG hat der vom Arbeitgeber bestellte Datenschutzbeauftragte die Möglichkeit, den Betriebsrat auf die Einhaltung der datenschutzrechtlichen Vorgaben hin zu überwachen. Zwar darf er keine Informationen mit dem Arbeitgeber teilen, welche Rückschlüsse auf den Meinungsbildungsprozess des Betriebsrats zulassen. Sofern dies aber nicht der Fall ist, kann der Arbeitgeber Kenntnis über Datenschutzrechtsverstöße im Betriebsratsbüro erlangen.[1447] Recht-

---

[1442] Vgl. Teil 2, Abschnitt 2, D. I. 2.

[1443] Taeger/Gabel/*Moos/Schefzig*, DS-GVO, Art. 82 Rn. 74.

[1444] Kühling/Buchner/*Bergt*, DS-GVO, Art. 82 Rn. 54; Taeger/Gabel/*Moos/Schefzig*, DS-GVO, Art. 82 Rn. 79; *Wybitul/Haß/Albrecht*, NJW 2018, 113 (116).

[1445] Von einer solchen Einflussmöglichkeit schon vor § 79a BetrVG ausgehend, *Kurzböck/ Weinbeck*, BB 2018, 1652 (1654), mit der Begründung, dass dem Datenschutzbeauftragten Kontrollrechte gegenüber dem Betriebsrat zustünden sowie dass der Arbeitgeber bindende Richtlinien gegenüber dem Betriebsrat erlassen dürfe.

[1446] So noch zur Rechtslage vor § 79a BetrVG, *Flink*, Beschäftigtendatenschutz, 228; *Lücke*, NZA 2019, 658 (669).

[1447] Vgl. zu den Befugnissen des Datenschutzbeauftragten Teil 4, Abschnitt 3, C. II 1.

lich hat der Arbeitgeber dann über die in § 79a S. 3 BetrVG verankerte Unterstützungspflicht die Möglichkeit, Einfluss auf die personenbezogene Datenverarbeitung im Betriebsrat zu nehmen. Die rechtlichen Optionen des Arbeitgebers sind dabei zwar begrenzt. Gleichwohl ist damit eine rechtliche wie auch tatsächliche Einflussnahme nicht vollständig ausgeschlossen. Eine Exkulpation nach Art. 82 Abs. 3 DS-GVO müsste demnach zumindest dann möglich sein, wenn der Arbeitgeber von einem Datenschutzverstoß im Betriebsrat erfährt und erfolglos über die Unterstützungspflicht des § 79a S. 3 BetrVG versucht, diesen im Betriebsratsbüro zu beseitigen. Hat er ein solches Vorgehen unterlassen – möglicherweise auch nur deshalb, weil er selbst Zweifel daran hatte, ob der Betriebsrat überhaupt Daten rechtswidrig verarbeitet – handelt er damit zwar nur leicht fahrlässig, bleibt aber trotzdem in einem „minimalen Umfang“ für den Verstoß mitverantwortlich, wodurch eine Entlastung ausscheidet. Eine Exkulpation ist daher zumindest theoretisch möglich. Häufig dürfte dem Arbeitgeber dieser Nachweis aber nicht gelingen.[1448]

3. Mitarbeiterexzess bei bestehender Exkulpation des Arbeitgebers

Daran anknüpfend stellt sich die Frage, wie die Konstellation zu behandeln ist, in welcher dem Arbeitgeber eine Exkulpation nach Art. 82 Abs. 3 DS-GVO gelingt. Haben Betriebsratsmitglieder zu eigenen Zwecken Daten verarbeitet, indem sie zum Beispiel Arbeitnehmerdaten für nicht von der Betriebsverfassung vorgesehene gewerkschaftliche Zwecke verwendet haben, dann kommt eine Haftung der einzelnen Mitglieder nach Art. 82 Abs. 1 DS-GVO unter dem Gesichtspunkt des Mitarbeiterexzesses in Betracht.[1449] Dieser ist normalerweise in Fällen anerkannt, in welchen Mitarbeiter eines Unternehmens für eigene Zwecke außerhalb ihres Tätigkeitsbereichs und der möglichen Kontrolle ihres Unternehmens personenbezogene Daten verarbeiten und damit selbst zu Verantwortlichen nach Art. 4 Nr. 7 DS-GVO werden.[1450] Auf das Verhältnis zwischen Betriebsrat und Arbeitgeber ist dies übertragbar, da der Arbeitgeber gem. § 79a S. 2 BetrVG generell auch die Verantwor-

---

[1448] A.A.: GK-BetrVG/*Franzen*, § 79a Rn. 12; *Franzen*, FA 2021, 222 (224), sieht den Arbeitgeber wohl schon als exkulpiert an, wenn dieser eine Aufforderung an den Betriebsrat richtet, ihn entsprechend zu unterstützen; *Grimm/Vitt*, ArRB 2021, 279 (282), sehen den Arbeitgeber aufgrund der Unabhängigkeit des Betriebsrats immer als exkulpiert an; ähnlich auch *Reifelsberger/Koplin*, DB 2022, 598 (599); *Stogov*, ArbRAktuell 2022, 331 (332), nimmt hingegen bei mangelnder Unterstützung des Betriebsrats überhaupt keine Exkulpationsmöglichkeit an.

[1449] Annehmend: *Brams/Möhle*, ZD 2018, 570 (571); *Flink*, Beschäftigtendatenschutz, 233; GK-BetrVG/*Franzen*, § 79a Rn. 12; *Franzen*, FA 2021, 222 (225); *Keitel/Busch*, BB 2021, 564 (568); *Kugelmann*, Tätigkeitsbericht zum Datenschutz 2018, 46, abrufbar unter https://www.datenschutz.rlp.de/fileadmin/lfdi/Taetigkeitsberichte/ds_tb27.pdf (zuletzt abgerufen am 18.4.2023); *Kurzböck/Weinbeck*, BB 2018, 1652 (1654); *Möhle*, ZD-Aktuell, 2021, 05067.

[1450] Kühling/Buchner/*Bergt*, DS-GVO, Art. 4 Nr. 7 Rn. 10.

tung für die Verarbeitungsvorgänge des Betriebsrats und seiner Mitglieder trägt. Diese werden daher dem Arbeitgeber bei Datenverarbeitungsvorgängen genauso zugerechnet wie die anderen Mitarbeiter. Schwingt sich hingegen ein Mitglied zu einem eigenen Verantwortlichen auf und handelt damit nicht in Ausübung seines Amtes,[1451] dann sind keine Gründe für eine unterschiedliche Behandlung zu anderen Mitarbeitern, welche ebenfalls einen Exzess begehen, ersichtlich. § 79a S. 1 BetrVG stellt nochmals ausdrücklich fest, dass auch der Betriebsrat und seine Mitglieder den Datenschutz zu beachten haben. Die von der rechtswidrigen Datenverarbeitung betroffene Person kann sich daher nach Art. 82 Abs. 1 DS-GVO unmittelbar an das Betriebsratsmitglied wenden, selbst wenn dem Arbeitgeber der Entlastungsbeweis nach Art. 82 Abs. 3 DS-GVO gelingt.[1452]

4. Möglichkeit zur teleologischen Reduktion der Exkulpationsmöglichkeit

Zu behandeln bleibt die Konstellation, in welcher dem Arbeitgeber bei einem Datenschutzverstoß durch den Betriebsrat die Exkulpation nach Art. 82 Abs. 3 DS-GVO gelingt und der Betriebsrat den Datenschutzverstoß in Ausübung seines Amtes begeht, sodass eine Haftung über das Modell des Mitarbeiterexzesses ausscheidet. Die von der rechtswidrigen Datenverarbeitung betroffene und auch geschädigte Person könnte ihren Anspruch dann weder gegen den Arbeitgeber noch gegen den Betriebsrat geltend machen. Dies könnte jedoch den Schutz der betroffenen Person vor einer rechtswidrigen Datenverarbeitung erheblich beeinträchtigen, da eine effektive Sanktionierung des Verstoßes nicht mehr möglich ist,[1453] was wiederum dem grundlegenden Ziel der DS-GVO, den Schutz von personenbezogenen Daten zu gewährleisten, entgegensteht.[1454]

Zur Vermeidung dieses Ergebnisses wird in solchen Fällen eine teleologische Reduktion des Art. 82 Abs. 3 DS-GVO vorgeschlagen, mit der Folge, dass sich der Arbeitgeber trotz des Vorliegens der Voraussetzungen dieser Norm nicht auf die

---

[1451] *Flink*, Beschäftigtendatenschutz, 233.

[1452] Noch nicht vollständig geklärt ist die Frage, ob das Unternehmen durch den Mitarbeiterexzess weiter in der Verantwortung bleibt und damit eine Gesamtschuld zwischen ihm und dem Mitarbeiter entsteht, vgl. Kühling/Buchner/*Bergt*, DS-GVO, Art. 4 Nr. 7 Rn. 10. Auf die Frage kommt es insoweit aber nicht an, wenn wie hier davon ausgegangen wird, dass dem Arbeitgeber die Entlastung nach Art. 83 Abs. 3 DS-GVO gelingt. A. A. wohl *Götz*, Datenschutzverstöße des Betriebsrats, 76, welcher davon ausgeht, dass im Falle einer Verantwortlichkeit des Arbeitgebers der Betriebsrat bzw. seine Mitglieder nicht nach den Vorschriften der DS-GVO haftbar gemacht werden können. Allerdings geht er dabei weder auf die Möglichkeit des Mitarbeiterexzesses noch auf etwaige Regressmöglichkeiten ein. Es verbliebe allein die Möglichkeit zur Haftung der Mitglieder nach § 823 Abs. 1 und Abs. 2 BGB.

[1453] *Flink*, Beschäftigtendatenschutz, 228; *Lücke*, NZA 2019, 658 (669).

[1454] *Flink*, Beschäftigtendatenschutz, 228.

Exkulpationsmöglichkeit berufen kann.[1455] Gestützt wird dieses Ergebnis auf einen Vergleich zwischen dem Verantwortlichen und dem Auftragsverarbeiter.[1456] Insoweit ist es nämlich anerkannt, dass bei einer rechtswidrigen Datenverarbeitung durch den Auftragsverarbeiter der Verantwortliche sich nicht dadurch exkulpieren kann, dass er darauf verweist, dem Auftragsverarbeiter eine rechtmäßige Weisung erteilt zu haben.[1457] Zwar würde im Falle einer Exkulpation der Auftragsverarbeiter haften, konsequenterweise könnte sich der Auftragsverarbeiter dann aber mit dem gleichen Argument entlasten, wie wenn er die Datenverarbeitung an einen Unterauftragsverarbeiter abgetreten hätte.[1458] Die betroffenen Personen würden dann eine Vielzahl von Prozessen führen und letztlich nur einen gewinnen.[1459] Dies stünde jedoch einer effektiven Geltendmachung von Schadensersatzansprüchen entgegen.[1460] Zusätzlich würde die geschädigte Person dem Insolvenzrisiko des Auftragsverarbeiters ausgesetzt,[1461] welches dem Betroffenen meist nicht einmal bekannt ist, da im Außenverhältnis grundsätzlich nur der Verantwortliche auftritt.[1462]Im Verhältnis zwischen der betroffenen Person und dem Arbeitgeber zum Betriebsrat würde der Geschädigte jedoch nicht nur dem Insolvenzrisiko eines Dritten ausgesetzt werden,[1463] sondern mangels Vermögens- und Rechtsfähigkeit des Betriebsrats könnte er sogar überhaupt keinen Schadensersatzanspruch mehr geltend machen.[1464] Mit dem Erwägungsgrund 146 S. 6 der DS-GVO, welcher eine effektive Durchsetzung von Schadensersatzansprüchen fordert, sei dies daher nicht zu vereinbaren.[1465] Dem Arbeitgeber dürfe somit bei Datenverarbeitungen durch den Betriebsrat auch generell keine Exkulpationsmöglichkeit zustehen, womit er für sämtliche begangenen Datenschutzverstöße gegenüber dem Betroffenen haften würde.[1466]

Dieser Sichtweise ist zunächst insofern beizupflichten, als im Falle einer Exkulpation und einer datenschutzrechtlichen Verantwortlichkeit des Arbeitgebers für Verarbeitungsvorgänge des Betriebsrats eine geschädigte Person keinen Anspruch mehr geltend machen könnte. Der Arbeitgeber könnte daher durchaus versuchen, eine Haftung mit dem Argument abzuwenden, dass er keine Einflussmög-

---

[1455] *Flink*, Beschäftigtendatenschutz, 228; i. E. auch Richardi/*Thüsing*, BetrVG, § 79a Rn. 15 ohne jedoch explizit von einer teleologischen Reduktion zu sprechen.

[1456] *Flink*, Beschäftigtendatenschutz, 228 f.; Richardi/*Thüsing*, BetrVG, § 79a Rn. 15.

[1457] Kühling/Buchner/*Bergt*, DS-GVO, Art. 82 Rn. 55.

[1458] Kühling/Buchner/*Bergt*, DS-GVO, Art. 82 Rn. 55.

[1459] Kühling/Buchner/*Bergt*, DS-GVO, Art. 82 Rn. 55.

[1460] Kühling/Buchner/*Bergt*, DS-GVO, Art. 82 Rn. 55.

[1461] Kühling/Buchner/*Bergt*, DS-GVO, Art. 82 Rn. 55.

[1462] Kühling/Buchner/*Bergt*, DS-GVO, Art. 82 Rn. 55.

[1463] Richardi/*Thüsing*, BetrVG, § 79a Rn. 15.

[1464] *Flink*, Beschäftigtendatenschutz, 228; Richardi/*Thüsing*, BetrVG, § 79a Rn. 15.

[1465] *Flink*, Beschäftigtendatenschutz, 229.

[1466] *Flink*, Beschäftigtendatenschutz, 229.

lichkeiten auf die Betriebsratsarbeit hatte und auch keinerlei Kenntnis darüber, dass dieser überhaupt rechtswidrig Daten von Arbeitnehmern verarbeitete. Wie aufgezeigt, wird eine solche Exkulpation dem Arbeitgeber aber häufig nicht gelingen, da ihm nach § 79a S. 3 und S. 4 Instrumente zur Verfügung gestellt worden sind, mit denen er Datenschutzverstößen im Betriebsrat zumindest teilweise entgegenwirken kann. Darüber hinaus verbleibt im Falle einer vorsätzlichen Schädigung durch ein Betriebsratsmitglied der Rückgriff über die Rechtsfigur des Mitarbeiterexzesses. Einzuwenden ist hier zwar, dass es trotz alledem immer noch zu Fällen kommen kann, in welchen die betroffene Person keinen Anspruch geltend machen könnte. Dies wäre aber letztlich auf die gesetzgeberische Entscheidung zurückzuführen, nicht den Betriebsrat für seine Verarbeitungsvorgänge verantwortlich zu machen, sondern vielmehr den Arbeitgeber mit seinen nur beschränkten Einwirkungsmöglichkeiten auf den Betriebsrat. § 79a S. 2 BetrVG verfolgt somit das Ziel, die einzelnen Betriebsratsmitglieder von der Haftung des Art. 82 DS-GVO auszuklammern, indem das Gremium als solches kein Verantwortlicher mehr ist. Dadurch entsteht jedoch die Kontroverse, dass nun entweder der Arbeitgeber für den Datenschutzverstoß des Betriebsrats ohne Exkulpationsmöglichkeit haften soll oder der Betroffene seinen Schadensersatzanspruch[1467] nicht geltend machen kann. Die Ursache dieses Problems liegt demnach darin, dass der Betriebsrat und nicht der Arbeitgeber tatsächlich über die Zwecke und Mittel der Datenverarbeitung entscheidet.[1468] Im Hinblick auf eine Verwirklichung des Art. 82 Abs. 3 DS-GVO darf der Arbeitgeber in einem solchen Fall nicht gegenüber dem Geschädigten benachteiligt werden. Der Arbeitgeber ist schließlich in „keinerlei" Hinsicht für den entstandenen Schaden verantwortlich. Allerdings muss dabei die Wertung des Art. 82 Abs. 3 DS-GVO hingenommen werden, sodass sich dieser als Verantwortlicher auch exkulpieren kann. Der Unterschied zu der Konstellation mit dem Auftragsverarbeiter liegt darin, dass der Verantwortliche in diesem Fall selbstständig und ohne gesetzlichen Zwang Daten von Betroffenen an diesen weitergibt und somit zumindest noch in gewisser Form an dem Datenschutzverstoß beteiligt ist, auch wenn er eine rechtmäßige Weisung erteilt hat. Im Verhältnis zum Betriebsrat hat der Arbeitgeber als Verantwortlicher aber häufig nicht einmal die personenbezogenen Daten an diesen weitergereicht und selbst wenn doch, dann nur, weil dies eine sich aus dem Betriebsverfassungsgesetz ergebende Verpflichtung darstellte.

Ohne Frage ist es für den Betroffenen unbillig, dass dieser seinen Schadensersatzanspruch nicht geltend machen kann. Dies allein vermag jedoch nicht ausreichen, um Art. 82 Abs. 3 DS-GVO teleologisch zu reduzieren, da es gerade der von der Norm eingeräumten Wertung entspricht, wenn den Verantwortlichen „keinerlei" Verantwortung für den Verstoß trifft. Da somit die Situation mit der des Auftragsverarbeiters und Verantwortlichen nicht vergleichbar ist, sind auch keine anderen Gründe ersichtlich, welche für eine teleologische Reduktion des Art. 82

[1467] Zumindest solange der Mitarbeiterexzess nicht greift.

[1468] Vgl. dazu auch Teil 2, Abschnitt 2, C. III. 4.

Abs. 3 DS-GVO sprechen würden. Festzuhalten ist daher, dass der Arbeitgeber grundsätzlich die Möglichkeit einer Exkulpation nach Art. 82 Abs. 3 DS-GVO hat, sofern er auch für die Datenverarbeitung des Betriebsrats als Verantwortlicher angesehen wird.

5. Regressmöglichkeiten gegen den Betriebsrat

Die von einem Datenschutzverstoß des Betriebsrats betroffene Person kann vom Arbeitgeber als datenschutzrechtlich Verantwortlichen Schadensersatz gem. Art. 82 DS-GVO verlangen. Nachdem der datenschutzrechtliche Verstoß jedoch nicht aus der Sphäre des Arbeitgebers rührt, sondern aus jener des Betriebsrats, dürfte es für den Arbeitgeber meist von Interesse sein, den Betriebsrat oder seine Mitglieder in Regress zu nehmen.[1469]

Der Betriebsrat selbst ist nur partiell rechts- und vermögensfähig[1470] und verfügt über keine eigene Vermögensmasse;[1471] als Organ selbst kann er somit nicht vom Arbeitgeber in Regress genommen werden. Regressansprüche des Arbeitgebers könnten sich daher nur gegen die einzelnen Mitglieder richten.[1472]

a) Deliktische Regressansprüche

Auf deliktischer Ebene wären Regressansprüche nach §§ 840 i. V. m. 421 BGB denkbar. § 840 Abs. 1 BGB verlangt dafür, dass für den aus einer unerlaubten Handlung entstandenen Schaden mehrere Schädiger nebeneinander verantwortlich sind, damit diese gem. § 421 Abs. 1 S. 1 BGB als Gesamtschuldner haften. Gesamtschuldner sind nach § 426 Abs. 1 S. 1 BGB grundsätzlich zu gleichen Anteilen verpflichtet. Befriedigt daher einer der Schuldner die Forderung des Gläubigers, so kann dieser nach § 426 Abs. 2 BGB Ausgleich vom anderen Gesamtschuldner verlangen. Übertragen auf das Verhältnis zwischen Betriebsrat und Arbeitgeber würde dies bedeuten, dass, wenn der Arbeitgeber die Schadenssumme gegenüber dem vom Datenschutzverstoß betroffenen Arbeitnehmer begleicht, die Forderung auf den Arbeitgeber gegen das oder die jeweiligen Betriebsratsmitglieder übergehen würde. Grundvoraussetzung dafür wäre nach § 840 Abs. 1 BGB aber, dass ein deliktischer Anspruch gegen die jeweiligen Mitglieder besteht.

[1469] *Brink/Joos*, NZA 2021, 1440 (1444).

[1470] BAG 24. 4. 1986 – 6 AZR 607/83, AP Nr. 7 zu § 87 Sozialeinrichtungen BetrVG 1972 (unter II. 2. a. der Gründe); BAG 24. 10. 2001 – 7 ABR 20/00, AP Nr. 71 zu § 40 BetrVG 1972 (unter II. 1. der Gründe); BGH 25. 10. 2012 – III ZR 266/11, AP Nr. 110 zu § 49 BetrVG 1972 (unter II. 1. a. aa. (1) der Gründe); *Fitting*, BetrVG, § 1 Rn. 291; GK-BetrVG/*Wiese*, Einleitung, Rn. 105.

[1471] Vgl. *Walker*, FS-Moll (2019), 697 (707).

[1472] *Flink*, Beschäftigtendatenschutz, 232; *Walker*, FS-Moll (2019), 697 (707).

Unionsrechtlich kommt ein Anspruch nach Art. 82 DS-GVO gegen die einzelnen Mitglieder nicht in Betracht, da für die Datenverarbeitung des Betriebsrats allein der Arbeitgeber nach Art. 4 Nr. 7 HS. 2 DS-GVO i. V. m. § 79a S. 2 BetrVG verantwortlich ist. Anspruchsgegner kann nach Art. 82 DS-GVO aber nur der Verantwortliche sein. Auf nationaler Ebene sind hingegen bei einem datenschutzrechtlichen Verstoß durch ein Betriebsratsmitglied deliktsrechtliche Schadensersatzansprüche nach § 823 Abs. 1 und Abs. 2 BGB vorstellbar, da diese keine datenschutzrechtliche Verantwortlichkeit voraussetzen. § 823 Abs. 1 BGB verlangt daher zunächst eine Rechtsgutverletzung. Datenschutzrechtliche Verstöße stellen häufig eine Verletzung des allgemeinen Persönlichkeitsrechts dar,[1473] das als sonstiges Recht i. S. d. § 823 Abs. 1 BGB anerkannt ist.[1474] Bei vielen Datenschutzverstößen käme daher zumindest eine nach § 823 Abs. 1 BGB geforderte Rechtsgutsverletzung in Betracht. Darüber hinaus sind die sich aus der DS-GVO und dem BDSG ergebenden Pflichten meist auch individualschützend[1475] und damit Schutzgesetze i. S. d. § 823 Abs. 2 BGB, womit auch nach dieser Norm eine datenschutzrechtliche Haftung nicht von vornherein ausgeschlossen erscheint.[1476] Unabhängig von den weiteren Anspruchsvoraussetzungen dieser Normen und den damit einhergehenden Schwierigkeiten bei datenschutzrechtlichen Verstößen stellt sich aber die grundsätzliche Frage, ob es mit dem Unionsrecht und insbesondere der Haftungssystematik nach Art. 82 DS-GVO vereinbar wäre, wenn neben dem Arbeitgeber als Verantwortlichen ein Dritter gegenüber der betroffenen Person haftet, der weder Verantwortlicher noch Auftragsverarbeiter i. S. d. Art. 4 Nr. 7 und 8 DS-GVO ist.

Nach Erwägungsgrund 146 S. 4 können neben den Schadensersatzansprüchen der DS-GVO auch noch weitere nationsrechtliche Ansprüche geltend gemacht werden. Die Ansprüche aus § 823 Abs. 1 und Abs. 2 BGB können daher grundsätzlich neben Art. 82 DS-GVO Anwendung finden.[1477] Allerdings ergibt sich aus Erwägungsgrund 146 S. 1, dass nur der Verantwortliche oder der Auftragsverarbeiter Schäden ersetzen soll, welche nicht im Einklang mit der DS-GVO stehen. Damit kann Erwägungsgrund 146 S. 4 der DS-GVO nur solche nationalrechtlichen Ansprüche meinen, welche sich gegen den Verantwortlichen oder Auftragsverar-

[1473] Grüneberg/*Sprau*, § 823 Rn. 85a; MüKoBGB/*Wagner*, BGB, § 823 Rn. 680.

[1474] BeckOGKZ/*Specht-Riemenschneider*, BGB, § 823 Rn. 1171; Jauernig/*Kern*, BGB, § 823 Rn. 13; MüKoBGB/*Wagner*, BGB, § 823 Rn. 465.

[1475] Vgl. MüKo/*Wagner*, BGB, § 823 Rn. 680.

[1476] Grds. die Schutzeigenschaft einiger DS-GVO Vorschriften bejahend: Grüneberg/*Sprau*, § 823 Rn. 85a; MüKo/*Wagner*, BGB, § 823 Rn. 547; § 823 Abs. 2 i. V. m. § 26 BDSG ablehnend *Walker*, FS-Moll (2019), 697 (707), mit dem Argument, dass der Arbeitgeber regelmäßig nicht dem Schutzbereich des § 26 BDSG unterfällt, solange nicht seine eigenen Daten verarbeitet werden. Da es sich nun aber um Teilverantwortlichkeit zwischen Betriebsrat und Arbeitgeber handelt, hätten sowohl der Betriebsrat als auch der Arbeitgeber § 26 BDSG bei einer rechtswidrigen Datenverarbeitung verletzt.

[1477] Taeger/Gabel/*Moos/Schefzig*, DS-GVO, Art. 82 Rn. 105 ff.

beiter selbst richten. Davon ist jedoch die Frage zu trennen, ob Schadensersatzansprüche auch gegen Störer geltend gemacht werden können, welche ebenfalls an der Entstehung des Datenschutzverstoßes beteiligt waren, aber weder Verantwortliche noch Auftragsverarbeiter sind.[1478] In der Literatur wird diese Problematik teilweise unter dem Stichwort der Störerhaftung behandelt.[1479]

Das BVerwG legte die Frage der Störerhaftung dem EuGH in dem bereits behandelten Vorabentscheidungsverfahren (Schleswig-Holstein/Wirtschaftsakademie) nach Art. 267 AEUV vor.[1480] Da der EuGH jedoch eine Mitverantwortlichkeit des Facebook-Fanseitenbetreibers nach der damals noch geltenden Richtlinie des Art. 2 d) RL 95/46/EG annahm,[1481] beantwortet er die Frage einer möglichen Störerhaftung nicht.[1482] Die Vorinstanz des BVerwG, das OVG Schleswig, lehnte eine solche Störerhaftung mit dem Hinweis ab, dass sich die Haftung eines nicht verantwortlichen Dritten nicht aus der Richtlinie 95/46/EG herleiten lasse.[1483] Dazu führte es aus, dass „die Haftung eines Dritten, allein weil er einen Kausalbeitrag für die rechtswidrige Verarbeitung geleistet hat, der nicht die Qualität einer Datenverarbeitung erreicht und die Schwelle zur Einflussmöglichkeit auf die Datenverarbeitung nicht überschreitet, keine Grundlage in der Richtlinie findet“.[1484] Weiterhin bestehe auch keine Schutzlücke, da der Verantwortliche für den Verstoß ohnehin einzustehen habe.[1485]

Diese Argumentation zur RL 95/46/EG vermag auch im Hinblick auf die DS-GVO zu überzeugen. Der Begriff der Verantwortlichkeit in Art. 2 d) RL 95/46/EG hat sich durch Art. 4 Nr. 7 DS-GVO nicht geändert. Ist jemand für eine Datenverarbeitung verantwortlich, dann ist es nur konsequent, dass für einen Datenschutzverstoß unter seiner Verantwortlichkeit auch gehaftet wird. Ein Dritter, der selbst nicht genug Einfluss auf die Datenverarbeitung hat, um Verantwortlicher nach Art. 4 Nr. 7 DS-GVO oder Auftragsverarbeiter nach Art. 4 Nr. 8 DS-GVO zu sein, soll hingegen keinen tauglichen Anspruchsgegner i. S. d. Art. 82 DS-GVO darstellen. Der Betroffene kann daher gegen den Verantwortlichen einen Anspruch geltend machen. Eine Schutzlücke besteht insoweit nicht.

Die Sonderkonstellation der Verantwortlichkeit des Arbeitgebers für die Verarbeitungstätigkeit des Betriebsrats nach § 79a S. 2 BetrVG betreffend könnte zwar argumentiert werden, dass der Betriebsrat maßgeblich die Datenverarbeitung beeinflusst und damit der Fall anders gelagert sei als der, über den das OVG Schleswig

---

[1478] Unscharf insoweit Richardi/*Thüsing*, BetrVG, § 79a Rn. 16.

[1479] Taeger/Gabel/*Moos/Schefzig*, DS-GVO, Art. 82 Rn. 109 f.

[1480] BVerwG 25.2.2016 – 1 C 28.14, ZD 2016, 393 (Rn. 31).

[1481] EuGH 5.6.2018 – Rs. C-210/16 (LzD-Schleswig-Holstein ./. Wirtschaftsakademie Schleswig-Holstein GmbH) ECLI:EU:C:2018:388 (Rn. 39).

[1482] Taeger/Gabel/*Moos/Schefzig*, DS-GVO, Art. 82 Rn. 109.

[1483] OVG Schleswig 4.9.2014 – 4 LB 20/13, BeckRS 2014, 55993 (Rn. 27).

[1484] OVG Schleswig 4.9.2014 – 4 LB 20/13, BeckRS 2014, 55993 (Rn. 90).

[1485] OVG Schleswig 4.9.2014 – 4 LB 20/13, BeckRS 2014, 55993 (Rn. 91 f.).

zu entscheiden hatte. Gleichwohl stünde einer solchen Argumentation die Wertung des § 79a S. 2 BetrVG entgegen, welcher eben die Frage der Verantwortlichkeit und damit auch der Haftung dem Arbeitgeber zuweisen will. Für den Betroffenen besteht somit bei der Geltendmachung seines Anspruchs keine Schutzlücke, abgesehen von dem seltenen Fall, dass eine Exkulpation nach Art. 82 Abs. 3 DS-GVO gelingt.

Eine Drittstörerhaftung ist daher abzulehnen.[1486] Der Betriebsrat kann somit von vornherein nicht selbst Anspruchsgegner des Betroffenen nach § 823 Abs. 1 und Abs. 2 BGB sein. Folglich kommt eine Gesamtschuld nach § 840 Abs. 1 i. V. m. § 421 Abs. 1 S. 1 BGB nicht in Betracht und damit auch kein möglicher Regressanspruch des Arbeitgebers gegen den Betriebsrat nach nationalem Deliktsrecht.[1487]

b) Vertragliche Regressansprüche

Auf vertraglicher Ebene könnte sich ein Regressanspruch des Arbeitgebers gegen einzelne Betriebsratsmitglieder auf § 280 Abs. 1 i. V. m. § 241 Abs. 2 BGB stützen.[1488] Betriebsratsmitglieder sind demnach wie andere Arbeitnehmer durch ihren Arbeitsvertrag dazu verpflichtet, Rücksicht auf die Interessen des Arbeitgebers zu nehmen. Verletzen sie diese, dann sind sie grundsätzlich dem Arbeitgeber gegenüber zum Schadensersatz verpflichtet. Zu dessen Interessen soll es auch gehören, diesen durch Datenschutzverstöße nicht mit Geldbußen oder Schadensersatzansprüchen von Dritten zu belasten.[1489] Das Verschulden wird dabei allerdings nicht wie in § 280 Abs. 1 S. 2 BGB vermutet, sondern ist gem. § 619a BGB stets durch den Arbeitgeber nachzuweisen.[1490]

Gegen eine solche Haftung ist jedoch einzuwenden, dass das Betriebsratsmitglied den Datenschutzverstoß nicht als Arbeitnehmer begeht, sondern vielmehr in seiner Funktion als Betriebsratsmitglied. Für Betriebsratsmitglieder kann ein arbeitsvertraglicher Schadensersatzanspruch allerdings nicht ohne Weiteres aus einer Nebenpflichtverletzung hergeleitet werden. Dies zeigt die bisherige Rechtsprechung zur Haftung einzelner Betriebsratsmitglieder, welche diese bisher nur in sehr begrenzten Ausnahmefällen nach § 179 BGB zugelassen hat.[1491] Insoweit ist es überzeugend, dass auch Regressansprüche nach § 280 Abs. 1 i. V. m. § 241 Abs. 2 BGB nicht in Betracht kommen.

[1486] Unentschieden: Taeger/Gabel/*Moos/Schefzig*, DS-GVO, Art. 82 Rn. 110.

[1487] A. A.: *Friedrichsen*, § 79a BetrVG, 106, wonach sich ein Schadensersatzanspruch gegen ein Betriebsratsmitglied aus § 826 BGB ergeben kann, sowie strafrechtliche Sanktionen nach §§ 202a ff. StGB im Raum stehen.

[1488] *Lücke*, NZA 2019, 658 (669 f.); *Walker*, FS-Moll (2019), 697 (707).

[1489] *Walker*, FS-Moll (2019), 697 (707).

[1490] *Walker*, FS-Moll (2019), 697 (708).

[1491] BGH 25. 10. 2012 – III ZR 266/11, AP BetrVG 1972, Nr. 110 zu § 40 (Rn. 36).

6. Auswirkungen der Haftung des Arbeitgebers auf die Entscheidungsfindung

Für den Arbeitgeber besteht wie auch für den Betriebsrat, wenn dieser datenschutzrechtlich Verantwortlicher ist, das größte Haftungsrisiko in den Schadensersatzansprüchen nach Art. 82 Abs. 1 DS-GVO. Der Arbeitgeber kann sich dabei zwar nach Art. 82 Abs. 3 DS-GVO exkulpieren, sofern der Betriebsrat gegen das Datenschutzrecht verstößt. In den meisten Fällen wird dem Arbeitgeber der hierfür erforderliche Nachweis, in „keinerlei Hinsicht für den Umstand“ verantwortlich zu sein, jedoch nicht gelingen. Auch stehen dem Arbeitgeber keine deliktischen und vertraglichen Regressansprüche gegen den Betriebsrat zu. Die Gremienmitglieder haften damit letztlich nur, wenn sie im Exzess handeln und zu eigenen Zwecken und Mitteln Arbeitnehmerdaten verarbeiten.

Aus haftungsrechtlicher Sicht ist dieses Ergebnis für den Arbeitgeber unvorteilhaft. Dieser haftet durch die Regelung in § 79a S. 2 BetrVG nahezu uneingeschränkt für Datenschutzverstöße des Betriebsrats, selbst wenn, wie nach der hier vertretenen Ansicht, keine teleologische Reduktion des Art. 82 Abs. 3 DS-GVO in Betracht kommt. Für die Betriebsratsmitglieder hat diese weitreichende Haftung des Arbeitgebers auf der anderen Seite den Vorteil, dass sie, abgesehen von den seltenen Fällen der Exzesshaftung, selbst keinem Haftungsrisiko mehr ausgesetzt sind. Eine Gefährdung der freien Mandatsausübung ist daher aufgrund von § 79a S. 2 BetrVG nicht mehr zu befürchten, womit die Entscheidungsfindung des Betriebsrats in dieser Hinsicht nicht mehr durch das Datenschutzrecht beeinflusst werden kann.

D. Lösungsmöglichkeiten zur Verantwortlichkeit im Vergleich zu anderen Gremien

I. Personalrat auf Bundesebene

Ähnlich umstritten wie bei den Betriebsräten war auch bei den Personalräten auf Bundesebene die Frage, ob diese als datenschutzrechtlich Verantwortliche nach Art. 4 Nr. 7 DS-GVO einzustufen waren. Ausgangspunkt für die Diskussion war auch hier die mit Art. 4 Nr. 7 DS-GVO verbundene Auslegungsschwierigkeit des Gesetzestextes, ob Personalräte andere Stellen sind, welche selbstständig über die Zwecke und Mittel der Verarbeitung von personenbezogenen Daten entscheiden.

Das BPersVG ist trotz mancher Unterschiede in der Organisation des Personalrats[1492] sowie bei den Beteiligungsrechten[1493] ähnlich ausgestaltet wie das BetrVG.

[1492] *Preis/Greiner*, Kollektivarbeitsrecht, Rn. 2731–2734.

[1493] *Preis/Greiner*, Kollektivarbeitsrecht, Rn. 2737.

Beiden Gesetzen liegen demnach vergleichbare Leitprinzipien zugrunde[1494] und auch der Personalrat agiert unabhängig von der jeweiligen Dienststelle.[1495] Bei der Verarbeitung von personenbezogenen Daten der Beschäftigten entscheidet er damit, wie auch der Betriebsrat, nach der hier vertretenen Ansicht selbstständig über die Zwecke und Mittel der Datenverarbeitung. Hinsichtlich des Merkmales der „anderen Stelle" wird teilweise darauf verwiesen, dass der Personalrat unter dem Begriff „Behörde" zu erfassen sei, da er ein Teil von dieser ist, weshalb nur diese allein der Verantwortliche sein könne.[1496] Der europäische Gesetzgeber habe daher den Behördenbegriff bewusst offen formuliert, da er den Mitgliedstaaten keine Vorschriften über ihren Behördenaufbau machen wollte.[1497] Im Kern sind diese Argumente jedoch ähnlich wie die mit dem Betriebsrat verbundene Argumentationslinie, wonach dieser nicht ein Teil einer juristischen Person sei, da es ohne den Arbeitgeber auch keinen Betriebsrat gäbe, weshalb auch Niederlassungen keine eigenen Verantwortlichen i. S. d. Art. 4 Nr. 7 DS-GVO darstellen.[1498] Nachdem hier vertreten wird, dass die tatsächliche Entscheidung über die Zwecke und Mittel der Datenverarbeitung nicht der Arbeitgeber, sondern der Betriebsrat hat, ist dies auch beim Personalrat nicht anders zu bewerten.[1499]

Entgegen der Auffassung, dass der Personalrat die Erfordernisse des Art. 4 Nr. 7 DS-GVO erfüllt, hat der Gesetzgeber in § 69 S. 2 BPersVG normiert, dass, soweit der Personalrat bei der Erfüllung seiner Aufgaben personenbezogene Daten verarbeitet, die Dienststelle hierfür verantwortlich ist. Die Vorschrift des § 69 S. 2 BPersVG ist insoweit bis auf die Bezeichnungen „Dienststelle" und „Personalrat" wortlautidentisch mit § 79a S. 2 BetrVG. Darüber hinaus hat nach § 69 S. 1 BPersVG der Personalrat, obwohl er nicht Verantwortlicher sein soll, die Vorschriften des Datenschutzes einzuhalten und gem. § 69 S. 3 BPersVG die Dienststelle bei deren Einhaltung der datenschutzrechtlichen Vorschriften zu unterstützen.[1500] Die beiden Normen sind erneut wortgleich mit § 79a S. 1 und

---

[1494] *Preis/Greiner*, Kollektivarbeitsrecht, Rn. 2728.

[1495] BT-Drs. 19/262820, 75.

[1496] *Petri*, AKI 23: Der Personalrat – Verantwortlicher im Sinne des Datenschutzrechts? (unter 2.).

[1497] *Petri*, AKI 23: Der Personalrat – Verantwortlicher im Sinne des Datenschutzrechts? (unter 2.).

[1498] Vgl. dazu schon die Ausführungen in Teil 2, Abschnitt 2, C. III. 1.

[1499] *Meinhold*, NZA 2019, 670 (672); a. A.: *Brink/Joos*, NZA 2019, 1395 (1399) (wenn auch zweifelnd); *Ilbertz/Widmaier*, BPersVG, § 69 Rn. 12; *Petri*, AKI 23: Der Personalrat – Verantwortlicher im Sinne des Datenschutzrechts? (unter 2.); offenlassend: Altvater/*Herget*, BPersVG, § 69 Rn. 13.

[1500] Vgl. Altvater/*Herget*, BPersVG, § 69 Rn. 14, 18 f.; *Ilbertz/Widmaier*, BPersVG, § 69 Rn. 12, 14, insoweit nicht ganz eindeutig, da einerseits die Dienststelle keine „Zugriffs-, Durchgriffs- oder Anordnungsbefugnisse" gegenüber der Personalvertretung haben soll (Rn. 12). Anderseits der Dienststellenleiter sich nur „ohne konkreten Anlass jeder Einmischung in die Verarbeitung personenbezogener Daten durch die Personalvertretung zu ent-

S. 3 BetrVG, sodass sich in dieser Hinsicht keine Unterschiede zum BetrVG ergeben.

Abweichend von § 79a S. 4 BetrVG normiert § 69 BPersVG allerdings keine Verschwiegenheitspflicht des Datenschutzbeauftragten der Dienststelle hinsichtlich etwaiger Informationen, die Rückschlüsse auf den Meinungsbildungsprozess der Dienststelle zulassen. Dennoch bestehen nach der Gesetzesbegründung zu § 69 BPersVG die Aufgaben des behördlichen Datenschutzbeauftragten nun auch gegenüber dem Personalrat.[1501] Der von der Dienststelle beauftragte Datenschutzbeauftragte hat damit ein umfangreiches Kontrollrecht im Personalrat und kann der Dienststelle gem. Art. 38 Abs. 3 S. 3 DS-GVO unmittelbar über dessen Datenverarbeitungen berichten.[1502] Datenschutzrechtlich sind diese Befugnisse konsequent, da sie zu besseren Kontrollmöglichkeiten gegenüber dem Personalrat führen und es der Dienststelle erleichtern, präventiv gegen drohende Datenschutzverstöße vorzugehen. Dadurch wird die Unabhängigkeit des Personalrates aber noch mehr beschränkt als beim Betriebsrat, indem die Dienststelle dadurch unmittelbare Rückschlüsse auf den Prozess der Meinungsbildung im Personalrat ziehen kann. Personalratsmitglieder könnten daher, wenn der Datenschutzbeauftragte während der Sitzungen anwesend ist,[1503] in ihren Redebeiträgen gehemmt sein.

II. Personalvertretungen auf Länderebene

Einzelne Bundesländer haben ebenfalls Regelungen zu der Frage getroffen, ob der Personalrat datenschutzrechtlich Verantwortlicher i. S. d. Art. 4 Nr. 7 DS-GVO ist. Die unterschiedlichen Regelungen lassen sich dabei in Vorschriften einteilen, welche dem Personalrat eine Verantwortlichkeit zuweisen sowie in diejenigen, welche die Verantwortlichkeit der Dienststelle auferlegen.

1. Personalrat als Verantwortlicher gem. Art. 4 Nr. 7 DS-GVO

Die Bundesländer Baden-Württemberg, Thüringen, Nordrhein-Westfalen und Sachsen-Anhalt haben in ihren Regelungen nach § 67 BaWüPersVG, § 80 Thür-

---

halten“ hat (Rn. 14). Dies klingt wiederum so, als könne die Dienststelle bei einem „konkreten Anlass“ sich doch „einmischen“.

[1501] BT-Drs. 19/262820, 112.

[1502] Lorenzen/*Gerhold*, BPersVG, § 69 Rn. 36; Richardi/Dörner/Weber/*Annuß/Heinkel*, BPersVG, § 69 Rn. 14, jedoch „sollte“ der Datenschutzbeauftragte zunächst den Personalrat auf den Datenschutzverstoß hinweisen, um eine eigene Fehlerbehebung zu ermöglichen; a. A.: Altvater/*Herget*, BPersVG, § 69 Rn. 25; *Ilbertz/Widmaier*, BPersVG, § 69 Rn. 18.

[1503] Lorenzen/*Gerhold*, BPersVG, § 69 Rn. 36; Ein solches Teilnahmerecht des Datenschutzbeauftragten annehmend, hingegen aber ein Kontrollrecht ablehnend: *Ilbertz/Widmaier*, BPersVG, § 38 Rn. 11i; *Ilbertz/Widmaier*, BPersVG, § 69 Rn. 18. Ein Überwachungsrecht des Datenschutzbeauftragten ablehnend: Altvater/*Herget*, BPersVG, § 69 Rn. 25.

PersVG, § 65 NRWPersVG und § 11a SaAnPersVG die datenschutzrechtliche Verantwortlichkeit nach Art. 4 Nr. 7 DS-GVO dem Personalrat zugewiesen.[1504] Die Regelungen zu § 67 Abs. 1 S. 1 BaWüPersVG, § 65 Abs. 4 NRWPersVG und § 11a SaAnPersVG legen dabei fest, dass die Einhaltung der datenschutzrechtlichen Vorschriften dem Personalrat obliegt und dieser die hierfür erforderlichen Maßnahmen treffen muss. Nach § 67 Abs. 1 S. 2 BaWüPersVG sind diese Maßnahmen der Dienststelle auf Verlangen mitzuteilen. § 65 Abs. 4 S. 2 NRWPersVG geht dabei noch weiter und ordnet an, dass diese Maßnahmen sogar ohne ein Verlangen der Dienststelle dieser mitzuteilen sind. Dadurch wird der Personalrat als Verantwortlicher in diesen beiden Bundesländern nicht nur durch den Datenschutzbeauftragten und die Aufsichtsbehörden kontrolliert, sondern auch durch die Dienststelle. Dies führt allerdings zu keiner Einschränkung der Unabhängigkeit, da der Personalrat nur die datenschutzrechtlichen Maßnahmen gegenüber der Dienststelle offenbaren muss. Dabei kann er selbst kontrollieren, ob Rückschlüsse auf den Meinungsbildungsprozess möglich sind. Ferner kann er aufgrund der eigenen Verantwortlichkeit selbst einen Datenschutzbeauftragten gem. Art. 37 DS-GVO benennen.

In Thüringen wird die datenschutzrechtliche Verantwortlichkeit zwar nicht ausdrücklich normiert, ergibt sich aber aus der Formulierung in § 80 Abs. 1 S. 2 HS. 1 ThürPersVG, wonach die Personalvertretung zur Einhaltung des Datenschutzes einen eigenen Datenschutzbeauftragten zu bestellen hat. Grundsätzlich kann nur der Verantwortliche i. S. d. Art. 4 Nr. 7 DS-GVO einen eigenen Datenschutzbeauftragten gem. Art. 37 Abs. 1, Abs. 4 S. 1 DS-GVO bestellen.[1505] Nach § 80 Abs. 1 S. 2 HS. 2 ThürPersVG wird jedoch sowohl der Dienststelle, als auch dem Personalrat die Möglichkeit eröffnet, einen gemeinsamen Datenschutzbeauftragten zu ernennen.

2. Dienststelle als Verantwortlicher gem. Art. 4 Nr. 7 DS-GVO

Der Landesgesetzgeber in Brandenburg hat hingegen in § 94 Abs. 1 BbgPersVG geregelt, dass, sofern die Funktion eines behördlichen Datenschutzbeauftragten ausgeübt wird, dieser ein uneingeschränktes Kontrollrecht gegenüber dem Personalrat hat. Eine Regelung, nach welcher der Personalrat einen eigenen Datenschutzbeauftragten benennen kann, sieht § 94 BbgPersVG nicht vor. Kann der Personalrat aber keinen eigenen Datenschutzbeauftragten benennen, kann er nicht Verantwortlicher nach Art. 4 Nr. 7 DS-GVO sein, da diesem ein solches Recht vorbehalten ist. Dass der Gesetzgeber den Personalrat nicht als eigenen Verantwortlichen ansieht, zeigt auch § 94 Abs. 3 BbgPersVG, welcher explizit anordnet,

---

1504 Zu § 67 BaWüPersVG § 65 NRWPersVG und § 80 ThürPersVG, auch *Meinhold*, NZA 2019, 670 (670 ff.); *Ilbertz/Widmaier*, BPersVG, § 69 Rn. 1, sehen hingegen eine vergleichbare Regelung nur in zwei Bundesländern.

1505 *Brink/Joos*, NZA 2019, 1395 (1399); *Meinhold*, NZA 2019, 670 (672).

dass der Personalrat personenbezogene Daten zu löschen hat, sobald sie zu dessen Aufgabenerfüllung nicht mehr erforderlich sind. Würde daher der Gesetzgeber den Personalrat als eigenen Verantwortlichen betrachten, dann wäre eine solche Regelung nicht notwendig, da sich diese Verpflichtung bereits unmittelbar aus Art. 17 Abs. 1 a) DS-GVO ergeben würde. In Brandenburg kann der Personalrat demnach nicht als eigener Verantwortlicher nach Art. 4 Nr. 7 DS-GVO eingestuft werden.[1506] Der Datenschutzbeauftragte kann daher den Personalrat wie in § 69 BPersVG vollständig auf die Einhaltung der datenschutzrechtlichen Regelungen kontrollieren und der Dienststelle darüber Bericht gem. Art. 38 Abs. 3 S. 3 DS-GVO erstatten.

Die Regelung in § 42 HessPersVG gleicht bis auf den Verweis in S. 5, in welchem auf das hessische Landesdatenschutzgesetz statt auf das Bundesdatenschutzgesetz verwiesen wird, der Regelung in § 79a BetrVG, sodass sich in dieser Hinsicht keine Unterschiede ergeben.

III. Mitarbeitervertretungen kirchlicher Einrichtungen

Die evangelische Kirche hat in § 4 Nr. 9 Kirchengesetz über den Datenschutz der evangelischen Kirchen in Deutschland (DSG-EKD) bestimmt, dass verantwortliche Stelle jede natürliche, juristische Person, kirchliche oder sonstige Stelle ist, die allein oder gemeinsam mit anderen über die Zwecke und Mittel der Verarbeitung von personenbezogenen Daten entscheidet. In § 22 Abs. 2 MVG-EKD wird dazu normiert, dass die Mitarbeitervertretung für die Einhaltung des Datenschutzes in den Angelegenheiten ihrer Geschäftsführung Sorge zu tragen hat. Dadurch wird die datenschutzrechtliche Verantwortlichkeit i. S. d. § 4 Nr. 9 DSG-EKD der Mitarbeitervertretung übertragen. Die Mitarbeitervertretungen der evangelischen Kirchen können damit einen eigenen örtlichen Beauftragten (Datenschutzbeauftragter) gem. den §§ 36 ff. DSG-EKD bestellen.

Eine solche ausdrückliche Zuweisung der datenschutzrechtlichen Verantwortlichkeit nimmt die MAVO der katholischen Kirche nicht vor. Gleichwohl wird in § 4 Nr. 9 des Gesetzes über den kirchlichen Datenschutz (KDG) geregelt, dass Verantwortlicher jede natürliche oder juristische Person, Behörde, Einrichtung oder andere Stelle ist, die allein oder gemeinsam mit anderen über die Zwecke und Mittel der Verarbeitung personenbezogener Daten entscheidet. Diese Definition ist ersichtlich Art. 4 Nr. 7 DS-GVO nachempfunden, weshalb sich hinsichtlich der Auslegung des § 4 Nr. 9 KDG keine Unterschiede ergeben. Die Mitarbeitervertretung der katholischen Kirche ist damit auch Verantwortlicher i. S. d. § 4 Nr. 9 KDG und kann einen eigenen Datenschutzbeauftragten gem. den §§ 36 ff. KDG benennen.

[1506] *Meinhold*, NZA 2019, 670.

Teil 5

Ergebnisse der Untersuchung und Anregungen zur Umgestaltung der bestehenden Regelungen

A. Gesamtbewertung der bestehenden Regelungen

Ausgehend von der Analyse zu den bestehenden Regelungen kann nun dargelegt werden, auf welche der zu Beginn herausgearbeiteten Zielsetzungen bei der Gesetzgebung Wert gelegt worden ist. Während bei der virtuellen Betriebsratssitzung erörtert werden muss, ob der Optimierung der analogen Entscheidungsfindung oder der Sicherstellung der funktionellen Erwartungen mehr Raum eingeräumt wurde, ist bei der Problematik der datenschutzrechtlichen Verantwortlichkeit darzustellen, wie der Gesetzgeber den hierzu bestehenden Interessenskonflikt zwischen Betriebsrat, Arbeitgeber und Belegschaft aufgelöst hat.

Darauf aufbauend sollen mithilfe von Regelungsvorschlägen des DGB und der aktuellen Regierung eigene Lösungsansätze entwickelt werden. Diese sollen den mit der Digitalisierung einhergehenden Optimierungsmöglichkeiten im Bereich der Entscheidungsfindung Rechnung tragen, ohne dabei die funktionellen Erwartungen an den Prozess der Entscheidungsfindung zu vernachlässigen. Zugleich soll eine sachgerechte Lösung im Bereich des Datenschutzes gefunden werden, welche sich möglichst gering auf das Entscheidungsverfahren in der Betriebsratssitzung auswirkt.

I. Übermäßige Sicherstellung der funktionellen Erwartungen

1. Doppelte Absicherung der direkten Kommunikation und des Minderheitenschutzes

Die Regelungen zum Vorrang der Präsenzsitzung in § 30 Abs. 2 S. 1 Nr. 1 BetrVG und jene zum Widerspruchsrecht gem. § 30 Abs. 2 S. 1 Nr. 2 BetrVG zeigen, dass der Gesetzgeber darauf bedacht war, die in einer Präsenzsitzung vermittelte direkte Kommunikation von „Angesicht zu Angesicht“ auch weiterhin als primäre Kommunikationsform sicherzustellen, selbst wenn eine virtuelle Betriebsratssitzung mittels Video- und Telefonkonferenz nun möglich ist. Dieser Vorrang der Präsenzsitzung korreliert mit den Erkenntnissen aus der Kommunikations- und Medienpsychologie, wonach eine virtuelle Kommunikation mittels Videos und

Telefons die Merkmale einer direkten Kommunikation nicht vollständig nachzubilden vermag. Zwar kann insbesondere die Videokonferenz in den hier herausgearbeiteten vier Kategorien der verbalen (1), der non- und paraverbalen Merkmale (2), der objektiven Umstände der Kommunikation (3) sowie der Interaktivität während der Kommunikation (4) die direkte Kommunikation bis auf kleinere Defizite weitestgehend imitieren. Allerdings lassen sich in Telefonkonferenzen keine nonverbalen Merkmale wie Mimik, Gestik oder Körperhaltung abbilden und es ist dadurch auch aus verfahrenstechnischer Sicht eine empirische Argumentation basierend auf Beweisen, wie der Sichtung von Unterlangen, nur schwer möglich. Nachdem die kollektive Willensbildung des Betriebsrats auf eine möglichst optimale Kommunikation sowie die umfangreiche Sichtung von Dokumenten angewiesen ist, ist daher ein Vorrang der Präsenzsitzung gegenüber dem virtuellen Sitzungsformat durchaus vertretbar. Insbesondere auch deshalb, weil sich der Gesetzgeber gegen eine weitere Differenzierung innerhalb der virtuellen Sitzungsformen entschieden hat und damit kein Stufenverhältnis von der Video- zur Telefonkonferenz besteht.

Neben der vorzugswürdigen Kommunikation in einer Präsenzsitzung stellt § 30 Abs. 2 S. 1 Nr. 1 und Nr. 2 BetrVG allerdings auch sicher, dass virtuelle Sitzungen nicht gegen den Willen von einer Minderheit im Betriebsratsgremium angesetzt werden können. Diese Ausprägung des Minderheitenschutzes ist in erster Linie mit der Befürchtung zu erklären, dass der Betriebsratsvorsitzende, welcher regelmäßig der Mehrheitsliste angehört, die Beratungsgegenstände von Angehörigen der Minderheitenliste in virtuelle Sitzungen verschiebt, in welchen schlechtere Kommunikationsbedingungen herrschen und dadurch die Möglichkeit, durch Argumente auf die kollektive Willensbildung Einfluss zu nehmen, erschwert wird. § 30 Abs. 2 S. 1 Nr. 1, Nr. 2 BetrVG soll darüber hinaus aber auch den Mitgliedern Rechnung tragen, welche aus Gründen, wie z. B. der besseren Kommunikation in einer Präsenzsitzung oder aufgrund technischer Schwierigkeiten, eine Video- oder Telefonkonferenz ablehnen. Sichergestellt wird dies zum einen durch das Erfordernis in § 30 Abs. 2 S. 1 Nr. 1 BetrVG, die Möglichkeit Video- und Telefonkonferenzen durch eine Regelung in der Geschäftsordnung zu regeln, welche gem. § 36 BetrVG einen Beschluss mit qualifizierter Mehrheit benötigt, und zum anderen maßgeblich durch das Widerspruchsrecht in § 30 Abs. 2 S. 1 Nr. 2 BetrVG, welches ein Quorum von einem Viertel der Betriebsratsmitglieder erfordert.

Festzustellen ist daher, dass sowohl der Vorrang der Präsenzsitzung zur Sicherung einer möglichst optimalen Kommunikation als auch der Minderheitenschutz in § 30 Abs. 2 S. 1 Nr. 1 und Nr. 2 BetrVG durchaus ihre Berechtigung haben und sinnvolle Regelungen darstellen, um diese funktionellen Erwartungen, welche bereits an den analogen Entscheidungsprozess gestellt werden, durch die Einführung digitaler Entscheidungsmöglichkeiten weiterhin zu gewährleisten.[1507] Gleichwohl stellt sich in diesem Zusammenhang auch die Frage, ob der Gesetzgeber durch die

[1507] Vgl. auch *Ch. Weber*, JArbR Bd. 58, 91 (112).

jeweils doppelte Absicherung dieser beiden Erwartungen nicht etwas über das Ziel hinausgeschossen ist. Bei der Kommunikation bleiben Video- und Telefonkonferenz zwar hinter der gemeinsamen Willensbildung von „Angesicht-zu-Angesicht“ in der Präsenzsitzung zurück. Jedoch weist insbesondere die Videokonferenz nach der hier vertretenen Auffassung gegenüber der Präsenzsitzung nur geringe Defizite auf und vermag es genauso wie eine Präsenzsitzung einen juristischen Diskurs, in dem alle Mitglieder dieselben Einwirkungsmöglichkeiten haben, abzubilden. Da es der Betriebsrat ausdrücklich selbst in der Hand hat, über das virtuelle Sitzungsformat zu entscheiden[1508] und damit auch eine Telefonkonferenz generell ablehnen kann, sofern er deren Kommunikationsmöglichkeiten für nicht ausreichend erachtet, wäre die doppelte gesetzliche Absicherung der optimalen Kommunikation nicht notwendig gewesen. Darüber hinaus muss gewährleistet sein, dass auch die Angehörigen der Minderheitenliste effektiv an der Betriebsratsarbeit mitwirken können. Eine doppelte Sicherstellung dieses Schutzes führt auf der Kehrseite aber auch zu einer Erschwerung der Beschlussfassung und gefährdet dadurch die Funktionsfähigkeit des Betriebsrats. Dass aber gerade diese höher zu gewichten ist als die effektive Mitwirkung von Angehörigen der Minderheitslisten an der Betriebsratsarbeit, zeigen die grundsätzlich nur punktuell bestehenden Regelungen zum Minderheitenschutz im BetrVG.[1509]

2. Zusätzliche Klarstellung der Nichtöffentlichkeit im virtuellen Raum

Die Festlegung in § 30 Abs. 2 S. 1 Nr. 3 BetrVG, wonach eine Video- oder Telefonkonferenz nur erfolgen kann, wenn sichergestellt ist, dass Dritte vom Inhalt der Sitzung keine Kenntnis erlangen können, ist nach der hier vertretenen Auffassung zum einen keine Voraussetzung für die Anberaumung einer virtuellen Betriebsratssitzung, sondern für deren Durchführung und dient zum anderen auch nicht dem Datenschutz, sondern allein dem Gebot der Nichtöffentlichkeit. § 30 Abs. 2 S. 1 Nr. 3 BetrVG verfolgt daher für sich genommen keinen über § 30 Abs. 1 S. 4 BetrVG hinausgehenden Zweck, nach welchem die Sitzungen des Betriebsrats nicht öffentlich sind. Im Zusammenspiel mit dem Aufzeichnungsverbot nach § 30 Abs. 2 S. 2 BetrVG dient die Norm aber zur Schaffung einer „geschützten Sphäre“, welche den Betriebsratsmitgliedern die Gewissheit vermitteln soll, dass ihre Beiträge zur gemeinsamen Willensbildung auch im virtuellen Raum vertraulich bleiben.

In Anbetracht der vorherigen Diskussion zur Möglichkeit von virtuellen Betriebsratssitzungen gemäß den §§ 30, 33 BetrVG (a.F.) und der damit häufig ver-

[1508] BT-Drs. 19/28899, 19; ferner besteht auch keine Möglichkeit, durch den Arbeitgeber den Betriebsrat zur Abhaltung einer virtuellen Sitzung zu verpflichten, vgl. Teil 4, Abschnitt 1, B. II.

[1509] *Raab*, FA 2021, 286 (303), stellt fest, dass der Gesetzgeber zwar eine „gewisse Vorsicht an den Tag“ legt. Im Ergebnis scheint dieser jedoch eher von einer ausgewogenen Regelung auszugehen.

tretenen Auffassung, dass in Videokonferenzen die Nichtöffentlichkeit nicht zu wahren sei, ist die zusätzliche Klarstellung der Nichtöffentlichkeit in § 30 Abs. 2 S. 1 Nr. 3 BetrVG nur konsequent. Die für die Entscheidungsfindung maßgebliche Willensbildung soll nämlich nicht dadurch beeinflusst werden, dass Betriebsratsmitglieder nicht von der Vertraulichkeit dieser neuen Sitzungsform überzeugt sind. Allerdings hat die Norm im Grundsatz keinen anderen Regelungsgehalt als § 30 Abs. 1 S. 4 BetrVG, da auch aus dieser Regelung abgeleitet werden kann, dass virtuelle Sitzungen vertraulich sein müssen. § 30 Abs. 2 S. 2 BetrVG hat hingegen einen darüberhinausgehenden Zweck zur Herstellung einer „vertraulichen Sphäre", da nach überwiegender Auffassung eine Aufzeichnung der Präsenzsitzung erlaubt ist.

3. Erschwerung und Erleichterung der Sitzungsniederschrift

Die Kehrseite des Aufzeichnungsverbotes nach § 30 Abs. 2 S. 2 BetrVG kommt bei der Anfertigung der Niederschrift in der virtuellen Sitzung nach § 34 BetrVG zur Geltung. Für den Protokollführer ist es aufgrund des Aufzeichnungsverbotes nur erschwert möglich, diese anzufertigen, was sich insbesondere deshalb nachteilig auf die Qualität der Niederschrift auswirken kann, da in virtuellen Sitzungen die Zuordnung von Beiträgen zur gemeinsamen Willensbildung schwerer nachvollziehbar sein kann als in Präsenzsitzungen.

Umgekehrt löst der Gesetzgeber durch die Normierung einer digitalen Teilnahmebestätigung mittels Textform die Problematik, dass sich an virtuellen Sitzungen teilnehmende Betriebsratsmitglieder nicht eigenhändig in die Anwesenheitsliste eintragen können. Dies geht zwar teilweise mit einem Verlust der Echtheitsfunktion einher, da nicht gänzlich ausgeschlossen werden kann, dass auch ein Dritter die Teilnahmebestätigung dem Vorsitzenden schickt. Die Alternative, anstelle der Textform eine elektronische Signatur i. S. d. § 126a BGB zu verlangen, wäre damit zwar weniger manipulationsanfällig gewesen, ist jedoch derart praxisuntauglich, dass eine solche Regelung nicht zur Erleichterung einer Eintragung in die Anwesenheitsliste geführt hätte.

Ungelöst bleibt hingegen die Problematik zu § 34 Abs. 1 S. 2 BetrVG, wonach die Niederschrift vom Vorsitzenden und vom Protokollführer auch weiterhin in virtuellen Sitzungen zu unterzeichnen ist. Nachdem allerdings die nachträgliche Unterzeichnung der Niederschrift möglich ist, handelt es sich dabei um eine nicht maßgebliche Fragestellung im Bereich der Video- und Telefonkonferenzen.

4. Gewährleistung der restlichen funktionellen Erwartungen

Die Regelung in § 30 Abs. 3 BetrVG, wonach die Teilnahme vor Ort als erforderlich gilt, wenn von der zusätzlichen Möglichkeit der Video- und Telefonkonferenz Gebrauch gemacht wird, bestätigt den bisherigen Grundsatz, dass die Entscheidungsfindung des Betriebsrats nicht von finanziellen Aspekten gelenkt sein soll.

Das nach der hier vertretenen Ansicht grundsätzlich bestehende Ermessen bei der Einberufung und Ausgestaltung von Video- und Telefonkonferenzen ist im Zusammenhang mit der sich aus § 29 Abs. 2 S. 2 BetrVG ergebenden Leitung der Sitzung konsequent und weist darauf hin, dass auch in virtuellen Sitzungen die Willensbildung durch den Vorsitzenden angeleitet werden soll.

Umstritten bleibt die Frage, ob die Vorschriften über die internen Wahlen auf die Betriebsratssitzung anwendbar sind. Eine demokratische Entscheidungsfassung, welche eine geheime Wahl beinhalte, ist nach der hier vertretenen Auffassung auch in virtuellen Konferenzen möglich, weshalb es nur konsequent ist, diese für virtuelle Sitzungen in § 30 Abs. 2 BetrVG zu ermöglichen.

5. Fazit

Der Gesetzgeber hat mit den Bedingungen, an welche die virtuelle Betriebsratssitzung mittels Video- und Telefonkonferenz in § 30 Abs. 2 BetrVG geknüpft ist, die im Vorfeld bestehenden Bedenken zur Abhaltung von Videokonferenzen aufgegriffen und stellt damit die funktionellen Erwartungen, welche an den analogen Entscheidungsprozess gestellt werden, durch die Einführung der virtuellen Betriebsratssitzungen sicher. Gleichwohl ist in diesem Zusammenhang zu beanstanden, dass gerade im Bereich der Voraussetzungen für die Anberaumung einer virtuellen Sitzung in § 30 Abs. 2 S. 1 Nr. 1 und Nr. 2 BetrVG eine doppelte und damit übermäßige Sicherung der direkten Kommunikation in Präsenzsitzungen sowie des Minderheitenschutzes erfolgt ist.

II. Nur geringfügige Vorteile gegenüber dem analogen Entscheidungsverfahren

1. Förderung einer Mandatsübernahme von unterrepräsentierten Gruppen im Betriebsrat

Hinsichtlich der Frage, welche Ziele mit der Digitalisierung des Entscheidungsverfahrens verbunden sein sollen, stellt die Gesetzesbegründung des Betriebsrätemodernisierungsgesetzes darauf ab, dass die Beweggründe für die Nutzung einer Video- und Telefonkonferenz vielfältig sein können. Sie hebt vor allem hervor, dass es durch die Reduzierung von Reisetätigkeiten dazu kommen kann, dass sich bestimmte Personengruppen, wie körperlich benachteiligte Menschen, Teilzeitbeschäftigte oder Arbeitnehmer mit Betreuungspflichten vermehrt dazu entscheiden könnten, ein Betriebsratsamt zu übernehmen. Besonders der Wegfall von Mobilitätsbeschränkungen bei der Nutzung von Video- und Telefonkonferenzen sei für Menschen mit einer Behinderung von Vorteil. Die Gesetzesbegründung zielt damit auf eine Erleichterung der Betriebsratsarbeit und die damit verbundene Erhöhung der Attraktivität des Betriebsratsamtes an sich ab. Dies stellt einen Vorteil gegenüber der Präsenzsitzung dar und auch die Förderung unterrepräsentierter Arbeitnehmergruppen im Betriebsrat ist zu begrüßen. Gleichwohl wird zu hinterfragen sein, ob die nur eingeschränkte Ermöglichung einer Video- und Telefonkonferenz in Betriebsratssitzungen tatsächlich ein ausschlaggebendes Argument für die genannten Personengruppen sein wird, um sich für die Übernahme eines Mandates zu entscheiden. Denn wenn die Aussichten gering sind, sich im oberen Bereich der Wahllisten zu befinden und damit überhaupt ein Mandat zu bekommen, wird die virtuelle Konferenz nur wenig an der fehlenden Motivation ändern, sich für die Wahl aufstellen zu lassen. Generell wird die Ermöglichung einer Video- und Telefonkonferenz in diesem Bereich nur eine kleine Stellschraube sein, um ein besseres Abbild der Arbeitnehmerschaft im Betriebsrat zu erzielen. Ferner ist in diesem Zusammenhang zu berücksichtigen, dass auch hybride Sitzungen nach § 30 Abs. 2 BetrVG zulässig sind. Sofern der Gesetzgeber darauf abzielt, dass sich nur die genannten Personengruppen regelmäßig virtuell zuschalten, wohingegen die restlichen Gremienmitglieder in Präsenz tagen, ist zu beachten, dass die virtuell Zugeschalteten in der Kommunikation und damit auch im Verfahren der Entscheidungsfindung im Nachteil sind. Dass somit die Arbeit durch eine virtuelle Zuschaltung für die genannten Personengruppen erleichtert werden könnte, kann sich bei einem solchen Verständnis leicht in das Gegenteil verkehren.

2. Generelle Erleichterung der Betriebsratsarbeit

Weitere Gründe für die Digitalisierung der Betriebsratssitzung nennt die Gesetzesbegründung nicht. Die Möglichkeiten des Betriebsrats, die virtuelle Sitzung entweder als Video- oder als Telefonkonferenz, als Kombination dieser beiden Formen oder in hybrid stattfinden zu lassen, deuten allerdings darauf hin, dass der Gesetzgeber die digitale Option der Betriebsratssitzung möglichst flexibel gestalten wollte. Die Bandbreite an Teilnahmemöglichkeiten an einer Betriebsratssitzung ist dadurch denkbar vielfältig und begünstigt sowohl die Teilnahme im Betrieb als auch im Homeoffice oder auf Geschäftsreisen. Lediglich das Mitwirken an einer virtuellen Sitzung in der Öffentlichkeit ist aufgrund von § 30 Abs. 2 S. 1 Nr. 3 BetrVG nicht möglich.

Die hiermit verbundene Erleichterung der Betriebsratsarbeit wird jedoch durch die Verankerung des Vorrangs der Präsenzsitzung in der Geschäftsordnung sowie das Widerspruchsrecht durch ein Viertel der Mitglieder erheblich eingeschränkt. Selbst wenn nach der hier vertretenen Auffassung nicht jede Bedingung für eine virtuelle Konferenz in der Geschäftsordnung geregelt sein muss und der Vorsitzende zumindest im begrenzten Rahmen nach eigenem Ermessen darüber entscheiden kann, wann eine Video- oder Telefonkonferenz anberaumt wird, kann diese trotzdem durch einen Widerspruch verhindert werden. Die virtuelle Sitzung wird daher durch die doppelte Absicherung der vorzugswürdigen direkten Kommunikation in einer Präsenzsitzung sowie der erheblichen Stärkung des Minderheitenschutzes in § 30 Abs. 2 S. 1 Nr. 1 und Nr. 2 BetrVG grundlegend eingeschränkt. Die zahlreichen Bedingungen, von welchen die Anberaumung einer virtuellen Sitzung abhängig ist, marginalisieren so letztlich den Effekt, dass die Betriebsratsarbeit durch die grundsätzlich hohe Teilnahmeflexibilität an Sitzungen eigentlich erleichtert wird, selbst wenn wie hier vertreten die Sicherstellung der Nichtöffentlichkeit nach § 30 Abs. 2 S. 1 Nr. 3 BetrVG und die damit verbundene Herstellung einer „geschützten Sphäre" im virtuellen Raum keine Voraussetzung zur Anberaumung einer virtuellen Sitzung ist.[1510]

3. Beschleunigung der Betriebsratsarbeit

Diese Voraussetzungen zur Anberaumung der Video- und Telefonkonferenz in § 30 Abs. 2 S. 1 Nr. 1 und Nr. 2 BetrVG sind auch ein Grund dafür, weshalb eine Beschleunigung der Betriebsratsarbeit durch die Neugestaltung der §§ 30, 33 BetrVG nur teilweise erreicht wird. Das Setzen einer angemessenen Frist zum Widerspruch durch den Vorsitzenden nimmt der virtuellen Konferenz weitestgehend die Perspektive, auf kurzfristig anfallende Ereignisse schneller als bei einer Präsenzsitzung reagieren zu können. Erfolgt ein qualifizierter Widerspruch erst kurz vor Ende der gesetzten Frist, kann es sogar möglich sein, dass die nun anberaumte Präsenzsitzung erst später stattfindet, als wenn sie gesetzlich in Präsenz angesetzt worden wäre. Lediglich die An- und Abreisezeit zu den Präsenzsitzungen entfällt durch die Ermöglichung der Video- und Telefonkonferenz.

4. Fazit

Zusammenfassend kann festgestellt werden, dass der Gesetzgeber bei der Einführung von Video- und Telefonkonferenzen nicht nur die bloße Digitalisierung eines analogen Prozesses vor Augen hatte, sondern mit diesem auch ein bestimmtes Ziel bezweckt werden sollte. Dieses Ziel, die Betriebsratstätigkeit zu erleichtern, damit sich mehr Arbeitnehmer bestimmter Personengruppen für ein Betriebsratsmandat entscheiden, ist im Hinblick auf das bestehende Potential bei einer Digitalisierung der Betriebsratssitzung und des Entscheidungsprozesses an sich aber nicht unbedingt naheliegend. Zwar kann eine virtuelle Sitzung tatsächlich dazu führen, dass körperlich Behinderte, Teilzeitbeschäftigte und Betreuungspflichtige sich vermehrt für die Übernahme eines Mandates entschließen. Ein wirklich ausschlaggebendes Argument wird eine virtuelle Konferenz aber nicht für die Übernahme eines Mandates sein. Nicht von der Hand zu weisen ist in diesem Zusammenhang auch, dass eine Video- und Telefonkonferenz die Teilnahme an Sitzungen für die Mitglieder im Allgemeinen erleichtert, insbesondere wenn langwierige Anreisen

---

[1510] Ähnlich *Bachner*, NZA 2022, 1024 (1025); *Oberthür*, ArbRB 2021, 350 (351).

zum Betrieb wegfallen. Gleichwohl führen die zahlreichen Beschränkungen der virtuellen Konferenz dazu, dass das mit der Digitalisierung in Verbindung gebrachte Potential der flexibleren Teilnahmemöglichkeit und einer möglichen Beschleunigung der Betriebsratsarbeit, wodurch Beteiligungsrechte mit kurzen Einlassungsfristen besser wahrgenommen werden könnten, nicht ausgeschöpft wird. Die Imitierung der funktionellen Erwartungen des analogen Entscheidungsprozesses im Digitalen wurde somit durch den Gesetzgeber derart priorisiert, dass nur wenig Raum für etwaige Verbesserungen durch die Ermöglichung der virtuellen Betriebsratssitzung verbleibt.

III. Kompromisslösung zur Problematik der datenschutzrechtlichen Verantwortlichkeit

Der Gesetzgeber hat das Dilemma der datenschutzrechtlichen Verantwortlichkeit für die Betriebsratsarbeit versucht, durch einen Kompromiss in § 79a BetrVG zu lösen. Durch die Regelung in § 79a S. 2 BetrVG ist der Arbeitgeber verantwortlich für die Datenverarbeitung des Betriebsrats und haftet damit nach den Art. 82, 83 DS-GVO. Bis auf die wenigen Ausnahmefälle, in denen ein Betriebsratsmitglied im Exzess handelt, kommt dieser Haftungsausschluss für die Gremienmitglieder auch vollständig zum Tragen. Die hieraus entstehende Problematik, dass der Arbeitgeber aufgrund der betriebsverfassungsrechtlichen Unabhängigkeit des Betriebsrats eigentlich nicht die Einhaltung des Datenschutzrechts garantieren kann, soll mithilfe einer Unterstützungspflicht des Betriebsrats sowie eines neuen Kontrollrechts des betrieblichen Datenschutzbeauftragten gem. § 79a S. 3, 4 BetrVG gelöst werden. Durch die nun bestehende Pflicht des Betriebsrats, den Arbeitgeber bei der Einhaltung des Datenschutzes zu unterstützen, hat der Arbeitgeber zunächst die Möglichkeit, dem Gremium Weisungen zu erteilen, welche die Einhaltung des Datenschutzes sicherstellen sollen. Zum anderen darf dieser dem Betriebsrat nun aber auch die Weitergabe von Arbeitnehmerdaten aus datenschutzrechtlichen Gründen verweigern. Kenntnis von Datenschutzverstößen bei der Betriebsratsarbeit soll der Arbeitgeber mithilfe des § 79a S. 4 BetrVG erlangen, wodurch es dem betrieblichen Datenschutzbeauftragten ermöglicht wird, an den Sitzungen des Betriebsrats teilzunehmen und daran anschließend den Arbeitgeber über die Datenverarbeitungen des Betriebsrats zu unterrichten, solange sich daraus keine Rückschlüsse auf den Meinungsbildungsprozess des Betriebsrats ziehen lassen. Auch wenn nach der hier vertretenen Ansicht das aus § 79a S. 3 BetrVG folgende Weisungsrecht des Arbeitgebers regelmäßig durch die Unabhängigkeit des Betriebsrats beschränkt wird und der betriebliche Datenschutzbeauftragte unabhängig vom Arbeitgeber agiert, stellen beide Normen im Zusammenspiel einen Eingriff in die betriebsverfassungsrechtliche Unabhängigkeit dar, welcher bis zum Erlass der Normen durch das Betriebsrätemodernisierungsgesetz kaum vorstellbar gewesen wäre. Nicht zuletzt ging das BAG noch bei einem Kontrollrecht des Datenschutzbeauftragten davon aus, dass dies ein „massiver und wertungswidersprüchlicher Eingriff in ein Strukturprinzip des Betriebsverfassungsgesetzes“[1511] sei.

Auf die Entscheidungsfindung in der Betriebsratssitzung wirkt sich die mit § 79a S. 2 BetrVG verbundene Haftungsprivilegierung des Betriebsrats zunächst positiv aus. Die zu Beginn der Arbeit aufgezeigte Problematik, dass insbesondere durch die Haftungsmöglichkeit des Art. 82 Abs. 1 DS-GVO die freie Mandatsausübung der einzelnen Mitglieder gefährdet ist, besteht dadurch praktisch nicht mehr.[1512] Die Gremienmitglieder müssen sich in ihren Sitzungen aufgrund der datenschutzrechtlichen Verantwortlichkeit des Arbeitgebers keine Gedanken über eine mögliche persönliche Haftung bei Datenschutzverstößen machen und können somit Entscheidungen treffen, welche sie aus betrieblicher Sicht am für geeignetsten halten. Dies ist insbesondere auch deshalb positiv zu bewerten, da nach der hier vertretenen Auffassung keine Haftungsprivilegierungen für Betriebsratsmitglieder bestehen oder Regressansprüche gegen den Arbeitgeber möglich wären. Die Haftung der Gremienmitglieder bei einer Verantwortlichkeit des Betriebsrats wäre daher relativ weitreichend.

Im Gegensatz zu diesen positiven Auswirkungen auf die Entscheidungsfindung durch § 79a S. 2 BetrVG stehen die Vorschriften des § 79a S. 3 und 4 BetrVG. Während die Unterstützungspflicht gem. § 79a S. 3 BetrVG zunächst nur zu geringen Auswirkungen in der Entscheidungsfindung führt, indem der Arbeitgeber den Betriebsrat z. B. nur zur Verwendung eines anderen Programmes bei der Abhaltung von Videokonferenzen verpflichten kann, wirkt sich das ebenfalls aus § 79a S. 3 BetrVG abgeleitete Recht des Arbeitgebers zur Verweigerung der Datenweitergabe auf die Willensbildung der Gremienmitglieder aus. Dem Arbeitgeber ist es dadurch möglich, datenschutzrechtliche Gründe vorzuschieben, um die Weitergabe wichtiger Arbeitnehmerdaten zu verzögern und damit die Entscheidungsfindung in der Betriebsratssitzung zumindest vorübergehend zu blockieren.

Erhebliche Auswirkungen auf die kollektive Willensbildung im Betriebsrat hat auch die gem. § 79a S. 4 BetrVG bestehende Kontrollmöglichkeit des betrieblichen Datenschutzbeauftragten. Die Verpflichtung, dass dieser keine Informationen über die Meinungsbildung im Betriebsrat an den Arbeitgeber weiterreichen darf, gestaltet sich praktisch als schwierig und wenig effektiv. Sie ist nicht dazu geeignet, das Vertrauen der Betriebsratsmitglieder in die Funktion des betrieblichen Datenschutzbeauftragten zu gewährleisten. Nimmt der vom Arbeitgeber bestellte Datenschutzbeauftragte an Betriebsratssitzungen teil, werden die Betriebsratsmitglieder sich dadurch regelmäßig gestört fühlen und deshalb weniger oder gegebenenfalls sogar überhaupt nichts zur Entscheidungsfindung beitragen.

[1511] BAG 11. 11. 1997 – 1 ABR 21/97, AP Nr. 1 zu § 36 BDSG (unter B. III. 2. c. der Gründe).

[1512] Vgl. Teil 2, Abschnitt 2, E. und Teil 4, Abschnitt 3, C. III. 6.

Durch die vom Gesetzgeber favorisierte Lösung der „Teil-Verantwortlichkeit" des Betriebsrats ist es zwar gelungen, die einzelnen Mitglieder einer datenschutzrechtlichen Haftung zu entziehen, die hieraus resultierenden Eingriffe in dessen strukturelle Unabhängigkeit sind aber beachtlich und wirken sich unmittelbar auf die Entscheidungsfindung im Betriebsrat aus. Sofern es durch die Einführung des § 79a BetrVG bezweckt war, mithilfe der Haftungsbefreiung der Gremienmitglieder deren unabhängige Mandatsausübung zu stärken und damit auch die Einflüsse des Datenschutzrechts auf die Entscheidungsfindung gering zu halten, so wird dieses Ziel durch die damit verbundenen Eingriffe in die Unabhängigkeit des Betriebsrats konterkariert.

Der durch § 79a BetrVG geschaffene Kompromiss zwischen den Interessen des Betriebsrats, des Arbeitgebers und der Belegschaft im Bereich des Datenschutzes zeigt, dass im Gesetzgebungsverfahren die Problematiken zur datenschutzrechtlichen Verantwortlichkeit bekannt und auch berücksichtigt worden sind. Nach der hier vertretenen Auffassung rechtfertigen die mit der Verantwortlichkeit des Arbeitgebers einhergehenden Nachteile für die Betriebsratsarbeit im Allgemeinen und die Entscheidungsfindung im Speziellen die dadurch erreichten Vorteile aber nicht.

IV. Kaum Gewährleistung von Rechtssicherheit bei der Abhaltung virtueller Konferenzen

In den §§ 30 Abs. 2, 33 Abs. 1 S. 2 BetrVG wird nun klargestellt, dass Betriebsratssitzungen mithilfe von Video- und Telefonkonferenzen möglich sind und dass die daran Teilnehmenden als Anwesende wie in einer Präsenzsitzung gelten. Dies löst die zuvor bestehende Streitigkeit, ob eine virtuelle Konferenz als Betriebsratssitzung abgehalten werden kann, zwar auf, allerdings zeigt insbesondere die Analyse der nach § 30 Abs. 2 BetrVG bestehenden Voraussetzungen zur Abhaltung einer solchen Konferenz, dass diese mit zahlreichen rechtlichen Unsicherheiten behaftet ist.[1513] Die Regelungen zum Vorrang der Präsenzsitzung in § 30 Abs. 2 S. 1 Nr. 1 BetrVG und zum Widerspruchsrecht in § 30 Abs. 2 S. 1 Nr. 2 BetrVG beinhalten unbestimmte Rechtsbegriffe und legen kaum eindeutige Maßstäbe fest, wann eine Betriebsratssitzung rechtssicher abgehalten werden kann.[1514] Auf der Rechtsfolgenseite kann dies zur Unwirksamkeit des Beschlusses führen, weshalb die Voraussetzungen für die Anberaumung und Durchführung einer Video- und Telefonkonferenz hinsichtlich der Rechtssicherheit kein vergleichbares Äquivalent zu einer Präsenzsitzung darstellen, an die keine zusätzlichen Voraussetzungen geknüpft sind. Bei der Durchführung der virtuellen Sitzung treten neben organisatorischen Maßnahmen zur Sicherstellung der Nichtöffentlichkeit

---

[1513] So auch *Bachner*, NZA 2022, 1024 (1027).

[1514] Zur fehlenden Rechtssicherheit bei § 30 Abs. 2 S. 1 Nr. 1 BetrVG auch *Schrader/Kirschner*, AiB 1/2023, 27 (33 f.).

zwar nun auch technische Regelungen. Diese können jedoch bei der Verwendung von den Video- und Telefonkonferenzprogrammen gut eingehalten werden, wodurch auch eine „vertrauliche Sphäre“ geschaffen werden kann, sodass insoweit hinreichend Rechtssicherheit bei der Anwendung von §§ 30 Abs. 2 S. 1 Nr. 2 und 30 Abs. 2 S. 2 BetrVG besteht.

Hinsichtlich der Regelungen zur datenschutzrechtlichen Verantwortlichkeit des Arbeitgebers nach § 79a S. 2 BetrVG zeigt diese Arbeit zwar Lösungswege auf, mit deren Hilfe die Unterstützungspflicht nach § 79a S. 3 BetrVG, die Kontrollmöglichkeiten des Datenschutzbeauftragten nach § 79a S. 4 BetrVG und die daraus resultierenden haftungsrechtlichen Fragen konkretisiert werden können. Festzustellen ist bei all diesen Problemfeldern aber auch, dass bis zu einer Klärung durch höhere Gerichte weiterhin erhebliche Rechtsunsicherheiten bei der Auslegung und konkreten Reichweite dieser Normen herrschen werden.[1515] Hinzu kommt, dass die Zuweisung der Verantwortlichkeit an den Arbeitgeber nach § 79a S. 2 BetrVG nach der hier vertretenen Ansicht europarechtswidrig ist, sodass bei der Norm eine Anrufung durch den EuGH im Raum steht.[1516]

Trotz der beiden rechtlichen Klarstellungen zur virtuellen Konferenz in § 30 Abs. 2 BetrVG und der Verantwortlichkeit des Arbeitgebers in § 79a BetrVG können die durch das Betriebsrätemodernisierungsgesetz modifizierten bzw. eingefügten Normen somit kaum Rechtssicherheit vermitteln, da die sich hieraus ergebenden Rechtsfolgen nicht hinreichend absehbar sind.

B. Bewertung der Vorschläge für eine gesetzliche Neuregelung

I. Vorschlag des DGB

Der Deutsche Gewerkschaftsbund (DGB) hat anlässlich des Betriebsrätemodernisierungsgesetzes einen eigenen Gesetzesentwurf ausgearbeitet, der zur Diskussion aufrufen soll, um „über Lösungen zu reden und damit ganz konkret über die Werkzeuge, die Betriebsräte für die Gestaltung Guter Arbeit brauchen.“[1517] Der DGB hebt dabei hervor, dass die „Arbeitsgrundlagen für Betriebsräte teilweise aus einer 100 Jahre zurückliegenden Zeit“[1518] stammen und sich daher die Fragen des Datenschutzes und der Persönlichkeitsrechte der Arbeitnehmer in neuer Form stel-

[1515] *Lelley/Wenckebach*, AuA 5/2022, 32.

[1516] *Fitting*, BetrVG, § 79a Rn. 24; *Lelley/Wenckebach*, AuA 5/2022, 32; Löwisch/Kaiser/*Klumpp*, BetrVG, § 79a Rn. 6.

[1517] *Hoffmann*, AuR – Sonderausgabe 04/2022, 1 (1).

[1518] *Klebe*, AuR – Sonderausgabe 04/2022, 1 (2).

len.[1519] Die umfassende Modernisierung der betrieblichen Mitbestimmung sei daher unverzichtbar, wobei das Betriebsrätemodernisierungsgesetz nur ein „kleiner Schritt in die richtige Richtung“ [1520] sei. Unter einer umfassenden Modernisierung versteht der Gesetzesentwurf eine Überarbeitung der „Grundbegriffe der Betriebsverfassung und Betriebsratswahlen“[1521], der „Grundlagen der Betriebsratsarbeit“[1522], der „Rechte des Betriebsrats“[1523] und der „Individualrechte der Beschäftigten“[1524]. Der Abschnitt über die „Grundlagen der Betriebsratsarbeit“ beinhaltet Vorschläge, welche die betriebliche Mitbestimmung verbessern und effektiver gestalten sollen.[1525] Konkret geht es hier um die Veränderungen durch das Betriebsrätemodernisierungsgesetz im Bereich der digitalen Betriebsratstätigkeit und der damit verbundenen Überarbeitung des § 30 Abs. 2 BetrVG.[1526] Der Gesetzesentwurf des DGB hebt dabei auch hervor, dass die Telefonkonferenz gegenüber der Videokonferenz einige Nachteile aufweist, welche für die Zusammenarbeit und Kommunikation nicht zuträglich sind,[1527] weshalb in einem neuen § 30 Abs. 4 BetrVG-Entwurf ausdrücklich klargestellt werden soll, dass die Videokonferenz gegenüber der Telefonkonferenz Vorrang hat.[1528] Darüber hinaus finden sich in dem Gesetzesentwurf selbst keine weiteren Vorschläge zur Änderung der virtuellen Betriebsratssitzung. Der Gesetzesvorschlag zielt mit der Schaffung eines Vorrangs der Videokonferenz gegenüber der Telefonkonferenz somit darauf ab, die Anforderungen an eine optimale Kommunikation noch besser sicherzustellen. Dieser Änderung des § 30 Abs. 2 BetrVG ist insoweit zuzustimmen, dass die Telefonkonferenz im Bereich der Kommunikation und des Verfahrens hinter der Videokonferenz zurückbleibt, wodurch eine vorrangige Anwendung von auf Videoprogrammen basierenden Sitzungen konsequent wäre. Leider rückt der Gesetzesentwurf des DGB, wie schon das Betriebsrätemodernisierungsgesetz, erneut nur die Frage in den Vordergrund, ob die funktionellen Erwartungen sichergestellt werden. Ein konkretes Ziel, warum und wie eine virtuelle Konferenz die Betriebsratsarbeit und damit auch das Entscheidungsverfahren im Gremium verbessern soll, lässt der Entwurf zumindest in diesem Bereich nicht erkennen. Indes gestaltet der Vorrang der Videokonferenz gegenüber der Telefonkonferenz die Abhaltung einer virtuellen

---

[1519] *Klebe*, AuR – Sonderausgabe 04/2022, 1 (2).

[1520] *Hoffmann*, AuR – Sonderausgabe 04/2022, 1 (1); vgl. *Klebe*, AuR – Sonderausgabe 04/ 2022, 1 (2).

[1521] *Klebe*, AuR – Sonderausgabe 04/2022, 1 (2).

[1522] *Klebe*, AuR – Sonderausgabe 04/2022, 1 (3).

[1523] *Klebe*, AuR – Sonderausgabe 04/2022, 1 (4).

[1524] *Klebe*, AuR – Sonderausgabe 04/2022, 1 (5).

[1525] *Klapp/Klebe*, NZA 2022, 689 (691).

[1526] *Klapp/Klebe*, NZA 2022, 689 (691).

[1527] *Klapp/Klebe*, NZA 2022, 689 (691).

[1528] Vgl. Gesetzesentwurf DGB, in: AuR – Sonderausgabe April 2022, 1 (22).

Betriebsratssitzung noch komplizierter und schränkt die dadurch ohnehin schon nur geringfügig bestehenden Flexibilitätsvorteile noch weiter ein.[1529]

Im Bereich des Datenschutzes bleibt der Gesetzesentwurf des DGB bei der grundlegenden Weichenstellung, dass der Arbeitgeber verantwortlich für die Datenverarbeitung des Betriebsrats ist, gem. § 79a Abs. 1 S. 1 BetrVG-Entwurf.[1530] Die nach § 79a S. 2 BetrVG bestehende Unterstützungspflicht des Betriebsrats wird allerdings ersatzlos gestrichen, wodurch der Arbeitgeber künftig keine Möglichkeit mehr haben soll, den Betriebsrat zur Einhaltung des Datenschutzes zu verpflichten und daher allein auf dessen Mitwirkung angewiesen ist, obwohl er weiterhin das Haftungsrisiko für diesen trägt. Auch die Kontrollrechte des Datenschutzbeauftragten werden nach § 79a Abs. 1 S. 2 BetrVG-Entwurf eingeschränkt, indem der Betriebsrat diesen künftig nur noch zur Unterstützung hinzuziehen kann, aber dies nicht mehr zwingend muss.[1531] Bei der Bestellung des Datenschutzbeauftragten soll gem. § 79a Abs. 3 S. 1 BetrVG-Entwurf der Betriebsrat ein Mitbestimmungsrecht haben, worüber im Streitfall gem. § 79a Abs. 3 S. 2, 3 BetrVG-Entwurf die Einigungsstelle entscheidet.[1532] Gleich soll hingegen bleiben, dass der betriebliche Datenschutzbeauftragte nach § 79a Abs. 2 S. 2 BetrVG-Entwurf gegenüber dem Arbeitgeber keine Informationen preisgeben darf, welche Rückschlüsse auf den Meinungsbildungsprozess des Betriebsrats zulassen und dass der Betriebsrat die Vorschriften des Datenschutzes einzuhalten hat, gem. § 79a Abs. 4 BetrVG-Entwurf.[1533] Der Gesetzesentwurf zielt damit darauf ab, die alte Gesetzeslage vor der Einführung des § 79a BetrVG vollständig wiederherzustellen, sofern entgegen der hier vertretenen Ansicht der Arbeitgeber als Verantwortlicher gem. Art. 4 Nr. 7 DS-GVO angesehen wird. Der Arbeitgeber soll somit keine Möglichkeit haben, in die betriebsverfassungsrechtliche Unabhängigkeit des Betriebsrats einzugreifen bzw. diesen durch den Datenschutzbeauftragten zumindest auf die Einhaltung der datenschutzrechtlichen Regelungen hin kontrollieren zu können.

Eine solche Norm wäre für die Entscheidungsfindung grundsätzlich begrüßenswert. Betriebsratsmitglieder würden aufgrund der Verantwortlichkeit des Arbeitgebers nicht haften und der Arbeitgeber könnte die Unabhängigkeit des Betriebsrats nicht einschränken, da er diesen weder durch den betrieblichen Datenschutzbeauftragten kontrollieren könnte, noch eine datenschutzrechtliche Unterstützungspflicht bestehen würde.

[1529] *Lelley/Wenckebach*, AuA 5/2022, 32, insoweit auch kritisch, ob mehr Regulierungen und die Schaffung bürokratischer Strukturen wirklich Antworten auf Transformation und Digitalisierung geben. Oder ob es nicht vielmehr um die Schaffung von Flexibilität und Innovation gehen sollte.

[1530] Gesetzesentwurf DGB, in: AuR – Sonderausgabe 04/2022, 1 (44).

[1531] Gesetzesentwurf DGB, in: AuR – Sonderausgabe 04/2022, 1 (44).

[1532] Gesetzesentwurf DGB, in: AuR – Sonderausgabe 04/2022, 1 (44).

[1533] Gesetzesentwurf DGB, in: AuR – Sonderausgabe 04/2022, 1 (44).

Diese rechtliche Festlegung wäre daher im Grundsatz opportun, wenn noch die DSRL und nicht die DS-GVO gelten würde. Die Regelungen in der DS-GVO stellen jedoch nach der hier vertretenen Auffassung keinen strukturellen Eingriff in die Betriebsverfassung dar und genießen somit gem. Art. 288 Abs. 2 AEUV eine unmittelbare und zwingende Wirkung vor den betriebsverfassungsrechtlichen Normen. Die Festlegung in einer Norm des BetrVG, dass der Arbeitgeber für die Datenverarbeitung des Betriebsrats verantwortlich ist, kann daher nur mit einer erheblichen Einschränkung der betriebsverfassungsrechtlichen Unabhängigkeit einhergehen, welche nach der hier vertretenen Auffassung über die Beschränkungen des § 79a S. 3 und S. 4 BetrVG hinausgehen muss. Aus europarechtlicher Sicht hätte eine solche Norm daher auf Dauer keinen Bestand. Ferner würde § 79a BetrVG-Entwurf für den Arbeitgeber auch bedeuten, dass er Haftungsansprüchen nach Art. 82 DS-GVO für Datenverarbeitungen des Betriebsrats nahezu schutzlos ausgeliefert ist. Dem Arbeitgeber im Falle seiner Verantwortlichkeit nach Art. 4 Nr. 7 DS-GVO überhaupt keine Kontroll- und Weisungsrechte einzuräumen, wäre damit unbillig.

Die Vorschläge des DGB erweisen sich daher zumindest im Bereich des § 30 BetrVG als ungeeignet, um den Entscheidungsprozess des Betriebsrats zielführend zu digitalisieren. Der Vorschlag zur Neuregelung des § 79a BetrVG würde die Auswirkungen des Datenschutzrechts auf die Entscheidungsfindung zwar geringhalten, ist allerdings nicht mit dem Europarecht vereinbar.

II. Vorhaben des Kabinetts Scholz

Die aus der Sozialdemokratischen Partei Deutschlands (SPD), dem Bündnis 90/ Die Grünen und den Freien Demokraten (FDP) gebildete Regierung sah in ihrem Koalitionsvertrag 2021–2025 vor, die betriebliche Mitbestimmung weiterzuentwickeln.[1534] Betriebsräte sollten demnach selbstbestimmt darüber entscheiden können, ob sie digital oder analog arbeiten wollen.[1535] Dieses Vorhaben zielte zunächst darauf ab, den bisherigen Vorrang der Präsenzsitzung abzuschaffen und es in das alleinige Ermessen des Betriebsrats zu stellen, ob dieser eine analoge oder virtuelle Sitzung abhalten will.[1536] Hingegen war darunter nicht die Aufhebung des Widerspruchsrechts zu verstehen, da es bei diesem allein in der Hand des Betriebsrats liegt, ob Sitzungen virtuell stattfinden. Ferner hätte unter dem weiten Begriff „digital arbeiten" auch virtuelle Arbeitsweisen mithilfe von E-Mail- oder Messenger-

[1534] SPD, Bündnis 90, FDP, Koalitionsvertrag 2021–2025, 56, abrufbar unter https://www.spd.de/fileadmin/Dokumente/Koalitionsvertrag/Koalitionsvertrag_2021-2025.pdf (zuletzt abgerufen am 8.9.2024).

[1535] SPD, Bündnis 90, FDP, Koalitionsvertrag 2021–2025, 56 (Nachw. Fn. 1534).

[1536] *Joppich/Neighbour*, DB 2022, M18 (M 20); *Schiefer*, DB 2022, 53 (58).

Programmen zu verstehen sein können und die damit verbundene Einführung eines elektronischen Umlaufverfahrens.

Der Verzicht auf den Vorrang der Präsenzsitzung hätte den Nachteil, dass die Sicherstellung einer möglichst optimalen Kommunikation während der Betriebsratssitzung nicht mehr zwangsläufig gewährleistet ist. Der Betriebsrat wäre zumindest theoretisch frei darin, jede Sitzung virtuell abzuhalten. Weiterhin würde auch das Erfordernis entfallen, eine hierzu bestehende Regelung in der Geschäftsordnung festzulegen, wodurch die Minderheitenrechte durch den Wegfall der hierfür notwendigen qualifizierten Mehrheit geschwächt werden würden. Wie bereits festgestellt bleibt die Kommunikation in einer Videokonferenz nicht maßgeblich hinter der in einer Präsenzsitzung zurück, sodass zumindest bei dieser Form der Kommunikation kein nennenswerter Nachteil für die Kommunikation droht. Aber auch bei Abhaltung einer Telefonkonferenz sowie der Teilnahme an möglichen elektronischen Umlaufverfahren, welche allesamt in der Kommunikation und teilweise auch im Verfahren hinter den Ansprüchen einer Präsenzsitzung zurückbleiben, kann der Betriebsrat frei darüber entscheiden, wann eine Kommunikation von Angesicht zu Angesicht erforderlich ist oder nicht. Die freie Wahl bedeutet jedoch nicht den Wegfall der Präsenzsitzung. Ferner stellt das voraussichtlich bestehenbleibende Widerspruchsrecht ein hinreichendes Korrelat dar, um den Vorrang der Präsenzsitzung zu wahren, wenn ein Teil der Mitglieder der Ansicht ist, dass ein persönliches Treffen unter körperlich Anwesenden vonnöten ist. Darüber hinaus schützt das Widerspruchsrecht auch die Minderheitenrechte noch effektiver; damit besteht keine Notwendigkeit, den Vorrang der Präsenzsitzung in der Geschäftsordnung zu verankern, sodass auch in dieser Hinsicht die funktionellen Erwartungen hinreichend sichergestellt sind. Im Gegenzug für die Einbußen in der Kommunikation und der Sicherstellung der Minderheitenrechte würde die Abhaltung einer virtuellen Konferenz im Gegensatz zu den bisherigen Regelungen wesentlich erleichtert werden. Denn die Fragen, wann der Vorrang der Geschäftsordnung gewahrt ist, welche Regelungen zwingend in der Geschäftsordnung festgelegt werden müssen und wie groß dabei der Ermessensspielraum des Betriebsrats ist, würden dadurch entfallen. Die freie Wahl zwischen virtueller und analoger Sitzung würde die flexible Teilnahmemöglichkeit an virtuellen Sitzungen erhöhen und damit einen Vorteil gegenüber der analogen Sitzung darstellen, womit die Vorhaben im Koalitionsvertrag des Kabinetts Scholz mehr die mit einer Digitalisierung des Entscheidungsverfahrens verbundenen Ziele in den Vordergrund hätten rücken können und nicht, wie im Betriebsrätemodernisierungsgesetz, überwiegend nur auf die Sicherstellung der funktionellen Erwartungen abgezielt hätten.[1537]

Hinsichtlich der datenschutzrechtlichen Fragestellungen zur Verantwortlichkeit des Betriebsrats nach Art. 4 Nr. 7 DS-GVO sah der Koalitionsvertrag keine unmit-

---

[1537] Insoweit eher negativ zu den Vorhaben, *Joppich/Neighbour*, DB 2022, M18 (M 20); *Schiefer*, DB 2022, 53 (58); mit punktuellen Änderungen rechnet *Lelley/Wenckebach*, AuA 5/ 2022, 32.

telbaren Änderungen vor. Hervorgehoben wurde in diesem nur, dass die „DS-GVO eine gute internationale Standardsetzung ist“ und Regelungen zum Beschäftigtendatenschutz geschaffen werden,[1538] „um Rechtsklarheit für Arbeitgeber sowie Beschäftigte zu erreichen und die Persönlichkeitsrechte effektiv zu schützen“[1539]. Darunter könnte zu verstehen sein, dass der Gesetzgeber die unter § 79a BetrVG bestehende unklare Rechtslage auflösen wollte, um entweder dem Arbeitgeber klare Eingriffsrechte gegenüber dem Betriebsrat zuzugestehen oder den Betriebsrat selbst zum Verantwortlichen nach Art. 4 Nr. 7 DS-GVO zu benennen. Da diese Zielsetzungen allerdings sehr allgemein gehalten waren, hätte ein solches Vorhaben nicht zwangsläufig daraus abgeleitet werden können.

Konkret tätig geworden ist der Gesetzgeber hingegen im Bereich der Datenübermittlung in Drittländer nach Art. 44 ff. DS-GVO, indem er sich für ein „ambitioniertes Abkommen mit den USA“[1540] eingesetzt hat, „das einen rechtssicheren und datenschutzkonformen Datentransfer auf europäischem Schutzniveau ermöglicht.“[1541] Dieses von der EU-Kommission geschlossene Abkommen mit dem Namen „EU-US Data Privacy Framework“ stellt einen Angemessenheitsbeschluss i. S. d. Art. 45 DS-GVO dar, auf dessen Grundlage auch Anbieter von Videokonferenzen, basierend auf Programmen amerikanischer Unternehmen, eine datenschutzkonforme Übermittlung von personenbezogenen Daten von EU-Bürgern auf Servern in Amerika vornehmen dürfen. Nachdem aufgrund der Resolution des EU-Parlaments aber davon auszugehen ist, dass dieser Beschluss unter ähnlichen Mängeln leidet wie die bereits vorangegangenen Abkommen, bleibt zu befürchten, dass eine rechtssichere Übermittlung von personenbezogenen Daten in die USA nach wie vor nicht möglich ist.[1542] Insoweit kann der Ampelkoalition freilich kein Vorwurf gemacht werden, da das konkrete Abkommen im Zuständigkeitsbereich der EU-Kommission und nicht einer nationalen Regierung lag.

Die Vorhaben im Koalitionsvertrag von SPD, Bündnis 90/DieGrünen und der FDP blieben damit im Bereich des Datenschutzes vage und lieferten keine greifbaren Lösungen für die Betriebsratsarbeit und deren Entscheidungsprozess. Im Bereich des Betriebsverfassungsrechts und der gesetzlichen Anforderungen an die virtuelle Betriebsratssitzung hätte hingegen eine deutliche Vereinfachung des bestehenden Regelungswerkes möglich sein können, wodurch die Anwendung der virtuellen Konferenz deutlich flexibler geworden wäre.

[1538] SPD, Bündnis 90, FDP, Koalitionsvertrag 2021–2025, 14 (Nachw. Fn. 1534)

[1539] SPD, Bündnis 90, FDP, Koalitionsvertrag 2021–2025, 14 (Nachw. Fn. 1534)

[1540] SPD, Bündnis 90, FDP, Koalitionsvertrag 2021–2025, 28 (Nachw. Fn. 1534)

[1541] SPD, Bündnis 90, FDP, Koalitionsvertrag 2021–2025, 28 (Nachw. Fn. 1534)

[1542] Vgl. dazu bereits Teil 3, C. I. 2.

III. Referentenentwurf des BMAS und des BMI

Noch kurz vor dem frühzeitigen Ende der 24. deutschen Bundesregierung haben das Bundesministerium für Arbeit und Soziales (BMAS) und das Bundesministerium des Inneren und für Heimat (BMI) einen Referentenentwurf zur Schaffung eines Beschäftigtendatenschutzes (BeschDG-Entwurf) veröffentlicht.[1543] Gem. § 1 Abs. 1 Nr. 1 und Nr. 2 BEschDG-Entwurf soll das Gesetz auf öffentliche und nichtöffentliche Stellen anwendbar sein. Im Hinblick auf die Betriebsratsarbeit enthält das Gesetz insbesondere in § 12 S. 1 BeschDG-Entwurf eine praxisrelevante Regelung, wonach dem Betriebsrat bei der Bestellung und Abberufung des Datenschutzbeauftragten ein Mitbestimmungsrecht zustehen soll.[1544] Kommt eine Einigung nicht zustande, dann entscheidet gem. § 12 S. 2 BeschDG-Entwurf die Einigungsstelle, deren Spruch nach § 12 S. 3 BeschDG-Entwurf die Einigung zwischen Arbeitgeber und Betriebsrat ersetzt. Der Betriebsrat soll somit gem. § 76 Abs. 5 S. 1 BetrVG bei der Bestellung und Abberufung des betrieblichen Datenschutzbeauftragten auch die Möglichkeit haben, ein Verfahren vor der Einigungsstelle zu erzwingen.

Der Referentenentwurf begründet die Notwendigkeit eines solchen Mitbestimmungsrechts mit dem sich aus § 79a BetrVG ergebenden Spannungsverhältnis zwischen Arbeitgeber, Betriebsrat und Datenschutzbeauftragtem.[1545] Durch die Zuweisung der datenschutzrechtlichen Verantwortlichkeit bei der Verarbeitung von personenbezogenen Daten durch den Betriebsrat an den Arbeitgeber stehen dem betrieblichen Datenschutzbeauftragten Kontrollmöglichkeiten gegenüber dem Betriebsrat zu.[1546] Auch wenn der Referentenentwurf nicht näher darauf eingeht, wie dieses Spannungsverhältnis bei der Bestellung des Datenschutzbeauftragten durch die Regelung aufgelöst werden soll, so ist doch davon auszugehen, dass der Entwurf die bereits in dieser Arbeit beschriebene Idee meint, wonach der Betriebsrat dem betrieblichen Datenschutzbeauftragten weniger Misstrauen wird, wenn dieser bei

---

[1543] Referentenentwurf BMAS und BMI – Entwurf eines Gesetzes zur Stärkung eines fairen Umgangs mit Beschäftigtendaten und für mehr Rechtssicherheit für Arbeitgeber und Beschäftigte in der digitalen Arbeitswelt, abrufbar unter https://www.itm.nrw/wp-content/uploads/2024/10/bdsg-beschdg.pdf (zuletzt abgerufen am 29.7.2025).

[1544] Das dem Betriebsrat ein solches Mitbestimmungsrecht bisher nicht zusteht, vgl. Teil 4, Abschnitt 3, C. II. 1.

[1545] Referentenentwurf BMAS und BMI – Entwurf eines Gesetzes zur Stärkung eines fairen Umgangs mit Beschäftigtendaten und für mehr Rechtssicherheit für Arbeitgeber und Beschäftigte in der digitalen Arbeitswelt, 57 (Nachw. Fn. 1543).

[1546] Referentenentwurf BMAS und BMI – Entwurf eines Gesetzes zur Stärkung eines fairen Umgangs mit Beschäftigtendaten und für mehr Rechtssicherheit für Arbeitgeber und Beschäftigte in der digitalen Arbeitswelt, 57 (Nachw. Fn. 1543); vgl. auch Teil 4, Abschnitt 3, C. II.

der Bestellung von diesem zumindest mitbestimmen kann.[1547] Insoweit ist der Gesetzesentwurf auch grundsätzlich zu begrüßen.

Gleichwohl wird gegen § 12 BeschDG-Entwurf zu Recht eingewendet, dass der nationale Gesetzgeber dadurch seine Gesetzgebungskompetenz überschreitet.[1548] Die DS-GVO als europäische Verordnung lässt nationale Regelungen nur im Rahmen ihrer Öffnungsklauseln zu.[1549] Im Falle der Berufung des Datenschutzbeauftragten ist dies alleine Art. 37 Abs. 4 DS-GVO. Diese Norm eröffnet jedoch nur die Möglichkeit, durch nationale Regelungen weiter zu konkretisieren, wann ein Datenschutzbeauftragter neben Art. 37 Abs. 1 DS-GVO zwingend zu bestellen ist. Die grundlegende Entscheidung der DS-GVO, dass der Datenschutzbeauftragte von einem Verantwortlichen oder dem Auftragsverarbeiter zu bestellen ist, kann hingegen nicht durch nationale Regelungen verändert werden.[1550] Die vom BMAS und BMI angesprochene Öffnungsklausel in Art. 88 Abs. 1 DS-GVO betrifft diesen Fall nicht.[1551] § 12 BeschDG-Entwurf würde damit gegen Unionsrecht verstoßen und sollte daher keinen Einzug in ein mögliches Beschäftigtendatenschutzgesetz finden.[1552]

IV. Vorhaben des Kabinetts Merz

Die Vorhaben der 25. deutschen Bundesregierung wurden im Koalitionsvertrag „Mehr Fortschritt wagen – Bündnis für Freiheit, Gerechtigkeit und Nachhaltigkeit" niedergelegt.[1553] Im Bereich des Betriebsverfassungsrechts knüpfen diese an die Bestrebungen der vorherigen Regierungskoalition an. Hiernach soll die Mitbestimmung weiterentwickelt werden, indem Online-Betriebsratssitzungen als zusätzliche und gleichwertige Alternative zu Präsenzsitzungen hinzutreten.[1554] Insoweit wird man davon ausgehen können, dass zumindest der Vorrang der Präsenz-

[1547] Vgl. Teil 4, Abschnitt 3, C. II. 1. sowie DKW/*Buschmann*, BetrVG, §79a Rn. 19a; *Rüdesheim/Middel*, AiB 9/2021, 30 (32).

[1548] *Wünschelbaum/Sorber*, NZA 2024, 1540 (1545).

[1549] Vgl. Teil 2, Abschnitt 2, B. I. 3.

[1550] Vgl. *Wünschelbaum/Sorber*, NZA 2024, 1540 (1545).

[1551] Referentenentwurf BMAS und BMI – Entwurf eines Gesetzes zur Stärkung eines fairen Umgangs mit Beschäftigtendaten und für mehr Rechtssicherheit für Arbeitgeber und Beschäftigte in der digitalen Arbeitswelt, 1 (Nachw. Fn. 1543); *Wünschelbaum/Sorber*, NZA 2024, 1540 (1545).

[1552] *Wünschelbaum/Sorber*, NZA 2024, 1540 (1545); zu weiterer Kritik an § 12 BeschDG-Entwurf vgl. *Fuhlrott/Schunder*, ArbRAktuell 2024, 513 (515).

[1553] Verantwortung für Deutschland – Koalitionsvertrag zwischen CDU, CSU und SPD, abrufbar unter https://www.koalitionsvertrag2025.de/sites/www.koalitionsvertrag2025.de/files/koav_2025.pdf (zuletzt abgerufen am 29.7.2025).

[1554] Verantwortung für Deutschland – Koalitionsvertrag zwischen CDU, CSU und SPD, 19 (Nachw. Fn. 1553).

sitzung gem. § 30 Abs. 2 Nr. 1 BetrVG gestrichen werden soll. Ob dies auch für den Widerspruch gem. § 30 Abs. 2 Nr. 2 BetrVG gilt, bleibt offen.

Die Vorhaben des Kabinetts Merz sind daher hinsichtlich der Betriebsratsarbeit und der damit verbundenen Auswirkungen auf den Entscheidungsprozess im Grundsatz genauso positiv zu bewerten wie bei der vorangegangenen Regierung.[1555] Im Bereich des Datenschutzes enthält der Koalitionsvertrag keine Besonderheiten für die Betriebsratsarbeit.

C. Eigene Ansätze für eine gesetzliche Neugestaltung

Anhand der Defizite der bestehenden Regelungen zur Digitalisierung des Entscheidungsprozesses im Betriebsrat und der Bewertung der vorhandenen Vorschläge zu einer gesetzlichen Neugestaltung dieser Normen sollen nun eigene Lösungsansätze entwickelt werden.

I. Verstärkter Fokus auf die Vorteile einer Digitalisierung

An den Regelungen in § 30 Abs. 2 BetrVG ist insbesondere zu beanstanden, dass die dadurch ermöglichte virtuelle Betriebsratssitzung gegenüber der klassischen Präsenzsitzung kaum Vorteile bietet. Zwar war der Gesetzgeber willens, die Betriebsratssitzung und damit den Entscheidungsprozess an sich zu digitalisieren; konkrete Ziele, welche Vorteile eine solche virtuelle Sitzung mit sich bringen soll, verfolgte er dabei aber kaum. Vielmehr lag sein Hauptaugenmerk auf der Sicherstellung der Erwartungen, welche funktionell an Präsenzsitzungen gestellt werden,[1556] was insbesondere in den zahlreichen Bedingungen für die Anberaumung und Durchführung einer solchen virtuellen Sitzung zum Ausdruck kommt. Da eine zielgerichtete Digitalisierung der Präsenzsitzung nach der hier vertretenen Ansicht jedoch nicht nur bedeuten sollte, ein möglichst genaues virtuelles Abbild von dieser zu schaffen, sondern darüber hinaus auch Vorteile gegenüber dem Analogen zu bieten, muss ein verstärkter Fokus auf der Nutzung der mit der Digitalisierung verbundenen Chancen liegen. Dies schließt aber mit ein, dass Abweichungen von der Präsenzsitzung und dem analogen Entscheidungsprozess an sich teilweise notwendig sind, um bestimmte Vorteile auch richtig nutzen zu können. Allerdings eben nur teilweise, weil auch die funktionellen Erwartungen, welche an die kollektive Willensbildung und die daraus folgenden Entscheidungen gestellt werden, auch im virtuellen Raum weitestgehend erfüllt werden sollten. Im Prinzip läuft es damit auf eine Abwägung zwischen der Sicherstellung der funktionellen Erwartungen auf der

[1555] Vgl. Teil 5, B. II.

[1556] Vgl. Teil 5, A. I.

einen Seite und der Nutzung der Optimierungs- und Verbesserungsmöglichkeiten auf der anderen Seite hinaus. Keines der beiden kollidierenden Interessen soll dabei aber zu Lasten des anderen weichen. Diese stehen gerade nicht in einem Entweder–Oder-Verhältnis, sondern sollen vielmehr gemeinsam ihre optimale Wirksamkeit entfalten können, sodass die hier vorzunehmende Abwägung ähnlich wie nach dem Prinzip der praktischen Konkordanz im Verfassungsrecht erfolgen soll.[1557]

1. Verminderte Ausrichtung an den Anforderungen des analogen Entscheidungsprozesses

Eine gesetzliche Umgestaltung von § 30 Abs. 2 BetrVG muss daher zunächst eine Entschlackung des bestehenden Regelungswerkes beinhalten. In den Voraussetzungen des § 30 Abs. 2 BetrVG werden drei wesentliche Aspekte der analogen Entscheidungsfindung sichergestellt. Der Minderheitenschutz, das Gebot der Anwesenheit sowie die Gewährleistung der Nichtöffentlichkeit. Die zahlreichen Voraussetzungen, welche dadurch an die Abhaltung einer Video- und Telefonkonferenz geknüpft werden, führen zur Rechtsunsicherheit und hemmen die flexible und schnellere Anwendbarkeit der virtuellen Sitzungsmöglichkeiten. Umgekehrt haben die Untersuchungen zum analogen Entscheidungsverfahren aber auch gezeigt, dass diese Voraussetzungen ein zentrales Element für die ordnungsgemäße Entscheidungsfindung des Betriebsrats darstellen, weshalb auf diese nicht vollständig verzichtet werden kann. Es muss daher ein Ausgleich zwischen dem Interesse an einer möglichst optimalen und von Vertraulichkeit geprägten Kommunikation sowie der Möglichkeit, dass Angehörige von Minderheitenlisten effektiv an der Entscheidungsfindung mitwirken können, auf der einen Seite und dem Interesse an einem möglichst flexiblen, einfachen und schnellen Entscheidungsprozess auf der anderen Seite gefunden werden. Die folgende Betrachtung bezieht sich daher zunächst darauf, auf welche der Voraussetzungen zumindest teilweise verzichtet werden kann.

a) Keine doppelte Sicherung gleicher Schutzzwecke

aa) Minderheitenschutz

Bei virtuellen Sitzungen nach § 30 Abs. 2 BetrVG ist zunächst der Minderheitenschutz zu stark ausgeprägt. Die bestehende Befürchtung, dass die Anliegen von Minderheiten durch die nun bestehende Wahlmöglichkeit bei der Sitzungsart nur in den kommunikativ schlechteren virtuellen Sitzungen behandelt werden, ist zwar berechtigt,[1558] bedarf allerdings keines doppelten Schutzes.[1559] Es genügt vielmehr,

---

[1557] Zum Prinzip der praktischen Konkordanz, vgl. *Hesse*, Verf. BRD, Rn. 72.

[1558] Vgl. *Nawrot*, Voraussetzungen für eine erfolgreiche Betriebsratspolitik, Achtung der Rechte von Minderheiten im Betriebsrat; vgl. auch *Voss*, Rechtsstellung von Minderheitslisten, 23 ff.

wenn entweder gem. § 30 Abs. 2 S. 1 Nr. 1 BetrVG durch eine qualifizierte Mehrheit nach § 36 BetrVG in der Geschäftsordnung festgelegt werden muss, dass die Möglichkeit einer virtuellen Konferenz besteht oder ein Viertel der Betriebsratsmitglieder der Durchführung einer solchen Sitzung gem. § 30 Abs. 2 S. 1 Nr. 2 BetrVG widersprechen kann. Während § 30 Abs. 2 S. 1 Nr. 1 BetrVG durch die nach § 36 BetrVG erforderliche qualifizierte Mehrheit die Angehörigen der Minderheitslisten nur mittelbar sichert, schützt § 30 Abs. 2 S. 1 Nr. 2 BetrVG diese durch den Widerspruch unmittelbar. Ferner besteht der Minderheitenschutz nach § 30 Abs. 2 S. 1 Nr. 1 BetrVG nur solange, bis die Geschäftsordnung beschlossen worden ist, während das Widerspruchsrecht für jede virtuelle Sitzung gilt. § 30 Abs. 2 S. 1 Nr. 2 BetrVG bietet somit einen besseren Schutz für Minderheiten im Betriebsrat als § 30 Abs. 2 S. 1 Nr. 1 BetrVG und ist daher in dieser Hinsicht grundsätzlich vorzugswürdig.

bb) Vorrang der Präsenzsitzung

Ferner zeigt die Untersuchung, dass die in einer Präsenzsitzung bestehende Kommunikation zwar gegenüber der in einer Video- und Telefonkonferenz vorzugswürdig ist.[1560] Da allerdings insbesondere die Videokonferenz die Merkmale einer direkten Kommunikation in einer Präsenzsitzung im Wesentlichen gleichwertig abbildet, erscheint eine zweifache Sicherung des Vorrangs der Präsenzsitzung in § 30 Abs. 2 S. 1 Nr. 1 und Nr. 2 BetrVG nicht notwendig. Während § 30 Abs. 2 S. 1 Nr. 1 BetrVG generell festlegt, dass die Präsenzsitzung gegenüber der virtuellen Sitzung vorzugswürdig ist und es hierfür einer Festlegung in der Geschäftsordnung bedarf, schützt § 30 Abs. 2 S. 1 Nr. 2 BetrVG durch das Widerspruchsrecht diesen Vorrang nur mittelbar, da die Norm in erster Linie dazu dient, dass Angehörige von Minderheitenlisten nicht benachteiligt werden.

Fraglich ist dabei allerdings, ob aus dieser mittelbaren Schutzwirkung des § 30 Abs. 2 S. 1 Nr. 2 BetrVG auch geschlussfolgert werden kann, dass diese Norm einen schwächeren Schutz für den Vorrang der Präsenzsitzung gewährleistet als § 30 Abs. 2 S. 1 Nr. 1 BetrVG. Grundsätzlich legt § 30 Abs. 2 S. 1 Nr. 2 BetrVG im Gegensatz zu § 30 Abs. 2 S. 1 Nr. 1 BetrVG einen Vorrang der Präsenzsitzung nicht ausdrücklich fest. Würden daher ohne die Regelung in § 30 Abs. 2 S. 1 Nr. 1 BetrVG nicht ausreichend Mitglieder der Anberaumung einer virtuellen Sitzung widersprechen, könnte eine solche theoretisch auch öfter stattfinden als eine analoge Sitzung. Der Vorrang der Präsenzsitzung wäre damit jedoch nicht gewahrt. Bei näherer Betrachtung von Sinn und Zweck des „Vorrangs der Präsenzsitzung“ sowie

[1559] Vgl. Teil 5, A. I. 5.; soweit ersichtlich vertritt lediglich Altvater/*Kröll*, BPersVG, § 38 Rn. 38, zu der vergleichbaren Regelung in § 38 BPersVG, dass die Widerspruchslösung die Vertraulichkeit im Gremium sicherstellen soll.

[1560] Teil 3, B. I. 2. e).

der Entstehungsgeschichte der Norm[1561] wird klar, dass während der gemeinsamen Willensbildung unter den Betriebsratsmitgliedern möglichst optimale Kommunikationsbedingungen herrschen sollen. Diese Bedingungen kann eine Präsenzsitzung zwar am besten gewährleisten, eine Videokonferenz bleibt nach der hier vertretenen Auffassung allerdings nicht weit hinter diesen Anforderungen zurück,[1562] womit eine zwingende Festlegung des Vorrangs der Präsenzsitzung entbehrlich erscheint. Der Anwendungsbereich der Präsenzsitzung wäre damit bei nur einer Widerspruchsmöglichkeit in § 30 Abs. 2 S. 1 Nr. 2 BetrVG wahrscheinlich höher als jener in einer virtuellen Sitzung, da kein Widerspruch gegen die Anberaumung einer Präsenzsitzung geltend gemacht werden kann. Bei nur geringfügigen Abweichungen in der Kommunikation bedarf es dann aber zumindest bei Videokonferenzen keines ausdrücklichen Vorrangs, um eine möglichst optimale Kommunikation zu sichern. Selbst wenn die Kommunikationsbedingungen in Videokonferenzen anders und damit schlechter gesehen werden als nach der hiesigen Auffassung,[1563] soll die Schutzrichtung von § 30 Abs. 2 S. 1 Nr. 1 und Nr. 2 BetrVG zur optimalen Kommunikation letztlich den Betriebsratsmitgliedern zugutekommen. Ob die Kommunikation in einer Videokonferenz nun mit der in einer Präsenzsitzung weitestgehend vergleichbar ist oder nicht, kann und sollte im Endeffekt nur jedes Betriebsratsmitglied für sich selbst entscheiden. Individuelle Faktoren für eine erfolgreiche virtuelle Kommunikation wie Technikverständnis oder auch die Aufgeschlossenheit gegenüber technischen Anwendungen können jedoch durch eine starre gesetzliche Regelung wie den Vorrang der Präsenzsitzung nur erschwert berücksichtigt werden. Der optimalen Kommunikation würde es daher keinen Abbruch tun, wenn in einem hauptsächlich virtuell arbeitenden Unternehmen ein technikaffiner Betriebsrat, der im Umgang mit Videokonferenzen ohnehin geschult ist, auch ohne einen zwingenden Vorrang der Präsenzsitzung in der Geschäftsordnung eine solche abhalten kann. Umgekehrt können Betriebsratsmitglieder, welche virtuelle Konferenzen für eine deutlich schlechtere Form der Kommunikation halten, eine Präsenzsitzung durch den Widerspruch erzwingen. Dem Zweck der beiden Vorschriften, eine möglichst optimale Kommunikation sicherzustellen, wird damit durch § 30 Abs. 2 S. 1 Nr. 2 BetrVG nicht schlechter gedient als durch § 30 Abs. 2 S. 1 Nr. 1 BetrVG. Das Widerspruchsrecht ermöglicht hingegen sogar eine individuellere Abstimmung auf die Bedürfnisse der Betriebsratsmitglieder als die starre und weitestgehend unflexible Regelung in § 30 Abs. 2 S. 1 Nr. 1 BetrVG.

cc) Abwägung zwischen § 30 Abs. 2 S. 1 Nr. 1 und Nr. 2 BetrVG

Da weder der Vorrang der Präsenzsitzung noch die Angehörigen der Minderheitenlisten in zweifacher Hinsicht geschützt werden müssen, läuft es im Ergebnis

[1561] Teil 4, Abschnitt 1, A. I.

[1562] Teil 4, B. I. 2. e).

[1563] So z.B. *Hayen*, AuR 2020, 249 (252).

auf die Abwägung hinaus, ob der Vorrang der Präsenzsitzung oder der Schutz der Minderheitenrechte stärker zu gewichten ist. Während § 30 Abs. 2 S. 1 Nr. 1 BetrVG den Vorrang der Präsenzsitzung stärker gewichtet, dient § 30 Abs. 2 S. 1 Nr. 2 BetrVG eher dem Minderheitenschutz. Wird (nochmals) der Regelungszweck des Vorrangs der Präsenzsitzung berücksichtigt, dann hat dieser zum Ziel, die vorzugswürdige Kommunikation der Präsenzsitzung während der gemeinsamen Willensbildung im Betriebsrat sicherzustellen. Dieses Ziel ist zwar hinsichtlich der schlechteren Kommunikationsbedingungen in Video- und insbesondere Telefonkonferenzen legitim. Eine verstärkte Absicherung dieses Grundsatzes ist jedoch im Hinblick auf die doch vergleichbaren Kommunikationsmöglichkeiten in der Videokonferenz nicht notwendig. Die entscheidende Frage, ob der Betriebsrat die direkte Kommunikation von Angesicht zu Angesicht in der Präsenzsitzung oder die schlechtere, aber doch in weiten Teilen vergleichbare Kommunikation einer Video- und Telefonkonferenz in Anspruch nehmen will, muss letztlich dieser selbst treffen. Die Normierung eines ausdrücklichen Vorrangs sowie einer zusätzlichen Verankerung in der Geschäftsordnung braucht es dann aber nicht, wenn ein Viertel der Mitglieder nach § 30 Abs. 2 S. 1 Nr. 2 BetrVG einer solchen Sitzung widersprechen kann. Das Widerspruchsrecht ist nämlich nicht zweckgebunden und bedarf daher auch keiner Begründung. Es dient vielmehr in erster Linie dem Minderheitenschutz, kann aber genauso ausgeübt werden, wenn ein Teil der Betriebsratsmitglieder ein bestimmtes Thema in Präsenz und nicht virtuell besprechen will. Umgekehrt bietet § 30 Abs. 2 S. 1 Nr. 1 BetrVG im Gegensatz zu § 30 Abs. 2 S. 1 Nr. 2 BetrVG einen viel geringeren Schutz für Minderheiten, da sich diese nur beim Beschluss der Geschäftsordnung bestimmten Formen der virtuellen Sitzung widersetzen können. Verpassen sie diese Gelegenheit oder übersehen sie Regelungslücken, sodass die Mehrheit vertreten durch den Vorsitzenden deren Themen und Anträge in virtuellen Sitzungen verschieben kann, haben sie nur noch aufgrund von § 30 Abs. 2 S. 1 Nr. 1 BetrVG durch eine erneute Änderung der Geschäftsordnung die Möglichkeit, dagegen vorzugehen. Da dies nun aber eine qualifizierte Mehrheit verlangt, wird dies der Minderheit nicht möglich sein. Zur Wahrung der funktionellen Erwartungen ist deshalb das Widerspruchsrecht in § 30 Abs. 2 S. 1 Nr. 2 BetrVG notwendig und kann daher auch hinreichend den Vorrang der Präsenzsitzung schützen, sodass auf § 30 Abs. 2 S. 1 Nr. 1 BetrVG eher verzichtet werden kann als auf § 30 Abs. 2 S. 1 Nr. 2 BetrVG.

b) Gewährleistung der Nichtöffentlichkeit

Nach der hier vertretenen Auffassung haben sowohl § 30 Abs. 2 S. 1 Nr. 3 BetrVG als auch § 30 Abs. 2 S. 2 BetrVG keine datenschutzrechtliche Zielsetzung.[1564] Die Anforderung in § 30 Abs. 2 S. 1 Nr. 3 BetrVG, „dass sichergestellt sein muss, dass Dritte von Inhalt der Sitzung keine Kenntnis nehmen können", ist keine Vor-

[1564] Teil 4, Abschnitt 2, A. I. 3. a).

aussetzung für die Anberaumung, sondern entspricht dem Gebot der Nichtöffentlichkeit nach § 30 Abs. 1 S. 4 BetrVG und muss daher nur während der Sitzungsdurchführung beachtet werden.[1565] In der Konsequenz hat § 30 Abs. 2 S. 1 Nr. 3 BetrVG gegenüber § 30 Abs. 1 S. 4 BetrVG allerdings auch keinen unmittelbaren rechtlichen Mehrwert, sodass auf diese Norm grundsätzlich verzichtet werden könnte.

Anderseits ergibt sich im Zusammenhang mit dem Aufzeichnungsverbot von virtuellen Sitzungen nach § 30 Abs. 2 S. 2 BetrVG, welches für Präsenzsitzungen nicht gilt,[1566] dass für die virtuelle Sitzung eine „sichere Sphäre" geschaffen werden soll, in welcher die Betriebsratsmitglieder darauf vertrauen können, dass ihre Beiträge zur kollektiven Willensbildung in der Sitzung vertraulich bleiben. Zumindest mit der Einführung der Video- und Telefonkonferenz durch das Betriebsrätemodernisierungsgesetz verdeutlichte § 30 Abs. 2 S. 1 Nr. 3 BetrVG die Notwendigkeit einer solchen Sicherheit für die Betriebsratsmitglieder, sodass die Regelung vorübergehend durchaus als notwendig angesehen werden kann. Ferner erschwert die Norm weder die flexiblere Teilnahmemöglichkeit an Betriebsratssitzungen noch die Beschleunigung der Beschlussfassung oder die bessere Wahrnehmung von Beteiligungsrechten, sodass die Norm einer Erreichung von Verbesserungsmöglichkeiten nicht abträglich ist. Langfristig ergibt sich die Notwendigkeit zur Schaffung einer „sicheren Sphäre" allerdings auch bereits aus § 30 Abs. 1 S. 4 BetrVG, sodass § 30 Abs. 2 S. 1 Nr. 3 BetrVG keinen anderen Regelungsgehalt als § 30 Abs. 1 S. 4 BetrVG zukommt. Sie könnte daher in einem erneuten Gesetzgebungsverfahren zum BetrVG gestrichen werden.

Dem Aufzeichnungsverbot nach § 30 Abs. 2 S. 2 BetrVG kommt hingegen ein eigenständiger Regelungszweck zur Sicherung der Nichtöffentlichkeit zu, welcher sich nicht aus § 30 Abs. 1 S. 4 BetrVG ergibt. Das Verbot von Aufzeichnungen ist zur Gewährleistung von Vertraulichkeit in virtuellen Sitzungen erforderlich, da in diesen heimliche Aufzeichnungen wesentlich leichter erfolgen können als in Präsenzsitzungen. Anderseits führt das Aufzeichnungsverbot von virtuellen Sitzungen zu einer erschwerten Anfertigung von Sitzungsniederschriften nach § 34 BetrVG. Als Ausgleich dieser beiden Interessen bietet sich daher der von Holler vorgeschlagene Lösungsweg an, eine Videoaufzeichnung der virtuellen (und auch der Präsenzsitzung) zu verbieten[1567] und eine Tonbandaufzeichnung zuzulassen, sofern alle Beteiligten in der Sitzung damit einverstanden sind.[1568] Zwar kann eine Tonbandaufzeichnung auch weiterhin leichter in einer virtuellen Sitzung getätigt werden als in Präsenz, gleichwohl verletzt die bloße Aufzeichnung einer visuell nicht zu

---

[1565] Teil 4, Abschnitt 2, A. II. 2.

[1566] *Fitting*, BetrVG, § 34 Rn. 12; ErfK/*Koch*, BetrVG, § 34 Rn. 1; BeckOKA/*Mauer*, BetrVG, § 34 Rn. 2; GK-BetrVG/*Raab*, § 30 Rn. 19; Richardi/*Thüsing*, BetrVG, § 34 Rn. 8; DKKW/*Wedde*, BetrVG, § 34 Rn. 7; Düwell/*Wolmerath*, BetrVG, § 34 Rn. 4.

[1567] Löwisch/Kaiser/Klumpp/*Holler*, BetrVG, § 30 Rn. 17.

[1568] Löwisch/Kaiser/Klumpp/*Holler*, BetrVG, § 30 Rn. 17.

ortbaren Stimme die Vertraulichkeit nicht auf dieselbe Weise wie eine Videoaufzeichnung. Ferner würde durch eine solche Regelung auch ein Gleichauf zwischen der virtuellen und der Sitzung in Präsenz ermöglicht werden.[1569]

2. Ermöglichung eines elektronischen Umlaufverfahrens

Die übermäßige Sicherstellung der funktionellen Erwartungen drückt sich auch darin aus, dass die mit der Digitalisierung des Entscheidungsprozesses eigentlich zu erwartende Beschleunigung der Betriebsratsarbeit bzw. des Entscheidungsprozesses an sich nur bedingt eintritt.[1570] Zwar entfällt durch die Möglichkeit zur Abhaltung von Video- und Telefonkonferenzen die An- und Abreisezeit zu den Sitzungen, der Vorrang der Präsenzsitzung sowie das Widerspruchsrecht und die damit einhergehende Beschränkung der virtuellen Sitzung verhindern allerdings, dass daraus ein allzu großer Effekt resultieren kann. Selbst wenn, wie nach der hier vertretenen Auffassung, auf einen ausdrücklichen Vorrang der Präsenzsitzung wie in § 30 Abs. 2 S. 1 Nr. 1 BetrVG verzichtet werden kann und dadurch der Anwendungsbereich einer virtuellen Sitzung erhöht wird, verringert sich daher durch eine Video- oder Telefonkonferenz die Sitzungszeit nicht.

Bei der Ausübung von Beteiligungsrechten gibt es jedoch regelmäßig wiederkehrende Themen, welche aufgrund ihrer Häufigkeit keiner ausführlichen Willensbildung mehr bedürfen, wodurch die gemeinsame Willensbildung der Betriebsratsmitglieder teilweise erheblich verkürzt wird. Beschlüssen, welche einstimmig gefasst wurden, wird nicht immer, aber zumindest häufig, keine allzu umfangreiche Willensbildung vorangegangen sein. Für Fälle, in denen der gemeinsame Wille im Prinzip nicht mehr erörtert werden muss, weil bereits vorab feststeht, dass alle Mitglieder der gleichen Meinung sind, stellt sich die Frage, ob es noch einer ausführlichen und mündlichen Erörterung innerhalb einer Betriebsratssitzung bedarf. Von einer nur aus formalen Gründen abgehaltenen Betriebsratssitzung, in welcher keine neuen Erkenntnisse gewonnen und keine entgegenstehenden Ansichten vorgetragen werden, haben weder der Betriebsrat noch der Arbeitgeber bzw. die Belegschaft etwas, weshalb es sich anbietet, solche Situationen zu beschleunigen. Abhilfe könnte dabei das Umlaufverfahren schaffen, welches es ermöglicht, einen gemeinsamen Beschluss zu fassen, ohne dass eine Sitzung stattfindet. Das elektronische Umlaufverfahren bietet gegenüber dem schriftlichen den Vorteil, dass mithilfe der elektronischen Übermittlung die Nachrichten den jeweiligen Mitgliedern sofort zugestellt werden können und nicht erst durch eine dritte Person überbracht werden müssen. In diesem Bereich der Digitalisierung der Entscheidungsfindung besteht daher ein besonderes Potential, die Betriebsratsarbeit zu beschleunigen und damit einen Vorteil gegenüber der analogen Entscheidungsfindung zu bieten.

[1569] Löwisch/Kaiser/Klumpp/*Holler*, BetrVG, § 30 Rn. 17.

[1570] Vgl. Teil 5, A. II. 3.

Dass der Gesetzgeber von einem solchen Verfahren abgesehen hat, ist Ausdruck des Vorrangs der Präsenzsitzung und des damit einhergehenden Regelungszwecks, eine möglichst optimale Kommunikation während der Betriebsratssitzung zu gewährleisten. In einem Umlaufverfahren findet eine solche interaktive verbale Kommunikation mit ihren para- und nonverbalen Merkmalen nicht in dem gleichen Umfang statt wie in einer Präsenzsitzung und auch die äußeren Umstände der Kommunikation sind verschieden. Gleichwohl zeigen insbesondere die Untersuchungen zum Umlaufverfahren mittels Messenger-Programmen, dass eine zumindest teilweise gleichwertige Kommunikation möglich ist.

a) Tendenz zum elektronisches Umlaufverfahren in anderen Gremien

Dass dieses Potential bereits erkannt und auch genutzt wird, zeigen die Vorschriften zu anderen Gremien, in denen ein digitales Umlaufverfahren bereits möglich ist.

aa) Personalrat auf Bundesebene

Gem. § 39 Abs. 4 S. 1 BPersVG kann in der Geschäftsordnung eines Personalrats auf Bundesebene ein elektronisches Umlaufverfahren vorgesehen werden. Bei der Nutzung elektronischer Medien ist der Personalrat dazu nach § 39 Abs. 4 S. 2 i.V.m. § 38 Abs. 3 S. 2 Nr. 1 BPersVG an die technischen Einrichtungen gebunden, welche vorher zur Nutzung durch die Dienststelle freigegeben worden sind. Dadurch soll ein hohes Sicherheitsniveau zum Schutz der Nichtöffentlichkeit gewährleistet werden,[1571] weshalb die Nutzung privater Computer oder E-Mail-Postfächer ausgeschlossen ist.[1572] Begrenzungen in Bezug auf das elektronische Medium werden hingegen nicht gemacht, sodass ein Umlaufverfahren mittels E-Mails oder Messenger-Programmen in Betracht kommt, solange dies vorher durch die Dienststelle freigegeben worden ist.[1573] Ferner müssen die Personalratsmitglieder zum Schutz der Nichtöffentlichkeit gem. § 39 Abs. 4 S. 2 i.V.m. § 38 Abs. 3 S. 2 Nr. 3 BPersVG selbst organisatorische Maßnahmen ergreifen.

[1571] BT-Drs. 19/26820, 101; Richardi/Dörner/Weber/Annuß/*Jacobs/Heinkel*, BPersVG, § 39 Rn. 14.

[1572] BT-Drs. 19/28839, 10; Fischer/Goeres/*Gronimus*, BPersVG, § 39 Rn. 74; BeckOKB/*Hedermann*, BPersVG, § 39 Rn. 49; Richardi/Dörner/Weber/Annuß/*Jacobs/Heinkel*, BPersVG, § 39 Rn. 33; Altvater/*Kröll*, BPersVG, § 39 Rn. 23; *Zanandrea*, PersR 8/2022, 13 (14).

[1573] Lorenzen/*Ramm*, § 39 BPersVG, Rn. 22; ein Umlaufverfahren mittels Telefax soll hingegen nicht möglich sein, *Ilbertz/Widmaier*, BPersVG, § 39 Rn. 14.

Zur Wahrung des vorrangigen Anwesenheitsprinzips[1574] und der damit verbundenen mündlichen Willensbildung regelt § 39 Abs. 4 S. 3 BPersVG, dass der Widerspruch eines Mitgliedes des Personalrats oder eine nach § 37 BPersVG zur Teilnahme berechtigte Person zur Unzulässigkeit des elektronischen Umlaufverfahrens führt, wenn der Widerspruch innerhalb einer vom Vorsitzenden zu bestimmenden Frist gegenüber diesem erfolgt.[1575] Die Regelung in § 39 Abs. 4 S. 3 BPersVG zielt darauf ab, die Teilnahmerechte in Personalratssitzungen nach § 37 BPersVG sicherzustellen und damit letztlich zu verhindern, dass die nach § 37 BPersVG zur Teilnahme berechtigten Dritten nur unter den schlechtesten Kommunikationsmöglichkeiten an der Beschlussfassung mitwirken können.[1576] Im Hinblick darauf, dass für die Personalratsmitglieder keine besseren Kommunikationsmöglichkeiten zu dieser Beschlussfassung bestehen, haben die teilnahmeberechtigten Dritten im Verfahren selbst aber keinen Nachteil.[1577] Zwar umfasst das Umlaufverfahren selbst keine Beratung mehr.[1578] Daraus lässt sich aber im Umkehrschluss nicht ableiten, dass Einwände gegen einen Beschluss nicht geltend gemacht werden können.[1579] Zur Teilnahme berechtigte Dritte könnten daher auch im Umlaufverfahren mögliche Einwände in elektronischer Form äußern, sodass es keinen Anlass für ein derart einschränkendes „Vetorecht"[1580] durch einen Teilnehmer gibt, der selbst nicht stimmberechtigt ist.[1581] Die erforderliche Bekanntgabe des Ergebnisses der Beschlussfassung in der nächsten Sitzung gem. § 39 Abs. 4 S. 4 BPersVG dient der Transparenz des Verfahrens.[1582]

Die Regelung zum elektronischen Umlaufverfahren soll die Arbeits- und Handlungsfähigkeit des Personalrats stärken, den für die Entscheidungsfindung erforderlichen Zeitaufwand senken und dadurch auch zu einer Vereinbarkeit von Familie und Beruf beitragen.[1583] Die Beschleunigung der Betriebsratsarbeit kann

---

[1574] BT-Drs. 19/28839, 10; *Ilbertz/Widmaier*, BPersVG, § 39 Rn. 14; Richardi/Dörner/Weber/Annuß/*Jacobs/Heinkel*, BPersVG, § 39 Rn. 33; Lorenzen/*Ramm*, § 39 BPersVG, Rn. 29; *Zanandrea*, PersR 8/2022, 13 (15).

[1575] Altvater/*Kröll*, BPersVG, § 39 Rn. 24, „konsensbasiert".

[1576] *Ilbertz/Widmaier*, BPersVG, § 39 Rn. 14; Altvater/*Kröll*, BPersVG, § 39 Rn. 25; BeckOKB/*Hedermann*, BPersVG, § 39 Rn. 52; Lorenzen/*Ramm*, § 39 BPersVG, Rn. 22; *Zanandrea*, PersR 8/2022, 13 (15).

[1577] Insoweit sei auch auf die ideale Sprechsituation verwiesen, wonach jeder am Diskurs Beteiligte gleichberechtigt am Verfahren mitzuwirken hat.

[1578] *Ilbertz/Widmaier*, BPersVG, § 39 Rn. 14; Lorenzen/*Ramm*, § 39 BPersVG, Rn. 21, 23.

[1579] So allerdings *Ilbertz/Widmaier*, BPersVG, § 39 Rn. 14; Altvater/*Kröll*, BPersVG, § 39 Rn. 25.

[1580] BeckOKB/*Hedermann*, BPersVG, § 39 Rn. 52.

[1581] BeckOKB/*Hedermann*, BPersVG, § 39 Rn. 52, der für einen solch starken Eingriff in die Geschäftsführungsbefugnis des Betriebsrats keinen Grund sieht.

[1582] BT-Drs. 19/28839, 10.

[1583] BT-Drs. 19/28839, 10.

das elektronische Umlaufverfahren, wie dargelegt, grundsätzlich auch erreichen.[1584] Da § 39 Abs. 4 BPersVG aber letztlich wie § 38 Abs. 2 S. 2 Nr. 1–3 BPersVG aufgebaut ist und damit sowohl an eine Regelung in der Geschäftsordnung[1585] als auch an ein Widerspruchsrecht geknüpft ist, werden die damit verbundenen Ziele erneut nur teilweise erreicht. Insbesondere die Möglichkeit, dass ein nicht stimmberechtigter Dritter durch seinen Widerspruch die Beschlussfassung im elektronischen Umlaufverfahren blockieren kann, schränkt die Arbeits- und Handlungsfähigkeit des Personalrats erheblich ein.

bb) Personalvertretungen auf Länderebene

In den Bundesländern ist es für Personalräte in Bayern und Baden-Württemberg dauerhaft möglich, einen Beschluss mithilfe elektronischer Mittel herbeizuführen.

Nach Art. 37 Abs. 3 BayPersVG kann der Vorsitzende in einfachen Angelegenheiten im Umlaufverfahren auf einem dauerhaften Datenträger abstimmen lassen, sofern kein Personalratsmitglied diesem Verfahren widerspricht. Unter einem Umlaufverfahren auf einem dauerhaften Datenträger ist sowohl das schriftliche, als auch das elektronische Verfahren zu verstehen.[1586] Bei einem elektronischen Umlaufverfahren ist eine qualifizierte elektronische Signatur gem. § 126a BGB nicht erforderlich, da ausweislich der Gesetzesbegründung auch ein Verfahren mittels E-Mail zulässig sein soll.[1587] Unter dem Begriff „einfache Angelegenheiten" werden immer wieder auftretende Routinesachen oder Selbstläufer verstanden, welche kaum einer Meinungs- und Willensbildung des Personalrats bedürfen.[1588] Der jeweilige Personalrat soll dabei selbst entscheiden, welche Angelegenheiten „einfach gelagert" sind. Er kann diese Fälle in der Geschäftsordnung festlegen.[1589] Hält auch nur ein Mitglied einen Beschlussgegenstand für erörterungsbedürftig, kann eine „gewöhnliche" Sitzung durch Ausübung des Widerspruchsrechts erzwungen werden.[1590]

In Baden-Württemberg kann der Personalrat nach § 34 Abs. 3 S. 1 BaWüPersVG, wie in Bayern, in einfachen Angelegenheiten im schriftlichen oder elektronischen Umlaufverfahren Beschlüsse fassen, sofern kein Mitglied diesem Verfahren widerspricht. Im Gegensatz zum BayPersVG muss nach § 34 Abs. 1 S. 2 BaWüPersVG der Ablauf des Verfahrens und die Bestimmungen, die festlegen,

---

[1584] Vgl. Teil 3, A. II.

[1585] Wobei die Regelung in der Geschäftsordnung keinen Vorrang der Präsenzsitzung, bzw. der Beschlussfassung in Präsenz normieren muss, Fischer/Goeres/*Gronimus*, BPersVG, § 39 Rn. 67.

[1586] BayLT-Drs. 18/28503, 19.

[1587] BayLT-Drs. 18/28503, 19; BayPersVGK/*Hebeler*, BayPersVG, Art. 37, Rn. 36.

[1588] Vgl. BayVGH, 14.11.2001 – 17 P 01.1526 (Rn. 59).

[1589] BayPersVGK/*Hebeler*, BayPersVG, Art. 37 Rn. 32.

[1590] I.E. auch BayPersVGK/*Hebeler*, BayPersVG, Art. 37 Rn. 33.

was unter einfachen Angelegenheiten zu verstehen ist, in der Geschäftsordnung geregelt werden. Dies knüpft das Verfahren an eine zusätzliche Voraussetzung, wodurch einerseits das Anwesenheitsgebot besser gewahrt wird und anderseits der Rechtssicherheit gedient ist, da der Personalrat den unbestimmten Rechtsbegriff der „einfachen Angelegenheiten" selbst zu bestimmen hat.

Die in beiden Regelungen zum Umlaufverfahren bestehende Möglichkeit, die Beschlussfassung durch den Widerspruch von nur einem Mitglied gegenstandslos werden zu lassen, widerspricht nicht dem Ziel, die Personalratsarbeit zu vereinfachen, da bei einfachen Angelegenheiten oder Selbstläufern eben dieser Widerspruch meist nicht zu erwarten ist. Ferner werden das Anwesenheitsgebot und damit die besseren Kommunikationsmöglichkeiten erfolgreich gewahrt, indem die Beschlussfassung nur in den einfachen Angelegenheiten im elektronischen Umlaufverfahren möglich ist.

Uneingeschränkt ist für Personalräte in Thüringen gem. § 37 Abs. 5 ThürPersVG die Beschlussfassung mittels Umlaufverfahren oder anderer elektronischer Abstimmung möglich. Eine solche Beschlussfassung ist sowohl der Entscheidungsfindung in Video- und Telefonkonferenzen, als auch der in Präsenzsitzungen gleichgestellt. Die Norm bietet für Personalräte dadurch maximale Flexibilität bei der Beschlussfassung und stellt im Vergleich zu den anderen Regelungen des elektronischen Umlaufverfahrens die am technikoffenste dar. Allerdings führt die vollständige Gleichstellung des elektronischen Umlaufverfahrens mit der Präsenzsitzung zu einer erheblichen Einschränkung des Anwesenheitsgebots. Denn Personalräte können dadurch sämtliche Beschlüsse auch im Umlaufverfahren beschließen.

cc) Mitarbeitervertretungen kirchlicher Einrichtungen

Elektronische Umlaufverfahren sind sowohl nach den Regelungen der katholischen als auch der evangelischen Mitarbeitervertretungsordnungen möglich. Nach Art. 14 Abs. 9 S. 1 MAVO kann daher die Mitarbeitervertretung in ihrer Geschäftsordnung bestimmen, dass Beschlüsse im Umlaufverfahren beschlossen werden können, sofern dabei Einstimmigkeit erzielt wird. Der Wortlaut der Beschlüsse ist gem. Art. 14 Abs. 9 S. 2 MAVO in der Niederschrift der nächsten Sitzung festzuhalten. Die Regelungen der evangelischen Mitarbeitervertretung in § 26 Abs. 2 S. 3, 4 MVG-EKD sind nahezu wortgleich und unterscheiden sich in ihren Voraussetzungen nicht von jenen der katholischen Kirche. Beide Regelungen beschränken sich demnach nicht auf ein bestimmtes Umlaufverfahren, sodass generell auch elektronische Formen möglich sind,[1591] solange es für diese eine Festlegung in der Geschäftsordnung gibt und Nichtöffentlichkeit gewahrt werden kann. Aus der Regelung der evangelischen Kirche nach § 26 Abs. 2 S. 3 MVG-EKD ergibt sich im

---

[1591] *Thiel*/Fuhrmann/Jüngst, MAVO, Art. 14 Rn. 84, exemplarisch „Rundschreiben, Ferngespräche, E-Mails".

Zusammenspiel mit den Vorschriften über die Abhaltung einer Video- und Telefonkonferenz nach § 26 Abs. 2 S. 5 MVG-EKD die Besonderheit, dass eine Beschlussfassung im Umlaufverfahren nicht auf bestimmte Beteiligungsrechte oder Umstände beschränkt ist, wohingegen die Sitzung mittels Videos und Telefons nur in Ausnahmefällen zulässig ist. Trotz schlechterer Kommunikationsmöglichkeiten ist das Umlaufverfahren damit grundsätzlich vor einer Video- und Telefonkonferenz anwendbar. In der katholischen Kirche werden zwar ebenfalls keine Beschränkungen des Umlaufverfahrens auf bestimmte Anwendungsfälle gemacht, allerdings gilt dies für Video- und Telefonkonferenzen nach Art. 14 Abs. 4 S. 3 MAVO gleichermaßen. Trotz dieses grundsätzlich größeren Anwendungsbereichs des elektronischen Umlaufverfahrens relativiert sich der praktische Anwendungsbereich beider Vorschriften erheblich, da die Beschlussfassung von der Einstimmigkeit aller Mitglieder abhängig ist. Bereits bei einer Nein-Stimme oder Enthaltung ist die Beschlussfassung im Umlaufverfahren hinfällig.[1592] Vorgaben zur Wahrung der Nichtöffentlichkeit machen die beiden Vorschriften nicht.

Beide Regelungen verfolgen damit den Zweck, die Aufgaben der Mitarbeitervertretungen zu erleichtern, wodurch die Betriebsratsmitglieder Zeit einsparen und insbesondere Beteiligungsrechte mit kürzeren Reaktionszeiten besser wahrnehmen sollen.[1593] Nachdem allerdings bereits die Enthaltung eines Mitglieds ausreichend ist, um einen Beschluss im Umlaufverfahren auszuschließen, dürfte das Ziel, die Arbeit der Mitarbeitervertretung zu erleichtern, nur selten erreicht werden.[1594]

dd) Aufsichtsrat

Ferner ist noch auf die Möglichkeit des elektronischen Umlaufverfahrens nach § 108 Abs. 4 AktG abzustellen. Hiernach kann eine Beschlussfassung schriftlich, fernmündlich oder in anderer vergleichbarer Form stattfinden, solange kein Mitglied dieser Form widerspricht und keine abweichende Regelung in der Geschäftsordnung besteht. Erfasst wird damit jegliche elektronische Beschlussfassung.[1595] Die Norm wird zwar nicht unter den Vorbehalt einer Regelung in der Geschäftsordnung gestellt; allerdings ist dies gem. § 108 Abs. 4 AktG möglich, wenn sich der Aufsichtsrat dazu entschließt. Demzufolge besteht die Möglichkeit, das Widerspruchsrecht durch die Geschäftsordnung auszuschließen.[1596] Die Regelungen zum elektronischen Umlaufverfahren in § 108 Abs. 3 AktG haben damit im Vergleich zu den Regelungen der Interessenvertretungen der Arbeitnehmerschaft weniger Voraussetzungen. Dies ist darauf zurückzuführen, dass die Anforderungen

---

[1592] *Thiel*/Fuhrmann/Jüngst, MAVO, Art. 14 Rn. 84.

[1593] Zur MAVO: *Thiel*/Fuhrmann/Jüngst, MAVO, Art. 14 Rn. 84.

[1594] Ähnlich zur MAVO: *Thiel*/Fuhrmann/Jüngst, MAVO, Art. 14 Rn. 84.

[1595] Vgl. Auflistung MüKOAktG/*Habersack*, AktG, § 108 Rn. 60.

[1596] MüKOAktG/*Habersack*, AktG, § 108 Rn. 60; BeckOGKA/*Spindler*/*Walla*, AktG, § 108 Rn. 67.

an die Präsenzsitzung des Aufsichtsrats ebenfalls geringer sind. Ein ausdrückliches Gebot der Nichtöffentlichkeit besteht nicht und auch das Prinzip der Anwesenheit ist nicht so stark ausgeprägt wie im BetrVG.[1597] Die weniger strikten Regelungen in § 108 Abs. 4 AktG bilden daher die konsequente Ausgestaltung der bestehenden Regelungen zur Präsenzsitzung im Aufsichtsrat.

b) Umsetzungsmöglichkeit im Betriebsrat

Ausgehend von den Regelungen zu den Umlaufverfahren in anderen Gremien stellt sich nun die Frage, welche dieser Normen bzw. welche Kombination am besten für den Entscheidungsprozess im Betriebsrat geeignet ist. Ausgangspunkt der Überlegung ist dabei, dass das elektronische Umlaufverfahren für Beschlüsse herangezogen werden soll, welche keine gemeinsame Willensbildung im Betriebsrat benötigen, womit die teilnehmenden Gremienmitglieder auf keine umfangreichen Kommunikationsmöglichkeiten mehr angewiesen sind. Die grundsätzliche Richtung der anderen Regelungen, dass die Beschlussfassung mithilfe des Umlaufverfahrens bei nur einem Widerspruch oder einer Nein-Stimme ausgeschlossen wird, ist damit generell zielführend. Im Detail ist der Ausschluss eines Umlaufverfahrens mittels eines Widerspruchs allerdings weniger eng gefasst als jener mittels einer Nein-Stimme in der Beschlussfassung selbst. Wird das Umlaufverfahren nämlich nur durch einen Widerspruch ausgeschlossen, dann gilt für die Beschlussfassung, dass Beschlüsse mit der Mehrheit der teilnehmenden Mitglieder gefasst werden können. Muss hingegen wie in Art. 14 Abs. 9 S. 1 MAVO oder § 26 Abs. 2 S. 3 MVG-EKD der Beschluss einstimmig gefasst werden, dann zählen auch Enthaltungen als Nein-Stimmen und damit als Ablehnung des Umlaufverfahrens.[1598] Während somit beim Widerspruch das einzelne Mitglied aktiv dem Umlaufverfahren widersprechen muss, reicht es bei der Einstimmigkeit aus, wenn ein Mitglied überhaupt nicht tätig wird bzw. sich nicht zur Sache äußert. Zwar kann in Verfahren, welche keine Willensbildung mehr benötigen, davon ausgegangen werden, dass diese regelmäßig auch einstimmig zu treffen sind. Die Regelungen in Art. 14 Abs. 9 S. 1 MAVO und § 26 Abs. 2 S. 3 MVG-EKD wären damit eigentlich gegenüber den Regelungen mit einem Widerspruchsrecht vorzugswürdig, da in diesen die Beschlüsse mit der Mehrheit der teilnehmenden Mitglieder gefasst werden. Allerdings birgt die Regelung der Einstimmigkeit die Gefahr, dass ein Gremienmitglied die Nachricht über die Beschlussfassung übersieht, nicht zugestellt bekommt oder vergisst und sich deshalb nicht äußert, selbst wenn es in der Beschlussfassung keine andere Meinung als die der anderen Mitglieder vertreten hätte. Dadurch wird der Anwendungsbereich eines elektronischen Umlaufverfahrens, welches Einstimmigkeit voraussetzt, erheblich eingeschränkt, sodass sich praktisch

---

[1597] Vgl. dazu Teil 4, B. IV.

[1598] *Thiel*/Fuhrmann/Jüngst, MAVO, Art. 14 Rn. 84.

kaum noch ein Nutzen aus diesem Verfahren ziehen lässt.[1599] Beim Widerspruchsrecht wird hingegen die elektronische Beschlussfassung erst dann ausgesetzt, wenn ein Mitglied aktiv widerspricht, womit der praktische Anwendungsbereich größer ist. Das Widerspruchsrecht sollte dabei allerdings nur von den stimmberechtigten Mitgliedern ausgeübt werden können, da ansonsten nicht stimmberechtigte Dritte einen Beschluss des Betriebsrats wie in § 39 Abs. 4 S. 3 BPersVG blockieren könnten.[1600]

Da das elektronische Umlaufverfahren auf Themen Anwendung finden soll, welche praktisch keine vorherige Willensbildung mehr benötigen, bedarf es einer Einschränkung des Anwendungsbereichs. Das nach § 39 Abs. 4 BPersVG, § 37 Abs. 5 ThürPersVG, Art. 14 Abs. 9 S. 1 MAVO oder § 26 Abs. 2 S. 3 MVG-EKD bestehende elektronische Umlaufverfahren ohne jegliche Beschränkung auf bestimmte Themengebiete wäre demnach zu weit gefasst. Wegweisender sind daher die Regelungen in § 34 Abs. 3 S. 1 BaWüPersVG und Art. 37 Abs. 3 BayPersVG, welche ein elektronisches Umlaufverfahren nur in „einfachen Angelegenheiten" zulassen. Darunter sind auftretende „Routinesachen oder Selbstläufer" zu verstehen,[1601] welche keiner Meinungs- und Willensbildung des Betriebsrats bedürfen.

Damit das Widerspruchsrecht ausgeübt werden kann und auch die sonstigen Modalitäten des elektronischen Umlaufverfahrens hinreichend geklärt sind, sollte der Betriebsrat die nähere Ausgestaltung in der Geschäftsordnung regeln müssen. Dadurch würde auch die vorrangige Kommunikation der Präsenzsitzung und Videokonferenz besser geschützt werden.[1602]

Letztlich handelt es sich im elektronischen Umlaufverfahren zwar um eine Form der Beschlussfassung, welche grundsätzlich keine gemeinsame Willensbildung mehr erfordert. Gleichwohl ist es nicht ausgeschlossen, dass ein Mitglied einen anderen Standpunkt vertritt, welchen es in dem Verfahren kundtun will. Damit es dabei allerdings zu keinen Einschränkungen kommt, muss sich das jeweilige Mitglied darauf verlassen können, dass die Äußerung vertraulich bleibt. Die Nichtöffentlichkeit muss daher auch während des Umlaufverfahrens gewahrt bleiben, weshalb es sich anbieten würde, wie in § 39 Abs. 4 S. 3 BPersVG darauf zu verweisen, dass die Vorschriften über die Nichtöffentlichkeit entsprechend gelten.

[1599] Ähnlich zur MAVO: *Thiel*/Fuhrmann/Jüngst, MAVO, Art. 14 Rn. 84.

[1600] Zu der Kritik hiergegen vgl. Teil 5, C. I. 2. a) aa).

[1601] Vgl. BayVGH, 14.11.2001 – 17 P 01.1526 (Rn. 59).

[1602] Vgl. zu § 39 IV BPersVG, Lorenzen/*Ramm*, § 39 BPersVG, Rn. 29.

II. Stärkung der funktionellen Erwartungen durch Beschränkung der Sitzungsformen

Die vorgeschlagenen Maßnahmen zur verstärkten Nutzung von Vorteilen, welche sich aus einer Digitalisierung des Entscheidungsprozesses im Betriebsrat ergeben, führen dazu, dass die funktionellen Erwartungen, welche an den analogen Entscheidungsprozess gestellt werden, in geringerem Maße im digitalen Entscheidungsprozess verwirklicht werden können. Die Streichung des ausdrücklichen Vorrangs der Präsenzsitzung in § 30 Abs. 2 S. 1 Nr. 1 BetrVG sowie die Einführung eines elektronischen Umlaufverfahrens führen daher insbesondere dazu, dass das Gebot der Anwesenheit und die damit verbundene Präferenz der direkten Kommunikation von Angesicht-zu-Angesicht in einer Präsenzsitzung weniger Berücksichtigung finden. Die verstärkte Nutzung der digitalen Vorteile geht daher in erster Linie zu Lasten der Kommunikation. Diese Einbußen im Bereich der Kommunikation könnten jedoch teilweise kompensiert werden, wenn im Gegenzug auf bestimmte digitale Entscheidungsvorgänge verzichtet wird, welche zwar wenige Vorteile gegenüber dem analogen Entscheidungsprozess bieten, aber die Kommunikationsmöglichkeiten während der Willensbildung im Betriebsrat einschränken.

1. Abschaffung der Telefonkonferenz

Zur Verbesserung der Kommunikation im Betriebsrat könnten im Rahmen der Abhaltung einer virtuellen Konferenz Telefonkonferenzen in § 30 Abs. 2 S. 1 BetrVG abgeschafft werden, da diese die direkte Kommunikation in einer Präsenzsitzung nicht genauso gut abbilden wie Videokonferenzen. Gerade aufgrund der fehlenden gegenseitigen visuellen Wahrnehmungsmöglichkeit können nonverbale Merkmale wie Mimik und Gestik nicht zur Geltung kommen. Außerdem sind die Interaktivität im Gespräch und die Abbildung der objektiven Umstände nicht in vergleichbarem Umfang möglich.[1603] Der Verzicht auf die Telefonkonferenz könnte daher Defizite in der Kommunikation bei der Nutzung einer virtuellen Konferenz insoweit ausgleichen, dass die Betriebsratsmitglieder, wenn sie eine virtuelle Konferenz mit einer umfangreichen Beratung abhalten wollen, auf deren idealste Form im Bereich der virtuellen Kommunikation zurückgreifen müssen, nämlich die der Videokonferenz. Dies hätte zusätzlich den Vorteil, dass eine empirische Argumentation basierend auf Beweisen wie Personalakten oder Bewerbungsunterlagen auch in virtuellen Konferenzen ohne weiteres möglich wäre, da eine Kenntnisnahme solcher Informationen mangels visueller Wahrnehmungsmöglichkeiten in einer Telefonkonferenz kaum umsetzbar ist.[1604]

Einzuräumen ist bei einem Verzicht auf eine Telefonkonferenz jedoch, dass eine rechtssichere Abhaltung einer virtuellen Sitzung, allein basierend auf der Mög-

---

[1603] Vgl. Teil 3, B. I. 2. c–e).

[1604] Vgl. Teil 3, B. III. 1. a).

lichkeit einer Videokonferenz, aufgrund der rechtlichen Hürden der Art. 44 ff. DS-GVO bei der personenbezogenen Datenübermittlung an Drittländer zumindest momentan nur erschwert möglich ist. Die meisten Videokonferenzanbieter kommen aus den USA, weshalb bis auf einen neuen und rechtssicheren Angemessenheitsbeschluss der Europäischen Kommission i. S. d. Art. 45 Abs. 3 DS-GVO eine personenbezogene Datenübermittlung durch diese Programme mit zahlreichen datenschutzrechtlichen Unsicherheiten belastet ist. Bei Telefonkonferenzen ist hingegen die Lage anders, da diese von nationalen Anbietern bereitgestellt werden, wodurch in der Regel keine personenbezogene Datenübermittlung in Drittländer außerhalb der EU stattfindet, d. h. die Anforderungen der Art. 44 ff. DS-GVO müssen somit nicht erfüllt werden.[1605] Allerdings können diese aktuellen Schwierigkeiten im Datenschutzrecht kein Argument dafür sein, die Möglichkeit einer Telefonkonferenz dauerhaft beizubehalten. Die Problematik einer personenbezogenen Datenübermittlung in die USA ist aller Voraussicht nach nur vorübergehender Natur, bis ein wirksamer und mit der DS-GVO vereinbarer Angemessenheitsbeschluss von der EU-Kommission ausgearbeitet worden ist.

Im Ergebnis kann daher festgehalten werden, dass der Verzicht auf Telefonkonferenzen das aus dem Anwesenheitsgebot resultierende Gebot einer möglichst optimalen Kommunikation stärken würde. Im Gegenzug würde dem Betriebsrat bei der Auswahl seiner technischen Medien zur Abhaltung virtueller Sitzungen zwar ein Teil seiner Flexibilität verloren gehen, sofern aber dafür wie hier vertreten ein elektronisches Umlaufverfahren in einfachen Angelegenheiten ermöglicht wird, würde dieser Verlust an Flexibilität ausgeglichen werden.

2. Schwierigkeiten der Gleichbehandlung in hybriden Sitzungen

Ferner ist in diesem Zusammenhang zu hinterfragen, inwieweit die Möglichkeit zur Abhaltung hybrider Sitzungen den Anforderungen gerecht wird, welche an ein virtuelles Entscheidungsverfahren zu stellen sind. Im Hinblick auf die Zielsetzung, die funktionellen Erwartungen des analogen Entscheidungsverfahrens weitestgehend sicherzustellen, ist im Bereich der Kommunikation zunächst festzustellen, dass die virtuell teilnehmenden Mitglieder eingeschränkter untereinander kommunizieren können als die in Präsenz teilnehmenden Betriebsratsmitglieder. Die virtuell Zugeschalteten sind während der Sitzung nicht genauso gut wahrnehmbar und können sich durch die beschränkteren Kommunikationsmöglichkeiten in Video- aber insbesondere in Telefonkonferenzen schwieriger während der gemeinsamen Willensbildung bemerkbar machen und dadurch auch nur schwerer von den anwesenden Mitgliedern wahrgenommen werden. Umgekehrt wird die Wahrnehmung der in Präsenz teilnehmenden Betriebsratsmitglieder für die zugeschalteten Mitglieder aber ebenfalls erschwert, da diese nicht, wie in einer ausschließlich stattfindenden Video- oder Telefonkonferenz, direkt vor den Kameras bzw. dem Tele-

[1605] Ausführlich zu dem Problem in Teil 3, C. I. 2.

fonhörer sitzen, sondern vielmehr von nur einer Kamera oder einem Mikrofon aufgezeichnet werden. Dadurch können sie akustisch nur schwerer verstanden und Mimik und Gesten nur eingeschränkter wahrgenommen werden, sofern es sich um eine Videokonferenz handelt. Die virtuell Teilnehmenden befinden sich dadurch während der Sitzung dauerhaft in einer schwächeren Position, [1606] was insbesondere dann zum Nachteil jener Mitglieder gereichen kann, die ständig virtuell teilnehmen, sei es, weil sie in Teilzeitbeschäftigung arbeiten, Betreuungspflichten nachkommen müssen oder[1607] aus welchen Gründen auch immer.

Aus diesem Grund stehen hybride Sitzungen auch dem Grundgedanken eines fairen Diskurses und der damit verbundenen idealen Sprechsituation entgegen. Nach dieser sollen alle Beteiligten grundsätzlich die gleiche Möglichkeit haben, am Diskurs mitzuwirken, ihre Sprechakte frei zu wählen sowie jederzeit in den Diskurs mit Rede und Gegenrede einzutreten.[1608] In einer hybriden Sitzung, in welcher sich die virtuell Teilnehmenden aber durchweg in einer schwächeren Position als die körperlich teilnehmenden Betriebsratsmitglieder befinden, kann davon eher nicht ausgegangen werden. Hinzu kommt, dass die insbesondere von den Befürwortern der Präsenzsitzung meist angeführten vertraulichen Einzelgespräche in Sitzungspausen oder -unterbrechungen für die körperlich anwesenden Mitglieder wesentlich einfacher zu führen sind als für die digital Teilnehmenden. Etwaige Unstimmigkeiten zwischen den Zugeschalteten und den in Präsenz Teilnehmenden können nur sehr erschwert ausgeräumt werden. Kumuliert werden diese negativen Effekte, wenn vornehmlich die in der Gesetzesbegründung angeführten Personengruppen regelmäßig im virtuellen Format teilnehmen.[1609] Es haben dann meistens die gleichen Mitglieder einen Kommunikations- und Verfahrensnachteil gegenüber den in Präsenz teilnehmenden Personen, wodurch diese über die einzelnen Sitzungen hinweg eine faktisch geschwächte Ausgangsposition zur Beeinflussung der kollektiven Willensbildung haben.

Diese Nachteile für Betriebsratsmitglieder im Bereich Kommunikation und Verfahren während einer oder mehrerer Sitzungen führen zu der Folgefrage, ob dadurch nicht auch die demokratische Legitimation der im Betriebsrat gemeinsam gefassten Entscheidungen gefährdet wird. Einerseits wird in diesem Zusammenhang die schwächere Ausgangsposition mancher Mitglieder und die damit einhergehenden verminderten Einwirkungsmöglichkeiten auf die kollektive Willensbildung dazu führen, dass von dem demokratischen Leitbild[1610] der gleichberechtigten Einwirkungsmöglichkeiten auf Entscheidungen des Betriebsrats, wie es in einer Präsenzsitzung der Fall ist, abgewichen wird. Anderseits ermöglicht gerade die

---

[1606] *Boemke/Roloff/Haase*, NZA 2021, 827 (830); *Raab*, FA 2021, 286 (291).

[1607] BT-Drs. 28899, 15.

[1608] Ausführlich in Teil 2, Abschnitt 1, B. II. 3.

[1609] BT-Drs. 28899, 15.

[1610] Vgl. BAG 26. 2. 1987 – 6 ABR 54/85, AP Nr. 7 zu § 38 BetrVG 1972 (unter II. 3. d. der Gründe).

hybride Form der Betriebsratssitzung ein sehr hohes Maß an Flexibilität für einzelne Mitglieder des Betriebsrats, da diese praktisch von jedem Ort aus an den Sitzungen teilnehmen können, solange die Nichtöffentlichkeit gewahrt bleibt.[1611] Im Gegensatz zur Präsenzsitzung, aber auch zur rein virtuellen Sitzung kann dadurch faktisch jedes Betriebsratsmitglied teilnehmen, sei es von zuhause aus, sei es auf Dienstreise oder im Betrieb selbst. Dies kann dazu führen, dass mehr Mitglieder an den Sitzungen teilnehmen als in anderen Teilnahmeformen, sodass bei der gemeinsamen Willensbildung sowie der daran anschließenden Äußerung des gemeinsamen Willens in Form von Beschlüssen oder Wahlen ein höheres Maß an demokratischer Legitimität erreicht wird als in anderen Formen der kollektiven Entscheidungsfindung. Hinzu kommt, dass, sofern das vom Gesetzgeber angestrebte Ziel, mehr Arbeitnehmer von Randgruppen des Betriebs, wie Teilzeitbeschäftigte oder körperlich eingeschränkte Personen, zur Übernahme eines Mandates zu bewegen,[1612] eine breitere Abbildung der Belegschaft im Betriebsrat ermöglicht wird, wodurch ebenfalls das Demokratieprinzip gestärkt werden würde.

Letztlich dürfte für die Beibehaltung einer hybriden Sitzung allerdings die auch schon für die Stärkung des Demokratieprinzips angesprochene erhöhte Flexibilität dieser Sitzungsform sprechen. Eine ausschließlich stattfindende Videokonferenz würde zwar für häufig außerhalb des Betriebs arbeitende Mitglieder eine Erleichterung darstellen. Für die anwesenden Mitglieder im Betrieb selbst, und dies dürfte in den meisten Betrieben nach wie vor die Mehrzahl sein, würde die jeweils einzelne virtuelle Teilnahme an einer Videokonferenz allerdings eher eine Erschwernis darstellen, da jedes Mitglied von einem separaten Raum aus an dieser teilnehmen müsste, damit zum einen die Anforderungen der Nichtöffentlichkeit gewahrt sind, zum anderen aber auch ein gleichberechtigter Meinungsaustausch möglich ist. Aus praktischer Sicht wäre die Streichung einer hybriden Sitzung daher ein erhebliches Erschwernis für viele Mitglieder, weshalb eine häufige Blockade dieser Sitzungsform durch einen regelmäßig ausgeübten Widerspruch durch ein Viertel der eigentlich im Betrieb anwesenden Mitglieder droht.

Selbst wenn daher die Nachteile im Bereich der Kommunikation und insbesondere im Verfahren für eine Streichung der hybriden Sitzungsform sprechen, dürfte das damit geschaffene Maß an Flexibilität diese ungünstigen Umstände überwiegen. Ob und in welcher Form diese nachteiligen Umstände letztlich eintreten werden, ist zum derzeitigen Stand der Bearbeitung noch nicht absehbar und bedarf einer fortgeführten Beobachtung. Je nachdem, in welchem Maß die befürchteten Nachteile eintreten, kann eine erneute Evaluation dieser Sitzungsform notwendig sein.

1611 Vgl. Teil 3, B. II. und Teil 4, Abschnitt 2, A. I. 3. b).

1612 Dass die Erreichung dieses Ziels allerdings durchaus zweifelhaft in Teil 5, A. II. 1.

III. Betriebsrat als datenschutzrechtlich Verantwortlicher

Ausgehend von den im Ergebnis negativ zu bewertenden Auswirkungen, welche die datenschutzrechtliche Verantwortlichkeit des Arbeitgebers gem. § 79a S. 2 BetrVG auf die Entscheidungsfindung in der Betriebsratssitzung hat, soll an dieser Stelle aufgezeigt werden, warum eine Verantwortlichkeit des Betriebsrats, trotz der damit einhergehenden Haftung für dessen Mitglieder, vorzugswürdig ist.

1. Keine effektive Gewährleistung des Datenschutzes durch den Arbeitgeber

Wie die Analyse der Unterstützungspflicht in § 79a S. 3 und der Kontrollmöglichkeiten des betrieblichen Datenschutzbeauftragten in § 79a S. 4 BetrVG gezeigt hat, kann der Arbeitgeber nur eingeschränkt kontrollieren und sicherstellen, dass der Betriebsrat die Vorschriften des Datenschutzes einhält und das obwohl mit diesen Normen eine teilweise erhebliche Einschränkung der betriebsverfassungsrechtlichen Unabhängigkeit einhergeht. Damit der Arbeitgeber die Einhaltung des Datenschutzes im Betriebsrat also wirklich effektiv gewährleisten kann, müssten diesem noch umfangreichere Weisungs- und Kontrollrechte zugebilligt werden. Zu einem solchen Schritt wird der Gesetzgeber aber nicht bereit sein und sollte es auch zu Recht nicht sein. Denn der damit verbundene Einschnitt in die Unabhängigkeit des Betriebsrats würde die Struktur der Betriebsverfassung grundlegend verändern.

Sollen dem Arbeitgeber aber im Ergebnis überhaupt keine umfangreichen Eingriffsbefugnisse in die Unabhängigkeit des Betriebsrats zugestanden werden, dann ist es für diesen auch nicht möglich, effektiv zu gewährleisten, dass sich der Betriebsrat an datenschutzrechtliche Vorgaben hält. Aus Gerechtigkeitserwägungen heraus wäre es deshalb billig, nicht diesem, sondern dem Betriebsrat die Verantwortung über den Datenschutz nach Art. 4 Nr. 7 DS-GVO aufzuerlegen.

2. Europarechtswidrigkeit von § 79a S. 2 BetrVG

Nachdem der Arbeitgeber keine umfassenden Eingriffsbefugnisse in die Unabhängigkeit des Betriebsrats aufgrund des Datenschutzes erhalten soll, wäre eine Verantwortlichkeit von diesem daher auch stets europarechtswidrig.[1613] Es muss derjenige verantwortlich sein, der tatsächlich über die Zwecke und Mittel der Datenverarbeitung entscheidet. Dies kann mangels umfassender Eingriffsbefugnisse des Arbeitgebers aber nur der Betriebsrat sein.[1614]

Sofern der Betriebsrat Verantwortlicher nach Art. 4 Nr. 7 DS-GVO ist, würde dies zu keiner Überschreitung der aus Art. 16 Abs. 2 S. 1 HS. 2 AEUV erwach-

---

[1613] Teil 4, Abschnitt 3, B.

[1614] Teil 4, Abschnitt 3, C. I. und II.

senden Regelungskompetenz des Unionsgesetzgebers im Bereich des Datenschutzes führen und auch ein Harmonisierungsverbot im Bereich der Sozialpolitik gem. Art. 153 Abs. 2 b) AEUV i. V. m. Art. 153 Abs. 1 f) AEUV würde dem nicht entgegenstehen.[1615]

3. Gemeinsame Verantwortlichkeit statt gegenseitige Unterstützungspflicht

Wird der Betriebsrat als datenschutzrechtlich Verantwortlicher nach Art. 4 Nr. 7 DS-GVO angesehen, könnte statt einer gegenseitigen Unterstützungspflicht gem. § 79a S. 3 BetrVG eine Vereinbarung zwischen zwei gemeinsam Verantwortlichen i. S. d. Art. 26 DS-GVO getroffen werden.[1616] Gem. Art. 26 Abs. 1 S. 1 DS-GVO gelten zwei Verantwortliche als gemeinsam Verantwortliche, wenn sie zusammen die Mittel und Zwecke einer Datenverarbeitung festlegen. Sie beschließen dann gem. Art. 26 Abs. 1 S. 2 DS-GVO eine transparente Vereinbarung darüber, wer von ihnen welche Verpflichtung der DS-GVO erfüllen muss, wovon insbesondere die Wahrnehmung der Informationspflichten nach Art. 13 und 14 DS-GVO betroffen ist. Nach Art. 26 Abs. 2 S. 1 DS-GVO muss die Vereinbarung auch die wesentlichen Funktionen und Beziehungen der gemeinsam Verantwortlichen widerspiegeln. Ebenso kann gem. Art. 26 Abs. 1 S. 3 DS-GVO eine Anlaufstelle für Betroffene angegeben werden. Gerade letztere Option in der Vereinbarung zwischen den gemeinsam Verantwortlichen wäre demnach eine gute Möglichkeit, entweder den Arbeitgeber oder den Betriebsrat als einheitliche Anlaufstelle für datenschutzrechtliche Angelegenheiten im Betrieb anzugeben. Arbeitnehmer könnten dann z. B. einen gemeinsam bestellten Datenschutzbeauftragten konsultieren. Unklarheiten, an wen sich ein Arbeitgeber bei einer Datenverarbeitung durch den Betriebsrat eigentlich zu wenden hat, würden dadurch vermieden werden.

Die Rolle einer gemeinsamen Verantwortlichkeit würde sich auch gut in die betriebsverfassungsrechtliche Aufgabenteilung zwischen Arbeitgeber und Betriebsrat sowie die bereits behandelte Rechtsprechung des EuGH zur gemeinsamen Verantwortlichkeit einfügen, wie anhand eines Beispiels verdeutlicht werden soll:

Will der Arbeitgeber gegenüber einem Arbeitnehmer eine ordentliche Kündigung aussprechen, dann ist hierfür gem. § 102 Abs. 1 S. 1, 3 BetrVG eine Anhörung des Betriebsrats erforderlich. Hat der Betriebsrat gegen die ordentliche Kündigung Bedenken, kann er dieser unter den in § 102 Abs. 3 BetrVG genannten Voraussetzungen widersprechen. Dabei erhebt und verarbeitet zunächst der Arbeitgeber personenbezogene Daten vom Arbeitnehmer mit dem Zweck, seine ordentliche Kündigung im Rahmen des KSchG sozial rechtfertigen zu können. Diese Daten werden dann nach § 102 Abs. 1 S. 2 BetrVG an den Betriebsrat weitergeleitet, da diesem

---

1615 Teil 2, Abschnitt 2, D. II. 2.

1616 Vgl. dazu auch *Maschmann*, NZA 2021, 834 (836) sowie die Ausführungen in Teil 4, Abschnitt 3, A. I.

die Gründe für die Kündigung mitzuteilen sind. Der Betriebsrat selbst verarbeitet diese Daten dann aber gerade nicht mit dem Ziel, eine Kündigung auszusprechen, sondern vielmehr, um einer solchen ggf. nach § 102 Abs. 3 BetrVG widersprechen zu können. Der Zweck der Verarbeitung unterscheidet sich also maßgeblich von dem des Arbeitgebers. Es wäre daher nur konsequent, nicht wie bisher von einer „einheitlichen"[1617] Verantwortlichkeit zwischen Betriebsrat und Arbeitgeber auszugehen, sondern vielmehr von einer „gemeinsamen"[1618], welche sich gegenseitig beeinflusst. Dies passt auch zu der Rechtsprechung des EuGH, wonach die Akteure in den verschiedenen Phasen in unterschiedlichem Ausmaß in die Verarbeitung einbezogen sein können.[1619] Es ist für eine gemeinsame Verantwortlichkeit daher auch nicht notwendig, dass ein gemeinsamer Zweck verfolgt wird, sondern es ist bereits ausreichend, wenn der eine Zweck nicht ohne den anderen erreicht werden kann.[1620] Verarbeitet der Betriebsrat[1621] die Daten für die Kündigungsgründe hingegen nicht, dann ist die ausgesprochene Kündigung des Arbeitgebers nach § 102 Abs. 1 S. 3 BetrVG unwirksam, wodurch letztlich auch der Zweck der Datenverarbeitung verfehlt wird. Erhebt umgekehrt der Arbeitgeber erst gar nicht die Daten für die Kündigung, kann der Betriebsrat auch nicht über einen etwaigen Widerspruch entscheiden. Die unterschiedlichen Zwecke der beiden Akteure können deshalb nicht ohne den jeweils anderen erreicht werden und bedingen sich daher gegenseitig. Die Aufgabenteilung zwischen Betriebsrat und Arbeitgeber nach dem BetrVG spricht daher grundsätzlich auch für eine gemeinsame Verantwortlichkeit i. S. d. Art. 26 DS-GVO.[1622]

4. Möglichkeit des Betriebsrats zur Bestellung eines eigenen Datenschutzbeauftragten

Für eine Verantwortlichkeit des Betriebsrats spricht auch, dass dieser in einem solchen Fall einen eigenen Datenschutzbeauftragten bestellen muss. Dieser kann, muss aber nicht zusammen mit dem Arbeitgeber bestellt werden. Ein eigener Da-

---

[1617] Zur bisherigen Teilverantwortlichkeit des Betriebsrats vgl. Teil 4, Abschnitt 3, A. III.

[1618] Vgl. *Maschmann*, NZA 2021, 834 (835).

[1619] EuGH 5.6.2018 – Rs. C-210/16 (LzD-Schleswig-Holstein ./. Wirtschaftsakademie Schleswig-Holstein GmbH) ECLI:EU:C:2018:388 (Rn. 43); EuGH 10.7.2018 – Rs. C-25/17 (Tietosuojavaltuutettu ./. Jehovan) ECLI:EU:C:2018:551 (Rn. 66); EuGH 19.7.2019 – Rs. C-40/17 (Fashion ID GmbH & Co. KG ./. Verbraucherzentrale NRW) ECLI:EU:C:2019:629 (Rn. 70).

[1620] EuGH 5.6.2018 – Rs. C-210/16 (LzD-Schleswig-Holstein ./. Wirtschaftsakademie Schleswig-Holstein GmbH) ECLI:EU:C:2018:388 (Rn. 38); EuGH 10.7.2018 – Rs. C-25/17 (Tietosuojavaltuutettu ./. Jehovan) ECLI:EU:C:2018:551 (Rn. 71 ff.); EuGH 19.7.2019 – Rs. C-40/17 (Fashion ID GmbH & Co. KG ./. Verbraucherzentrale NRW) ECLI:EU:C:2019:629 (Rn. 37); *Maschmann*, NZA 2021, 834 (835).

[1621] Hierfür ist nach Art. 4 Nr. 2 DS-GVO bereits die Speicherung von personenbezogenen Daten ausreichend.

[1622] Vgl. *Maschmann*, NZA 2021, 834 (835 f.).

tenschutzbeauftragter des Betriebsrats hätte den Vorteil, dass sich die Ausübung seiner Kontrollrechte nicht negativ auf die Entscheidungsfindung auswirkt, da die Mitglieder nicht befürchten müssten, dass er eigentlich im Lager des Arbeitgebers steht.[1623] Ferner könnte ein Datenschutzbeauftragter, dem Vertrauen geschenkt wird, die Gremienmitglieder effektiv über ihre datenschutzrechtlichen Pflichten aufklären und damit erheblich zur Verringerung des Haftungsrisikos nach den Art. 82 f. DS-GVO beitragen.

a) Pflicht zur Bestellung eines Datenschutzbeauftragten

Sofern der Betriebsrat als datenschutzrechtlich Verantwortlicher gem. Art. 4 Nr. 7 DS-GVO angesehen wird, richtet sich die Benennung eines eigenen Datenschutzbeauftragten nach Art. 37 DS-GVO. Gem. Art. 37 Abs. 1 a)–c) DS-GVO und Art. 37 Abs. 4 S. 1 DS-GVO i. V. m. § 38 BDSG kann daher eine Pflicht zur Ernennung eines Datenschutzbeauftragten bestehen. Art. 37 Abs. 1 a) DS-GVO normiert eine solche Pflicht nur für öffentliche Stellen und Behörden. Eine solche ist der Betriebsrat nicht. Art. 37 Abs. 1 c) DS-GVO normiert eine verpflichtende Bestellung nur dann, wenn die Kerntätigkeit des Verantwortlichen in der umfangreichen Verarbeitung von Daten nach Art. 9 oder 10 DS-GVO besteht. Der Betriebsrat verarbeitet aber weder hauptsächlich Gesundheitsdaten nach Art. 9 DS-GVO noch strafrechtlich relevante Daten i. S. v. Art. 10 DS-GVO.

Nach Art. 37 Abs. 1 b) DS-GVO kann eine Verpflichtung zur Benennung dann vorliegen, wenn die Kerntätigkeit des Verantwortlichen in der Durchführung von Verarbeitungsvorgängen besteht, welche aufgrund ihrer Art, ihres Umfangs und/oder ihrer Zwecke eine umfangreiche, regelmäßige und systematische Überwachung von betroffenen Personen erforderlich macht. Mit Kerntätigkeit meint Erwägungsgrund 97 S. 2 der DS-GVO die Haupttätigkeit eines Verantwortlichen und nicht lediglich die Verarbeitung als Nebentätigkeit. Nach Erwägungsgrund 91 der DS-GVO ist eine Verarbeitungstätigkeit umfangreich, wenn eine große Menge personenbezogener Daten von einer großen Anzahl von Personen verarbeitet wird und ein hohes Risiko für die Betroffenen aufgrund der Sensibilität der Daten besteht. Auf einen Betriebsrat, welcher regelmäßig Daten von einer Vielzahl von Arbeitnehmern verarbeitet und sich mit Kündigungsgründen, Schwangerschaften oder Löhnen befasst, könnte dieses Kriterium der umfangreichen Datenverarbeitung durchaus zutreffen. Die Verarbeitung von personenbezogenen Daten ist dabei jedoch nicht nur ein bloßes Nebenprodukt seiner Tätigkeit, sondern vielmehr essentiell, damit der Betriebsrat seinen Aufgaben nachkommen kann.[1624] Eine regelmäßige und systematische Überwachung sei dann anzunehmen, wenn sie fortlaufend

[1623] Vgl. dazu Teil 4, Abschnitt 3, C. II. 1.

[1624] Darauf deutet auch die Gesetzesbegründung hin, wonach die Verarbeitung personenbezogener, mitunter sensibler Beschäftigtendaten zum Kernbereich der Aufgabenerfüllung von Betriebsräten zählt; vgl. BT-Drs. 19/28899, 15; *Maschmann*, FS Schmidt (2021), 353 (363); a. A.: *Möhle*, Die datenschutzrechtliche Verantwortlichkeit des Betriebsrats, 150.

und wiederholt ist und vereinbart, organisiert oder methodisch stattfindet.[1625] Auch dieses eher unscharfe Kriterium könnte im Grunde auf die Betriebsratsarbeit zutreffen, da es diese erforderlich macht, bestimmte Arbeitnehmerdaten fortlaufend und methodisch zu erheben, um die Interessen der Arbeitnehmerschaft bestmöglich vertreten zu können. So muss der Betriebsrat etwa regelmäßig Einblicke in die Bruttolohnlisten nach § 80 Abs. 2 S. 1 BetrVG verlangen, um sein Mitbestimmungsrecht bei der betrieblichen Lohngestaltung nach § 87 Abs. 1 Nr. 10 BetrVG ausüben zu können. Indes gilt es jedoch auch zu bedenken, dass der Umfang der Datenverarbeitung von der Unternehmensgröße und der damit verbundenen Zahl der Betriebsratsmitglieder nach § 9 BetrVG abhängig ist. Im Einzelfall könnte eine Ernennungspflicht bei nur einem Betriebsratsmitglied sowie einer Arbeitnehmeranzahl von unter zehn unangemessen erscheinen. Des Weiteren überwacht der Betriebsrat grundsätzlich auch nicht die Arbeitnehmer, sondern vielmehr den Arbeitgeber, weshalb der Begriff der regelmäßigen und systematischen Überwachung hinsichtlich der personenbezogenen Daten der Arbeitnehmerschaft ebenfalls nicht völlig zutreffend wirkt. Konträr würde die Verpflichtung zur Ernennung eines Datenschutzbeauftragten dann allerdings nur nach Art. 37 Abs. 3 S. 1 DS-GVO i. V. m. § 38 S. 1 BDSG greifen, wonach mindestens 20 Personen ständig mit der automatisierten Verarbeitung von personenbezogenen Daten beschäftigt sein müssen. Selbst wenn daher angenommen wird, dass tatsächlich jedes Mitglied und zusätzlich das Büropersonal ständig mit einer solchen Datenverarbeitung beschäftigt wären, würde die Pflicht zur Bestellung eines Datenschutzbeauftragten erst ab einer Unternehmensgröße von 700 bis 1.000 Arbeitnehmern bestehen, vgl. § 9 BetrVG.[1626] Ist ein Betriebsrat jedoch für 700 oder sogar bis zu 1.000 Arbeitnehmer zuständig, wird nur schwerlich nicht von einer umfassenden Datenverarbeitung auszugehen sein.[1627] Um eine effektive Interessenvertretung sicherzustellen, wird der Betriebsrat bei der Datenverarbeitung meist auch methodisch vorgehen müssen, weshalb bei einer solchen Unternehmensgröße doch wieder einiges für diese Annahme und damit die verpflichtende Bestellung eines Datenschutzbeauftragten gem. Art. 37 Abs. 1 b) DS-GVO spricht.

Diese Kontroverse bei der Bestellung eines Datenschutzbeauftragten nach Art. 37 DS-GVO ist sicherlich darauf zurückzuführen, dass weder der Unionsgesetzgeber in Art. 37 DS-GVO noch der nationale Gesetzgeber in § 38 BDSG die

[1625] Art.-29-Datenschutzgruppe, Stellungnahme vom 13. 12. 2016, WP 243, 10, abrufbar unter https://www.datenschutz-grundverordnung.eu/wp-content/uploads/2017/07/WP243de_Art._29-Gruppe-Datenschutzbeauftragte.pdf (zuletzt abgerufen am 18. 4. 2023); Kühling/Buchner/*Bergt/Herbort*, DS-GVO, Art. 37 Rn. 23.

[1626] Sofern für 13 – 15 Mitglieder ca. ein Büropersonal von 5 – 7 Mitgliedern zur Verfügung steht; vgl. dazu auch *Möhle*, Die datenschutzrechtliche Verantwortlichkeit des Betriebsrats, 150.

[1627] A. A.: *Möhle*, Die datenschutzrechtliche Verantwortlichkeit des Betriebsrats, 149, wonach die Verarbeitung von personenbezogenen Daten durch den Betriebsrat keine Kerntätigkeit des Betriebsrats darstellt.

Arbeitnehmervertretungen berücksichtigt hat. Insbesondere § 38 S. 2 BDSG bildet daher keine Grundlage dafür, dass der Betriebsrat einen eigenen Datenschutzbeauftragten bestellen muss. Gerade im Hinblick auf das Ziel der DS-GVO, die Einhaltung des Datenschutzrechts effektiv zu gewährleisten, spricht jedoch einiges für die generelle Annahme einer verpflichtenden Bestellung des Datenschutzbeauftragten nach Art. 37 Abs. 1 b) DS-GVO. Dadurch wird auch nicht in die betriebsverfassungsrechtliche Unabhängigkeit des Betriebsrats eingegriffen, da der selbst bestellte Datenschutzbeauftragte nicht gegenüber dem Arbeitgeber, sondern gegenüber dem Betriebsrat berichten muss. Wird der Betriebsrat daher als Verantwortlicher i. S. d. Art. 4 Nr. 7 DS-GVO angesehen, muss er gem. Art. 37 Abs. 1 b) DS-GVO verpflichtend einen Datenschutzbeauftragten bestellen. [1628] Aufgrund einer gemeinsamen Verantwortlichkeit mit dem Arbeitgeber nach Art. 26 DS-GVO wäre es dem Betriebsrat dabei auch möglich, einvernehmlich mit diesem einen Datenschutzbeauftragten für das ganze Unternehmen zu bestellen. Auf ein etwaiges Mitbestimmungsrecht bei der Ernennung des Datenschutzbeauftragten nach dem BetrVG würde es damit nicht mehr ankommen, da sich die Verpflichtung zur Bestellung unmittelbar aus der DS-GVO ergibt.

b) Betriebsratsmitglied als interner Datenschutzbeauftragter

Grundsätzlich darf ein Verantwortlicher gem. Art. 37 Abs. 6 DS-GVO sowohl einen internen als auch einen externen Datenschutzbeauftragten benennen. Bereits bei der Verantwortlichkeit des Arbeitgebers nach Art. 4 Nr. 7 DS-GVO kam die Frage auf, ob ein Betriebsratsmitglied trotz eines möglichen Interessenkonfliktes mit der eigenen Amtsausübung zum betrieblichen Datenschutzbeauftragten bestellt werden kann. Das BAG hat dies auf der Grundlage der EuGH-Entscheidung zumindest für den Betriebsratsvorsitzenden abgelehnt. Nach der hier vertretenen Ansicht gilt dies auch für das einzelne Betriebsratsmitglied.[1629]

Ganz abschließend klärt dieses Vorabentscheidungsverfahren die Frage einer solchen Vereinbarkeit im Hinblick auf die datenschutzrechtliche Verantwortlichkeit des Betriebsrats aber nicht. Denn der Unterschied besteht darin, dass das BAG in der Vorlagefrage von der Annahme ausging, dass der Betriebsrat nur ein Teilverantwortlicher ist, wohingegen der Arbeitgeber die Verantwortlichkeit i. S. d. Art. 4 Nr. 7 DS-GVO ausübt.[1630] Ein Betriebsratsmitglied müsste in seiner Funktion als Datenschutzbeauftragter daher zwar einerseits den Betriebsrat und damit auch sich selbst überwachen, obwohl sich die Überwachung in erster Linie auf die Tätigkeiten

---

[1628] I. E., wenn auch ohne nähere Begründung zur verpflichtenden Bestellung, *Maschmann*, NZA 2021, 834 (836); *Maschmann*, FS Schmidt (2021), 353 (363 f.); a. A.: *Möhle*, Die datenschutzrechtliche Verantwortlichkeit des Betriebsrats, 150; *Möhle*, ZD-Aktuell, 2021, 05067; vgl. ferner Kühling/Buchner/*Bergt/Herbort*, DS-GVO, Art. 38 Rn. 18, zu einer verpflichtenden Bestellung bei Personalräten in Thüringen nach § 80 Abs. 2 S. 1 ThürPersVG.

[1629] Vgl. Teil 4, Abschnitt 3, C. II. 2.

[1630] BAG 27. 4. 2021 – 9 AZR 383/19 (A), AP zu § 6 Nr. 2 BDSG 2018 (Rn. 47).

des Arbeitgebers beziehen würde. Im Falle, dass der Betriebsrat allein verantwortlich ist, würde das Betriebsratsmitglied in seiner Tätigkeit als Datenschutzbeauftragter aber anderseits ausschließlich den Betriebsrat und sich selbst überwachen, wodurch der Interessenskonflikt noch immanenter erscheint. Konsequenterweise müsste der Interessenskonflikt bei einer Verantwortlichkeit des Betriebsrats somit erst recht vorliegen.

Der Betriebsrat könnte dann als internen Datenschutzbeauftragten nur ein Mitglied des dauerhaft für ihn arbeitenden Büropersonals benennen, sofern dieses über die entsprechende Fachexpertise gem. Art. 37 Abs. 5 DS-GVO verfügt. Ansonsten wäre nur die Bestellung eines externen Datenschutzbeauftragten i. S. d. Art. 37 Abs. 5 Alt. 2 DS-GVO möglich.

5. Instrumentarien des Betriebsrats zur Vorbeugung einer datenschutzrechtlichen Haftung

Bei einer Verantwortlichkeit des Betriebsrats nach Art. 4 Nr. 7 DS-GVO könnten gegen dessen Mitglieder zwar insbesondere Schadensersatzansprüche nach Art. 82 f. DS-GVO geltend gemacht werden.[1631] Aus den vorangegangenen Überlegungen zu einer Verantwortlichkeit des Betriebsrats zeigt sich aber, dass diesem ausreichend Möglichkeiten zur Verfügung stehen würden, um einer solchen Haftung vorzubeugen.

Zunächst muss der Betriebsrat einen eigenen Datenschutzbeauftragten bestellen, welcher die Mitglieder umfangreich beraten kann. Dieser ist für die Aufgabenwahrnehmung des Betriebsrats als erforderlich gem. § 40 Abs. 2 BetrVG anzusehen, womit der Arbeitgeber für diesen die Kosten zu tragen hat. Etwas anderes würde auch nicht gelten, wenn Arbeitgeber und Betriebsrat als gemeinsame Verantwortliche i. S. d. Art. 26 DS-GVO einen Datenschutzbeauftragten zusammen bestellen würden. Weiterhin stehen dem Betriebsrat gem. § 37 Abs. 6 BetrVG Schulungsansprüche zu, mit deren Hilfe sich die einzelnen Mitglieder im Datenschutzrecht weiterbilden können. In dieser Zeit werden sie von ihrer Arbeit freigestellt. Die erforderliche Technik zur Gewährleistung der Datensicherheit hätte der Arbeitgeber gem. § 40 Abs. 2 BetrVG ebenfalls zur Verfügung zu stellen. Sofern entgegen der hier vertretenen Ansicht den Betriebsratsmitgliedern aufgrund ihres Ehrenamtes eine Haftungsprivilegierung zugutekommen sollte, wäre deren persönliche Haftung ohnehin nur auf vorsätzlich und grob fahrlässig begangene Datenschutzverstöße begrenzt.[1632]

[1631] Vgl. Teil 2, Abschnitt 2, D.

[1632] Vgl. z. B. *Möhle*, Die datenschutzrechtliche Verantwortlichkeit des Betriebsrats, 173 f.; ausführlich in Teil 2, Abschnitt 2, D. I. 1.

6. Fazit

Diese Instrumentarien des Betriebsrats zur Vorbeugung einer datenschutzrechtlichen Haftung im Falle einer eigenen Verantwortlichkeit nach Art. 4 Nr. 7 DS-GVO zeigen, dass die haftungsrechtlichen Auswirkungen auf die Entscheidungsfindung der Gremienmitglieder eher gering ausfallen würden. Demgegenüber stehen im Falle einer Verantwortlichkeit des Arbeitgebers nach § 79a S. 2 BetrVG Eingriffe in die betriebsverfassungsrechtliche Unabhängigkeit durch die Regelungen in § 79a S. 3 und S. 4 BetrVG. Auch wenn beide Normen dem Arbeitgeber kein umfangreiches Kontroll- und Weisungsrecht zubilligen, hat dieser nun durch das Datenschutzrecht Einwirkungsmöglichkeiten auf die Betriebsratsarbeit und damit auch auf die kollektive Willensbildung des Gremiums, die ihm bisher nicht zustanden.[1633]

Gleich dieser mit § 79a BetrVG verbundenen Einwirkungsmöglichkeiten kann es dem Arbeitgeber trotzdem nicht gelingen, einer Haftung nach Art. 82 DS-GVO hinreichend vorzubeugen, wenn es zu einer rechtswidrigen Datenverarbeitung durch den Betriebsrat kommt. Hierfür hätte es noch umfangreicherer Kontroll- und Weisungsmöglichkeiten gegenüber dem Betriebsrat bedurft.[1634] Diese mit § 79a BetrVG verbundene Inkonsistenz zeigt, dass es für die Frage der datenschutzrechtlichen Verantwortlichkeit beim Betriebsrat nicht der richtige Weg ist, den Arbeitgeber zum Verantwortlichen zu ernennen, diesen aber dann nur eingeschränkte Kontroll- und Weisungsmöglichkeiten einzuräumen. Genauso wenig zielführend wäre es aber, dem Arbeitgeber vollumfängliche Eingriffsmöglichkeiten gegenüber dem Betriebsrat nur aufgrund des Datenschutzes zuzugestehen. Dies würde ein grundlegendes Prinzip der Betriebsverfassung in Frage stellen, wonach der Betriebsrat unabhängig vom Arbeitgeber agiert. Den Arbeitgeber umgekehrt, wie vom DGB vorgeschlagen,[1635] zum Verantwortlichen zu ernennen, ihm aber überhaupt keine Kontroll- und Weisungsrechte zuzugestehen, führt zu einer nicht zu rechtfertigenden Benachteiligung des Arbeitgebers, da dieser Haftungsansprüchen nach Art. 82 DS-GVO nicht vorbeugen kann.[1636] Zugleich wäre dadurch die effektive Sicherstellung des Datenschutzrechts im Betriebsrat nicht gewährleistet. Dies widerspricht den Interessen der Arbeitnehmerschaft, führt zur Rechtsunsicherheit und ist auch nicht mit dem Europarecht vereinbar.[1637]

Auch wenn eine Lösung dieses Problems über die datenschutzrechtliche Verantwortlichkeit des Betriebsrats aufgrund der damit verbundenen persönlichen Haftung der Gremienmitglieder keine Patentlösung ist, so gestaltet sie sich doch als

---

[1633] Vgl. Teil 2, Abschnitt 2, E. und Teil 4, Abschnitt 3, C. I. und II.

[1634] Vgl. Teil 4, Abschnitt 3, C. I. 4. und II. 4.

[1635] Dazu Teil 5, B. I.

[1636] Teil 2, Abschnitt 2, D.

[1637] Zur Vereinbarkeit der Regelungen mit dem Europarecht, Teil 4, Abschnitt 3, B. und Teil 4, Abschnitt 3, C. I. 4. und II. 4.

der beste Weg für eine möglichst interessengerechte Bewältigung dieses datenschutzrechtlichen Dilemmas.[1638] Dass eine Festlegung des Mitarbeitervertretungsgremiums als Verantwortliche nach Art. 4 Nr. 7 DS-GVO keine Besonderheit wäre, zeigen auch die Regelungen in den Ländergesetzen nach § 67 BaWüPersVG, § 80 ThürPersVG, § 65 NRWPersVG, § 11a SaAnPersVG, § 80 Abs. 1 S. 2 HS. 1 ThürPersVG sowie der kirchlichen Mitarbeitervertretungen der evangelischen Kirche nach § 22 Abs. 2 MVG-EKD.[1639]

IV. Konkrete Regelungsvorschläge

Ausgehend von diesen Ansätzen zur Anpassung der durch das Betriebsrätemodernisierungsgesetz neu eingeführten Regelungen im Bereich der virtuellen Betriebsratssitzung sowie der datenschutzrechtlichen Verantwortlichkeit ergeben sich folgende konkrete Vorschläge zur gesetzlichen Neugestaltung.

1. Änderung von § 30 Abs. 2 BetrVG

§ 30 Betriebsratssitzungen

(1) Die Sitzungen des Betriebsrats finden in der Regel während der Arbeitszeit statt. Der Betriebsrat hat bei der Ansetzung von Betriebsratssitzungen auf die betrieblichen Notwendigkeiten Rücksicht zu nehmen. Der Arbeitgeber ist vom Zeitpunkt der Sitzung vorher zu verständigen. Die Sitzungen des Betriebsrats sind nicht öffentlich.

(2) Eine Betriebsratssitzung oder die Teilnahme an dieser kann mittels Videokonferenz erfolgen, wenn nicht mindestens ein Viertel der stimmberechtigten Teilnehmer i. S. d. § 33 BetrVG binnen einer von dem Vorsitzenden zu bestimmenden Frist diesem gegenüber widerspricht. Die nähere Ausgestaltung einer solchen Sitzung soll in der Geschäftsordnung geregelt werden. Der Arbeitgeber kann den Betriebsrat nicht zur Abhaltung einer Videokonferenz verpflichten.

2. Ergänzung zu § 33 BetrVG

§ 33 Beschlüsse des Betriebsrats

(1) Die Beschlüsse des Betriebsrats werden, soweit in diesem Gesetz nichts anderes bestimmt ist, mit der Mehrheit der anwesenden Mitglieder gefasst. Betriebsratsmitglieder, die mittels Videokonferenz an der Beschlussfassung teilnehmen, gelten als anwesend. Bei Stimmengleichheit ist ein Antrag abgelehnt.

[1638] Vgl. dazu Teil 3, C. II.

[1639] Eine ausdrückliche und gegensätzliche Regelung findet sich in § 94 Abs. 1 BbgPersVG und § 42 HessPersVG. § 69a S. 2 BPersVG legt eine Verantwortlichkeit der Dienststelle fest, wurde jedoch wie auch § 79a BetrVG vom Bundesgesetzgeber beschlossen.

(2) Der Betriebsrat ist nur beschlussfähig, wenn mindestens die Hälfte der Betriebsratsmitglieder an der Beschlussfassung teilnimmt; Stellvertretung durch Ersatzmitglieder ist zulässig.

(3) Nimmt die Jugend- und Auszubildendenvertretung an der Beschlussfassung teil, so werden die Stimmen der Jugend- und Auszubildendenvertreter bei der Feststellung der Stimmenmehrheit mitgezählt.

(4) In einfachen Angelegenheiten kann der Vorsitzende im elektronischen Umlaufverfahren abstimmen lassen, wenn

1. kein Mitglied diesem Verfahren widerspricht,
2. die Nichtöffentlichkeit i. S. d. § 30 Abs. 1 S. 4 BetrVG sichergestellt ist und
3. die Voraussetzungen für eine solche Abstimmung in der Geschäftsordnung geregelt sind.

3. Ergänzung zu § 34 BetrVG

§ 34 Sitzungsniederschrift

(1) Über jede Verhandlung des Betriebsrats ist eine Niederschrift aufzunehmen, die mindestens den Wortlaut der Beschlüsse und die Stimmenmehrheit, mit der sie gefasst sind, enthält. Zur Anfertigung einer Niederschrift sind Tonbandaufzeichnungen durch den Vorsitzenden und den Protokollführer erlaubt. Die Niederschrift ist vom Vorsitzenden und einem weiteren Mitglied zu unterzeichnen. Der Niederschrift ist eine Anwesenheitsliste beizufügen, in die sich jeder Teilnehmer eigenhändig einzutragen hat. Findet eine Sitzung mittels Videokonferenz statt, so ist die Teilnahme gegenüber dem Vorsitzenden in Textform zu bestätigen. Die Bestätigung ist der Niederschrift beizufügen.

(2) Hat der Arbeitgeber oder ein Beauftragter einer Gewerkschaft an der Sitzung teilgenommen, so ist ihm der entsprechende Teil der Niederschrift abschriftlich auszuhändigen. Einwendungen gegen die Niederschrift sind unverzüglich schriftlich zu erheben; sie sind der Niederschrift beizufügen.

(3) Die Mitglieder des Betriebsrats haben das Recht, die Unterlagen des Betriebsrats und seiner Ausschüsse jederzeit einzusehen.

4. Änderung von § 79a BetrVG

§ 79a Datenschutz

Der Betriebsrat hat die Vorschriften über den Datenschutz einzuhalten. Er hat hierzu einen Datenschutzbeauftragten zu bestellen.[1640] Betriebsrat und Arbeitgeber können im Einvernehmen einen gemeinsamen Datenschutzbeauftragten benennen.

[1640] § 79a S. 2 BetrVG wäre nach der hier vertretenen Auffassung lediglich eine Klarstellung, da sich eine Verpflichtung zur Bestellung bereits aus Art. 37 Abs. 1 b) DS-GVO ergeben würde, vgl. Teil 5, C. III. 4. a).

Literaturverzeichnis

Alexy, Robert: Theorie der juristischen Argumentation, Göttingen 1978 (Zitierweise: *Alexy*, Theorie der juristischen Argumentation).

Alexy, Robert: Recht – Vernunft – Diskurs, Kiel 1994 (Zitierweise: *Alexy*, Recht – Vernunft – Diskurs).

Althaus, Stefan: VPN (Virtual Private Network) und die Krux mit den Videokonferenzen, abrufbar unter: https://www.fhnw.ch/plattformen/iwi/2020/05/14/homeoffice-und-onlinekonferenzen-3-7/ (zuletzt abgerufen am 8. 9. 2024).

Althoff, Lars: Das Betriebsrätestärkungsgesetz – Fortschritt oder Stillstand?, ArbRAktuell 2021, S. 151–153.

Althoff, Lars/*Sommer*, Hilger: Einigungsstellenverfahren per Videokonferenz?, ArbRAktuell 2020, S. 250–253.

Andrä, Kristina: Keine Pflicht zur Durchführung von Betriebsratssitzungen per Telefon- oder Videokonferenz während der Corona-Pandemie, GWR 2020, S. 480.

Arbeitsrecht Kommentar (hrsg. von Martin Henssler, Heinz Josef Willemsen, Heinz-Jürgen Kalb), 11. Auflage, Köln/Düsseldorf 2024 (Zitierweise: HWK/*Bearbeiter*).

Arbeits- und Organisationspsychologie (hrsg. von Friedemann Nerdinger, Gerhard Blickle, Niclas Schaper), 4. Auflage, Rostock/Bonn/Paderborn 2018 (Zitierweise: *Nerdinger/Blickle/Schaper*).

Argyle, Michael: Körpersprache & Kommunikation: Nonverbaler Ausdruck und soziale Interaktion, 10. Auflage, 1986 (Zitierweise: *Argyle*, Körpersprache&Kommunikation).

Bachner, Michael: § 129 BetrVG Sonderregelung aus Anlass der Covid-19-Pandemie, abrufbar unter (nach Registrierung): https://www.bund-verlag.de/dossiers/betrvg129-covid-19 (zuletzt abgerufen am 4. 1. 2023).

Bachner, Michael: Steine statt Brot? – Zur Sicherung des Grundsatzes der Präsenzsitzung in der Betriebsratspraxis, NZA 2022, S. 1024–1027.

Baeck, Ulrich/*Winzer*, Thomas/*Launer*, Miriam: Arbeit-von-morgen-Gesetz: Betriebsrat 4.0 – Digitalisierung der Betriebsratsarbeit, NZG 2020, S. 659–662.

Bartelmeß, Andreas: Corona – Erforderlichkeit digitaler BR-Sitzungen, ArbRAktuell 2021, S. 142.

Bayrisches Personalvertretungsgesetz Kommentar, Ordner I (hrsg. von Bernhard Faber, Timo Hebeler, Miriam Resch), 184. Aktualisierung Dezember 2023 (Zitierweise: BayPersVGK/*Bearbeiter*).

BeckOK Arbeitsrecht (hrsg. von Christian Rolfs, Richard Giesen, Miriam Meßling, Peter Udsching), 72. Edition, Stand 1. 6. 2024 (Zitierweise: BeckOKA/*Bearbeiter*).

BeckOK BPersVG (hrsg. von Oliver Ricken), 16. Edition, Stand 1.4.2024 (Zitierweise: BeckOKB/*Bearbeiter*).

BeckOK Datenschutzrecht (hrsg. von Heinrich Amadeus Wolff, Stefan Brink, Antje v. Ungern-Sternberg), 48 Edition, Stand 1.5.2024 (Zitierweise: BeckOKD/*Bearbeiter*).

Beck-online.GROSSKOMMENTAR Aktienrecht (hrsg. von Martin Henssler, Gerald Spindler, Eberhard Stilz), Stand 1.2.2024 (Zitierweise: BeckOGKA/*Bearbeiter*).

Beck-online.GROSSKOMMENTAR Zivilrecht (hrsg. von Beate Gsell, Wolfgang Krüger, Stephan Lorenz, Christoph Reymann), Stand 1.9.2022 (Zitierweise: BeckOGKZ/*Bearbeiter*).

Beck'scher Kurz-Kommentar DS-GVO (hrsg. von Eugen Ehmann, Martin Selmayr), 3. Auflage, Würzburg/Brüssel/Passau/Wien 2024 (Zitierweise: Ehmann/Selmayr/*Bearbeiter*).

Beden, Yannik/*Rombey*, Sebastian: Digitale Mitbestimmung – Die Krise als Schrittmacher des Fortschritts?, BB 2020, S. 1141–1145.

Behder, Niels: Betriebsräte ohne Betriebsstätte, AiB 3/2023, S. 23–27.

Benkert, Daniel: Vereinbarkeit von deutschem Beschäftigtendatenschutz und DS-GVO, NJW-Spezial 2023, S. 274–275.

Betriebsrätegesetz vom 4. Februar 1920 nebst Wahlordnung, Ausführungsverordnungen und Ergänzungsgesetzen (hrsg. von Georg Flatow, Otto Kahn-Freund), 13. Auflage, 1931 (Zitierweise: *Flatow/Kahn-Freund*).

Betriebsverfassungsgesetz Basiskommentar mit Wahlordnung (hrsg. von Thomas Klebe, Jürgen Ratayczak, Micha Heilmann, Sibylle Spoo), 21. Auflage, 2020 (Zitierweise: *Klebe/Ratayczak/Heilmann/Spoo* (21. Auflage)).

Betriebsverfassungsgesetz Basiskommentar mit Wahlordnung (hrsg. von Thomas Klebe, Jürgen Ratayczak, Micha Heilmann, Sibylle Spoo), 22. Auflage, 2021 (Zitierweise: *Klebe/Ratayczak/Heilmann/Spoo*).

Betriebsverfassungsgesetz Nomos Kommentar (hrsg. von Franz Josef Düwell), 6. Auflage, Weimar 2021 (Zitierweise: Düwell/*Bearbeiter*).

BetrVG (hrsg. von Manfred Löwisch, Dagmar Kaiser), 7. Auflage, Freiburg/Mainz/Nürnberg 2017 (Zitierweise: Löwisch/Kaiser/*Bearbeiter* (7. Auflage)).

BetrVG (hrsg. von Manfred Löwisch, Dagmar Kaiser, Steffen Klumpp), 8. Auflage, Freiburg/Erlangen 2022 (Zitierweise: Löwisch/Kaiser/Klumpp/*Bearbeiter*).

Boemke, Burkhard/*Roloff*, Sebastian/*Haase*, Thilo: „Virtual reality" in der formellen Betriebsverfassung – nicht ohne Geschäftsordnung, NZA 2021, S. 827–834.

Boemke, Burkhard/*Roloff*, Sebastian/*Haase*, Thilo: Virtuelle Betriebsratssitzungen und der Vorrang der Präsenzsitzung, VSSAR 2021, S. 223–248.

Brams, Isabelle/*Möhle*, Jan-Peter: Die Stellung des Betriebsrats unter der DS-GVO, ZD 2018, S. 570–573.

Brink, Stefan: Videokonferenzsysteme Hinweise des LfDI zur praktischen Nutzung von Videokonferenzsystemen, abrufbar unter: https://www.baden-wuerttemberg.datenschutz.de/wp-content/uploads/2021/12/VKS_12_2021.pdf (zuletzt abgerufen am 8.9.2024).

Brink, Stefan: Unsere Freiheiten: Daten nützen – Daten schützen, abrufbar unter: https://www.baden-wuerttemberg.datenschutz.de/wp-content/uploads/2019/02/LfDI-34.-Datenschutz-Tätigkeitsbericht-Internet.pdf (zuletzt abgerufen am 8. 9. 2024).

Brink, Stefan/*Joos*, Daniel: Datenschutzrechtliche Verantwortlichkeit der betrieblichen und behördlichen Beschäftigtenvertretung, NZA 2019, S. 1395–1399.

Brink, Stefan/*Joos*, Daniel: Datenschutzrechtliche Folgen für den Betriebsrat nach dem Betriebsrätemodernisierungsgesetz, NZA 2021, S. 1440–1444.

Brink, Stefan/*Joos*, Daniel: Betriebsrätestärkungsgesetz und Datenschutz – Voll eigenverantwortlich „ohne" Verantwortlichkeit, jurisPR-ArbR 5/2021, Anm. 1.

Britz, Gunther: Beschlüsse der Personalvertretung: Neue Kommunikationswege?, PersV 2012, S. 450–451.

Brucks, Melanie/*Levav*, Jonathan: Virtual communication curbs creative idea generation, Nature 2022, abrufbar unter: https://www.nature.com/articles/s41586-022-04643-y (zuletzt abgerufen am 8. 9. 2024).

Bulla, Gustav-Adolf: „Vertrauensvolle Zusammenarbeit" von Arbeitgeber und Betriebsrat als Generalklausel des Betriebsverfassungsrecht, RdA 1965, S. 121–132.

Bundespersonalvertretungsgesetz – Kommentar (hrsg. von Ulrich Widmaier, Wilhelm Ilbertz), 15. Auflage 2022 (Zitierweise: *Ilbertz/Widmaier*).

Bundespersonalvertretungsgesetz – Loseblatt Kommentar, Ordner 1 §§ 1–45 BPersVG (hrsg. von Uwe Lorenzen, Diethelm Gerhold, Arne Schlatmann, Heinrich Rehak, Timo Hebeler, Arnim Ramm, Till Sachadae), 224. Aktualisierung (Zitierweise: Lorenzen/*Bearbeiter*).

Bundespersonalvertretungsgesetz – Kommentar für die Praxis (hrsg. von Lothar Altvater, Eberhard Baden, Peter Berg, Michael Kröll, Gerhard Noll, Anna Seulen), 9. Auflage, 2015 (Zitierweise: Altvater/*Bearbeiter* (9. Auflage)).

Bundespersonalvertretungsgesetz – Kommentar für die Praxis (hrsg. von Lothar Altvater, Eberhard Baden, Sebastian Baunack, Peter Berg, Martina Dierßen, Gunnar Herget, Michael Kröll, Dirk Lenders, Gerhard Noll), 11. Auflage, 2023 (Zitierweise: Altvater/*Bearbeiter*).

Burger, Simon: Untersagung von Präsenzsitzungen des Betriebsrats aus Anlass der Corona-Pandemie, öAT 2021, S. 84.

Butz, Benjamin/*Pleul*, Konradin: Elektronische Betriebsratsbeschlüsse, AuA 2011, S. 213–215.

Calliess, Gralf-Peter: Prozedurales Recht, 1. Auflage, Berlin 1999 (Zitierweise: *Calliess*, Prozedurales Recht).

Conrad, Sebastian: Die Verantwortlichkeit in der Realität, DuD 2019, S. 563–568.

Datenschutz-Grundverordnung BDSG Kommentar (hrsg. von Jürgen Kühling, Benedikt Buchner), 4. Auflage, Augsburg/Regensburg 2023 (Zitierweise: Kühling/Buchner/*Bearbeiter*).

Datenschutz-Grundverordnung VO (EU) 2016/679 Bundesdatenschutzgesetz Kommentar (hrsg. von Peter Gola, Dirk Heckmann), 3. Auflage, Königswinter/München 2022 (Zitierweise: Gola/Heckmann/*Bearbeiter*).

Datenschutzrecht DSVGO mit BDSG NomosKommentar (hrsg. von Spiros Simitis, Gerrit Hornung, Indra Spiecker genannt Döhmann), 1. Auflage, Frankfurt/Kassel 2018 (Zitierweise: Simitis/Hornung/Spiecker/*Bearbeiter*).

Däubler, Wolfgang: Gesamtbetriebsrat als Präsenzsitzung in Coronazeiten?, NZA-RR 2020, S. 647–651.

Däubler, Wolfgang: Gläserne Belegschaften, 9. Auflage, Bremen/Dußlingen 2021 (Zitierweise: *Däubler*, Gläserne Belegschaften).

Däubler, Wolfgang/*Klebe*, Thomas: Betriebsratsarbeit in Zeiten einer Pandemie: § 129 BetrVG, NZA 2020, S. 545–551.

Delhees, Karl-Heinz: Soziale Kommunikation, 1994 (Zitierweise: *Delhees*, Soziale Kommunikation).

Denninger, Erhard: Der Präventions-Staat, KJ 1998, S. 1–15.

Düwell, Franz: Coronavirus: Sicherung der Arbeit der Interessenvertretung der Beschäftigten durch Video- und Telefonkonferenzen, jurisPR-ArbR 15/2020, Anm. 1.

Dzida, Boris/*Kröpelin*, Andrea: Kann ein Betriebsratsmitglied zugleich Datenschutzbeauftragter sein?, NZA 2011, S. 1018–1021.

Edenfeld, Stefan: Arbeitnehmerbeteiligung im Betriebsverfassungs- und Personalvertretungsrecht, Münster 2000 (Zitierweise: *Edenfeld*, Arbeitnehmerbeteiligung).

Erfurter Kommentar zum Arbeitsrecht (hrsg. von Rudi Müller-Glöge, Ulrich Preis, Ingrid Schmidt) 20. Auflage, 2019 (Zitierweise: ErfK/*Bearbeiter* (20. Auflage)).

Erfurter Kommentar zum Arbeitsrecht (hrsg. von Rudi Müller-Glöge, Ulrich Preis, Ingrid Schmidt) 22. Auflage, 2021 (Zitierweise: ErfK/*Bearbeiter* (22. Auflage)).

Erfurter Kommentar zum Arbeitsrecht (hrsg. von Rudi Müller-Glöge, Ulrich Preis, Inken Gallner, Ingrid Schmidt) 24. Auflage, Köln/Erfurt 2023 (Zitierweise: ErfK/*Bearbeiter*).

EU-DSGVO und BDSG Kompaktkommentar (hrsg. von Wolfgang Däubler, Peter Wedde, Thilo Weichert, Imke Sommer), 2. Auflage, Bremen/Frankfurt/Kiel 2019 (Zitierweise: *Däubler/Wedde/Weichert/Sommer*).

Europäische Datenschutzgrundverordnung Handkommentar (hrsg. von Gernot Sydow), 2. Auflage, Münster 2018 (Zitierweise: Sydow/*Bearbeiter*).

EUV/AEUV Das Verfassungsrecht der Europäischen Union mit Europäischer Grundrechtecharta (hrsg. von Christian Calliess, Matthias Ruffert), 6. Auflage, Berlin 2022 (Zitierweise: Calliess/Ruffert/*Bearbeiter*).

Ferran, Carlos/*Watts*, Stephanie: Videoconferencing in the Field: A Heuristic Processing Model, Management Science 2008, S. 1565–1578, abrufbar unter: http://ferran.net/Files/ManSciVcCFerran.pdf (zuletzt abgerufen am 18.2.2023).

Fitting – Betriebsverfassungsgesetz (hrsg. von: Gerd Engels, Ingrid Schmidt, Yvonne Trebinger, Wolfgang Linsenmaier), 30. Auflage, Bonn/Erfurt 2020 (Zitierweise: *Fitting* (30. Auflage)).

Fitting – Betriebsverfassungsgesetz (hrsg. von: Yvonne Trebinger, Wolfgang Linsenmaier, Hanna Schelz, Kristina Schmidt), 32. Auflage, Bonn/Erfurt 2024 (Zitierweise: *Fitting*).

Flink, Maike: Beschäftigtendatenschutz als Aufgabe des Betriebsrats, Bonn 2021 (Zitierweise: *Flink*, Beschäftigtendatenschutz).

Franzen, Martin: Beschäftigtendatenschutz: Was wäre besser als der Status quo?, RDV 2014, S. 201–202.

Franzen, Martin: Datenverarbeitung des Betriebsrats nach §79a BetrVG, FA 2021, S. 222–226.

Franzen, Martin: Datenverarbeitung des Betriebsrats und Datenschutzrecht, in: Festschrift für Ingrid Schmidt, 2021, S. 101–114.

Friedrichsen, Viktoria Isabell: Die datenschutzrechtliche Stellung des Betriebsrats im Sinne des § 79a BetrVG, 2022 (Zitierweise: *Friedrichsen*, § 79a BetrVG).

Frindte, Wolfgang/*Geschke*, Daniel: Lehrbuch Kommunikationspsychologie, 1. Auflage, 2019 (Zitierweise: *Frindte/Geschke*, Lehrbuch Kommunikationspsych.).

Frowein, Bettina: Betriebsratssitzung kann trotz Corona als Präsenzsitzung stattfinden, CuA 1/ 2021, 39.

Fuhlrott, Michael: Wahrung von Datenschutzstandards als Voraussetzung arbeitgeberseitiger Betriebsinformation, ArbRAktuell 2019, S. 408–410.

Fuhlrott, Michael: Ämterinkompatibilität zwischen Betriebsratsvorsitz und Datenschutzbeauftragtem, NZA-RR 2023, S. 622.

Fuhlrott, Michael/*Fischer*, Katharina: Endlich: Virtuelle Beschlussfassung für Arbeitnehmervertretungen, NZA 2020, S. 490–491.

Fuhlrott, Michael/*Mai*, Matthias: Kein Recht auf Betriebsratssitzungen in Präsenz bei Corona, GWR 2021, S. 174.

Fuhlrott, Michael/*Schunder*, Luca: Beschäftigtendatengesetz: Was erwartet Unternehmen?, ArbRAktuell 2024, S. 513–516.

Fündling, Caroline/*Sorber*, Dominik: Arbeitswelt 4.0 – Benötigt das BetrVG ein Update in Sachen digitalisierte Arbeitsweisen des Betriebsrats?, NZA 2017, S. 552–558.

Gaul, Björn/*Kaule*, Victoria: Das Betriebsrätemodernisierungsgesetz – Mehr Schein als Sein, ArRB 2021, S4.

Gesamtes Arbeitsrecht, Band 1 (hrsg. von Winfried Boecken, Franz Josef Düwell, Martin Diller, Hans Hanau), 1. Auflage, 2016 (Zitierweise: NK-GA/*Bearbeiter*).

Gesamtes Arbeitsrecht, Band 3 (hrsg. von Winfried Boecken, Franz Josef Düwell, Martin Diller, Hans Hanau), 2. Auflage, Konstanz/Weimar/Stuttgart/Hamburg 2022 (Zitierweise: NK-GA3/*Bearbeiter*).

Gemeinschaftskommentar BetrVG, Band I §§ 1–73b BetrVG (hrsg. von Günther Wiese, Peter Kreutz, Hartmut Oetker, Thomas Raab, Christoph Weber, Martin Franzen, Martin Gutzeit, Matthias Jacobs), 11. Auflage, Gießen/Hamburg/Kiel/Mannheim/München/Trier/Würzburg 2017 (Zitierweise: GK-BetrVG/*Bearbeiter* (11. Auflage)).

Gemeinschaftskommentar BetrVG, Band I §§ 1–73b BetrVG (hrsg. von Günther Wiese, Peter Kreutz, Hartmut Oetker, Thomas Raab, Christoph Weber, Martin Franzen, Martin Gutzeit, Matthias Jacobs, Claudia Schubert), 12. Auflage, Gießen/Hamburg/Kiel/Mannheim/München/Trier/Würzburg 2021 (Zitierweise: GK-BetrVG/*Bearbeiter*).

Gemeinschaftskommentar BetrVG, Band II §§ 74–132 BetrVG (hrsg. von Günther Wiese, Peter Kreutz, Hartmut Oetker, Thomas Raab, Christoph Weber, Martin Franzen, Martin Gutzeit, Matthias Jacobs, Claudia Schubert), 12. Auflage, Gießen/Hamburg/Kiel/Mannheim/München/Trier/Würzburg 2021 (Zitierweise: GK-BetrVG/*Bearbeiter*).

Gola, Peter: Das „neue" Beschäftigtendatenschutzgesetz nach § 26 BDSG n.F., BB 2017, S. 1462–1472.

Gottier, Dominic: Betriebsrat und Datenschutz, AuA 06/2022, S. 16–19.

Götz, Tilman: Datenschutzverstöße des Betriebsrats, 2021 (Zitierweise: *Götz*, Datenschutzverstöße des Betriebsrats).

Grambow, Tobias: Betriebsrätemodernisierungsgesetz – oder: die Angst vor der Digitalisierung, DB 2021 – Heft 18, M. 18–19.

Grambow, Tobias: Präsenzsitzungen des Gesamtbetriebsrats, DB 2021, S. 180.

Grandjot, René/*Schulz*, Georg: Die virtuelle Personalratssitzung – Zulässigkeit von Videokonferenzen nach dem Bundespersonalvertretungsgesetz, NZA-RR 2017, S. 393–398.

Graumann, Carl Friedrich: Interaktion und Kommunikation, in: Handbuch der Psychologie 7. Band 2. Halbband, 1994 Heidelberg, S. 1109–1262.

Grimm, Detlef/*Vitt*, Tilmann: Die neue datenschutzrechtliche Stellung des Betriebsrats nach Maßgabe des Betriebsrätemodernisierungsgesetzes – Über Inhalt, Reichweite und Folgen von § 79a BetrVG, ArbRB 2021, S. 279–282.

Grüneberg Bürgerliches Gesetzbuch, 83. Auflage, Berlin/Frankfurt am Main/Hamburg/Karlsruhe/München/Roth 2023 (Zitierweise: Grüneberg/*Bearbeiter*).

Guhl, Daniela: Die gegenseitige Unterstützung bei der Einhaltung des Datenschutzes nach § 69 BPersVG, öAT 2023, S. 202–205.

Guhl, Daniela: Betriebsratsvorsitzende dürfen nicht zugleich betriebliche Datenschutzbeauftragte sein, öAT 2023, S. 231.

Günther, Jens/*Böglmüller*, Matthias/*Mesina*, Jan: Digitale Betriebsratsarbeit – Gesetzlicher Rahmen und Reformbedarf, NZA 2020, S. 77–81.

Haase, Karsten: (Virtuelle) Funktionsfähigkeit des Betriebsrats in Zeiten der COVID-19-Pandemie und § 129 BetrVG, GmbHR 2020, S. 943–951.

Habermas, Jürgen: Erläuterungen zur Diskursethik, Frankfurt am Main 1991 (Zitierweise: *Habermas*, Erläuterungen zur Diskursethik).

Habermas, Jürgen: Faktizität und Geltung, Frankfurt 1992 (Zitierweise: *Habermas*, Faktizität und Geltung).

Habermas, Jürgen: Über Moralität und Sittlichkeit – Was macht eine Lebensform rational?, in: Rationalität – Philosophische Beiträge von Herbert Schnädelbach, Hamburg 1983, S. 218–235.

Habermas, Jürgen/*Luhmann*, Niklas: Theorie der Gesellschaft oder Sozialtechnologie, 1971 (Zitierweise: *Habermas/Luhmann*, Gesellschaft oder Sozialtechnologie).

Hagedorn, Marcel: Betriebsratssitzungen in Zeiten der COVID-19-Pandemie, NZA 2021, S. 158–161.

Hayen, Ralf-Peter: Virtuelle Beschlussfassungen für Interessenvertretungen befristet bis Ende 2020 möglich, AuR 2020, S. 249–253.

Heidelberger Kommentar DS-GVO/BDSG (hrsg. von Rolf Schwartmann, Andreas Jaspers, Gregor Thüsing, Dieter Kugelmann), 1. Auflage, Köln/Bonn/Main 2018 (Zitierweise: Schwartmann/Jaspers/Thüsing/Kugelmann/*Bearbeiter*).

Heise, David/*O'Brien*, John: Emotion in Groups, in: Handbook of Emotions, 1993, S. 489–497.

Herschel, Wilhelm: Der Betriebsrat – damals und heute, in: Gedenkschrift für SIR Otto Kahn-Freund, 1980, S. 115–124.

Hess, Petra: Betriebsratsarbeit 2.0, in: Arbeitswelt 4.0 (hrsg. von Baker McKenzie), München/Berlin 2017, S. 35–42.

Hesse, Konrad: Grundzüge des Verfassungsrechts der Bundesrepublik Deutschland, 20. Auflage, Freiburg 1995 (Zitierweise: *Hesse*, Verf.BRD).

Heuer, Jan/*Sorber*, Dominik: Der neu § 79a BetrVG in der Praxis: Müssen Betriebsräte ein Datenschutzkonzept haben?, ArbRAktuell 2022, S. 445–448.

Heuschmid, Johannes: Datenschutzgrundverordnung und Betriebsverfassung – Eine Positionsbestimmung unter besonderer Berücksichtigung des primären Unionsrechts, SR 2019, S. 1–11.

Hoffmann, Maren/*Glocker*, Felix: EuGH – Keine Generalklauseln im Beschäftigtendatenschutz, abrufbar unter: https://www.cmshs-bloggt.de/tmc/datenschutzrecht/eugh-keine-generalklauseln-im-beschaeftigtendatenschutz/# (zuletzt abgerufen am 8.9.2024).

Hoffmann, Reiner: Den mitbestimmungspolitischen Stillstand beenden: Ein erster Schritt auf dem Weg zu Guter Arbeit, in: Gesetzesentwurf für ein modernes Betriebsverfassungsgesetz, AuR Sonderausgabe April 2022, S. 1.

Horstmeier, Gerrit: Ein digitales Upgrade für das Betriebsverfassungsrecht, BB 2022, S. 116–122.

Jansen, Jan-Philip: Die elektronische Kommunikation in der Betriebsverfassung, Hamburg 2006 (Zitierweise: *Jansen*, Elektronische Kommunikation).

Jauernig Bürgerliches Gesetzbuch (hrsg. von Rolf Stürner), 19. Auflage, Freiburg/Heidelberg/Köln/Konstanz/Leipzig/Marburg/München 2022 (Zitierweise: Jauernig/*Bearbeiter*).

Jesgarzewski, Tim: Digitale Betriebsratsarbeit und Datenschutz, AuA 2020, S. 456–459.

Jesgarzewski, Tim/*Holzendorf*, Tobias: Zulässigkeit virtueller Betriebsratssitzungen, NZA Online Aufsatz 5/2012, S. 1–5.

Joppich, Tim/*Neighbour*, Kerstin: Die arbeitsrechtlichen Vorhaben der Ampel-Koalition, DB 2022, M18-M20.

Jung, Alexander/*Hansch*, Guido: Die Verantwortlichkeit in der DS-GVO und ihre praktischen Auswirkungen, ZD 2019, S. 143–148.

Keitel, Ines/*Busch*, Alicia: Der neue Referentenentwurf für ein Betriebsrätestärkungsgesetz – wesentliche Änderungen, BB 2021, S. 564–570.

Klapp, Micha/*Klebe*, Thomas: Die Zukunft der Betriebsverfassung – ein Gesetzentwurf für das 21. Jahrhundert, NZA 2022, S. 689–693.

Klebe, Thomas: Betriebsrat 4.0 – Digital und global?, NZA-Beilage 2017, S. 77–84.

Klebe, Thomas: Betriebliche Mitbestimmung für das 21. Jahrhundert, in: Gesetzesentwurf für ein modernes Betriebsverfassungsgesetz, AuR Sonderausgabe April 2022, S. 2–5.

Klebe, Thomas: Betriebsverfassung digital?, NZA 2020, S. 996–999.

Kleinebrink, Wolfgang: Arbeitgeber und Betriebsrat als „Verantwortliche" im neuen Datenschutzrecht?, DB 2018, S. 2566–2571.

Kommentar DSGVO-BDSG-TTDSG (hrsg. von Jürgen Taeger, Detlev Gabel), 4. Auflage, 2021 (Zitierweise: Taeger/Gabel/*Bearbeiter*).

Kommentar für die Praxis BetrVG (hrsg. von Wolfgang Däubler, Thomas Klebe, Peter Wedde), 17. Auflage, Bremen/Hanau/Frankfurt 2019 (Zitierweise: DKW/*Bearbeiter* (17. Auflage)).

Kommentar für die Praxis BetrVG (hrsg. von Wolfgang Däubler, Thomas Klebe, Peter Wedde), 19. Auflage, Bremen/Frankfurt/Wiesbaden 2023 (Zitierweise: DKW/*Bearbeiter*).

Kommentar zum europäischen Arbeitsrecht (hrsg. von Martin Franzen, Inken Gallner, Hartmut Oetker), 5. Auflage, München/Erfurt/Kiel 202 (Zitierweise: EuArbRK/*Bearbeiter*).

König, Alexandra: LAG Rheinland-Pfalz: Höhe des Schadensersatzes bei Datenschutzverstößen im Arbeitsverhältnis unabhängig vom Gehalt?, ArbRB 2022, S. 65–66.

Körner, Marita: Die Auswirkungen der Datenschutz-Grundverordnung (DSGVO) in der betrieblichen Praxis, in: HSI-Schriftenreihe Band 28 (Zitierweise: *Körner*, DSGVO in der betrieblichen Praxis).

Körner, Marita: Wirksamer Beschäftigtendatenschutz im Lichte der Europäischen Datenschutz-Grundverordnung (DS-GVO); in: HSI-Schriftenreihe (Zitierweise: *Körner*, Beschäftigtendatenschutz im Lichte der DS-GVO).

Kort, Michael: Was ändert sich für Datenschutzbeauftragte, Aufsichtsbehörden und Betriebsrat mit der DS-GVO?, ZD 2017, S. 3–7.

Krause, Rüdiger: Digitalisierung der Arbeitswelt – Herausforderungen und Regelungsbedarf, in: Verhandlungen des 71. Deutschen Juristentages – Gutachten B, Essen 2016, B7-B111.

Krishnan, Archana/*Hunt*, Daniel Scot: TTYL :-)…Nonverbal cues and perceptions of personality and homophily in synchronous mediated communication, Information, Communication & Society 24/2018, S. 85–101.

Kroh, Julia: Effektive Personalführung und Compliance mit Blick auf den Arbeitnehmerdatenschutz, Hamburg 2013 (Zitierweise: *Kroh*, Arbeitnehmerdatenschutz).

Krois, Christopher/*Wendler*, Patrick: Sicherung der Funktionsfähigkeit der Unternehmensmitbestimmung während der COVID-19-Pandemie, DB 2020, S. 1009–1014.

Kugelmann, Dieter: Tätigkeitsbericht zum Datenschutz 2018, abrufbar unter: https://www.datenschutz.rlp.de/fileadmin/lfdi/Taetigkeitsberichte/ds_tb27.pdf (zuletzt abgerufen am 18.4. 2023).

Kurzböck, Cristoph/*Weinbeck*, Kathrin: DS-GVO Verstöße im Betriebsratsbüro – wer haftet?, BB 2018, 1652–1665.

Kurzböck, Cristoph/*Weinbeck*, Kathrin: Die datenschutzrechtliche Verantwortlichkeit des Betriebsrats, BB 2020, S. 500–503.

Lehr, Franz: Stellung als betrieblicher Datenschutzbeauftragter und Betriebsratsvorsitzender nicht gleichzeitig zulässig, SPA 2023, S. 179–180.

Lelley, Jan/*Wenckebach*, Johanna: Reformbedarf beim BetrVG?, AuA 05/2022, S. 32–33.

Lembke, Mark: Der Betriebsrat – Verantwortlicher im Sinne der DS-GVO?, in: Festschrift für Ingrid Schmidt, 2021, S. 277–295.

Lembke, Mark/*Fischels*, Andre/*Djordjevic*, Dragana: Entwicklungen des Arbeitsrechts im Jahr 2021, NJW 2022, S. 292–299.

Lemke, Peter: Der fehlerhafte Aufsichtsratsbeschluß, Hamburg 1994 (Zitierweise: *Lemke*, Der fehlerhafter Aufsichtsratsbeschluß).

Loritz, Karl-Georg: Neuartige Betriebs- und Unternehmensstrukturen in der digitalen Welt – Gedanken zum Veränderungsbedarf bei der Betriebsverfassung, in: Festschrift 100 Jahre Betriebsverfassungsrecht, Erfurt/Hamburg/Kiel/Bonn 2019, S. 425–439.

Luchterhander Kommentar BetrVG (hrsg. von Harald Hess, Michael Worzalla, Dirk Glock, Andrea Nicolai, Franz-Josef Rose, Kristina Huke), 10. Auflage, Mainz 2017 (Zitierweise: HWGNRH/*Bearbeiter*).

Lücke, Oliver: Die Betriebsverfassung in Zeiten der DS-GVO, NZA 2019, S. 658–670.

Lunk, Stefan/*Rodenbusch*, Vincent: Die Haftung des Betriebsrats und seiner Mitglieder, NJW 2014, S. 1989–1994.

Maletzke, Gerhard: Einführung in die Massenkommunikationsforschung, Berlin 1972 (Zitierweise: *Maletzke*, Massenkommunikation).

Maschmann, Frank: Datenschutz im Betriebsratsbüro, in: Festschrift für Ingrid Schmidt, 2021, S. 353–368.

Maschmann, Frank: Der Arbeitgeber als Verantwortlicher für den Datenschutz im Betriebsratsbüro (79a BetrVG)?, NZA 2021, S. 834–839.

Maußner, Melanie: Allein auf weiter Flur – Wie Betriebsräte ihre Arbeit erfolgreich auf neue betriebliche Realitäten – Homeoffice und mobile Arbeit – ausrichten können, ArbRAktuell 2023, S. 37–40.

MAVO: Kommentar zur Rahmenordnung für eine Mitarbeitervertretungsordnung (hrsg. von Adolf Thiel, Martin Fuhrmann, Manfred Jüngst), 8. Auflage, Köln 2019 (Zitierweise: Thiel/Fuhrmann/Jüngst/*Bearbeiter*).

McKinney, George-Stephen: VoIP: Telefonieren über den Telekom-IP-Anschluss ist sicher, abrufbar unter: https://www.telekom.com/de/blog/netz/artikel/voip-telefonieren-ueber-den-telekom-ip-anschluss-ist-sicher-65466 (zuletzt abgerufen am 8. 9. 2024).

Meinecke, Dominik: EuGH – Umgang mit Beschäftigtendaten – Anforderungen an spezifische nationale Vorschriften, NZA 2023, 487 (492).

Meinhold, Stefan: Stellung des Personalrats als Verantwortlicher nach der DS-GVO, NZA 2019, S. 670–672.

Middel, Lukas: Beschäftigtendatenschutz im Lichte der DS-GVO und unter Berücksichtigung des BDSG (neu), AuR 2018, S. 411–418.

Möhle, Jan-Peter: Die datenschutzrechtliche Verantwortlichkeit des Betriebsrats, Bielefeld 2021 (Zitierweise: *Möhle*, Die datenschutzrechtliche Verantwortlichkeit des Betriebsrats).

Möhle, Jan-Peter: Datenschutz und Betriebsrat im Betriebsrätestärkungsgesetz: Politischer Wille ohne rechtlichen Weitblick!, ZD-Aktuell 2021, 05067.

Möllenkamp, Olaf: Das Betriebsrätemodernisierungsgesetz 2021, DB 2021, S. 1198–1202.

Moos, Flemming/*Rothkegel*, Tobias: Anmerkung zu: EuGH Gemeinsame Verantwortlichkeit eines Fanpage-Betreibers und des dazugehörigen sozialen Netzwerks, MMR 2018, S. 591–600.

Mückl, Patrick/*Wittek*, Wolfgang: Betriebsverfassung 4.0: Virtuelle Sitzungen und Versammlungen nach dem neuen § 129 BetrVG, DB 2020, S. 1289–1294.

Müller, Knut: Corona-Virus und Betriebsratsarbeit – Digitales Irrlichtern der Bundesregierung bei der geplanten Einführung des § 129 BetrVG, ArbRAktuell 2020, S. 247–250.

Müller-Brehm, Jaana/*Otto*, Philipp/*Puntschuh*, Michael: Einführung und Überblick: Was bedeutet Digitalisierung?, izpb Nr. 244 3/2020, S. 4–5.

Münchner Kommentar zum Aktiengesetz, Band 2 § 76–117 AktG, MitbestG, DrittelbG (hrsg. von Wulf Goette, Mathias Habersack, Susanne Kalss), 6. Auflage, 2023 (Zitierweise: MüKoAktG/*Bearbeiter*).

Münchner Kommentar zum Aktiengesetz, Band 7 SE-VO, SEBG (hrsg. von Wulf Goette, Mathias Habersack, Susanne Kalss), 5. Auflage, 2019 (Zitierweise: MüKoAktG/*Bearbeiter*).

Münchner Kommentar zum BGB, Band 1 §§1–240 BGB (hrsg. von Franz Jürgen Säcker, Roland Rixecker, Hartmut Oetker, Bettina Limperg), 9. Auflage, 2021 (Zitierweise: MüKoBGB/*Bearbeiter*).

Münchner Kommentar zum BGB, Band 7 §§ 705–853 BGB, PartGG, ProdHaftG (hrsg. von Franz Jürgen Säcker, Roland Rixecker, Hartmut Oetker, Bettina Limperg), 9. Auflage, 2024 (Zitierweise: MüKoBGB/*Bearbeiter*).

Nawrot, Uwe: Voraussetzungen für eine erfolgreiche Betriebsratspolitik: Achtung der Rechte von Minderheiten im Betrieb, abrufbar unter: https://www.betriebsratsberater-berlin.de/2017/10/17/achtung-der-rechte-von-minderheiten-im-betriebsrat/ (zuletzt abgerufen am 8.9.2024).

Oberthür, Nathalie: Unter welchen Voraussetzungen kann der Betriebsrat per Videokonferenz, Telefonkonferenz oder hybrid tagen?, ArbRB 2021, S. 350–353.

Personalvertretungsrecht des Bundes und der Länder – Kommentar, Ordner 4 (hrsg. von Alfred Fischer, Hans-Joachim Goeres, Andreas Gronimus, Dirk Lechtermann, Walther, Fürth) (Zitierweise: Fischer/Goeres/*Bearbeiter*).

Personalvertretungsrecht Kommentar (hrsg. von Reinhard Richardi, Hans-Jürgen Dörner, Christoph Weber, Georg Annuß), 6. Auflage, Regensburg/Erfurt/München/Würzburg 2023 (Zitierweise: Richardi/Dörner/Weber/Annuß/*Bearbeiter*).

Personalvertretungsrecht Kommentar – Nachtrag aus Anlass der COVID-19-Pandemie (hrsg. von Reinhard Richardi, Hans-Jürgen Dörner, Christoph Weber), 1. Auflage 2020 (Zitierweise: Richardi-NachtragCovid19/*Bearbeiter*).

Petri, Thomas: Aktuelle Kurz-Information 23: Der Personalrat – Verantwortlicher im Sinne des Datenschutzrechts, abrufbar unter: https://www.datenschutz-bayern.de/datenschutzre

form2018/aki23.html#:~:text=Da%20der%20Personalrat%20aber%20keine,7%20DSGVO (zuletzt abgerufen am 8. 9. 2024).

Pötters, Stephan/*Gola*, Peter: Wer ist datenschutzrechtlich „Verantwortlicher" im Unternehmen?, RDV 2017, S. 279–284.

Preis, Ulrich/*Greiner*, Stefan: Arbeitsrecht Kollektivarbeitsrecht Lehrbuch für Studium und Praxis, 5. Auflage, Köln/Bonn 2019 (Zitierweise: *Preis/Greiner*, Kollektivarbeitsrecht).

Raab, Thomas: Die „virtuelle" Betriebsratssitzung – Die Neuregelung der Zulässigkeit von Video- und Telefonkonferenzen durch das Betriebsrätemodernisierungsgesetz, FA 2021, S. 286–303.

Reifelsberger, Christina/*Koplin*, Ina: Die datenschutzrechtliche Stellung des Betriebsrats innerhalb des Unternehmens – Steine statt Brot: Praktische Umsetzungsprobleme des § 79a BetrVG, DB 2022, S. 598–603.

Reinartz, Oliver: Das Betriebsrätemodernisierungsgesetz, NZA-RR 2021, S. 457–470.

Rennpferdt, Maren: Minderheitenschutz in der Betriebsverfassung, RdA 2022, S. 27–32.

Richardi Betriebsverfassungsgesetz (hrsg. von Reinhard Richardi), 16. Auflage, Pentling 2017 (Zitierweise: Richardi/*Bearbeiter* (16. Auflage)).

Richardi Betriebsverfassungsgesetz (hrsg. von Reinhard Richardi), 17. Auflage, München 2021 (Zitierweise: Richardi/*Bearbeiter*).

Richardi, Reinhard: Arbeitsrecht in der Kirche, 7. Auflage, Pentling 2015 (Zitierweise: *Richardi*, Arbeitsrecht in der Kirche).

Riechert, Anne: Zur Europarechtskonformität von Generalklauseln des Beschäftigtendatenschutzrechts, RDi 2023, S. 439–441.

Rolfs, Christian/*Wolf*, Margarita: Modernisierung des Betriebsverfassungsrechts, ZIP 2021, S. 1895–1902.

Roßnagel, Alexander: Datenschutzrecht: Verantwortung zur Einhaltung des Datenschutzes bei Verarbeitungsketten, EuZW 2024, S. 265–270.

Rüdesheim, Benedikt: Beschäftigtendatenschutz – Auf dem Weg zu einem Gesetz und erweiterter Mitbestimmung der Betriebsräte?, AuR 2021, S. 344–348.

Rüdesheim, Benedikt/*Middel*, Lukas: Neu oder alles beim Alten?, AiB 9/2021, S. 30–34.

Runkel, Sander: Die Geschäftsordnung des Betriebsrats, FA 2022, S. 95–97.

Schäfer, Ann-Kathrin: Verhindert die Sicherstellung der Personalvertretung und Mitbestimmung im öffentlichen Dienst während der COVID-19-Pandemie eine Modernisierung des Bundespersonalvertretungsrechtes?, PersV 2020, S. 244–251.

Schiefer, Bernd: Arbeitsrechtliche Vorhaben der „Ampel-Koalition" (2021–2025), DB 2022, S. 53–63.

Schiefer, Bernd/*Worzalla*, Michael: Moderne Arbeitswelt (2): Betriebsrat und Betriebsaufgaben – Mitbestimmungsrechte bei technischen Einrichtungen, Qualifizierungen, Arbeitszeit und Arbeitsweise sowie Betriebsratsarbeit und Betriebswahl, DB 2019, S. 2017–2022.

Schiefer, Bernd/*Worzalla*, Michael: Das Betriebsrätemodernisierungsgesetz – Eine „Mogelpackung"?, NZA 2021, S. 817–825.

Schmid, Saskia: Präsenzsitzungen betriebsverfassungsrechtlicher Gremien während der Corona-Pandemie, ArbRAktuell 2020, S. 554.

Schmidl, Michael/*Tannen*, Florian: Das neue Bundesdatenschutzgesetz: die wichtigsten Regelungen für die Unternehmenspraxis, DB 2017, S. 1633–1640.

Schrader, Sirkka/*Kirschner*, Stefanie: Herausforderungen für die Praxis, AiB 1/2023, S. 27–31.

Schulze, Marc-Oliver: Entwurf des Betriebsrätemodernisierungsgesetzes, ArbRAktuell 2021, S. 211–214.

Schulze, Marc-Oliver/*Helmrich*, Christian: Digitale Betriebsratstätigkeit und Datenschutz, ArbRAktuell 2020, S. 253–256.

Schulze, Marc-Oliver/*Simon*, Alexander: Anmerkung zu LArbG Berlin-Brandenburg 26. Kammer, Beschluss vom 13.10.2020 – 26 TaBVGa 1281/20, jurisPR-ArbR 12/2021 Anm. 2.

Schulze, Marc-Oliver/*Simon*, Alexander: Anmerkung zu ArbG Berlin 7. Kammer, Beschluss vom 7.10.2020 – 7 BVGa 12816/20, jurisPR-ArbR 11/2021 Anm. 7.

Schulze, Marc-Oliver/*Simon*, Alexander: Anspruch auf Homeoffice, ArbRAktuell 2021, S. 119–122.

Schulze, Marc-Oliver/*Ratzesberger*, Eva/*Jost*, Alena: ArbRAktuell 2022, S. 371–374.

Schwarze, Roland: Die Zukunft der Betriebsverfassung, RdA 2019, S. 115–120.

Sendelbeck, Georg: Betriebsrat und neue Medien, AiB 2013, S. 626–630.

Sheplyakova, Tatjana: Prozeduralisierung des Rechts, Frankfurt am Main 2018 (Zitierweise: *Sheplyakova*, Prozeduralisierung des Rechts).

Six, Ulrike/*Gleich*, Uli/*Gimmler*, Roland: Kommunikationspsychologie und Medienpsychologie, 1. Auflage 2007 (Zitierweise: Six/Gleich/Gimmler/*Bearbeiter*, Kommunikations- und Medienpsych.).

Soergel – Kommentar zum Bürgerlichen Gesetzbuch mit Einführungsgesetz und Nebengesetzen, Band 2/1 §§ 104–157 BGB, 14. Auflage, 2022 (Zitierweise: Soergel/*Bearbeiter*).

Sorber, Dominik: Der Beschäftigtendatenschutz im Jahr 2022 – Rückblick und Ausblick, BB 2022, S. 2868–2871.

Sprecherausschutzgesetz Luchterhand Taschenkommentar (hrsg. von Wolfgang Hromadka, Rainer Sieg), 5. Auflage, Passau/Erlangen 2022 (Zitierweise: *Hromadka/Sieg*).

Staben, Lisa: Die Datenschutzverantwortlichkeit des Betriebsrats, ZfA 2020, 287–313.

Städler, Michael: Präsenzsitzungen des Betriebsrats – berechtigte Forderung oder zu großes Gesundheitsrisiko?, NZA 2021, S. 465–469.

Steiner, Regina: Beschlussfassung in virtueller Sitzung, AiB 5/2022, S. 19–22.

Stogov, Christina: § 79a BetrVG – Unterstützungspflichten des Betriebsrats bei der Einhaltung datenschutzrechtlicher Vorschriften, ArbRAktuell 2022, S. 331–333.

Stück, Volker: Betriebsratssitzungen per Videokonferenz und Ausstattung, AuA 11/2021, S. 60.

Tangemann, Lars: Wirksamkeitsrisiken bei digitaler Betriebsratsarbeit, BB 2020, S. 1974–1980.

Tillmanns, Christoph: Fehler bei der Beschlussfassung des Betriebsrats – eine Bestandsaufnahme, in: Festschrift 100 Jahre Betriebsverfassungsrecht, Erfurt/Hamburg/Kiel/Bonn 2019, S. 745–756.

Tödtmann, Ulrich/*Erdmann*, Charlotte: Virtuelle Betriebsratssitzungen in der Corona-Pandemie, DB 2021, S. 2356.

Vogelsang, Klaus: Der Einsatz moderner Kommunikationstechnologien in der Personalratsarbeit, PersV 2014, S. 251–258.

Voss, Lina: Die Rechtsstellung von Minderheitenlisten im Betriebsrat, Berlin 2015 (Zitierweise: *Voss*, Rechtsstellung von Minderheitenlisten).

Wagner, Jens: Aufsichtsratssitzungen in Form der Videokonferenz, NZG 2002, S. 57–64.

Wahlers, Ulrich: Anmerkung zu LArbG Berlin-Brandenburg 12. Kammer – Beschluss vom 24. 8. 2020 TaBVGa 1015/20, jurisPR-ITR 25/2020, Anm. 6.

Walker, Wolf-Dietrich: Sanktionen und Haftung bei Datenschutzverstößen des Betriebsrats, in: Festschrift für Wilhelm Moll, 2019, S. 697–709.

Weber, Christoph: Virtuelle Gremiensitzungen im Betriebsverfassungs- und Personalvertretungsrecht, in: Jahrbuch Arbeitsrecht Band 58, Erfurt 2021, S. 91–112.

Weber, Christoph: Persönlichkeitsschutz als Grenze des Auskunftsanspruchs des Betriebsrats?, in: Festschrift für Ingrid Schmidt, 2021, S. 637–649.

Weber, Ralph-Lothar: Die vertrauensvolle Zusammenarbeit zwischen Arbeitgeber und Betriebsrat gem. § 2 Abs. 1 BetrVG, 1989 Heidelberg (Zitierweise: *R. L. Weber*, Die vertrauensvolle Zusammenarbeit).

Wedde, Peter: Analoges Recht und digitale Arbeitswelt – Herausforderungen für moderne Betriebsratsarbeit, in: Festschrift 100 Jahre Betriebsverfassungsrecht, Erfurt/Hamburg/Kiel/Bonn 2019, S. 793–799.

Wedde, Peter: Sind Beschlüsse in der Videokonferenz zulässig?, CuA 5/2020, S. 8–13.

Wedde, Peter: Online-Sitzungen, AiB 9/2021, S. 21–27.

Witteler, Michael: Der Datenschutz als Grenze des Informationsanspruchs des Betriebsrats?, NJW 2024, S. 16–18.

Wolmerath, Martin: Anmerkung zu LArbG Berlin-Brandenburg 12. Kammer – Beschluss vom 24. 8. 2020 TaBVGa 1015/20, jurisPR-ArbR 50/2020 Anm. 3.

Wünschelbaum, Markus: Tabula rasa im Beschäftigtendatenschutz? – EuGH setzt neue Maßstäbe: Rechtsfolgen und Handlungsoptionen, NZA 2023, S. 542–547.

Wünschelbaum, Markus/*Sorber*, Dominik: Beschäftigtendatenschutz (wieder) gescheitert?, NZA 2024, S. 1540–1547.

Wybitul, Tim/*Haß*, Detlef/*Albrecht*, Jan Philipp: Abwehr von Schadensersatzansprüchen nach der Datenschutz-Grundverordnung, NJW 2018, S. 113–118.

Zanandrea, Elias: Der digitale Umlaufbeschluss, PersR 8/2022, S. 13–16.

Zöllner, Andreas: Die Zuweisung der datenschutzrechtlichen Verantwortlichkeit nach § 79a BetrVG – Der deutsche Gesetzgeber im unionsrechtlichen Abseits?, EuZA 2024, S. 167–185.

Stichwortverzeichnis

Jasmin Dubenkropp

Wirkungsweise und Wirksamkeit der Beschäftigungspflicht aus § 154 SGB IX

Untersuchung der Effektivität der Beschäftigungsförderung für schwerbehinderte Menschen

Die Autorin untersucht die gesetzliche Umsetzung der völker-, unions- und verfassungsrechtlich notwendigen Beschäftigungsförderung für schwerbehinderte Menschen, die zuvörderst mithilfe einer Beschäftigungspflichtquote sowie zahlreicher sie flankierender Regelungen umgesetzt wird. Hierbei kommt sie zu dem Ergebnis, dass die Pflichtquote aktuell nur eine geringe Wirksamkeit aufweist. Die Ursachen werden vor allem in einem Konzept einer »freiwilligen Pflichtenerfüllung« sowie einer Selbstverantwortung und Privatisierung verortetet. Der Staat selbst übernimmt hingegen nur wenig eigene Verantwortung. Dabei wird auch ein bestehendes Missverhältnis zwischen Beschäftigungsanreizen und -hindernissen aufgezeigt, das weder mithilfe der Ausgleichsabgabe noch anderen Mechanismen ausgeglichen wird. In einem weiteren Schritt werden von der Autorin umfassende Reformvorschläge diskutiert, um die Inklusion und Teilhabe schwerbehinderter Menschen in den Arbeitsmarkt zeitnah nachhaltig zu verbessern.

Abhandlungen zum deutschen und internationalen
Arbeits- und Sozialrecht, Band 39
2 Tab., 370 Seiten, 2026
ISBN 978-3-428-19756-9, geb., € 99,90
Titel auch als E-Book erhältlich.

Duncker & Humblot · Berlin